四川省志

Sichuan Shengzhi

民航志

1986—2005

【第六十卷】

四川省地方志编纂委员会 编

方志出版社
Publishing House of Local Records

图书在版编目（CIP）数据

四川省志. 民航志 ：1986－2005 / 四川省地方志编纂委员会编. — 北京 ：方志出版社，2019.5
ISBN 978-7-5144-3752-2

Ⅰ. ①四… Ⅱ. ①四… Ⅲ. ①四川－地方志②民用航空－交通运输业－概况－四川－1986－2005 Ⅳ. ①K297.1

中国版本图书馆CIP数据核字(2019)第132975号

四川省志·民航志(1986－2005)

编　　者：四川省地方志编纂委员会
责任编辑：何明忠
出 版 者：方志出版社
地址　北京市朝阳区潘家园东里9号（国家方志馆4层）
邮编　100021
网址　http://www.fzph.org
发　　行：方志出版社图书经销中心
电话（010）67110500
经　　销：各地新华书店
印　　刷：成都市前智印务有限责任公司
设计制作：成都怡生网络文化传播有限公司
开　　本：889×1194　1/16
彩插印张：3.5
正文印张：31.75
字　　数：875千字
版　　次：2019年5月第1版　2019年5月第1次印刷
印　　数：0001～2000册
ISBN 978-7-5144-3752-2　定价：416.00元

领导关怀 LINGDAO GUANHUAI

1987年7月，中国民航局局长胡逸洲在民航成都管理局管理体制改革试点运行动员大会上讲话

1994年3月，民航总局局长陈光毅（左一）到成都双流机场检查工作

1998年12月26日，民航总局局长刘剑锋（左三）在民航第二研究所检查工作

2002年8月29日，民航总局局长杨元元（右一）在成都双流国际机场检查工作

2004年9月28日，中共四川省委书记张学忠（左三），中共四川省委副书记、四川省人民政府省长张中伟（右二）考察成都双流国际机场安检工作

2005年12月19日，四川省人民政府、中国民航总局举行加快发展四川民航建设签字仪式

机场建设 JICHANG JIANSHE

20世纪70年代的成都双流机场候机楼

20世纪80年代的成都双流机场中心花园

1988年12月24日，成都双流机场航站楼扩建开工

1994年1月8日，成都双流机场8号滑行道举行开工奠基仪式

1999年7月29日，成都双流国际机场新建主跑道正式启用

2000年6月30日，成都双流国际机场航站楼钢屋顶吊装，图为施工现场

2001年12月26日，成都双流国际机场候机楼及航管楼启用

2002年，第三次扩建后的成都双流国际机场新候机楼自动步行道

2001年建成的成都双流国际机场停机坪

2004年9月，全面建成投入使用的成都双流国际机场T1航站楼

1989年4月12日，中央军委主席邓小平为重庆江北机场题名

1989年12月8日，空中国王B-3553号飞机在重庆江北机场校飞

1994年，重庆江北机场扩建前的航站楼

2000年5月2日，西昌青山机场川航空客A320通航西昌—西安—北京航线

2001年1月18日，扩建后的泸州蓝田机场通过验收，4月1日投入使用

2005年，宜宾菜坝机场启用经过全面装修改造后的候机楼

1999年3月，成都军区空军、四川省人民政府举行建设九寨黄龙机场签字仪式

2003年9月28日，九寨黄龙机场正式通航

广元盘龙机场是国家实施西部大开发新（扩）建20个机场项目中第一个建成通航的机场。2000年10月，广元盘龙机场举行西安—广元—成都首航仪式

2001年4月27日竣工后的绵阳南郊机场

2003年12月6日，攀枝花民用机场举行通航仪式

2004年3月26日，成都双流国际机场移交四川省管理，同时成立四川省机场集团有限公司

2004年5月15日，通过扩建竣工验收的南充高坪机场航站区全貌

南充高坪机场（航拍图）

2005年扩建竣工的达州河市机场

运输作业 YUNSHU ZUOYE

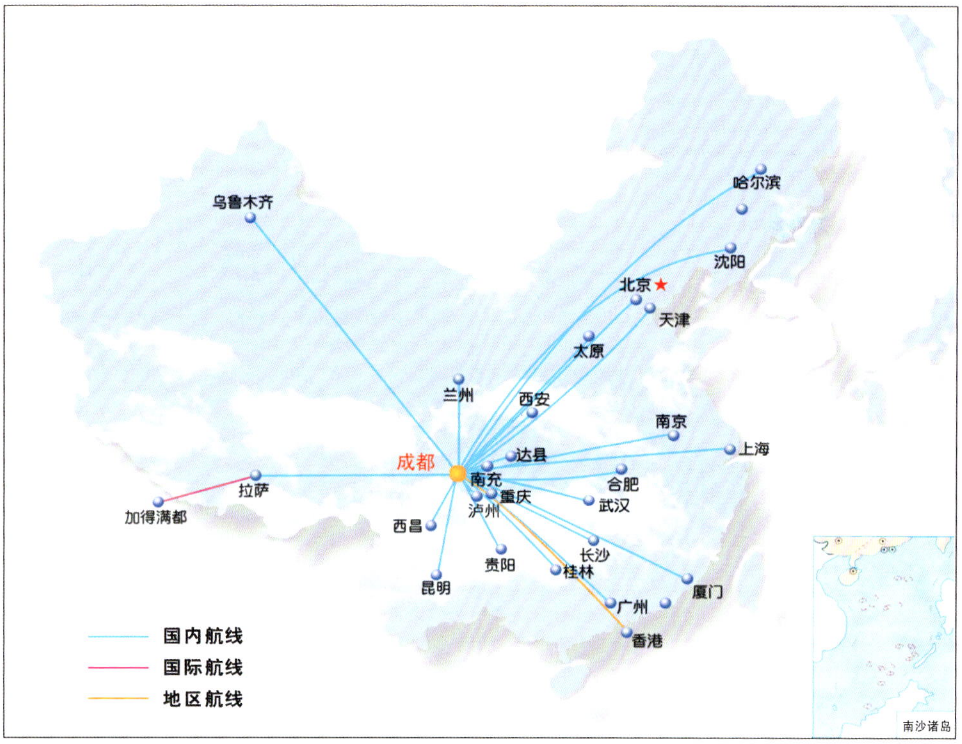

1987年成都双流机场出发航线示意图

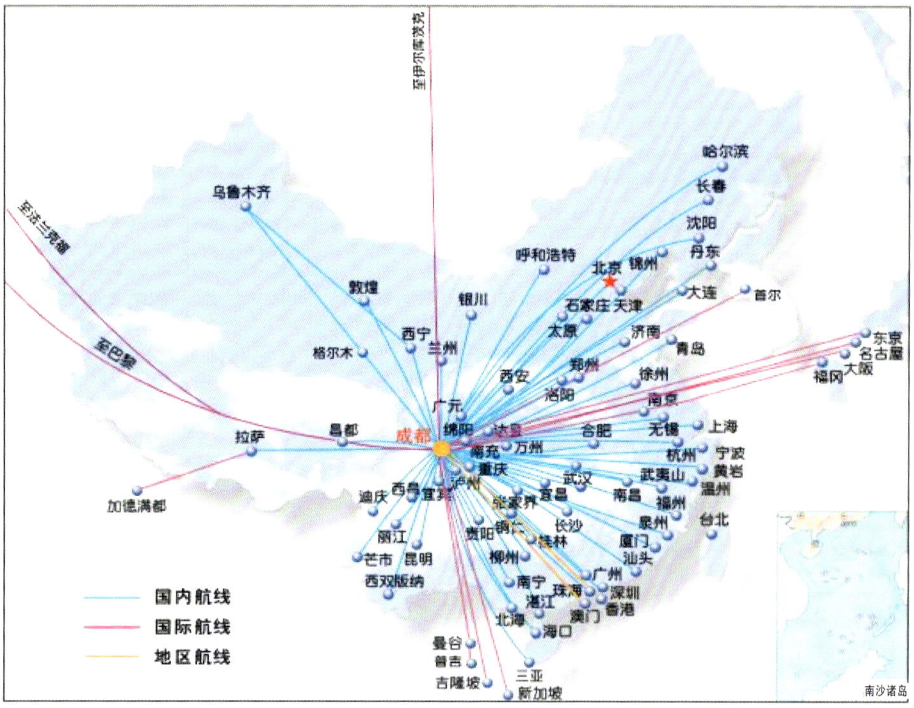

2005年成都双流国际机场出发航线示意图

1987年9月12日，试运行期间的西南航空公司举行其开辟的第一条国际航线拉萨—加德满都首航仪式

1987年10月15日，民航成都管理局按政企分开原则进行体制改革，成立民航西南管理局、中国西南航空公司、成都双流机场

1992年6月，西南航空公司波音737-300/2530机组，历时17天，飞行24800千米，成功完成途径亚非14国的国际性商务包机飞行任务。图为同年7月1日，机组人员顺利回到成都双流机场

1995年4月，西南航空公司举行波音757型飞机成都—邦达首航仪式

1995年，四川航空公司引进台湾飞行员，图为四川航空公司台湾飞行员首飞仪式现场

1996年6月15日，四川航空公司喷绘有世界珍宝大熊猫图案的一架崭新的空客A320飞机在法国巴黎国际航展上列入方队做飞行表演，这是中国民航客机在巴黎国际航展上首次亮相

1999年12月23日，西南航空公司举行空客A340宽体客机成都—拉萨首航仪式

2000年，四川航空公司于亚州首家引进巴西航空工业公司生产的EMB-145飞机

2001年4月18日，韩国亚州航空公司成都—汉城（2005年改称“首尔”）航线通航

2002年4月，西南航空公司举行成都—东京国际航线首航仪式

2003年9月20日，国航西南公司波音757-200型飞机成都—九寨航线试飞成功

成都双流国际机场货物运输

西南航空公司波音707型货机运输大宗货物

2004年11月26日，从西藏退役的老兵走下拉萨—成都的航班飞机

20世纪80年代飞机播种的四川江油林区

20世纪60年代，飞机在四川凉山林区播种

2004年12月，三星通航运12B-3840飞机完成内蒙古乌海作业，进驻绵阳机场

2005年7月25日，国内第一家民营航空企业——鹰联航空公司举行首航仪式，7月26日首航成都—深圳

航空服务 HANGKONG FUWU

1987年，西南航空公司乘务人员为旅客提供空中服务

20世纪80年代，重庆白市驿机场提供特殊服务

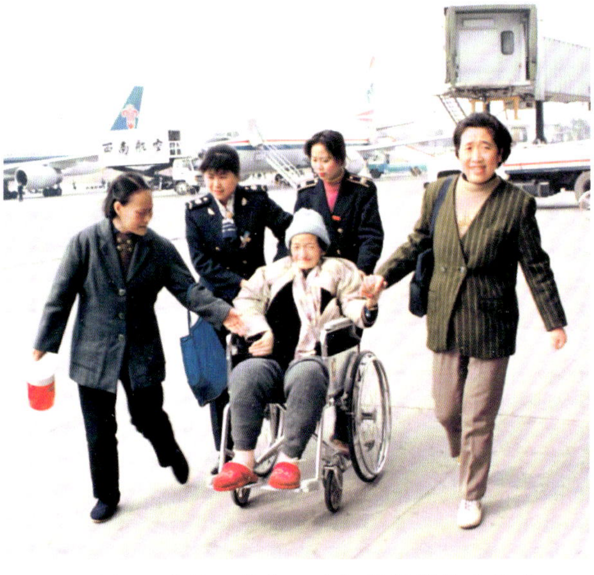

20世纪90年代，成都双流机场提供特殊服务

1995年12月30日，西南航空公司胡晓乘务组热心为四川打工妹陈太菊丢失1万多元血汗钱而踊跃捐款等事迹，被中央电视台改编成故事片《蓝色旅途》，引起强烈反响。图为胡晓乘务组获奖后，全体人员合影留念

20世纪80年代，成都民航乘务员为乘客提供空中服务

20世纪90年代，西南航空公司乘务员为乘客提供空中服务

20世纪90年代，西南航空公司乘务人员热情为无人陪伴儿童服务

2000年9月6日，西南航空公司在拉萨招收的民航历史上首批15名藏族空中乘务员，搭乘班机抵达成都双流国际机场

21世纪初，四川航空公司部分空乘人员合影

20世纪90年代，长城航空公司空乘人员合影

航务保障 HANGWU BAOZHANG

1987年4月，苏联代表团到民航一○三厂参观指导

1988年，苏联专家到民航一○三厂作安24型飞机发动机延寿工作

1990年，苏联专家到中国民用航空成都飞机维修工程公司进行II-30-ky发动机分解工作

21世纪初，四川航空公司机务维修现场

20世纪末，四川航空公司机务维修现场

20世纪90年代，西南航空公司机务人员架设高工作梯维修飞机

20世纪末，西南航空公司飞机维修公司10万磅公英两制发动机试车台

21世纪初，成都双流国际机场机务维修人员检修飞机

20世纪末，西南航空公司飞机维修厂“八八六”机库

21世纪初，成都维修基地机务人员在引导飞机

21世纪初，民航成都维修基地201机库定检现场

1992年7月10日，中国民航西南管理局航务管理中心成立，图为挂牌仪式现场

1995年12月29日，在原民航西南管理局航务管理中心基础上成立民航西南管理局空中交通管理局，图为授牌仪式现场

2000年6月，民航西南空管局召开质量、环境管理体系文件发布会

20世纪90年代，成都区域管制中心使用东芝雷达进行管制工作

20世纪80年代，重庆白市驿机场工作人员传递飞行情报

2005年，成都进近管制员对进离场航空器实施管制指挥

2005年，成都区域管制员正在对航线上的飞机实施管制指挥

20世纪末，成都双流国际机场塔台外景

2002年，民航西南空管局引进多普勒天气雷达和地面气象自动观测系统等先进设备

1993年，航行情报工作人员正在用计算机录入航行通告信息

21世纪初，空管工作人员正在进行气象预报

1996年10月，5000门程控电话系统建成并正式启用，解决了成都双流国际机场打电话难的问题

2001年，民航西南空管局引进欧洲猫2000空管自动化系统和奥地利FREQUENTIS公司的内话系统，空管通信和监视保障水平得到提高。图为民航西南空管局通信导航总站机房

20世纪90年代，民航机场的DVOR/DNE导航台

20世纪末，民航机场二次雷达站

2001年建成的成都双流国际机场二类盲降系统

20世纪末，中航材西南公司办公大楼

20世纪末，中航材西南公司仓库

2001年建成的民航成都牧马山储油库储油罐区

20世纪80年代建成的民航成都牧马山储油库铁路卸油栈桥

21世纪初，民航成都油料公司加油车为飞机加油

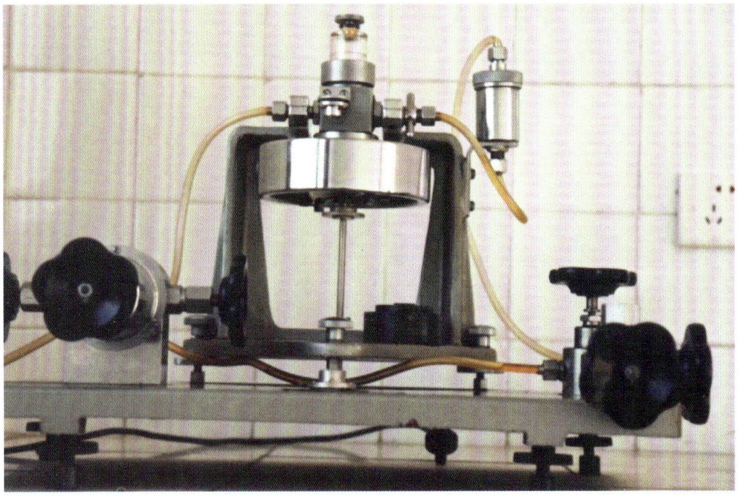

21世纪初，民航成都油料公司化验仪器

21世纪初，民航成都牧马山油库消防演习

21世纪初，成都双流国际机场安全巡逻

2004年1月5日，四川航空公司成立空警队伍

2004年，九寨黄龙机场消防队开展训练

1991年7月，成都双流机场进行应急救援演练

教育科研 JIAOYU KEYAN

1988年，民航一O三厂举行首届俄语培训班结业典礼

1999年，民航局第二研究所研制的机场综合信息管理系统荣获国家科技进步三等奖

20世纪末，波音737模拟机驾驶舱

20世纪90年代中期，西南航空公司技工学校新学员进行军训

1998年，西南航空公司技工学校最后一批学生毕业

20世纪末，西南航空公司乘务培训中心进行空乘礼仪培训

2001年9月，西南航空公司录取的中国民航首批6名藏族大学生飞行学员离开拉萨时合影

2003年9月，民航总局第二研究所研制的空管自动化备用系统在厦门空管中心投入运行

2004年9月，民航总局第二研究所承担的成都双流国际机场国际厅行李自动处理系统正式投入运行

2004年11月，民航总局第二研究所研制的重庆机场生产运营指挥调度系统通过国家验收

2004年11月，民航总局第二研究所研制的重庆机场行李自动分检系统通过国家验收，荣获国家科技进步二等奖

1978年1月至2004年12月，民航总局第二研究所研制开发了4大系列38种航化产品

20世纪80年代，中国民航飞行学院初教6培训现场

20世纪90年代，中国民航飞行学院TB型教练机模拟练习现场

20世纪末，中国民航飞行学院航空发动机培训中心教学车间

20世纪末，中国民航飞行学院发动机陈列室

21世纪初，位于四川广汉的中国民航飞行学院被誉为“空勤队伍的摇篮”

2002年建成的中国民航飞行学院图书馆

2005年，中国民航飞行学院引进“奖状”高级教练机

民航荣誉 MINHANG RONGYU

1989年11月，西南航空公司2402梁录星机组执行哈尔滨—广州航班任务时，在空中成功粉碎了一起劫机事件，受到国务院和民航局的表彰奖励。图为民航局局长胡逸洲（前排左五），中共四川省委副书记、四川省人民政府省长张皓若（前排左六）等领导与英雄机组合影

西南航空公司于1996年度和2000年度两次荣获全国民航航空安全最高奖——“金鹏杯”。图为获1996年度“金鹏杯”时，西南航空公司总经理王如岑（前排左一）在领奖台上，后排左一为民航总局局长陈光毅

1993年6月29日，西南航空公司飞机维修厂二车间创造了保证6架波音757飞机连续314天无机务人为原因延误航班的全国最高纪录，获得波音公司颁发的全球该机型质量维护的第一块奖牌

2001年1月，中国西南航空公司荣获2000年全国“安康杯”竞赛优胜企业称号

1998年，中国人民武装警察部队总部赠予西南航空公司锦旗

1990年，成都军区进出藏新老兵空运领导小组赠予西南航空公司锦旗

2003年，驻西藏全国政协十届委员会全体委员赠予国航股份西南分公司锦旗

四川航空公司飞行部获1998年度“全国民航先进集体”称号

1997年，四川航空公司获航空安全先进集体奖

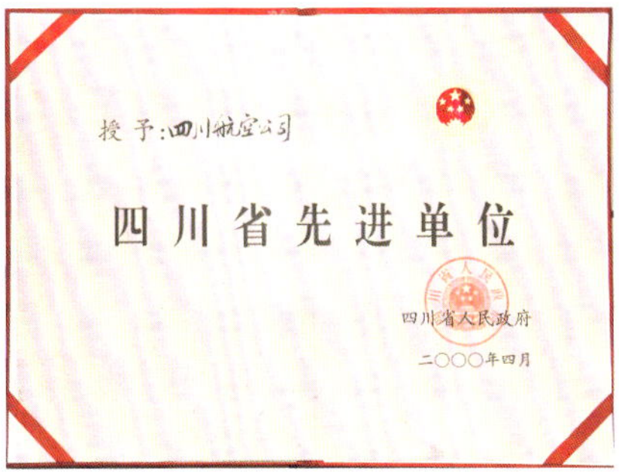

2000年4月，四川航空公司获四川省先进单位奖

2004年4月，四川航空股份有限公司、四川机场集团公司分别获得全国五一劳动奖状

2004年10月，四川航空股份有限公司被授予全国企业文化优秀奖

1999年，成都双流国际机场被评为全国文明机场

2005年10月，成都双流国际机场被评为全国精神文明建设工作先进单位

四川航空股份有限公司荣获2004年度全国民航“航空安全金雁杯”

1996年，中国民航飞行学院获民航总局航空安全管理先进单位奖

1996年，中国民航飞行学院获“国家科技保密工作先进集体”称号

科技進步獎

証書

为表彰在促进科学技术进步工作中做出重大贡献者，特颁发国家科技进步奖证书，以资鼓励。

获奖项目：DRS航管雷达模拟机

获奖单位：中国民航飞行学院

奖励等级：二等奖

奖励时间：一九九六年十二月

证书号：07-2-001-01

中华人民共和国
国家科学技术委员会主任 宋健

1996年，中国民航飞行学院研制的DRS航管雷达模拟机获国家科技进步二等奖

国家科学技术进步奖

证　书

为表彰国家科学技术进步奖获得者，特颁发此证书。

项目名称：MDSL多通道数字同步记录仪

奖励等级：二　等

获奖者：中国民用航空飞行学院

2004年1月20日

证书号：2003-J-219-2-04-D02

2004年，中国民航飞行学院研制的MDSL多通道数字同步记录仪获国家科技进步二等奖

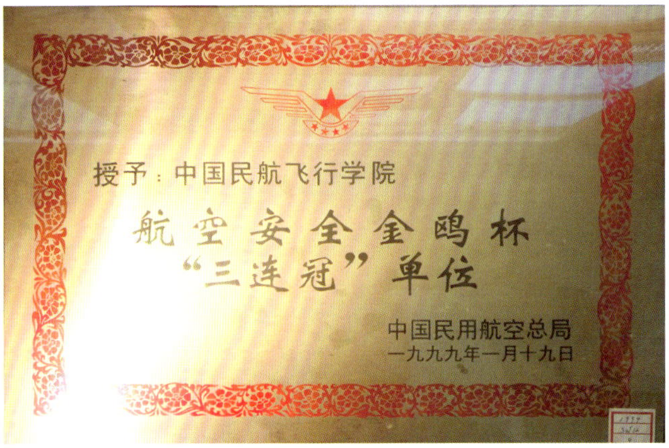

1999年，中国民航飞行学院被民航总局授予“航空安全金鸥杯‘三连冠’单位”称号

2000年，中国民航飞行学院获教育部“贯彻《学校体育工作条例》优秀高等学校”称号

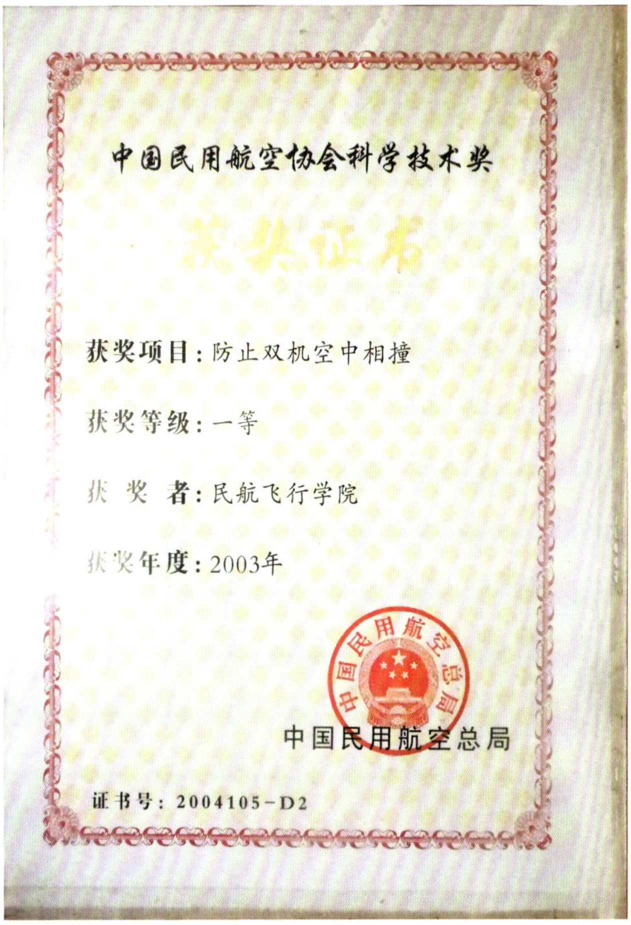

2003年，中国民航飞行学院防止双机空中相撞科研项目获民航局总局科技一等奖

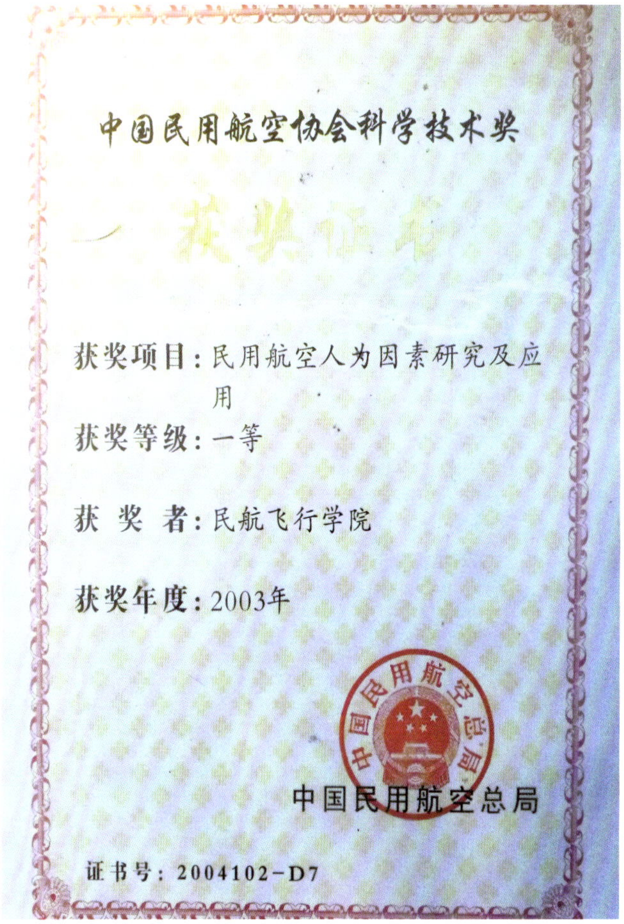

2003年，中国民航飞行学院民用航空人为因素研究及应用科研项目获民航总局科技一等奖

1999年，民航总局第二研究所研制的机场综合信息系统荣获国家科技进步三等奖

2005年，民航总局第二研究所研制的机场行李自动分检系统荣获国家科技进步二等奖

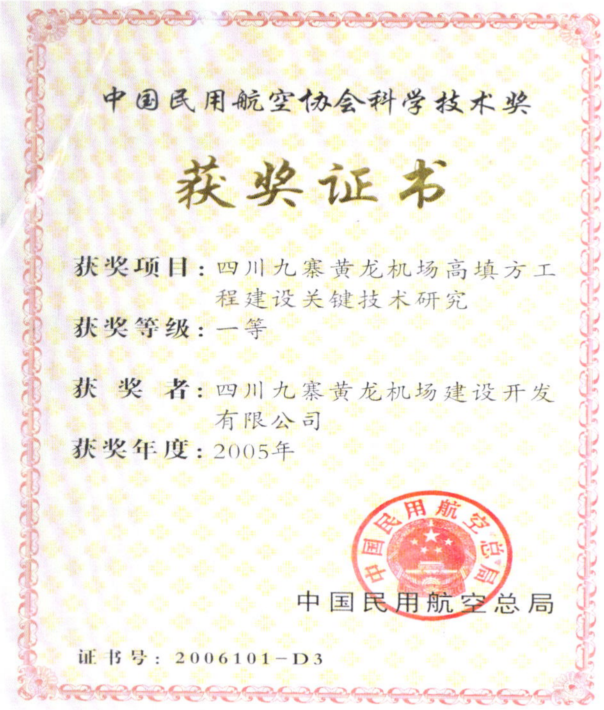

2005年，四川九寨黄龙机场高填方工程建设关键技术研究项目获民航总局科技一等奖

2005年，四川九寨黄龙机场高填方地基重大工程地质问题研究项目获四川省科技进步一等奖

四川省地方志编纂委员会成员

《四川省志（1986—2005）》审核委员会成员

《四川省志（1986—2005）》
总编、副总编

总　　编　陈建春

副 总 编　赵　行　邓　瑜　陶利辉　熊　倩
　　　　　　张兆法　高伟明　朱艳林　牛　淼

《四川省志·民航志（1986—2005）》
责任总编、责任编辑

责任总编　陶利辉

责任编辑　牛　淼

《四川省志·民航志（1986—2005）》编纂委员会

主　　任	蒋文学			
副 主 任	王　坚			
委　　员	李小鹏	刘晓春	张再斌	徐登明
	陶　林	戴　科	关立欣	金尔文
	杜　健	徐　键	范　军	张焱华
	文兴忠	李文军	张　俊	包　明

《四川省志·民航志（1986—2005）》编纂办公室

主　　任	阳联勇			
常务副主任	周劲松			
成　　员	曹　颖	郑太伟	吴雄志	幸　兵
	刘　俊	李学斌	杨　松	肖　凌
	杨春嵘	陈晓丹	李珏冬	罗玉山
	吴开苹	杨志明	章　勇	王继红
	朱　奎			

《四川省志·民航志（1986—2005）》初评审查小组成员

负 责 人　蒋文学（民航西南地区管理局局长、党委副书记）
胡　勤（民航西南地区管理局副局长）
王　坚（民航西南地区管理局副局长）

成　　员　阳联勇（民航西南地区管理局办公室主任）
周劲松（民航西南地区管理局办公室副主任）
曹　颖（西南空管局办公室主任）
郑太伟（国航西南分公司办公室副主任）
吴雄志（川航股份总经理工作部总经理）
幸　兵（川航股份企业文化部部长）
吴文余（成都航空党群工作部总经理）
李学斌（四川省机场集团办公室主任）
杨　松（重庆机场集团办公室副主任）
刘　军（民航飞行学院办公室主任）
王　峤（民航二所行政办公室副主任）
吴　滨（绵阳机场集团编志办副主任）
李珏冬（九寨黄龙机场综合办公室副主任）
贺　红（南充机场办公室主任）

吴开萍（宜宾民航管理处办公室负责人）
李　波（三星通航办公室主任）
章　勇（中国航油西南公司党委办公室主任）
王继红（中国航材西南公司综合管理部经理）
朱　奎（北京 AMECO 成都分公司综合管理部部长）
王远森（志稿总纂人）
张正勇（民航西南地区管理局退休干部、志稿顾问）

《四川省志·民航志（1986—2005）》
总编室

主　　编	蒋文学			
副 主 编	胡　勤	王　坚		
执行副主编	阳联勇	周劲松		
总　　纂	王远森（特邀）			
编　　辑	王　皎	张　力	伍　燕	尹智勇
	周　强	董世鹏	李江皓	李栋才
	汪毅飞	李庆玲	杨　阳	李向恒
	冯　馨	钟海旭	张徐驰	罗顺明
	燕　伟	夏明阳	凌雅竹	马　斌
	张寮川			
资料搜集	马　兰	黄　果	王雪妮	杨建川
	袁　莉	李　浩	熊　凛	裴昌骏
	林　梅	高　昂	杨　凡	刘长江
	程　露	黄　丽	青若兰	周江霞
	吴　亮	李琢璋	董　励	胡　冉

《四川省志（1986—2005）》

凡　例

一、本书编纂工作以马克思列宁主义、毛泽东思想、邓小平理论、“三个代表”重要思想、科学发展观、习近平新时代中国特色社会主义思想为指导，坚持辩证唯物主义和历史唯物主义的立场、观点和方法，全面客观地记述四川省行政区域内自然、政治、经济、文化和社会的历史与现状。

二、本书系中华人民共和国成立后首部《四川省志》续编，总名《四川省志（1986—2005）》，由总类、大事纪述、专志、人物、市（州）概况、附录共93卷构成。各分卷名称为《四川省志·××志（1986—2005）》或《四川省志·××志》（后者为特色志志名），设中英文目录。

三、本书上限一般起自1986年，下限一般截至2005年。对前志未设之分卷或篇章从事物发端写起；对前志漏载、误载的某些事项进行补载、更正；对前志记载后变化不大的某些事项进行简要复载；升格详载具有地方特色的某些事项。

四、本书记述的地域范围以1986—2005年四川省行政区划为准。

五、本书采用述、记、志、传、图、表、录等体裁，以志为主。

六、本书总类卷设序言、凡例、总述、卷目等，为各卷之首，全书之纲。关于自然环境、建置沿革、经济与社会历史发展状况等基本省情在总述中作简要复载或反映。各专志（分卷）根据社会分工和学科分类的实际，按“以类相从”或“突出地方特色”的原则设立，以篇、章、节横分类别，节、目以下纵述史实，立足反映四川省行政区域某一事物（事业、行业）断限期内历史与现状的全貌。人物志卷采用传、录、表诸种表述形式，坚持“生不立传”原则，在世人物的突出事迹以事系人载入相关分卷。人物传统一收入人物志。本书大事记以编年体为主，辅以纪事本末体。为完整记述一些重要事物，保存有价值史料，有些分卷设置了专记。

七、本书使用规范的现代语体文记述，行文严谨、朴实、简洁、流畅。使用规范汉字，用词概念准确，符合现代汉语语法规范。使用的标点符号、数字、计量单位等均按国家规定的统一标准书写。

八、本书使用公元纪年，各卷正文（除引文外）采用第三人称表述；行文涉及机构、会议、文件、职衔、地名等，均按当时称谓；除涉及人名、地名、纪年和简称等项采用括注外，其余采用页下脚注。

九、本书资料来源于文献、档案、报刊、书摘、口碑及实地调查等，所用资料均经各修志部门考证、核实。各分卷数据一般采用省统计局公布的数据，省统计局缺乏的，采用有关部门正式提供的数据。

十、各分卷图片分为前置图片和随文插图，随文插图和表格均以篇为单位依次排序编号；所用地图均以省测绘局审定的为准。

十一、各分卷需要特别说明的事项，均在各分卷的《编辑说明》中注明。

《四川省志·民航志（1986—2005）》
编 辑 说 明

一、本志是首轮《四川省志·交通志》“民用航空”篇的续修，也是四川省第一部独立专设的《四川省志·民航志》分卷。本志正文由10篇36章131节组成，全面记述1986—2005年四川省行政区划内民航管理和民航事业的发展历程。

二、第二轮《四川省志》断限为1986—2005年，为保持记述的完整性，部分内容记述断限适当上溯或下延。

三、本志记述的地域范围以断限期内四川省行政区划为准。1997年3月全国人大决定设立国务院直辖重庆市前，记述的地域范围含原重庆市、万县市、涪陵市和黔江地区。由于中国民航局设立在四川省成都市的民航西南地区管理局执管四川、云南、贵州、西藏、重庆5省（区、市）民航事业，本志行业管理等篇章记述的地域范围有适当扩延。

四、为避免与第二轮《四川省志》其他分卷内容重复，本志对民航系统的科技、教育事业发展及重要人物等记述从略。

五、本志所涉单位名称首次出现时用全称，括号注明简称，括注后一般使用简称。例如中国民用航空局简称“民航局”，中国民用航空总局简称“民航总局”，民航西南地区管理局简称“管理局”，中国西南航空公司简称“西南航”，四川航空公司简称“川航”，中国民用航空飞行学院简称“民航飞院”，四川省发展和改革委员会简称“省发展改革委”，以此类推，不一一列举。各历史时期的组织机构，均按不同时期当时名称表述。

六、本志资料主要来源于民航西南地区管理局档案室、中国民航出版社2011年6月版《中国民用航空志·西南地区卷》和民航系统在四川省行政区划内的各企事业单位。本志使用的统计数据，原则上以民航西南地区管理局数据为准；民航西南地区管理局没有的统计数据，使用民航有关单位提供的数据。

目 录

第二篇　机场建设

第三篇　航空器

第四篇 空勤队伍

第八篇　航空油料

第九篇 行业管理

第十篇 航空安全

Contents

概　　述

1986—2005 年，是中国民用航空事业改革发展的 20 年。民航管理体制改革，为民航事业发展带来了机遇。20 年间，在中国民用航空总局和民航西南地区管理局积极支持下，四川地区民航事业发展与地方经济建设密切结合，取得了辉煌成就。

一

1980 年 3 月 5 日，国务院、中央军委颁发《关于民航总局不再由空军代管的通知》。《通知》决定：中国民用航空总局（以下简称民航总局）从 1980 年 3 月 15 日起由国务院直接领导，民航脱离军队建制，改走企业化道路。除航行管制仍由空军统一领导外，其他工作均向国务院请示报告。民航总局成为国务院直属局，对全国民航事业实行单独经济核算的企业化管理。同年 5 月 17 日，国务院、中央军委下发《关于民航管理体制若干问题的决定》，对民航总局不再由空军代管后的若干问题作出决定。民航总局是国家管理民航事业的行政机构，统一管理全国民航的机构、人员和业务，逐步实现运行单位企业化管理。民航地区管理局、省（自治区、直辖市）局、学校、工厂等企业、事业单位由民航总局和省（自治区、直辖市）人民政府实行双重领导，以民航总局领导为主。1982 年 6 月，国务院常务会议决定将中国民用航空总局改称中国民用航空局（以下简称民航局）。1984 年 12 月 3 日，民航局向国务院上报《关于民航系统管理体制改革实施方案》（以下简称《方案》）。该《方案》确定民航实行政企分开，航空公司与机场分设，撤销地区管理局等原则。国务院于 1985 年 1 月批复同意这一方案后，民航局又经过反复征求意见和论证，将改革实施方案具体化，向国务院上报《民航系统管理体制改革方案和实施步骤的报告》。1987 年 1 月，国务院批复同意民航系统管理体制改革的原则是政企分开、简政放权、减少层次。此次民航系统管理体制改革内容包括：将原来的 4 级（民航局、地区管理局、省局、航站）管理改为两级（民航局、地区管理局）管理，保留重组新的民航地区管理局，组建航空公司；将机场和航务管理分开，机场成为独立的企业单位，向所有航空企业开放，提供服务；航务管理归属政府部门，受地区管理局领导；成立油料供应公司，为航空公司服务。1987 年 2 月，民航管理体制改革方案正式出台后，民航成都管理局作为先行试点单位，积极推行政企分开、简政放权。同年 10 月 15 日，中国民用航空西南管理局、中国西南航空公司、成都双流机场同时成立。从此，四川地区民航事业脱离计划经济体制，步入企业化道路。新组建的中国民用航空西南管理局是西南地区民航行政管理部门，在民航局的授权范围内对四川省、云南省、贵州省、西藏自治区（1997 年 3 月重庆成为中央直辖市后，又包括重庆市）的航空运输和通用航空实行行业管理，并对各民用机场实行行业归口管理，民航西南管理局不再承担经营职责。

1987 年 10 月后，本着政企分开、简政放权的原则，继续推进民航管理体制深化改革。1993 年 4

月19日，中国民用航空局改称中国民用航空总局（以下简称民航总局）。根据2002年3月3日国务院《民航体制改革方案的通知》和2003年9月4日《关于省（自治区、直辖市）民航机场管理体制和行政管理体制改革实施方案的批复》，并按民航总局的部署，到2005年，西南民航的管理体制主要进行了以下几个方面的改革。

机场管理体制改革。机场管理体制改革主要是机场属地化，将机场移交给所在地政府管理，调动地方政府发展民航事业的积极性，实现机场资源共享、企业化经营，形成有利于机场建设和发展的管理体制。组建省（市）机场集团公司，民航西南地区管理局对省（市）机场集团公司进行行业管理。四川省机场集团有限公司于2004年3月29日正式成立。

行政管理体制改革。民用机场属地化管理后，西南地区民航省（市）管理局随即撤销，分别组建中国民用航空成都安全运行监督管理办公室及云南、贵州、重庆安全监督管理办公室，代表民航西南地区管理局对所辖地域内航空公司、机场等企事业单位进行安全监管和市场监管。

空中交通管理体制改革。空管体制改革主要是将空中交通管理工作与机场分离，成为自成体系的空中交通管理系统，以利于确保航空安全。省（自治区、直辖市）空中交通管理中心（站）先后成立。西南地区各空中交通管理机构均隶属位于成都的西南空中交通管理局领导。

二

1986年初，四川省境内没有独立的民用航空运输公司，也没有国际航线，只有国内、省内航线35条，地区航线仅成都—香港包机航线1条；有大、中、小型运输机28架；有民用营运机场11个（含重庆市），仅成都、重庆、西昌3个机场通航使用。1986年，四川省内3个通航使用机场全年航空运输旅客吞吐量88.27万人次，邮货吞吐量25654吨。

随着中国民航管理体制改革推进，在民航成都管理局积极支持下，1986年9月19日，四川省第一家地方组建的航空公司——四川省航空公司正式成立。四川省航空公司是由四川省人民政府直接领导的全民所有制企业，经营民用航空运输业务。1987年10月15日，全国第一个按政企分开改革原则组建的国家骨干航空公司——中国西南航空公司在成都正式成立，这是中国民用航空局直属航空运输企业。1992年7月，位于四川广汉的中国民用航空飞行学院为改善办学条件，提高办学能力，以适应民航的快速发展，组建长城航空公司。为适应国家经济发展形势与公众对民用航空运输业的需求，经民航总局批准，2004年4月17日，国内第一家民营航空运输企业——鹰联航空有限公司在成都成立。

到2005年底，四川省境内已先后组建成立国家所有、地方所有、民航飞行学院集体所有和民营等多种所有制民用航空运输公司4家，共拥有大、中、小型运输机81架，全年起降飞机151688架次，日均航班415.58架次。从成都出发的国际、地区航线已开通24条，成都已与国内外93个大中城市定期通航。中国西南航空公司先后开辟航线260余条，四川航空公司开辟航线150余条，长城航空公司开辟航线50余条，鹰联航空公司开辟成都—深圳航线。四川省内新建、扩建4C级及以上标准投入运营的民用机场10个（不含重庆市）。其中，成都双流国际机场高峰日航班量达513架次，最高月吞吐量达153万人次，成为中西部第一家跨入千万人次的枢纽机场，也是继北京、上海、广州、深圳之后，全国第5家跨入世界繁忙机场行列的机场之一。2005年，四川省内机场全年航空运输旅客1566.66万人次，邮货257236.41吨，分别是1986年的17.75倍、10.03倍。

通用航空公司参与地方经济建设作业飞行，作出了突出贡献。1998—2005 年，四川华西通用航空公司先后在四川绵阳、广元、西昌、泸定及重庆巫山、陕西咸阳、淳化等地进行飞机播种造林约 20 万公顷；为勘探设计成渝高速铁路、达成铁路、金沙江溪洛渡电站、岷江紫坪铺电站及省内外城市规划设计等重大建设项目进行航空探测作业飞行近 200 架次。中国民用航空飞行学院创建的四川三星通用航空公司先后在四川、北京、河北、河南、内蒙古等省（自治区、直辖市）实施人工降雨作业飞行 400 余架次；在川西林区进行森林防火巡护作业飞行近百架次；在四川、重庆地区进行航空拍摄作业飞行近 300 架次。

三

四川机场集团有限公司下辖的成都双流国际机场前身是成都双桂寺机场，始建于 1938 年 12 月。1956 年 12 月 12 日更名为成都双流机场。1987 年 7 月，中国民航经营管理体制改革在民航成都管理局试点。当年 10 月 15 日，根据民航局《关于对成都管理局体制改革方案报告的批复》，按照“政企分开，简政放权”的原则，将原民航成都管理局分为民航西南管理局、西南航空公司和成都双流机场。于是，作为全国民航第一家独立核算、自负盈亏、财务计划包干经理负责制的成都双流机场宣告成立。1993 年 12 月，双流机场被国家批准为国际口岸机场，四川省人民政府口岸办公室、成都海关、四川商检局、成都边防检查站、成都卫生检疫局、成都动植物检疫局等机构进驻机场。1995 年 11 月 30 日，成都双流机场更名为成都双流国际机场。1997 年，重庆被中央设置为直辖市后，原由民航四川省局管理的达川、南充、西昌 3 个航站成建制划归成都双流国际机场管理。2000 年 7 月 10 日，国务院批准双流国际机场口岸签证权，正式开展口岸签证工作，特殊过境者可直接到双流机场航空口岸补办签证。2003 年 11 月，商务部同意成都双流国际机场与明捷航空集团（成都）有限公司在成都市设立中外合资经营企业——成都机场明捷航空服务有限责任公司，于当年 12 月正式成立。2004 年 3 月，民航总局决定将成都双流国际机场移交四川省人民政府管理。是年 3 月 26 日，《四川省人民政府关于同意成立四川省机场集团有限公司的批复》同意成都双流国际机场在原基础上成立四川省机场集团有限公司，由四川省国资委管理。2004 年 7 月 28 日，四川机场集团按照中共四川省委、四川省人民政府的指示精神，本着集中精力做强做大成都双流国际机场、提高集团公司核心竞争力的原则，将南充高坪机场移交南充市人民政府管理。2004 年 8 月 10 日，国家发展改革委同意对成都双流国际机场进行股份制改造，注册资本为人民币 756894172 元，由四川省机场集团有限公司、机场管理（香港）有限公司、深圳市机场（集团）有限公司、成都市华盛（集团）实业投资有限公司和大连周水子国际机场集团公司 5 家公司共同发起创立。10 月 28 日，成都双流国际机场股份有限公司正式成立，从事民用航空器起降应急救援保障服务、旅客过港服务、地面运输服务；候机楼内航空用营业场所、商业场所、生产办公场所的经营出租以及候机楼内综合性旅客服务场所的经营出租。

1985 年 11 月 30 日破土动工新建的重庆江北机场，于 1990 年 1 月 22 日启用通航，原重庆白市驿机场民航飞机起降转至重庆江北机场。1997 年 3 月，重庆被设为中央直辖市，重庆江北机场、梁平机场划归重庆市管理。

到 2005 年底，四川省内有新建、扩建投入使用的 4C 级及以上标准机场 10 个，分别是成都双流国际机场、西昌青山机场、南充高坪机场、绵阳南郊机场、泸州蓝田机场、宜宾菜坝机场、广元盘龙机场、攀枝花保安营机场、九寨黄龙机场、达州河市机场。

四

航空安全始终贯穿民航事业发展全过程，“安全第一、预防为主”是航空安全工作的指导思想。民航安全管理机构制定有系统的安全工作规章制度、条令。四川境内各航空企事业单位始终把安全放在首位，严格遵循民航局规定的“三到位”（思想到位、精力到位、工作到位）、“三落实”（人员落实、措施落实、责任落实）、“四不放过”（未查清原因不放过、未分清责任不放过、未采取有效措施不放过、未严肃处理不放过）航行规则，正确处理安全与生产、安全与效益、安全与服务3个关系；在飞行过程中落实“八该一反对”（该复飞的复飞、该穿云的穿云、该返航的返航、该备降的备降、该绕飞的绕飞、该等待的等待、该提醒的提醒、该动手的动手，反对盲目蛮干）；在安全检查中认真“四查”（查思想、查管理、查纪律、查隐患）等一系列切实可行的规定和措施。1995年，民航总局又提出用3年或更多一点时间实现民航持续、快速、健康发展的良性循环战略目标，提出安全工作防范关口前移。这是对民航安全工作长期积累的经验教训的总结，也是实现航空安全良性循环的根本保证。1996年3月，《中华人民共和国民用航空法》（以下简称《民用航空法》）颁布实施，民航安全管理工作进入法治轨道：一方面为民航依法保证航空安全提供了法律依据，另一方面把法律的武器交给社会，民航要在全社会的监督下抓安全、保安全。这是民航安全工作一个根本性转变，也是民航安全工作质的提高。四川境内各民航单位为适应这一转变，狠抓《民用航空法》宣传教育，认真组织全体职工在学法、知法、守法、执法、用法上下功夫。1996—2005年，民航西南地区管理局为巩固发展平稳的安全态势，采取6项措施：一是签订安全责任书，明确责任目标，谁主管谁负责，责、权、利清楚，落实到每个岗位、每一个人；二是建立各种规章制度，将航空安全工作以“立法”的方式规定下来，做到有法可依、有章可循；三是建立健全各级安全管理机构，从组织上保障安全工作得到落实；四是进行公共航空运输承运人运行合格审定工作，帮助、监督航空运输企业建立和完善自我安全运行管理机制，使其安全管理向科学化、规范化、法制化迈进；五是运用计算机数据比照、信息处理、系统分析等手段，对航空公司、机场和空管系统整体状况进行全面、客观、公正的安全评估，为加强和改善安全管理提供科学决策依据；六是开展经常性的安全教育活动，使广大干部职工明白民用航空安全法律、法规和规章是做好安全工作的依据，养成遵守安全法律、法规和规章的自觉性，从而使民航西南地区的飞行安全、空防安全和航空地面安全各项工作落到实处。2000—2005年，四川地区民航飞行事故明显减少。

民航空勤队伍包括飞行队伍、乘务队伍、空保队伍。民航空勤队伍是民航第一生产力，飞行队伍又是空勤队伍的主体，直接关系民航安全生产、服务质量、飞行正常和经济效益的提高。加强空勤队伍建设、提高空勤队伍素质，是民航各航空企事业单位常态化的重要工作之一。

加强飞行人员业务技术培训，是提高飞行人员业务素质的必要途径。四川境内各航空企事业单位的飞行人员从学员时期开始，都要经过严格、正规、系统的飞行业务技术培训，尤其是飞行员从基础理论教育到驾驶技术训练，从一般技术操纵到应急处置训练，从机型飞行改装到成熟机长训练，均按照飞行训练大纲严格组织实施。各航空企事业单位的飞行改装培训，始终坚持循序渐进的原则。飞行院校初教机毕业的飞行员，通常只能先飞行小型航空器；小型航空器和从飞行院校高教机毕业的飞行员通常只能改装飞行中型航空器；中型以上航空器的飞行员才能改装飞行大型航空器或宽体客机。通过机型飞行改装的理论教育、模拟机训练、本场训练和航线训练，飞行员在新的机型上才能达到副驾驶、正驾驶、飞行教员和飞行检查员的技术标准，并取得相应岗位的技术资格。

乘务队伍和空保队伍是空勤队伍的组成部分。乘务人员和空保人员又是直接为航空器客舱旅客服务的人员，担负着为旅客提供热情、周到、舒适服务和维护客舱安全秩序以及出现紧急情况，帮助旅客安全脱离等项职责。四川乘务人员和空保人员工作质量的提高，提升了四川民航企事业单位美好形象。

五

科学技术是民航创新发展的重要动力。1986—2005 年，四川加大民航科教投入，提高民航事业发展水平。

位于四川广汉的中国民用航空飞行学院（以下简称民航飞院）创建于 1956 年，是中国民用航空总局直属的一所培养民航飞行人员和其他专业技术人才的全日制普通高等学校。

民航飞院占地面积 1033 公顷，拥有奖状、夏延、西门诺尔、TB、贝尔等 9 种机型共 100 余架初、中、高 3 级先进飞机组成的庞大教练机群；有高水平的自动化图书馆、现代教育中心和校园网络系统；有亚太地区最大的飞行模拟机中心和全球 3 大航空发动机维修培训基地之一的“GE”中心，以及中国唯一的莱康明发动机翻修中心。一流的科技设备和一流的教学设施，保障了实验教学质量，为学生获取先进知识、提高自身能力创造了条件。

民航飞院下设飞行技术学院、空中交通管理学院、航空工程学院、空中乘务学院、计算机学院、外国语学院、航空运输管理学院、体育教学部以及中国民航唯一的民航飞行技术与飞行安全科研基地；开设有飞行技术（运输机驾驶、通用飞机驾驶、直升机驾驶）、交通运输（空中交通管制、飞行签派、航行情报和机场管理）等 21 个本、专科专业；形成以飞行驾驶专业为骨干，民航相关专业为支撑的工、管、文等多学科协调发展的办学格局，教学内容覆盖民航所有公共专业。

为保障飞行训练，民航飞院在四川新津、广汉、绵阳、河南洛阳共设有 4 个副司（局）级飞行训练分院，5 个设施完备供飞行教学训练使用的机场。为保障飞行安全和教学质量，学院还设有飞机修理厂和为转场飞行服务的遂宁、洛阳 2 个航空服务站。

民航飞院历来十分重视学生德、智、体等全面发展，其中富有特色的准军事化管理对学生提升能力素质奠定了良好基础。据统计，中国民航每天飞往国内外的各条航线上，90% 以上的机长是在这里接受了良好的文化教育和严格的纪律作风培养后成长起来的。中国民航 90% 以上的机长都毕业于此，民航飞院被誉为中国民航飞行员的“摇篮”、中国民航管理干部的“黄埔”。

1986—2005 年，四川境内的民航科技企业不断创新开发，成功研制了一系列具有国内国际领先水平的航空应用器材和设备，获国家科技进步二、三等奖。

位于四川成都的中国民用航空总局第二研究所（以下简称民航二所）是从事航空技术应用开发的科技型企业，其前身为中国民航总局科学研究所。1986 年，国家对科研单位拨款制度实行改革，树立变纯科研型为科研经营型的思想。至 1991 年，民航二所由全额拨款的纯研究单位转化为差额拨款的技术应用型科研机构。2003 年 12 月，科技部正式批准民航二所转制为科技型企业。

科技管理体制改革，推动了民航科研事业大发展。1990 年，民航二所研制的“FIDS6 - 14A 型航班信息显示系统”成功应用于北京第十一届亚运会举重成绩、田径检录、赛艇计时计分显示，受到第十一届亚运会组委会技术部的高度赞扬和中国民航局的嘉奖。该系统获得国家科技进步三等奖。

1991—2000年，民航二所科技人员深入民航运输一线广泛调研，围绕民航运输实际需求开展科研工作，取得一大批科研成果并及时推广应用于民航各单位。其中，“机场综合信息管理系统”获国家科技进步三等奖，“航空发动机（CFM56、JT3D）性能监控与故障诊断系统”“候机楼办理乘机手续引导系统”“多语种实时编辑航班信息自动广播系统”等先后获民航科技进步二等奖。

2000年，民航二所航化测试中心成为美国自动机械工程协会（SAE）和美国材料与试验协会（ASTM）成员。同年，FCY－IA型飞机除冰液被美国联邦航空局FAA列入2001—2002年度冬季合格除冰、防冰液产品清单目录，成为国内乃至亚洲地区唯一被列入美国联邦航空局合格产品清单的除冰液。

2001年，民航二所成立以来投入最大的科研项目“机场行李自动分检系统”在贵阳机场进行放大试验。2002年10月，该项目通过民航总局技术鉴定。该系统填补了国内空白，处于国内领先水平。在部分关键技术及性能上达到国际先进水平，具有自主知识产权，应用前景良好。2005年，机场行李自动分检系统获国家科技进步二等奖。

2003年9月，成都航贸储运有限责任公司开发研制的、具有国际先进水平的RJF－3型飞机压力加油接嘴在第十届北京国际航空展览会上展出，受到国内外客户的青睐。这一技术先进、却只有国际同类产品售价1/4的航空器材，很快凸显出良好的市场发展前景。

到2005年，成都已建成中国民航一流的空管和电子信息科研基地、空管新技术应用实验室、航化适航测试中心、农林航空测试中心、节能减排监测中心。机场信息系统集成技术、行李自动分检技术、场面移动引导控制技术、无线射频识别技术、空管自动化控制技术、航空化学应用技术、机场弱电系统设计技术及适航检测技术均处于国内领先水平。

六

回顾1986—2005年这20年，正是四川经济社会承前启后，从民航大省向民航强省转型迈进关键的20年，也是四川民航深化改革、锐意进取，实现大跨越、大发展的20年，成绩显著，令人瞩目。20年间，四川地区民用航空公司从无到有，不断壮大，航空运输业成功地走上企业化道路。四川省内10个高等级的民用机场等基础设施建设成功，特别是多条国际、地区航线的开辟和通往沿海开放城市航线的开辟，为四川对外开放、发展区域经济创造了有利条件，对促进四川经济增长起到极其重要的作用。优良的航空安全管理、运输管理和高素质的民航空勤队伍为旅客提供热情、周到、舒适的服务工作，赢得了国际国内旅客普遍赞誉。民航科技器材产品众多，很多优秀产品达到国内乃至国际领先水平。民航教育事业成就辉煌、人才辈出、誉满蓝天。

四川民航事业的发展随着四川经济的发展而发展，民航事业的快速发展又推动四川经济的快速增长。随着时代的前进，四川民航事业也将同中国民航事业一道前进，并将取得更加辉煌的成绩。

第一篇　体制机构

1986—2005 年，四川省境内的民航机构数量众多，门类齐全。民航总局设立在成都的民航西南地区管理局是西南地区民航系统的最高管理机构，代表民航总局对四川省、云南省、贵州省、西藏自治区、重庆市 5 省（自治区、直辖市）的民航系统实行管理。1997 年 4 月 18 日，原民航四川省局改为民航重庆市局后，四川省内的民用航空事务直属民航西南管理局管理。2003 年 5 月 12 日，民航西南管理局成立成都安全运行监督管理办公室，代表民航西南管理局对四川省内的民用航空事务实施行业管理监督。设立在成都的民航西南管理局空中交通管理局，负责西南地区内空中交通管理事务职能，业务上接受民航总局空中交通管理局领导。

位于四川广汉的中国民用航空飞行学院，是民航总局直属的一所培养民航飞行人员和其他专业技术人才的全日制普通高等学校。四川境内以民航总局第二研究所为代表的民航科技企业不断创新开发，成功地研制了一系列具有国内国际领先水平的航空应用器材和设备。

1986 年，原民航成都管理局执管的民航第七飞行大队和民航第十七飞行大队驻四川省境内。1987 年 10 月 15 日，民航实施管理体制改革，成立西南航空公司，民航第七飞行大队和第十七飞行大队划归西南航空公司。1986 年 9 月 19 日，四川省航空公司成立；1992 年 7 月 21 日，长城航空公司成立；2004 年 4 月 17 日，鹰联航空有限公司成立。至 2005 年，四川省境内还有华西通用航空有限公司和四川三星通用航空有限公司。

设立在成都的中国民航机场建设总公司西南分公司是与中国民航机场建设总公司全部甲级资质共享的民航机场建设专业公司。2004 年 3 月 26 日，四川省人民政府以《四川省人民政府关于同意成立四川省机场集团有限公司的批复》同意成都双流国际机场在原基础上成立四川省机场集团有限公司，由四川省国资委管理。

四川省境内还有技术先进、具有实力的机务维修和航空油料、航空器材等民航保障机构。

第一章　管理机构

第一节　民航西南地区管理局

1986 年，民航成都管理局是西南地区民航系统的最高管理机构，对四川省、云南省、贵州省、西藏自治区 4 省（区）的民航系统实行政企合一管理。

1987 年 1 月，国务院批准民航局《关于民航系统管理体制改革方案和实施步骤的报告》，改革方案主要是根据政企分开，减少管理层次和简政的原则，将民航局、地区管理局、省（自治区、直辖市）局、航空站 4 级管理体制改为民航局和地区管理局两级管理，分别成立地区管理局、国家骨干航空公司及机场。民航成都管理局于同年 4 月 26 日向民航局报送了管理局的体制改革方案。6 月 12 日，民航局批复成都管理局体制改革方案的报告，同意组建中国民用航空西南管理局、中国西南航空公司、成都双流机场 3 个单位。10 月 15 日，3 个单位正式成立。组建后的民航西南管理局隶属于民航局，是民航局的派出机构，为西南地区民航行政管理部门，在民航局授权的范围内对四川省、云南省、贵州省、西藏自治区 4 省（区）的航空运输及通用航空实行管理，并对机场实施归口管理。

民航西南管理局成立之初，机关内设机构为：办公室、计划处、企业管理处、劳动人事处、财务处、审计室、适航处、飞行安全监察处、科教处、机务处、航行气象处、通信导航处、公安处、劳动服务公司以及党组组织处、党组宣传处、老干部处。以后，机构又经过几次调整：1990 年 6 月 6 日，撤销劳动服务公司成立生活服务中心；1992 年 8 月 20 日，生活服务中心改名为综合管理部；1992 年 7 月，公安处改名为公安局；1992 年 7 月 10 日成立航务管理中心，中心成立后，将管理局航行气象处、通信导航处等划归该中心（此后航行气象处又分为航行与气象两个处）；1992 年 11 月 2 日，飞行安全监察处改名为飞行标准安全监察处；1994 年 1 月 8 日，管理局成立成都航空器审定中心；1995 年 4 月 6 日，撤销飞行标准安全监察处，成立飞行标准处和航空安全办公室，分别具体负责西南地区范围内的民航飞行标准综合管理工作和安全综合管理工作；1995 年 12 月 18 日，将属于航务管理中心的航行处划归于管理局，改名为航务管理处，成为管理局的一个职能部门，负责西南地区飞行程序设计的审定、飞行签派等航务管理和协调等工作。同日，将属于航务管理中心的交通战备办公室划归管理局，成为管理局的一个职能部门，负责民航西南地区交通战备的日常工作（1987 年 5 月 25 日，管理局交通战备领导小组及其办公室成立，1992 年 7 月 10 日，管理局成立航务管理中心，该办公室设在航务管理中心）。根据民航总局 1997 年 5 月 9 日下发的《关于民航交通战备机构更名、职责调整的通知》，民航西南管理局交通战备领导小组及其办公室改名为国防动员委员会和国防动员办公室。国防动员委员会负责贯彻落实民航总局关于国防动员工作的方针、政策和规章制度，组织领导西南地区民航人民武装动员、经济动员、人民防空、交通战备工作和防汛，抗震、抢险救灾等工作，并对西南地区各航空公司、机场、油料公司的上述工作负有协调指导责任，其办公室具体负责落实委员会的工作责职，承担委员会的日常工作。1996 年 4 月 8 日，撤销企业管理处，成立体改法规企管处、运输通用航空管理处，该两处均为管理局机关职能单位。2000 年 3 月 29 日，成立建设工程质量监督站，该监督站与机场处为一个机构，两块牌子。按照国务院 2002 年 3 月 3 日批准的《民航体制改革方案》要求，2003 年 5 月 12 日民航西南管理局成立成都安全运行监督管理办公室，代表民航西南管理局负责对四川省内的民用航空事务实施行业管理监督。

2003 年 7 月 14 日，民航总局印发《民航西南地区管理局行政机构改革实施方案》，这一次机构改革后，民航西南管理局更名为民航西南地区管理局。8 月 26 日，根据《国务院办公厅关于印发中国民用航空地区行政机构职能配置机构设置和人员编制规定的通知》，中国民用航空西南地区管理局印章正式启用；9 月 10 日，根据民航总局《中国民用航空西南地区管理局及其派出的安全监督管理办公室内设机构主要职责和人员编制方案》，民航西南地区管理局的机关内设行政机构办公用章正式启用。

2005 年，民航西南地区管理局仍然按照《国务院办公厅关于印发中国民用航空地区行政机构职能配置机构设置和人员编制规定的通知》要求，在民航总局授权的范围内对四川、云南、贵州、西藏、重庆 5 省（自治区、直辖市）的航空运输及通用航空实行行业管理，并对机场实施归口管理。

第二节 民航四川省管理局

1959 年 4 月，四川省交通厅与民航成都管理局在成都凤凰山机场组建民航四川省管理局（以下简称民航四川省局）。民航四川省局先后领导并管理省内西昌、南充、达县、泸州 4 个航站的航空运输业务及涪陵导航点的通信业务。1960 年 12 月，民航成都管理局、民航四川省局和航站合并办公，实行“三合一”的领导管理体制，下设地方航站办公室，办理民航四川省局对外联系和省内西昌、南充、达县、泸州 4 个航站的业务。1961 年底，民航四川省局撤销。1962 年 4 月，民航管理体制由交通部的部属局改为国务院直属局，民航成都管理局所属四川省内的地方航站办公室随之撤销。1964 年 3 月 13 日、1965 年 5 月 24 日，中共四川省委、民航总局先后批准在重庆白市驿机场重新组建民航四川省管理局，1965 年 7 月 1 日正式成立。新成立的民航四川省局下辖南充、达县两个航站及涪陵、泸州两个导航点。1967 年 2 月 15 日起，西昌航站由民航成都管理局的直属航站改为由民航四川省局领导。1990 年 2 月，民航四川省局由重庆白市驿机场迁到重庆江北机场。1990 年 7 月，民航四川省局的部分运输业务及运输、机务两个部门划归西南航空公司重庆分公司管辖。1992 年 7 月 14 日，民航四川省局将机关的科升格为处。同年 11 月 5 日，民航西南管理局决定，委托民航四川省局对万县、泸州、宜宾 3 个民航机场行使行业管理。重庆成为国务院直辖市后，民航四川省局于 1997 年 4 月 18 日改为民航重庆市局，民航四川省局不复存在。

第三节 空中交通管理机构

一、民航西南管理局航务管理中心

1986 年 5 月 13 日，民航局下发《关于管理局调度、气象、航行情报等机构级别的通知》，决定民航地区管理局指挥调度室为副处级，地区管理局所属区调、站调、航行情报室、气象台为正科级，民航省（自治区、直辖市）局指挥室为副科级。根据此规定，民航成都管理局及其各省（区）局按照干部管理权限，对其指挥调度部门主要负责人相继下发重新任职的通知，从机构级别上加强了指挥调度部门组织管理。

1987 年，西南民航进行了体制改革，民航成都管理局改称为民航西南管理局后，将航行处改名为航行气象处，各级指挥调度部门的名称与飞行指挥区域范围不变。1989 年，为了加强航行、通信、气象、航行情报工作，更好地保证飞行安全和正常，中国民航局决定在地区管理局所在地成立管理局航务管理中心。

1990 年 11 月 1 日，民航局颁发了《中国民用航空空中管制工作规则》（以下简称《规则》），此前颁发的《中国民用航空指挥工作细则》废止。新颁发的《规则》中，将航行管制改为空中交通管制，区域指挥调度室改为区域空中交通管制室，航站指挥调度室改为空中交通报告室，管制塔台改为塔台管制室。

1992 年，民航四川省局将航行科（航行气象科）改名为航务管理处（航行气象处）。同年 7 月 10 日，根据民航局《关于转发国务院批准的〈关于民航进一步深化体制改革方案的请示〉的通知》精神，成立民航西南管理局航务管理中心。明确了该中心为副司局级，是独立核算自收自支预算管理的事业单位，行使部分政府职能，隶属于中国民用航空西南地区管理局。

民航西南管理局航务管理中心成立后，民航西南管理局航行气象处归入航务管理中心，更名为航行处，行使民航西南管理局业务处职能，对民航西南地区的航行工作进行技术业务领导，并对各航空企业单位的航务工作实施行业管理。民航西南管理局指挥调度室也归入航务管理中心，更名为航务管理中心指挥调度室，升格为处级，负责成都地区的飞行管制工作，同时执行管理局指挥调度室的职能，对西南地区的指挥调度工作实行领导与管理。指挥调度室下设塔台管制室、区域管制室、飞行报告室、管调室，并在业务上接受管理局航行处指导。

二、民航西南管理局空中交通管理局

1995 年 5 月 25 日，民航总局印发《关于印发 1995 年民航体制改革工作要点等七个文件的通知》，在《1995 年民航体制改革工作要点》中提出要“明确总局、地区管理局两级空管机构职责”，要进一步理顺关系，完善民航空管体制，结合地区管理局机构调整工作，将地区管理局航行（航行情报）、气象、通信部门和航务管理中心撤销，同时组建地区管理局空中交通管理局，由地区管理局领导管理，行使一定的行政管理职能。同年 12 月 29 日，根据民航总局《关于进一步明确总局及地区管理局两级空中交通管理机构职责的意见》和《关于组建民航地区管理局空中交通管理局的补充

通知》精神，民航西南管理局撤销航务管理中心，成立民航西南管理局空中交通管理局，副司局级，是民航西南管理局负责辖区内空中交通管理事务的职能部门，业务上接受民航总局空中交通管理局的领导。民航西南管理局空中交通管理局由原航管中心人员构成，是独立核算的自收自支预算管理的事业单位，共设17个二级机构。

民航西南管理局空中交通管理局成立后，航行处和管制中心分别更名为民航西南管理局空中交通管理局空中交通管制处和民航西南管理局空中交通管理局空中交通管制中心。

根据国家空管委《关于我国航路移交民航管制指挥和飞行管制区调整方案》以及《民航西南地区管制区域调整和航路管制指挥移交实施细则》的要求，2000年6月30日起，民航西南管理局空中交通管理局空中交通管制中心下设塔台管制室、进近管制室、区域管制室、飞行报告室和管调室等管制单位。其中，塔台管制室主要负责双流机场为中心半径50千米范围内的军、民航飞行管制工作；区域管制室主要负责成都管制区域内的飞行管制工作；飞行报告室主要负责拟定和审批各种飞行计划、编制各种航行业务电报以及代理航行签派业务；管调室主要行使民航西南管理局指挥调度室职能，对民航西南地区各省（自治区、直辖市）局、航站空中交通管制业务工作实施管理。

随着民航体制改革的不断深化，空中交通管理体制必须实施配套改革。空管体制改革的主要内容在于将空管工作与机场分离，成为自成体系的空中交通管理系统，以利于确保航空安全。2000年9月25日，民航总局下发了《关于做好空管改革准备工作的通知》。同年10月9日，民航西南管理局在转发民航总局的通知中，要求各省（自治区、直辖市）局认真做好空管改革的各项准备工作，并按照民航总局关于空管体制改革的部署，于2001年下发了民航西南管理局空管体制改革的实施意见。民航西南地区各省（自治区、直辖市）局相继成立了空管体制改革工作领导小组和办公室，分别向民航西南管理局上报了《空管体制改革实施方案的请示》，民航西南管理局向民航总局上报了《实施方案》，经民航总局批准后，民航云南省局、贵州省局分别筹组昆明、贵阳空管中心，重庆市局筹组重庆空管站，并进行了人、财、物、资料、档案的移交。

至2005年，民航四川地区的西昌青山、达县河市坝、南充高坪、广元盘龙、宜宾菜坝、泸州蓝田、绵阳南郊、攀枝花保安营、九寨黄龙等支线机场，自开航时起均设置了空中交通管制（航行调度）机构。各支线机场和航站的空中管制部门依据《中华人民共和国民用航空法》《中华人民共和国飞行基本规则》《中国民用航空飞行规则》《中国民用航空空中交通管理规则》《飞行管制一号规定》等法律、法规和规章，对进出机场的航空器飞行提供空中交通管制服务。

第二章 教育科研机构

第一节 中国民用航空飞行学院

一、管理体制

1956年3月12日、5月5日，民航局先后两次向国务院领导建议在空军支持下筹建民航飞行学校。1956年5月26日，国务院批准建立中国民用航空局航空学校。经民航与空军研究，学校基地设在四川省新津县。

1956年9月22日，国防部批复空军司令部，同意中国民用航空局航空学校改名为中国人民解放军第十四航空学校（以下简称十四航校），学校建制、人员定额和经费开支均属民航局。

1960年5月，根据空军和民航局的决定，十四航校进行空、地分校，地勤部分在四川新津机场成立民航成都机械专科学校，空勤部分仍用十四航校名称，校部从新津迁往广汉。

1963年7月，民航总局决定对当时的民航4所学校（十四航校、天津高级航校、民航机械专科学校、民航四航校）进行合并整编，经中央军委第174次办公会议批准和国务院同意，将培训空勤人员部分组成单一的空勤航校，将民航四航校和天津高级航校的空勤部分并入十四航校，校部仍设在四川广汉，在新津的机械专科学校迁往天津。10月25日，空军司令部、民航总局根据中央军委决定联合下发通知，十四航校更名为中国民用航空高级航空学校。1971年5月19日，空军通知，经中央军委批准，中国民用航空高级航空学校更名为中国人民解放军第十四航空学校，学校的领导关系、担负的任务和各项制度不变。

1980年3月，国务院、中央军委决定，民航不再由空军代管，改为国务院直属局。根据国务院、中央军委《关于民航体制若干问题的决定》精神，十四航校列为全国大专院校系列，是年10月，经国务院批准，十四航校按国务院部委领导的高等院校管理办法，由民航总局直接领导，更名为中国民用航空飞行专科学校，设置飞行、领航、通信等专业。

1987年12月15日，国家教委批准中国民用航空飞行专科学校升格为中国民用航空飞行学院（以下简称民航飞院），设置飞机驾驶本科专业，学制4年。同时，决定学院由中国民用航空局和四川省人民政府共同领导，以中国民用航空局领导为主。至2005年，国家对民航飞院的领导管理体制不变。

二、机构设置

十四航校组建初期为空地混合航校。1956年11月，空军下发了第一个编制序列表（草案），学校机关设4个部，下辖6个大队，即校部、政治部、干部部、物资保证部以及飞行学员大队、机械学员大队、无线电学员大队、雅克18一大队、雅克18二大队、安2大队。1957年3月，空军司令员、政治委员和副司令员联名下达命令，颁布《中国人民解放军第十四航空学校暂行编制表》，该表规定学校机关设4部、1处、1科，即司令部、政治部、干部部、物质保证部、机务处、财务科，下辖3个飞行训练团，3个学员大队。

1960年空地分校后，民航总局于1963年通知：高级航校机关设3部、1处，即司令部、政治部、后勤部、机务处，下辖3个团、1个学员大队。1963年至1979年，学校几次易名，其间曾下达几次编制表，除个别单位名称有所变更外，机构设置基本相同，机关设司令部、政治部、后勤部，下辖学员大队和4个飞行训练团。

1981年6月，根据民航总局颁发的《民航飞行专科学校组织系统表》，学校对所属机构进行了较大的调整，撤销了司令部、后勤部，行政机关设1室、6处，即办公室、飞行训练处、理论教育处、机务航材处、总务处、物资基建处、卫生处，下辖一、二、三、四分校。党政机构设有政治部及其所辖组织处、宣传处、干部处、保卫处、机关党委办公室和纪委、团委。

1986年8月，民航局对学院机构设置作了部分调整，规定学校教学行政机构设办公室、教务处、人事处、计划财务处、科研处、总务处、基建维修处、飞行训练处、安全检查处、机务处、公安处、卫生处、基础部、飞机驾驶系、航行系、马列主义教研室、图书馆以及一、二、三、四分校；党群机构设政治部及其所属的组织处、宣传处、机关党委办公室和纪委、工会、团委。

1987年12月，学校升格为本科院校后，单位布局和机构设置进一步调整：撤销政治部，院直机关党委列为编制，机关新增党委办公室、纪委办公室、工会办公室和航务管理处、学生处、审计处、离退休职工管理处；马列主义教研室改为社会科学部；直属单位新增模拟机训练中心，遂宁航站、飞机修理厂。

2001年1月10日，民航飞院为贯彻全国第三次教育工作会议和全国高校后勤社会化工作会议精神，落实中组部、人事部、教育部《关于深化高等学校人事制度改革的实施意见》和四川省人民政府办公厅《关于进一步加快高等学校后勤社会化改革的通知》的要求，抓住高等教育大发展和国家实施西部大开发战略的历史机遇，深化改革，加速发展，经学院研讨论证，并报民航总局批准，决定对院部二级机构进行调整。学院机关由原有24个处级单位缩减为18个；充实理论教学实体，成立交通学院，剥离后勤系统，将后勤服务性质的单位从机关分离出去，实行企业化管理；撤销院党委办公室，将职能分解，党务工作职能划入组织部，统战工作职能划入宣传部，秘书、信息、信访工作职能划入院办公室；撤销学生大队，空勤学生由飞行技术系（现飞机驾驶系）管理，保留学生队管理方式，其他学生分别由系管理，实行辅导员制；撤销总务处，成立后勤管理处，与企业管理处为一个机构两块牌子；飞行安全标准处与航空安全办公室合并，成立飞行安全技术处，履行飞行训练、飞行标准和安全监察职能。院团委与学生处合署办公，实行一个机构两个牌子。成立交通学院，该学院为飞行学院下属的二级学院，由院部理论教育单位归口组成。组建后勤服务总公司，除医院外的后勤服务职能部门纳入该公司，逐步使后勤服务走向社会化；卫生处与其下属的体检队、职工医院合并，实行院处合一，更名为医院；卫生处的职能并入该医院，医院主要为服务实体，并逐步走向社会化。航务管理处更名为空中交通管理中心。

2001年调整后民航飞院二级机构设置是：学院机关（18个）：组织部（院直党委）、宣传部

（统战部）、院纪委办公室（监察处）、院工会办公室（女职工部）、院办公室、人事处、审计处、机务处、科研处（科学技术研究所）、教务处、学生处（含院团委）、空中交通管理中心、飞行安全技术处、机场公安局（社会治安综合治理办公室）、离退休职工管理处、计划基建处、财务处、企业管理处（后勤管理处）。教学训练实体（7 个）：交通学院、新津分院、广汉分院、洛阳分院、绵阳分院、遂宁航站、模拟机训练中心。企业化管理单位（4 个）：长城航空公司、飞机修理厂、后勤服务总公司、医院。2003 年 10 月 10 日，学院对理论教育管理体制进一步实行改革，撤销交通学院，组建了飞行技术与航空工程学院与空中交通管理学院；成立空中乘务学院与体育教学部，交通学院原有的计算机与信息工程系、外语系、管理科学系、教务处、图书馆、发动机培训中心等成为飞行学院的二级机构。

三、分院

（一）新津分院

民航飞院新津分院（以下简称新津分院）原名称为中国人民解放军第十四航空学校第二飞行训练团，成立于 1957 年 4 月 11 日。1958 年 2 月，经空军批准改称为中国人民解放军第十四航空学校第一飞行训练团（以下简称一团），团部和飞行基地设在新津机场。

一团是飞行教学训练实体，按计划实施飞行训练和管理。一团组建初期，机构设有司令部、政治处、机务处、飞行一大队、飞行二大队、场站和警卫通信连。1958 年 8 月，机务处改称航空工程大队。1961 年 1 月，新津机场气象台划归学校建制，归一团管辖。1980 年 10 月，学校列为全国大专院校系列后，1981 年 8 月，一团更名为中国民用航空飞行专科学校第一分校。1987 年 12 月，学校升格为本科学院，一分校更名为中国民用航空飞行学院第一分院。1993 年 7 月，第一分院改称为中国民用航空飞行学院新津分院。与此同时，对机构的设置也进行了全面调整。2004 年，新津分院机关设党委办公室、分院办公室、安全监察办公室、人事科、财务科、公安派出所；业务部门设飞行一大队、飞行二大队、机务工程部、航务部、总务部。2004 年末有教职工 374 人，其中空勤人员 48 人，机务人员 88 人，空中管制人员 6 人，气象人员 9 人，通信导航人员 26 人。

（二）广汉分院

民航飞院广汉分院（以下简称广汉分院），原名称为中国人民解放军第十一航校第二飞行训练团，1953 年 8 月成立于陕西咸阳机场。1958 年 8 月，经中国人民解放军总参谋部批准，成建制划归十四航校，编为十四航校第二飞行训练团（以下简称二团），团部驻广汉机场。1963 年 7 月，根据民航总局整编会议决定，二团迁至遂宁机场。1980 年 10 月，学校列为全国大专院校系列后，1981 年 8 月，二团更名为中国民用航空飞行专科学校第二分校。1987 年 12 月，学校升格为本科学院，二分校改称为中国民用航空飞行学院第二分院。1992 年，民航飞院进行布局调整，二分院于该年 6 月迁至广汉机场。二团是飞行教学训练实体，主要任务是对空勤学生进行飞行教学训练和管理。组织机构按照空军航校飞行训练团的模式设置。机关设司令部、政治处，下辖 2 个飞行大队、机务大队、场站及警卫通信连、气象台。

1992 年 6 月，二分院由遂宁迁到广汉时，划出 245 人组建遂宁航站，飞行、机务和少数行政人员等 150 人搬迁到广汉。1993 年 8 月，三分院从广汉迁往河南洛阳，留下 208 人与二分院合并组建广汉分院。2004 年，广汉分院机关设党委办公室、分院办公室、安全监察办公室、人事科、财务科、公安派出所；业务部门设飞行三大队、四大队、机务部、总务部。

（三）洛阳分院

民航飞院洛阳分院（以下简称洛阳分院），是1958年11月根据空军司令部的决定组建的中国人民解放军第十四航空学校第三飞行训练团（以下简称三团），团部和飞行基地设在四川遂宁机场。

三团属飞行教学训练实体，主要任务是组织飞行教学训练和管理。组织机构按照空军航校飞行训练团的模式设置，机关设司令部、政治处，下辖场站、飞行五大队、飞行六大队、机务大队、警卫通信连。

1963年7月，学校根据民航总局对民航4所学校进行调整方案，决定二团由广汉搬迁到遂宁机场，三团从遂宁迁到广汉机场。1966年12月，学校组建四团时，将三团的第六飞行大队全部和机务大队部分人员调给四团，三团重新组建第六飞行大队。1980年10月，学校列为全国大专院校系列后，1981年8月，三团更名为中国民用航空飞行专科学校第三分校。1987年12月，学校升格为本科学院，第三分校改称中国民用航空飞行学院第三分院。

学院为了适应民航事业的快速发展，根据民航局的指示，决定调整训练布局以提高培训能力。1991年7月，民航局批准学院一个训练分院迁建洛阳工程立项，并列为民航重点建设项目。1993年8月，三分院从广汉分四批先后搬迁到洛阳，并与洛阳航空站合并，组成院站合一中国民用航空飞行学院洛阳分院。分院院部和飞行基地设在洛阳北郊机场，肩负着飞行教学训练和保证航班运输生产的双重任务。

2004年，洛阳分院机关设党委办公室、分院办公室、安全监察办公室、人事科、财务处、公安分局；业务部门设飞行五大队、六大队、九大队、机务部、空中交通管理站、总务部和洛阳航站。

（四）绵阳分院

1966年12月13日，民航总局根据中国人民解放军空军司令部的批复下达命令："民航高级航校由现有的3个训练团扩建为4个团。新建一个团的番号为'中国民用航空高级航空学校第四团'。"学校遵照总局的命令，于是年12月22日在绵阳正式成立中国民用航空高级航空学校第四团（以下简称四团），团部和飞行基地设在绵阳塘汛机场。

四团是飞行教学训练实体，主要任务是对空勤学生进行飞行教学训练和管理。机构设置仿照空军航校飞行训练团的模式，机关设司令部、政治部，下辖2个飞行大队、机务大队、场站及通信分队、调度室、气象台。

1980年10月，学校列为全国大专院校系列后，1981年8月，更名为中国民用航空飞行专科学校第四分校。1987年12月，学校升格为本科学院，第四分校更名为中国民用航空飞行学院第四分院，1993年7月，改称中国民用航空飞行学院绵阳分院（以下简称绵阳分院）。2002年9月，绵阳分院从绵阳塘汛机场迁到绵阳南郊机场新校区。2004年，绵阳分校机关设党委办公室、分院办公室、安全监察办公室、人事科、财务科、公安派出所；业务部门设飞行七大队、八大队，机务、空中交通管理站、总务科。

第二节　中国民用航空总局第二研究所

1956年1月14日，民航局成立科学研究规划小组。1957年12月14日，经国务院批准民航局在北京成立民航科学研究室。研究室下设办公室、计划统计组、飞机发动机组、飞行及调度组织组、导航通信组、电气照明组及仪表组、技术经济组、场站组、专业航空组、技术情报室。1958 年 12 月 11 日，民航局正式批准成立中国民航局科学研究所（以下简称科研所）。科研所下设办公室、飞机发动机研究室、导航研究室、专业航空研究室、技术资料情报室、试制车间、科委办公室。“文化大革命”期间，科研所受到冲击，被迫解散，科技人员下放河北张家口农村和宁夏陶乐“五七”干校接受“再教育”。1970 年 10 月，民航总局决定在四川新津县重建科研所。1973 年 1 月 4 日，国务院、中央军委批复同意科研所在新津新址开展工作。科研所下设行政、政治、科技 3 个办公室及第一、二、三、四 4 个研究室，分别研究飞机、发动机、无线电技术应用、农林航空及情报资料，另设 1 个试制车间。

1981 年 6 月 12 日，民航局党委决定将科研所的日常党政工作交民航成都管理局代管，但科研业务仍由民航局直接领导管理。为更便于开展科研工作，1985 年 12 月 11 日，民航局批复同意科研所由新津县迁到成都市区。1987 年 5 月 28 日，国家科委批复民航局同意中国民航局科学研究所更名为中国民用航空局第二研究所（以下简称二所）。编制机构有党委、行政、科技 3 个办公室，并成立工会；设有计算机技术应用、电子技术应用、农林航空、航空化学 4 个研究室以及计算机中心等，科技办公室下设试制车间。1989 年 3 月 25 日，民航局政治部批复，同意二所中层以下干部自行管理，中层干部的任免报民航局党委备案。1989 年 7 月 9 日，民航局党委下达了《关于明确民航第二研究所党的领导关系的通知》，其中规定，党的日常工作由民航西南管理局党委负责，但二所党委召开党代表大会或党员大会选举党委领导班子需报民航局党委审批；有关党群领导干部的任免分别按权限办理。1989 年 10 月 28 日，人事部批准二所事业编制为 200 人。

1992 年 4 月 28 日，二所内设机构调整为：党群机构设党委办公室、工会；行政机构设办公室（人劳处）、计划财务处、科技开发部、质量控制办公室；科研机构设计算机应用研究室、电子技术应用研究室、农林航空技术研究室（农林航空技术测试中心）、航空化学应用研究室、航空化学技术测试中心、节约能源监测中心；另设立试制工厂。1992 年 3 月 24 日，人事部批准二所对外可使用“中国民航局测试中心”名称，开展航空化学产品适航测试、农林航空喷洒技术产品适航测试和节约能源监测 3 项工作。

1994 年 8 月 1 日，经民航总局批复，同意二所实行所长负责制，调整了部分机构：党群机构设党委办公室（纪检监察处）、工会（离退休管理处）；行政机构设办公室（人事劳动处）、计划财务处、科研管理处、企业管理处（质量控制处）；后勤机构设生活服务中心（后勤管理处）；科研及生产经营机构以“两块牌子、一套班子”的原则设立电子技术应用研究室（民航成都电子设备工程公司）、计算机与通信导航研究室（思维计算机系统工程公司）、自动控制技术研究室（四开自控开发公司、民航机场电子工程设计所）、航空化学研究室（六维航化发展公司、三和航品开发公司）、农林航空研究室（虹塔农林航空技术开发公司），农林航空技术测试中心、航空化学技术测试中心、试制工厂（利达机场设备工程公司）、光电技术研究室（光电工程公司），并投资组建了控股的唐山环渤海信息广告有限责任公司，与香港新基公司合资的新航机场设备有限责任公司；贸易公司有综合服务公司和航科贸易公司。

1997 年 12 月 18 日，民航总局决定将二所划归民航西南管理局管理，名称、性质、机构编制等不变，性质仍为事业单位，其计划由民航西南管理局负责，实行投资计划单列，有关立项、预决算等文件报送民航西南管理局、基本建设技术改造等专项经费由民航总局单列下达给民航西南管理局，财务由民航西南管理局管理。

2000 年 6 月 15 日，民航总局决定二所转制为科技型企业，划归民航总局空中交通管理局管理。2003 年 12 月 4 日，科技部正式批准二所转制为科技型企业。到 2004 年底，二所内设机构为：党群机构有党群工作部；行政机构包括：行政办公室、人劳科技处、规划财务处、市场经营部、基建处；开发机构有机场电子设备分公司、信息技术分公司、物流技术分公司、成都民航空管科技发展有限公司、自动控制分公司（民航机场电子工程设计所、成都民航六维航化有限责任公司、农林航空技术研究室（农林航空技术测试中心）、航空化学技术测试中心、空中交通管制新技术应用实验室和后勤服务分公司。

第三章 民航企业

第一节 运输航空公司

一、中国国际航空股份公司西南分公司

中国西南航空公司 国务院于1987年1月批准民航进行体制改革。同年6月12日，民航局批复同意民航成都管理局体制改革方案。6月22日，民航成都管理局在双流机场召开干部大会，宣布组建民航西南管理局、中国西南航空公司、成都双流机场。1987年9月22日，民航局向西南航空公司颁发了经营许可证。10月9日，国家工商行政管理局颁发了中国西南航空公司企业法人营业执照，公司法定代表人为总经理周正权。10月15日，正式成立了中国西南航空公司（以下简称西南航）。中国西南航空公司是全国第一个按照政企分开改革原则在成都组建的国家骨干航空公司，是中国民用航空局直属航空运输企业。按照《中华人民共和国全民所有制工业企业法》《全民所有制工业企业厂长工作条例》《中国共产党全民所有制企业基层组织工作条例》《全民所有制工业企业职工代表大条例》的规定，西南航实行总经理负责制、任期目标责任制、经营承包责任制。

中国西南航空公司组建之初，机关设置为：办公室、劳动人事处、计划处、财务处、飞行安全技术处、航务处、生产调度室、商务处、机上服务部、运输服务部、供应处、航材处、保卫处、党委组织处、党委宣传处以及纪委、团委和工会。基层单位有成都、重庆两个飞行大队，飞机维修厂、培训中心（技工学校）。公司的机构设置几经增设、调整、改名。1993年7月24日，中国西南航空公司制定下发《关于公布〈中国西南航空公司机关机构改革方案〉的通知》，对公司机关机构进行改革。确定公司机关撤处设部（室），机关各部统一按“部门经理（主任）—项目经理（科、室主任）—各岗位助理”的管理模式运作，各部均设部门经理（副经理），部内按业务系统分项目，设项目经理，项目内按工种确定岗位，最后按岗位定员。《方案》确定将原机关29个处室重新划分合并为13个部、委、室，即：工会办公室、团委、纪委监察部、党委工作部、办公室、保卫部、规划发展部、机务工程部、人事劳动部、财务部、飞行安全航务管理部、市场销售部、企业管理部。保留离退休职工管理处，但不列入公司机关新的编制序列内。公司驻外营业部不再列入公司机关编制序列，但其行政业务事务仍由市场销售部管理。航材处暂未列入改革方案中，其业务、行业管理由机务工程部管理。1994年11月19日，将新闻部、基建部、供应部和计算机中心4个单位的机关管理职能和保障服务职能分离，其管理职能收回并将其并入相应机关的职能部门管理，保障服务职能保持不变。分别组建西南航空广告公司、西南航空物资设备供应公司、西南航空房地产开发公司和

西南航空信息服务中心等，均隶属公司领导并是具有独立法人资格的全资子公司，与中国西南航空公司在经济上全部脱钩，与公司之间为经济合同关系。12 月 5 日，增设公司新闻办公室，挂靠公司办公室，工作相对独立。12 月 26 日，西南航空广告公司、西南航空物资设备供应公司、西南航空房地产开发公司、西南航空信息服务中心 4 个子公司正式成立并举行了经营承包签字仪式。

1997 年 6 月 11 日，为进一步深化企业改革，转换公司内部经营机制，充分发挥现有人力、物力的效能，大力开拓货运市场，以适应社会主义市场经济发展的需要，中国西南航空公司在原西南航空货运公司的基础上组建西南航空货物运输服务中心。该中心在财务上与西南航空公司脱钩，实行自主经营、自负盈亏、自我发展、自我约束，具有独立的法人资格。该中心对西南航空公司实行有偿服务。西南航授权该中心经营国际、国内航空货物运输服务代理，以及装卸、仓储、送货上门等延伸服务项目，兼营客票代理及工商行政登记注册的其他经营项目。

1998 年 10 月 9 日，中国西南航空公司依据劳动部、民航总局 1994 年《关于下发〈民航运输航空空勤人员定额定员〉等九项劳动定额定员行业标准化的通知》和《民航后勤保障人员定额参考标准》，结合公司各单位实际，在适当提高行业标准的基础上，进行了测算和调整。调整的范围包括：公司机关各部、室，各直属处及各二级单位，为逐步建立“职责分明，精减高效”的组织机构创造条件。经调整后的中国西南航空公司内部机构设置是：工会办公室、纪委监察部、组织部、宣传部、团委、办公室、规划发展部、人事劳动部、财务部、审计部、企业管理部、附属企业管理部、保卫部、飞行技术管理部、航务管理部、航空安全监察部、机务工程部、值班经理室、直属机关工作部、航材处、离退休职工管理处、成都飞行部、成都乘务部、飞机维修厂、运输服务公司、市场销售部、科技培训部、西南航空广告公司、西南航空房地产开发公司、西南航空物资设备供应公司、西南航空信息服务中心、西南航空货物运输服务中心等。

1999 年 4 月 14 日，飞行训练中心成立，直属科技培训部领导。7 月 8 日，由中国西南航空公司、法国斯奈克玛公司、美国威利斯融资公司、北京凯兰航空技术开发服务公司合资组建的四川斯奈克玛航空发动机维修公司挂牌开业。

2000 年 5 月 8 日，中国西南航空公司运行管理办公室成立，承担协调公司各业务部门有关运行的事项，办理运行合格审定等有关事宜。6 月 20 日，在西藏拉萨设置中国西南航空拉萨办事处，直属公司领导，职级为公司机关部门副职级。拉萨办事处的主要职责是加强与西藏自治区各界的联系和交流，及时了解西藏自治区的要求，提高办事效率，加强航班运营协调和运输服务保障。2000 年 9 月 21 日，公司设立台港澳事务办公室，负责公司对台交流、交往的综合行政管理（与公司外事办公室为一个机构）。

中国西南航空重庆分公司 1990 年 5 月 25 日，中国西南航空公司在重庆飞行大队的基础上成立中国西南航空重庆分公司筹备组，同年 6 月 7 日，任命了分公司领导，7 月 1 日起开始试运转。12 月 26 日，分公司对外宣布正式成立。分公司成立于重庆市白市驿机场内（1990 年 2 月迁移到江北机场）。重庆分公司机构除机关各处、室外，下设飞行大队和机务大队。1992 年 12 月 11 日，中国西南航空公司重庆分公司更名为中国西南航空重庆公司，为中国西南航空公司的子公司。1993 年 3 月 3 日，中国西南航空公司重庆公司正式成立，直属中国西南航空公司领导。1997 年 3 月，重庆成为国务院直辖市后，中国西南航空公司重庆公司不再属于四川省行政区域内。

中国国际航空股份公司西南分公司 根据国务院第 121 次总理办公会议讨论的民航体制方案，

2002年7月14日，国务院批复原则同意《中国航空集团公司组建方案》和《中国航空集团公司章程》。中国航空集团公司是以中国国际航空公司（以下简称国航）为主体，联合中国航空总公司和中国西南航空公司等企业组建的大型国有航空运输企业。新组建的中国航空集团公司保留中国国际航空公司的名称，对联合各方进行主辅业分离。航空运输主业及其关联资产全部划入中国国际航空公司，统一使用中国国际航空公司的标识，完成运输主体的一体化。重组后的新国航继承原国航、西南航的航空运输权益和业务，被指定为国家唯一载国旗飞行的航空公司。10月11日，中国航空集团公司在北京成立。10月28日，新的中国国际航空公司在北京成立。10月30日，中国西南航空公司更名为中国国际航空西南公司。

2003年8月26日，民航总局批复同意中国国际航空公司《关于一体化运营若干问题的请示》，自2003年8月28日起注销中国国际航空西南公司的经营许可证，将公司的航空运输主业及关联资产划入中国国际航空公司，并变更中国国际航空公司企业经营许可证。其债权债务由中国国际航空公司承担，经营范围、航线航班经营权由中国国际航空公司继承，有关票证、代号、标志终止使用。原中国国际航空西南公司改造组建为中国国际航空公司西南分公司，以中国国际航空公司的名义在其经营范围内开展经营活动，基地机场为成都双流国际机场。

2004年9月20日，国务院国有资产监督管理委员会同意中国航空集团公司和中国航空（集团）有限公司作为发起人，以发起方式设立中国国际航空股份有限公司（简称股份公司）。9月23日，中国航空集团公司、中国航空（集团）有限公司作为发起人，召开了中国国际航空股份有限公司的创立大会。9月30日，中国国际航空股份有限公司在北京正式成立。中国国际航空西南公司作为中国国际航空股份有限公司下属机构，更名为中国国际航空股份公司西南分公司。

2005年，根据国航股份《关于颁布西南分公司组织机构及岗位编制的通知》和《关于正式启动西南分公司组织机构、干部人事制度、薪酬制度对接工作的通知》精神，经中国国际航空股份公司西南分公司党委研究决定，在分公司范围内进行机构改革、岗位聘用和岗位绩效工资制度改革工作。这次改革后，西南分公司机关设置职能部门11个：办公室、规划发展部、人力资源部、财务部、航空安全监察部、飞行技术管理部、运行质量管理部、党委工作部、审计监察办公室、工会办公室、总值班经理室；事业部门7个：飞行部、运行控制中心、客舱服务部、地面服务部、培训部、综合保障部、北京协调部；代管国航贵州分公司、国航西藏分公司。西南分公司各级领导职数为：西南分公司领导级（正副职）9名，总经理级（正副职）38名，经理级（正副职）118名，项目经理级（正副职）270名（各级领导职数含贵州、西藏分公司，不含市场营销系统）。西南分公司总编制4022名（含贵州、西藏分公司，不含市场营销系统）。

二、四川航空股份有限公司

1986年3月10日，四川省人民政府发出《关于成立四川省航空公司的通知》。经过半年的筹备，1986年9月19日，四川省航空公司在成都正式成立。四川省航空公司（以下简称川航）是由四川省人民政府直接领导的全民所有制企业，经营民用航空业务。川航初创时期，设置的机构有办公室、党委办公室、计划财务部、航务处、机务处、商务部、开发部以及飞行大队。1988年7月公司正式开航后，内设机构调整为办公室、企业规划部、综合部、航务部、机务处、商务部、物资供应部以及飞行大队。1992年5月7日、1993年11月19日，先后经四川省人民政府、民航总局同意，四川省航空公司更名为四川航空公司后，进行了一次较大幅度的机构调整，设有：办公室、党委办公室、人事劳资处、财务处、计划规划处、审监处、行政处、公安处、飞行安全处、航务部、工程机务处、运输服务部、飞行大队和航材公司。1995年，川航引进空中客车320型飞机后，机构又一次调整为：办公室、财务部、策划部、保障部、航空安全监察部、指挥部、飞行部、工程维修部、运输服务部、科学技术委员会以及政治部、工会。1996年6月，公司的机构设置调整为一室一委10个部，即办公室、飞行部、策划部、指挥部、航空安全监察部、机务工程部、通信部、运输服务部、财务部、保障部、科学技术委员会以及政治部。

1997年3月，川航领导经过调查研究后，对机构又进行了一次较大幅度的调整。调整的主要目的是建立适应市场要求的现代企业机制。调整后的机构设置是：办公室、人事劳动处、航空安全监察处、审计监察处、航务部、飞行部、机务工程部、市场销售部、财务处、企划处以及政治部。部（处）以下根据需要设科或室。川航驻北京、广州、深圳、上海、海口、昆明、济南、重庆的营业部隶属于市场销售部。12月，成立四川航空信息开发公司（即公司信息中心）、四川航空客舱服务公司（即客舱服务部）；撤销企划处，成立四川航空规划发展办公室和经营管理处；将原隶属政治部的公安处改为公司直接领导。

1998年3月，川航再次进行机构调整。这次调整主要是精简合并，目的是减少层次提高工作效率。精简合并的机构有：办公室和人事劳动处合并称公司办公室，工会办公室、团委、文化传媒公司并入政治部，审计监察处、经委办公室及公安处合并成一个单位称公安处，规划发展办公室并入经营管理处。10月，撤销航务部建制，将原隶属于航务部的签派室、情报室、客运室、现场售票处、调度室等分别划归航空运行值班经理室、客舱服务公司等部门管理；成立四川航空公司重庆现场指挥中心和四川航空物业管理公司。

1999年，川航机构设置进行了几项改革，调整了部分机构。2月，为了强化管理职能，适应市场变化和公司改革发展的需要，改革财务运行体系，撤销财务处，成立由总会计师分管的收入结算中心、成本管理中心和计划财务处。3月，为增强营销力度、竞争能力和营销管理，改革营销工作体系，在市场销售部下设办公室、航班计划科、市场业务科、财务室、市场开发办公室。各营业部主任均实行竞争上岗。在经营管理处下设营销管理办公室，将原市场销售部北京营业部现场部分（含接待、货运）划出，成立北京现场处，以强化现场服务职能。7月，成立重庆指挥中心，对重庆的川航业务统一领导，集中管理，设置二级机构即综合室和现场调度室；对重庆机务队和重庆营业部实行统一领导，代表川航处理重大问题。9月，调整部分机构，将飞行部和航空安全监察处合并，成立飞航部，下设飞行部、航空安全办公室、飞行标准办公室（运行管理办公室）等。11月，撤销政治部，成立党委办公室。

2000年1月，增设发展与合作办公室，以适应日益增多的对外交往业务，将原由客舱服务公司代管的运输服务公司划出单列。

到2000年底，川航机关二级机构设置有：办公室（人事劳动处）、发展与合作办公室、经营管理处（营销管理办公室）、计划财务处、成本管理中心、收入结算中心、运行标准管理处、航空安全办公室、公安处、飞航部（飞行部、航务部、重庆现场指挥中心）、机务部、市场销售部以及四川航空信息开发公司（信息中心）、四川航空客舱服务公司和四川航空运输服务公司。

2002年8月29日，根据民航总局有关体制改革的要求以及中共四川省委、省政府关于要把四川的企业“做大做强一批”和“整体组合一批”的思路，经民航总局和四川省人民政府批准，在原川航的基础上成立四川航空集团公司，同时对原川航完成了股份制改造，成立四川航空股份有限公司(以下简称川航股份)。川航股份以原川航为发起人（占40%股份），联合中国南方航空股份有限公司（39%股份）、上海航空股份有限公司（10%股份）、山东航空股份有限公司（10%股份）及民营企业成都银杏餐饮有限责任公司（1%股份）参股的跨地区、跨行业、跨所有制企业组成。川航股份公司成立后继续使用原川航的航徽、代码、服务标志。

川航集团公司党群机构设有中国共产党四川航空集团公司委员会、中国共产党四川航空集团公司纪律检查委员会、四川航空集团公司工会、中国共产主义青年团四川航空集团公司委员会。内设机构有办公室（党委办公室）、财务部、投资管理部、项目管理部4个部门以及重庆空港配餐服务公司、房地产开发公司、汉莎食品公司、商务旅游发展公司、文化传媒公司、科瑞特公司6个单位。除以上各职能部门外，川航集团还成立了子公司与控股公司，原川航全资子公司和控股公司均隶属川航集团。

川航股份党群机构设有中国共产党四川航空股份有限公司委员会、中国共产党四川航空股份有限公司纪律检查委员会（纪检监察处）、四川航空股份有限公司工会、中国共产主义青年团四川航空股份有限公司委员会。内设机构有总经理办公室、人力资源部、计划财务部、安全技术部、企业文化（党群工作）部、公安（保卫）处、审计处、后勤支援部、信息中心、运行控制中心、飞行部、工程机务部、市场销售部、货运部、运输服务管理中心、专家委员会（战略与发展研究室）共16个部门。

2004年10月11日，川航股份重庆分公司正式挂牌成立。

三、长城航空公司

位于四川省广汉市境内的民航飞院为改善办学条件，提高办学能力，适应民航事业的快速发展，于1992年5月18日向民航局申请开办航空公司。6月26日，民航局批复，同意民航飞院筹办长城航空公司，并明确规定该公司为独立自主、自负盈亏、具有企业法人资格的经济实体，经营使用的飞机暂放于四川重庆江北机场；经营经民航局批准的国内航空客货运输。7月21日，民航局向民航飞院颁发了长城航空公司经营许可证，公司正式成立。同日，国家工商行政管理局向长城航空公司颁发法人执照。长城航空公司于1992年9月12日正式开航，在重庆江北机场举行了重庆—北京的首航仪式。

长城航空公司是中国民用航空总局直属企业，人员和公司的经营管理归民航飞院负责。公司的经营范围为：主营经批准的国内定期、不定期航空客、货、邮、行李运输业务，航空器维修业务，航空公司间的相互代理业务；兼营宣传广告业务，航空食品加工业务，以及与航空运输有关的宾馆、餐厅、商店、出租车等业务。

长城航空公司组建初期，公司总部和飞行基地设在重庆江北机场。1992年6月，公司首批63人驻重庆基地。民航飞院为了长城航空公司的发展和建立长年基地，经与民航华东管理局和宁波市领导商谈论证，并经民航总局同意，长城航空公司于1997年3月搬迁宁波栎社机场。

1992年，长城航空公司设行政管理机构1室6部，即办公室、计划财务部、飞行部、机务工程维修部、商务部、机上供应部、生产服务部。1994年后，公司按照航空客货运输的需要，适时增设并调整一些机构：增设飞行标准处、航空安全办公室、监察室、人事劳动技术教育处、总务部和保卫科；商务部更名为市场销售部。1994 年 1 月，成立团委。同年 3 月，经选举产生了公司首届工会委员会、工会经费审查委员会、工会女职工委员会。同年 11 月，公司召开第一次党员大会，选举产生第一届党委和纪委。党委机关设有宣传科、纪委与监察室合署办公。1997 年 3 月，公司迁宁波后，机构设置进一步完善，先后增设客舱服务部、企业管理部、宣传部、保卫部和实业发展有限公司、广告公司。

1994 年 10 月，民航总局同意将国际航空公司的 3 架波音 737 型飞机转让给长城航空公司。民航飞院为使长城航空公司适应 3 架波音飞机的运输经营，陆续选调部分职工到长城航空公司工作。

2001 年 2 月 23 日，民航总局批复同意民航飞院《关于对长城航空公司改变重组改制方式问题的报告》。5 月 24 日，民航飞院与东方航空股份有限公司关于转让长城航空公司协议签字仪式在院部举行，民航飞院将长城航空公司正式转让给东方航空股份有限公司。

四、鹰联航空有限公司

为适应国家经济发展形势与公众对民用航空运输的需求，经民航总局批准，2004 年 2 月开始筹建鹰联航空有限公司，4 月 17 日在成都正式成立。鹰联航空有限公司是中国第一家获得中国民用航空总局批准筹建的民营资本投资的运输航空企业。2004 年，鹰联航空有限公司完成了运行合格审定等各项工作，12 月 6 日，民航西南地区管理局将鹰联航空有限公司（筹）纳入行业管理体系。2005 年 7 月 13 日，鹰联航空有限公司租赁到第一架空客 320 型飞机，7 月 26 日首航成都—深圳。是年，该公司运行两条航线，一条是成都—深圳，另一条是成都—长沙—杭州。

鹰联航空有限公司成立时，注册资本 8000 万元，股东为广东鹰联投资有限公司和国安文化传媒投资有限公司，占股比例分别为 78%、22%。公司总部设在四川省成都市，主营运地在成都双流国际机场，主要从事国内航空客货运输业务，在北京、广州设有办事处。

第二节　通用航空公司

一、华西通用航空有限公司

1994 年，经成都飞机工业公司和成都市蓉信招商发展有限公司协商决定，双方共同出资筹建华西通用航空公司，由成都飞机工业公司向其主管单位中国航空工业总公司提出筹备华西通用航空公司的报告。4 月 11 日，中国航空工业总公司批复“同意开展组建华西通用航空公司前期准备工作”，要求成都飞机工业公司依据民航总局的有关规定，抓紧进行华西通用航空公司的筹备工作。11 月 19 日，四川省人民政府函告中国民航总局，同意成都飞机工业公司筹建华西通用航空公司。1996 年 1 月 19 日，中国民用航空总局批复“同意筹建华西通用航空有限公司”。7 月 29 日，成都飞机工业公司在主管单位中国航空工业总公司以及四川省人民政府、中国民用航空总局的支持下，发出《关于成立华西通用航空公司筹备处的通知》，正式成立了筹备机构。1997 年 5 月 15 日，由四川盛世集团有限公司、成都飞机工业公司、成都赛托实业有限责任公司 3 家股东共同发起并组建了华西通用航空有限公司。9 月 3 日，经四川省工商行政管理局审核批准并颁发了华西通用航空公司企业法人营业执照。公司注册资本 3000 万元，基地设在四川温江机场。华西通用航空有限公司筹备处在行政上隶属成都飞机工业公司总工程师领导。筹备处设办公室、航务部、机务工程部。1998 年 1 月 21 日，经民航西南管理局审核后向华西通用航空有限公司颁发经营许可证，并于同年 3 月 2 日经中国民用航空总局审核批准，由民航西南管理局颁发了通用航空企业经营许可证，华西通用航空有限公司正式成为乙类通用航空企业。公司经营项目为：航空摄影、空中广告、气象探测、科学实验、城市消防、空中巡视、飞机播种、空中施肥、空中喷洒植物生长调节剂、空中除草、防治农林病虫害、草原灭鼠、防治卫生害虫、航空护林等。公司正式成立后，机构设置有办公室、市场经营部、航务部、机务工程部。2004 年 4 月，民航西南地区管理局批准换发该公司通用航空企业经营许可证。2005 年，华西通用航空有限公司机构设置为飞行部、机务工程部、市场经营部和办公室。共有在编职工 41 人，其中飞行员 8 人。

二、四川三星通用航空有限责任公司

2001 年 2 月，民航飞院开始启动筹建三星通用航空有限责任公司，并向中国民用航空总局上报《关于筹建四川三星通用航空有限责任公司的请示》，民航西南管理局也向民航总局上报《关于民航飞行学院筹建通用航空企业的审批意见》。2001 年 11 月 5 日，民航总局下发了《关于同意四川三星通用航空有限责任公司开始筹建工作的批复》。2002 年 4 月 22 日，民航总局下发了《关于为四川三星通用航空有限责任公司颁发通用航空企业经营许可证的批复》。2002 年 4 月 29 日，四川省工商行政管理局为四川三星通用航空有限责任公司颁发了通用航空企业营业执照。2002 年 5 月 18 日，四川三星通用航空有限责任公司举行了挂牌仪式，在成都饭店举行成立庆典，四川省副省长、民航西南管理局局长共同为四川三星通用航空有限责任公司揭牌。该公司经营项目为：飞机增雨、航空护林、航空探测、航空拍摄以及空中巡视等。

第三节　四川省机场集团有限公司

2004 年 3 月 26 日，四川省人民政府在《关于同意成立四川省机场集团有限公司的批复》中同意在原成都双流国际机场基础上成立四川省机场集团有限公司。同年 3 月 29 日，四川省民航机场移交暨四川省机场集团有限公司成立大会在成都市金牛宾馆举行，民航总局局长杨元元和中共四川省委副书记、省长张中伟分别代表民航总局和四川省人民政府签署了《中国民用航空总局、四川省人民政府关于四川省民航机场移交书》，从即日起四川省机场集团有限公司纳入四川省人民政府管理。中共四川省委书记、省人大常委会主任张学忠和民航总局局长杨元元为四川省机场集团有限公司揭牌，四川省机场集团有限公司正式成立。

2004 年 7 月 16 日，四川省机场集团有限公司根据中国民用航空总局《关于成都双流国际机场股份制改造问题的批复》《关于成都双流国际机场股份制改造实施方案调整的批复》《关于成都双流国际机场股份制改造发起人变更的批复》和四川省人民政府《关于同意成都双流国际机场实施股份制改造的通知》以及四川省国有资产监督管理委员会《关于同意〈成都双流国际机场股份制改造方

案〉的批复》，向四川省发展和改革委员会递交了《四川省机场集团有限公司关于发起设立成都双流国际机场股份有限公司立项（代可研）的请示》，决定与机场管理（香港）有限公司、深圳市机场（集团）有限公司、成都市华盛（集团）实业投资有限公司、大连周水子国际机场集团公司共同发起设立成都双流国际机场股份有限公司。7 月 21 日，四川省发展和改革委员会向国家发展和改革委员会递交了《关于设立成都双流国际机场股份有限公司可行性研究报告的请示》。8 月 10 日，国家发展和改革委员会在《关于成都双流国际机场股份有限公司可行性研究报告的批复》中同意成都双流国际机场进行股份制改造，股份公司名称：成都双流国际机场股份有限公司。注册地点：四川省成都市双流国际机场。9 月 14 日，商务部在《关于同意设立成都双流国际机场股份有限公司》中同意：（1）四川省机场集团有限公司、注册在香港的机场管理（香港）有限公司、深圳市机场（集团）有限公司、成都市华盛（集团）实业投资有限公司和大连周水子国际机场集团公司共同在成都市发起设立成都双流国际机场股份有限公司。（2）股份公司注册资本 7.5 亿元人民币，四川省机场集团有限公司、机场管理（香港）有限公司、深圳市机场（集团）有限公司、成都市华盛（集团）实业投资有限公司、大连周水子国际机场集团公司认股比例分别为 51%、25%、21%、2%、1%。（3）股份公司经营范围为：民用航空器起降应急救援保障服务，旅客过港服务，地面运输服务；经营、出租机场候机楼内航空用营业所、商业场所、生产办公场所；经营、出租机场候机楼内综合性旅客服务场所。（4）股份公司为永久存续的股份有限公司。（5）同意股份公司各发起人签署的股份公司章程草案。

2004 年 10 月 28 日，成都双流国际机场股份有限公司挂牌仪式在双流机场俱乐部举行。四川省人民政府、机场管理（香港）有限公司、民航西南管理局和四川省机场集团有限公司等单位领导参加了成立仪式，中共四川省委书记、省人大常委会主任张学忠为新公司揭牌。11 月 1 日，成都双流国际机场股份有限公司正式运营。到年底，四川省机场集团有限公司的组织机构为总经理办公室、综合管理部、规划发展部、市场投资部、人力资源部、财务部、离退休人员管理部、航空安全运输监察部、党委工作部、纪委办公室（监察部）、工会办公室、机场管理部、扩建工程指挥部、机场公安分局 14 个部门以及成都双流国际机场股份有限公司、成都机场明捷航空服务有限公司、成都双流国际机场旅客服务有限责任公司、园林绿化有限责任公司、建筑安装工程有限责任公司、空港旅游运输有限责任公司、广告传媒有限公司、朝阳湖培训中心、西昌青山机场、达州河市机场 10 个单位。2005 年 11 月 4 日，四川省机场集团公司设立机关党委，负责机关党建工作，领导机关工会和共青团工作。

2005 年，四川省机场集团有限公司所属成都双流国际机场定期同国内外通航的城市达到 93 个，从成都出发的国内航线 69 条，国际、地区航线 24 条；旅客吞吐量 1387.15 万人次，货邮吞吐量 25.05 万吨。高峰日航班量达到 513 架次，最高月吞吐量达到 153 万人次。在国内机场居第 6 位，在全球机场中排名第 89 位。

第四节　机场及机场建设公司

一、民用运输机场

（一）成都双流国际机场

成都双流国际机场位于成都市西南郊外双流县城东侧约2千米，离成都市中心约17千米，飞行区等级为4E。成都双流国际机场的前身是成都双桂寺机场，始建于民国27年（1938年）12月。1956年12月12日，中央军委总参谋部批准将成都双桂寺机场归民航使用，更名为成都双流机场。双流机场是四川地区民用航空中心机场，民航西南地区管理局、中国国际航空公司西南分公司、民航西南空中交通管理局、四川航空公司等单位均驻在双流机场，是国航西南分公司和四川航空公司的飞行运输基地。1995年11月30日，经民航总局批准，更名为成都双流国际机场。

（二）西昌青山机场

西昌青山机场位于西昌市北郊，距离西昌市中心和西昌卫星发射中心分别为13.5千米和50千米，飞行区等级为4D。1950年3月27日西昌解放后，军管会接管了原中国航空公司在西昌的办事处。同年10月，民航驻渝办事处在原小庙机场成立西昌航站。1975年5月1日，新建的西昌锅盖梁机场交付使用后，西昌航站自小庙机场迁到新机场。1992年6月，西昌航站由科级升格为处级。1997年4月10日，西昌航站正式移交成都双流国际机场，同年5月12日，西昌航站更名为西昌青山机场。2000年9月，西昌青山机场成立了西昌航空客货销售有限责任公司。2006年2月，西昌青山机场在原机务队基础上设立西昌青山机场机务工程部，负责西昌机场机务工程工作。

（三）南充高坪机场

南充高坪机场位于南充市高坪区青松乡，距南充市中心10千米，飞行区等级为4C。1958年6月，民航成都管理处在南充都尉坝机场组建南充航站，7月4日正式成立，归民航成都管理处（局）直接领导。1959年4月，民航四川省管理局在成都成立后，南充航站成为民航四川省局所属的一个航站。1992年6月，南充航站由科级升格为处级。1997年4月10日，南充航站（都尉坝机场）正式移交给成都双流国际机场，更名为南充火花机场。2004年5月，南充高坪机场修建竣工。7月28日，南充火花机场移交南充市人民政府，南充火花机场与四川省机场集团公司脱钩。7月29日，南充火花机场的人员、设备等迁入南充高坪机场。8月9日，南充高坪机场管理有限公司成立，公司为南充市直属企业，隶属南充市对外经济贸易委员会领导和管理。8月14日，南充高坪机场正式开航。

（四）绵阳南郊机场

绵阳南郊机场位于绵阳市南7千米的山梁上，距绵阳市中心10千米，是训练飞行与运输飞行相结合的民用4D级机场。1994年7月3日，国务院、中央军委批复同意迁建四川绵阳塘汛机场，新机场定名为绵阳南郊机场。根据国务院、中央军委的立项批复和国家计划委员会（以下简称国家计委）、总参谋部的可研批复以及民航总局批准的总平面规划，绵阳南郊机场是为地方开展民用航空运输和为民航飞院培养飞行学员训练飞行使用的训运结合机场。按全国民航空中交通网络的规划与布局，绵阳机场被列为地方支线机场。1997年6月，四川省计划委员会批准绵阳南郊机场项目开工。7月3日，绵阳南郊机场建设工程正式开工。经过3年多时间建设，绵阳南郊机场于2001年4月10日完成飞行校验。4月19日进行试飞。4月27日，机场通过国家竣工验收。4月28日，绵阳南郊机场投入通航试运行。10月26日，绵阳南郊机场取得正式使用许可证，机场投入正式运行。

（五）泸州蓝田机场

泸州蓝田机场距泸州市区6.5千米，为军民合用机场，飞行区等级为4C。1950年5月，民航重庆航站在泸州蓝田坝机场设立导航台。1953年2月，民航西南管理处的通信科改为西南区（电）台后，泸州导航台在业务上隶属于西南区台，但仍属于重庆航站的建制。1955年初，在梁平建立导航台后，泸州台被撤销。1959年3月31日，梁平导航台被撤销，民航四川省局又在泸州设导航台，同年10月，将导航台改为泸州航站。1962年10月，撤销泸州航站建制，又改为导航台。1990年1月23日，经泸州市人民政府同意，成立中国民航泸州蓝田机场管理处，由泸州市人民政府领导，归口泸州市计划经济委员会。1997年3月，经泸州市人民政府批准，将中国民航泸州蓝田机场管理处更名为泸州市民航管理局和泸州蓝田机场，两块牌子，一个机构。2004年12月23日，民航西南地区管理局检查组对机场进行检查，认为机场存在道面强度不够、破损较重、封闭管理不足等安全隐患问题，书面通知自2005年春运结束后暂停B737及同类机型的运行。为彻底消除安全隐患，尽快恢复B737及同类机型的运行，泸州市人民政府要求以“两条腿走路”的方法，一方面按正常程序开展飞行区改扩建前期工作，争取国家立项并申请国债资金和民航专项基金的支持；另一方面由市政府筹集资金尽快完成跑道修补工程。2005年5月9日，四川省发展改革委向国家发展改革委、总参谋部上报《关于报送泸州机场飞行区改扩建工程项目建议书（代可研）的请示》。6月25日至27日，国家发展改革委委托中国民航工程咨询公司在泸州对《泸州机场飞行区改扩建工程项目建议书（代可研）》进行了评估，并形成评估报告。2006年8月17日，国家发展改革委、总参谋部批复同意泸州蓝田机场飞行区改扩建工程立项。

（六）宜宾菜坝机场

宜宾菜坝机场位于宜宾市翠屏区西北菜坝镇。机场地处岷江南岸，距宜宾市中心7千米，飞行区等级为4C，是军民合用机场。1950年1月，宜宾菜坝机场由中国人民解放军川南军区宜宾军分区接管，设航站。之后，宜宾机场一直是军用飞机训练基地，主要是直升机训练。1990年11月，宜宾地区行政公署成立宜宾机场扩建工程指挥部，负责宜宾菜坝机场扩建工程的勘察、设计和施工等任务。1991年4月26日，宜宾菜坝机场扩建工程正式开工。1992年1月27日，成立中国民航宜宾机场管理处，同年9月14日更名为宜宾民航机场管理处，全面接管宜宾机场扩建工程指挥部工作。1992年10月，宜宾菜坝机场扩建工程竣工。同年12月26日，由四川航空公司执飞的宜宾——成都航线开通，宜宾菜坝机场首航成功。1993年1月7日，宜宾民航机场管理处再次更名为宜宾民航管理处，全权负责宜宾菜坝机场的运行管理。2005年4月30日，宜宾菜坝机场候机楼经过全面装修改造后启用。

（七）广元盘龙机场

原广元机场位于广元城东4千米的东坝，1949年前未投入使用。解放后，广元机场由空军接管。由于该机场位于成都—西安航线上，可作为备降机场使用，中国人民解放军总参谋部于1955年批准为地方保留机场。1992年，中共广元市委、广元市人民政府研究决定重新修建广元机场，新机场选址于广元盘龙镇附近，距广元市中心14千米，飞行区等级为4C。同年，广元市人民政府批准成立由市政府领导任指挥长的广元市飞机场建设指挥部。1994年12月18日，四川省人民政府批准广元盘龙机场开工建设。2000年9月10日，广元盘龙机场建设工程竣工。9月26日，广元盘龙机场经民航西南管理局会同四川省计划委员会、成都空军、四川省重点建设办公室和广元市人民政府等单位验收合格，民航西南管理局颁发了机场使用许可证。9月28日，广元盘龙机场管理局正式成立，隶属于广元市人民政府领导。同日，广元机场正式通航。首航当天3个航班：广元—北京、广元—温州航线由四川航空公司用空客320型飞机飞行；广元—广州航线由南方航空公司用波音737－700型飞机飞行。2000年12月24日，顺利完成了新旧机场产权置换工作，广元盘龙机场作为军民合用机场使用。2001年5月，在全国独家开辟了广元—九寨沟直升机航线，并开设了直升机空中观光游览飞行项目。2004年1月，四川三星通用航空有限责任公司与广元盘龙机场联合组织开展空中游览活动。

（八）攀枝花保安营机场

攀枝花保安营机场位于攀枝花市东南部海拔1976米的塘乡保安营山坡上，距攀枝花市中心直线距离9.5千米，飞行区等级为4C。1998年10月7日，攀枝花市机构编制委员会正式发文成立攀枝花市民航管理局，负责机场建设管理，为市政府直属事业单位。1998年12月3日，攀枝花市人民政府政府同意成立攀枝花机场建设公司，该公司与攀枝花市民航管理局为两个牌子，一套人员。1999年8月12日，攀枝花机场建设公司更名为攀枝花机场建设有限责任公司。2000年9月，攀枝花保安营机场主体工程建设开工，至2003年10月竣工。机场飞行区等级为4C，跑道长度为2800米，可起降波音737、空客320等机型。2003年11月19日，攀枝花机场建设有限责任公司又更名为攀枝花市保安营机场有限责任公司，仍保留攀枝花市民航管理局。同年12月6日，攀枝花保安营机场举行首航仪式，正式通航。2005年6月22日，攀枝花市人民政府政府决定：撤销攀枝花市民航管理局，攀枝花市保安营机场由攀枝花市保安营机场有限责任公司负责经营管理。

（九）九寨黄龙机场

九寨黄龙机场为国内支线旅游机场，位于松潘县川主寺镇东北约12千米，海拔3300—3500米的红星场，飞行区等级为4C。2001年1月8日，机场跑道前2800米的试验段工程开工，2003年8月10日，机场修建工程全面竣工。2003年9月28日，机场正式启用，国航西南公司波音737－600型机首航成都—九寨—成都航线。

（十）达州河市机场

达州河市机场位于达州市西南的河市镇，距达州市中心12千米，飞行区等级为4C。达州河市机场始建于民国30年（1941年）。中华人民共和国成立后，达县机场由驻达县的部队接管，后交地方政府管理。1997年3月17日，民航四川省局撤销，民航达县站成建制地划归成都双流国际机场管理。5月12日，民航达县站更名为达川河市坝机场。1999年6月，达川地区撤地改市，成立达州市。2000年4月25日，达川河市坝机场更名为达州河市机场。2004年3月29日，成都双流国际机场移交四川省政府管理，并在原成都双流国际机场的基础上成立了四川省机场集团有限公司，达州河市机场隶属于四川省机场集团有限公司管理。2005年末，达州河市机场职工总人数58人，均为劳动合同工。2006年1月6日，达州河市机场复航。

（十一）重庆白市驿机场

重庆白市驿机场东面与巴县白市驿镇毗邻，距重庆市中心25千米，民国28年（1939年）6月

30日初建完工。机场修建前，该地原为一片浅丘，西高东低，最大高差10米左右。南北狭长，东西宽约2千米，中梁山脉大体与跑道平行，西南有不规则的山头，这块狭长的坝子在重庆周围算是较为平坦的地带。抗日战争胜利后，白市驿机场成为军民合用机场。1949年12月，重庆军事管制委员会接管了白市驿机场。从1965年7月始，白市驿机场是民航四川省管理局驻地。1990年1月22日，重庆江北机场举行开航典礼后，民航飞机起降转至江北机场，白市驿机场结束民用通航。

（十二）梁平机场

梁平机场位于梁平县城北门外新街口城郊北极塔河对岸，民国22年（1933年）正式作为军事机场使用。1949年12月7日，梁平县解放。空军进驻梁平机场后，将机场进行整修。1988年3月1日，四川省航空公司开辟成都—梁平航线。同年11月1日，四川省航空公司开辟的成都—万县航线，也在梁平机场起降。1997年重庆直辖市成立后，梁平机场属重庆市管辖。

（十三）重庆江北机场

重庆江北国际机场位于重庆市东北方向的渝北区，距渝中区21千米。飞行区等级为4E。1985年11月30日动工兴建，1990年1月22日投产使用。机场建成投产使用时，跑道长2800米，宽60米，厚0.36米，停机坪面积10万平方米，机位23个，登机桥6座，航站楼面积1.8万平方米。1994年，重庆江北机场进行第一次扩（改）建。1997年3月后，重庆成为国务院直辖市，重庆江北机场划归重庆市管辖。1998年3月24日，民航总局下达《关于重庆江北机场更名问题的批复》后，重庆江北机场更名为重庆江北国际机场。

二、训练飞行通用机场

（一）新津机场

新津机场位于新津县五津镇地段，始建于民国18年（1929年）。新津机场是民航飞院的飞行训练机场，飞行区等级为2C。

（二）广汉机场

广汉机场位于广汉市三水镇，距广汉市区5千米，始建于民国33年（1944年）。广汉机场是民航飞院的飞行训练基地，飞行区等级为4C。

（三）绵阳塘汛机场

绵阳塘汛机场位于绵阳市涪城区塘汛乡北，距绵阳市中心4千米，民国33年（1944年）5月建成。绵阳塘汛机场是民航飞院的飞行训练机场，飞行区等级为2B。2002年9月26日，新建绵阳南郊民航飞院训练飞行机场竣工，绵阳塘汛机场迁往南郊机场，不再使用塘汛机场。

（四）遂宁南坝机场

遂宁南坝机场位于遂宁市船山区中南坝，距遂宁市中心直线距离5千米，民国26年（1937年）建成。1986—2005年，遂宁南坝机场主要承担民航飞院广汉、绵阳、新津3个分院8种机型的转场及驻站训练的保障任务，飞行区等级为2C。

三、中国民航机场建设总公司西南分公司

1985年5月30日，民航局批准民航成都管理局成立民航西南机场建筑设计所，并颁发勘察设计证书，隶属民航成都管理局领导。设计所的业务范围是：承担民航范围内二级机场（含二级）以下

的设计和一级机场局部的扩建和改建的场道、通信导航和夜航灯光等工程项目的设计；进行民航机场专业设计的有关科研试验工作；二级以下机场的可行性研究、选址、鉴定、规划工作；承担设计项目的概算和技术经济分析；房屋工程可以承担8层、8000平方米以下的民用建筑，跨度不超过18米的单层民用建筑，跨度不超过15米的车库、仓库和厂房等设计；在保证完成西南地区的民航设计任务的前提下，可以承担外区的机场和指定范围内的房屋等设计任务。6月30日，民航成都管理局明确：设计所实行企业化经营管理，自主经营，独立核算，自负盈亏，实行所长负责制；设计所内部实行技术经济责任承包制，按贡献大小发放奖金。1987年4月29日，在民航局下达《关于颁发设计资格证书的通知》中规定：民航西南机场建筑设计所为丙级民用航空行业机场工程设计资格。

1993年6月7日，民航西南管理局在《关于公布民航西南机场建筑设计所编制的通知》中明确：经建设部批准，民航西南机场建筑设计所设计资格由丙级升为乙级，为民航西南管理局直属的事业单位，业务上属管理局机场处领导。同年6月11日，经民航总局批准，成立民航西南机场建设咨询监理所，为全民所有制事业单位，1994年3月28日，该所获建设部批准的乙级监理单位资质等级证书。1995年3月1日，民航总局批准：民航西南机场建筑设计所兼承监理业务，资质等级为临时级，并颁发临时级资格证书。同年12月18日，经民航西南管理局批准，在民航西南机场建筑设计所、民航西南机场建设咨询监理所、管理局机场处基建仓库的基础上，合并组建为民航西南机场建设公司，该公司为全民所有制事业单位（企业化管理），隶属于民航西南管理局，业务上受民航西南管理局机场处指导。

1996年1月18日，经民航总局基建司批准，确定民航西南机场建设公司经营业务范围为：民用机场工程设计（包括机场选址、预可行性研究、可行性研究、飞行程序和总体规划、材料和设备供应等）、监理、咨询及工程总承包等；并将原民航西南机场建筑设计所和民航西南机场建设咨询监理所的经营业务一并划归该公司。4月9日，民航西南机场建设公司在四川省工商行政管理局注册，名称为四川西南民航机场建设有限责任公司，经营范围为：民用机场工程设计（包括机场选址、预可行性研究、可行性研究、飞行程序和总体规划）、监理、咨询及工程总承包；场道清洗；销售建筑材料。公司在民航内部仍称民航西南机场建设公司。5月10日，西南民航机场建设公司获建设部颁发的工程总承包乙级资格证书。11月6日，西南民航机场建设公司获国家计委颁发的工程咨询乙级资格证书。1997年10月7日，经民航西南管理局批准，将民航西南机场建设公司所属民航西南机场建筑设计所更名为民航西南机场建筑规划设计研究院，其机构规格和编制员额不变。1998年10月21日，民航西南机场建设公司改制，成为西南民航巨龙实业有限责任公司控股的子公司。

2001年7月9日，民航西南管理局法定代表人与中国民航机场建设总公司法定代表人联合签署《关于民航西南管理局所属民航西南机场建筑规划设计研究院、西南民航机场建设咨询监理所、基建仓库与中国民航机场建设总公司联合重组的请示》及《关于民航西南管理局所属民航西南机场建筑规划设计研究院、西南民航机场建设咨询监理所、基建仓库与中国民航机场建设总公司联合重组的协议书》，并上报民航总局。联合重组请示：为贯彻落实建设部关于工程勘察设计单位体制改革和民航体制改革的精神，民航西南管理局和中国民航机场建设总公司经协商，一致同意在自愿及互利的基础上，将现隶属于民航西南管理局的民航西南机场建筑规划设计研究院、西南民航机场建设咨询监理所、基建仓库成建制并入中国民航机场建设总公司，并重新注册成为非独立法人资格的中国民航机场建设总公司西南分公司。10月25日，民航总局批复：原则上同意民航西南机场建筑规划设计研究院、西南民航机场建设咨询监理所、基建仓库与中国民航机场建设总公司按所签协议联合重组。11月6日，中国民航机场建设总公司西南分公司正式成立。从此，中国民航机场建设总公司西南分公司由原来的设计、监理、工程咨询、工程总承包乙级资质与中国民航机场建设总公司全部甲级资质共享，同时实现了人力、资源、技术、信息等共享与互补。

第五节　机务维修机构

一、西南航空公司飞机维修厂

1960年，民航成都管理处飞机维修厂成立。1969年，民航划归军队建制，飞机维修厂改称机务大队。1987年10月15日，机务大队划归改革后成立的西南航空公司领导，改名为西南航空公司飞机维修厂，其机构设置为：办公室、人事劳动科、科技培训科、计划成本管理科、安全保卫科、现场值班室、供应科、生产计划科、计量管理科、工程技术科、质量管理科、监控信息科、设备动力科、汽车队、特设修理车间、波音737车间、定检车间、客舱修理车间、图154车间、纪委（政治处）、工会、团委，先后承担运5、里2、伊尔14、安24、伊尔18、图154、波音707、波音737-300、波音757-200、空客340等机型的飞行保障工作。至2001年5月14日，民航总局批复同意：西南航空公司飞机维修厂与西南航空飞机维修公司合并组建中国西南航空公司飞机维修基地。

二、中国国际航空股份公司工程技术分公司成都维修基地

20世纪60年代，民航总局在四川省双流机场跑道西侧筹建民航一〇三厂。1966年10月，民航一〇三厂建成投产，该厂属民航总局建制，由民航成都管理局代管。1972年7月10日，民航总局下发了《关于民航一〇三厂暂行体制编制》，确定了民航一〇三厂为民航总局直属企业。工厂配厂长、政委，民航一〇三厂在厂党委集体领导下实行厂长分工负责制。1983年9月13日，民航局下发了《民航一〇三厂机构设置和车间以上领导干部编制定员表》，设厂级领导5人，（正、副）总工程师5人，总会计师1人，其他各级领导66人。按照“精简、统一、效能、节约”的原则，1984年7月10日，民航局再次下发《民航一〇三厂行政编制和车间以上领导干部定员表》，设厂长1人，副厂长3人（其中1人兼总工程师），总检验师1人，副总工程师4人，其他各级领导51人。1985年，民航局决定扩大工厂的自主权，工厂可自行确定机构设置和人员配备。当年，一〇三厂总人数为1542人，其中技术工人851人，干部516人，技术工人中四级以上的技工430人，干部中工程技术干部262人。

1986年，一〇三厂共有职工1603人。1988年10月，一〇三厂实行厂长负责制，仍由民航西南管理局代管。厂内实行厂、科级管理，厂长由民航局任命，副厂长（包括总师）由厂长提名，报民航西南管理局任免，厂长按有关管理规定任免中层行政领导干部。

1990年3月12日，民航局下发《关于民航一〇三厂更改厂名问题的批复》，同意将民航一〇三厂更名为中国民用航空成都飞机维修工程公司，属交通运输企业，独立经营，自负盈亏，主要承接全国民航6大航空骨干企业，包括地方航空企业和空、海军、石油部等企业国产和苏制飞机和发动

机的修理工作。1995年10月17日，根据《中华人民共和国企业法人登记管理条例》和国务院办公厅《关于公司名称冠以“中国”等字样问题的通知》精神，民航总局批复：同意中国民用航空成都飞机维修工程公司更名为民航成都飞机维修工程公司。

随着国家的经济体制由计划经济转为市场经济的改革，为进一步扩大民航成都飞机维修工程公司的维修市场，提高维修质量，促进公司的发展，并使中国西南航空公司增强飞机维修能力，合理配置维修资源，有利于中国西南航空公司的长期发展，经民航总局研究决定，将民航成都飞机维修工程公司划归中国西南航空公司管理。1996年1月18日，民航总局下达了《关于民航成都飞机维修工程公司划归中国西南航空公司的通知》。1996年4月12日，中国西南航空公司在《关于民航成都飞机维修工程公司更名的批复》中，决定将民航成都飞机维修工程公司更名为中国西南航空飞机维修公司。1996年10月3日，民航总局下发《关于成都飞机维修工程公司更名的批复》，将民航成都飞机维修工程公司正式更名为中国西南航空飞机维修公司。从此，该公司隶属于中国西南航空公司。

维修公司划归西南航空公司后，原有规模、组织机构、级别待遇保持不变，仍为依法独立核算、自主经营、自负盈亏、自我约束，具有独立法人资格的经济实体。维修公司领导干部（包括总师）由西南航空公司负责任免和管理，其中总经理和党委书记的任免需报民航总局同意；维修公司负责管理本单位机关处室正职及副总师以下的干部。维修公司副处（含）以上机构设置、双定标准由西南航空公司审批下达，科及其以下机构设置、双定标准由维修公司自行拟定，报西南航空公司人劳部备案。

1998年6月11日，西南航空公司下发《关于下达飞机维修公司内部机构设置及各级领导定员定岗标准的通知》。西南航空飞机维修公司内设机构统一“撤处设部”，机关各部室为“部门经理（主任）—项目经理（科、室、主任）—各岗位助理”的管理模式，生产单位为“部主任—车间主任（科、室、主任）—各生产岗位人员”模式。列入机关职能管理部门的有：工会办公室、纪委监察部、党委组织部、党委宣传部、团委、办公室、财务部、人事劳动部、企业管理部、市场经营部、审计部、技术工程部、保卫部、质量管理部。列入直属部门的单位有：值班经理室、科技培训部、检测中心、航材物质部、开发公司、生活服务部、离退休职工管理部、三产总公司。列入生产部门的有：飞机一部、飞机二部、涡桨部、涡扇部、设备工具部、机加部、飞机机载设备公司。这样，飞机维修公司机构设置由原来的39个（室、直属科）合并为29个部、室、委，职级均为部门正职级。

2001年5月14日，民航总局批复同意西南航空公司将西南航空飞机维修公司与西南航空公司飞机维修厂合并组建中国西南航空公司飞机维修基地。5月30日，西南航空公司下发《关于成立中国西南航空公司飞机维修基地的通知》，正式成立中国西南航空公司飞机维修基地，注销西南航空飞机维修公司的法人资格，撤销飞机维修公司、飞机维修厂机构编制，其债权、债务由西南航空公司承担，其所属资产、场地、设施设备等一并划归维修基地管理，职责是从事基地所执管飞机的航线维护以及飞机大修、发动机维修及相关工作。

2004年6月18日，中国国际航空工程技术公司在北京成立。6月21日，国航下发《关于各分公司机务维修体系划归国航工程技术公司的通知》，国航各分公司机务维修体系的人员随机构建制划归国航工程技术公司，列入工程技术公司的人事管理范畴。6月24日，国航西南分公司成都飞机维修基地移交到国航工程技术公司，更名为中国国际航空工程技术公司成都维修基地。成都飞机维修基地业务关系、行政关系、党务关系归属国航工程技术公司管理。2004 年 12 月，中国国际航空工程技术公司成都维修基地更名为中国国际航空股份公司工程技术分公司成都维修基地。

2005 年，中国国际航空股份公司工程技术分公司成都维修基地完成了基地组织机构、定岗定员、岗位归级方案报批。完成航材部、市场部、企划部、党群部的组建工作；12 月，按照新机构编制重新聘任部门级干部 46 名，项目级干部 160 名。年内，基地执管飞机达到 44 架，有 443 架次飞机各级定检在基地完成。

三、成都双流国际机场机务维修部

成都双流机场于 1992 年 12 月 19 日成立航空客货营运处，下设过站维护队。该队设有特种车分队、机务分队、客舱清洁分队。1996 年 1 月 17 日，组建机务维修部，下设机务科、特种车辆设备科、生产科和办公室。2003 年 12 月，机务维修部并入成都机场明捷航空服务有限公司，机务维修的工作职能转入明捷航空服务有限公司。2004 年 3 月，明捷公司将机务维修部生产科划归生产运行部，8 月将特种车辆设备科划归机坪服务部，剥离了其他生产职能，机务维修部只负责机场代理航班航空公司的飞机航线维护和维修工作。

四、四川航空公司机务工程部

四川航空公司于 1986 年 9 月 19 日成立时，下设机务部。该部设办公室，生产科，技术科，质检科，质保科，校修中心，维修一、二、三、四队，重庆航站；2002 年 8 月 29 日改制后，更名为机务工程部，设综合室，生产科，质保科，质检科，技术科，培训科，发动机中心，维修一、二、三、四队，重庆机务分部。2005 年 7 月 1 日，新增安全监察室、MCC、重庆机务分部、九黄机务队、昆明机务队和特种车队 6 个科室，其余下设机构不变。

五、中国西南航空重庆公司飞机维修厂

1962 年，民航成都管理局成立飞行大队安 2（运 5）型飞机机务维修组，有人员 26 人，执管安 2（运 5）型飞机 11 架。1963 年 7 月 28 日改建为民航第五飞行大队飞机维修组，后又改为机务中队，有人员 35 人，执管飞机 13 架。1965 年 9 月 1 日组建为中国民航第十七飞行大队机务中队，有人员 40 多人，后发展到 70 多人，先后执管运 5、伊尔 14、运 12 等机型 15 架。1987 年 10 月组建为中国西南航空公司重庆飞行大队机务中队，人员逐步增至 138 人，执管运 12、运 7 型飞机共 9 架。1990 年 6 月与四川省民航管理局机务科机务中队合并，12 月 26 日组建为中国西南航空公司重庆分公司机务大队，人员增至 168 人，执管运 12、运 7、图 154 各型飞机 7 架，同时承担西南航空公司和其他航空公司的过站飞机维护。1993 年 11 月改为中国西南航空重庆公司飞机维修厂，执管运 7、波音 737 型飞机共 9 架，有人员 303 人。1997 年 3 月后，重庆市成为国务院直辖市，中国西南航空重庆公司飞机维修厂不在四川省行政区划内。

六、民航飞行学院维修机构

1956 年 9 月，十四航校在广汉成立时即有机务科，在广汉、新津、绵阳等地的训练团都设置机务队，以后改为机务大队。1987 年 12 月 5 日，学校升格为民航飞行学院后设立机务处，成立飞机修

理厂，隶属于学院机务处。飞机修理厂设机加工车间、特设车间、发动机车间、飞机车间、市场部、技术科、质量管理科、生产科、航材科、总务科、财务科、计量科、办公室（团总支）、工会、纪委。各分院原有的机务大队改为机务工程部，下设生产科（计划调度科）、工程技术科、质量检验科、航材科。2002 年 5 月，三星通用航空公司成立，设机务工程部，下设工程管理室、质量管理室、生产计划室、维修中心。

七、其他单位维修机构

（一）绵阳机场（集团）有限公司机务处

2000 年 9 月，绵阳南郊机场成立机务处，下设维修管理室、外场维修队、特种车队。2001 年 7 月 3 日改名为绵阳机场（集团）有限公司机务处，下设维修管理室、外场维修队、特种车队。2002 年 8 月 1 日，机务处与场务处合并成立绵阳机场（集团）有限公司地面保障处，下设办公室、维修管理室、外场维修队、特种车队、灯光站。2002 年 12 月 26 日，又将机务与场务分离，恢复绵阳机场（集团）有限公司机务处。

（二）九寨黄龙机场运行保障部机务科

2003 年 9 月 28 日，九寨黄龙机场正式启用。四川九寨黄龙机场有限责任公司设立机务科，有机务人员 5 人，特种车驾驶员 2 人。到 2005 年底，九寨黄龙机场运行保障部机务科有机务人员 9 人，特种车驾驶员 14 人。

（三）四川海特高新技术有限公司

20 世纪 80 年代末，改革开放促进了航空事业的快速发展，中国民航成批引进西方波音、空客、麦道及俄罗斯图 154 等新型飞机，国内飞机机载设备、附件的修理量大增。“买飞机”和“修飞机”两头在国外问题，立即摆在了国人面前，一批技术人员将眼光投向了航空修理业。在民航西南地区管理局适航部门的引导和支持下，经过两年的探索、筹备，中国第一家民营航空维修企业——四川海特高新技术有限公司于 1992 年 11 月成立。该公司于 2004 年 7 月在深圳上市，成为西南航空维修民营企业的第一家上市公司。该公司业务范围包括：波音系列和空客系列及各型支线飞机、通用飞机、直升机、公务机等近 40 余种机型航空机载设备部件的维修和服务及航空测试设备的制造等。四川海特高新技术有限公司拥有各种设备千余台（套）。其中包括世界先进的 ATEC－5000，ATEC－6000 航空综合测试设备系统，以及从美、英、日、德、法等国进口的设备上百台（套），公司还自主开发研制了 ATE7000 系列和 STE7000 系列航空专用测试系统。至 2004 年底，该公司客户有中国国际航空公司、南方航空公司、东方航空公司以及部分地方航空公司，共达 100 余家。

第六节　航空油料机构

一、中国航空油料有限责任公司西南公司

20 世纪 50 年代初，西南地区航空油料工作先后分别由民航驻渝办事处业务科和机务科领导。1965 年 3 月，民航成都管理局扩编后的财供卫生处下属的油料科，是专门的航油机构。1970 年 12

月，油料工作划归成都管理局后勤部供应处。1981 年后勤部撤销后，成立油料处，隶属民航成都管理局领导。1987 年 10 月，民航体制改革后，油料处从民航西南管理局划归新组建的成都双流机场领导，下设储油库、耗油库、航油加油站、地油站以及中心化验室等。

1990 年 2 月 16 日，中国航空油料总公司在北京成立，原成都双流机场油料处更名为中国航空油料公司成都公司并挂牌。但中国航空油料总公司正式批准成立成都公司的时间是 1990 年 9 月 26 日。为加强民航油料工作在采、供、销、人、财、物方面的统一管理，体现责、权、利相结合的原则，经民航局研究，决定分步骤地将所有民航省（自治区、直辖市）局、航站的油料部门及其人员和设施、设备，全部划归中国航空油料总公司直接领导和管理。

中国航空油料公司成都公司是中国航空油料总公司在西南的机构。公司行政系统设置：行政办公室、安技科、计财科、运销科、修建科、人劳科；基层单位设置：储油库、业务油库、航空加油站、地面加油站、中心化验室；党群系统设置：党委办公室、纪委、工会、团委。

1992 年 11 月 7 日，按中国航空油料总公司的批示，中国航空油料公司成都公司改称中国航空油料西南公司。其行政机构设置为：行政办公室、财务处、计划处、安全技术处、运销处、修建处、人劳处；基层单位设置：储油库、业务油库、航空加油站、计量检定中心、油品应用研究中心、劳动服务公司、修理所；党群系统设置：党委办公室、纪委、工会、团委。

2004 年，中国航空油料西南公司机构设置为：下属重庆分公司，贵州分公司；公司行政口设置：行政办公室、财务处、计划处、安全技术处、运销处、修建处、人劳处、审计处、现场指挥中心、荆门代表处；基层单位设置：储油库、业务油库、航空加油站、地面加油站、油品应用研究中心、计量检定中心、修理所、西昌供应站、万州供应站、车队、房管办、信息办、退管办等；党群口设置：党委办公室、工会办公室、纪检监察办公室、团委、女工委。

2005 年 10 月 18 日，中国航空油料西南公司更名为中国航空油料有限责任公司西南公司；中国航空油料云南公司、贵州分公司、重庆分公司分别更名为中国航空油料有限责任公司云南公司、贵州分公司、重庆分公司；中航油总公司驻荆门石化厂代表处更名为中国航油有限责任公司驻荆门石化厂办事处。

二、中国航空油料四川分公司

民航四川省管理局成立前，白市驿机场设有油库、九龙坡设有航油转运库。1965 年 7 月民航四川省管理局成立后，先后由财供修建科、物资设备科、油料科、物资供应处管理油料工作。下设航空加油站、机场业务油库、磨心坡油库。1993 年 8 月，中国航空油料总公司决定在民航四川省管理局物资供应处所属的油料部门基础上组建成立中国航空油料四川分公司（以下简称中航油四川分公司），直属中国航空油料西南公司领导。中航油四川分公司成立后的机构设置为：办公室、人事劳资料、业务科、财务科以及储油库、业务油库、航空加油站等。1994 年 4 月 20 日，组建中国航空油料西昌供应站，隶属于中航油四川分公司。1997 年重庆市成为国务院直辖市后，中航油四川分公司改名为中航油重庆分公司，仍隶属于中航油西南公司。

三、民航飞行学院（校）航空油料机构

十四航校时期的物资保证部（后改称后勤部）设有油料车辆管理科，负责全校所需油料的筹措、

调拨和各飞行团油料工作的业务指导。1986 年，民航飞行专科学校总务处设油料科，负责对外代表学校处理航油业务事宜，指导、检查各分校油料工作，负责全校航油的计划、申报和航油结算。各分校场站下设油车股，负责机场所需油料的接收、储存、加注。

1991 年，民航飞院为了解决当时引进的法国 TB-20 初级教练机用燃料问题，积极配合兰州石化公司生产出了 100 号航空汽油。1992 年 7 月，民航飞院各分院总务科升格总务部，油料车辆股升格为油料车辆管理科（洛阳分院为油料科），隶属于分院总务部。遂宁航站油料工作由总务科油车股负责。同年，新津分院新建 300 立方米储油罐 1 个。2000 年，民航飞院航油属总务处油车科管理。至 2001 年 1 月 10 日，民航飞院撤销总务处，成立后勤管理处，下设油料科，负责全院的油料管理工作。各分院航油管理机构不变。2001 年，广汉分院新建 500 立方米储油罐 2 个。2003 年 1 月 1 日，绵阳分院油料管理工作改由分院后勤开发总公司油料保障分公司负责，遂宁航站油料工作由总务科油车股负责。

2005 年，为适应形式发展的需要，解决油料运输难、油料资源利用率低下等问题，民航飞院进行了油料整合。在后勤管理处下设油料科增设油料配送中心，实行两块牌子，一套班子。撤销分院总务部油车科、化验室。油料配送中心职责是负责川内各分院油料的接收、配送，保证广汉机场油料的加注，负责川内各分院油料的化验。

第七节　航空器材机构

一、中国航空器材西南公司

1965 年，民航成都管理局成立航材组。1970 年，航材组改名为民航成都管理局后勤部航材处。由于航材属于高、精、尖技术产品，当时民航又属于空军管辖，所以，航材被纳入军品管理、分配和供应的范畴。民航所需航材的订货、采购和供应由空军订货部和装备部代理。但随着民航事业的发展和飞机的增加、机型的更新，原有的机构以及空军代理的方式已不适应形势的变化。1973 年 2 月 2 日，民航总局指挥部、后勤部联合转发空军司令部、后勤部关于《民航建立地区订货小组的通知》，据此，民航成都管理局抽调人员成立中国民用航空总局成都地区航材订货组，军工代号为○一三单位。订货组负责民航西南地区航空零备件的采购和供应，业务上受民航总局航材处的领导。随着业务的发展和需要，1980 年，民航总局航材处改组为中国航空器材公司，成都地区的航材订货组改名为中国航空器材公司西南办事处。

1987 年 8 月 17 日，经民航总局批准成立中国航空器材公司西南公司，1992 年 8 月改称中国航空器材西南公司。该公司是中国航空器材公司在西南地区的分支企业，是专门从事民用航空产品进出口业务的外贸公司。公司下设办公室、国内业务科、国外业务科、计划财务科。公司经营范围：经营民航部门自用航空设备、器材、零备件的进出口业务；经营航材物资的国内购销业务，承担为西南地区民航各单位在国外采购航空器材及地面设备的任务。

中国航空器材西南公司在对外贸易政策方面，接受四川省对外经济贸易厅的指导和外贸行政管理，与海关、商检、储运等部门有密切的业务联系。1992 年，该公司下设机构报关运输业务从国外业务科分离出来，成立报关运输科。

1997年8月12日，中国航空器材西南公司重庆分公司在重庆市渝北区成立。公司负责经营原西南航空重庆公司的全部航材业务外，同时面向社会开展多种经营业务。

1998年8月28日，由中国航空器材西南公司、四川航空器材公司、中国西南航空公司、四川怡和企业集团有限责任公司共同出资，经双流县工商局注册登记成立成都航贸储运有限公司。公司经营范围：各类国际、国内货物的通关、报检、仓储、运输和海关监管，保税货物及暂时出入境货物的储放。9月，中国航空器材西南公司与四川航空器材公司、四川航空贸易有限公司等7家股东共同组建成都环宇航运代理有限公司。公司主营：代理航空客货运输及快件运输、批发零售、代构代销政策允许经营的机械设备以及化工、五金、建筑等原材料。11月，中国航空器材西南公司与民航第二研究所、六维航空化学技术发展公司、成都国光电器总公司电子设备厂等共同投资，组建了成都蜀发航空器材实业有限公司。

2002年4月，中国航空器材西南公司在激烈的市场竞争下，为避免纯粹靠赚取手续费而生存以及业务单一所带来的风险，积极寻求多元化的发展，把办公楼的物业管理、园林绿化工程的业务推向市场，成立成都天天资产管理有限公司。公司经营范围：物业管理、园林绿化工程、销售建辅建材、五金交电、劳保用品以及办公用品等。同年，中国航空器材西南公司通过对国内民用、军用航空机载电子、机载设备维修、地面设备维修、测试设备制造等市场进行详尽分析和研究后，与国有三江机械厂、成都航空仪表公司共同出资，创建了成都思泰航空科技有限责任公司。2003年9月，成都思泰航空科技有限责任公司开发研制的、具有国际先进水平的RJF－3型飞机压力加油接嘴参加第十届北京国际航空展览会，受到客户的青睐。这一技术先进、售价却只有国际同类产品售价1/4的产品，很快显示出了良好的市场发展前景。

2002年10月，中国航空器材总公司经国务院批复，组建为中国航空器材进出口集团公司。民航企业重组后，国内业务的采购基本实行集中招投标，原成都蜀发航空器材实业有限公司代购代销民用航空设备、器材及零备件、飞机发动机、机场设施等主营业务已不再具备优势。2003年8月，成都蜀发航空器材实业有限公司注销，该公司员工回中国航空器材西南公司成立市场营销部。

2004年11月，为了优化资源配置，提高工作效率，降低公司成本，中国航空器材西南公司对二级机构进行了合理整合：将市场营销部与国外部合并，成立业务部；将行政办公室与党委办公室合并，成立公司办公室。调整后，中航材西南公司下设业务部、办公室、计划财务部、工会4个部室和成都天天资产管理有限公司、成都航贸储运有限责任公司以及成都环宇航运代理有限公司3个子公司，另有参股的成都思泰航空科技有限责任公司。

2005年，中国航空器材西南公司积极筹备，经成都海关批准成立航材保税仓库。航材保税仓库的主要业务是航空器材寄售、分销等。

二、西南航空公司航材机构

1987年10月西南航空公司成立后，下设航材处和航材库，原民航成都管理局航材处及所属航材库随即撤销。1990年6月，民航四川省局将机务工作划归西南航空公司重庆分公司后，民航四川省局航材库也归西南航空重庆分公司。2001年6月19日，西南航空公司决定将内设机务工程部与航材处合并组建机务工程航材部。机务工程航材部是西南航空公司职能管理部门（含部分航材生产任务），为部门正职级，主要承担全公司机务维修工程、标准、指令、航材计划、供应、仓储等管理工作和生产任务。2002 年 11 月，更名为国航西南分公司机务工程航材部。2004 年 6 月，中国国际航空公司决定成立国航工程技术公司，下发《关于各分公司机务维修体系划归国航工程技术公司的通知》，通知国航西南分公司机务工程航材部一并划入工程技术公司统一管理。6 月 24 日，国航西南分公司成都飞机维修基地和机务工程航材部移交国航工程技术公司，更名为国航工程技术公司成都维修基地航材部。

三、四川航空公司航材机构

1988 年 2 月，四川航空公司建立物资供应部，下设航材室，负责航材的供应与管理。1991 年，四川航空公司设航材油料处，下设航材科。1992 年 11 月，四川航空公司成立工程机务部后，机务部下设航空器材公司。1995 年 12 月 30 日，工程机务部改为工程维修部，下设航材部，对外称四川航空器材公司。航材部下设综合部（办公室、报关），航材一部（空客 320 型机），航材二部（运 7 型机），航材三部（油料），仓储运输部（仓库）。2002 年 6 月，四川航空器材公司改为航空器材部，同时撤销 3 个二级航材部的编制。

四、民航飞行学院（校）航材机构

1956—1980 年，十四航校的物资保证部（后改称后勤部）设航空器材科，负责航空器材业务和管理。1981 年 8 月，航材科与机务处合并称为机务航材处，该处下设航材办公室。1988 年 2 月，民航飞院航材办公室更名为机务处航材科。同年，航材科仓库设仓库主任，负责仓库的业务和行政管理工作。航材科依照民航适航法规和民航飞院的有关规章制度，负责全院航空器材的计划订货、验收与分发、保管与维护、送修与索赔、提运与发货、审核承付货款、对内调拨分配等工作。

第二篇　机场建设

1986 年，四川省境内共有民用运输机场 9 个：成都双流机场、西昌青山机场、泸州蓝田机场、宜宾莱坝机场、南充都尉坝机场、广元机场、达县河市机场、梁平机场、重庆白市驿军民合用机场。中国民用航空飞行专科学校有新津机场、广汉机场、绵阳塘汛机场、遂宁南坝机场 4 个训练飞行通用机场。

1986—2005 年，四川先后新建重庆江北机场、广元盘龙机场、绵阳南郊机场、九寨黄龙机场、攀枝花保安营机场、南充高坪机场，并对成都双流机场、西昌青山机场、泸州蓝田机场、宜宾莱坝机场、达州河市机场和民航飞院的 4 个训练飞行通用机场进行了扩建、改建。1995 年 11 月 30 日，民航总局批准成都双流机场为成都双流国际机场。1997 年 3 月，全国人大决定设立重庆直辖市，重庆江北机场、重庆白市驿机场、梁平机场属重庆直辖市境内机场。

2005 年底，四川省境内有新建、扩建投入使用的 4C 级及以上标准的民用运输机场 10 个：成都双流国际机场、西昌青山机场、南充高坪机场、绵阳南郊机场、泸州蓝田机场、宜宾莱坝机场、广元盘龙机场、攀枝花保安营机场、九寨黄龙机场、达州河市机场。此外，民航飞院在四川省境内还拥有新津机场、广汉机场、绵阳机场、遂宁机场 4 个训练飞行通用机场。

第一章 民用运输机场建设

第一节 成都双流国际机场

中华人民共和国成立以后至1986年之前，成都双流机场已经经过两次扩建，但仍不能适应成都地区经济社会日益发展而增加客货运量的需要。1992年1月18日，四川省人民政府召开第59次省长办公会议，专门研究成都双流机场扩建工程问题。会议听取了民航西南管理局关于扩建成都双流机场方案的汇报后，提出了一次性规划、分期实施的方案，力争在“八五”计划期间改造完成。1992年2月18日和2月21日，民航西南管理局和四川省人民政府分别向民航局和国家交通投资公司上报《双流机场改扩建工程项目建议书的请示》。6月中旬，四川省副省长蒲海清、民航西南管理局、成都双流机场、西南航空公司主要领导赴北京向民航局局长蒋祝平等作较为全面的汇报，强调为让四川省及西南地区扩大对外开放，发展地区经济，要尽早上马，使成都双流机场真正建设成西南地区国际航空港。民航局同意成都双流机场飞行区按4E级扩建的请示，机型按波音747－400型考虑。7月，民航局设计院受双流机场扩建指挥部委托，成立项目工程组，派人到双流机场收集资料，进行可行性研究，并在同年10月提交了《成都双流机场扩建工程预可行性报告》。11月12日，四川省政府在成都组织专家对方案进行了初审。12月15日，民航局、四川省人民政府将《关于上报成都双流机场改扩建工程项目建议书的函》联合上报国家计委。1993年2月24日，中国国际咨询工程公司受国家计委委托，在成都金牛宾馆对可研报告进行评估；6月28日，国家计委向国务院上报《关于双流机场改扩建工程项目建议书的请示》。11月，民航设计院向民航总局提交了《双流机场改扩建工程的可研报告》。同时，四川省人民政府、民航总局将可研报告上报国家计委。1994年11月28日，国家计委下达《关于成都双流机场扩建工程可行性研究报告的批复》，确定了双流机场的建设规模和投资，即：飞行区等级4E，跑道3600米，宽45米，两侧道肩宽各7.5米，厚度按波音747－400型飞机全重起降设计，新建一条平行滑行道。新建候机楼6万平方米，新建航管楼4000平方米，新建站坪15万平方米，停机坪32万平方米，机位16个以及相应配套的导航、助航灯光、供电、供水、供气、供油等工程，投资为14.9亿元。

为保证成都双流机场扩建工程在不停航、不转场、确保飞行安全的前提下进行，1992年7月8日，民航局有关司（局）以及西南管理局组织驻机场等有关单位召开了工程建设现场会，对成都双流机场新建平行滑行道兼作临时跑道使用的技术可能性进行论证，提出了先建八号滑行道（平行滑行道）及相配套的项目。由于建设的任务重、时间紧、问题多，为加强扩建工程的领导，1993年7月，民航总局、四川省人民政府联合成立了成都双流机场扩建工程领导小组，并在原双流机场领导的指挥部基础上组建成都双流机场扩建工程指挥部，归西南管理局领导，成员由四川省及有关市、县有关部门、民航西南管理局、成都双流机场、民航西南空中交通管理局、中国航空油料西南分公司等组成。参与工程施工的单位是：场道工程有空军第九工程总队、四川省场道公司、四川省安装一公司四处、四川省化工建设总公司及中国机械安装公司、四川省十二建筑公司、四川省地方建筑公司、四川省路桥公司、成都市建一公司等。

1994 年，民航设计院完成成都双流机场总平面规划。同年，民航西南管理局上报民航总局，民航总局批复同意成都双流机场扩建工程总平面规划。为贯彻落实民航总局批复，机场扩建工程指挥部召开驻场单位会议并报送成都规划局备案。

一、修建八号滑行道

1994 年 1 月 8 日，八号滑行道开工。八号滑行道土建工程于 1996 年 6 月 26 日经民航西南管理局组织的验收委员会验收通过，工程被评为优良工程。滑行道全长 3200 米（其中 2800 米作临时跑道）宽 45 米，两侧道肩各 7.5 米，共计完成土方 23.9 万立方米，水泥稳定基础 6500 立方米，混凝土道面 71349 立方米，混凝土排水沟 4817 米，砖砌明沟 3075 米。

八号滑行道工程竣工后，其他配套工程如停机坪、调度联络道、校验坪以及消防、加油管线、导航设施等工程施工在 1997 年底前陆续展开。1998 年 2 月，经民航西南管理局初验合格。3 月初进行八号滑行道作临时跑道的校飞后，经报请民航总局批准于 3 月 29 日，八号滑行道作临时跑道使用，同时关闭原跑道。

1998 年 3 月，开始主跑道加厚及延长工程以及飞行区围界、巡逻道、跑道、消防系统、助航灯光系统的招投标、场地准备、道面除胶、刻槽等工作。4 月 1 日工程破土动工，1999 年 2 月完工并由民航西南管理局组织有关单位进行初验，后经民航总局批准于 7 月 29 日投入使用，同年 12 月 17 日通过国家验收委员会验收，工程质量达到优良。

扩建后的双流国际机场跑道长 3600 米、宽 45 米、厚 0.38 米，符合波音 747－400 型飞机全重起降要求。

通信导航工程按要求与临时跑道的修建同步，于 1998 年 3 月前完成南、北近台土建、安装；航向下滑等配套设施于 3 月 29 日启用；主跑道部分完成南近台、远台的土建和安装设备；航向下滑台的修建与主跑道同步于 1999 年 7 月 29 日启用。航管楼、塔台及气象用房原有设备不受影响，新建部分土建于 2001 年 4 月完成。

二、新航站楼建设工程

新航站楼工程于 1998 年 9 月 10 日动工。参加工程施工的主要有四川省华西集团省建十二公司、四川省安装公司、成都市第四建筑工程公司以及来自上海、广东、深圳、北京、沈阳等地的装饰、幕墙公司将近 20 个单位，设计、施工技术人员和工人共计约 5500 人。在建设过程中由于放线轴线出现偏差而于 1998 年 11 月 17 日停工整顿。1999 年 4 月，经民航总局批准，将北指廊屋顶由原设计钢筋混凝土结构改为网壳、大厅的屋顶由网架改为双曲反向钢桁架，并对工艺流程进行相应的优化调整；同时，民航总局又同意候机楼建筑面积由原来的 65000 平方米增至 75274 平方米。该工程于 1999 年 9 月初全面复工。

1999 年 9 月，按照国务院关于建设项目实行责任制的精神，成都双流国际机场扩建指挥部一分为三，分别成立成都双流国际机场扩建机场工程指挥部、航管工程指挥部、供油工程指挥部。

根据工程建设的实际情况，扩建指挥部经过认真的分析和研究，通过调整施工顺序和增强施工力量、加班加点等措施来确保工程按原计划完成。扩建指挥部于 2001 年 6 月 21 日作了“奋战 90 天全面完工”的动员并立军令状，于 2001 年 10 月 12 日初验，24 日复验，10 月 26 日正式启用。

三、供油工程

供油工程主要是建设飞行区 C 通道及北指廊工程修建中混凝土浇筑前的输油管网、航空加油站、牧马山卸油罐及铁路专线。2001 年 10 月，供油工程与新候机楼同时竣工投入使用。双流国际机场扩建工程的主要监理单位为民航西南机场建设有限责任公司监理所。该公司根据国家建设工程监理规定，制定了《民航双流机场飞行区工程监理总纲以及实施细则》《民航双流机场航站区工程监理总纲以及实施细则》《成都双流机场扩建工程监理单位的工作范围及要求》。为保证成都双流国际机场飞行区扩建主体工程和航站区候机楼主体工程的顺利建设，成立成都双流国际机场扩建飞行区、航站楼质量监督组，监督组隶属民航西南管理局，负责工程质量、监督和质量等级的核定工作。

四、北指廊建设工程

2001 年下半年，成都双流国际机场开始进行航站楼北指廊工程可行性研究，年底，民航机场建设总公司完成可行性研究报告。2002 年 6 月，北指廊工程通过国家计委委托中国民航咨询公司所作的评估。10 月，国家计委下发《关于成都双流国际机场航站楼北指廊可行性研究报告的批复》，同意北指廊工程可行性研究报告，批复项目总投资为 3.8 亿元。工程项目法人为成都双流国际机场。12 月初，北指廊工程的初步设计由中建西南设计院完成。12 月 20 日，该工程的初步设计通过了民航总局组织的初步设计和概算审查。2003 年 3 月，民航总局下达《关于成都双流国际机场航站楼北指廊工程初步设计及概算的批复》，批复北指廊规模为 39220 平方米，站坪 52911 平方米，服务车道 23109 平方米以及配套的通风空调、给排水、强弱电、行李系统等。核定北指廊工程总概算为 38203 万元，资金来源为四川省财政 20000 万元，民航总局专项基金 10000 万元，机场自筹 8203 万元。

北指廊工程是新航站楼的二期工程，按照民航总局批复的“一次设计、分期实施”的规划原则进行建设的，因此其建筑风格和标准与一期工程基本一致。北指廊主要功能是承担成都双流国际机场的国际进出港航班，设 3E、4D、1C 共 8 个机位，设计高峰小时旅客吞吐量为 1200 人次。北指廊工程由航站楼业务大厅、连廊、候机厅 3 部分组成，建筑采用指廊布局，南北方向建筑长度为 251.45 米，东西方向建筑长度为 276 米，地下 1 层、地上 2 层（局部 3 层），为钢筋混凝土框架和钢结构，其中第二层为出发层，夹层和第一层为到达层，实现进出港完全分流。楼内设有电梯、自动扶梯、自动行李分拣系统、自动步行道、安全检查、登机桥等设备和中央信息、航班显示、广播、火灾报警及消防联动、离港系统、结构化布线、楼宇自控、闭路电视监控等系统，同时配套建设各口岸单位的设备、设施。

2003 年 1 月 28 日，成都双流国际机场举行了北指廊工程奠基仪式，四川省政府、省人大、省政协领导和民航西南管理局、省计委、建设厅、财政厅、口岸办等单位参加了此次奠基仪式。3 月，四川省计委批复同意北指廊工程开工报告。同月，为加快工程建设和加强对工程建设的领导，民航总局和四川省政府共同成立成都双流国际机场航站楼北指廊工程协调领导小组，民航总局副局长杨国庆和四川省副省长王怀臣任组长。同时，成立了成都双流国际机场扩建工程指挥部，由成都双流国际机场总经理潘校军任指挥长，副总经理李灵翔任常务副指挥长，总工程师曹幼虎任副指挥长兼总工程师。指挥部下设办公室、总工办、工程部和计财部等部门。指挥部在协调领导小组的领导下具体组织实施北指廊工程的建设管理。

北指廊工程从2003年3月正式动工，到2004年8月，各项主要工程先后竣工。8月31日，机场扩建工程指挥部组织设计、施工、监理等单位对工程进行了预验。9月13日，北指廊建设工程通过了民航西南地区管理局和四川省发展和改革委员会组织的初步验收。9月27日，民航总局和四川省政府共同组织对该工程进行了竣工验收。竣工验收委员会认为：交付验收的成都双流国际机场航站楼北指廊工程，其项目规模和标准基本符合批准的初步设计，符合国家和民航有关技术标准和规范，北指廊流程顺畅，功能分区明确，各系统功能齐全，设备设施较为先进。站坪及供油等配套工程也已按要求同步建成，满足使用要求。工程档案资料基本齐全，符合国家和民航的档案归档要求。成都双流国际机场扩建工程指挥部与设计、施工、监理、质量监督等单位密切合作、精心组织、严格管理，经过全体参建单位的共同努力，成都双流国际机场航站楼北指廊工程已经基本建成，工程总体评价优良，同意交付使用。

2004年9月28日，成都双流国际机场航站楼北指廊工程正式投入使用，中共四川省委书记张学忠和民航总局副局长高宏峰分别代表四川省和民航总局参加了工程的启用仪式。

北指廊新国际厅是成都双流国际机场构建中枢机场的重要的基础设施，它的建成启用完善了成都双流国际机场的中枢中转功能。

成都双流国际机场北指廊工程项目的可行性研究报告由民航机场建设总公司承担。航站楼的初步设计和施工图设计由中建西南设计研究院承担。参与航站楼北指廊设计的单位还有民航第二研究所、中元国际工程研究设计院等。北指廊工程施工单位有中国建筑第四工程局、四川省工业设备安装公司、中国建筑第二工程局安装公司、中铁十四局、沪宁钢机股份公司、北京城建集团等30多家施工单位。北指廊工程的主要设备由荷兰范德兰公司、中集天达公司、德国蒂森公司等提供。北指廊工程监理单位为民航西南机场建设公司和四川精正建设监理公司，质监单位为四川省建筑工程质量监督总站和民航西南地区建设工程质量监督站。

五、旧航站楼改造

成都双流国际机场旧航站楼建筑面积17000平方米，除工作用房外，实际可供旅客使用面积为10000平方米左右，其中国际厅面积仅为1800平方米。2001年10月26日新航站楼竣工启用后，国内进出港旅客改由新候机楼候机，国际及地区进出港旅客仍在旧候机楼候机。但旧航站楼由于使用年限长、设施设备陈旧老化、流程设置不合理等问题，仍然不能适应国际及地区旅客的候机需要，将严重影响成都双流国际机场作为区域性中枢机场的形象。因此早在2000年，成都双流国际机场就提出了改造旧航站楼的思路：首先将旧航站楼改造成国际旅客候机厅暂时使用，等新航站楼北指廊国际厅竣工启用后，旧航站楼作为支线航空旅客候机厅使用。

2001年，成都双流国际机场分别向四川省政府和民航西南地区管理局提出改造旧航站楼的申请，四川省政府和民航西南管理局分别批复立项，投资850万元。其中，省口岸建设资金补助400万元，留成建设费450万元。

2001年，上海民航新时代机场设计院有限公司完成旧航站楼国际厅改造工程的设计工作；2002年初，成都双流国际机场通过邀请招标的方式，确定该工程的施工单位为上海蓝天房屋装饰工程公司。1月15日，旧航站楼改造工程开工。本次改造范围为国际进出港厅、原国内出港值机厅、安检厅，候机厅拆除部分工作用房，增加自动门，在国际厅和国内支线厅增加隔断，新增VIP室和工作用房，更换吊顶龙骨及面层、卫生间改造装修等。2002年4月15日，旧候机楼改造工程顺利竣工。国际及地区旅客出港厅面积增加至2715平方米，进港厅面积达到1630平方米，从而改善了国际及地区旅客的候机环境。

六、区域性枢纽机场总体规划

2002年，成都双流国际机场的外部条件已有很大变化，空域状况极大改善、航行管制水平已有很大提高。但是，随着国家西部大开发政策的提出和实施，成都双流国际机场被确定为中西部地区区域性枢纽机场，机场需要按照这个标准来进行调整建设。成都双流国际机场的客货吞吐量快速增长，在成都的航空公司也在逐步按照这个标准来调整西南地区的航线。机场扩建总体规划也纳入成都市正在编制的《成都市城市总体规划（2003—2020）》。

2002年下半年，成都双流国际机场开始对建设第二跑道的可行性进行论证。2003年7月，民航总局及四川省发展和改革委员会就成都双流国际机场建设第二跑道的可行性问题组织专家进行论证，专家论证认为：成都双流国际机场建设第二跑道是可行的。

机场第二跑道规划确定后，需要制订新的总体规划以适应机场未来发展的需求。2003年8月，成都双流国际机场制订了详细的项目需求说明书，经过多次讨论和研究，最终确定由上海民航新时代机场设计研究院有限公司和澳大利亚SKM公司联合对成都双流国际机场重新进行总体规划设计。9月10日，成都双流国际机场与澳大利亚SKM公司以及上海民航新时代机场设计研究院有限公司签署了设计咨询等相关合同，随即澳大利亚SKM公司和上海民航新时代机场设计研究院有限公司开始成都双流国际机场的总体规划设计工作。专家组在进驻机场后进行了广泛调研并获取了第一手资料，并与驻场单位以及当地职能部门深入交换了意见，达成了基本共识。

2004年初，澳大利亚SKM公司提交了成都双流国际机场总体规划方案草案，成都双流国际机场将此方案草案呈报上级部门审批后，于同年5月11日在机场民航宾馆召开总体规划初审会，会议邀请了有关专家参加。会后，成都双流国际机场规划发展部根据初审意见，组织设计单位对成都双流国际机场总体规划方案草案进行了修改和完善。

2004年3月26日，《四川省人民政府关于同意成立四川省机场集团有限公司的批复》下达同意成都双流国际机场在原基础上成立四川省机场集团有限公司。

2004年12月17日，民航总局会同四川省人民政府在成都市召开成都双流国际机场总体规划方案第二次审查会。会后，设计单位根据第二次审查意见对成都双流国际机场总体规划报告再次进行了修改和完善，形成了最终总体规划报告。成都双流国际机场此次重新对机场基础设施、功能区域划分、空域、环境等问题进行了分析研究，科学地调整了原机场总体规划。新的总体规划更合理地利用土地资源，更能保证机场可持续发展和机场的安全顺畅运行。新批准的机场总体规划是成都双流国际机场近期建设、远期规划控制及运行管理的依据；同时，机场总体规划将纳入成都市城市规划进行统一控制和管理，将为机场的长远建设和发展提供保证。机场总体规划目标年分别为：近期规划10年，远期规划30年。根据机场总体规划，机场作为国内主要的区域性枢纽机场，飞行区将按照4F类飞行技术等级建设，能够满足未来A380型飞机的起降需要；对现有4E飞行区，将根据规划择时进行升级；机场发展用地面积按2835公顷控制。近期规划了第二跑道和航站楼以及配套的基础设施，将满足2015年旅客吞吐量3420万人次、飞机起降30.5万架次、货邮吞吐量60万吨的需要；第三条跑道建设纳入远期规划，并成为机场总体规划的重要组成部分。

2005年1月18日，成都双流国际机场总体规划设计得到民航总局批准。

2005年10月，四川机场集团委托中日友好环境保护中心编制《成都双流国际机场第二跑道和新候机楼建设工程环境影响报告书》。12月21日，国家环境保护总局《关于〈成都双流国际机场第二跑道和新候机楼建设工程环境影响报告书〉的批复》下达，该建设项目通过审批。

第二节　西昌青山机场

随着中国深化改革和扩大开放，西昌成为中国的卫星发射基地之一，承揽国际通信卫星发射的商务业务。同时，也为机场的发展创造了有利条件。1987年，国家计委批准西昌机场通信导航、仪表着陆系统的建设工程，以及对服务设施、设备的更新改造项目，民航西南机场建筑设计所负责工程设计。工程从1988年初开始动工，1989年底竣工，总投资1200万元。1990年1月16日，通信导航及盲降系统经校飞验收合格，于1990年1月25日启用。1990年2月8日，西南航空公司一架波音707型飞机试航民航西昌站。同年2月12日，运送“亚洲一号”卫星集装箱的美国快运公司一架波音747型飞机在西昌站机场降落，机场的使用价值逐步提高。

1988年，国家对部分地区抗震等级进行调整，西昌地区建筑按9度设防，西昌站机场不合防震要求。机场航站区房屋除候机室为预制结构外，其他房屋均为工棚改建的砖木结构建筑。1989年7月，民航总局批准了航站房屋报废申请。1990年11月，民航总局批准投资500万元，对机场候机楼、指挥塔台及办公楼等主要建筑进行重建，总建筑面积5300平方米，其中候机楼1540平方米。由中国西南建筑设计院负责主要建筑物的设计，凉山州建筑公司三处负责施工。1991年3月，临时用的生产、生活及旅客服务等简易房屋全部建成，在不停航的情况下，全站职工仅用1个月时间将通信及调度指挥等设备搬迁装配完毕。同年5月，工程开工，主要建筑候机楼在1992年10月1日首先启用，整个工程项目到1993年4月全部竣工。由于国家在1993年1月对施工定额及建材价格重新调整，工程共投资577万元。该工程竣工投入使用后，机场的服务设施得到改善，服务质量相应提高，调度指挥等安全保障能力增强，为航空公司提供安全宽松的飞行条件。四川航空公司和西南航空公司相继增加航班密度，机型也由安24型逐步改为图154型、波音737型、空客320型。同时，机场还承担了卫星发射基地救护飞机的保障工作。机场的使用率虽不断提高，但飞行区的安全隐患却时有显现，牲畜、行人及车辆穿越跑道的现象多次发生，直接影响飞行安全。1993年3月，民航西昌站向民航四川省局提出架设场道围栏与铺筑巡场道路的报告。计划投资600万元，在飞行区架设一道长14000米、高2.5米的围界有柱钢栅栏，同时修一条长13000米的简易碎石巡场路。1995年3月，民航总局批复，民航投资380万元用于此项目的建设，资金不足部分请当地政府帮助解决。为顺利进行此工程，机场领导多次到凉山州、西昌市政府请求支持。通过地方政府的帮助，缺口资金220万元得以落实。1996年6月，飞行区围界工程开工，1996年12月竣工。机场飞行区安全保障设施进一步得到完善，同时也为飞行控制区有序管理奠定了基础。由于联络道宽度限制，不适宜大型飞机滑行，每次装卸集装箱都在跑道上进行，造成当日航班的延误或取消。为此，1996年6月，民航总局批准扩建机场联络道、停机坪的工程，扩建停机坪7475平方米，与之相连的联络道加宽至25米，道肩也相应加宽，投资360万元。该工程由西南民航机场建设公司总承包。1997年6月开工，同年12月竣工，由民航西南管理局机场处组织验收。

1997年9月，民航总局批准机场助航灯光工程的设计和概算。1998年1月，由西南民航机场建设公司设计，四川省工业设备安装公司施工的机场助航灯光工程开工。机场主降方向设置Ⅰ类精密进近灯光，加闪光灯，次降方向设置中强光进近灯，按Ⅰ类精密进近标准设置跑道灯。主、次降方向均设坡度灯及滑行引导标牌。停机坪设置高杆灯，并修建灯光变电站一座，安装变、配电及调光等设备，征用土地11.6公顷。工程总概算为1430万元。1998年7月30日，民航西南管理局组织初步验收，经校飞检验，完全达到设计标准。同年10月，机场夜航正式开放。

1997年10月，民航总局派机场司领导代表民航总局向西昌青山机场正式颁发了机场使用许可证，飞行区等级4D，完全适应安124、波音747以下机型起降。

1999年6月4日，民航西南管理局批复同意西昌青山机场投资360万元修建建筑面积1453平方米的机场消防楼。2001年6月24日，消防楼工程开工。2002年3月25日，工程竣工。消防楼投入使用后，完善了西昌机场的消防保障配套设施。

按照《民用机场飞行区技术标准》，机场应采用两路独立电源进行供电。2000年，民航西南管理局批复同意投资148万元对西昌青山机场供电设施进行改造，从礼州镇变电站至机场架设10千伏高压线路，新增进出灯光站的高、低压电缆。2001年7月，供电设施改造工程开工，8月，工程竣工。供电设施工程的完成提高了机场供电的可靠性，提高西昌青山机场的保障能力。

2001年3月29日，民航总局为西昌青山机场换发了新的民用机场使用许可证。

2004年，为保障安检工作的准确性，西昌青山机场配备了彩色显示屏X光机2台，其中旅检使用德国海曼HS6040I型、货检使用美国瑞源RAP-528HR型。配备2台意大利HIPE-PN2型安全门，PD140型手持探测仪2个。2006年，配备WXQ5060TKT客梯车1台，新增德国海曼HS100100T型X光机1台，用于货场安检。

第三节　南充高坪机场

南充都尉坝机场不能适应机型更新后的起降标准，南充地区行政公署一直在探讨机场的修建问题。1991年6月11日，南充地区行署第49次办公会议正式研究决定迁建南充民用机场，同时决定成立迁建办公室。1992年11月，民航总局机场基建司领导率专家组到南充察勘并与当地领导研究后，拟在高坪镇黄莲场附近新建机场，并定名为南充高坪民用机场。1993年2月3日，国务院、中央军委批准迁建高坪民用机场；同年7月2日，民航西南机场建筑设计所编制的高坪机场可行性研究报告获得国家计委批准。1994年12月23日，高坪机场举行奠基典礼暨进场公路开工仪式。1995

年9月8日，四川省计划委员会、民航西南管理局联合批准南充高坪民用机场初步设计概算，后由于地方财政困难，高坪机场一直未能开工。

1998年9月4日，四川省人民政府批复同意补办高坪机场征用土地手续。2000年3月23日，民航总局下达高坪机场建设2000年度投资计划。2001年1月4日，四川省发展计划委同意将高坪机场列入2001年国债资金项目。2001年5月15日，民航西南管理局、南充市政府形成会议纪要，同意南充火花机场报废后资金投入高坪机场建设。6月19日，四川省人民政府同意将高坪机场建设列入国债资金项目上报国家发展计划委。7月25日，民航总局规划司向国家发展计划委呈送相同的报告。10月24日，国家发展计划委组织四川省发展计划委和南充市人民政府、阆中市人民政府召开会议，通过了立即复工建设南充高坪机场的决议。11月19日，国家发展计划委、四川省发展计划委、民航西南管理局组织专家通过了南充高坪机场初步设计修改审查方案。11月20日，四川省发展计划委、民航西南管理局批准高坪机场修编初步设计和概算。概算投资1.69亿余元。2002年3月21日，南充高坪机场正式开工建设，2004年5月16日竣工。机场工程的施工单位主要有：中铁第十二集团公司中建五局、攀枝花钢铁公司冶建集团、北京空港建设集团、四川省机械化公司、四川省建筑第十五公司等。工程项目主要是：飞行区跑道、联络道、站坪，航管楼、航站楼、通信导航和助航设备、变电站、灯光站、停车场、进场公路等。

2004年3月8日，民航西南地区管理局、四川省发展改革委对高坪机场工程进行初步验收。5月15日，民航西南地区管理局、四川省发展改革委组织有关专家对各项设施、设备、飞行区标准等各个方面进行验收。经验收合格，认为南充高坪机场已具备开航条件，5月16日，颁发机场使用许可证。8月14日，广州—南充—广州航线正式开通，由南方航空公司ERJ145型飞机执飞。

第四节　绵阳南郊机场

一、绵阳南郊机场修建工程

1989年3月13日，绵阳市第一届人大五次会议通过的《绵阳市1986—2000年经济、科技、社会发展战略规划纲要》中，提出要与民航联合在民航飞院第四分院（即绵阳分院）塘汛机场的基础上，扩建训练、运输相结合的民用二级机场，开通绵阳的空中航线。1992年5月，绵阳市成立以市长冯崇泰为组长，副市长马敬洪、邱文德和民航飞院第四分院副院长李意诚为副组长的机场建设领导小组，并设办公室，开展预可行性研究和立项工作。经领导小组和办公室人员会同北京航空咨询所的专家反复勘查，认为在原机场基础上扩建难度很大，一致认定在原机场西侧的松包梁上建机场较为理想（即现绵阳南郊机场场址），此迁建方案得到中共绵阳市委、市政府、市人大、市政协的赞同。

1992年6月29日，绵阳市人民政府向四川省人民政府申报塘汛机场迁建立项，四川省人民政府于1993年将《关于迁建塘汛机场立项的请示》呈报国务院和中央军委。1994年7月3日，国务院、中央军委《关于迁建四川绵阳塘汛机场的批复》印发给四川省人民政府和民航总局并空军：同意迁建四川绵阳塘汛机场，新机场场址在绵阳市南7千米附近，机场名称为绵阳南郊机场；机场飞行区按4C级标准建设，资金由地方筹措解决。民航飞院为改善训练条件而增加设施的投资由民航承担。

新建机场内的民航飞院训练、生活设施，由地方政府按现场的同等规模新建；新机场产权仍归空军，但民航投资建设的专用设施和地方还建的民航设施，产权均归民航。新机场平时由地方政府负责统一管理，无偿供地方开展民用航空运输和民航飞院训练使用，民航总局实行行业管理。

1994年9月27日，绵阳市人民政府成立了南郊机场建设工程指挥部，绵阳市市长冯崇泰为总指挥长，副市长邱文德、杨建国和民航飞院绵阳分院院长李意诚等6人为副总指挥长。1996年10月9日，绵阳市人民政府调整了绵阳南郊机场建设工程领导小组，绵阳市市长杨海清任组长，绵阳市常务副市长杨建国、成都军区空军副参谋长（少将）张翼德、民航飞院副院长吴学武等8人任副组长（1998年3月20日，吴学武退休，由民航飞院副院长唐嗣远继任）。

1996年7月4日，中国人民解放军总参谋部、国家计委就《关于对四川绵阳南郊机场可行性研究报告》批复四川省人民政府、民航总局并空军：机场建设规模，飞行区按民用4D级和满足一个歼8团使用需求进行规划，本期按民用4C级建设，跑道长2400米，宽45米，厚0.34米，新建1400米平行滑行道，航站区候机楼建筑面积6000平方米，民航站坪按3架C类飞机设计。本期工程总投资控制在4.92亿元以内，其中民航总局投资6037万元，其余由地方政府自筹解决。

绵阳南郊机场的勘察设计由成都空军勘察设计院和冶金部西南勘察基础工程总公司三公司设计，民航飞院绵阳分院子项目由四川省土木建筑设计院设计。参加机场建设施工的单位有：中国航空港第九工程总队、中铁一局集团公司、绵阳市建设工程总公司、北京市工业设备安装公司、中国消防安全总公司、中国化学工程第七建设公司、四川省场道公司、成都空军场道公司以及中铁十八局、十三局等。四川省教育工程建设咨询监理公司任监理。

2001年4月1—10日，民航总局飞行校验中心对绵阳南郊机场导航系统、助航灯光系统、航管通信系统（该两系统由民航西南机场设计所承担）进行了投产前的飞行校验，绵阳南郊机场导航系统各项技术指标全部符合设计等级运行标准。4月28日，南郊机场投入通航试运行。

绵阳南郊机场是训练飞行与运输飞行相结合的民用4D级机场。机场跑道长2400米，宽45米，厚0.34米，道肩7.5米，并按跑道2800米进行了场地平整和净空处理；滑行道长1800米，宽23米（厚0.34米），道肩7.5米。民航客机坪面积为60000平方米，民航飞院绵阳分院停机坪面积16000平方米，初级机场机库3座，高教机机库2座；机场共有11个停机坪，其中C类飞机停机位6个，D类飞机停机位5个；飞行区消防工程按4D机场要求设有9714米跑道、站坪消防管道和98个消火栓。机场候机楼面积24000余平方米，能保证波音757－200及以下机型的安全起降和各类保障要求。

二、民航飞院绵阳分院迁建工程

1994年7月3日，国务院、中央军委《关于迁建四川绵阳塘汛机场的批复》印发后，民航飞院绵阳分院及时进行迁建工程立项研究报告工作。

1996年12月19日，绵阳市人民政府和中国民用航空飞行学院《关于飞行学院绵阳分院还建事宜》达成协议。

1998年3月24日，民航总局批复民航飞院《关于绵阳分院迁建工程立项（代可行性研究）报告》，同意将绵阳分院飞行训练基地随同绵阳塘汛机场的迁建而迁入新建的绵阳南郊机场内。绵阳分院总建筑面积51600平方米。该工程总投资匡算13288万元。该项目作为绵阳南郊机场子项列入民航基本建设投资计划，要求民航飞院据此编制工程初步设计及概算，报民航总局审批。

绵阳分院迁建工程于1998年6月开工，由民航飞院副院长唐嗣远任指挥长。参加施工的单位有四川省建筑一公司、绵阳市第四建筑公司第三分公司、广汉市第五建筑公司等12个单位。整个工程于2002年9月26日竣工，绵阳分院在南郊机场新校区举行搬迁庆典，民航总局局长杨元元、民航西南管理局局长王存浩、民航西南航空公司总经理王世翔、民航云南省局局长郭为民、绵阳市市长黄学玖、民航飞院领导等出席庆典。

2004年6月3日，民航飞院绵阳分院正式向绵阳机场（集团）有限公司移交塘汛机场土地、房产证书。

第五节　泸州蓝田机场

泸州蓝田机场改建工程于1989年动工，由川南经济开发区集团承建。1989年4月20日，泸州发生特大风暴，改建工程受影响，民航西南管理局组织专家组对机场改建进行指导。1989年底，机场改建工程竣工。工程包括在原跑道1800米×45米上“盖被”，其中东端600米主降方向混凝土厚度为0.22米，其余部分为0.20米，并对3条联络道以及滑行道和停机坪进行“盖被”和改建，并将原来由民航四川省局留下的部分青砖瓦房进行局部改造，作为机场航站楼和各类业务用房。为尽快实现泸州蓝田机场的通航，四川省航空公司领导和通信导航、机务、安全检查等部门组成的工作组，较长时间驻在泸州进行指导和人员培训。1990年3月23日，四川航空公司派飞机试航，1990年4月1日，成都至泸州航线正式通航。

为进一步发展泸州的民航事业，促进地方改革开放和经济发展，泸州市人民政府于1994年开始进行机场扩建的前期准备。1996年初，总参谋部和国家计委批准泸州机场扩建。同年4月1日，机场扩建工程正式动工。整个扩建工程分为一期工程（飞行区工程）和二期工程（航站区工程）。一期飞行区工程为将原有跑道向西延长600米×45米×0.28米，新修联络道和停机坪，同时配备VOR/DME导航系统和I类ILS仪表着陆系统及助航灯光系统，并配备相应的飞行保障设施。一期工程于1998年11月24—25日通过验收。二期航站区工程随后动工，主要包括5460平方米的航站楼和2740平方米的航管楼以及中心变电站、生活配套设施等。二期工程于2001年1月18日通过验收，4月1日投入使用。高峰每小时能满足800人候机需要。机场扩建期间，正值国家实施西部大开发战略，机场被列入国家西部大开发重点建设的20个机场之一，得到国家政策、资金的大力支持。机场扩建工程总投资1.8亿元，建成后机场的标准为4C级，可降波音737－300型及图154型飞机。

第六节　宜宾菜坝机场

1990年，宜宾地区行政公署向四川省人民政府、空军、总参陆军航空管理局提出申请扩建和使用宜宾军用机场的可行性报告。接着，四川省人民政府向中国人民解放军总参谋部上报了《扩建和使用宜宾机场的报告》。1990年12月13日，总参谋部在《关于扩建和使用宜宾机场的复函》中，同意宜宾机场按三级机场修建，机场跑道及配套设施按起降运7型飞机的技术要求进行设计。1991

年，宜宾地区行政公署成立宜宾机场扩建指挥部，全面负责菜坝机场扩建工程的勘察、设计和施工等任务。跑道及候机楼建筑工程于1991年开工，总投资为3300万元。新修一条长1700米，宽45米，厚0.28米的水泥结构跑道，候机楼2546平方米。在建筑布局上不同于一般机场的是将航管指挥台建在候机楼上。宜宾菜坝机场扩建竣工后，1992年12月，四川航空公司使用运7型飞机开辟成都—宜宾航线。

随着宜宾地区对外开放和国民经济的发展，航空客货运量增加，运7型飞机已不适应航空业的发展需要，宜宾菜坝机场候机楼已远不敷应用。从1993年初，中共宜宾地委、行署邀请民航西南管理局、民航四川省管理局、四川航空公司、成都军区空军、总参兵种部等单位的专家，对宜宾菜坝机场扩建成二级（4C）机场进行考察、论证。在论证的基础上，委托民航有关部门和成都军区空军设计所对宜宾机场扩建二级机场进行了飞行程序、导航台选址等总图初设工作。1993年，宜宾地区行政公署向四川省人民政府报送《关于请求转报扩建宜宾军民合用二级（4C）机场工程的请示》。同时，四川省人民政府转报总参谋部和国家计委《关于扩建宜宾军民合用机场的函》。之后，总参谋部下达《关于扩建宜宾机场的复函》，同意扩建宜宾菜坝机场。四川省建委也下达《关于宜宾机场扩建工程初步设计的批复》。1993年12月28日，宜宾机场二期扩建工程举行开工典礼。宜宾机场第二次扩建工程是按二级机场扩建，飞行区等级指标为4C标准。二期扩建工程总投资为4600万元，其资金来源为宜宾地区机动财力拨款。

1995年11月13日，民航总局空中交通管理局下达《关于开放使用宜宾机场仪表着陆系统的批复》，标志着宜宾菜坝机场仪表着陆系统按I类标准开放使用。

由于宜宾菜坝机场航班和客货运量增加，1998年扩建候机楼280平方米，新建停车场100平方米，扩建车库440平方米。2005年再次对候机楼进行改扩建，至此，宜宾菜坝机场飞行区等级为4C，跑道长2200米、宽45米，停机位4个，候机楼总面积4700平方米，值机柜台2个，安检通道1条，总投资约8500万元。

第七节　广元盘龙机场

广元位于四川北部，嘉陵江上游，是大西南与大西北连接点上的重要交通枢纽，也是进出九寨黄龙风景名胜区的最佳中转站。为改善广元投资环境，促进对外开放和经济发展，1992年，中共广元市委、广元市人民政府研究决定修建飞机场并上报四川省人民政府。同年，四川省人民政府上报国务院《关于请批准广元飞机场建设立项请示》和《关于请批准广元飞机场建设工程立项的补充报告》。

1992年，广元市人民政府批准成立由市政府领导任指挥长的广元市飞机场建设指挥部。1993年6月11日，国务院、中央军委下达《关于同意新建广元民用机场的批复》。同年11月22日，国家计委批准可行性研究报告。1994年，根据民航西南管理局和四川省计划委员会对广元机场初步总概算的批复，总投资为27076万元。1994年12月18日，经四川省人民政府批准正式开工建设。机场飞行区等级指标按4D规划，本期按4C建设，跑道长2300米、宽45米、厚0.28米，能满足波音737、图154、运7等机型的起降要求。该项工程由民航西南机场建筑设计所设计，空军第八工程处、四川省机械化施工公司和四川省场道公司施工。

1996年底，建设资金严重不足，机场建设被迫停工，各施工单位相继撤离施工现场。为解决资金困难问题，广元市人民政府请示四川省人民政府，将原东坝旧军用机场产权与现新建盘龙机场进行置换，新建盘龙机场产权归属空军，由地方政府负责管理使用，原东坝旧军用机场土地用于广元城市发展用地，土地开发收益金用于新建盘龙机场工程建设。经过努力，机场产权置换得到了中央军委批准。1998年，广元机场成功进入国家重点建设项目，得到了国家开发银行的贷款资金支持，并作为西部大开发新建20个机场之一，得到财政部给予的国债资金支持。1998年10月，广元机场建设工程复工。1999年，经请示上级主管部门同意，进行设施设计和概算调整，跑道延长至2500米、宽45米、厚0.32米，可起降波音757、空客320等机型。站坪按IC、IB自滑设计，根据地形预留平行道位置，总投资3.5亿元。2000年9月10日，广元机场建设工程竣工，由民航西南管理局组织验收组于9月12日、9月26日先后进行初验、总验，并由民航西南管理局、四川省发展计划委、成都军区空军、四川省建委以及广元市建委、发展计划委等单位参加的工程质量评审专家组经过严格、科学、公正的评审，工程质量评定为优良，由民航西南管理局颁发“工程优良”证和机场使用许可证。

广元机场设有盲降系统、助航灯光系统，可满足夜航和不良气候飞行。候机楼主体建筑面积5000平方米，可满足旅客年吞吐量40万人次，年货运吞吐量4000吨。楼内有行李自动分拣系统、航班动态显示系统、广播问询系统、安全检查系统、保安监控及消防报警系统。

第八节 攀枝花保安营机场

1984年9月，民航成都管理局受四川省计经委委托，派人到渡口市实地调查研究修建民用机场的可能性。调查人员查看了保安营、方山、仁和3个点。经反复比选，确认保安营具备修建二级机场的条件。1985年初，渡口市人民政府向四川省人民政府报送《关于在渡口市兴建民用飞机场的请示报告》，四川省人民政府办公厅转送民航成都管理局请予研究。民航成都管理局于1985年3月8日复函四川省人民政府：在渡口市“修建民用机场，开展航空客货运输业务很好。根据现场踏勘，该市具有兴建机场的可能性，从发展攀西地区经济和民航事业看也是需要的……当前民航经济实力是无力承担地方机场的兴建投资业务。上级明确答复，渡口市兴建机场所需投资建议以地方筹集资金为主。民航可提供技术和设计”。1987年1月，经国务院批准，渡口市改名为攀枝花市。1987年2月、1990年8月，攀枝花市人民政府又先后两次向省政府报送《关于在渡口修建飞机场的报告》。

1991年1月25—29日，中国民航局基建司、航行司、民航机场设计院、民航工程咨询公司以及民航西南机场建筑设计所、民航成都管理局机场处等单位共16人联合组成的攀枝花机场考察组对攀枝花机场场址进行了实地考察，经过认真比较评估，一致认为：保安营场址净空条件好，离市中心近，占用耕地和搬迁量少，地质、环保、气象及外部工程条件都比较好，且与城市规划的场址一致，尽管存在着海拔较高、土石方工程量较大等客观条件，但处于大山区环境中，与其他几处场址相比更有优势，可建成中等规模的机场。

1993年，攀枝花市人民政府委托民航西南机场建筑设计所和空军工程设计研究局共同完成攀枝花民用机场预可行性研究报告。1994 年 1 月，国家计委委托中国国际工程咨询公司对预可性研究进行了评估。1993 年，攀枝花市人民政府向四川省人民政府申请攀枝花民用飞机场立项。同年 10 月，四川省人民政府向国务院、中央军委请示攀枝花民用机场建设立项。11 月，成都军区空军司令部向解放军空军司令部报告关于新建攀枝花保安营民用机场事项。1995 年 9 月，国务院、中央军委批准立项，同意新建攀枝花保安营民用机场。

1996 年 11 月 5 日，民航西南管理局向民航总局上报《四川省攀枝花保安营民用机场可行性研究报告》。

1997 年 12 月 3 日，民航总局向国家计委上报《关于攀枝花机场可行性研究报告意见的函》。1998 年 6 月 27 日，经国务院同意，国家计委批准攀枝花民用机场可行性研究报告。1999 年，民航西南管理局、四川省计委批复了初步设计。机场飞行区等级为 4C，跑道长 2800 米，宽 45 米，厚度 0.32 米，建设一条联络滑行道，预留平面滑行道位置，可停放 3 架波音 737 类型飞机，建设工期 4 年，工程总概算为 81230.8 万元。资金组成为：市财政投入 45230.8 万元，申请国家开发银行贷款 16000 万元，申请国家债券 20000 万元。

1999 年 3 月 1 日，民航西南管理局、四川省计委下发《关于攀枝花民用机场总图、场道、供油工程初步设计及概算的批复》，并提出："根据攀枝花机场初步设计审查意见，航站区及其他配套工程费用按 16000 万元计列。整个机场总投资控制在 81230.8 万元以内。"

1999 年 11 月 15 日，国家计委在《关于下达 1999 年第七批基本建设新开工大型项目计划的通知》中，同意攀枝花机场开工建设。同年 12 月 28 日，在保安营机场场址举行了攀枝花民用机场开工仪式。

2000 年 3 月 16 日，机场场道土石方工程监理项目进行了招标，并确定了重庆赛迪工程建设监理公司为工程项目的监理单位，因不符合民航总局第 60 号令的规定，招标结果无效，为此，市机场建设有限责任公司按原单位中标的条件与西南民航机场建设公司直接签约。6 月 9 日，机场土石方施工招标工作结束，中标单位是中国葛洲坝水利水电集团公司、甘肃省机械施工工程公司、中国航空港建设第十工程总队、昆明磷矿机械化工程公司、铁道部第十六工程局三处、山西省机械施工公司、铁道部第二工程局机筑处。2002 年 9 月 25 日，机场飞行区场道道面工程开标，四川省建筑机械化施工公司、中国航空港建设第九工程总队中标。攀枝花保安营机场建设工程从 2000 年 9 月开工，至 2003 年 10 月竣工。监理单位为西南民航机场建设监理所。

2003 年 10 月 10—20 日，攀枝花市机场建设有限责任公司组织有关单位对机场建设工程进行了预验并形成预验纪要。10 月 23 日至 11 月 3 日，由民航西南空管局组织，民航总局飞行校验中心使用国王 200 型机对攀枝花机场进行了投产前的飞行校验工作。11 月 5 日，民航西南管理局批复由四川航空股份有限公司承担攀枝花机场试飞任务。11 月 6—7 日，中国民航西南地区管理局会同四川省发展计划委员会、攀枝花市人民政府组织对攀枝花民用机场建设工程进了初步验收。11 月 24 日，民航总局批复攀枝花保安营机场飞行程序和运行最低标准。25 日，民航西南空管局批复同意攀枝花保安营机场使用细则。26 日，民航总局飞行标准司批复同意攀枝花保安营机场试飞。28 日，由民航西南管理局组织，四川航空股份有限公司实施，攀枝花市民航管理局保障，使用空客 320 型飞机对攀枝花保安营机场的场道、飞行区、通信导航、机场净空、助航灯光、配套设施等项目进行了试飞并形成总结报告，报告认为：攀枝花保安营机场总体符合运行条件，基本满足开放使用要求。12 月

3—4 日，由民航西南地区管理局组织，成都军区空军、四川省发展计划委、四川省省财政厅、四川省建设厅参加对攀枝花保安营机场建设工程进行了竣工总验。4 日，竣工验收委员会通过了攀枝花民用机场建设工程竣工验收证书。6 日，攀枝花民用机场举行首航仪式，中共四川省委书记张学忠，中共四川省委副书记、省人民政府省长张中伟，中共攀枝花市委书记张成明，中共攀枝花市委副书记、市人民政府市长秦宜智等领导出席。

第九节 九寨黄龙机场

九寨黄龙旅游开发区位于四川省西北部，是少数民族聚居的高原地区之一。九寨黄龙自然风光独特，是 1982 年国务院批准的第一批全国重点风景名胜区，1992 年联合国教科文组织将其列入世界自然遗产名录，1997 年加入世界生物保护圈网络，具有巨大的开发和利用潜力。但由于该地区基础设施条件差，交通不便，其旅游和经济发展受到严重制约。为改善其交通条件，加快旅游区开发和地方经济发展，1984 年，四川省城乡建设环保厅在南坪县（1997 年 12 月更名为九寨沟县）九寨沟修建一个供直升机起降的场道工程，该工程于 6 月 25 日动工，1985 年 7 月 10 日竣工。但由于资金短缺，机场必要的地面导航设施未能修建，一直未能开放使用。

改善九寨黄龙旅游开发区的交通状况，加快旅游区开放和发展地方经济，重要的措施之一是修建民用机场开辟空中航线。1988 年 11 月，受四川省旅游局委托，民航西南机场建筑设计所会同民航西管局和民航四川省局对九寨黄龙民用航空机场进行选址踏勘。1992 年 7 月，中共四川省委办公厅下发《关于兴建九寨黄龙民用机场议事纪要》。之后，省旅游局会同省计划委员会和阿坝州人民政府组建九寨黄龙机场可行性论证筹备组，委托民航西南机场建筑设计所等单位 6 次对机场选址工作进行踏勘考察，并完成预可行性研究报告，预计投资约 8 亿元，因投资大而被搁置。

1996 年初，中国民航机场建设总公司受四川省旅游局委托，再次对九寨黄龙机场进行预可行性研究。12 月，提交了《四川九寨黄龙民用机场预可行性研究报告》。报告对建设机场的必要性、航空业务量预测、场址情况、飞行程序设计等进行了全面研究。

1997 年 12 月，四川省人民政府决定，由省交通厅为业主组建四川九寨黄龙机场建设开发有限责任公司。1998 年 8 月 6 日公司成立后，首先从选址工作开始，会同中国民航机场建设总公司、中国国际工程咨询公司、民航西南管理局等相关单位和专家组对九寨黄龙机场在技术上、经济上的可行性及场址进行论证。

1998 年 8 月 15 日，四川省人民政府向国务院、中央军委上报《关于九寨黄龙民用机场建设立项的请示》："九寨黄龙机场场址拟定红星场址，飞行区等级按 4D 设计，跑道长度 2800 米，宽 45 米（两侧道肩各宽 7.5 米），厚度 0.36 米，航站楼按满足 2005 年旅客吞吐量设计"。1998 年 10 月，国家计委在北京组织召开有关部门参加的论证会，参加会议的有国家计委基础产业司、中国国际工程咨询公司、中国民航机场建设总公司、四川九寨黄龙机场建设开发有限责任公司的专家和代表。根据会议精神，再次委托中国民航设计总院对《四川九寨黄龙民用机场预可行性研究报告》进行修改。

1998 年 10 月 18 日，民航西南管理局在给四川省人民政府《关于九寨黄龙民用机场建设有关意见的报告》的回函表示："新建九寨黄龙民用机场对改善该地区落后的交通运输状况，扩大对外开放，吸引国内外游客，加快发展地方经济具有重要的作用……根据九寨黄龙民用机场地处高原及西南地区现有适航机型的具体情况，新建民用机场飞行区等级以满足波音 757－200 型飞机的飞行标准，进行规划建设。……九寨黄龙民用机场航线安排主要是九寨黄龙至成都航线。"

1998 年 10 月 25—30 日，民航西南管理局会同民航总局飞标司、四川省计划委员会对九寨黄龙民用机场建设及场址进行现场踏勘。根据预选的漳腊、水晶坡、红星 3 个场址（均位于四川省阿坝州松潘县境内）的地形、地质和技术经济等条件分析比较，并按照《民用航空运输机场选址规定》，民航西南管理局提出倾向性意见是："红星场址土石方工程量虽然较大，但该场址在净空条件上优于漳腊和水晶坡，可充分保证飞行安全；所选机型多且载量基本上不受高海拔影响，有利于机场建成后最大限度地发挥经济和社会效益，同时该场址在远期发展建设上大大优于漳腊和水晶坡，能够满足九寨黄龙日益发展旅游需要。因此，九寨黄龙机场场址应首选红星场址。"红星场址位于松潘县红星乡，海拔在 3300—3500 米之间。

1998 年 10 月 27 日，民航西南管理局给民航总局《关于新建九寨黄龙民用机场的报告》中称："根据九寨黄龙民用机场地处高原及西南地区现有适航机型的具体情况，新建机场飞行区等级标准按满足波音 757－200 型飞机的使用要求进行规划建设。本期工程目标年为 2010 年。……九寨黄龙机场性质为旅游机场。根据民用航空运输网络规划要求，为充分发挥成都枢纽机场的作用，近期规划的主要航线是九寨黄龙至成都，同时兼顾至全国各著名旅游城市的航线。九寨黄龙民用机场建设所需投资全部由四川省筹措解决，机场建成后，产权归地方，由地方政府负责经营管理，民航总局实行行业管理。"

1999 年 1 月，民航总局规划科技和体改司、机场司又组织有关部门和专家专门对九寨黄龙机场红星场址进行实地考察和调研。

1999 年 2 月 14 日，民航总局在上报国家发展计划委员会的《关于报送新建九寨黄龙民用机场工程预可行性研究报告意见的函》中，同意机场选址为红星场。关于使用机型，提出"建议根据机场性质，预测的旅客吞吐量，并考虑场址属高原地区的特点，选择座级适当，并适应高原特点的机型。"关于机场性质及建设规模，提出"九寨黄龙机场性质为支线机场，旅游机场。本期机场建设根据 2010 年航空业务量预测进行设计，飞行区等级为 4C，建设一条跑道、联络滑行道及站坪等设施；航站区根据典型高峰小时吞吐旅客量进行设计。"关于总投资及资金来源，提出"由于该机场场址地形复杂，土方量很大，建议在可行性研究报告阶段进一步优化设计。本期工程总投资暂定在 10 亿元以内。资金来源为资本金 6 亿元（按四川省政府办公厅的意见：省财政 2 亿元，省交通厅 3 亿元，阿坝州 1 亿元），其余申请银行贷款解决。"关于管理体制，提出"该机场建成后，由地方经营管理，我局实行行业管理。"

1999 年 3 月 1 日，四川省人民政府和成都军区空军就建设九寨黄龙民用机场的有关问题达成共识，并签订《关于建设九寨黄龙民用机场的协议》。

1999 年 8 月 18 日，国务院，中央军委批准新建九寨黄龙机场立项。

2000 年 2 月 20 日，九寨黄龙机场可行性报告评估会在成都举行。4 月 18 日，民航西南管理局在上报民航总局《关于四川九寨黄龙民用机场可行性研究报告评估意见的报告》中认为："新建九寨黄龙民用机场，将改善当地交通运输状况，吸引更多的境内外游客，促进旅游发展。同时将使九寨沟、黄龙两地丰富的生物资源和矿产资源得到有效的开发和利用，带动经济增长，提供就业机会，对保持藏区稳定具有积极作用。”“新建九寨黄龙民用机场飞行区等级为4C级，跑道长3200米，宽45米，设I类精密仪表着陆系统。以2010年为目标，本期建设站坪27500平方米，航站楼6500平方米，停车场6000平方米及相应配套设施。该工程旅客安检、行李安检功能分离，应采取必要措施，加强监管，保证流程安全畅通。本期工程投资9.96亿元，其中地方财政6亿元，其余通过银行贷款解决。”

2000年7月27日，由民航西南管理局会同四川省计划委员会对九寨黄龙机场总平面规划进行了审查。参加会议的单位有：民航总局机场司、民航西南空管局、成都空军司令部、四川省建设厅、四川省重点办、四川省交通厅、阿坝藏族羌族自治州人民政府及建设和设计单位。会议对九寨黄龙机场总平面规划进行审查后认为：由中国民航规划设计研究总院承担设计的九寨黄龙机场总平面规划达到国家及民航有关总平面规划的内容和深度要求，符合有关技术标准和规范，规划的旅客年吞吐量暂按100万—120万人考虑，请建设单位充分考虑预留发展用地，同时做好控制周边区域的建设。总体规划中应考虑平战结合因素，部队用的平行滑行道、联络道、集体停机坪、警戒停机坪在总图中应予以明确。同日，四川省人民政府召开会议研究九寨黄龙机场建设方案及投资问题。会议议定：按中共四川省委、省人民政府“小、快、省”建设九寨黄龙机场的方针，加快建设速度，在确保飞行安全的大前提下，九寨黄龙机场按支线机场建设，建成后只考虑飞行成都至九寨黄龙航班。立即成立四川九寨黄龙机场建设领导小组，由省计委主任任组长，省计委副主任、民航西南管理局副局长、省交通厅副厅长任副组长，阿坝藏族羌族自治州政府、西南航空公司、四川航空公司和九寨黄龙机场建设开发有限责任公司等有关单位领导为成员，日常工作由省计委承担，具体负责九寨黄龙机场建设方案的研究和协调工作。

2001年3月，受国家发展计划委员会委托，中国国际工程咨询公司再次组织了各有关方面的专家，重点围绕场址、机型、规模、投资和效益等方面，再次对漳腊、尕咪寺和红星场址进行现场考察。经过多次反复论证，优化设计，从保证飞行安全正常、满足运输需求、节省投资和长远发展考虑，红星场址是唯一可行的。结合国内机队最新的发展变化情况，设计机型调整为波音737－700、空客319和D8Q－400型，设计航程1000千米，跑道长度3200米，总投资9.98亿元，并将论证意见上报国家发展计划委员会。

为节约投资，2002年1月17日，国家发展计划委员会再次召集中国国际工程咨询公司、民航总局以及各有关单位参加论证会，并将结论再次上报国务院。

2002年1月23日，在国务院总理办公会议的审议中，机场可研报告及开工报告得到批准。2月5日和7日，国家发展计划委员会分别批准了项目的可研报告和开工报告。按照对可行性研究报告的批复，九寨黄龙机场为国内支线旅游机场，场址位于松潘县川主寺镇东北约12千米的红星场。机场建设规模按满足2010年旅客吞吐量80万人次进行设计，飞行区等级为4C，设计机型采用波音737－700、空客319、D8Q－400型等类型飞机。飞行区标高3440米，跑道长3200米、宽45米，联络滑行道宽23米，站坪按停放4架飞机（3C和1D）设计，工程总投资8.52亿元，整个工程计划于2003年10月1日前建成通航。

参加各项工程建设招标的施工单位有100多家，其中中国航空港建设第九总队、葛洲坝水利水电集团、中铁二十局第三工程处、陕西省机械化公司、四川省场道工程公司、北京市政建设工程公司、四川中成煤炭建设集团、中国南方建设集团鸿图公司、成都市路桥工程公司等36家单位中标。

2001年1月8日，机场跑道前2800米的试验段工程开工。试验段工程期间，对跑道基础进行了强夯、碎石桩、碾压等试验，为机场主体工程提供了大量翔实的科学数据。之后，机场整体工程逐步全面开工。由于机场场址气候条件恶劣，雨、雪天气多，全年累计可施工天数仅有120天，给工程施工造成很大影响。为保证工程能按质按量按期完成，机场建设公司结合施工现场的实际情况，编制工程进度计划，合理安排施工顺序，突出重点，坚持在适宜施工时段24小时不间断施工，在修建工程中，机场建设公司与相关部门签订了质量管理责任书，明确了总经理、总工程师、工程部经理及各施工单位的质量责任，严格按照有关规范、标准及设计要求组织施工，并根据工程特点，对不同施工区域，采取不同施工方法，保证施工质量。

工程监理单位为民航西南机场建设公司监理所。监理单位对工程中存在的各类问题，进行有效的监控和整改，并加强实验检测。在施工过程中，除监理单位正常的抽检之外，机场建设公司还组建专门中心实验室，对施工质量进行自检，全年累计自检近8万次，抽检次数达9000次。同时，机场建设公司还配合成都理工大学和有关专家在施工现场建立了一套质量跟踪监测系统，共布置观测点近200个，24小时不间断地收集填筑体沉降、边坡稳定状况；进行了300余点共4000余米的动探测试、60余点载荷试验、100余点波速测试，共收集观测数据4万多个。通过全年观测，填筑体沉降及边坡稳定均控制在民航机场施工技术要求范围内，工程建设质量良好。

2003年8月10日，机场修建工程全面竣工。9月9—11日，由民航西南地区管理局、省发展计划委员会、省交通厅组织了工程初步验收。接着于9月23—24日，又对九寨黄龙机场建设工程进行了竣工总验。验收结果认定，九寨黄龙机场的主要建设项目达到设计要求，满足使用功能，符合验收标准，达到验收条件，已建成总体全局合理的旅游支线机场。机场工程获得四川省人民政府颁发的2005年度重大地质工程研究科技进步一等奖。机场高填方工程建设关键技术研究项目荣获中国民用航空总局颁发的2005年度中国民用航空协会科学技术奖一等奖。

2003年9月28日，机场正式启用。当日，国航西南公司波音737－600型机首航成都—九寨—成都航线。

2004年，机场旅客吞吐量达到90余万人次，2005年机场完成旅客吞吐量超100万人次，突破机场设计目标。

第十节　达州河市机场

1990年4月，达县地区行政公署成立机场扩建办公室，负责机场扩建前期准备工作。1990年7月20日，四川省计划委员会下发了《关于同意达县河市机场扩建工程项目建设书的批复》。1992年，民航局下达《关于同意达县河市机场扩建工程可行性研究报告的批复》。1992年4月24日，国家计委《关于同意扩建四川达县河市机场的批复》："一、同意扩建四川达县河市机场；二、扩建规模按起降运7等同类型飞机的技术要求设计，道面厚度留适当发展余地，工程总投资控制在3500万元以内，全部由地方筹措解决。"

达县河市机场飞行区等级为3C，预留4C级机场建设余地。由民航西南机场建筑设计所负责的设计于1992年8月完成，并于该月27日，经民航西南管理局批准。同月，成立了达县河市机场扩建指挥部，由达县副县长何金明任指挥长，民航达县站站长张东林任副指挥长，场道工程由四川省场道公司承建，总投资6575万元，其中地方投资6475万元，民航投资100万元。经民航局批准，达县河市机场的扩建工程于1992年10月15日正式开工。1994年8月27日，场道、站区、通信、导航、供电、给排水等项工程竣工。1994年10月24日，通过民航西南管理局、四川省计委、四川省建委联合验收合格。经民航西南管理局批准，于1994年12月25日正式复航。1995年3月，机场被中共达川地委定为“爱国主义教育基地”。

扩建后的河市机场，场区内占地面积70.79公顷。2000年3月24日，因运7型飞机淘汰，达州河市机场再次停航。达州市政府拟再次扩建河市机场，并报四川省人民政府，四川省人民政府向国家发展计划委上报扩建达州河市机场的可行性研究报告。2000年5月15日，四川省发展计划委、民航西南管理局受国家发展计划委委托，审查了达州市发展计划委《关于河市机场改造工程总平面和场道工程初步设计概算》，认为，由民航西南机场建筑规划设计研究院承担的河市机场改造工程总平面及场道工程初步设计符合国家批准的建设规模、标准及初步设计深度，满足国家及民航有关工程设计规范、标准及要求。

经国家发展计划委批准，达州河市机场定性为国内支线机场，飞行区指标为3C，其中主要指标达到4C级，跑道向南延长315米，由1800米延长至2115米，宽由30米加宽到45米，并对跑道南端进行土石方总量为536.8万立方米的净空处理，主降方向设Ⅰ类精密进近灯光系统和Ⅰ类仪表着陆系统，并安装气象自动观测系统。机场建成后可满足运7－200A型、CRJ200型等飞机的使用条件，波音737－300型飞机也可减载起降。

按照国家基本建设管理办法和操作程序，河市机场的改建工程于2000年11月4日前完成前期工作的项目建议书与立项、可行性研究评估与审批、投资计划、规划、用地许可、项目报建、勘察、设计审批等，并经过工程招标等程序，改建工程于2000年11月26日正式开工。

此次扩建工程由达州市政府组建的达州市机场建设有限责任公司组织实施，河市机场抽调5名职工参与机场建设公司的扩建工作。

机场建设实际投资需17581.97万元，资金来源，一是国债约1.4亿元，二是达州市自筹资金约0.3亿元。工程建设分5个标段进行施工，施工单位分别为四川省场道工程公司、中国航空港建设第十工程总队、四川省第十二建筑工程公司、四川省第十五建筑工程公司、四川公路桥梁建设集团有限公司。项目总监由西南民航机场建设有限责任公司监理所负责，设备招投标工作由中仪国际招标公司组织实施。

按计划，达州机场将于2004年12月底恢复通航，但因2004年9月5日，机场遭遇百年不遇的特大洪灾，机场跑道平面水深约4米，整个机场沉浸在一片汪洋之中，机场围界被冲毁，新安装的助航灯光、航向台、仪表着陆系统、气象自动观测系统全部被毁损，机场建设公司的档案资料也被洪水冲毁，机场原有设施、设备大部分被毁损，造成直接经济损失达4000多万元。洪灾后，四川省机场集团有限公司、民航西南地区管理局、达州市政府多次到受灾机场慰问职工、评估灾情，并聘请专家制定了恢复重建方案，至2004年11月底，国家发展改革委拨付救灾资金2000万元用于工程建设，民航总局拨付救灾资金2000万元用于购买设备，四川省机场集团有限公司拨付50万元用于恢复生活设施。

2005 年 7 月 8 日，达州河市机场再次遭遇了特大洪灾，造成经济损失达 1800 多万元。

2005 年 10 月，达州河市机场改扩建工程全面竣工。10 月 20 日，中国国际航空公司西南分公司用波音 737－300 型飞机对达州河市机场进行了试飞，此次试飞完成了 02 VOR/DME 进近、02 盲降进近、20 VOR/DME 进近等共计 3 个科目，全部合格。

2005 年 11 月，达州河市机场扩建工程行业验收合格。机场跑道长 2000 米，宽 45 米，停机坪面积 130 米×60 米。候机楼面积 2131 平方米，设计高峰小时旅客容量 200 人。机务房 113.66 平方米，气象观测场 144 平方米，航管楼 1358 平方米，绿化面积 7800 平方米。安装了助航灯光系统、仪表着陆系统、气象自动观测系统等设施设备。扩建后机场等级达到 4C 级标准。

第十一节　重庆白市驿机场

1950 年 2 月，军委民航局驻渝办事处组织工人整修白市驿机场，在跑道两侧建起临时候机室、机组休息室、行李房、职工宿舍、招待所等生产和生活设施，恢复了通航条件。1950 年 8 月 1 日，中华人民共和国民航正式开航后，使用的珊瑚坝机场因长江水涨跑道被淹没不能使用时，民航飞机改在白市驿机场起降。珊瑚坝机场不再使用后，白市驿机场成为西南地区重要航空港。

1951 年，在白市驿机场跑道两侧新建停机坪 15 个，整修滑行道 34 万平方米，新建简易候机室一幢，办公用房一幢及飞行员招待所、仓库及警卫部队宿舍。

1953 年，在跑道东侧征地约 101 公顷，修建民航大院，建筑面积 6880 平方米。1954 年，驻场空军部队撤走，民航西南管理处从市内迁至白市驿机场办公。1955 年，在跑道东侧修建面积为 892 平方米的候机大楼，在当时算是全国较大的候机楼。在候机楼前，用条石铺筑 200 米×50 米的客机坪，在跑道东侧修建一条泥结碎石滑行道，同时还修建了办公楼、旅客餐厅、职工宿舍、市内售票处等生产、生活设施，建筑面积 10000 平方米。1956 年底，民航重庆管理处迁往成都，白市驿机场为重庆民用航空站所在地，1965 年 7 月，为民航四川省管理局驻地。

随着国民经济的发展，民航客货运量增加，仅能起降伊尔 14 型以下飞机的白市驿机场已不能适应发展的需要。1965 年 9 月 24 日，重庆市党政领导和数千群众在白市驿机场热烈欢迎由国务院副总理陈毅陪同到渝访问的柬埔寨国家元首诺罗敦·西哈努克亲王偕夫人一行。同时，国务院总理周恩来由京乘机到渝参加此次欢迎仪式，由于周恩来乘坐的“子爵号”专机不能降落重庆，只有先降成都改乘伊尔 14 型专机飞渝，以致未能赶上在白市驿机场欢迎柬埔寨国家元首的欢迎仪式，影响了周恩来接待外宾的活动安排。因此，周恩来认为白市驿机场的改造已刻不容缓。次日即召见民航四川省管理局局长董绍峰，详细询问白市驿机场扩建的可能性和所需要资金等情况，随即批示要把白市驿机场扩建成为能起降伊尔 18 型飞机的规模，要求在 10 月 15 日前，由民航总局将白市驿机场扩建计划报送国务院。经过紧张的勘察设计和报批程序，进行了充分的准备工作，白市驿机场的扩建工程于 1966 年 7 月 15 日动工，1968 年底竣工，历时将近两年半。

这次扩建工程由空军工程兵八七〇部队担任，大部分采用机械化施工，工程进展迅速。跑道方向顺时针增加 3°，主要工程包括 3000 米×300 米的场面平基，2200 米×45 米×0.24 米的水泥跑道一条（两端安全道各长 400 米）和 2200 米×10 米×0.24 米平行滑行道 1 条，联络道 5 条。南头停机坪面积400米×20米（归民航使用），北头停机坪面积600米×20米（为空军使用），客机坪180米×80米，北端河流改道，重建场内排水系统，设置夜航和双向导航设备等。扩建后的白市驿机场可以起降伊尔18型以下各型飞机，滑行道及联络道的建成，可以增加飞机的流量，客机坪可以同时容纳2架伊尔18型飞机和4架运5型飞机。

1968年，空军部队进驻白市驿机场，从此，白市驿机场又成为军民合用机场。

1982年，动工修建候机楼（包括迎宾厅、4个候机厅和行李提取厅），第一期工程建筑面积3100平方米，于1984年6月竣工启用。原计划有第二期工程，由于决定即将新建重庆江北机场而停止实施。新的候机楼装有空调、电子翻板航班动态显示牌以及提取行李转盘等先进设备，共投资220万元。

截至1989年底，白市驿机场房屋建筑面积达5万多平方米。白市驿机场使用到1990年1月21日，1月22日重庆江北机场举行开航典礼后，民航飞机起降转至江北机场。民航在白市驿的房地产分别处理给重庆市人民政府、空军场站以及巴县有关单位。

第十二节　重庆江北机场

一、修建重庆江北机场

修建重庆江北机场是为适应重庆市及西南地区乃至全国经济发展的需要。中华人民共和国成立不久，重庆市曾有修建江北机场的打算，因限于当时经济以及财力和技术水平，随着西南行政区划调整而搁置下来。

1983年，重庆市被国家定为经济体制综合改革试点的第一个大城市和财政计划单列市，重庆在西南地区的经济发展和改革开放中的地位更加重要。但是，重庆通往外地空中门户——白市驿机场，限于地形复杂，气象条件差及与空军合用等诸多因素，不能满足重庆市航空运输快速发展的需要，成为重庆市经济发展和对内搞活对外开放的重要制约因素，因此，决定修建重庆江北机场。

1984年3月4日，重庆市人民政府将《关于新建重庆江北机场的请示》和附件《关于新建重庆江北机场的项目建议书》上报国务院和中央军委。5月7日，国家计委在《关于重庆市新建江北民用机场问题的复函》中要求“抓紧编制可行性研究报告报国家审批”。10月17日，重庆市人民政府将《重庆机场设计任务书》和《重庆机场可行性研究报告》上报国家计委。10月24日，国务院、中央军委正式批准新建重庆江北机场。

为加强对新建江北机场的领导，确保机场建设工程按计划顺利实施，有利于解决机场建设中的重大问题，经重庆市人民政府、民航局和民航成都管理局共同商定，成立以中共重庆市委副书记、重庆市市长于汉卿为组长的机场建设领导小组，随即又成立以民航四川省管理局副局长周顺福为主任的重庆江北机场工程办事处，行使建设单位的职责。

1985年4月8日，成立承担重庆江北机场建设工程施工任务的重庆机场建设总公司。该公司是经民航局、民航成都管理局和重庆市人民政府共同商定，按照国家基本建设管理体制改革的精神，由重庆市人民政府批准后组建的。

机场场道地形测绘任务由重庆市勘测大队承担，场道区地质勘测任务由四川省地矿局南江水文地质工程队担任。这两项任务于1985年3月13日下达，4月底前均先后完成。工程设计任务由民航局机场设计院和重庆市建筑设计研究院等单位担任。

机场圈定的范围全属丘陵地带，最大高差45米，平均高差10米左右，地质地貌比较复杂。为保证工程质量，重庆市人民政府及重庆机场建设总公司等单位多次邀请西南地区有关专家分析论证，由重庆机场建设总公司和中国民航机场设计院共同提出土基与场道工程试验方案，并在全国范围内招标。湖南省交通研究所和铁道部第十一工程局组成的联合体中标，1985年8月1日草签合同，8月28日试验工程正式开始并提前完成，为场面页岩土基的稳定性取得可靠数据，为确定土基工艺和制定场道设计方案提供了依据。

1985年9月6日，经江北机场建设领导小组会议审查后，原则同意《重庆江北机场场道工程和机场总平面规划初步设计》，确定机场工程于年内11月份开工，1988年5月1日竣工交验，7月1日验收完毕，10月1日交付使用。会议还提出江北机场建设的指导思想："改革开放，实行承包，统一部署，多家会战，质量第一，三年建成。"

1985年9月11日，民航局和重庆市人民政府批准重庆市计委和民航重庆江北机场工程办事处于9月5日签订的《关于新建重庆民用机场工程协议书》。

1985年11月30日，重庆江北机场建设工程破土动工，中共重庆市委书记廖伯康、市长于汉卿、副市长李长春、市人大常委会、市政协、民航局等单位代表及各方面群众1000余人参加开工典礼，市委、市政府及民航局代表为机场建设工程奠基。1986年3月，重庆江北机场建设工程列入国家重点建设项目，是国家大型基建项目。整个工程包括场面平基、场道、候机楼、航管楼、无线电通信导航、气象、供水、排水、供电、供油、供气、制冷、办公及生活用房、绿化等18个大项，205个子项，边设计边施工。计划投资2.91亿元，其中民航投资1.9亿元，其余部分由重庆市负责包干。

1986年，主要进行编制预算、各项工程的设计、前期工程、场面平基等工作。1987年，进入全面施工阶段，年底，场面平基基本完成。1988年，建设速度加快，除绿化工程外，其余各大项工程项目全部进入紧张施工。年底，部分工程项目完工或接近完工，累计完成投资2.42亿万元，为总概算的83%。

在重庆机场建设总公司对该工程实行总承包的形式下，铁道部第十、十一工程局，重庆市第二、八、十建筑公司，重庆市第一、二工程安装公司，重庆市机械化施工公司，冶金部第十八冶金建设公司，重庆市邮电局，民航成都管理局电信安装工程队，江北县水电安装队，重庆铁路分局广安工务段，重庆市供电局，重庆市交通局210工程指挥部等20多个单位近万名工程技术人员及工人参加重庆江北机场建设工程的施工。

1987年4月23日，国务院副总理李鹏到机场建设工地视察，对工程进展表示满意。1989年4月12日，中央军委主席邓小平为重庆江北机场题名①。

1989年12月，重庆江北机场2800米×60米的跑道以及各项保证飞行安全的主体工程基本完成。12月8日，民航局派出空中国王B－3553号飞机对江北机场主降方向（南头）仪表着陆系统，中波

① 重庆江北机场的名称是1989年12月6日才正式定名的，在此之前，名称并不一致。邓小平为该机场题为"重庆机场"，但考虑到国家关于机场定名的统一标准，所以在机场候机楼前只书题名中的"重庆"二字，在机场大门题"重庆机场"4字。1989年12月6日以后，一律称"重庆江北机场"。

导航台（南北归航台、南北近台）和791着陆雷达进行校验，前后12天，共飞行19架次，各种数据准确，符合要求，空勤组表示满意，建议机场投入使用。

鉴于机场建设主要工程竣工和校飞成功，机场建设领导小组决定，并报请民航局批准，于12月26日开始对重庆江北机场建设工程第一批完成的项目进行初步验收，12月30日初验结束，并将初验结果上报民航局。

1990年1月2日，召开重庆江北机场建设工程竣工验收大会。由重庆市人大常委会主任于汉卿为国家验收委员会主任，重庆市副市长刘志忠、民航局基建机场司副司长徐存辛、国家计委重点建设司研究员、高级工程师俞壮跃等9人为副主任，重庆市有关部门、民航系统各有关单位领导人共28人为委员对重庆江北机场已完成的建设工程项目进行实地检查验收。经检查验收，国家验收委员会同意机场建设领导小组《关于江北机场初验和试飞情况的报告》，认为重庆江北机场第一期建设工程项目的规模和标准均符合国家批准的设计任务书所确定的建设内容，机场总体设计基本合理，主要设施的功能分区明确，满足使用要求。以候机楼、航管楼、气象楼、宾馆、办公大楼为主体的航站区建筑比较协调，造型新颖，色调明快，工程质量较好，其中场道、无线电通信导航系统、气象大楼、办公大楼、供油系统的输油管线、油罐工艺安装工程、跑道灯光、变电站等30项工程评为优良，其余合格。验收委员会认为，该机场已具备启用通航条件，形成生产能力，同意验收启用。国家验收委员会还要求该机场产权所有和使用单位——民航四川省管理局管理好、用好机场，确保飞行安全，为重庆市社会和经济发展服务，同时，对尚未竣工的项目，要求于1990年6月底以前全部竣工。

1990年1月22日，重庆江北机场举行开航典礼。全国人大常委会副委员长廖汉生出席大会并为开航剪彩。民航局局长胡逸洲、四川省副省长马麟、重庆市各方面负责人肖秧、孙同川、于汉卿等出席开航典礼并讲话。会上还宣读了国务院副总理田纪云“祝贺重庆江北机场通航”的题词。胡逸洲向民航四川省管理局局长李喜全颁发“江北机场使用许可证”。之后，重庆江北机场第一架民航班机在数千名群众的注视下升空。

1990年10月，机场候机大楼和宾馆相继投入使用。至当年底，重庆江北机场建设第一期工程18个大项，205个子项绝大部分竣工，仅剩少量收尾工作。

重庆江北机场建设工程前后历时4年多，共征地298.7公顷，其中航站区及场道区占地271.68公顷，场外工程占地27.02公顷，拆迁821户、8个单位；办理“农转非”3092人，安置工作2116人。全部工程处理土方1400万立方米。修建各类房屋8.9万平方米，输油、供电、供气、供水管线350千米，变电站15座，导航台站14个，灯塔26座，油罐28座。各类建筑物31万立方米，安装各类设备5320台（套）。

在重庆江北机场建设的同时，机场配套工程210国道，全长23.1千米，于1989年7月竣工通车。

1990年，重庆江北机场场道建设工程获四川省“施工优质工程奖”，1991年初，又获国家建筑最高荣誉奖——鲁班奖。重庆江北机场在建设期间，由于物价上涨造成建设成本提高，原定2.91亿元投资概算被突破，实际投资达3.39亿元。

二、第一次扩（改）建工程

重庆江北机场投入使用以后，缓解了客货运输日益增长的需要。但重庆是长江上游的经济中心，也是西南地区唯一的内河港埠口岸，对外经济贸易出口额以平均每年39%速度增长。客货运输量增加较快，1993年旅客吞吐量达135.8万人次，超过了机场原设计标准120万人次的8.8%，机场的保障能力和服务功能已不能适应日益增长的空运需要，急需对机场进行改建、扩建。

早在1992年11月，民航局在《关于重庆江北机场站坪扩建工程项目建议书（代可行性研究）的批复》中批准了该工程。工程包括在原站坪南侧新建4个D类，2个E类共6个停机位，共计5.18万平方米混凝土站坪（实际完成9个机位共4.6万平方米）以及配套的供电、加油、供水、消防及照明等工程。1993年，民航总局、国家交通投资公司（现国家开发银行）在《关于重庆江北机场平行滑行道、停机坪、站坪扩建工程初步设计及概算的批复》中批准概算8423万元。1994年，重庆江北机场开始第一次扩建。1月18日，成立重庆江北机场扩建工程指挥部，下设办公室。扩建的主要工程项目有：站坪扩建工程、航管楼扩建和改造工程、联检楼增建工程、飞行区扩建工程等。1995年2月，工程“三通一平”完成，1995年4月15日工程正式开工。工程由中国南江地质工程勘察院勘察，中国民航机场设计总院设计，重庆市投资咨询公司监理部监理，重庆市第八建筑工程公司承包施工（其中土石方基础工程由铁道部十一工程局第五工程处分包），供电、照明、供水、消防、加油等管线安装工程由四川省工业设备安装公司承包。工程开工后，由于雨天较多，施工受到影响，加之初步设计中钻探资料未能准确反映地质状况，以致施工中增加了土石方量，且初步设计概算中未考虑“三通一平”费用和临时设施费用，以及四川省和重庆市价格政策调整，导致工程费用增加。

1996年9月2日，民航总局在《关于重庆江北机场站坪扩建工程调整概算的批复》中，将总概算调整为9365万元。1997年9月，工程基本完工。共计开挖土石方33.55万立方米，回填土石方35.6万立方米，铺筑20厘米厚下基层和20厘米厚上基层各52215平方米，浇筑36厘米厚混凝土面层51800平方米，安装供油、供水、消防管道2580米，各种线缆2000米，800千伏安变压器2台，高杆灯3座，消防栓18个，新建钢围栏350米，排水沟672米，围场道路644米。1997年10月17日该工程通过竣工验收，工程质量被重庆市建筑工程质量监督站和验收领导小组评定为优良。

重庆江北机场站坪扩建工程竣工当年，重庆市已经成为国务院直辖市。之后，重庆江北机场第一次扩（改）建工程的航管楼扩建和改造、联检楼增建、飞行区扩建等项目，由重庆市组织实施。

第二章　训练飞行通用机场建设

第一节　新津机场

中华人民共和国成立后，新津机场归空军使用，1956年9月22日起，成为中国人民解放军第十四航空学校校址和训练基地，后对机场和营房进行维修。

1988年6月25日，机场改扩建工程开工，改建后主跑道长1000米，宽30米，厚0.16米；联络道长340米，宽15米，厚0.16米；推机道长463米，宽9米，厚0.16米；直升机坪面积为3456平方米，可停6架直升机，均为混凝土道面。以上工程于1989年3月2日竣工验收，工程投资280.84万元。

1994年10月23日，投资352万元，对机场再进行扩建，工程项目是延长跑道200米，防吹坪30米，增加滑行道面积6949平方米，增加停机坪面积1.43万平方米，整个工程于1995年2月28日竣工。

1997年，对机场排水系统进行改造，新建和改建排水沟总长8870米，工程投资157.5万元。民航总局于1999年11月4日同意新津机场修建围界和环场路投资388万元。资金来源为民航总局集中控制的机场建设费，项目列入民航固定资产投资计划。2003年9月26日，民航飞行学院新津分院与机场围界施工单位民航西南空管局设备安装维修服务处正式签订合同，2004年2月2日进场施工，2004年9月1日竣工。11月1日，经现场丈量，围栏总长度5519.60米，钢板网网宽2.2米，高2.4米，材料质量符合要求，经验收工程质量评为合格。

民航飞院于1999年初向民航总局上报《关于报审飞行学院新津机场设置简易进近灯光系统工程初步设计及概算的请示》。民航总局于3月26日批复：原则同意所报的初步设计。工程概算核定为426万元，资金来源为民航基础设施建设基金。2000年3月30日，民航飞行学院新津分院与施工单位成都南方电力物资供销公司、民航西南空管局设备安装处正式签订助航灯光工程施工合同。工程于2000年7月开工，2004年11月竣工。12月30日，民航西南地区管理局会同民航飞院组织了新津机场助航灯光工程竣工验收，工程质量评定为合格。

新津机场飞行区等级为2C，可使用最大机型为运7。跑道长1200米，宽30米，厚0.16米，混凝土道面。两端安全道北端长626米，宽25米；南端长899米，宽25米。机场标高460米，停机坪面积1.78万平方米，可同时停放TB20型飞机32架，贝尔206型直升机6架，有北远台、近台、塔台、陆空话台等通信导航设备。

第二节 广汉机场

中华人民共和国成立后，广汉机场为空军使用。1956 年 5 月，民航成都广汉航站在广汉机场成立。1957 年，空军将广汉机场拨给第十四航校，作为训练基地。1958 年 10 月，十四航校接收后开始修复机场。1965 年 3 月 12 日，广汉机场进行扩建。1983 年 4 月，民航成都双流机场扩建，凡成都起降的飞机皆由广汉机场承担，广汉机场成为四川乃至西南地区的飞机起降中心。为顺利转场，对广汉机场又进行了扩建，工程于 1982 年 8 月 6 日开工，同年 11 月 5 日竣工。广汉机场经过这次扩建，已具备了伊尔 18 型以下飞机起降的能力。成都双流机场扩建任务完成后，1983 年 9 月 25 日，成都的飞机起降中心又从广汉机场转至双流机场，广汉机场仍为航校的飞行训练基地。

1990 年 5 月 7 日，广汉机场Ⅰ类精密进近仪表着陆系统工程建设安装竣工，并于 1991 年 12 月 13 日通过民航局飞行校验，各项指标符合国家标准，正式投入使用。同年 9 月 23 日，机场塔台双频道指挥正式开通使用。1995 年 11 月 20 日，机场高教机机库修建竣工验收。1997 年 5 月 30 日，机场围栏工程完工，其中钢网护栏 7079 米，砖砌围墙 1400 米。9 月 4 日，机场中心气象台 714C 天气雷达通过验收投入使用。

2000 年 12 月 22 日，民航总局批复飞行学院《关于广汉机场助航灯光改造工程立项（代可研）》建设规模为新增 200 千伏安电力变压器 1 台，增加 6 组高低压配电柜，更新灯具 387 套；更新电缆 31 千米，总投资 212 万元，资金来源为民航专项基金。工程的编制设计及概算由学院审批。机场助航灯光改造工程于 2004 年 1 月 8 日开工，由北京中航航空机电设备有限公司施工，3 月 25 日竣工，经工程验收质量合格。

2001 年初，因西门诺尔飞机将于 2001 年 5 月到广汉机场，为节省时间，广汉机场有 3 项配套设施工程在没有获得民航总局正式批复同意的情况下开工。同时期，民航飞院分别于 2001 年 4 月和 2002 年 4 月向民航总局上报立项与可行性研究报告。民航总局分别于 2001 年 8 月 2 日和 2002 年 8 月 22 日正式批复同意，这 3 项工程是：（1）2001 年 3 月 22 日，广汉机场西门诺尔飞机机库开工，民航广汉三铃公司施工，整个机库建筑面积 2145 平方米，2001 年 5 月 7 日竣工，工程验收评为合格。（2）2001 年 3 月 23 日，广汉机场机坪改造工程正式开工，拆除旧机坪道面 1100 平方米，新建机坪 2163 平方米，道面厚度为 18 厘米混凝土，并新建一座高杆灯用机坪照明，由民航飞院广汉分院维修科承建。2001 年 5 月 7 日竣工，工程验收质量评为合格。（3）2001 年 11 月 1 日，广汉机场油库增容改造工程开工，由民航广汉三铃公司与四川卫民消防工程公司施工，新修 500 立方米内浮顶油罐 2 座，30 立方米锥底高位发油罐 1 座，15 立方米地埋卧式汽油罐 1 座，建设配套设施设备和工艺管线，安装一套泡沫消防设备。工程于 2002 年 4 月 28 日竣工，验收质量为优良。

2004 年 7 月 25 日，广汉机场跑道灌缝和修补工程开工，施工单位为河南省特种防腐有限公司，竣工时间为 2004 年 10 月 8 日，工程验收质量合格。工程资金 144 万元，资金来源为学院自筹。

广汉机场飞行区等级指标为 4C，可使用最大机型为波音 737 型。跑道长 2200 米，宽 45 米，厚 0.18 米，混凝土道面，跑道 PCN 值为 18。平行滑行道长 1070 米，宽 40 米，厚 0.18 米，混凝土道面。停机坪面积 35900 平方米，可同时停放 6 架波音 737 型飞机和 7 架运 7 型飞机。设有北远台、北

近台、VOR/OME 台、航向台、下滑台、地空话台、超短波对空话台、塔台等通信导航设备以及目视助航灯光。

第三节　绵阳塘汛机场

绵阳解放后，塘汛机场由兰州军区空军接管，兰州军区空军又委托绵阳军分区代管。绵阳军分区在机场办一个农场，成为部队农副产品的生产基地。1965 年 4 月 7 日，民航总局抄转空军司令部关于扩建绵阳塘汛机场的批文，同意将扩建的绵阳塘汛机场交民用航空高级航校使用。航校按民航总局要求，立即对绵阳塘汛机场进行扩建。1973 年 7 月 17 日，再次扩建。1997 年，对机场沟淤疏通改造 3423 米，经费 14 万元。1999 年 12 月，在原活动塔台处建成固定塔台。

绵阳塘汛机场飞行区等级指标为 2B，可使用最大机型为运 5 型，跑道 PCN 值为 6，长 1000 米，宽 30 米，厚 0.12 米，混凝土道面，安全道北端长 170 米，南端长 230 米，滑行道长 1000 米，宽 9 米，厚 0.12 米，混凝土道面，机场标高 448 米。停机坪面积 25169 平方米，可同时停放运 5 飞机 32 架。有北远台、南远台、近台、超短波定向台、陆空话台、塔台等通信导航设施，电力助航灯光系统一套，油库储油量 2300 立方米。

2002 年 9 月 26 日，新建绵阳南郊机场民航飞院绵阳分院训练机场竣工，民航飞院绵阳分院训练飞行由塘汛机场迁往南郊机场。

第四节　遂宁南坝机场

1956 年，十四航校成立时，经国防部批准将遂宁机场划归航校使用。1956 年 12 月 21 日，民航局向空军司令部提出《第十四航空学校改建工程设计任务书》的报告，将遂宁机场列入第一期工程加以整修。1956 年 12 月 26 日，空军司令部批准十四航校机场改建工程设计任务书。1958 年末，对遂宁机场道面进行一次扩修。1967 年，将机场航空器活动区改建为混凝土道面，停机坪面积 14850 平方米，可同时停放 30 架运 5 型飞机。1993 年，对跑道道面进行修整维护，修补点 328 处，钢筋工程量 110 立方米，总投资 40 万元。1996 年，在停机坪北头西侧修建了 139 平方米的二层式固定塔台，工程总投资 26.5 万元。同年改造了机场排水系统，新建和改造排水沟总长 8050 米，工程投资 382.5 万元。1999 年 12 月至 2000 年 3 月，改造了机场活动区，将跑道南北两端各延长 100 米，扩建平行滑行道至 1000 米长，工程总投资 273.4 万元。

2000 年 3—12 月，新修公路长 1000 米，宽 7 米，工程总投资 100 万元，年底，还修建了固定机库，面积 1300 平方米，可同时停放 6 架 TB20 型飞机，工程总投资 210 万元。

由于遂宁机场无机场围界，不能保证机场正常的飞行训练。1999 年，民航飞院向民航总局申请《关于遂宁（南坝）机场围栏、环场工程立项（代可行性研究报告）的请示》。1999 年 11 月 4 日，民航总局批复同意遂宁（南坝）机场修建围界和环场路，项目列入民航固定资产投资计划。2000 年 3 月，民航飞院将遂宁机场围界及围场路工程初步设计及概算报民航总局。2000 年 7 月 19 日，民航总局机场司批复民航飞院遂宁机场围界及围场路工程初步设计概算。工程包括：新建钢板网界长6000米，高2.5米，柱距2.5米；新建泥结碎石围场路长3800米，宽3.5米。工程概算为282.3万元。2002年4月10日，遂宁（南坝）机场围界和围场路工程正式开工，施工单位为遂宁市第五建筑工程公司。2004年5月31日围界、围场路工程竣工。经验收，机场围界实际长5200米，高2.5米，泥结碎石围场路长3800米，宽3.5米，质量合格。

遂宁南坝机场飞行区等级指标为2C，可使用机型为B类以下飞行器，跑道长1200米，宽30米，厚0.18米，平行滑行道长1000米，宽10米，厚0.18米，混凝土道面，机场标高为277米，有北远台、北近台、地空话台、固定塔台等通信导航设施。

第三篇　航　空　器

航空器是飞机、直升机、滑翔机、飞艇、热气球等飞行器的统称。四川地区民航有飞机和直升机两种类型的航空器，是运输航空、通用航空生产和飞行人员训练的主要工具。航空器的数量增加、机型更新对民航的安全管理、服务质量、经济效益、社会效益以及空勤人员的培训提高乃至航空公司本身的建设都会产生至关重要的作用。

20 世纪 80 年代初期，西南民航拥有苏制里 2 型、伊尔 12 型、伊尔 14 型、伊尔 18 型、安 24 型和国产运 5 型等运输飞机。1984—1985 年，民航局调拨 4 架波音 707 型客机给民航成都管理局执管。之后，西南民航陆续引进具有世界先进水平的大、中、小型和宽体飞机。其中波音系列有波音 737－200/300/600/700/800 型、波音 757－200 型飞机以及波音 767－300 型宽体客机；空客系列有空客 319－115/133 型、空客 320－232/233 型、空客 321－131/200 型飞机以及空客 340－300 型宽体客机。这些飞机的陆续引进，使各航空公司扩大了机队规模，为四川地区的改革开放与国民经济建设和旅游事业发展创造了条件，为航空公司提高经济效益和社会效益，促其自身持续、快速、健康发展提供了运力保障。

至 2005 年末，四川地区民航有各型航空器 190 架，其中：各运输航空公司拥有各类航空器 81 架，各通用航空公司拥有各类航空器 5 架，民航飞院拥有各类教练机 104 架。

第一章 机 型

第一节 活塞螺旋桨飞机

一、伊尔12型

伊尔12型飞机是苏联伊留申设计局设计制造的短途运输机。起落架为前三点可收放式。该型机动力装置为2台阿什82T型发动机，每台发动机功率1397千瓦。机身长22.31米，翼展31.70米，最大起飞全重17500千克，最大商务载量3550千克，巡航速度每小时320千米，机组4人，客座22—26个。

1979年10月，民航总局将民航北京管理局的4架伊尔12型飞机调拨给十四航校执管，是学校培养飞行学生的高级教练机之一。1986年，民航飞行专科学校伊尔12型505号飞机退役。

二、伊尔14型

伊尔14型飞机由苏联伊留申设计局设计制造的短途运输飞机。翼展31.70米，全长22.31米，机高7.80米，机身为全金属半硬壳结构。起落架为前三点可收放式。动力装置为2台阿什82T型发动机，功率每台1900马力。最大起飞全重18000千克，最大商务载重3550千克，最大平飞速度431千米/小时，最大巡航速度320千米/小时，最高升限6500米，最大航程3190千米，续航时间8小时10分钟，机组4人，客座24—32个。

1956年，民航局从苏联购进一批伊尔14型飞机，是年12月，分配4架给民航重庆管理处。民航局又于1958—1968年先后从其他地区管理局、民航高级航校调拨6架伊尔14型飞机给民航成都管理局。伊尔14型飞机在20世纪50年代中期至70年代初期是民航成都管理局执管的主力机型。

1963年6月，民航总局给民航高级航校调拨5架伊尔14型飞机，至1968年8月被奉命调离学校。1978年5月起，民航总局又给十四航校陆续调拨伊尔14型飞机，至1984年增至8架，是学校主要的高级教练机之一。1992年4月，民航飞行学院伊尔14型602号飞机退役。

三、运5型

运5型飞机系苏联安2型飞机仿制和发展的机型，由中国南昌洪都机械厂（现为南昌飞机制造公司）和石家庄红星机械厂（现为石家庄飞机制造厂）生产，双翼多用途轻型飞机，可用于客货运输及森林播种、灭虫、护林、航测、航摄、跳伞、救护等通用航空飞行。翼展：上翼18.18米、下翼 14.24 米，全长 12.70 米，机高 6.10 米，机身为全金属半硬壳结构，机翼为金属肋外加蒙皮结构，起落架为后三点固定式，动力装置为波兰产 ASZ－621R－16 型活塞式发动机或中国产活塞 5 型活塞式发动机一台以及四叶拉进式金属螺旋桨一具，功率 1000 马力。最大起飞全重 5500 千克，最大业务载量 1240 千克，最大巡航速度 268 千米/小时，最大平飞速度 256 千米/小时，最大航程 845 千米，续航时间 10 小时，实用升限 4500 米，机组 2 人，客座 10 个。

民航局自 1958 年调拨 2 架运 5 型飞机给民航成都管理局执管起，至 1962 年先后共调拨该型飞机 13 架，都是南昌洪都机械厂制造的。1977 年又给民航成都管理局调拨石家庄红星机械厂生产的运 5 型飞机 2 架，主要用于成都—南充、成都—南充—达县、成都—泸州、重庆—成都、重庆—南充、重庆—达县等四川省内地方航线客货运输以及西南地区飞机造林播种、护林、灭虫等通用航空作业飞行。为发展四川省内短途航空运输，为西南地区发展农、林业生产，该机型曾发挥了积极的作用。

从 1959 年 12 月起，民航总局先后给十四航校调拨运 5 型飞机 93 架。至 2000 年末，民航飞院仍有 12 架该型飞机。长期以来，运 5 型飞机是学校主要的初级教练机之一。

1997 年，成都华西通用航空公司从石家庄飞机制造厂购买 2 架运 5B 型飞机，1998 年开始运营。2002 年 5 月 18 日，四川三星通用航空有限责任公司成立时，民航飞院调拨运 5B 型飞机 2 架由其执管，担任西南地区乃至全国的通用航空作业飞行任务。

四、TB－20 型

TB－20 型飞机是法国宇航公司所属索柯达工厂生产的小型低速飞机，是按照正常类目（不能做特技）设计的。起落架为前三点式，用液压收放，有刹车和前轮转弯装置。风挡和座舱门为有机玻璃，面积大、透明度好、视野广。电子设备先进，飞机上装有自动定向仪（ADF）、甚高频通讯/导航系图 3.1.6TB－20 型飞机统（VHF－COM/NAV）测距仪（DME）空中交通管制应答机（ATC）。动力装置为一台莱康明 10－540－C4D5D 发动机，功率为 250 轴马力，一副全金属两叶恒速螺旋桨。机身全长 7.71 米，机高 2.85 米，翼展 9.77 米，主轮距 2.17 米，燃油容量为 336 升，最大起飞重量 1400 千克，最大着陆重量 1400 千克，最大无油 1076 千克，最大业载 276 千克，最大载油量 252 千克。最大巡航速度 301 千米/小时，正常巡航速度 291 千米/小时，最后进近速度 148 千米/小时，跑道入口速度 139 千米/小时，最大爬升率 6.4 米/秒，实用升限 6000 米，起飞距离 752 米，着陆距离 612 米，满载最大航程 1810 千米。机组 2 人。

1988 年 9 月，经民航局请示国家计委、经委批准，民航飞院从法国宇航公司购进 28 架 TB－20 型飞机，于 1994 年 8—12 月又增购 4 架，用于飞行学生初始阶段的基本程序和基本驾驶术的训练。至 2005 年，民航飞院执管的 TB－20 型飞机总数有 31 架。

五、TB－200 型

TB－200 型飞机是法国宇航公司下属索柯达工厂生产的小型低速机。1993 年 3 月 27 日首次飞行，同年 10 月取得法国民航当局型号合格证后投入生产，首先为中国民航飞行学院生产 38 架。起落架为前三点固定式。动力装置有一台莱康明 10－360－AIB6 发动机，功率为 200 马力，一副全金属恒速螺旋桨。机长 7.70 米，机高 3.20 米，翼展 9.76 米，主轮距 2.33 米，最大起飞重量 1150 千克，最大着陆重量 1150 千克，最大载油量 157 千克，燃油容量 210 升，最大巡航速度 237 千米/小时，正常巡航速度204千米/小时，最后进近速度148千米/小时，跑道入口速度139千米/小时，最大爬升率5.1米/秒，实用升限5000米，起飞距离450米，着陆距离250米，满载最大航程944千米。

1994年8—12月，经民航总局请示国家计委批准，民航飞院从法国宇航公司购进38架TB－200型飞机，用于教学的训练飞行，是民航飞院的主要初级教练机之一。

六、西门诺尔PA－44－180型

西门诺尔PA－44－180型飞机是美国新派珀飞机公司生产的轻型飞机，翼展11.75米，机长8.41米，机高2.59米，机身为全金属半硬壳结构，起落架为前三点式可收放。飞机装2台发动机，左发型号0－360－A1H6，右发型号LO－360－A1H6，发动机功率每台180马力。发动机生产厂家莱康明公司。最大起飞全重1723千克，最大着落重量1723千克。最大巡航速度311千米/小时，经济巡航速度：当发动机功率为75%时，速度为300千米/小时；当发动机功率为55%时，速度为280千米/小时。最大燃油载量416升，最佳巡航性能55%功率的燃油消耗66升/小时。实用升限5210米。满载航程1695千米。机组人数2人，客座数2人。

2001年5月16日至8月11日间，民航飞院从美国新派珀飞机公司引进西门诺尔PA－44－180型飞机12架，是民航飞院的主要教练机之一。

第二节　涡轮螺旋桨飞机

一、安24型

安24型飞机为苏联安东诺夫设计局研制的涡轮螺旋桨短程客机。翼展29.20米，全长23.53米，机高8.32米，机身为全金属半硬壳结构，起落架是前三点液压可收放式。动力装置为2台伊夫琴科发动机制造厂生产的阿依－24型发动机，功率2×2550当量马力。最大起飞全重21800千克，最大商务载重4700千克，最大载油重量4800千克，最大平飞速度550千米/小时。最大巡航速度475千米/小时，最高升限8400米，经济巡航高度5700米，最大航程2500千米，最大续航时间6.5小时。机组5人，客座48个。

20世纪60年代末至70年代初，民航总局从苏联先后购进一批安24型飞机，于1971年调拨一架给民航成都管理局，这是西南民航执管的第一架涡轮螺旋桨式飞机。1973—1974年间，民航总局又相继给民航成都管理局调拨安24型飞机5架，主要用于国内短途航线的客运。这6架安24型飞机投入运营后，缓解了西南地区运力紧张的状况。安24型飞机使用至20世纪90年代。

二、伊尔18型

伊尔18型飞机是苏联伊留申设计局研制生产的涡轮螺旋桨式中程中型客机，翼展37.40米，全长35.90米，机高10.17米，机身为全金属半硬壳结构。起落架为前三点液压可收放式。动力装置为4台苏联洛塔列夫发动机工厂生产的阿依－20K型发动机台，功率4×4000当量马力，或阿依－20M

型发动机4台，功率4×4250当量马力。最大起飞全重：Б型为61000千克，В型为62000千克，д型为64000千克。最大商务载重：Б型11800千克，В型、д型13500千克。全发升限8000—10000米，实用升限6000—8000米。最大使用马赫数为0.65，最大平飞速度675千米/小时，最大巡航速度645千米/小时。最大航程：油18吨为4700千米，油24吨为6000千米。机组5人。客座：Б型84个，В型为110个，д型为65个。

1959年，民航总局开始从苏联购进伊尔18型飞机。1972年，民航总局从民航北京管理局调给民航成都管理局2架，此时成都管理局执管飞机总数共24架。当年完成运输总周转量1076.09万吨公里，首次突破1000万吨公里。1974—1976年间，又陆继调拨3架伊尔18型飞机给民航成都管理局执管。1986年，民航成都管理局仍执管伊尔18型飞机4架。

三、运7型

运7型飞机是西安飞机工业公司研制生产的双发涡轮螺旋桨式中短程支线运输机。1982年7月通过设计定型开始批量生产，1984年交付民航使用，1986年5月加入航班飞行，分为运7基本型、运7选装型、运7－100型等型号。翼展29.20米，全长23.71米（加长型24.218米），机高8.55米，机身为全金属半硬壳结构。起落架为前三点双轮并列液压可收放式。动力装置为2台涡桨WJ5A－1型发动机，功率2×2790千克当量马力。最大起飞全重21800千克，最大着陆重量21800千克，最大业务载重5500千克，最大载油量4790千克，最大巡航速度476千米/小时，经济巡航速度423千米/小时，最后进近速度192千米/小时，最大爬升率7.6米/秒，实用升限8750米，经济巡航高度6000米，航程2420千米，可连续飞行6个小时。机组：运7基本型5人，运7选装型5人，运7－100型3人。客座48—52个。

1988—1991年，西南航空公司先后从西安飞机工业公司购置运7－100型飞机3架，由西南航空重庆公司执管，主要用于四川省内支线、邻近省间航线客货运输以及飞行训练，为中、大型机输送了大批合格的飞行员，使西南航空公司能够持续、快速、健康地发展。四川航空公司成立初期，于1987年12月至1991年3月先后从西安飞机工业公司购进运7选装型飞机5架，用于四川省内支线及国内航线短途运输。该机型投入运营后，培养和锻炼了飞行和机务队伍以及经营管理人员，为后来引进图154机型和空客319、空客320、空客321等机型奠定了基础。

1987年，民航飞院从西安飞机工业引进3架运7－100型飞机作为学院的高级教练机。1996年12月，西南航空公司也将其购置的3架运7－100型飞机无偿转让给学院执管。学院拥有6架运7－100型高级教练机，从事教学的飞行训练，是主要的高级教练机之一。2002年5月18日，民航飞院又将其中的2架运7－100型飞机调拨给四川三星通用航空有限责任公司从事通用航空作业飞行任务。

四、MA－60型

MA－60型飞机是西安飞机工业公司生产的短程运输机。机长24.71米，机高8.853米，翼展29.2米，机身为全金属半硬壳结构，起落架为前三点液压收放式。动力装置为2台加拿大普惠公司生产的PW127j型涡桨发动机，功率2×2750千克当量马力。最大起飞重量21800千克，最大着陆重量21200千克，最大业务载量5100千克。最大使用马赫数0.52，最大使用速度420千米/小时。最大使用高度6120米。最大燃油载量4030千克，平均小时耗油量690千克。最大航程2450千米，满载航程1200千米，机组2人，客座50个。

2000年7月27日，四川航空公司从西安飞机工业公司引进该型飞机一架，主要用于四川省内支线班机飞行。

五、运12型

运12型飞机是哈尔滨飞机公司20世纪80年代初期研制生产的双发涡轮螺旋桨式通用航空飞机，也可作短途客、货运输机。翼展17.24米，全长14.86米，机高5.675米，机身为全金属半硬壳结构，起落架为前三点固定式。动力装置为2台加拿大普惠公司生产的PT6A－27型涡桨发动机，功率2×507千瓦。最大起飞全重5300千克，最大商务载重1700千克，最大巡航速度328千米/小时，经济巡航速度250千米/小时，全发升限7000米，实用升限3000米，最大航程1440千米，续航时间6小时，机组2人，客座17个。

1987—1988年，西南航空公司从哈尔滨飞机公司购进4架运12型飞机，由西南航空重庆公司执管，主要用于重庆—成都、成都—南充—达县、重庆—梁平—成都等四川省内支线客货运输以及西南地区通用航空作业飞行。为了发展民航西南地区通用航空事业，西南航空公司于1992年11月将这4架飞机转让给贵州双阳通用航空公司执管。

六、夏延ⅢA型

夏延ⅢA型飞机是美国派珀飞机公司生产的中短程双发涡轮螺旋桨式飞机。该型飞机自1984年5月开始投入生产，曾多次创造同类飞机的世界纪录。该型飞机为两人制机组，座舱最多可坐8名乘员。机体主要结构为轻合金，机身为半硬壳式。机身中部为气密舱，其中包括驾驶舱、客舱和后行李舱，其余部分为非气密舱。机翼为金属、悬臂梁式下单翼，每边机翼有5个燃油箱。飞机装有可收放前三点起落架，主起落架向内收起，前起落架后收先放。前轮有机械式地面转弯装置。飞机动力为两台加拿大普惠公司生产的PT6A－61反流式涡轮螺旋桨发动机，功率为720马力，各驱动一副哈策尔公司生产的三桨叶恒速可顺反桨的螺旋桨。飞机机长12.23米，机高4.50米，翼展14.53米，主轮距5.60米，最小转弯半径25.60米，最大起飞重量5080千克，最大着陆重量4775千克，最大无油重量4240千克，最大业载1870千克，最大载油量1660千克，最大巡航速度452千米/小时，正常巡航速度320千米/小时，最后进近速度213千米/小时，跑道入口速度194千米/小时，实用升限10670米，起飞距离447米，着陆距离583米，满载最大航程1482千米。

1990年7月，经民航局请示国家计委、国家经委批准，民航飞院从美国派珀飞机公司购进4架夏延ⅢA型飞机，1993年2月又购进2架。1995年3月23日，夏延ⅢA/3624号机在济南机场进近过程中失事，至2000年末，民航飞院有5架夏延ⅢA型飞机，是该学院的主要高级教练机之一。2002年5月18日，民航飞院将其执管的2架夏延ⅢA型飞机调拨给四川三星通用航空有限责任公司担任通用航空飞行任务。

第三节　涡轮风扇飞机

一、波音707型

波音707型飞机是美国波音飞机公司生产的大型远程运输机，翼展44.42米，全长46.61米，机高12.94米，机身为全金属半硬壳结构，起落架为前三点液压可收放式，动力装置为4台美国普拉特惠特尼工厂制造的JT3D－7涡轮风扇发动机，每台推力8618千克。最大起飞全重150413千克，最大着陆重量112039千克，最大商务载重24964千克，最大使用马赫数为0.87，正常巡航马赫数为0.80—0.84，最大巡航速度920千米/小时，经济巡航速度835—883千米/小时，全发升限12800米，实用升限11890米，飞行高度选择9000—12000米，最大航程（满载无备份油）6300千米。续航时间12小时。机组5人，客座149—219个。

民航总局自1973年开始，为民航北京管理局从美国先后购进波音707型飞机10架，担任国际航线、国内干线客货运输以及党和国家主要领导人的专机任务。当民航北京管理局引进大型远程宽体客机后，民航总局于1984—1985年调拨4架波音707型飞机给民航成都管理局执管，主要用于成都—拉萨航线、成都—香港地区航线、拉萨—加德满都国际航线以及国内主要干线的客货运输。1987年10月15日，民航成都管理局进行了管理体制改革，这4架波音707飞机移交西南航空公司执管。1988年西南航空公司执管的波音707型飞机增至5架。西南民航开始执管波音707机型后，其机队建设从此进入涡轮风扇喷气式客机的时代。

二、波音737－300型

波音737－300型飞机是美国波音飞机公司制造的中短程客机。1964年5月开始研制、1967年4月9日首次试飞成功，1967年12月15日获得FAA批准并交付使用。该机型翼展28.88米，全长33.4米，机身高5.13—5.26米，机尾高11.07—11.15米，机身为全金属半硬壳结构，起落架为前三点液压收放式。动力装置为2台美国通用电气公司生产的CFM56－3C1型涡轮风扇发动机，每台推力9080千克。最大起飞重量61234千克，最大着陆重量51710千克，最大结构业载15308千克。最高飞行高度11280米。最大使用马赫数0.82，正常巡航马赫数0.74，最大巡航速度829千米/小时，经济巡航速度520千米/小时，最大平飞速度（表速）630千米/小时。平均耗油量2500千克/小时。满载（无备份油）航程3482千米，满载（有备份油）航程2390千米。在载客140人、载油15866千克时，最大航程为3450千米。机组2人，客座140个。

民航成都管理局于1985年12月8日至1986年7月4日从美国引进波音737－300型飞机4架。1987年10月15日民航成都管理局实施管理体制改革，这4架飞机移交西南航空公司执管。管理体制改革后，西南航空公司又采用融资性租赁和经营性租赁方式陆续引进该型飞机，至1995年7月24日达到20架，是西南航空公司的主要机型之一，担任国内干线、香港地区航线以及至邻近国家部分国际航线客货运输。

三、图154M型

图154M型是苏联图波列夫飞机制造厂（现为俄罗斯萨马拉飞机制造厂）制造的中程大型客机。该机型翼展37.5米，全长48米，机高11.4米，机身为普通截面全金属半硬壳结构，起落架为前三点液压收放式。动力装置为3台苏联库兹涅佐夫工厂生产的NK－8－2N涡轮风扇发动机，每台推力10500千克。最大起飞全重100000千克，最大着陆重量80000千克，最大业务载量18000千克，最大燃油载量39750千克。最大使用马赫数0.90，正常巡航马赫数0.79。最大巡航速度952千米/小时，正常巡航速度850千米/小时。最大升限12000米。平均小时耗油量5000千克。最大航程6800千米（满载航程3900千米）。机组4人，客座164个。

四川地区3家航空公司有图154M型飞机。西南航空公司于1988年9月27日至1990年9月27日从苏联引进该机型5架，投入航班飞行。四川航空公司于1991年11月至翌年9月从苏联引进该型飞机4架。长城航空公司通过中国航空器材公司从美国凯利德钢铁公司赤塔分公司租赁苏制图154M型飞机2架，于1992年8月飞机调至重庆，9月长城航空公司举行开航仪式投入航班飞行。

四、波音757－200型

波音757－200型飞机是美国波音飞机公司制造的大型客机。1978年初开始设计，1979年12月10日正式投产，1981年9月第一架波音757－200飞机总装完毕，1982年1月13日第一架原型机出厂。1982年2月19日，波音757－200型飞机第一架飞机试飞，1982年12月22日交付航班使用。该型机翼展38.06米，全长47.33米，机身高6.25—6.45米，机尾高13.49—13.74米，机身为全金属半硬壳结构，起落架为前三点液压收放式。动力装置为2台英国罗·罗公司生产的RB211－535SE4型涡轮风扇发动机，每台推力18189千克。最大起飞重量108862千克，最大着陆重量95254千克，最大结构业载23960千克，加满油业载15800千克。最大使用速度0.86马赫，正常巡航速度0.80马赫，最高飞行高度12800米。最大可用燃油33506千克，平均小时耗油量约3800千克。最大航程5800千米。机组2人，客座192个。

西南航空公司于1992年8月5日至1998年11月24日先后从美国波音飞机公司引进波音757－200型飞机15架，主要用于成都—拉萨、成都—北京、成都—上海、成都—广州等国内干线、成都—香港地区航线以及拉萨—加德满都、成都—曼谷、成都—新加坡、成都—东京、成都—大阪、成都—汉城等国际航线的飞行。

五、波音737－200型

波音737－200型飞机是美国波音飞机公司制造的中短程客货机。该机型翼展28.35米，全长30.53米，机身高4.02米，机身为全金属半硬壳结构，起落架为前三点液压收放式。动力装置为2台加拿大普惠公司生产的JT8D－17A型涡轮风扇发动机，每台推力7300千克。最大起飞全重56472千克，最大着陆重量48534千克，最大业务载量14107千克，最大燃油载量15218千克，最大使用马赫数0.78，正常巡航马赫数0.73。最大巡航速度855千米/小时，经济巡航速度743千米/小时。实用升限11280米。平均小时耗油量2720千克，满载最大航程2517千米。机组2人，客座130个。

长城航空公司于1995年4月5日至28日，先后从中国国际航空公司引进该机型3架。此3架飞机以重庆江北机场为基地，执行公司的航班和加班、包机任务。1997 年 3 月，该型机随公司搬迁转场至宁波栎社机场。

六、空客 320 – 232、320 – 233 型

空客 320 – 232 型飞机是欧洲空中客车工业公司制造的中短程客机。该机型翼展 34. 1 米，机长 37. 57 米，机尾高 12. 14 米，机身为全金属半硬壳结构，起落架为前三点液压可收放式。动力装置为 2 台国际航空发动机公司生产的 V2527 – A5 型涡轮风扇发动机，每台推力 12000 千克。最大起飞重量 73500 千克，最大着陆重量 64500 千克，最大业务载量 16800 千克。最大使用马赫数 0. 82，正常巡航马赫数 0. 80，最大巡航速度 917 千米/小时，正常巡航速度 872 千米/小时。实用升限 11887 米。最大燃油载量 18728 千克，平均小时耗油量 3100 千克。最大航程 6436 千米（满载航程 4400 千米）。机组 2 人，客座 164 个。空客 320 – 232 型机是国际上性能先进机型之一，四川航空公司于 1995 年 12 月 22 日至 2003 年 4 月 30 日，先后引进该型飞机 7 架。

空客 320 – 233 型飞机是空客 320 – 232 型飞机的改进机型，飞机与发动机几何数据和飞行性能基本一致，发动机台数和功率（推力）以及飞行操纵系统等方面也基本相同。不同之处是发动机型号、最大起飞全重量和最大商务载量等方面存在差异。空客 320 – 233 型飞机是选用 V2527E – A5 型发动机，最大起飞全重为 77000 千克，较空客 320 – 232 型飞机重 3500 千克；最大商务载量为 17500 千克，较空客 320 – 232 型飞机多载 700 千克。空客 320 – 233 型飞机的经营成本较空客 320 – 232 型低，前者经济效益和社会效益都比后者好。四川航空股份有限公司于 2003 年 9 月 15 日至 2004 年 7 月 30 日先后引进空客 320 – 233 型飞机 3 架，以满足航空运输市场的需要。

七、空客 321 – 200 型

空客 321 – 200 型飞机是欧洲空中客车工业公司制造的中短程客机。该机型翼展 34. 1 米，全长 44. 5 米，机高 11. 76 米，机身为全金属半硬壳结构，起落架为前三点液压收放式。动力装置为 2 台国际航空发动机公司生产的 V2533 – A5 型涡轮风扇发动机，每台推力 14969 千克。最大起飞重量 89000 千克，最大着陆重量 75500 千克，最大业务载量 21850 千克。最大使用马赫数 0. 82，正常巡航马赫数 0. 78，最大巡航速度 902 千米/小时，正常巡航速度 828 千米/小时。实用升限 11900 米。最大燃油载量 18605 千克，平均小时耗油量 2355 千克，满载最大航程 5000 千米。机组 2 人，客座 180 个。四川航空公司于 1998 年 9 月至 12 月从欧洲空客公司引进该型机 2 架。

八、空客 340 – 300 型

空客 340 – 300 型飞机是欧洲空中客车工业公司制造的远程大型宽体客机。1986 年 1 月开始设计，1987 年 4 月开始制造，1991 年 10 月制造成功并首次出厂试飞，1993 年交付使用。该机型翼展 60. 304 米，全长 63. 689 米，机身高 7. 58 米，机尾高 16. 99 米，机身为全金属半硬壳结构，起落架为前三点收放式。动力装置为 4 台美国通用电气公司生产的 CFM56 – 5C4 型涡轮风扇发动机，每台推力 15436 千克。最大起飞全重 271000 千克，最大着陆重量 192000 千克，最大结构业载 51000 千克，最大业务载量 47686 千克。最大使用马赫数 0. 86，正常巡航马赫数 0. 82。最高飞行高度 12530 米。最大可用燃油 111077 千克，平均小时耗油量约 6500 千克。最大航程 12408 千米（满载航程

11800 千米），是世界上航程飞得最远的机型。机组 2 人，客座 370 个。空客 340 - 300 型飞机是世界上最先进的机型之一，西南航空公司从欧洲空中客车工业公司先后引进了 3 架该型飞机。第一架于 1998 年 11 月 9 日出厂，第二架于同年 12 月 7 日出厂，第三架于翌年 3 月 31 日出厂。

九、EMB - 145 型

EMB - 145 型飞机是巴西航空工业公司制造的短程客机。机长 29.87 米，机高 6.75 米，翼展 20.04 米，机身为全金属半硬壳结构，起落架为前三点液压收放式。动力装置为 2 台英国罗·罗公司生产的 AE3007A1 型涡轮风扇发动机，每台推力 3368 千克。最大起飞重量 22200 千克，最大着陆重量 19300 千克，最大业务载量 5350 千克。最大使用马赫数 0.76，正常巡航马赫数 0.62，最大巡航速度 760 千米/小时，正常巡航速度 667 千米/小时。最大升限 11280 米。最大燃油载量 5187 千克。平均小时耗油量约 1100 千克，满载最大航程 1482 千米。机组 2 人，客座 50 个。

四川航空公司于 2000 年 10 月 1 日、12 月 8 日、12 月 20 和翌年 2 月 7 日、8 月 1 日从巴西引进该型飞机 5 架，主要用于短途航班或支线航班运输飞行。

十、波音 737 - 600 型

波音 737 - 600 型飞机于 1998 年 10 月投入商业飞行，是美国波音飞机公司生产的波音 737 系列飞机中的新型机型。翼展 34.32 米，全长 31.25 米，机身高 5.44 米，机身为全金属半硬壳结构，起落架为前三点液压收放式，动力装置为 2 台美国通用电气公司生产的 CFM56 - 7B24 型涡轮风扇发动机，每台推力 9988 千克。最大起飞重量 65090 千克，最大着落重量 54657 千克，空机重量 49300 千克，最大结构业载 13918 千克。最大使用马赫数 0.82，正常巡航马赫数 0.79。最大可用燃油 20430 千克，平均每小时耗油量 2500 千克。最高飞行高度 12500 米。航程能力（最大起飞重量，满客、有备份油）为 5000 千米。机组人数 2 人。客座数头等舱 8 人、经济舱 102—117 人。

西南航空公司以及后来的国航西南分公司先后从美国波音飞机公司引进波音 737 - 600 型飞机 6 架。第一架、第二架、第三架分别于 2001 年 7 月 28 日、9 月 4 日、9 月 20 日飞抵成都，第四架、第五架、第六架分别于 2003 年 2 月 25 日、3 月 25 日、4 月 29 日飞抵成都投入航班生产飞行。

十一、空客 321 - 131 型

空客 321 - 131 型飞机是欧洲空中客车工业公司制造的空客 321 系列机型中短程客机。该机型翼展 34.1 米，全长 44.51 米，机高 12.09 米，机身为全金属半硬壳结构，起落架为前三点液压收放式。动力装置为 2 台国际航空发动机公司生产的 V2530 - A5 型涡轮风扇发动机 2 台，每台推力 13608 千克。最大起飞重量 83000 千克，最大着陆重量 73500 千克，最大商务载重 20000 千克。最大使用马赫数 0.82，正常巡航马赫数 0.78，最大平飞速度（表速）648 千米/小时。实用升限 11917 米。最大航程：满油（无备份油）为 5370 千米、满油（备份油 4 吨）为 4074 千米、满载（备份油 4 吨）为 2555 千米。平均每小时耗油量为 2800—3200 千克。机组 2 人，客座 178 人。

四川航空股份有限公司于 2003 年 9 月 16 日和 2004 年 8 月 28 日各引进一架 A321 - 131 型客机。

十二、空客 319 - 115 型

空客 319 - 115 型飞机是欧州空中客车工业公司从生产单通道客机空客 320 中最新衍生机型，该

型飞机于1996年正式投入商业运营。翼展34.10米，全长33.84米，机身高5.94米，机尾高12.17米，机身为全金属半硬壳结构，起落架为前三点液压可收放式。动力装置为2台美国通用电气公司生产的CFM56－5B7/P型涡轮风扇发动机，每台推力12258千克。最大起飞全重70000千克，最大着陆重量62500千克，最大商务载重16663千克，最大使用马赫数0.82，正常巡航马赫数0.78，最大平均速度648千米/小时。最大可用燃油18729千克，平均每小时耗油量2600千克。最大飞行高度12131米。航程能力：标准载荷3992千米，最大载荷2315千米。机组2人，客座128人。

空客319－115型飞机是具有高原飞行性能最先进的机型之一。2004年国航西南分公司先后引进该型飞机5架，分别于7月30日、8月27日、9月11日、9月23日、9月29日飞抵成都双流国际机场。国航西南分公司凭借多年高原机场安全飞行的技术经验，与法国空中客车工业公司共同加装高度电门和改进轮胎等部件，全面提升客舱增压系统、供氧系统的技术标准，使该型飞机完全满足拉萨贡嘎、昌都邦达、九寨黄龙等高原机场安全起降的需要。

十三、空客319－133型

空客319－133型飞机是欧州空中客车工业公司生产的中远程客机。该机型翼展34.1米，全长33.84米，机身高5.94米，机尾高12.17米，机身为全金属半硬壳结构，起落架为前三点可收放式。动力装置为2台国际航空发动机公司生产的V2527M－A5型涡轮风扇发动机，每台推力12020.4千克。最大起飞全重70000千克，最大着陆重量62500千克，最大商务载重16500千克。最大使用马赫数0.82，正常巡航马赫数0.78，最大平飞速度648千米，实用升限为12130米。最大燃油载量18728千克，平均每小时耗油量3000千克。最大航程：满油无备份油量6519千米、有备份油量4963千米，满载无备份油量3778千米，有备份油量2370千米。机组2人，客座132人。

2004年四川航空股份有限公司引进空客319－133型飞机2架，分别于10月30日、12月8日到达成都双流国际机场后，即投入营运飞行，主要担任成都—拉萨、成都—九黄等高原航线的航班任务。

第四节 直升机

一、贝尔206BⅢ型

贝尔206BⅢ型直升机是美国贝尔直升机公司研制的5座单发轻型通用直升机，是在贝尔206A和贝尔206BⅡ基础上的进一步改进型。主要特点是：发动机功率增大，改善了高温高原性能，使在高度3050米，国际标准大气条件下的速度增加9千米/小时，悬停重量增加91千克，悬停高度增加610米，机体只做了少量更改，1977年8月开始交付使用。旋翼系统为两片桨叶的半钢性跷跷板式旋翼，旋翼与发动机转速比为1∶15，旋翼转速为374—394转/分。着陆装置是滑橇式起落架。动力装置为一台艾利逊250－C20B/C20J发动机，功率为1×317马力。机载设备有：甚高频通信设备、自动定向仪、机内通话及扩音系统。飞机电源有4.5千瓦起动/发电机和一个24伏、13安培小时的镍镉蓄电池。该型直升机的技术数据：机长9.50米，机高3.54米，最大起飞重量1450千克，最大着陆重量1450千克，最大无油重量850千克，最大业载600千克，最大载油量270千克，最大巡航速度241千米/小时，正常巡航速度185千米/小时，实用升限6000米，满载最大航程417千米。

1986年，经民航局批准，民航飞行专科学校从美国贝尔直升机公司购进贝尔206BⅢ型直升机6架，这是学校首次引进培训直升机驾驶员的教练机。2002年5月18日，民航飞院将其中的2架该型直升机调拨给四川三星通用航空有限公司执管，从事通用航空作业飞行任务。

二、施瓦泽直升机

施瓦泽直升机是美国贝尔直升机公司生产的双座单发轻型通用直升机，动力装置安装一台HIO－360－DIA（HO－360－CIA）型发动机；300CB型直升机功率134千瓦，300C型直升机功率141千瓦；发动机生产厂家是美国莱康明公司。机载设备：300C型机仪表有进气压力表、空速表、气压式高度表、双针转速表、磁罗盘、大气温度表、运行时间表、燃气组合仪表、滑油组合仪表、升降速度表、地平仪、方位仪、小时表；无线电有C. S430、VOR指示器、KR87、K1227、GTX327、编码器；电器有起动机、起动振荡器、交流发电机、耦合电机、电动增压泵、频闪灯电源盒等。300CB型机机载设备比300C型机机载设备略有减少。该型直升机机长9.40米；机高2.65米；最大起飞重量793.8千克；满载最大航程668千米，机组人数2人。

2002年9月10日，民航飞院从美国贝尔直升机公司引进斯瓦泽直升机3架，从事直升机教学飞行，是学院培养直升机飞行员的主要教练机之一。

第二章　来　源

中华人民共和国成立初期，西南民航执管的航空器皆由民航局统一购置和调拨，实施集中统一的管理。这种方式保障了中华人民共和国民航事业循序渐进协调发展。但是进入20世纪80年代后，随着全国改革开放的形势，航空运力的供求矛盾也随之突出，由民航局调拨航空器已不再适应形势发展的需要。民航实施管理体制改革后，西南地区的直属航空公司与地方航空公司相继组建、成立，各航空公司、民航飞院通过各种渠道筹集资金，采用租赁或购买方式引进性能先进的各类航空器，其机型和数量逐年增加，促进民航事业持续、快速、健康发展。

第一节　调　拨

民航管理体制改革以前，西南民航执管的航空器皆由民航局统一购置和调拨，实施集中统一管理。民航西南地区执管的波音707、伊尔18、安24、伊尔14、伊尔12、里2、运5、安2、初教5、初教6等机型皆是民航局调拨的。航空器的所有权和调配权均属民航局。各单位可根据各自所担负的任务性质，有管理、使用和维修的权利。

一、民航成都管理局、西南航空公司的调拨航空器

1985年，民航成都管理局执管有大、中、小型运输机25架皆是民航局调拨的。其中：1983年12月，民航局将北京管理局的2架波音707型飞机调给成都管理局执管，注册标志为B－2408、B－2410；1985年7月又从北京管理局增调1架，注册标志为B－2412；与此同时，又从上海管理局调拨1架，注册标志为B－2402。1987年10月15日，成都管理局实施体制改革，这4架波音707型飞机移交西南航空公司执管。1988年8月，民航局又从北京管理局再调1架波音707型飞机给西南航空公司，注册标志为B－2418。至此，西南航空公司执管的波音707型飞机共5架。波音707是涡轮风扇喷气式飞机，装有美国普惠工厂制造的JT3D－7涡轮风扇发动机，比较涡轮螺旋桨发动机更优越。波音707的速度、载量、座位数及升限均比装有涡轮螺旋桨发动机的伊尔18型飞机更为优越。从1987年开始，成都—拉萨航线改用波音707型飞机担任，商务业务量有了大幅增加。西南航空公司自调进波音707型飞机后，其机队建设进入涡轮喷气式飞机时期。

二、民航飞行学院（校）的调拨航空器

1957年初至1977年底，民航总局先后给十四航校（1987年12月15日该校升格为民航飞院）

调拨飞机194架。为了加强航校教练机队建设，1977年后，民航总局继续从各单位抽调飞机给航校。1978年5月，将民航北京管理局的伊尔14型飞机3架，登记机号为602、617、654；成都管理局的伊尔14型飞机1架，登记机号为620；上海管理局伊尔14型飞机1架，登记机号为608；1979年10月，将民航北京管理局的伊尔12型飞机4架，登记机号为502、503、504、505；1984年将民航成都管理局的伊尔14型飞机1架，登记机号为636；广州管理局的伊尔14型飞机1架，登记机号为656；上海管理局的伊尔14型飞机1架，登记机号为612；1988年将西南航空公司的运5型飞机5架，登记机号为8272、8273、8262、8264、8269；移交给民航飞院执管。1996年12月，西南航空公司将其购置的3架运7－100型飞机无偿转让给民航飞院，作为学院的高级教练机，注册标志为B－3435、B－3436、B－3437。

三、中国国际航空公司西南分公司的调拨航空器

中国国际航空公司西南分公司（以下简称国航西南分公司）成立后，于2004年4月9日中国国际航空公司规划发展部下发《关于确认2004—2005年飞机引进计划的通知》，调拨具备高原性能的空客319－115型飞机5架给国航西南分公司执管。第一架交付日期为2004年7月29日，注册标志：B－6034；第二架交付日期为2004年8月25日，注册标志：B－6035；第三架交付日期为2004年9月11日，注册标志：B－6036；第四架交付日期为2004年9月23日，注册标志：B－6037；第五架交付日期为2004年9月29日，注册标志：B－6038。这5架飞机分别于2004年7月30日、8月27日、9月11日、9月23日、9月30日到达成都双流机场。

四、四川三星通用航空有限责任公司的调拨航空器

四川三星通用航空有限责任公司是民航飞行学院投资创办的甲类通用航空企业，成立于2002年5月18日。公司成立时，民航飞行学院调拨航空器8架由其执管。其中：运7－100型飞机2架，注册标志分别为B－3480、B－3435；夏延ⅢA型飞机2架，注册标志分别为B－3625、B－3626；运5B型飞机2架，注册标志分别为B－8726、B－8727；贝尔206BⅢ型直升机2架，注册标志分别为B－7744、B－7746。

第二节　租　机

中国民航租赁航空器始于20世纪80年代。1980年9月，民航北京管理局利用美国投资减税杠杆，租赁第一架波音747SP型飞机，这是民航使用租赁方式引进的首架飞机。按照这种方式，出租人能享受投资减税诸多利益，租金十分优惠。从此，中国民航凡进口大、中、小型运输机，多数是通过租赁渠道引进的，大大地减轻了资金需求压力。

西南民航首次引进租赁航空器是1985年。为解决民航西南地区运力需求矛盾十分突出的问题，各航空运输企业根据国家对民航引进飞机“贷款贴息”、租赁飞机“减免进口关税”和免征租金予提税以及“中国银行担保”的政策，研究确定采用租赁方法筹集购机资金，发展西南地区民用航空运输事业。其中包括计划内订购大、中型飞机采取的融资性租赁方式和临时增加运力采取的经营性

租赁方式。经民航局批准，通过与国外金融组织、国际飞机租赁公司洽谈，1985—2005 年，民航西南地区以租赁方式先后引进波音 737－300、波音 737－600、波音 737－700、波音 737－800、波音 757－200、波音 767－300、空客 320－232、空客 320－233、空客 321－131、空客 321－200、空客 340－300 等中型、大型和宽体型飞机。

一、民航成都管理局租机

1985 年，民航成都管理局经民航局批准，通过中国银行香港分行，利用日本杠杆租赁的优惠条件，于 1985—1986 年，采用融资性租赁方式，租赁波音 737－300 型飞机 3 架，租期为 15 年。第一架飞机于 1985 年 12 月 15 日出厂，注册标志为 B－2519；第二架飞机于 1986 年 1 月 26 日出厂，注册标志为 B－2521；第三架飞机于 1986 年 2 月 21 日出厂，注册标志为 B－2522。

二、西南航空公司租机

1987 年 10 月 15 日西南航空公司成立后，民航成都管理局租赁的 3 架飞机移交西南航空公司执管。

1991—1994 年，西南航空公司经民航局批准，由中国银行担保，通过爱尔兰 GPA 公司经营性租赁飞机 5 架。其中波音 757－200 型 3 架，租期为 6 年，注册标志为 B－2831、B－2826、B－2827；波音 737－300 型 2 架，租期为 7 年 6 个月，注册标志为 B－2534、B－2595。通过美国 ILFC 公司经营性租赁波音 737－300 型飞机 4 架，租期为 7 年 6 个月，注册标志为 B－2901、B－2902、B－2903、B－2904。通过国外银团贷款，以融资性租赁方式租赁飞机 11 架，租期为 10 年。其中：波音 737－300 型 7 架，注册标志为 B－2537、B－2530、B－2586、B－2590、B－2533、B－2597、B－2599；波音 757－200 型 4 架，注册标志为 B－2820、B－2821、B－2832、B－2836。波音 757－200/B－2836 号飞机于 1994 年 2 月 25 日出厂，是西南航空公司在这时期引进的最后一架飞机。至此，西南航空公司注册的运输飞机共 36 架，缓解了客货需求与运力严重不足的矛盾。

1994—2000 年期间，西南航空公司通过美国、欧洲进出口信贷和国际商业贷款，采用国际融资性租赁方式，引进飞机 17 架。其中，波音 737－300 型 3 架，租期为 10 年，注册标志为 B－2950、B－2951、B－2957；波音 757－200 型 8 架，租期为 12 年，注册标志为 B－2837、B－2839、B－2840、B－2841、B－2844、B－2845、B－2855、B－2856；空客 340－300 型 3 架，租期为 12 年，注册标志为 B－2388、B－2389、B－2390；波音 737－800 型 3 架，租期 12 年，注册标志分别为 B－2509、B－2510、B－2511。波音 737－800 型机是中国民航首次引进的该型飞机。

2001—2003 年期间，西南航空公司通过国家工商银行担保，采用经营性租赁方式，租期 8 年 6 个月，引进飞机 9 架。其中：租赁波音 737－600 型飞机 6 架，注册标志为 B－2155、B－2156、B－2160、B－5023、B－5027、B－5037，于 2001 年 7 月 28 日、2001 年 9 月 4 日、2001 年 9 月 20 日、2003 年 2 月 25 日、2003 年 3 月 25 日、2003 年 4 月 29 日 6 架飞机先后从美国西雅图飞抵成都；租赁波音 737－800 型飞机 3 架，注册标志为 B－2161、B－2673、B－2690，于 2001 年 10 月 25 日、2002 年 5 月 23 日、2002 年 6 月 28 日，3 架飞机先后从美国西雅图飞抵重庆。9 架飞机到达后，西南航空公司机队增至 42 架飞机，旅客座位数达到 7234 个。

2002 年，西南航空公司与国际航空公司重组，成立国航西南公司和国航重庆公司。重组时将原西南航空公司租赁的飞机划拨9架归国航重庆公司执管。其中：融资性租赁的波音737－300型飞机3架，注册标志为B－2950、B－2951、B－2957，融资性租赁的波音737－800型飞机3架，注册标志为B－2509、B－2510、B－2511，经营性租赁的波音737－800型3架，注册标志为B－2161、B－2673、B－2690。西南航空公司其余的租赁飞机，包括波音737－300型11架、波音737－600型6架、波音757－200型13架、空客340－300型3架等共计33架飞机，全部由国航西南公司执管。

三、四川航空公司租机

四川航空公司成立之后，一直使用国产运7选装型飞机以及购置引进的图154M型飞机。1995年，四川航空公司为提高航空市场的竞争能力，通过美国国际金融公司，采用经营性租赁方式，引进空客320－232型飞机3架。第一架飞机于1995年12月27日出厂，注册标志为B－2340；第二架飞机于1996年1月25日出厂，注册标志为B－2341；第三架飞机于1996年2月29日出厂，注册标志为B－2342。1998—1999年，四川航空公司继续采用租赁方式引进飞机4架。其中：通过巴黎国民银行，采用融资性租赁方式，引进空客321－200型飞机1架，注册标志为B－2370；通过法国兴业银行，采用融资性租赁方式，引进空客320－232型飞机2架，注册标志分别为B－2373、B－2393；引进空客321－200型飞机1架，注册标志为B－2371。为了扩大公司机队规模。2003—2004年间，经国家发展改革委和民航总局批准，四川航空公司采用经营性租赁方式，租期5年，引进飞机7架。其中：租赁空客320－232型飞机2架，第一架于1996年2月出厂，2003年3月28日为租赁起始时间，2003年4月1日飞抵成都，注册标志为B－6025；第二架于1996年4月出厂，2003年4月30日为租赁起始时间，2003年4月30日飞抵成都，注册标志为B－6026。租赁空客320－233型飞机3架，第一架于1999年6月28日出厂，2003年9月15日为租赁起始时间，2003年9月16日飞抵成都，注册标志为B－6027；第二架于1998年1月23日出厂，2004年3月13日为租赁起始时间，2004年3月20日飞抵成都，注册标志为B－2348；第三架于1998年11月20日出厂，2004年7月30日为租赁起始时间，2004年7月30日飞抵成都，注册标志为B－6049。租赁空客321－131型飞机2架，第一架于1995年11月出厂，2003年9月19日为租赁起始时间，2003年9月19日飞抵成都，注册标志为B－2286；第二架于1996年出厂，2004年8月28日为租赁起始时间，2004年8月28日飞抵成都，注册标志为B－2293。至2005年，四川航空股份有限公司拥有空客系列飞机16架，是以空客系列型飞机为主体的一支机队。

四、长城航空公司租机

长城航空公司成立于1992年9月1日，基地设在重庆。在公司组建期间，通过中国航空器材公司，以干租方式租赁3年，从美国凯利德钢铁公司赤塔分公司租赁图154M型飞机2架，注册标志为B－2627、B－2628，1992年8月12日飞抵重庆江北机场后投入运营。

第三节　购　机

进入20世纪80年代，随着国民经济建设发展的需求，各单位依靠民航局调拨航空器已不适应形势的需要。1982 年，民航局就贷款和租赁、购置飞机作出规定：由民航局统一管理、统一对外接谈，并要求各地区管理局要租赁、购置飞机，事先都应提出可行性报告，经批准后方可实施。根据这一精神，民航西南地区各航空企事业单位通过各种渠道筹集资金，采用购置方式引进航空器。

一、民航成都管理局购机

20 世纪 80 年代，民航的运力与市场需求严重不足。为缓解这一矛盾，民航成都管理局于 1985 年经民航局批准，用贷款 1.5 亿元向美国波音飞机公司订购波音 737－300 型飞机 1 架。该机于 1986 年 1 月 6 日出厂，注册标志为 B－2520。这是民航成都管理局从国外购进的第一架性能先进的中型客机，主要用于国内干线和香港地区航线。

二、西南航空公司购机

西南航空公司成立后，将原属民航成都管理局的飞机划归西南航空公司执管。西南航空公司根据其执管的伊尔 18 型飞机将陆续到寿的事实，通过民航局，向国家贷款 3 亿元，从原苏联购置图 154M 型飞机 5 架，飞机出厂后调至西南航空公司。第一架于 1988 年 9 月 27 日出厂，注册标志为 B－2615；第二架于 1988 年 12 月 27 日出厂，注册标志为 B－2616；第三架于 1989 年 1 月 15 日出厂，注册标志为 B－2617；第四架于 1989 年于 3 月 15 日出厂，注册标志为 B－2618；第五架于 1990 年 9 月 20 日出厂，注册标志为 B－2622。为了提升重庆飞行大队的整体素质，加强重庆飞行大队的机队建设。经民航局批准，西南航空公司自筹资金，向哈尔滨飞机公司购买运 12 型飞机 4 架。第一架于 1987 年 12 月 11 日出厂，注册标志为 B－3811；第二架于 1988 年 2 月 25 日出厂，注册标志为 B－3812；第三架于 1988 年 3 月 21 日出厂，注册标志为 B－3814；第四架于 1988 年 3 月 29 日出厂，注册标志为 B－3813。运 12 型飞机性能先进，用途广泛，是支线航空运输和通用航空作业比较理想的机型。

西南航空公司为了支持国家航空工业的发展，向西安飞机工业公司购买运 7－100 型飞机 5 架。第一架于 1989 年 4 月 22 日出厂，注册标志为 B－3437；第二架于 1991 年 5 月 27 日出厂，注册标志为 B－3436；第三架于 1991 年 7 月 7 日出厂，注册标志为 B－3435，这 3 架飞机主要承担公司的中型机飞行员飞行技术培训。第四架注册标志 B－3471、第五架注册标志 B－3479，于 1993 年 2 月以原价转让给武汉航空公司。

三、民航飞行学院（校）购机

1984 年 4 月，民航局决定从国外进口直升机，由民航飞行专科学校承担直升机驾驶员的培训，直升机的选型由学校负责。翌年 3 月，学校根据民航局的决定，组织选型考察组赴法国、美国直升机制造厂和使用单位实地考察，在反复论证后，经民航局批准，于 1986 年向美国贝尔公司购买贝尔 206BⅢ 型直升机 6 架，注册标志为 B－7741、B－7742、B－7743、B－7744、B－7745、B－7746，这是学校组织购置的第一批教练机。为了使飞行学生在学校通过初级、高级教练机“两机制”训练后，能基本掌握现代运输机先进机载设备的使用方法，逐步达到商用驾驶员执照附加仪表等级的水平，毕业后在航空公司经过短暂的转机型过渡训练，即可担任运 7、波音 737 等机型的副驾驶，学校于 1987 年经民航局批准，向西安飞机工业公司购买运 7－100 型飞机 3 架，注册标志为 B－3469、

B－3470、B－3480。

1987年1月，国家计委、国家经济委员会（以下简称国家经委）同意民航局从国外选购20—30架单发初级教练机。是年11月，民航局批准学校引进30架单发初级教练机，并明确提出进口飞机的组织实施由学校负责。1987年12月，民航飞行专科学校升格为民航飞行学院后，民航飞院根据民航局的批示，组织考察组，由院领导带队，于1988年1月23日至2月1日，先后到法国、美国有关飞机制造厂、飞行学校考察，在对几种初教机的生产状况、飞机结构、技术性能、销售价格、售后服务、零备件供应和提供技术资料等情况全面了解和认真研究的基础上，经与厂家多轮谈判，最后确定购买法国宇航公司生产的TB－20型飞机28架。这28架TB－20型飞机于是年9月由海运到香港、陆运到深圳，组装后飞抵民航飞院。飞机的注册标志为B－8901至B－8928。1988年4月，国家计委、国家经委批复民航局同意从国外进口5—8架高级教练机。是年10月，根据国家计委、国家经委的批示，民航飞院开始考察美国、德国、法国高教机生产工厂和飞行学校，经与厂家多次商业谈判后，于1989年9月向美国派珀公司订购4架夏延ⅢA型高级教练机，注册标志为B－3621、B－3622、B－3623、B－3624，于1990年7月先后飞抵民航飞院。1992年4月，民航飞院又通过中国民航航材公司与美国派珀公司签订增购2架夏延ⅢA型高教机合同，注册标志为B－3625、B－3626，这2架高教机于翌年2月先后飞抵民航飞院。1993年10月，国家计委批复民航局，同意再进口38架TB－200型、4架TB－20型初教机，根据国家计委的批复，民航飞院又向法国宇航公司订购38架TB－200和4架TB－20型初级教练机。38架TB－200型初教机的注册标志为B－8801至B－8838。4架TB－20型初教机的注册标志为B－8929、B－8930、B－8931、B－8932。法国宇航公司赔偿的TB－20型初教机1架，注册标志为B－8933，也随这批42架飞机于1994年8月至12月先后抵达民航飞院。1997年，经民航总局批准，民航飞院又向石家庄飞机制造厂购买运5B（K）型飞机5架，注册标志分别为B－8726、B－8727、B－8728、B－8729、B－8730。

为实行飞行训练模式改革，民航飞院在组团赴美国、德国对小双发飞机的生产和使用情况进行认真全面考察后，于2000年4月向民航总局提交《关于购置西门诺尔飞机的请示》。2000年6月7日，民航总局批示，同意用自有资金向美国派珀飞机公司购置西门诺尔PA－44－180型飞机12架。飞机分三批交接，第一批3架，于2001年3月19日、3月23日、3月28日先后出厂，2001年5月15日注册，注册标志为B－3591、B－3592、B－3593，2001年5月16日完成飞机交接；第二批5架，于2001年4月19日出厂，2001年6月18日注册，注册标志为B－3594、B－3595、B－3599、B－3601、B－3602，2001年6月11日完成飞机交接；第三批4架，于2001年4月20日、5月24日、6月6日先后出厂，2001年8月10日注册，注册标志为B－3596、B－3597、B－3598、B－3600，2001年8月11日完成飞机交接，投入民航飞院教练飞行。

2000年6月6日，民航总局同意民航飞院将2架贝尔206直升机和5架运5飞机置换成3架施瓦泽300CB直升机和3架赛斯纳172型飞机，资金由学院自行解决。2001年11月14日，中国航空器材进出口公司和美国塞拉飞行学校签订购机合同，购置2架施瓦泽300CB型直升机和1架施瓦泽300C型直升机。2架施瓦泽300BC型直升机的第一架于2002年7月19日出厂，注册标志为B－7200；第二架于2002年7月22日出厂，注册标志为B－7201。1架施瓦泽－300C直升机于2002年7月19日出厂，注册标志为B－7202。此3架直升机于2002年9月10日到达民航飞院的新津机场，并投入使用。

四、四川航空公司购机

四川航空公司成立后，分别向西安飞机公司订购运7选装型飞机5架、向哈尔滨飞机公司订购运12型飞机1架。运12型飞机于1987年12月10日飞抵成都，注册标志为B－3809。运7选装型飞机的第一架、第二架于1987年12月15日抵成都，注册标志分别为B－3497、B－3498；第三架于1988年8月10日飞抵成都、注册标志为B－3496；第四架于1989年12月26日飞抵成都，注册标志为B－3441；第五架于1991年3月11日飞抵成都，注册标志为B－3437。根据运7选装机型几年的运行经验，四川航空公司为了加强机队的建设。经省政府报请国家计委批准，于1991年向原苏联购买图154M型飞机4架，第一架于1991年11月20日出厂，注册标志为B－2624；第二架于1991年12月11日出厂，注册标志为B－2625；第三架于1992年2月18日出厂，注册标志为B－2626；第四架于1992年9月9日出厂，注册标志B－2629。这4架图154M型飞机投入国内干线营运后，公司的经济效益有了明显的提高。2000年8月4日，四川航空公司又从西安飞机工业公司购进MA－60型飞机1架，注册标志为B－3425，用于省内支线航空运输。为了发展支线航空运输，经省政府报请国家计委批准，使用国家贷款，于2000年向巴西航空工业公司购置EMB－145型飞机5架。第一架于2000年9月21日出厂，注册标志为B－3040；第二架于2000年12月6日出厂，注册标志为B－3041；第三架于2000年12月20日出厂，注册标志为B－3042；第四架于2001年2月5日出厂，注册标志为B－3043，第五架于2001年7月24日出厂，注册标志为B－3045。这5架EMB－145型飞机分别于2000年10月1日、12月8日、12月21日和2001年2月7日、8月1日飞抵成都加入支线航线飞行。空客319型飞机是具有高原机场起降性能的先进机型之一，四川航空公司为了支援少数民族地区经济建设，经国家发展改革委和民航总局批准，利用国家贷款，向欧洲空中客车工业公司购置空客319－133型客机2架。第一架于2004年10月29日出厂，注册标志为B－6043，2004年10月30日飞抵成都；第二架于2004年12月8日出厂，注册标志为B－6045，2004年12月9日飞抵成都。

五、长城航空公司购机

1995年3月25日，长城航空公司向中国国际航空公司购买波音737－200型飞机3架，是年4月12日第一架飞机飞抵重庆，注册标志为B－2508；4月23日第二架飞机飞抵重庆，注册标志为B－2506；4月28日第三架飞机飞抵重庆，注册标志为B－2507。

六、华西通用航空有限公司购机

华西通用航空有限公司开始筹建后即自筹资金，向石家庄飞机制造厂购买2架运5B型飞机。第一架于1997年4月14日出厂，注册标志为B－8738，1997年4月25日飞抵成都温江机场。第二架于1997年9月12出厂，注册标志为B－8786，1997年10月14日飞抵成都温江机场。这两架运5B型飞机在华西通用航空有限公司成立的当年就投入通用航空作业飞行。为了加强机队建设，提高高原山区作业能力。2002年，华西通用航空有限公司又向哈尔滨飞机工业公司购进运12型飞机2架。注册标志：第一架为B－3830、第二架为B－3831，两架飞机都于2003年2月17日由哈尔滨飞抵成都。

七、三星通用航空公司购机

三星通用航空公司是隶属于民航飞院领导的通用航空企业。经民航飞院批准，三星通用航空公司向银行贷款，购买哈尔滨飞机制造公司生产的运 12E 型飞机 1 架，注册标志为 B－3840，于 2004 年 5 月 31 日出厂，6 月 1 日由哈尔滨飞抵三星通用航空公司作业基地，执行通用航空作业飞行任务。

第三章　调离　退役　报废

第一节　调　离

20世纪80年代前，西南民航执管的航空器有的是民航总局直接的调离，有的是经民航总局批准，地区管理局之间的调离、地区管理局与飞行学院（校）之间的调离，还有民航与军队、地方部门之间的调离。80年代以后，西南民航执管的航空器有的是航空公司租赁退租而调离，航空公司之间或航空公司与飞行学院（校）之间转让而调离，还有剩余运力对外出售而调离。

一、民航运输公司航空器调离

（一）西南航空公司航空器调离

1988年11月9日，民航局下发民航局函批复西南航空公司，同意“再调拨B－8272、B－8273两架运5飞机，同时将B－8262、B－8264、B－8267三架运5型飞机一并调拨给民航飞行学院”。西南航空公司根据民航局的批复，按时将此5架运5型飞机移交民航飞行学院执管。

1999年2月24日，西南航空公司图154/B－2622号机，执行航班任务由成都飞温州，在温州进近下降时失事。次日，公司其余的4架图154M型飞机（注册标志：B－2615、B－2616、B－2617、B－2618）全部停止飞行，退出航线营运。后经民航总局批准，西南航空公司与俄罗斯布拉格维申斯克航空公司于2001年4月5日签订协议出售这4架飞机。B－2615、B－2618号机与B－2616、B－2617号机分别于是年6月15日、6月22日由成都调机飞向俄罗斯。

西南航空公司采用经营性租赁方式，通过爱尔兰GPA公司租赁的波音757－200型和波音737－300型飞机，至1999年租期相继到期，经民航总局批准后，波音757－200型注册标志为B－2831的飞机于1999年1月退租；注册标志为B－2827的飞机于1999年2月退租。波音737－300型注册标志为B－2534的飞机于2000年3月2日退租；注册标志为B－2595的飞机于2000年4月4日退租。西南航空公司通过美国ILFC公司采用经营性租赁方式租赁的波音737－300型飞机4架，其中3架至2000年租期相继到期，注册标志为B－2901的飞机于2000年8月10日退租、注册标志为B－2902的飞机于2000年11月3日退租、注册标志为B－2904的飞机于2000年12月退租，分别调离西南航空公司。另一架注册标志为B－2903的飞机于2001年3月13日租赁期满，即退租美国ILFC公司。

（二）四川航空公司航空器调离

四川航空公司于1991年购置的4架图154M型飞机，使用了近10年，由于航空器材短缺，川航与俄罗斯INTELLCET技术公司签订4架飞机出售协议，将其出售给俄罗斯INTELLCET技术公司。第一架 B－2626 号机于 2001 年 7 月 31 日调离川航；第二架 B－2629 号机于 2001 年 8 月 10 日调离川航；第三架 B－2625 号机于 2001 年 8 月 22 日调离川航；第四架 B－2624 号机于 2001 年 10 月 23 日调离川航，飞向俄罗斯。

（三）国航西南分公司航空器调离

2004 年 11 月 19 日，国航规划发展部决定将国航西南分公司执管的波音 737－300 型 B－2522 号飞机调给国航培训部训练大队作训练机。国航西南分公司根据这一决定，将其执管的 B737－300 型 B－2522 号机于 2004 年 11 月 29 日由成都调往天津，交给国航培训部训练大队使用。

二、民航飞行学院航空器调离

2000 年 10 月，经民航总局批准，民航飞院将 2 架运 5 型飞机出售给海南亚太通用航空公司，注册标志为 B－8410、B－8428。2001 年 1 月 12 日，根据民航总局的批示，民航飞院将 2 架贝尔－206BⅢ型直升机出售给广州市合统投资有限公司（阳江通用航空公司为使用方），注册标志分别为 B－7742、B－7745。这 2 架直升机于 2001 年 3 月 6 日调离民航飞院。2004 年 11 月 24 日，民航飞院经民航总局同意，将其执管的 2 架运 5 型飞机出售给重庆三峡通用航空公司，注册标志分别为 B－8416、B－8431。

第二节　退　役

航空器的退役原因是多方面的，有的航空器规定使用时间已用完，正常退役；有的航空器使用时间虽未用完，但已超过规定的日历时限，保证大修质量难度大；有的航空器性能差、故障突出，不宜继续飞行，被迫提前退役；还有的航空器机型性能不宜在高原、山区、高温地带飞行而退役。

一、民航成都管理局、西南航空公司航空器退役

1986—2005 年，经民航总局批准，民航成都管理局、西南航空公司执管的航空器有 20 架退役，见表 3－1。

1986—2005 年民航成都管理局、西南航空公司历年航空器退役统计表

表 3－1　　单位：架

序号	机　型	机　号	飞行时间	批准单位	退　役　时　间	备　注
1	运 5	8269	7485 小时	民航局	1986 年 9 月 4 日	
2	伊尔 18	206	18521 小时	民航局	1986 年 9 月 5 日	
3	运 5	8260	8320 小时	民航局	1987 年 2 月 25 日	赠给宋庆龄基金会
4	运 5	8261	—	民航局	1987 年 5 月 7 日	
5	运 5	8271	7962 小时	民航局计划司	1987 年 8 月 25 日	
6	伊尔 18	216	第三次大修后飞行 5016 小时	民航局	1987 年 9 月 11 日	民航局批示：到大修寿命，不再送修

续表 3－1

序号	机 型	机 号	飞行时间	批准单位	退 役 时 间	备 注
7	运 5	8266	—	民航局	1987 年 12 月 11 日	
8	伊尔 18	210	—	民航局	1988 年 1 月 18 日	第四次大修寿命已到，民航局批示：报废
9	伊尔 14	609	20216 小时	民航局	1988 年 2 月 3 日	
10	伊尔 14	605	22352 小时	民航局	1988 年 3 月 19 日	
11	伊尔 18	214	19958 小时 30 分	民航局	1988 年 6 月 2 日	
12	安 24	3419	—	民航局	1992 年 7 月 28 日宣布退役	飞机老旧性能差，云南省局于 1990 年 7 月封存
13	安 24	3421	—	民航局	1992 年 7 月 28 日宣布退役	飞机老旧性能差，云南省局于 1990 年 7 月封存
14	安 24	3404	—	民航总局	1993 年 11 月宣布退役	飞机老旧故障多，西南航于 1991 年封存
15	安 24	3410	—	民航总局	1993 年 11 月宣布退役	飞机老旧故障多，西南航于 1991 年封存
16	安 24	3420	—	民航总局	1993 年 11 月宣布退役	飞机老旧故障多，西南航于 1991 年封存
17	波音 707	2408	—	民航总局	1993 年 4 月停飞待售	1994 年出售给外国航空公司
18	波音 707	2412	—	民航总局	1993 年 4 月停飞待售	1994 年出售给外国航空公司
19	波音 707	2418	—	民航总局	1993 年 4 月停飞待售	1994 年出售给外国航空公司
20	波音 707	2410	—	民航总局	1993 年大修改作货机；1996 年 10 月停飞待售	1998 年出售给外国航空公司

说明：本表根据《中国民用航空志·西南地区卷》编制

二、民航飞行学院航空器退役

1986—2005 年，民航飞院有 65 架航空器退役。这 65 架航空器中，有伊尔 12 型飞机 1 架、伊尔 14 型飞机 7 架、运 5 型飞机 55 架、运 7－100 型飞机 2 架，见表 3－2。

1986—2005 年民航飞行学院历年航空器退役统计表

表 3－2　　单位：架

序号	机 型	机 号	飞行时间	批准退役时间	备 注
1	伊尔 12	505	—	1986 年	退役
2	伊尔 14	608	—	1987 年	退役
3	伊尔 14	654	—	1987 年	退役
4	运 5	8105	—	1988 年 2 月	退役
5	运 5	8207	—	1988 年 9 月	退役
6	伊尔 14	612	27310 小时	1989 年 2 月	退役
7	伊尔 14	656	25680 小时	1989 年 2 月	退役
8	运 5	8435	6074 小时	1989 年 2 月	退役
9	运 5	8220	6065 小时	1989 年 2 月	退役
10	伊尔 14	636	27197 小时	1989 年 7 月	退役

续表 3-2

序号	机　型	机　号	飞行时间	批准退役时间	备　注
11	伊尔 14	617	20636 小时	1989 年 7 月	退役
12	运 5	8386	7050 小时 11 分	1989 年 11 月	退役
13	运 5	8175	7116 小时 49 分	1989 年 11 月	退役
14	运 5	8264	7922 小时 26 分	1989 年 11 月	退役
15	运 5	8401	7260 小时 39 分	1989 年 11 月	退役
16	运 5	8406	7077 小时 1 分	1989 年 11 月	退役
17	运 5	8421	7020 小时 44 分	1989 年 11 月	退役
18	运 5	8411	6522 小时 05 分	1989 年 11 月	退役
19	运 5	8088	7220 小时 34 分	1989 年 11 月	退役
20	运 5	8429	7397 小时 21 分	1989 年 11 月	退役
21	运 5	8414	5445 小时 14 分	1989 年 11 月	退役
22	运 5	8108	8631 小时 42 分	1989 年 11 月	退役
23	运 5	8388	6697 小时 43 分	1989 年 11 月	退役
24	运 5	8396	6800 小时 11 分	1989 年 11 月	退役
25	运 5	8407	6975 小时 27 分	1989 年 11 月	退役
26	运 5	8206	8109 小时 42 分	1989 年 11 月	退役
27	运 5	8427	6846 小时 52 分	1989 年 11 月	退役
28	运 5	8384	6879 小时 58 分	1989 年 11 月	退役
29	运 5	8402	7056 小时 37 分	1989 年 11 月	退役
30	运 5	8390	6792 小时 18 分	1991 年 11 月	退役
31	运 5	8425	6799 小时 25 分	1991 年 11 月	退役
32	运 5	8430	6847 小时 10 分	1991 年 11 月	退役
33	运 5	8385	6700 小时 49 分	1991 年 11 月	退役
34	运 5	8408	6921 小时 36 分	1991 年 11 月	退役
35	运 5	8217	7627 小时 06 分	1991 年 11 月	退役
36	运 5	8400	7485 小时 31 分	1991 年 11 月	退役
37	运 5	8432	6980 小时 02 分	1991 年 11 月	退役
38	运 5	8387	6910 小时 42 分	1991 年 11 月	退役
39	运 5	8409	6809 小时 31 分	1991 年 11 月	退役
40	运 5	8381	6500 小时 39 分	1991 年 11 月	退役
41	运 5	8380	7729 小时 08 分	1991 年 11 月	退役
42	运 5	8391	7497 小时 59 分	1991 年 11 月	退役
43	运 5	8403	6788 小时 53 分	1991 年 11 月	退役
44	运 5	8426	7451 小时 19 分	1991 年 11 月	退役
45	运 5	8405	6824 小时 15 分	1991 年 11 月	退役
46	运 5	8433	7012 小时 07 分	1991 年 11 月	退役

续表 3－2

序号	机　型	机　号	飞行时间	批准退役时间	备　注
47	运 5	8395	6601 小时 27 分	1992 年 4 月	退役
48	运 5	8415	6412 小时 00 分	1992 年 4 月	退役
49	运 5	8267	7591 小时 39 分	1992 年 4 月	退役
50	运 5	8394	7003 小时 40 分	1992 年 4 月	退役
51	运 5	8399	6866 小时 16 分	1992 年 4 月	退役
52	运 5	8211	7212 小时 24 分	1992 年 4 月	退役
53	运 5	8262	8055 小时 16 分	1992 年 4 月	退役
54	运 5	8392	6429 小时 15 分	1992 年 4 月	退役
55	伊尔 14	602	22256 小时	1992 年 4 月	退役
56	运 5	8413	7092 小时 10 分	1993 年 7 月	退役
57	运 5	8419	6819 小时 20 分	1993 年 7 月	退役
58	运 5	8424	7754 小时 44 分	1993 年 7 月	退役
59	运 5	8434	7088 小时 44 分	1993 年 7 月	退役
60	运 5	8414	9063 小时 52 分	1998 年 1 月	退役
61	运 5	8422	9273 小时 02 分	1998 年 1 月	退役
62	运 5	8438	7508 小时 15 分	1998 年 1 月	退役
63	运 5	8439	7683 小时 24 分	1999 年 11 月	退役
64	运 7－100	3436	8682 小时 30 分	2002 年 7 月	退役
65	运 7－100	3487	—	2002 年 7 月	退役后，作科普教育使用

说明：本表根据《中国民用航空志·西南地区卷》编制

三、四川航空公司航空器退役

四川航空公司执管的 5 架运 7 选装型飞机，第一架 B－3497 号机于 1997 年 12 月 15 日退役，第二架 B－3496 号机于 1998 年 10 月 12 日退役，第三架 B－3441 号机于 1999 年 11 月 28 日退役，第四架 B－3437 号机于 2000 年 3 月 31 日退役，第五架 B－3498 号机于 2000 年 6 月 29 日退役。

第三节　报　废

民用航空器的报废，主要是航空器退役后的报废和航空器发生事故后的报废。1985—2005 年，四川地区先后发生航空器报废的事故 9 起，见表 3－3。

1985—2005 年民航四川地区执管的航空器历年报废统计表

表 3－3　　单位：架

序号	机　型	机　号	执管单位	报废时间	事故等级	备　注
1	运 5	8423	民航飞行专科学校	1985 年 11 月 8 日	三等飞行事故	
2	伊尔 18	222	西南航空公司	1988 年 1 月 18 日	一等飞行事故	
3	贝尔 206BⅢ	7743	民航飞行学院	1988 年 12 月 19 日	一等飞行事故	
4	TB－20	8914	民航飞行学院	1989 年 9 月 28 日	一等飞行事故	
5	波音 707	2402	西南航空公司	1990 年 10 月 2 日	其他特殊事故	该机停在广州机坪被另一遭劫飞机撞坏，报废
6	夏延ⅢA	3624	民航飞行学院	1995 年 3 月 23 日	重大飞行事故	
7	图 154M	2622	西南航空公司	1999 年 2 月 24 日	特大飞行事故	
8	TB－20	8908	民航飞行学院	2000 年 4 月 3 日	一般飞行事故	
9	TB－20	8830	民航飞行学院	2004 年 6 月 29 日	重大飞行事故	

说明：本表根据《中国民用航空志·西南地区卷》编制

第四章　数　量

20 世纪 80—90 年代，西南民航陆续从美国、欧洲国家引进各类航空器，使航空器机队不但拥有世界先进水平的重型、大型、中型、小型和宽体客机，而且还有一流水平的初级教练机和高级教练机。至 2005 年末，四川地区民航有各型航空器 190 架，分别是：各运输航空公司拥有各类航空器共 81 架，其中国航西南分公司 40 架，四川航空股份公司 38 架，鹰联航空公司 3 架；各通用航空公司拥有各类航空器 5 架，其中华西通用航空公司 2 架，三星通用航空公司 3 架；民航飞院拥有各类教练机 104 架。

第一节　民航成都管理局航空器数量

1980 年，民航成都管理局执管的各型飞机共 30 架。其中安 24 和伊尔 18 型飞机均为涡轮螺旋桨型飞机。涡轮螺旋桨型飞机的各项性能都较活塞螺旋桨型飞机优越，且载客量也大得多。随着安 24 和伊尔 18 型飞机投入航线营运，成都管理局的各项生产技术经济指标都达到新的水平。

为适应改革开放形势的需要，20 世纪 80 年代中期，民航局又调拨 4 架波音 707 型远程客机，从而使民航成都管理局进入了执管涡轮风扇型飞机的时期。由于原有的伊尔 14、里 2、运 5 型飞机使用寿命相继到期，到寿的飞机不宜继续执行飞行任务，为此，经民航局批准，成都管理局引进了 6 架波音 737 - 300 型飞机，此后又计划购进国产运 7 - 100 和运 12 型飞机，逐步替代将要到寿的飞机。波音 737 - 300 型飞机也是涡轮风扇运输机，涡轮风扇型飞机具有性能好、速度快、耗油省、载量大、安全舒适、运行成本低等特点。1 架波音 737 - 300 型的载客量相当于 5 架伊尔 14 或 6 架里 2 型飞机的载客量。波音 707 和波音 737 - 300 型飞机投入运行后，成都管理局的机队已向大型运输机机群过渡。1987 年 10 月 15 日，成都管理局实施体改时有各型飞机 23 架，其中安 24 型 2 架划归民航云南省局，波音 737 - 300 型 2 架和其余的 19 架飞机全部移交给新成立的西南航空公司执管，见表 3 - 4。

1980—1987 年民航成都管理局历年末航空器数量统计表

表 3－4 单位：架

年份	飞机数量									备注
	总架数	波音707	波音737－300	伊尔18	安24	伊尔14	里2	运5	运12	
1980	30	—	—	5	5	6	3	11	—	安24 型484 号机在长沙失事
1981	29	—	—	5	5	5	3	11	—	伊尔14 型638 号机调内蒙古自治区管理局
1982	27	—	—	5	5	5	1	11	—	里2 型 329 号机赠四川省航空协会；里2 型310 号机报废
1983	26	2	—	5	5	3	—	11	—	
1984	25	2	—	5	5	2	—	11	—	
1985	28	4	2	5	5	2	—	10	—	
1986	30	4	6	4	5	2	—	9	—	
1987	23	4	6	1	5	1	—	5	1	

说明：本表根据《中国民用航空志·西南地区卷》编制，表中数据只统计民航运输和通用航空飞行的飞机，民航飞行学院的教练机、训练机未统计在内

第二节 航空公司航空器数量

1988 年，西南航空公司和四川航空公司共有运输航空和通用航空的航空器21 架。从20 世纪90 年代开始，为适应航空运输市场发展的需要，各航空公司不断引进航空器，至1995 年末，西南航空公司和四川航空公司执管的航空器增加到58 架。从20 世纪90 年代中期开始，多数运输航空公司又对其执管的飞机进行更新换代，相继从美国波音公司、欧洲空中客车工业公司陆续引进国际上先进的重型、大型、中型、小型运输机，逐步替代苏制图154 和国产运7 型飞机。至2005 年，四川地区运输航空和通用航空的航空器数量共86 架，是1988 年的4.09 倍。其中：国航西南分公司40 架、川航股份公司38 架、鹰联航空公司3 架、华西通用航空公司2 架、三星通用航空公司3 架，见表3－5、表3－6。

1988—2004 年四川地区各航空公司历年年末航空器数量统计表

表 3－5　　　　单位：架

年份	航空公司名称	飞机数量																				
		波音 707	波音 737－200	波音 737－300	波音 737－600	波音 737－700	波音 737－800	波音 757－200	空客 340－300	空客 319－115	空客 319－133	空客 320－232	空客 321－200	EMB－145	CRJ－200	图 154	安 24	运 7	运 12	MA－60	运 5B	合计
1988	西南航空公司	5	—	4	—	—	—	—	—	—	—	—	—	—	—	1	3	—	4	—	—	17
	四川航空公司	—	—	—	—	—	—	—	—	—	—	—	—	—	—	—	—	3	1	—	—	4
	总计	5	—	4	—	—	—	—	—	—	—	—	—	—	—	1	3	3	5	—	—	21
1989	西南航空公司	5	—	4	—	—	—	—	—	—	—	—	—	—	—	4	3	1	4	—	—	21
	四川航空公司	—	—	—	—	—	—	—	—	—	—	—	—	—	—	—	—	4	1	—	—	5
	总计	5	—	4	—	—	—	—	—	—	—	—	—	—	—	4	3	5	5	—	—	26
1990	西南航空公司	4	—	4	—	—	—	—	—	—	—	—	—	—	—	5	3	1	4	—	—	21
	四川航空公司	—	—	—	—	—	—	—	—	—	—	—	—	—	—	—	—	4	1	—	—	5
	总计	4	—	4	—	—	—	—	—	—	—	—	—	—	—	5	3	5	5	—	—	26
1991	西南航空公司	4	—	6	—	—	—	—	—	—	—	—	—	—	—	5	3	3	4	—	—	25
	四川航空公司	—	—	—	—	—	—	—	—	—	—	—	—	—	—	2	—	5	—	—	—	7
	总计	4	—	6	—	—	—	—	—	—	—	—	—	—	—	7	3	8	4	—	—	32
1992	西南航空公司	4	—	11	—	—	—	5	—	—	—	—	—	—	—	5	3	3	—	—	—	31
	四川航空公司	—	—	—	—	—	—	—	—	—	—	—	—	—	—	4	—	5	—	—	—	9
	长城航空公司	—	—	—	—	—	—	—	—	—	—	—	—	—	—	2	—	—	—	—	—	2
	总计	4	—	11	—	—	—	5	—	—	—	—	—	—	—	11	3	8	—	—	—	42
1993	西南航空公司	4	—	17	—	—	—	6	—	—	—	—	—	—	—	5	—	3	—	—	—	35
	四川航空公司	—	—	—	—	—	—	—	—	—	—	—	—	—	—	5	—	5	—	—	—	10
	长城航空公司	—	—	—	—	—	—	—	—	—	—	—	—	—	—	2	—	—	—	—	—	2
	总计	4	—	17	—	—	—	6	—	—	—	—	—	—	—	12	—	8	—	—	—	47

续表 3-5

年份	航空公司名称	飞机数量																				
		波音707	波音737-200	波音737-300	波音737-600	波音737-700	波音737-800	波音757-200	空客340-300	空客319-115	空客319-133	空客320-232	空客321-200	EMB-145	CRJ-200	图154	安24	运7	运12	MA-60	运5B	合计
1994	西南航空公司	1	—	18	—	—	—	11	—	—	—	—	—	—	—	5	—	3	—	—	—	38
	四川航空公司	—	—	—	—	—	—	—	—	—	—	—	—	—	—	6	—	5	—	—	—	11
	长城航空公司	—	—	—	—	—	—	—	—	—	—	—	—	—	—	2	—	—	—	—	—	2
	总计	1	—	18	—	—	—	11	—	—	—	—	—	—	—	13	—	8	—	—	—	51
1995	西南航空公司	1	—	20	—	—	—	13	—	—	—	—	—	—	5	—	3	—	—	—	—	42
	四川航空公司	—	—	—	—	—	—	—	—	—	—	1	—	—	—	6	—	5	—	—	—	12
	长城航空公司	—	2	—	—	—	—	—	—	—	—	—	—	—	—	2	—	—	—	—	—	4
	总计	1	2	20	—	—	—	13	—	—	—	1	—	—	5	8	3	5	—	—	—	58
1996	西南航空公司	1	—	20	—	—	—	13	—	—	—	—	—	—	—	5	—	—	—	—	—	39
	四川航空公司	—	—	—	—	—	—	—	—	—	—	3	—	—	—	5	—	5	—	—	—	13
	长城航空公司	—	2	—	—	—	—	—	—	—	—	—	—	—	—	2	—	—	—	—	—	4
	总计	1	2	20	—	—	—	13	—	—	—	3	—	—	—	12	—	5	—	—	—	56
1997	西南航空公司	1	—	20	—	—	—	15	—	—	—	—	—	—	—	5	—	—	—	—	—	41
	四川航空公司	—	—	—	—	—	—	—	—	—	—	3	—	—	—	4	4	—	—	—	—	11
	华西通用航空公司	—	—	—	—	—	—	—	—	—	—	—	—	—	—	—	—	—	—	—	2	2
	总计	1	—	20	—	—	—	15	—	—	—	3	—	—	—	9	4	—	—	—	2	54
1998	西南航空公司	—	—	20	—	—	—	15	2	—	—	—	—	—	—	5	—	—	—	—	—	42
	四川航空公司	—	—	—	—	—	—	—	—	—	—	4	2	—	—	4	—	3	—	—	—	13
	华西通用航空公司	—	—	—	—	—	—	—	—	—	—	—	—	—	—	—	—	—	2	2	—	4
	总计	—	—	20	—	—	—	15	2	—	—	4	2	—	—	9	—	3	2	2	—	59
1999	西南航空公司	—	—	20	—	—	1	13	3	—	—	—	—	—	—	4	—	—	—	—	—	41
	四川航空公司	—	—	—	—	—	—	—	—	—	—	5	2	—	—	4	—	2	—	—	—	13
	华西通用航空公司	—	—	—	—	—	—	—	—	—	—	—	—	—	—	—	—	—	—	—	2	2
	总计	—	—	20	—	—	1	13	3	—	—	5	2	—	—	8	—	2	—	—	2	56

续表 3－5

年份	航空公司名称	飞机数量																				
		波音737－300	波音737－600	波音737－700	波音737－800	波音757－200	空客340－300	空客319－115	空客319－133	空客320－232	空客320－233	空客321－131	空客321－200	EMB－145	图154	夏延ⅢA	运7	运12	MA－60	运5	直升机	合计
2000	西南航空公司	15	—	—	3	13	3	—	—	—	—	—	—	—	4	—	—	—	—	—	—	38
	四川航空公司	—	—	—	—	—	—	—	—	5	—	—	2	3	4	—	—	—	1	—	—	15
	华西通用航空公司	—	—	—	—	—	—	—	—	—	—	—	—	—	—	—	—	—	—	2	—	2
	总计	15	—	—	3	13	3	—	—	5	—	—	2	3	8	—	—	—	1	2	—	55
2001	西南航空公司	14	3	4	—	13	3	—	—	—	—	—	—	—	—	—	—	—	—	—	—	37
	四川航空公司	—	—	—	—	—	—	—	—	5	—	—	2	5	—	—	—	—	1	—	—	13
	华西通用航空公司	—	—	—	—	—	—	—	—	—	—	—	—	—	—	—	—	—	—	2	—	2
	总计	14	3	4	—	13	3	—	—	5	—	—	2	5	—	—	—	—	1	2	—	52
2002	西南航空公司	14	3	—	6	13	3	—	—	—	—	—	—	—	—	—	—	—	—	—	—	39
	四川航空公司	—	—	—	—	—	—	—	—	5	—	—	2	5	—	—	—	—	1	—	—	13
	华西通用航空公司	—	—	—	—	—	—	—	—	—	—	—	—	—	—	—	—	—	—	2	—	2
	三星通用航空公司	—	—	—	—	—	—	—	—	—	—	—	—	—	—	2	2	—	—	2	2	8
	总计	14	3	—	6	13	3	—	—	5	—	—	2	5	—	2	2	—	1	4	2	62
2003	国航西南分公司	11	6	—	—	13	3	—	—	—	—	—	—	—	—	—	—	—	—	—	—	33
	四川航空股份公司	—	—	—	—	—	—	—	—	7	1	1	2	5	—	—	—	—	1	—	—	17
	华西通用航空公司	—	—	—	—	—	—	—	—	—	—	—	—	—	—	—	—	2	—	2	—	4
	三星通用航空公司	—	—	—	—	—	—	—	—	—	—	—	—	—	—	2	2	—	—	2	2	8
	总计	11	6	—	—	13	3	—	—	7	1	1	2	5	—	2	2	2	1	4	2	62
2004	国航西南分公司	10	—	—	6	13	3	5	—	—	—	—	—	—	—	—	—	—	—	—	—	37
	四川航空股份公司	—	—	—	—	—	—	—	2	7	3	2	2	5	—	—	—	—	1	—	—	22
	华西通用航空公司	—	—	—	—	—	—	—	—	—	—	—	—	—	—	—	—	2	—	2	—	4
	三星通用航空公司	—	—	—	—	—	—	—	—	—	—	—	—	—	—	2	2	1	—	2	2	9
	总计	10	—	—	6	13	3	5	2	7	3	2	2	5	—	2	2	3	1	4	2	72

2005 年四川地区各航空公司各型航空器数量统计表

表 3 - 6　　　　单位：架

航空公司名称	波音 737	波音 757	空客 340	空客 319	空客 320	空客 321	EMB145	夏延	运 5	运 12	合计
国航西南分公司	24	13	3	—	—	—	—	—	—	—	40
川航股份公司	—	—	—	13	14	6	5	—	—	—	38
鹰联航空公司	—	—	—	—	3	—	—	—	—	—	3
华西通用航空公司	—	—	—	—	—	—	—	—	2	—	2
三星通用航空公司	—	—	—	—	—	—	—	2	—	1	3
合　计	24	13	3	13	17	6	5	2	2	1	86

说明：本表根据民航西南地区管理局适航维修处提供资料编制

第三节　中国民用航空飞行学院（校）航空器数量

1980 年末，民航飞行专科学校有教练机 70 架。为了提高飞行教育质量，以适应民航事业的发展，20 世纪 80 年代经国家计委、国家经委批准，民航局又投入大量资金，先后为民航飞行学院（校）从外国引进直升机，培养直升机驾驶员，引进先进的高级教练机和初级教练机，使飞行学生毕业后可直接改装执飞波音 737 及其同级机型。这样，教练机数量也有大幅增加，1989 年末，民航飞院执管的教练机已有 117 架。此后，随着伊尔 14、运 5 等机型相继退役，教练机总体数量也随之减少，1991 年仅 52 架。1992 年开始逐年增加，到 2005 年，民航飞院执管的各型教练机共 104 架，见表 3 - 7、表 3 - 8、表 3 - 9。

1986—2000 年民航飞行学院（校）历年末航空器数量统计表

表 3 - 7　　　　单位：架

机型 / 单位 / 名称 / 数量 / 年份	运 5				伊尔 14	伊尔 12	运 7		TB - 20			TB - 200			贝尔 206	夏延 ⅢA	合计
	新津分院	广汉分院	洛阳分院	绵阳分院	洛阳分院	洛阳分院	广汉分院	洛阳分院	新津分院	洛阳分院	绵阳分院	新津分院	洛阳分院	绵阳分院	新津分院	广汉分院	
1986	14	22	3	23	7	1	—	—	—	—	—	—	—	—	6	—	76
1987	14	22	4	22	5	—	—	2	—	—	—	—	—	—	6	—	75
1988	13	22	11	20	3	—	—	3	—	12	—	—	—	16	5	—	105
1989	19	22	18	22	1	—	—	3	—	12	15	—	—	—	5	—	117
1990	36	11	17	1	—	—	3	—	12	15	—	—	—	5	4	—	104
1991	13	—	—	—	—	—	—	3	—	12	15	—	—	—	5	4	52
1992	13	—	—	—	—	—	—	3	—	12	15	—	—	—	5	5	53
1993	13	—	—	—	—	—	—	3	—	12	15	—	—	—	5	6	54
1994	13	—	—	—	—	—	2	1	5	12	15	11	16	11	5	6	97

续表 3－7

机型 / 单位 / 名称 / 数量 / 年份	运 5				伊尔14	伊尔12	运 7		TB－20			TB－200			贝尔206	夏延ⅢA	合计
	新津分院	广汉分院	洛阳分院	绵阳分院	洛阳分院	洛阳分院	广汉分院	洛阳分院	新津分院	洛阳分院	绵阳分院	新津分院	洛阳分院	绵阳分院	新津分院	广汉分院	
1995	13	—	—	—	—	—	2	1	5	12	15	11	16	11	5	5	96
1996	13	—	—	—	—	—	3	3	5	12	15	11	16	11	5	5	99
1997	15	—	—	—	—	—	3	3	5	12	15	11	16	11	5	5	101
1998	15	—	—	—	—	—	3	3	5	12	15	11	16	11	5	5	101
1999	14	—	—	—	—	—	3	3	5	12	15	11	16	11	5	5	100
2000	12	—	—	—	—	—	3	3	7	12	12	12	15	11	5	5	97

说明：本表根据《中国民用航空志·西南地区卷》编制

2001—2004 年民航飞行学院历年末航空器数量统计表

表 3－8　　单位：架

机型 / 单位 / 名称 / 数量 / 年份	运 5	运 5 B（K）		TB－20			TB－200			运 7－100			夏延ⅢA		贝尔206BⅢ		PA－44－180		施瓦泽300C	施瓦泽300CB	合计
	新津分院	广汉分院	三星通航	新津分院	洛阳分院	绵阳分院	新津分院	洛阳分院	绵阳分院	广汉分院	三星公司	洛阳分院	广汉分院	三星公司	新津分院	三星公司	广汉分院	洛阳分院	新津分院	新津分院	
2001	7	5	—	7	11	13	12	15	11	3	—	3	5	3	—	3	—	—	—	—	98
2002	7	3	2	7	11	13	12	15	11	1	2	1	3	2	1	2	7	5	1	2	108
2003	7	3	2	7	11	13	12	15	11	1	2	1	3	2	1	2	7	5	1	2	108
2004	5	3	2	7	11	13	12	15	10	1	2	1	3	2	1	2	7	5	1	2	105

说明：本表根据《中国民用航空志·西南地区卷》编制

2005 年民航飞行学院各型航空器数量统计表

表 3－9　　单位：架

航空器名称	TB－20	TB－200	运 5	贝尔	夏延	桨状	施瓦泽	MA60	运 7	合计
数量	31	37	10	3	3	12	3	1	4	104

说明：本表根据民航西南地区管理局适航维修处提供资料编制

第四篇　空勤队伍

民用航空的空勤队伍，通常是飞行队伍、乘务队伍、空保队伍的统称。空勤队伍是民航第一生产力，飞行队伍又是空勤队伍的主体，直接关系民航的安全生产、服务质量、飞行正常和经济效益的提高。加强空勤队伍建设、提高空勤队伍素质是民航各航空企事业单位经常性的重要工作之一。

1986 年，民航成都管理局执管的民航第七飞行大队和民航第十七飞行大队驻四川省境内，其中第十七飞行大队由民航四川省局代管。1987 年 10 月 15 日，民航实施管理体制改革，成立西南航空公司，民航第七飞行大队和第十七飞行大队划归西南航空公司，空勤队伍属西南航空公司领导。民航飞行学院、四川航空公司、长城航空公司和后来成立的华西通用航空公司、三星通用航空公司、鹰联航空有限公司，先后分别组建空勤队伍。

第一章　队伍组建

第一节　飞行队伍

一、民航成都管理局飞行队伍

飞行队伍由飞行员（机长、副驾驶）、飞行领航员、飞行通信员、飞行机械员组成。

1986年，民航成都管理局执管民航第七飞行大队和民航第十七飞行大队，其中第十七飞行大队由民航四川省局代管。1987年10月15日，民航实施管理体制改革，成立西南航空公司，民航第七飞行大队和第十七飞行大队划归西南航空公司。

二、西南航空公司飞行队伍

西南航空公司成立后，民航第七飞行大队和第十七飞行大队划归西南航空公司，第七飞行大队更名为成都飞行大队，第十七飞行大队更名为重庆飞行大队。1990年12月26日，西南航空公司重庆分公司成立，重庆飞行大队名称不变，隶属西南航空公司重庆分公司建制。随着通用航空器陆续退役，运输航空器不断引进，重庆飞行大队逐步向运输飞行大队过渡。至1992年11月26日，从事通用航空的最后4架飞机调离时，重庆飞行大队正式成为运输飞行大队。

1993年3月3日，西南航空公司重庆分公司升格为西南航空重庆公司，重庆飞行大队改属西南航空重庆公司建制。1993年10月13日，成都飞行大队更名为成都飞行部，其隶属关系不变。飞行部下辖2个飞行大队，飞行1大队设3个飞行中队，飞行2大队设2个飞行中队。1995年3月29日，成都飞行部又撤销飞行大队建制，5个飞行中队由飞行部直接领导。1996年12月9日，成都飞行部的5个飞行中队扩编为6个飞行中队。以后，又成立了第七飞行中队。西南航空公司和国际航空公司重组后，2002年10月30日，国际航空西南公司在成都成立，成都飞行部隶属国航西南公司建制。2004年9月30日，国航西南公司改制为国航股份西南分公司，成都飞行部隶属于国航股份西南分公司建制，共有9个飞行中队。

三、民航飞行学院（校）飞行队伍

1980年3月，根据国务院、中央军委《关于民航体制若干问题的决定》，十四航校被列为全国大专院校系列，同年10月正式更名为民航飞行专科学校，并按照原有4个飞行训练团的序列，分别成立第一、第二、第三、第四分校。1987年12月15日，民航飞行专科学校升格为民航飞行学院。

根据2000年12月的《民航飞行学院机构设置》，民航飞院下设新津、广汉、洛阳、绵阳4个分院，每个分院将原飞行大队改为飞行训练部（升格处级）。2004年10月25日，各分院取消飞行训练部，恢复飞行大队建制（处级）。即：新津分院飞行训练一部、二部更名为飞行一大队和飞行二大队；广汉分院飞行训练一部、二部更名为飞行三大队和飞行四大队；洛阳分院飞行训练一部、二部、三部更名为飞行五大队、飞行六大队和飞行九大队；绵阳分院飞行一部、二部更名为飞行七大队、飞行八大队。

四、四川航空公司飞行队伍

四川航空公司的飞行大队于1987年11月12日成立，隶属于公司建制，由公司直接领导。1991年，飞行大队扩编为2个飞行中队。1995年1月飞行大队更名为飞行部。1996年1月22日，飞行部的2个飞行中队改编为3个飞行队。1998年1月1日，飞行部更名为飞航部。1999年9月20日，飞航部的3个飞行队扩编为4个飞行队。2001年1月1日，飞航部又更名为飞行部。2005年，四川航空股份有限公司飞行部下辖5个飞行中队。

五、通用航空公司飞行队伍

1998年3月2日，华西通用航空公司成立。2002年5月18日，三星通用航空公司成立。两个通用航空公司成立时均设立了飞行队，执行西南地区乃至全国的通用航空飞行任务。

六、其他航空运输公司飞行队伍

1992年7月21日，长城航空公司正式成立。2004年4月17日，鹰联航空有限公司正式成立。这两个航空公司均设立了飞行队，执行民用航空飞行任务。

第二节 乘务队伍

一、民航成都管理局乘务队伍

民航成都管理局乘务队隶属于飞行大队建制。随着民航成都管理局执管飞机增加和机型更新，乘务队伍也相应扩大。据1986年5月6日民航成都管理局空勤人员统计，民航成都管理局执管的第七飞行大队共有乘务人员88名。1987年10月15日，民航实施管理体制改革，成立西南航空公司，原民航成都管理局空勤人员划归西南航空公司。

二、西南航空公司乘务队伍

（一）西南航空公司成都飞行大队乘务队伍

西南航空公司成立后，原民航成都管理局乘务队更名为成都飞行大队乘务队。1993年10月16日，成都飞行大队改名成都飞行部时，乘务队扩编为乘务大队，下辖3个乘务中队，仍隶属于成都飞行部领导。1994年3月，乘务大队的3个乘务中队扩编为4个乘务中队，从成都飞行部剥离，升格为部门级，更名为成都乘务部，由西南航空公司实施领导和管理。2000 年，成都乘务部的 4 个乘务中队扩编为 5 个乘务中队，其隶属关系不变。西南航空公司和国际航空公司重组后，2002 年 10 月 30 日，国际航空西南公司成立，成都乘务部隶属于国航西南公司。2004 年 9 月 30 日，国航西南公司改制为国航股份西南分公司，成都乘务部隶属于国航股份西南分公司。至 2005 年，成都乘务部下辖 1 个乘务培训中心、5 个乘务中队，有乘务人员 756 名。

（二）西南航空公司重庆飞行大队乘务队伍

1988 年 2 月 26 日，西南航空公司下发《关于公布重庆飞行大队机构设置及队直机关编制定员标准的通知》（以下简称《通知》）。该《通知》明确重庆飞行大队内部设置乘务分队。5 月，西南航空公司从成都飞行大队调 2 名乘务员赴重庆飞行大队任职，并参与筹建乘务队伍工作。根据乘务员录用标准，重庆飞行大队在重庆市高中毕业生中选拔、招收乘务人员 12 名，当年 10 月乘务分队正式成立。1990 年 12 月 26 日，西南航空公司重庆分公司成立，乘务分队更名为乘务队，隶属于重庆飞行大队建制。1991 年 10 月 12 日，重庆飞行大队乘务队扩编为乘务中队，下设 3 个乘务分队，隶属关系不变。1993 年 3 月 3 日，西南航空公司重庆分公司升格为西南航空重庆公司，乘务中队仍隶属于重庆飞行大队。随着西南航空重庆公司新机型的不断引进，乘务人员陆续增加，1993 年 12 月 25 日，乘务中队扩编为 4 个乘务分队。1994 年 8 月 18 日，乘务中队又一分为二，成立乘务一中队、乘务二中队，均由重庆飞行大队领导，至 1997 年重庆成为国务院直辖市，不再归属四川省管辖。

三、四川航空公司乘务队伍

四川航空公司成立后，于 1987 年 11 月 12 日组建乘务队，隶属于飞行大队建制，由飞行大队实施领导。1990 年 11 月 20 日，公司成立机上服务部，乘务队从飞行大队剥离，归属于机上服务部管理。1996 年 7 月 9 日，乘务队又与机上服务部剥离，划归运输服务部领导，并被命名为运输服务部乘务队。1998 年 1 月，运输服务部乘务队整编更名为客舱服务部乘务分部。2002 年 7 月 29 日，客舱服务部乘务分部下设办公室、业务室、培训室、乘务一队，乘务二队。2003 年 7 月，公司进行机构调整，以乘务分部为基础，成立运管中心客舱服务部，为公司二级部门，并重新调整扩建为 5 个乘务中队，从事国内干线和支线的空中服务工作。至 2005 年，公司乘务队伍已不局限于社会招聘单一的来源渠道。民航飞院、电子科技大学成都学院等具有航空院校身份的全国高校也开始作为公司乘务队伍的招收生源地。相关民航服务专业的优秀应届毕业生逐渐成为公司乘务队伍的组成部分。

四、其他航空公司乘务队伍

长城航空公司和鹰联航空有限公司成立时，组建乘务队，从事空中服务工作。2005 年 7 月，鹰联航空有限公司开始执行航班任务，每班配备 5 名乘务员。

第三节 空保队伍

一、西南航空公司空保队伍

西南航空公司空保队伍建立于20世纪80年代。1983年5月5日，民航沈阳管理局发生劫机事件后，武警四川省总队挑选业务能力强、综合素质好的武警干部组成特警大队进驻成都双流机场，业务上接受民航成都管理局统一领导，担负民航第七飞行大队飞往沿海、边疆城市的班机空中安全保卫任务。1987年，西南航空公司在试运行期间，建立航空安全员中队（又称空中保卫中队），由成都飞行大队领导与管理，接替奉命撤回的武警特警大队，在民航承担安全保卫任务。1994年3月，航空安全员中队从成都飞行部剥离，划归成都乘务部管理。2004年1月5日，根据国际上反恐形势的特点和处置机上非法干扰事件的需要，国航西南分公司在航空安全员中队的基础上成立分公司空中警察队伍，被命名为中国民航空中警察总队一支队一大队，下辖4个空中警察中队，由国航西南分公司乘务部和民航空警一支队双重领导。2005年，国航股份西南分公司空中警察队伍改称中国民航空中警察国航支队西南大队。

西南航空重庆公司成立前，没有设置专职空保队伍，重庆飞行大队飞往沿海、边疆城市的航班，由飞行大队选派有经验的飞行人员担任空中安全保卫工作。以后，随着新机型的引进和航班的增加，公司于1994年1月1日，成立了有航空安全员组成的空防保卫科，隶属于重庆飞行大队，至1997年重庆直辖市成立。

二、四川航空公司空保队伍

1991年9月20日，四川航空公司按照航空安全员标准，从公司内部挑选3名员工，轮流登机值勤，担任班机空中安全保卫工作。1994年1月，公司成立由20人组成的空保队，空保队隶属于公司公安处建制。以后，随着公司业务的发展，空保队伍陆续壮大。1996年，公司进行机构调整，空保队行政上隶属于飞行部，业务上接受公司公安处指导。是年12月，空保队与飞行部剥离又划归公安处建制。2002年7月，空保队从公安处划出，归公司客舱服务部乘务分部管理，后又升格为空保中队。2004年1月5日，公司首批空保人员被录用为空中警察，成立公司空警队伍，被命名为中国民航空中警察总队十二大队（内称川航空警大队），由四川航空公司和空警总队双重领导。2004年8月31日，公司决定把航空安全员队伍纳入空警大队系统管理，成立运管中心空保大队，空警大队领导兼任空保大队领导。由此，四川航空股份有限公司的空保队伍实现了空中警察和航空安全员的优化组合。空保大队下设两个中队（1、2中队）、两个科（勤务科、综合政工科）和1个分队（重庆直属分队）。其中1中队也是川航空警70中队，由空警警员和专职安全员组成；二中队是由双照安全员组成。2005年，川航空警大队新招录空警9名，空警队伍在编人数达到了45人。

三、其他航空公司空保队伍

长城航空公司和鹰联航空有限公司成立时，配备了航空安全员担任班机空中安全保卫工作。2005年7月，鹰联航空有限公司开始执行航班任务，每班配备1名航空安全员。

第二章　飞行培训

第一节　民航成都管理局飞行员培训

加强飞行人员业务技术培训是提高飞行人员业务素质的必要途径。各航空企事业单位的飞行人员从学员时期开始，都要经过严格、正规、系统的飞行业务技术培训，尤其是飞行员从基础理论教育至驾驶技术训练、从一般技术操纵至应急处置训练、从机型飞行改装至成熟机长训练，均按照飞行训练大纲严格组织实施。飞行训练大纲主要包括新雇员训练提纲、初始训练提纲、转机训练提纲、定期复训提纲、重新获得资格训练提纲、差异训练提纲、飞行教员训练提纲、模拟机教员训练提纲、特殊运行及新技术应用训练提纲等方面的内容。各航空企事业单位的飞行改装培训，始终坚持循序渐进的原则，从院校初教机毕业的飞行员，通常只能先飞小型航空器；小型航空器和从院校高教机毕业的飞行员通常只能改装中型航空器；中型以上航空器的飞行员才能改装大型航空器或宽体客机。通过机型改装的理论教育、模拟机训练、本场训练和航线训练，飞行员在新的机型上才能达到副驾驶、正驾驶、飞行教员和飞行检查员的技术标准，并取得相应岗位的技术资格。任何阶段的飞行培训必须做到精心组织、周密安排、认真实施、严格考核，确保质量。

20 世纪 80 年代，民航成都管理局飞行改装向涡轮风扇式飞机过渡。1981—1987 年的 7 年间，随着运 5、里 2、伊尔 14 飞机陆续到寿退役，改装培训任务繁重。1983 年 5 月，民航成都管理局从伊尔 18 机型挑选机长（教员）8 名、飞行领航员 4 名、飞行通信员 4 名、飞行机械员 4 名，到北京管理局飞行培训中心改装波音 707 型飞机。通过理论教育、模拟机训练、本场训练和航线训练带飞，培训波音 707 机型机长 8 名，转右座教员 8 名，飞行领航员、飞行通信员、飞机机械员放单飞各 4 名。1983 年至 1984 年间，从伊尔 18、安 24 机型驾驶员中选拔优秀飞行人员改装波音 707 机型 17 个机组，培训波音 707 机长（教员）34 名、飞行领航员 17 名、飞行通信员 17 名、飞行机械员 17 名。从此，民航成都管理局执管的航空器向涡轮风扇型飞机过渡。随后，又从伊尔 14、里 2 的飞行人员中选拔改装伊尔 18、安 24 机型。培训伊尔 18 机组 18 个、安 24 机组 8 个，以充实这两种机型的技术力量。从 1985 年起，民航成都管理局开始引进波音 737－300 型飞机。根据购机签订的培训合同，美方提供免费培训 16 个机组，1985 年先培训第一批 7 个机组，成都管理局从第七飞行大队波音 707、伊尔 18、安 24 中队挑选机长（教员）14 名，飞行机械员 7 名，于 1985 年 8 月 18 日赴美国波音公司飞行培训中心接受波音 737 机型改装的理论教育、程序练习器训练和模拟机训练，历时 113 天，同年 12 月 8 日随引进的第一架波音 737－300/B－2519 号机飞回成都。从 12 月 15 日开始由波音飞行公司飞行教员任教，进行本场和航线训练带飞，检查合格，培训波音 737－300 型机长 14 名、右座教员

7名、飞行机械员（观察员）7名。1986年，又分3批9个机组赴美国改装，经理论教育、程序练习器训练和模拟机训练结束后回国，由第一批改装的飞行教员进行本场和航线训练带飞，经检查考核合格，先后放机长18名、转天气标准54人次、转右座教员18名，飞行机械员（观察员）放单飞9名。这期间，训练飞行1290小时，熟练飞行318小时，还改装培训波音707机飞行人员21名，转升机长4名。至1986年末，民航第七飞行大队的飞行人员已达到409名。其中，飞行员227人、飞行领航员61名、飞行通信员61名、飞行机械员60名。

1987年10月15日，民航成都管理局进行体制改革，撤销原民航成都管理局，成立民航西南管理局、西南航空公司、成都双流机场3个单位。新成立的民航西南管理局不再执管航空运输业务，飞行人员业务技术培训由各航空公司组织实施。

第二节　西南航空公司飞行员培训

1987年10月15日西南航空公司成立后，公司机关设飞行安全技术管理部，负责全公司飞行人员的业务技术培训、飞行技术检查和飞行技术升级等方面的管理。到1990年，公司完成飞行训练2689小时48分，熟练飞行1081小时43分，飞行人员改装机型培训189名、模拟机复训177名，培训正驾驶106名，转天气标准279人次，转右座教员103名，转专业作业项目32名，飞行领航员、飞行通信员、飞行机械员放单飞97名，飞行领航员改驾驶专业24名，飞行领航员、飞行通信员改机械专业69名。其中，从运5机型飞行员中选拔43名改装运12和运7－100机型。运12机型首批改装飞行的8名人员在哈尔滨飞机制造厂进行培训，运7－100机型首批改装飞行的6名人员在西安阎良飞机制造厂进行培训。通过理论学习、本场训练和航线训练带飞，经检查合格，培训运12机长8名，培训运7－100机长6名。其余29名飞行员的运12和运7－100机型飞行改装，均由重庆飞行大队在重庆白市驿和江北机场组织实施，由首批改装机型的人员负责任教带飞。从伊尔18、安24等机型选拔机长12名、飞行领航员6名、飞行机械员6名于1988年5月赴苏联乌里扬图154培训中心进行图154M型飞机首批改装培训。通过机型理论学习、模拟机训练和本场训练带飞，24名飞行人员均达到了技术上的单飞标准。回国后又组织本场训练和航线训练带飞，经检查合格，培训图154机长12名、右座教员12名、飞行领航员放单飞6名、飞行机械员放单飞6名。

20世纪90年代，西南航空公司飞行培训任务繁重。随着涡桨型飞机的相继淘汰和涡扇式飞机的不断引进，机队向大型化发展。10年间，完成训练飞行3501小时，熟练飞行607小时，模拟机复训2494人次，飞行人员机型改装培训762名，转升机长283名，转天气标准1151人次，转右座教员230名，转林播机长54名，转超低空机长4名，培训模拟机教员80名，培训2人制机长55名，飞行领航员、飞行通信员、飞行机械员放单飞27名，飞行通信员英语单飞14名，飞行员英语通信单飞179名，通信员改驾驶专业7名，机械员改驾驶专业17名，通信员改机械专业8名，飞行员改机械专业3名。此外，西南航空公司为支援地方航空公司的建设，还派出2名飞行教员帮助海南航空公司带飞培训波音737－300机型机长4名、右座教员4名；派出1名飞行教员帮助深圳航空公司带飞培训波音737－300机型机长2名；成都飞行大队还为新华航空公司培训波音737－300机型机长4名、右座教员2名。1992年，西南航空公司挑选16名波音737－300机型机长（教员）和8名飞行机械员分为两批改装波音757－200型飞机，每批8名飞行员、4名飞行机械员，于同年5月18日、6月4日赴美国进行机型的改装理论教育和模拟机训练，回国后由波音飞机公司飞行教员带飞本场和航线训练。经检查合格，培训波音757－200机型机长16名、右座教员16名、飞行机械教员8名。翌年，又在波音737－300机型中选拔机长（教员）16名、飞行机械员8名赴美国进行第3批波音757－200机型飞行改装，1994年又选拔18名飞行员进行波音757－200机型第4批改装培训。1995—2000年间，改装波音757机型3批，培训57个机组114名飞行员。

波音737－300型飞机是西南航空公司的主要机型之一。为了加强波音737－300机型的飞行改装培训，1994年4月21日，西南航空公司自筹资金1000万美元，从加拿大购进波音737－300机型模拟机1台，安装在广汉的民航飞行学院模拟机训练中心。1999年9月，西南航空公司正式成立模拟机培训中心，模拟机又从广汉迁移至成都，经安装调试检测，完全达到技术和质量要求。从此，西南航空公司的波音737－300机型飞行改装培训、波音737－300机型模拟机复训和波音737－300机型飞行特殊课目训练，原则上都可在该公司进行，既提高了飞行培训质量和培训效率，又节省了外汇开支。1997年，西南航空公司从波音737－300机型中挑选53名飞行员进行2人制机组培训，至翌年经考核，均达到2人制机组的技术标准和要求。

空客340型飞机是先进的大型宽体客机。西南航空公司从波音757－200、波音737－300机型中选拔11个机组22名机长（教员）进行首批空客340－300机型飞行改装，于1998年6月赴法国空客公司图卢兹飞行培训中心进行机型的改装理论教育和模拟机训练，回国后由法国飞行教员带飞训练31小时，培训的22名空客340－300机型机长经教员检查合格。2000年，西南航空公司从波音757－200、波音737－300机型的机长中选拔6个机组12名飞行员赴法国空客公司飞行培训中心进行第二批空客340－300机型改装培训。通过空客340－300机型两批改装培训，保障了该机型机组配备的需求。

1999年9月，西南航空公司从重庆飞行大队波音737－300机型中选拔13个机组26名飞行员分两批前往美国波音公司飞行培训中心进行波音737－800机型差异飞行改装。通过飞行培训，培养波音737－800型机长和教员26名。

2001—2002年间，西南航空公司完成本场训练299小时52分，飞行改装培训63名，差异飞行改装68名，转升机长35名，转飞行教员27名；转升正驾驶训练58名、转升飞行教员训练37名、转升副驾驶训练120名，ILSⅡ类训练126名，模拟机复训1389人次；培训模拟教员9名，国内航线飞行员英语通信单飞14名，国际航线飞行员英语通信单飞16名，培训飞行英语通信教员5名，应急生存训练141名。2001年，西南航空公司从成都飞行部波音737－300机型中选拔11个机组22名飞行员进行首批波音737－600机型差异飞行改装培训，于同年7月前往美国波音公司飞行培训中心进行机型的理论教育和模拟机训练。通过差异飞行改装，培训波音737－600型机长和教员30名。

2002年10月，西南航空公司与中国国际航空公司重组后，国航重庆公司根据国航总部的安排，将其执管的波音757－200型飞机及其飞行员全部调给国航西南公司，国航西南公司改为执管波音737系列飞机的航空运输公司。国航西南公司在2002年10月至2004年间，完成本场训练190小时17分，飞行改装培训83名，转升机长74名，转飞行教员18名，转正驾驶11名，转升正驾驶训练52名，副驾驶转升第一副驾驶训练151名，第二副驾驶转升副驾驶训练167名，模拟机复训736人次，转升模拟机教员29名，ILSⅡ类训练388名，国内航线飞行员英语通信单飞123名，国际航线飞行员英语通信单飞114名，转升飞行英语通信教员28名，应急生存训练417名，特殊航线机长授权

38名。2003年9月23日，国航西南分公司通过国航总部与法国空客公司签订购买空客319－115型飞机5架的合同。根据购机合同，空客公司免费提供培训23个机组的协议。国航西南分公司于2004年3月从空客340－300机型中选调5个机组10名飞行员前往北京空客华欧公司进行空客319－115机型CCQ的理论教育和模拟机训练，后到国航浙江分公司进行本场和航线训练带飞，培训空客319－115责任机长和飞行教员10名。是年6月，又选派10个机组20名飞行员赴法国空客公司飞行培训中心进行空客319－115机型飞行改装培训，通过空客319－115机型的理论学习和模拟机训练以及回国后的飞行训练，又培训了20名空客319－115机长和教员。此后，又分批到法国空客公司进行空客319－115机型飞行改装和到北京空客华欧公司进行空客319－115机型CCQ培训，满足了空客319－115机型机组配备的需要。

2004年，国航股份西南分公司飞行员数量达到529名，这529名飞行员按飞行技术职务划分为：飞行检查员（含局方委任代表）56名、飞行教员64名、机长140名、正驾驶26名、第一副驾驶145名、副驾驶91名、第二副驾驶7名，其中正驾驶以上技术职务286名。按飞行员所飞机型划分为：空客340－300机型飞行员109名，其中飞行检查员19名、飞行教员19名、机长17名、第一副驾驶32名、副驾驶22名；空客319－115机型飞行员135名，其中飞行检查员7名、机长59名、正驾驶4名、第一副驾驶37名、副驾驶24名、第二副驾驶4名；波音757－200机型飞行员134名，其中飞行检查员16名、飞行教员27名、机长24名、正驾驶3名、第一副驾驶31名、副驾驶33名；波音737－300/600机型飞行员151名，其中飞行检查员14名、飞行教员18名、机长40名，正驾驶19名、第一副驾驶45名、副驾驶12名，第二副驾驶3名。在529名飞行员中，还培养模拟机教员42名，其中空客340－300机型有模拟机教员11名、空客319－115机型有模拟机教员11名、波音757－200机型有模拟机教员11名、波音737－300/600机型有模拟机教员9名。

至2005年，国航股份西南分公司飞行人员总数为550名，其中机长（含教员）255名，待聘机长27名，副驾驶247名，学员15名，报务员6名。

第三节　四川航空公司飞行员培训

四川航空公司（以下简称川航）的飞行人员，多数来自空军飞行院校和部队转业的飞行人员，少数来自民航系统的飞行人员和民航飞院毕业的飞行学生。各类飞行人员调入公司后，按其经历进行相应的补充训练和驾驶员基础理论知识更新培训。在公司创建初期，飞行培训以运7型飞行改装为主。以后，随着图154、空客320、空客321、空客319、MA60、EMB145等机型的相继引进，为使飞行人员的培训符合民航训练程序和训练要求，公司飞行技术管理部门按照民航规章CCAR－121部的规定，对公司执管的各种机型分别制定现行有效的飞行训练大纲，内容包括新雇员训练、初始训练、转机型训练、升级训练、定期复训和重新获得资格训练以及补充训练等提纲，每种训练提纲又包含地面理论教育、模拟机训练、飞行训练、应急生存训练和资格检查训练。

川航成立后，分别向西安飞机公司和哈尔滨飞机公司订购运7选装型飞机5架、运12型飞机1架（后又转让给贵州省航空公司）。1987年9月，从军队转业到公司的飞行人员中选拔出6名飞行员、3名飞行领航员、2名飞行通信员、1名飞行机械员前往西安飞机公司进行首批运7型飞行改装、选拔2名飞行员前往哈尔滨飞机公司进行首批运12型飞行改装。公司为了加快飞行技术力量的成长，于1988年初聘请西南航空公司安24机型2名飞行教员和1名飞行机械教员到公司担任运7机型带飞教员。改装运7机型的6名飞行员，经过本场训练308小时和航线训练带飞，经检查合格，相继转升为机长、飞行教员。20世纪80年代后期至90年代中期，运7型飞机是四川航空公司的基础机型，在职飞行人员都要经过运7机型改装培训，改装运7机型基本没有间断。

川航图154型飞行改装是在俄罗斯乌里扬飞行培训中心进行的。1991年8月，公司从运7机型中选拔6名机长、3名飞行领航员、3名飞行机械员前往俄罗斯进行图154机型首批改装培训，随后又选拔3个机组6名飞行员、3名飞行领航员、3名飞行机械员前去飞行改装。两批飞行人员在俄罗斯经过理论训练、模拟机训练、本场训练和回国后的航线训练带飞，经检查合格，全部放单飞，此次共培训了图154机长、飞行教员12名，飞行领航员、飞行机械员放单飞各6名。以后，又陆续从运7机型中选拔飞行员35名、飞行领航9名、飞行机械员12名进行图154机型飞行改装培训。

川航从20世纪90年代中期开始引进空客系列飞机。1995年4月29日，公司选派6名图154机型机长赴法国图卢兹飞行培训中心进行空客320－232机型的首批改装，经历3个月的机型理论教育和模拟机训练，于同年12月乘公司引进的第一架空客320/B－2340号机调机回成都，回国后由法国飞行教员带飞本场训练和航线训练，有4名经检查考核合格升为机长。以后，川航除继续将军队转业的飞行人员改装运7、运7飞行人员改装图154、图154飞行员改装空客320机型外，还择优安排21名飞行领航员、飞行通信员、飞行机械员改学驾驶专业，送民航飞院进行改装驾驶培训，为公司发展储备了飞行员。川航于2000年9月至2001年7月向巴西航空工业公司购置了EMB－145型飞机5架，首批飞行改装是在美国与巴西进行的，公司选调14名飞行员于2000年4月前往美国休斯敦飞行培训中心进行机型理论教育和模拟机训练后，在巴西飞本场训练，至8月培训结束，历时4个月，回国后聘任巴西飞行教员在国内航班上任教，至带出机长单独执行任务时为止。第一批放机长2名，其余的12名飞行员随后经过继续带飞，也陆续转升为机长。

为适应航空运输市场发展的需要，川航在1995—2004年期间陆续引进新的机型，从而加速了对飞行员的培训。这期间，完成飞行训练3360小时，模拟机复训1040人次，有48名飞行员进行运7机型飞行改装，138名飞行员进行空客320机型飞行改装和空客321、空客319机型差异改装，26名飞行员进行MA－60机型飞行改装，52名飞行员进行EMB－145机型飞行改装，还有15名空客320飞行员进行升级训练、16名EMB－145飞行员进行升级训练。

至2005年，川航有飞行员190名。这190名飞行员按照飞行技术职务划分为：飞行检查员（含局方委任代表）25名，其中空客320机型10名、空客321机型10名、EMB－145机型5名；飞行教员15名，其中空客320、空客321、空客319等空客系列机型8名，EMB－145机型7名；机长66名，其中空客320、空客321、空客319等空客系列机型47名，EMB－145机型19名；正驾驶14名，其中空客320、空客321、空客319等空客系列机型4名、EMB－145机型10名；副驾驶70名，其中空客320、空客321、空客319等空客系列机型59名，EMB－145机型11名。按照所飞机型划分：其中空客320、空客321、空客319等空客系列机型的飞行员138名，EMB－145机型的飞行员52名。190名飞行员中，还有模拟机教员20名。

第四节 通用航空公司飞行员培训

一、华西通用航空公司飞行员培训

华西通用航空公司在筹建期间，从石家庄飞机制造厂购进运5B型飞机2架，安排其引进的运5机型飞行员赴石家庄进行通用航空作业带飞培训。两架飞机到公司后，公司按照机型训练大纲，继续组织飞行员训练，熟练飞行，公司在成立当年就投入林播作业飞行。2003年1月又从运5B机型中选调飞行员改装运12机型飞行培训。至2005年，华西通用航空公司有飞行员8名，其中运12机长2名、运5B机长3名、副驾驶3名。

二、三星通用航空公司飞行员培训

2002年5月18日，三星通用航空公司成立。其飞行员都来自民航飞院飞行教师，到公司后基本都飞原有机型。至2005年，三星通用航空公司的10名飞行员都是各机型飞机的机长。

第五节 中国民用航空飞行学院飞行教师培训

一、飞行教师队伍来源

1956年，十四航校组建初期，飞行教师由空军干部部从各航校、航空兵部队调入飞行技术人员担任，民航局从天津民航高级航空学校和柳州民航第四航校也调入一批飞行人员到学校工作。以后学校从历期飞行毕业生中选拔飞行教师，充实飞行教师队伍，这是学校飞行教师队伍的主要来源。

1986年4月，民航局下发了《关于接收空、海军飞行员的技术考核和转机型训练的通知》。为落实民航局文件精神，学校接收部分符合条件的空军、海军退役飞行员到学校工作。1992年民航飞院对录用飞行教员作了如下规定：具有大专以上学历；年龄32周岁以下（个别优秀者不超过35周岁）；停飞时间不超过两年；航空理论知识较好；飞行技术良好；具有任教条件或任教潜质，考核、政审、体检均符合要求。1992—1995年共录用空军、海军退役飞行员15人，接收轰炸机飞行学员3名，到学校改装后，留校当飞行教师。

1990年，民航飞院开始在应届高中毕业生中按选飞程序定向选招飞行教师。经过体检、政审合格后，按国家教委统一安排，参加高考，然后排定录取分数线进行录取。到学校后，与其他飞行学生一起参加本科理论学习和飞行训练，毕业后留校当飞行教师，1990—2000年，民航飞院共定向招收高中毕业生129人培训飞行教师。此外，从地面同行专业选拔航空技术人员升空。先后共有“地升空”培养飞行通信教师3人、飞行机械教师13名。

二、飞行技术培训

（一）上岗前培训

新飞行教师上岗带飞行学生之前，必须经过严格的培训。一是进行思想品德教育。主要进行忠诚党的教育事业、纪律作风、职业道德等方面的教育，学习学院（校）制定下发的《关于飞行教师教书育人的规定》《飞行教师职业道德规定》《飞行教师职业纪律守则》等重要规定，要求飞行教师必须教书育人、为人师表、言传身教，在工作、学习、生活中以身作则，以自己良好的道德风貌和模范行为为学生作出表率，要“帮思想、教技术、带作风”，全面关心学生的成长。二是进行航空专业理论培训。主要进行飞行原理、领航学、气象学和特种设备的深化学习。培训的方法一般以训练团或飞行大队为单位集中进行教育，有时由学校集中新飞行教师到理论教育处集中进行授课。20世纪80年代以后，飞行学生都经过正规的学历教育，航空理论基础较扎实。因此，航空理论培训一般由飞行大队（训练部）进行。1997年以后，按照四川省教委要求，新教师在上岗前必须到省教委指定的地点进行为期一个月的教师上岗前的培训，主要学习《教育心理学》，并取得岗前培训合格证。三是进行飞行技术训练。新教师留校后，必须按照《新飞行教师训练提纲》进行技术和教学法训练，训练提纲针对不同时期、不同的教学机型，训练内容和时间有所不同，但都要求不得简化训练内容，不得跳跃训练课目，不得低于最低训练时间，不得降低训练标准。在规定的训练时间内达不到标准者，不能上岗教学。

1993年，民航飞院制定下发《TB－20机型飞行教师飞行训练提纲》和《夏延ⅢA机型飞行教师飞行训练提纲》，供运输机专业毕业生留校任教前进行训练和其他机型飞行教师改装TB－20机型飞行教师和夏延ⅢA机型飞行教师训练时使用。

（二）提高训练

飞行教师、干部提高训练的主要任务是提高天气标准技术训练。

1975年3月，为规范飞行教师、干部提高训练，参照空军运5型飞机天气标准，十四航校下发了《运5飞机飞行教员干部训练提纲》，其中对复杂气象分为1号、2号、3号，规定已达到4/0天气标准，总飞行时间在400小时以上，仪表驾驶术较巩固的飞行教师、干部才能参加昼间复杂气象3号天气标准训练。昼间3号天气标准训练内容包括：（1）云中仪表及穿云飞行，包括云中空域、暗舱部分仪表穿云、云中修正角穿云、云中直角穿云、云中哑点穿云和云中定向穿云；（2）云中转场飞行，包括航行转场带飞、考试和单飞。总飞行架次为69架次，飞行时间为31小时40分，其中带飞65架次、时间27小时40分，单飞4架、时间4小时。凡参加昼间2号天气标准训练的飞行教师、干部，必须已达到3/0天气标准。通过训练，能在2/0天气标准条件下执行任务。训练内容包括：（1）云中穿云飞行，包括云中部分仪表穿云、哑点穿云和定向穿云；（2）云中转场飞行，包括航行转场带飞、检查和考试，总飞行架次为17架次，飞行时间为5小时。凡具有2/0天气标准，云中飞行教学经验较丰富的飞行教师、干部，根据实际情况，进行2—3次云中穿云和2次云中航行转场检查，合格者，可定为昼间1号天气标准。

夜间简单气象4号天气标准训练提纲：要求已达到4/0天气标准，总飞行时间在400小时以上，仪表驾驶术较巩固的飞行教师、干部可参加夜间4号天气标准训练。训练内容包括：（1）夜间起落航线飞行，包括左右座双灯、单灯和无灯带飞、检查、单飞，以及右座教学法飞行；（2）夜间穿云飞行，包括修正角穿云、直角穿云和定向穿云；（3）夜间转场飞行，包括综合航行转场带飞、检查和单飞。总飞行架交为173架次，飞行时间为32小时40分，其中常飞121架次、时间24小时40分，单飞52架次、时间8小时。

夜间简单气象3号天气标准训练提纲：要求已达到3/4天气标准的飞行教师、干部可进行本提纲训练。训练结束后，应能在夜间3号天气标准条件下执行任务。训练内容包括：（1）夜间起落航线飞行，包括左右座双灯、单灯或无灯起落航线带飞；（2）夜间穿云飞行，包括穿云飞行和定向穿云；（3）夜间转场飞行，包括综合航行转场带飞、检查和单飞。总飞行架次为37架次，飞行时间为13小时24分，其中带飞35架次、时间11小时24分，单飞2架次、时间2小时。

夜间复杂气象2号天气标准训练提纲：要求已达到2/3天气标准，夜间飞行时间在100小时以上的飞行教师、干部可进行本提纲训练。训练结束后，应能在夜间2号天气标准条件下执行任务。训练内容包括：（1）夜间云中穿云飞行，包括直角穿云、修正角穿云、哑点穿云和定向穿云；（2）夜间云中转场飞行，包括航行转场带飞、检查和单飞。总飞行架次为21架次，飞行时间为9小时，其中带飞19架次、时间7小时，单飞2架次、时间2小时。

夜间复杂气象1号天气标准训练提纲：凡具有1/2天气标准，夜间总飞行时间在200小时以上，有一定夜间云中飞行经验的飞行教师、干部，可根据实际情况进行2—3次夜间云中穿云和2次夜间云中转场检查飞行，合格者，可定为夜间1号天气标准。

1993年，民航飞院对TB－20机型和夏延ⅢA机型飞行教师的提高训练又作出具体规定。

TB－20机型昼间2号（盲降）天气标准教师训练提纲规定，取得昼间3号天气标准教师资格，单独带飞养成学生两期以上并具有800小时以上飞行经历者方可进入本提纲的训练。训练内容及课时分配见表4－1。

TB－20机型昼间2号天气标准训练内容及课时分配表

表4－1

课序	内　容	飞行课时（小时）	
		带飞	单飞
19	低空小航线目视进近	1	
20	云中（假设）仪表空域、利用NDB、VOR/DME定位加入等待程序	1	
21	云中（假设）利用NDB、ILS、VOR/DME进近	3	
22	低能见反向着陆	1	
23	云中（假设）航线飞行	2	
24	检查飞行	2	
总　计		10	

说明：本表根据《中国民用航空志·西南地区卷》编制；除24课外，其余带飞课时可浮动20%；在原机型上取得2/0天气标准的教师云中（仪表）飞行不少于20小时者，第22、23课可不进行；在云中训练时间不得少于总时间30%

TB－20机型夜间2号（盲降）天气标准教师训练提纲规定，取得昼间2号（盲降）天气标准的教师资格，并具有1000小时以上飞行经历，其中云中（仪表）飞行不少于50小时，方可进入本提纲训练。训练内容及课时分配见表4－2。

TB－20 机型夜间 2 号天气标准训练内容及课时分配表

表 4－2

训练阶段	课序	内容	地面课时（小时）	模拟练习器课时（小时）	飞行课时（小时）	
					带飞	单飞
地面预习	甲	机载灯光设备的检查使用	2	2	—	—
	乙	机场灯光设备配备	1	—	—	—
	丙	夜间飞行特点	1	—	—	—
	丁	夜间正常飞行程序、进离场，加入等待	1	1	—	—
	戊	夜间目视及仪表进近	2	—	—	—
	己	航线飞行	3	—	—	—
	小计		10	3	—	—
机长训练	25	正常飞行程序、目视进离场空域驾驶术	—	—	1	—
	26	目视进近	—	—	3	—
	27	仪表进离场、加入等待	—	—	1	—
	28	利用 NDB、ILS、VOR/DME 作仪表进近	—	—	3	—
	29	不正常/应急飞行程序	—	—	3	—
	30	航线飞行	—	—	4	—
	小计			—	15	—
教师训练	31	目视进近及教学法	—	—	2	—
	32	仪表进近及教学法	—	—	2	—
	33	检查飞行	—	—	1	—
	34	场内单飞	—	—	—	2
	小计		—	—	5	2
总计			10	3	20	2

说明：本表根据《中国民用航空志·西南地区卷》编制；机长阶段训练时间可向上浮动 30%

夏延ⅢA 机型夜间 2 号（盲降）天气标准飞行教师训练提纲规定，取得昼间 2 号（盲降）天气标准场内任教资格，在本机型上积累 500 小时以上的飞行经历，并亲自带飞两期以上学生，方可进入本提纲的训练，训练结束检查合格可担任 2/2ILS 天气标准内教员。训练内容及课时分配见表 4－3。

夏延ⅢA 机型夜间 2 号天气标准训练内容及课时分配表

表 4－3

训练阶段	课序	内容	地面课时（小时）	飞行课时（小时）	
				带飞	单飞
机长训练	甲	夜间飞行地面预习教育	7	—	—
	23	夜间 ILS 仪表进近	—	2	—
	24	夜间 NDB、VOR/DME 进近	—	1	—
	25	夜间一般应急情况处置程序	—	1	—
	小计		7	4	—

续表 4－3

训练阶段	课　序	内　容	地面课时（小时）	飞行课时（小时）	
				带　飞	单　飞
教师训练	26	夜间仪表进近	—	1.00	—
	27	夜间目视进近	—	0.50	—
	28	夜间航线飞行	—	4.00	—
	29	场内检查飞行	—	0.50	—
	小　计		—	6.00	—
总　计			7	10.00	—

说明：本表根据《中国民用航空志·西南地区卷》编制

夏延ⅢA 机型航线昼夜间 2 号（盲降）天气标准飞行教师训练提纲规定，取得 2/2ILS 天气标准场内飞行教师资格，并在本机型上累计 800 小时以上的飞行经历，其中夜间飞行时间 50 小时以上，方准进入本提纲训练。训练内容及课时分配见表 4－4。

夏延ⅢA 机型夜间 2 号天气标准训练内容及课时分配表

表 4－4

训练阶段	课　序	内　容	地面课时（小时）	飞行课时（小时）	
				带　飞	单　飞
机长训练	甲	地面预习教育课	12	—	—
	30	航线飞行	—	10	—
	31	检查飞行	—	2	—
	小　计		12	12	—
教师训练	32	应急飞行程序、模拟起飞单发、单发进近	—	1	—
	33	航线飞行	—	2	—
	34	检查飞行	—	2	—
	小　计		12	17	—
总　计			12	17	—

说明：本表根据《中国民用航空志·西南地区卷》编制

夏延ⅢA 机型昼间 1 号（盲降）天气标准飞行教师训练提纲规定，取得 2/2ILS 天气标准航线飞行教师资格，并在本机型上累计 1000 小时以上飞行经历，其中夜间飞行 80 小时以上，方可进入本提纲训练。训练内容及课时分配见表 4－5。

夏延ⅢA 机型夜间 1 号天气标准训练内容及课时分配表

表 4－5

训练阶段	课　序	内　容	地面课时（小时）	飞行课时（小时）	
				带　飞	单　飞
教师训练	35	低能见底进离场、等待、进近	—	2.00	—
	36	模拟起飞单飞、单发进近	—	0.50	—
	37	复杂天气航线	—	3.00	—
	38	检查飞行	—	1.50	—
总　计			—	7.00	—

说明：本表根据《中国民用航空志·西南地区卷》编制

夏延ⅢA 机型夜间 1 号（盲降）天气标准飞行教师训练提纲规定，取得 1/2 天气标准教师资格，并在本机型上累计 1200 小时以上飞行经历，其中夜间飞行 120 小时以上，方可进入本提纲训练。训练内容及课时分配见表 4－6。

夏延ⅢA 机型夜间 1 号天气标准训练内容及课时分配表

表 4－6

训练阶段	课　序	内　容	地面课时（小时）	飞行课时（小时）	
				带　飞	单　飞
教师训练	39	航线飞行	—	3.00	—
	40	起飞单发、单发进近	—	0.50	—
	41	检查飞行	—	1.50	—
总　计			—	5.00	—

说明：本表根据《中国民用航空志·西南地区卷》编制

1996 年 8 月 1 日，民航总局发布民航规章 CCAR－61RI 部《民用航空器驾驶员、飞行教员和地面教员合格审定规则》，取消了原有的机长天气标准和转天气标准训练，把天气标准划分为昼间目视正驾驶、昼间仪表正驾驶和正驾驶（昼夜间仪表正驾驶）。2000 年民航飞院飞行教师天气标准情况见表 4－7。

2000 年民航飞行学院飞行教师天气标准统计表

表 4－7　　单位：人

单　位	所飞机型	人　数	天气标准	执照签发类型
院　部	TB、运 7	1	昼间仪表正驾驶	商用
	TB、运 5、贝尔	1	昼间仪表正驾驶	商用
	波音 737、运 7、TB	1	正驾驶	航线
	图 154、运 5、TB	1	正驾驶	商用
	夏延、运 5、TB	1	正驾驶	商用
	夏延、运 5	1	正驾驶	商用
	夏延、运 5	1	昼间仪表正驾驶	商用
	运 5、TB	2	正驾驶	商用
	运 7、TB	1	正驾驶	航线
	夏延	1	正驾驶	商用
	运 5、贝尔	1	昼间仪表正驾驶	商用
	波音 737	1	正驾驶	航线
	运 7	1	正驾驶	商用
	TB	2	正驾驶	商用

续表 4-7

单　位	所飞机型	人　数	天气标准	执照签发类型
新津分院	运 5、TB	8	正驾驶	商用
	运 5、TB	4	昼间仪表正驾驶	商用
	运 5、TB、贝尔	2	正驾驶	商用
	运 5、TB、贝尔	1	昼间仪表正驾驶	商用
	TB、贝尔	1	正驾驶	商用
	TB、贝尔	1	昼间仪表正驾驶	商用
	运 5	1	正驾驶	商用
	运 5	4	昼间仪表正驾驶	商用
	运 5	2	昼间目视正驾驶	商用
	TB	11	昼间仪表正驾驶	商用
	TB	6	昼间目视正驾驶	商用
广汉分院	夏延	14	正驾驶	商用
	夏延、TB	4	昼间目视正驾驶	商用
	夏延、运 5	1	昼间目视正驾驶	商用
	运 7	4	正驾驶	商用
	运 7	3	昼间目视正驾驶	商用
	TB	4	昼间目视正驾驶	商用
	夏延	4	昼间目视正驾驶	商用
洛阳分院	TB、运 7	2	正驾驶	商用
	TB、运 7	1	正驾驶	商用
	TB	25	正驾驶	商用
	TB	4	昼间仪表正驾驶	商用
	TB	15	昼间目视正驾驶	商用
	运 7	4	正驾驶	商用
绵阳分院	TB	27	正驾驶	商用
	TB	10	昼间仪表正驾驶	商用
	TB	9	昼间目视正驾驶	商用

说明：本表根据《中国民用航空志·西南地区卷》编制

（三）熟练飞行

熟练飞行是飞行教师、干部间断飞行超过一定期限后，必须进行的检查飞行。检查合格后，才能单独飞行或参加教学。

1976 年 5 月，十四航校根据空军 1974 年颁发的《飞行条令补充规定》和民航总局有关规定，制定下发了《训练飞行暂行规定》，其中对飞行教师、干部间断飞行后的检查飞行作了如下规定：（1）已达到昼间 3 号以上天气标准的飞行教师、干部，总飞行时间在 500 小时以上，间断飞行超过 2 个月；总飞行时间在 800 小时以上，间断飞行超过 3 个月；总飞行时间在 1000 小时以上，间断飞行超过 4 个月，必须经过检查飞行，合格后方准单飞；（2）已达到夜间 2 号以上天气标准的教师、干部，夜间飞行时间在100小时以上，间断飞行超过2个月；夜间飞行时间在200小时以上，间断飞行超过3个月；夜间飞行时间在300小时以上，间断飞行超过4个月，必须经过检查飞行，合格后方准单飞。

1998年12月，民航飞院对熟练飞行及技术检查又作了新的规定：(1) 超过间断飞行时间，执照仍在有效期内的飞行人员，由其所在的单位按规定进行训练，经技术检查合格后，批准恢复飞行资格。(2) 间断飞行时间超过执照有效期的飞行人员，由其所在单位按规定计划进行训练，报地区管理局申请执照检查，经考试、审查合格后签发执照。(3) 间断飞行超过以下规定期限，必须经过相应等级条件的恢复、检查：目视等级间断飞行超过1个月者；昼间仪表等级间断飞行超过2个月者；仪表等级间断飞行超过3个月者；领航、通信和机械员间断飞行超过4个月者；夜间飞行间断超过6个月者。(4) 间断飞行未超过上述期限，但单位认为必要的，亦可进行检查。(5) 恢复飞行应根据飞行人员的飞行经历和间断时间，在飞行人员经批准的技术等级条件下进行至少一次的全停着陆。其中应在进行最低天气标准下进近着陆一次，最低天气标准下中断进近一次和模拟起飞中关键发动机故障至少一次（对多发飞机），并填写《飞行记录簿》。(6) 间断飞行的恢复、检查，由飞行人员所在单位领导决定在本场、航线或合格的模拟机上进行。(7) 检查由管理局委任的检查员授命进行，检查后填写《飞行技术检查报告表》和《飞行记录簿》。

（四）改装机型训练

民航飞院（校）先后执管12种机型用于飞行训练。凡改用新的训练机型，必须进行理论学习和改装训练。飞行教师在规定时间改装合格，并经组织审批后，方能转入新机型担任教学训练。对苏制和国产飞机改装，均在本校完成。20世纪80年代后，开始从美国和法国引进教练机，改装训练分两步进行，首先按购机合同，选派一定人员到国外改装；他们取得机型执照后，回校组织其他教师和干部的改装。

1985年7月1日，民航局航材公司与美国贝尔公司签订购买6架贝尔206BⅢ型直升机的合同，供飞行专科学校承担直升机训练任务。同年10月12日，学校从一分校派出6名飞行干部赴美国得克萨斯州沃茨堡接受贝尔206Ⅲ型直升机培训，次月结束改装训练，均获得机型执照。1986年1月后，贝尔206BⅢ型直升机陆续飞抵飞行专科学校，接着一分校组织一大队飞行教师进行贝尔206BⅢ型直升机的改装训练。到1986年底，已培训出贝尔206BⅢ型飞行教学干部13名，开始担任直升机养成学生的训练和航空公司飞行员改装培训的任务。

1988年3月，民航飞院向法国苏柯达飞机公司订购28架TB20型初教机。同年7月，民航飞院派出15名飞行干部到法国接受TB20飞机技术培训。1993年9月，又向法国苏柯达飞机公司购买TB20型飞机4架，TB200型飞机38架，随即选派12名飞行干部到法国接受TB200型飞机的改装培训。两次出国改装的干部回到学院后，即组织有关教师改装训练，使购入的两批初教机准时投入学生的教学训练。

1989年3月，民航飞院向美国派珀飞机公司订购4架夏延ⅢA型高教机，随后选派8名飞行干部到美国接受改装。1990年5月，民航飞院与西德汉莎航空公司签订《关于派珀夏延ⅢA飞机的培训协议》。是年8月，由西德飞行教官执教民航飞院二分院干部进行夏延ⅢA高教机改装训练，翌年3月，由民航飞院教师执教组织二分院教师改装夏延ⅢA高教机。到年底，已有17名飞行教师取得夏延ⅢA仪表等级，担负起夏延ⅢA高教机的训练任务。

（五）送外培训

有计划地选送一些飞行教师到国外学习，接受训练是提高飞行教师素质的重要途径。具体做法是：先由民航飞院飞行训练标准处根据教学需要和可能进行论证，然后提出外送培训建议，报学院领导审批；学院领导同意后，飞行训练标准处与国外进行外送培训意向谈判，通过协商取得一致后，签订正式合同；根据外送培训合同的要求，民航飞院进行由下而上的选拔，确定外送教师培训名单，并上报民航总局，待批复后，方可实施外送。每批出国培训的教师，在返回学院后的一个月内，应将培训后的总结和建议报告民航飞院飞行训练标准处。1985—2000 年民航飞院飞行教师出国培训情况见表 4 – 8。

1985—2005 年民航飞行学院飞行人员出国培训统计表

表 4 – 8　　　　单位：人

年份	地点	培训内容	人数
1985	美国	改装贝尔 206BⅢ型直升机	6
1988	法国	改装 TB20	15
1989	法国	学习 TB20 模拟机	3
1990	美国	改装夏延ⅢA	8
1993	加拿大	学习、监造夏延全动模拟机	2
1994	法国	改装 TB200	12
	德国	学习夏延模拟机	2
1996	法国	教学交流与培训	12
	美国	波音飞机公司援助学院项目，对飞行人员进行教学培训（第一批）	15
1997	法国	安全培训	1
	美国	波音飞机公司援助学院项目，对飞行人员进行教学培训（第二批）	15
	瑞典	学习驾驶舱资源管理	8
1998	美国	波音飞机公司援助学院项目，对飞行人员进行教学培训（第三批）	15
2000	美国	波音飞机公司援助学院项目，对飞行人员进行教学培训（第四批）	8

说明：本表根据《中国民用航空志·西南地区卷》编制

（六）复训

1994 年 11 月 17 日，民航总局发布《中国民用航空飞行人员训练管理规定（试行）》，其中对飞行人员的复训问题作出严格规定，要求“每年应对飞行机组成员进行定期复训和相应的定期复训考试”。1995 年 12 月，民航飞院向民航总局飞标司上报各机型飞行教师复训提纲。次年 1 月，民航总局飞标司审查批准了民航飞院上报的复训提纲。

1. TB 机型飞行教师复训提纲

获得 TB 机型驾驶执照的飞行教师每年必须进行一次复训。复训内容包括 40 小时理论复训，10 小时飞行复训（其中 8 小时在模拟练习器上完成，2 小时实际的飞行训练）。完成复训后，应达到提纲规定的标准，在提纲要求时限内不达标者，分院可根据情况拟定增加复训时间的计划报飞标处，完成增加复训计划仍达不到标准者，不准上岗。

空中飞行复训没有安排专门的检查考试，带飞教员应对飞行人员的技术水平作出评估；理论复训与年度执照考试复习结合进行，转机型训练的人员当年复训可以免除。

2. 贝尔206BⅢ机型飞行教师复训提纲

获得贝尔206BⅢ机型驾驶执照的飞行教师每年必须进行一次复训。复训内容包括40小时理论复训，10小时飞行复训（其中8小时在模拟练习器上完成，2小时实际的飞行训练）。完成复训后，应达到提纲规定的标准，在提纲要求时限内不达标者，分院可根据情况拟定增加复训时间的计划报飞标处，完成增加复训计划仍达不到标准者，不准上岗。

空中飞行复训没有安排专门的检查考试，带飞教员应对飞行人员的技术水平作出评估；理论复训与年度执照考试复习结合进行，转机型训练的人员当年复训可以免除。

3. 运5机型飞行教师复训提纲

获得运5机型驾驶执照的飞行教师每年必须进行一次复训。复训内容包括40小时理论复训，10小时飞行复训（其中8小时在模拟练习器上完成，2小时实际的飞行训练）。完成复训后，应达到提纲规定的标准，在提纲要求时限内不达标者，分院可根据情况拟定增加复训时间的计划报飞标处，完成增加复训计划仍不达标者，不准上岗。

空中飞行复训没有安排专门的检查考试，带飞教员应对飞行人员的技术水平作出评估；理论复训与年度执照考试复习结合进行，转机型训练的人员当年复训可以免除。

4. 夏延ⅢA或运7型飞机教师复训提纲

获得夏延ⅢA或运7机型驾驶执照的飞行教师（包括飞行机械教师和飞行通信教师），每年必须进行一次复训。复训内容包括40小时理论复训，10小时模拟机复训（可在模拟机或模拟练习器上进行，模拟机上的飞行时间不得少于6小时）。完成复训后，应达到提纲规定的标准，在提纲要求时限内不达标者，分院可根据情况拟定增加复训时间的计划报飞标处，完成增加复训计划仍不达标者，不准上岗。完成模拟机复训课程后，带飞教员应对飞行人员的技术水平作出评估；理论复训与年度执照考试复习结合进行，转机型训练的人员当年复训可以免除。

本提纲模拟机课程的起飞条件是按照夏延ⅢA机型设置的，运7机型的起飞条件，带飞教员可根据情况设置。

至2005年，民航飞院有飞行教师208名，其中飞行驾驶教师201名，飞行机械教师7名，从事飞行教学工作。

第三章 飞行技术管理

第一节 技术管理规定

一、机长天气标准规定

民航西南地区自1955年4月组建第一支飞行队伍起，至1997年各航空企事业单位相继取消机长天气标准时止，自始至终将机长天气标准列为衡量机长飞行业务技术素质的综合标志，长期坚持了这一制度。民航西南地区机长的天气标准有日航与夜航之分，日航天气标准为0号、2号、1号三个技术等级，由0号天气标准转2号天气标准、2号天气标准转为1号天气标准，都必须经过严格的飞行训练和技术检查考核，合格者经民航西南管理局批准，公布后生效。取得日航2号以上天气标准的机长，单飞达到规定的飞行小时后，才能进行夜航天气标准飞行训练。夜航天气标准又分为2号、1号两个技术等级。进入夜航2号天气标准训练，必须是日航2号或日航1号天气标准，在日航2号天气标准单飞80小时以上，并有一定的云中（仪表）飞行经历和时间。转夜航1号天气标准训练的机长，必须是夜航2号天气标准，其夜航2号天气标准单飞时间不少于20小时。

二、飞行培训管理规定

1982年3月3日，民航局下发了《民航在职飞行人员技术管理暂行规定》，对飞行训练大纲、飞行人员培训和选择、转机型人员的选调和审批、单飞检查和批准、训练飞行、熟练飞行、技术停飞、训练计划和报表制度等方面作了具体规定。民航成都管理局及其飞行大队在安排人员转机型、转正驾驶、转天气标准、转作业项目、转右座教员时，严格按照民航局暂行规定，根据每个人的政治思想、组织纪律、学习态度、飞行作风、航空理论、业务技术和接受能力的具体情况，择优进行培训。凡飞行呆板、反应迟钝、接受能力慢或航空理论、飞行技术考核不及格者，均不选为培训对象。飞行人员在培训的过程中，严格按照训练大纲要求进行。各工种飞行人员凡经培训带飞检查合格，均填写《飞行记录簿》，并按规定的权限批准和备案。民航成都管理局及其飞行大队还根据民航局的暂时规定，结合生产飞行，坚持每年对所属飞行人员的航空理论和飞行技术进行一次检查与考核，尤其是对责任机长和右座教员做到了“一个不漏”，对飞行技术不相称者，做出降低天气标准、中止专业项目、取消右座教员或单飞资格。

机型改装的飞行训练，是飞行培训的一项重要内容。民航西南地区的机型飞行改装训练分为改装较小等级机型训练、改装同等级机型训练、改装较大等级机型训练。其中改装较大等级机型训练，称为转升机型训练。转升机型的飞行人员必须在政治思想、组织纪律、飞行作风、飞行技术、心理素质、接受能力等方面有良好的表现，航空理论知识丰富，飞行经历、英语水平符合要求，身体符合转升机型条件。改装大型机的飞行人员，在政治上必须思想进步，飞行事业心强，身体条件在半年内大体检合格，如果体检时间超过半年，还需按规定做改装机型的体格检查。技术上要求接收能力快，上进心强，有培养前途，具有中型机1/2天气标准以上的正驾驶，可改装中程大型机。中程大型机1/2天气标准以上的正驾驶飞行不少于2000小时可改装远程大型机。在中、远程大型机改装训练的过程中，还要进行转昼、夜间2号天气标准（符号为2/2）训练，以达到在复杂气象条件下执行飞行任务的能力。然后逐步进行昼间1号（符号为1/2）、夜间1号（符号为1/1）天气标准训练。转大型机的飞行领航员、飞行通信员、飞行机械员，必须在中型机上已独立工作1年以上，具有一定的专业技术水平，并需按各专业人员的训练提纲完成训练计划，经检查考核合格后，才准许在大型机单独执行任务。为加强对飞行改装培训的技术管理，1987年5月，民航成都管理局就飞行员首批改装新机型训练的条件又作出具体规定，规定明确指出：改装大型、中远程客机的飞行员必须是在中型、中短程客机以上机型单独执行任务，天气标准1/2以上且技术较优秀的正驾驶。改装中型、中短程客机的飞行员必须是在支线客机以上机型单独执行任务、天气标准1/2以上且技术较优秀的正驾驶。改装支线客机的飞行员必须是在小型飞机上单独执行任务、天气标准2/0以上且技术较优秀的正驾驶。改装机型的飞行员必须按训练大纲要求进行挑选。无机长经历的飞行员进行上述机型训练时，须经过见习副驾驶、副驾驶阶段才能进入机长培训。当需要出国改装机型训练时，应增加飞行人员的外语条件。其他条件相等时，应挑选外语水平高的参加机型改装培训。改装机型的训练程序包括：理论学习、CPT训练或座舱实习、模拟机训练（大、中型客机必须进行，其他机型视条件决定）、本场训练、航线带飞。

为规范飞行人员的培训管理，1992年3月25日，民航西南管理局飞行标准部门就飞行人员培训的有关问题制订具体规定：各航空公司在确定转、升机型的飞行人员后，写出书面报告，附《飞行人员转机型审查报告》，报民航西南管理局审批；各航空公司出国进行模拟机训练的，要在每年12月15日前将第二年出国受训人员计划包括任务、时间、经停地点、人员数量、职称、批数等上报民航西南管理局，再经民航局批准后，按批件要求，将出国人员名单、费用来源、接收单位等报民航西南管理局。1994年6月，民航西南管理局还要求各航空公司从当年12月1日起，在生产运营任务中担任机长和副驾驶的飞行员，必须达到民航总局制定的《职业飞行员——飞机的基础驾驶训练最低要求》和《职业飞行员——初始仪表训练最低要求》的规定。担任机长的还必须具备下列相应机型要求的最低飞行经历：（1）在小型飞机上目视飞行规则中担任机长的飞行员，必须作为飞行员已飞行500小时以上，转场飞行时间不少于100小时。在夜间飞行中担任机长的，其夜间飞行时间不得少于25小时。（2）在小型飞机上仪表飞行规则中担任机长的飞行员，必须作为飞行员已飞行1200小时以上，其中转场飞行时间不少于500小时，夜间飞行时间不少于100小时，实际或模拟的仪表飞行时间不少于75小时。（3）在中型飞机上担任机长的飞行员，必须作为飞行员已飞行1500小时以上，并且担任小型飞机机长的飞行时间不少于250小时，其转场飞行时间200小时以上，仪表飞行时间75小时以上，夜间飞行时间100小时以上。（4）在大型飞机上担任机长的飞行员，必须作为飞行员飞行3000小时以上，并且担任中型飞机机长安全飞行一年以上，其飞行时间不少于300小时；在大型飞机上取得2/2（含）以上天气标准后完成监视下单飞一年以上，其监视下单飞不少于

500 小时。(5) 在重型飞机上担任机长的飞行员，必须作为飞行员已飞行5000 小时以上，并且担任大型飞机机长安全飞行一年以上，其飞行时间不少于500 小时。

为使飞行技术管理的规定得到落实，各航空公司成立飞行技术考评委员会，加大了飞行人员技术管理力度。1994 年6 月8 日，西南航空公司成立了飞行技术考评委员会，由12 人组成，公司总经理任委员会主任。委员会是公司对飞行员进行飞行技术检查、考核、评定、聘任的最高权力机构，负责对飞行员改装训练技术把关，对飞行员升正驾驶、转天气标准、转责任机长、转飞行教员进行技术考核、评定和聘任。委员会在评审、考核、聘任工作中，坚持实事求是与民主集中制的原则，严格评聘标准、严格评聘程序与手续；表决时采取无记名投票的方式，必须有2/3 以上的委员参加，有参加会议委员85% 的人投赞成票才有效力。西南航空公司还加强了技术标准的管理，统一技术动作和程序。1997 年6 月16 日，西南航空公司制定下发了《关于规范飞行技术管理程序的通知》和《波音737、波音757、图154 机型统一标准程序》《克服不规范动作》等管理文件和技术通知，对在飞行中的进近出现偏差大、下降率过大、低于或高于下滑道等问题进行专门研究，带着问题在模拟机上进行检查带飞，使技术标准得到了统一。1999 年，西南航空公司修订下发《译码运行程序和规定》，完成了“飞行操作事件自动评分量化标准”“航空安全监察信息管理系统”等研制开发工作。同年，共利用QAR 系统译码航段33767 个，发现飞行不规范操作和机械问题138 起，占译码航段总量的0. 41% 。公司结合QAR 译码监控发现的问题，从飞行作风和技术操纵两个方面加强对飞行人员进行教育。2001 年9 月12 日，西南航空公司公司修订下发《飞行品质监控工作管理规定》，将各单位、各部门在QAR 系统运行管理中的职责进行分工，针对飞行中所反映出的技术问题，召开技术研讨，制定补救措施，在模拟机复训中予以专门训练，有针对性地加以解决。

1998 年6 月29 日，四川航空公司成立了公司飞行技术评审委员会，由主任、委员共9 人组成，其职责是对公司飞行部和航安处所申报的飞行人员的技术授权和机长聘任、教员资格、机型改装、空勤人员的复飞、停飞进行评审。评审程序为：由飞行部技术负责人向评委会汇报飞行部研究意见和方案，介绍飞行部申报被评审者的全面情况；由航安处向评委会汇报被评审者的标准符合性和理科考核情况；评审讨论；无记名投票表决；宣布评审结果；主任或委托评委成员与被评审者谈话；航安处按规定办理有关手续并指定检查员进行技术检查。

民航飞院为提高飞行人员的技术素质，培养符合训练大纲质量要求的飞行技术人才，根据民航总局有关规定，结合学院的实际情况，于1995 年5 月9 日颁布了《飞行技术管理规定》。规定中对飞行技术培训、提高飞行人员的技术质量、培训计划的审批与技术质量的检查、培训的步骤、各种培训项目的重点等，都有具体的要求。

三、飞行技术检查规定

对飞行人员技术管理的一种主要方式是严格技术检查，包括转见习机长、转正驾驶、转天气标准、转专业项目，转右座教员以及飞行领航员、飞行通信员、飞行机械放单飞等。民航局对副驾驶提升正驾驶、小型飞机驾驶员转为较大型飞机驾驶员以及见习飞行领航员、见习飞行通信员、见习飞行机械员转正等的技术检查作出了明确、严格的规定，并不断完善修订。

从1982 年起，民航成都管理局以及体改后的民航西南管理局每年要对民航西南地区的飞行人员组织一次理科测验和术科检查，对天气标准不合格的驾驶员降低天气标准或降为副驾驶；不能胜任飞行教员的暂停教学，不称职的取消教员资格；对违反飞行纪律、违反规章制度的暂停单独执行飞行任务，检查合格后才可恢复。1982 年 2 月，民航局飞行技术检查组对成都管理局第七飞行大队的飞行人员进行了抽查，抽查内容包括理论水平、操作能力、仪表驾驶技术以及设备的使用、制度的执行等，抽查结果没有发现因不合格要采取组织处理的飞行人员。

四川航空公司于 1998 年 9—12 月和 1999 年 3—6 月，对公司 118 名正驾驶和见习正驾驶以及副驾驶的技术授权重新确认。其中有 41 名技术检查不合格（图 154 机型 4 名、空客 320 机型 33 名、运 7 机型 4 名），于是公司进行技术培训加工补课，再次进行技术检查，达到技术授权标准，重新进行确认。2004 年 7 月，公司又对 2003—2004 年空客 320 机型新聘机长、新改装人员和领、通、机改驾人员共计 47 名有针对性地进行了技术检查，并于 11—12 日对空客系列机型和 EMB145LR 机型的机长进行了技术检查。机长队伍中，技术状况好的和较好的占机长人数的 85%，技术状况稍弱的占机长人数的 15%。针对技术状况稍弱的人员，公司加强对飞行操纵技术的训练学习，并进行飞行技术理论研讨，每月至少一次，规范和统一了飞行程序。

第二节　机组配备

一、机组定员

飞行机组是执行飞行任务的基础组织。机组成员是由在航空器驾驶舱内操纵航行、通信、机械设备安全运行的人员构成，通常包括飞行员（正驾驶、副驾驶）、飞行领航员、飞行通信员、飞行机械员等方面的飞行人员。其机组定员，一般是依据航空器的机载设备以及飞行任务性质确定，分别有 2 人制、3 人制、4 人制、5 人制。机型不同，机组定员也不尽一致，见表 4 - 9。

在具体飞行任务中，由于任务性质、飞行特点以及地面保障等原因，飞行机组的实际人数往往有变化。运 5 型飞机在执行通用航空作业调机任务时，通常机组要配飞行领航员、飞行通信员，分别负责飞行领航和陆空通话工作，以防飞机迷航。伊尔 14 型飞机执行任务的机组应配有飞行领航员。伊尔 18、波音 707 和波音 757 - 200 型飞机在执行成都—拉萨飞行任务时，由于地形复杂、天气多变，规定必须配备双机长，其中一名为责任机长。20 世纪 80 年代中期至 90 年代，波音 737 - 300、波音 757 - 200 等机型的机组是 3 人制，如按 2 人制机组配备，机组两人都必须是具有机长资格的驾驶员，由于不配备飞行机械员，此两名驾驶员先要进行领航、通信、机械理论培训，经技术检查考核合格才能执行两人制机组，并规定，其中驾驶员一名为责任机长，负责领航工作；另一名负责通信和机械工作。

1986—2005 年民航西南地区航空运输、专业飞行机组定员一览表

表 4－9　　　　　　　　　　　　　　　　　　　　　　　　　　单位：人

机　型	机　长	副驾驶	飞行领航员	飞行通信员	飞行机械员	合计	备　注
C－46	1	1	—	1	1	4	1. 西南航空公司的波音系列飞机机组定员，自 1997 年进行 2 人制训练，于 2002 年 3 月 19 日起波音 737－300、波音 737－800、波音 757－200 正式定为 2 人制机组 2. 四川航空公司的运 7 选装型飞机机组，于 1997 年起取消飞行通信员，定员为 4 人制机组
C－47	1	1	—	1	1	4	
康维尔 CV－240	1	1	—	1	1	4	
安 2	1	1	—	—	—	2	
运 5	1	1	—	—	—	2	
运 5B	1	1	—	—	—	2	
运 11	1	1	—	—	—	2	
运 12	1	1	—	—	—	2	
运 7－基本型、选装型	1	1	1	1	1	5	
运 7－100	1	1	—	—	1	3	
MA－60	1	1	—	—	—	2	
安 24	1	1	1	1	1	5	
里 2	1	1	—	1	1	4	
伊尔 12	1	1	—	1	1	4	
伊尔 14	1	1	—	1	1	4	
伊尔 18	1	1	1	1	1	5	
图 154M	1	1	1	—	1	4	
波音 707	1	1	1	1	1	5	
波音 737－200	1	1	—	—	—	2	
波音 737－300	1	1	—	—	1	3	
波音 737－600	1	1	—	—	—	2	
波音 737－700	1	1	—	—	1	3	
波音 737－800	1	1	—	—	1	3	
波音 757－200	1	1	—	—	1	3	
波音 767－300	1	1	—	—	—	2	
空客 319－115	1	1	—	—	—	2	
空客 319－133	1	1	—	—	—	2	
空客 320－232	1	1	—	—	—	2	
空客 320－233	1	1	—	—	—	2	
空客 321－200	1	1	—	—	—	2	
空客 321－131	1	1	—	—	—	2	
空客 340－300	1	1	—	—	—	2	
EMB－145	1	1	—	—	—	2	
CRJ－200	1	1	—	—	—	2	

说明：本表根据《中国民用航空志·西南地区卷》编制

1985年11月2日，民航局规定，在运输飞行中飞行人员的值勤时间在11个小时以上的航线派双机组，11个小时（不含）以下的派单机组，有带飞或检查任务时，包括教员、检查员和被带飞人员在内，单机组最多可增加2人。双机组在定员内安排。对专业飞行的机组定员：运5型飞机执行农林业飞行（不含航空护林）任务时，机组为正驾驶、副驾驶各1人，长途调机可增加飞行领航员、飞行通信员各1人；伊尔14、里2型飞机在执行人工降水、播种飞行任务时，机组为正驾驶、副驾驶、飞行通信员、飞行机械员各1人；执行航空护林飞行任务时，运5型飞机机组为正驾驶、副驾驶、飞行通信员各1人，如任务需要时，可增加飞行领航员1人；伊尔14、里2型飞机机组为正驾驶、副驾驶、飞行领航员、飞行通信员、飞行机械员各1人。对航空摄影、航空探矿、航空调查、空中照相、鱼群侦察等作业飞行，根据不同机型均有具体的定员标准。

1987年5月14日，民航成都管理局作出严格规定：机组为5人制的飞机，如波音707、伊尔18、安24等型飞机包括飞行学员不得超过7人，拉萨航线不得带飞行学员；需派双机组的航线，机组一律不得超过10人，3人制飞机（如波音737－300型飞机）机组不得超过4人，执行香港地区航线或国际航线任务时，包括带飞学员不得超过5人。以上均不包括安全员及乘务员。

1987年9月5日，西南航空公司对运7－100型飞机机组成员的定额按3人制机组设置（正驾驶、副驾驶、飞行机械员各1名），机组成员的分工严格按照该机型的飞行手册执行，在有带飞学员任务时，机组成员最多不超过5人（飞行学员、机械学员各1人）。1990年3月20日，西南航空公司规定，因图154M型飞机领航设备比较落后，需配备飞行领航员，机组定员为4人制，即：正驾驶、副驾驶、飞行领航员、飞行机械员。1994年11月3日，西南航空公司制定的《飞行机组搭配基本原则》中，提出了从6个方面进行搭配：按技术强弱和新老搭配；按航线和机场的复杂程度搭配；按飞行任务搭配；感情不融洽的应避免搭配在一个机组内飞行；根据身体强弱和年龄大小合理搭配机组，两个年龄超过55岁的不安排在一起飞行；根据性格刚柔合理搭配机组。

1999年12月17日，西南航空公司在波音757－200型飞机执行成都—邦达—拉萨航线的安全措施中，又对机组搭配作出两条特殊规定：执行邦达航线的机长必须由经过专门训练并获得资格认可的飞行员担任，并且必须保证每半年进行一次模拟机复训，模拟机复训必须有邦达机场视景；拉萨、邦达航线派两名具有机长资格的驾驶员担任，执行邦达航线的机组成员不得安排连续飞行。年龄55岁（含）以上的驾驶员不得担任邦达航线的机长。

四川航空公司在飞行运行时，严格按机型《飞行手册》机组成员数量要求配备机组，并视情况增加机组人员。当机组配备有2名机长资格的驾驶员时，指定1名驾驶员为责任机长；当飞行机组配备有3名（含）以上机长资格的驾驶员时，指定1名驾驶员为责任机长，另1名驾驶员为第二机长。2000年底，四川航空公司有飞行教员23人、机长53人，可配备46个机组，其中空客320/321机型机组35个，EMB145机型配备机组5个、MA60机型配备机组6个。

二、机组管理

对机组成员进行科学管理是建设好机组的一项重要工作，无论在执行飞行任务中的明确分工和互相配合，或在飞行任务前后的学习、工作、生活中严格要求对机组成员的健康成长、保证飞行安全等方面都是重要的。1983年5月16日，民航局在《关于在穿云下降着陆过程中机组分工配合规定》中指出：在飞行中机组的分工配合是保证飞行安全的重要因素，特别是在低云、低能见度条件下（指低于2号天气标准以下的气象条件），穿云下降着陆过程中，时间紧急、飞行数据变化快，飞行高度低，距地面障碍物越来越近，机组不易识别地标而且发现跑道困难，因此，机组必须充分准备，明确分工、主动配合、密切协作。

1987年10月9日，民航局在《关于加强机组管理工作的通知》中，要求各单位加强对机组的管理工作，检查机组中存在的问题，采取措施，加强监督。要求机长在执行飞行任务期间，对飞行安全，航班正常，服务质量和完成任务负责；必须以身作则，严格要求，对空勤组要大胆管理。要求民航站加强对过站机组的领导，督促检查空勤人员的飞行准备情况。

西南航空公司于1991年2月22日规定，凡公司执行国际、地区航班任务的机组成员，因航班延误、取消后，机组人员应服从当地办事处、中方代理人的统一安排；执行国内航班（包机）任务的机组，应服从当地西南航空公司的代理人（调度室、签派室）的统一安排，各营业部应积极协助。

为杜绝不按指令飞行的现象，1995年7月10日，民航总局飞行标准司要求：机组在飞行中，要全程认真守听，对未听清楚的指令，一定要问确实，必要时要复诵；调整高度控制设备时，正、副驾驶要相互通气，予以确认；各管理局飞行标准处对辖区内飞行单位发生的不按指令飞行的机组成员，根据其情节给予暂停驾驶执照1—6个月的处罚。西南航空公司为了保障民航总局的安全法规、安全规章、安全批示和要求在其飞行队伍能得以认真贯彻和落实，于1997年11月25日下发了《中国西南航空公司飞行人员行政管理规定》，涉及飞行人员管理、日常制度、着装及清洁卫生、飞行四个阶段的管理、机组管理、空防安全、奖惩等9章37条。

对聘用的外籍飞行人员也同样需要管理。西南航空公司于1995年7月雇佣哈萨克斯坦图154飞行人员10名，加入该机型的航班飞行。在飞行中，由西南航空公司的飞行员担任机长，并对飞行安全负责；飞行领航员、飞行机械员及陆空通话、办理各种手续均由西南航空公司飞行人员承担。

2000年6月16日，西南航空公司在《党和国家领导人乘坐公司航班运输保障管理规定》中，明确规定“飞行、乘务部门要选派责任心强、业务素质高的机组和乘务组执行该类航班，部门领导签字后将名单报公司分管飞行、运输的领导审定；公司分管领导不在时，报公司值班领导审定”“乘务部门派两名专职安全员执行航班任务”“备份飞机应按标准配备飞行机组和乘务组”。四川航空公司就党和国家领导人乘坐本公司班机时，对空勤组的配备也制定了相应的规定。使“保证安全第一，改善服务工作，争取飞行正常”的工作方针，在民航的要客保障工作中得到贯彻与落实。

第三节　飞行执照制度

中国民航建立飞行人员执照制度始于20世纪80年代中期。1985年7月10日，民航局颁发《关于实施民用航空器飞行人员执照制度的通知》。1986年4月10日与12月8日，民航局又分别颁发《民用航空器飞行人员执照的补充规定》《关于飞行人员执照工作中进一步明确的几个问题的通知》，明确指出：民用航空器飞行人员凡是符合有关规定者，可由本人和所在单位填写《飞行人员颁发执照审查报告表》，按级向民航局申请颁发。飞行人员执照分为驾驶员、飞行领航员、飞行无线电通信员、飞行机械员（工程师）执照。颁发执照前需进行体格检查和技术考核。体格检查必须经民航局主管部门指定或批准的体检单位航医人员进行，领到体检合格证后方可办理执照。技术考核包括理科考试和技术检查工作，由民航局授权的单位和检查人员进行。理科考试采用闭卷笔试或口试（口试只限于个别文化程度较低者）的方式，理论考试（按百分制）成绩在 80 分以上，技术检查（按 5 分制）总评成绩在 4 分以上，方可颁布执照。见习副驾驶（本场未单飞者）、飞行领航学员、飞行通信学员、飞行机械学员办理临时执照，临时执照有效期为 3 个月。飞行人员执照是持有人执行飞行任务的合格证书。飞行人员取得执照后，有效期为一年，以后每年进行一次审查和考核。取得执照后的飞行人员如在飞行中发生飞行事故或严重的飞行事故征候，对负有直接责任者，应按不同情况进行吊销执照或降低技术标准。执照吊销后，必须经过技术带飞检查合格后，重新申请颁发执照。遇有临时性飞行任务，可申请颁发临时执照。飞行人员改做地面工作时，应收回执照。

民航局在颁发《关于实施民用航空器飞行人员执照制度的通知》的同时，还下发了驾驶员、飞行领航员、飞行无线电通信员、飞行机械员（工程师）申请执照的要求，包括年龄、必须掌握的理论知识、操作技能和具备的飞行经历等内容。

民航局规定飞行人员执照管理工作由民航局、地区（省）管理局（航空公司、学校）、飞行大队（分公司、分校、独立中队）3 级分工负责，各级都要有一名领导干部为本单位的技术总负责人，组织领导颁发执照的各项工作，并设有负责颁发执照工作的管理机构。1986 年，民航成都管理局确定由分管飞行的副局长为技术总负责人，负责成都管理局范围内民用航空器飞行人员执照的考核和颁发工作，办事机构设在局科教处，承办各飞行大队、独立中队飞行人员执照的申请、考核、报批等项目的日常工作。民航飞行专科学校确定由分管飞行训练的副校长为技术总负责人，负责全校范围内民用航空器飞行人员执照的考核和颁发工作，办事机构设在飞行训练处，承办各分校飞行人员执照的申请、考核、报批等项目的日常工作。与此同时，各飞行大队、分校、独立中队也确定由分管飞行训练的领导为单位技术总负责人，负责本单位飞行人员执照的组织与落实工作。民航西南地区的飞行人员执照制度从 1987 年 1 月 1 日起实行，执行飞行任务的飞行人员都必须携带执照，凡无飞行执照或携带无效飞行执照的飞行人员一律不得参加飞行。

1987 年 10 月 15 日，民航体制改革后，民航飞院飞行人员执照工作仍按照以往的具体做法进行。民航西南管理局根据民航局飞行人员执照的管理规定，对各航空公司飞行人员执照工作实施行业管理。日常管理工作由其飞行安全监察处（后更名为飞行标准安全监察处）负责处理。

飞行人员执照的申请与颁发。各航空公司飞行人员执照的技术考核由民航西南管理局统一组织实施，民航局组织抽查和复查。每年的执照考核，民航西南管理局都要统筹安排计划。考核计划下达后，按单位分别组织进行理科考试和技术检查。执照的申请，由飞行人员本人填写规定的报告表，交所在单位审核签署意见后报送民航西南管理局飞行安全监察处，经民航西南管理局审查同意由管理局技术总负责人签发，将报告表报民航局审核，申请颁发执照。如技术考核不合格，可在 35 天内进行补考，只限补考 2 次。未合格前，不得参加飞行，不得申请颁发执照。如补考仍不合格，根据情况降低技术等级或停飞。飞行各工种兼职技术检查员分为民航局、地区管理局两级。民航西南管理局聘任的飞行各工种兼职技术检查员，由管理局根据飞行各种技术检查员的条件、要求和检查考核任务的实际需要，从全地区飞行人员中挑选，确定人选后聘任，并报民航局备案。民航局聘任的兼职技术检查人员由民航西南管理局从选定的飞行各工程兼职技术检查员中择优推荐，报民航局审核同意后聘任为民航局兼职技术检查员。民航局、民航西南管理局聘任的飞行各工种兼职技术检查员聘期为一年，分别执行民航局、民航西南管理局委派的技术检查和考核任务。

飞行人员执照是证明飞行人员身份、资格和技术素质的法定证件。为规范飞行人员执照的管理工作，民航西南管理局每年召开一次飞行执照工作会议，总结上一年度飞行执照管理工作，并对下一年度飞行执照的考核和颁发工作作具体安排。在飞行执照管理中，严格把好飞行技术考核、体格检查、申请程序“三关”，并坚持做到“三不办”，即技术考核不够标准的不办、体格检查不合格的不办、申请手续不符合要求的不办。1994 年3 月23 日的西南地区飞行执照工作会议决定：1994 年西南地区的飞行执照工作由民航西南管理局组织实施，各航空公司协助。民航西南管理局聘任的飞行各工种兼职检查员授予职权，代表政府机构认真进行飞行技术考核工作；理科考试规定了考试内容，并为各航空公司安排了具体的考试时间和地点；术科考试凡机型相同的各工种兼职检查员，采用了交叉检查的方式，检查结束后进行认真讲评，写出评语，填好记录本，并对驾驶技术、业务理论、机组配合、传授能力、飞行作风和规章制度执行情况进行全面检查，对该降标准的降标准；要求各航空公司申请办理飞行执照时，严格按照飞行执照的程序办理。

随着机型的更新与增加，飞行人员不只飞一种机型，往往需要两种或两种以上机型的飞行执照。为此，1993 年 5 月 19 日民航总局下达通知，因执行飞行任务的需要，驾驶、通信、机械等工种可办理两种或两种以上机型的飞行执照，但均必须分别进行理科考试和术科检查，任何一种机型考核不合格，不予颁发该机型的飞行执照。

20 世纪 90 年代中期，民航总局明确要求：颁发飞行执照，必须经民航总局授权的单位和技术检查人员进行技术考核。技术检查人员由民航总局审查认定聘任。地区管理局在民航总局授权下，也可审查认定聘任技术检查人员。为使聘任技术检查人员制度更规范、更合理，民航总局于 1995 年 3 月 9 日颁发、从 3 月 20 日起实行的《审定民用航空器飞行监察员（检查员）的规定》（以下简称《规定》）。此《规定》适用于民航总局飞行标准部门审查认定的飞行监察员（检查员）。飞行监察员（检查员）是指民航总局审查认定的有关部门的人员，由民航总局授权飞行标准司对其进行检查考核和指导。飞行监察员的条件是：必须具备一定的飞行经历；具有大专以上或同等学力；熟悉并能公正地执行有关民航规章、标准；工作作风严谨，认真负责；掌握一定的航空理论，在监察过程中能发现问题，并能从理论上进行分析；熟悉飞行程序，了解机组资源管理的要求和标准。飞行检查员除了具备以上条件外，还必须驾驶技术好，操作动作规范；具备飞行教员经历，并任教时间不少于：小型机 500 小时，中型机 1000 小时，大型机 2000 小时，重型机 3000 小时；近两年内未发生事故征候级以上的责任事故。飞行监察员（检查员）的权限是在民航总局的授权范围内和监督下，对飞行人员进行监督检查。监督检查的内容有：飞行人员的训练文件的科学性、现实性、执行状况等；飞行人员的训练质量和技术标准；训练设施、教学人员的资格的能力；机组的工作职责、程序和协调配合、组织纪律、工作作风、心理素质、健康状况；安全运营措施的落实和应急设备的使用等。飞行监察员（检查员）经民航总局认定后，颁发证书、证件，任期两年。如本人要求中止、被发现没能认真公正地履行职责、不能胜任其工作、飞行中发生事故征候以上的责任事故（指飞行检查员），满足其中一条者，民航总局将中止其任期。

为了加强和改善飞行技术管理，民航总局自 20 世纪 90 年代中期起对民用航空器飞行员执照制定进行了不断深化改革。1996 年 8 月 1 日发布、1997 年 1 月 1 日起施行的民航规章 CCAR－61R1 部《民用航空器驾驶员、飞行教员和地面教员合格审定规则》和民航规章 CCAR－63 部《民用航空器领航员、飞行机械员、飞行通信员合格审定规则》以及 1996 年 11 月 20 日民航总局《关于下发〈民用航空飞行人员换发执照实施办法〉的通知》，分别对民用航空器驾驶员、飞行教员、地面教员执照与等级的申请、执照的颁发与管理以及对民用航空器领航员、飞行机械员、飞行通信员执照和学员合格证与等级的申请、颁发与管理和换发执照的办法进行了具体规定。民航总局又分别于 2002 年 10 月 21 日和 2004 年 12 月 16 日对 CCAR－61RI 部进行了两次修订。

四川省行政区划内各航空公司按照 CCAR－61R1 部规章和本公司《飞行技术管理手册》有关章节的规定申办、更换飞行人员执照。从此，飞行人员执照改革分为私用驾驶员执照、商用运输驾驶员执照、航线运输驾驶员执照 3 个类别的执照。2004 年 12 月 16 日修订颁发的 CCAR－61RI 规定：除学生驾驶员执照外，按本规则颁发的其他驾驶员执照，不规定特定的有效期限。但是仅当执照持有人满足本规则和有关中国民航运行规章的相应训练与检查要求时，方可行使其执照所赋予的相应权利。

商用运输驾驶员执照的办理由航空公司飞行部（飞行大队）提供《关于×××办理商用驾驶员执照的申请》，附《民用航空驾驶员执照和等级申请表》、地区管理局方颁发的理论考试成绩单，支持在申请表上的飞行经历或局方可以接受的其他记录原件或复印件、驾驶员飞行纪录簿、军转民飞行人员提供民用航空器飞行人员实践考试记录单、通过航线运输执照理论考试成绩单、小 2 寸彩色着西装系领带蓝底色的照片 3 张及相关要求的英语合格证，有效的中国民用航空体检合格证、申请人身份证、飞行院校毕业生提供毕业证书复印件，所有材料一式两份，交给公司飞行技术管理部门。

航线运输驾驶员执照的办理由航空公司飞行部（飞行大队）提供《关于×××办理航线运输驾驶员执照的申请》，附《民用航空器驾驶员执照和等级申请表》、地区管理局方颁发的飞行人员航线运输执照理论考试成绩单、驾驶员飞行记录簿、原持有商用驾驶员执照复印件，小 2 寸彩色着西装系领带蓝底色的照片 3 张及相关要求的英语合格证、有效的中国民用航空体检合格证、申请人身份证、模拟机升级训练合格证明复印件，所有材料一式两份，交给公司飞行技术管理部门。

教员执照（合格证）由航空公司飞行部（飞行大队）提供《关于×××办理教员执照的申请》，附《民用航空器飞行教员执照和等级申请表》、驾驶员飞行记录簿、飞行教员理论考试成绩单、小 2 寸彩色着西装系领带蓝底色的照片 3 张及相关要求的英语合格证、有效的中国民用航空体检合格证、申请人身份证、原持有航线运输驾驶员执照、模拟机升级训练合格证明复印件，所有材料一式两份送交公司飞行技术管理部门。

公司飞行技术管理部门将收到的申办、更换、技术审定的商用运输驾驶员执照、航线运输驾驶员执照、教员执照（合格证）的资料及时进行审核，经公司主管领导签发，上报民航西南地区管理局审查同意后报请民航民航总局颁发飞行人员执照（合格证）。机型飞行手册中规定可以没有飞行领航员、飞行通信员、飞行机械员的机型，航空公司如已增加了领、通、机人员，原执照换发后仍可保留其作为机组非必需成员。飞行人员执照（合格证）的签证有效期以民航总局、民航西南地区管理局签发日期为准。执照（合格证）在有效期满后不得使用，如使用视为无照飞行。根据 1998 年 3 月 12 日颁发的《民航西南局飞行标准管理手册》有关规定，飞行人员在执行任务是时，必须随身携带有效的执照、体检合格证和公司聘书，无照（证）人员不得参加飞行。使用执照或合格证的复印件飞行，视同无照飞行。在执行飞行任务过程中如遇有局方监察人员检查照（证）时，应主动出示照（证）接受检查。

飞行人员经民航总局和西南地区管理局监察员或委任飞行检查代表进行技术检查，被提高或降低技术标准或取消教员资格后，由检查人员填写《飞行记录簿》和《技术检查报告表》。公司飞行技术管理部门携其《技术检查报告表》《飞行记录簿》及执照或合格证到民航西南地区管理局重新办理照（证）中的等级标准变更签证。对提高技术标准者，未办理变更签证之前不能按新标准或等级参加飞行；对被降低技术标准或取消教员资格者，立即按新标准或等级参加飞行。

飞行人员当受到行政处罚或因飞行违章、飞行技能原因造成飞行事故征候或飞行事故而被民航总局和民航西南地区管理局暂停、吊扣、吊销执照、合格证时，由公司飞行技术管理部门将其飞行执照、合格证收缴到民航西南地区管理局飞标处。当处理期满后，按下列办法办理：（1）若在执照有效期内，也不涉及恢复技术标准，其申请恢复飞行的请求得到民航西南地区管理局的同意后，可办理恢复飞行的手续。（2）若执照已过期或失效，应按民航西南地区管理局飞标处规定的程序办理。（3）对于恢复技术授权的处理，属于民航西南地区管理局处理的，将由西南地区管理局派员检查；属于民航总局处理的，将由民航西南地区管理局报请民航总局派员检查。各航空公司对飞行人员只有暂停止安排其飞行的权利，而不具有暂停、吊扣、吊销执照的权利。

1987—1996 年的 10 年间，民航总局和民航西南管理局为西南地区各航空企事业单位颁发飞行人员正式执照和临时执照 10512 人次。其中：西南航空公司 5519 人次，四川航空公司 1676 人次，民航飞行学院 1900 人次。民航总局于 1996 年 8 月 1 日发布民航规章 CCAR－61R1 部和 CCAR－63 部，对飞行人员执照制度进行重大的改革，采用国际上通用的方法，根据每个航空器驾驶员的飞行经历和飞行技术，改革为私用驾驶员执照、商用运输驾驶员执照和航线运输驾驶员执照等 3 个类别。1997—2004 年的 8 年间，民航西南地区管理局遵照 CCAR－61 部和 CCAR－63 部的规定，为各航空公司和民航飞院飞行人员办理了私用驾驶员执照、商用运输驾驶员执照、航线运输驾驶员执照、飞行教员执照（各格证）、飞行学生执照（合格证）、临时飞行执照、增加技术等级、技术审定批准书、外籍飞行人员执照或认可证等各种执照 21665 人次，使民航西南地区飞行人员执照工作向规范化管理的转轨上了一个新台阶。

2005 年 6 月 1 日，正式施行民航总局《大型飞机公共航空运输承运人运行合格审定规则》CCAR121－R2 部。原民航总局《中国民用航空飞行人员训练管理规定》CCAR－62 部最终退出中国民用航空规章体系，其作为训练管理主要依据的作用也被其他规章所取代，民航飞行人员技术管理在制度化、标准化、科学化方面迈出了重要的一步。

第四章 乘务空保队伍建设

第一节 乘务人员配备

1986年末，民航成都管理局第七飞行大队有乘务人员88名。同年9月19日，四川省航空公司正式成立。随后，四川行政区划内西南航空公司、长城航空公司、鹰联航空公司相继成立。随着民航事业的发展，乘务人员严重短缺。各运输航空公司根据执管运力发展的需要和航空运输市场的需求，按照乘务员的录用标准，结合实际，公开录用乘务人员。其中，有时在应届高中毕业生中挑选招收乘务人员，有时在民航内部地面工作人员择优选拔乘务人员，有时在高等院校乘务专业的毕业生中接收乘务人员。新录用的乘务人员经过岗前培训、初始新雇员训练后，进入客舱跟班实习担任乘务工作。至2005年，西南地区民航乘务人员共有1835名。其中，国航股份西南分公司756名，四川航空股份有限公司284名。

西南航空公司乘务人员 1987年，西南航空公司重庆飞行大队招收西南航第一批空勤乘务员，之后，西南航空公司每年均向社会和大专院校招收空勤乘务员。1995年5月25日，西南航空公司面向社会招收空勤乘务员，在地域、年龄、户口、性别等方面均放宽了条件：招收地区扩大至四川全省；将学历要求从只招收应届高中毕业生改为高中以上学历；将原不招收男性改为男女对半招收；将年龄从18—22岁扩展为18—28岁，并且不论婚否；把过去只招收城镇户口改为不分农村、城镇均招收。同时，这次招乘务员以广揽人才、提高空中服务质量为宗旨，因此适当提高了对英语和普通话的要求。来自四川各地的3877名青年男女报名参加面试。经过验证、目测、口试、体检和英语笔试等全面考核，共有102人被录取，其中37名男性青年，65名女性青年。有中大专以上学历28人，有藏、回、苗、侗4个少数民族的青年。1995年9月3日，西南航空公司将新招收的其中50名乘务员送往国际航空公司培训中心进行一个半月的系统培训，培训内容包括形象设计、旅客心理、客舱服务、形体训练、美容、机上急救和英语等20多门专业课程。2000年，西南航空公司在正式职工中选拔空勤乘务员，有28名女职工通过初试、体检、英语和综合知识的考试而被录用为空勤乘务员，她们从2000年4月7日起在西南航空公司乘务培训中心进行理论培训，培训内容为形体、乘务理论、应急知识、航空概论、运输服务、基础英语和化妆等专业课程，还进行了水、陆应急撤离及客舱模拟训练，培训时间共434学时，全部28名学员均取得合格证书，于7月11日结业上岗。

为进一步满足西藏自治区改革开放和经济发展对航空运输的需要，树立西南航空公司特色服务形象，西南航空公司于2000年6月17日、18日在西藏拉萨市航空酒店面向西藏自治区招聘15名藏族空勤乘务员。6月17日上午10时，招聘仪式在拉萨市布达拉宫广场举行，西藏自治区党委副书记巴桑、自治区副主席多吉等出席了仪式。此次招收藏族空姐在全西藏各地引起了热烈的反响，有300多名来自拉萨、阿里、山南、林芝、昌都等地区的应聘者踊跃报名，她们中有教师、大中专院校在校生、旅游服务从业者、时装模特、专业演员和公务员等。经过面试、藏语口语、普通话和英语以及体检和文化知识考核，最终有15名藏族姑娘加入西南航空公司空勤乘务人员队伍。这批藏族空勤乘务员用工性质为西南航空公司招聘职工，签订招聘劳动合同，不涉及户粮关系的转移，按同工种同类人员享受相应的工资福利待遇。2000年9月8日至12月21日，15名藏族乘务员在西南航空公司乘务培训中心接受专业培训，均获得初级乘务员上岗证书。2001年元旦，在成都至拉萨航线上，她们身穿特制的富有民族特色的藏族裙装，以见习乘务员身份首次执行飞行任务，向中外旅客展示了西藏改革开放的新形象和“藏族之花”的骄人风采，随后她们陆续出现在西南航空公司其他航线上为乘客提供空中服务。

2001年5月28日，西南航空公司招收39名中国民航学院空中乘务专业的首届大专毕业生。这次招收大专乘务员改变了以前从地方招收乘务员的模式，以后又分别从民航学院南京职业技术学院和哈尔滨市5所院校空乘专业班招收了乘务员共计71名。

四川航空公司乘务人员　1987年11月12日，四川航空公司组建成立第一支乘务队，设队长1名、乘务员3名，1989年1月1日，增加到5名。1990年11月20日，乘务队从飞行部脱钩，成立机上服务部，下设1个乘务队。乘务队设队长1名、副队长1名、乘务员16名。1993年1月，组建第二支乘务队，设队长1名、副队长3名。1996年7月9日，机上服务部撤销，同时将两支乘务队合并整编成立运输服务部乘务队，设队长1名、副队长4名。1997年12月4日，成立四川航空客舱服务公司，将原航务部供应室、客舱服务队、原市场销售部乘务队划归隶属，下设乘务队、供应室、客舱维修清洁队。1998年1月，运输服务部乘务队整编更名为客舱服务部乘务队，设队长和支部书记各1名、副队长2名。2002年7月29日，组建成立客舱服务部乘务二队。2003年7月，公司统一将乘务队、供应室、清洁队等保障部门合并组建成立运管中心客舱服务部。该部定编为二级管理部门（科级），设经理和党总支书记各1名、副经理2名，总支副书记兼分工会主席1名；下设综合室、生产调度室（编制行政、业务、派遣、培训、清洁、供应、安全7个项目主管）和5个乘务中队，从事国内干线和支线的空中服务工作。

第二节　乘务人员培训

民航成都管理局的乘务人员，有的是民航学校运输服务专业的毕业生，有的是在运输服务部门中挑选的地升空人员，有的是航空俱乐部调来的飞滑翔机的学员。这些乘务人员素质较好，经过培训、见习1年后转正为乘务员。此后新乘务人员的来源，主要是从每年招收的女义务工中挑选，乘务业务是以老带新，靠老乘务员传、帮、带，靠自身在工作实践中学习、摸索和积累经验以及掌握工作程序和服务规范。由于这些乘务人员未经过正规的乘务培训，影响乘务队伍的业务建设。进入20世纪80年代后，民航成都管理局从影响乘务人员素质的因素中认真吸取教训，加大了乘务人员业务培训的力度。对1980—1982年招收的65名乘务人员进行了严格的业务培训。初始训练是在管理局教导队（技工学校）实施的，教学设置有语文、地理、英语、航空知识等课程。岗前培训工作由民航第七飞行大队和昆明独立中队分别组织实施，教员都是从资历深、素质高、能力强、有丰富实践经验的乘务长中挑选。通过言传身教，这两批乘务人员较快地掌握了客舱服务的知识理论、接待礼仪、工作程序和服务规范。

1983 年 12 月，民航成都管理局开始执管波音 707 型飞机。为适应改革开放形势的发展，乘务员在波音 707 机型的航班上开始使用汉语和英语的双语服务。以后，随着航空运输市场的需求和航空运输企业发展的需要，民航西南地区先后引进了波音 737－300/200/700/800/600、波音 757－200、波音 767－300、空客 340－300、空客 320－232/233、空客 321－200/131、空客 319－115/133 等先进的中、大型和宽体客机。由于新型飞机的引进、乘务员的转机型训练、差异训练、定期复训、升级训练和重新获得资格训练等训练模式被提上日程。

20 世纪 80 年代中后期，西南民航使用执管的飞机相继开通了至中国香港、澳门等地区航线，至尼泊尔、日本、韩国、泰国、新加坡、缅甸、马来西亚、法国等国际航线。随着国际、地区航线的开辟，国内航班的增多，国内外交往日益频繁。为提升中国民航的整体形象，客舱服务体系必须与国际接轨。各航空运输公司从加强与改善乘务人员业务技能训练、提高乘务人员业务素质入手，先后制订了《客舱乘务员手册》，使乘务员客舱服务逐步向程序化、标准化、规范化迈进。90 年代开始，各航空运输公司结合实际，相继制定与完善《客舱乘务员训练大纲》。从此，乘务人员的各种训练步入规范化的轨道。民航西南地区各航空运输公司的《乘务员训练大纲》均依据民航法律、法规和有关规章以及自身的管理制度制定的，但具体内容不尽相同。西南航空公司于 1997 年制定《乘务员训练大纲》，规范了公司乘务员业务培训。大纲主要包括初始新雇员训练、转机型训练、差异训练、定期复训、重获资格训练、客舱乘务长训练、客舱安全检查员训练、客舱安全教员训练、危险物品运输定期训练等训练模式。

初始新雇员训练是新雇用的客舱乘务员或已雇用但没在客舱乘务员岗位上工作过的人员所进行的训练。其训练时间为 200—250 课时。训练内容包括航空基础理论（含航空术语、飞机术语、气象知识），民航法律、法规和有关规章，客舱设备、安全与管理，应急救生训练，危险物品知识、运输与应急处置，乘务员职责、乘务员礼仪与服务工作规范以及其他有关的知识。

转机型训练是曾在一种机型中训练并已经合格的客舱乘务员，当需要其在另外的机型上服务时，所进行的训练。其训练时间为 11 课时（单一机型）。训练内容包括飞机概况，客舱设备与布局，应急设备位置、使用与注意事项，应急处置与职责，应急生存训练以及其他有关的知识。

差异训练是已在某一特定型别的飞机上经审定合格并服务过的客舱乘务员，才能进入同型别飞机与原飞机在性能、设备或操作程序等方面所进行的差异补充性训练。其训练时间为 6 课时。训练内容包括飞机概况，客舱服务设备布局与使用，应急设备、应急处置与应急设备操作以及乘务员职责。

定期复训是已经训练过并取得资格的客舱乘务员，以后每连续 12 个日历月在训练适宜期应进行的定期训练，每连续 24 个日历月在训练适宜期应进行的应急生存演练训练。其训练时间为每 12 个日历月 13 课时。训练内容包括应急理论与应急操作课程、急救理论与急救操作课程以及其他有关知识。

重获资格训练是已经训练过并取得资格的客舱乘务员，未执行客舱乘务员岗位职责连续 12 个日历月以上，未按规定期限完成复训，未按规定完成初始经历检查或航班检查不合格等原因而失去资格的客舱乘务员，为恢复资格需要进行的训练。其训练时间根据训练内容而定。训练内容：根据不合格的类别选择等级训练课程内容；根据机型安排应急设备训练、应急情况训练和应急演练；参照各等级资格的训练内容。客舱乘务长训练是指经过选拔运行经历 3 年以上或完成飞行经历 2600 小时以上客舱乘务员，在聘用客舱乘务长前需要进行的训练，其训练时间为 65 课时。训练内容包括《国际民航公约》《中国民用航空法》、空防安全管理、客舱安全规则、安全职责及管理、客舱服务管理、应急生存撤离指挥训练以及其他有关知识。

客舱安全检查员训练是飞行经历在 5 年以上合格的客舱乘务长，在担任客舱安全检查员前需要进行的训练。其训练时间为 30 课时。训练内容包括 CCAR－121FS 适用条款、《中国民用航空法》相关条款、民航安全管理相关文件、乘务检查员的职责、安全检查的步骤以及其他有关的知识。客舱安全教员训练是指具备客舱乘务长资格的，在担任客舱安全教员前需要进行的训练。其训练时间为 30 课时。训练内容包括 CCAR－121FS 适用条款，客舱安全教员的职责与职业道德、培训技巧，教学设备的使用以及其他相关知识。

危险物品运输定期训练是已经训练过并取得资格的客舱乘务员，在每 12 个日历月在训练适宜期内必须完成的训练，其训练时间为 7 课时。训练内容包括危险物品的定义、依据、范围、分类，危险物品的标记与标签，危险物品运输的限制，对危险物品及爆炸物的应急处置方法。

1998 年 10 月 22 日，西南航空公司成立以公司领导为主任的乘务等级资格认证委员会，并制定了乘务员等级和等级标准，对乘务员的等级资格进行认证。西南航空公司将公司乘务员等级分为 9 级，见表 4－10。

1998 年中国西南航空公司乘务员等级与乘务岗位一览表

表 4－10

乘务员等级	对应乘务岗位
一级乘务员	国际航线主任乘务长
二级乘务员	国内航线主任乘务长
三级乘务员	国际航线乘务长
四级乘务员	国内航线乘务长
五级乘务员	国际航线头等舱乘务员
六级乘务员	国际航线普通舱乘务员
七级乘务员	国内航线头等舱乘务员
八级乘务员	国内航线普通舱乘务员
九级乘务员	见习乘务员

说明：本表根据《中国民用航空志·西南地区卷》编制

1999 年 4 月 28 日，西南航空公司乘务等级资格认证委员会首次组织成都乘务部和重庆公司 602 名乘务人员参加的乘务等级考核认证。经认证委员会审定，602 名乘务人员分别确认为 2—9 级乘务员。以后，又经过多次考核，公司乘务人员全部通过，获得“乘务等级资格合格证书”。乘务等级资格合格证书的有效期：一级至三级乘务员为 3 年，四级至九级乘务员为 2 年。西南航空公司与国际航空公司联合重组后，经改制成立中国国际航空公司西南分公司和国际航空公司重庆分公司。国航西南分公司依据国际航空公司乘务等级管理标准，并结合自身实际，将乘务等级资格认证委员会改为乘务员等级及聘任改革领导小组，分公司领导任组长，并于2004年下发了《国航西南分公司乘务员等级及聘任管理改革方案》，新的乘务员等级将原来的九级重新设置为六级，见表4－11。截至2004年10月28日，国航西南分公司现有乘务员756名（含国航贵州分公司55名），其中：主任乘务长45名；区域乘务长155名（国际航线38名、国内航线117名）；两舱乘务员64名；国际航线乘务员53名；国内航线乘务员368名（含具有国内航线头等舱资格的88名）；乘务学员71名。

2004年国航西南分公司的新旧乘务等级设置对应关系表

表4－11

现设置等级	原设置等级
一级——主任乘务长	一、二级乘务员
二级——区域乘务长	三、四级乘务员
三级——两舱（头等/公务）乘务员	五级乘务员
四级——国际线乘务员	六级乘务员
五级——国内线乘务员	七、八级乘务员
六级——乘务学员	九级乘务员

说明：本表根据《中国民用航空志·西南地区卷》编制

西南航空航空公司为加强乘务人员的培训，在成都修建了一座现代化的乘务员培训基地——西南航空公司乘务培训中心大楼，工程总投资8400万元，总建筑面积12000平方米，其中8700平方米的训练中心场馆，采用造型独特的弧形网架结构，设有训练厅、计算机室、外语教室、形体室、美容室。模拟训练器为美国汤姆逊模拟机训练设备制造公司与西安飞机工业公司模拟机制造厂联合生产的先进设备，能模拟波音737－300、波音757－200、空客340－300、空客319－115等机型的客舱和机上设备，开设机上服务、机上灭火、机上紧急救护和水陆紧急脱离等项目的训练。修建工程于1997年1月27日开工，1998年4月1日通过竣工验收。

1998年4月20日，西南航空公司乘务培训中心（以下简称乘务培训中心）对公司新招收的78名乘务人员进行初始新雇员训练。是年，乘务培训中心完成乘务人员的各种培训27期，授课868课时，培训乘务人员716人次。1999年，乘务培训中心完成乘务、飞行和运行审定人员的培训班共51期，培训各类人员1136人次。2000年，乘务培训中心完成乘务员初始训练、等级训练和定期复训以及航空安全员与新飞行员获得乘务员执照资格训练共95期，培训各类学员1658人次。2001年，乘务培训中心完成的培训项目有：举办乘务员初始训练班2期，培训乘务员72人；举办四级、六级、七级乘务员等级训练班11期，培训乘务员293人次；举办乘务员应急处置训练班30期，培训乘务员751人次；为波音737－600机型乘务员差异训练，培训人员581人；举办洲际航线乘务员训练班6期，培训乘务员178人；举办飞行员获得乘务员执照资格训练班2期，培训飞行员60人次；对空客340－300机型飞行员进行应急生存训练，培训飞行员38人；举办乘务员综合素质训练班4期，培训乘务员120人次，并送中国国际航空公司乘务培训中心培训洲际航线乘务员30人。2002年，乘务培训中心完成的培训项目有：举办乘务员初始训练班8个，培训人员174人次；举办乘务员定期复训班18个，培训人员768人次；举办乘务员灭火训练班4个，培训人员195人次；邀请国泰航空公司乘务教员培训国际航线主任乘务长18人、培训乘务教员14人，并为其他航空公司举办19个训练班，培训各类人员391人次。2003年，乘务培训中心完成的培训项目有：举办乘务员初始训练班3个，授课416课时，培训乘务员105人次；举办乘务员定期复训班12个，培训乘务员721人次；举办乘务长复训班6个，培训乘务长175人次；举办乘务员提高班6个，培训乘务员166人次；举办乘务教员培训班5个，培训人员99人次。乘务培训中心还为国航重庆公司、国航浙江公司、东方航空公司、四川航空公司、山东航空公司举办38个训练班，培训各类人员857人次。2004年，乘务培训中心举办乘务员业务培训班134个，培训各类人员达4750人次。主要培训项目包括空客319－115机型乘务员差异训练，乘务员定期复训、国际航线乘务员资格训练、头等舱公务舱乘务员资格训练、乘务员提高训练等，见表4－12。2005年，国航股分西南分公司共有892名乘务员。

西南航空公司乘务培训中心模拟训练器基本功能一览表

表4－12

名　称	功　能
空客340/波音757应急撤离舱	提供飞行人员水陆应急撤离训练
波音757－200服务训练舱	提供乘务员客舱服务训练
空客340－300服务训练舱	
波音757－200舱门训练器	提供飞行人员应急训练、提供乘务员正常及应急训练
波音737－300舱门训练器	
空客340－300舱门训练器	
空客319舱门训练器	
灭火训练器	提供飞行人员灭火训练

说明：本表根据《中国民用航空志·西南地区卷》编制

为使机上服务质量上个新的台阶。西南航空公司选派乘务员出国培训，学习外国航空公司客舱服务的经验，改善了客舱的服务管理。1994年1月至1999年1月，选派乘务员赴泰国学习，每年两期，每期20人，期限半年，以参加泰国皇家航空公司班机客舱执勤的方式，在工作实践中培训、提高，6年共培训乘务员240名。2001年10—12月，选派乘务员30名，分两批，每批1周，赴日本全日空航空公司培训，着重学习全日空航空公司客舱服务管理的经验，并在民族习俗、生活习惯、礼仪特点以及机上服务等方面进行了学习、交流与合作，达到双方取长补短、经验互补的效果。

四川航空股份有限公司《乘务员训练大纲》中规定：乘务员培训分为新雇员训练、初始训练、定期复训、重新获得资格训练、升级训练、差异训练、转机型训练、提高训练等类别。教学传授方式包括课堂教导、讨论、演示、地面设备与静态的航空器训练、音像播放、模拟或操练、自学等。

第三节　乘务组配备

随机服务的乘务人员是空勤组成员，由随机服务的乘务人员组成的乘务组，其人数是相对固定的。乘务组人数主要是依据机型载客人数以及执行飞行任务的性质确定的。1985年11月2日，民航局对各型飞机的乘务组制定了标准：有配餐任务的每25—30客座数配备乘务员1名；无配餐任务的每35—40客座数配备乘务员1名。按此要求，民航成都管理局以及后来的西南航空公司对执管的各型飞机乘务组人数进行了重新定员：即安24、运7－100型飞机配乘务长1人、乘务员1人；伊尔18

型飞机配乘务长1人、乘务员2人；波音707、图154、波音737－300型飞机配乘务长1人、乘务员4人；波音737－800型飞机配乘务长1名、乘务员5人；波音757－200型飞机配乘务长1人、乘务员7人；空客340－300型飞机配主任乘务长1人、乘务长2人、乘务员10人。西南航空公司与国际航空公司重组后，于2003年4月20日，国航西南公司执行国航总部编制的《飞行乘务员手册》。根据国航总部《飞行乘务手册》中有关机型乘务组定员：波音737－300/600/700机型乘务组最低编制为4人、定员编制为5人；波音737－800机型乘务组最低编制为4人、定员编制为6人；波音757－200机型乘务组最低编制为6人、定员编制为8人；空客340－300机型乘务组最低编制为8人、定员编制为13人；空客319－115机型乘务组最低编制为4人，定员编制为5人。

四川各运输航空企业对所执管飞机的机型，按照民航局1985年11月2日标准，结合实际，进行乘务组定员。四川航空公司规定：运7、MA60、EMB145LR型飞机乘务组定员为2人，即乘务长1人、乘务员1人；空客319－133、空客320－232/233型飞机乘务组定员为4人，即乘务长1人、乘务员3人；空客321－200/131、图154型飞机乘务组定员为5人，即乘务长1人、乘务员4人。各单位的机型乘务组人数，有时根据航班实际旅客数，进行适当地调整。专机、包机和要客飞行可按实际需要配备乘务组人员。

第四节　空保人员培训

1983年民航沈阳管理局发生“5·5”劫机事件后，武警四川省总队特警大队进驻成都双流机场，担任成都飞往沿海、边疆城市的班机空中安全保卫任务，这是第一支为西南民航空防安全服务的空保队伍。武警特警大队业务上由民航成都管理局统一领导，特警人员要接受民航为期60天的岗前培训。训练内容包括航空知识、消防知识、客舱安全知识、应急救援知识、空防安全知识、空防安全法规、航空安全人员职责、空勤组配合等基础知识。特警人员通过岗前民航业务知识的培训，为其履行职能提供了理论基础。

1987年西南航空公司在成立试运行期间，接到武警特警大队将要撤离民航的通知。为接替武警特警大队在民航担负的任务，西南航空公司组建空中保卫员中队（后改为航空安全员中队），并于当年10月16日与武警特警大队顺利完成了工作交接。四川航空公司、长城航空公司、西南航空重庆公司相继成立后，根据公安部和民航总局的规定与要求，也先后组建了空保队伍。组建初期，名称不尽相同，有的叫空保队，有的叫空防科，有的叫安全员中队，但都配备了空保人员。各航空公司录用空保人员时根据标准对每个人的政治思想、道德品质、文化程度、体形体格等进行综合考核与选拔。各航空公司空保人员的来源，有的是从军队转业、退伍的人员中选拔，有的是从在职男乘务员中选拔，有的是从年青的员工中选拔，有的是从公安干警中选调，还有的是向社会公开招聘，从大学本科、专科、高中毕业生挑选录用。空保人员必须经过严格正规的培训。西南航空公司、四川航空公司、西南航空重庆公司的空保队伍组建后，为加强空保人员业务培训，提高空保人员业务能力，也相继制定了《航空安全员训练大纲》和《空中警察训练大纲》，包含了初始训练、岗前训练、定期复训、平时训练等训练模式。

初始训练是对被航空公司录用但没有在航空器客舱执过勤的空保人员，对其所进行的初始空保业务训练。训练时间为60—90天。训练内容包括技能基础训练、防范训练、反劫机训练、防炸机训练、体能训练等课目。各航空公司空保人员通常是在北京武警特警学院、成都武警指挥学院等单位实施此类训练。岗前训练是指已经过初始训练、且考核合格的空保人员，上岗执勤前所需要进行的训练。训练时间为30天。训练内容包括航空知识、消防知识、客舱安全知识、应急救援知识、空防安全知识、空防安全法规、《中国民用航空法》、国际民航有关公约以及空保人员职责等课程。此类训练，通常由各航空公司保卫部门组织实施。

定期复训是对已经取得航空器客舱执勤资格的空保人员，以后每连续24个日历月（2000年前为12个日历月），在训练适宜期应进行的训练。训练时间为30—50天。训练内容原则与初始训练基本相同。此类训练，各航空公司空保人员通常是在北京武警特警学院、成都武警指挥学院以及民航飞院等单位完成定期复训。

平时训练是各航空公司在空保队伍平时自行组织实施的训练中，适时地组织实施反劫机、防炸机等演练。国航股份西南分公司空警大队规定：每周星期二、三、四、五为业务理论、技能、体能等训练时间，由大队组织实施。

各航空公司在对空保人员严格按照《训练大纲》实施严格地培训同时，加强对空保队伍管理力度。为全面贯彻《中华人民共和国人民警察法》《公安机关人民警察内务条令》，各航空公司先后制定了《航空安全保卫手册》《航空安全员手册》《航空安全员工作程序》《武器装备管理规定》《危险品运输手册》《反动机、防炸机方案》《应急保障手册》《防劫机、防炸机措施》等文件规定，对空保队伍实施制度化、标准化、规范化管理。

第五章 健康管理

第一节 航空卫生保障

一、体检制度

空勤人员每年必须进行一次全面体检。1983 年 1 月 17 日，民航局航行、专业、物资供应部门下发了《关于加强空勤人员飞行前医学监督的通知》，要求每个空勤人员在执行飞行任务前，特别是飞行领导干部，要主动接受航医的健康检查，如实反映自己的健康状况；航站值班调度员在起飞前检查机组的“空勤人员出勤健康证明书”，并验证签字放飞。航医对每个空勤人员必须按规定认真进行检查，切实掌握临时放飞的医学标准，特别要警惕影响飞行安全的疾病。

民航局于 1984 年 2 月 17 日、1986 年 4 月 30 日、1986 年 9 月 11 日先后颁发了《中国民航空勤人员体检鉴定标准与规定》《关于加强航空卫生工作的通知》《民用航空人员体格检查合格证暂行规定》，对体检项目、鉴定标准和合格证有效期限以及航医室隶属飞行大队（独立中队），空勤体检本填写、大体检结论执行等方面均作出了明确的规定。

民航成都管理局于 1985 年 1 月 1 日正式成立了空勤人员体检队，负责管理局范围内空勤人员体格检查和医学鉴定工作。自 1987 年 1 月 1 日起，民航西南地区年开始实行飞行执照制度。根据执照制度的规定：身体不合格，不能领取体检合格证；没有体检合格证，不能颁发飞行执照；没有飞行执照，不准参加飞行。1987 年 7 月 25 日，民航西南管理局规定：民航西南地区各航空公司的飞行人员均由管理局航空医鉴室统一进行体检，作出健康鉴定结论，身体合格者，发给体检合格证，有效期一年，每年检查一次；并重申各航医室要直属飞行大队（独立中队）领导，严把本大队（独立中队）空勤人员体格检查和身体放飞关，确保执勤空勤人员身体健康。

1990 年 5 月 25 日，民航局颁发《关于重申严格执行空勤人员体检鉴定标准和规定的通知》（以下简称《通知》），《通知》规定：必须严格执行各项体检标准和规定，任何单位不得自行降低标准；在大体检中必须按年度大体检的通知做好体检工作，体检缺项或需复查而不能作出结论者，要及时通知本人，并告知航医和行政领导不得安排飞行；同时抓紧时间复查，尽快做出体检结论，严格执行体检结论和体检合格证的规定；体检未作结论或暂不合格者一律不得参加飞行；因身体原因需限制飞行者，在结论中一定要注明限制的内容；所有空勤人员如两年无故不参加体检者，按停飞处理。民航西南地区严格按照民航总局《通知》执行，空勤人员定期体检鉴定工作由民航西南管理局医监部门按总局有关体检鉴定标准和规定组织实施。

上述规定和标准自颁发以后，对保证航空安全，促进民航事业发展起到了积极的作用，但对照国际标准与国际上的通用做法，仍存在一定差距，且较零散、不规范。为规范体格检查管理工作，使之与国际标准接轨，保证空勤人员的身体状况符合行使相关执照权利与航空安全的要求。民航总局结合中国民航实际，在原有规定和标准的基础上进行了较大改革。2001 年 8 月 31 日，民航总局发布 CCAR－67FS 部《中国民用航空人员医学标准和体检合格证管理规则》（以下简称《规则》），规定民用航空器空勤人员的医学标准和体检合格证的申请、颁发程序以及体检合格证的有效期限。民航西南管理局和各航空企事业单位均按此《规则》执行。

二、疗养制度

一年一次的疗养制度是恢复空勤人员身体健康、增强体质、矫治疾病、提高生产力和延长飞行年限的主要途径之一。根据空勤人员健康疗养的规定，民航成都管理局的空勤人员和民航飞院（校）的飞行教师，坚持每年疗养 1 次，时间 1 个月。为使空勤人员保持一个健康的身体，1981 年 7 月，民航局要求空勤人员把疗养当作一项重要任务来完成，必须坚持每年每人 1 次健康疗养制度，加强对疗养人员的管理教育。各单位要指定干部带队，在疗养期间必须自觉遵守院规。要求疗养院的工作应以矫治疾病增强空勤人员体质为主，医务人员在努力钻研业务，开展以提高疗养质量和效果为主的科研工作。改善疗养条件、组织好多类型的体育锻炼，安排好丰富多彩的游览参观和文化娱乐生活。想方设法搞好疗养员的伙食营养，做好各方面的保健工作。

三、体育锻炼

民航局规定各飞行队、飞行大队必须保证空勤人员每天 1 小时体育锻炼的正课时间。民航成都管理局飞行大队还配备了专职体育教员。1980 年 9 月，民航局召开飞行人员体育锻炼工作会议，提出进一步加强飞行人员体育锻炼的要求。同年 10 月，民航局颁发《飞行人员体育锻炼办法》和《飞行人员体育锻炼标准》。在《飞行人员体育锻炼办法》中规定了空勤人员的体育锻炼项目，项目中又分为必练项目和选练项目。民航运输、专业队伍的空勤人员和飞行专科学校飞行学员、飞行教员必练项目定为 6 项：徒手体操（单杠、双杠）、旋梯、短跑、长跑、游泳、仰卧起坐。7 项选练项目：篮球、排球、乒乓球、羽毛球、田径、滑冰、太极拳。对飞行人员的体育锻炼实行每年一次的考核制度。考核是检查体育锻炼效果和了解空勤人员身体素质的一种方法。45 岁以上的空勤人员只参加必练项目的锻炼，不参加考核。

四、膳食营养

空勤人员的膳食营养是根据空勤人员的工作特点和复杂环境影响而确定的。在中华人民共和国民航飞行队伍组建初期，由于组织与管理制度还不健全，没有统一的空勤灶标准。根据民航局通知，采取了补助伙食津贴的办法来保证空勤人员的膳食营养和生活水平。1956 年，民航局通知空勤人员的营养津贴按地区发给，重庆、成都为每人每月 28 元。1958 年开始，民航空勤人员的膳食统一改成供给制。民航局通知空勤人员按 6 号灶伙食标准免费供应，规定空勤人员要在空勤灶集体用餐。1959 年，民航局又通知，进一步强调空勤人员要严格执行 6 号灶的伙食标准，飞行学员按 7 号灶伙食标准供应。住民航休养所和住空军疗养院、医院的空勤人员要享受 5 号灶伙食标准。5 号、6 号、

7 号灶的供应标准均按当地空军的标准执行。

1988 年 2 月 1 日起，民航空勤人员的伙食费在四川的标准是每人每天 8 元。以后调整为 15 元。但由于物价等因素，有的单位空勤伙食费超过标准。1993 年，民航总局通知：民航空勤人员的飞行小时费和伙食费的标准是按财政部的统一规定执行的，按《全民所有制工业企业转换经营机制条例》第 24 条“企业职工工资总额基数的确定与调整，应当报政府有关部门批准”。民航的空勤灶伙食费和飞行小时费应按规定的享受范围标准进入企业成本，是工资总额的一部分。凡超过财政部统一下达的标准擅自提高的部分不得进入成本。民航空勤灶伙食费根据空勤人员每天所需实物定量标准计算，是属于特殊保健津贴。1993 年 2 月 20 日，西南航空公司曾将空勤灶伙食费由原来规定的 15 元调整到每人每天 28 元，从 1993 年 3 月 1 日起实行。随着社会主义市场经济体制的建立，至 2005 年，民航的空勤灶伙食费标准仍根据空勤人员每天所需实物定量标准计算，民航总局适时调整民航的空勤灶伙食费标准。

第二节　机组作息制度

飞行员的作息时间历来就有限制。1960 年 1 月 1 日，民航成都管理局在颁布的飞行工作制度中明确提出：空勤人员每人每日以不超过 8 小时飞行为原则，最多不得超过 10 小时。执行超低空任务时，每人每日不超过 6 小时。每月每人在正常情况下，不得超过 80 小时。

为确保飞行安全、完成飞行任务，本着既提高劳动生产率，又保证空勤人员的身体健康，民航局对空勤人员的作息制度多次进行修改和补充。民航成都管理局于 1985 年、1987 年先后两次重申，为保护飞行人员的健康和保证飞行安全，必须把飞行时间严格控制在规定限度内，并规定如超过每月规定的飞行小时，超过部分不发给飞行小时费，并扣发应发飞行小时费内的超过部分，同时还扣发飞行大队主管领导当月的全部飞行小时费。

1993 年 9 月 18 日，民航总局颁布第 35 号令《民航运输飞行人员飞行时间、值勤时间和休息时间的规定》，第 35 号令对飞行、值勤和休息时间作了如下明确规定：

飞行时间在任何连续 24 小时内飞行，单套机组最多飞行时间不得超过 8 小时，所飞航段不得多于 4 段，对于航段不多于 2 段的飞行，最多飞行时间不得超过 9 小时；增加 1 名正驾驶的单套机组，最多飞行时间不得超过 10 小时，所飞航段不得多于 6 段，对于中间没有经停的飞行，最多飞行时间不超过 12 小时；双套和双套以上机组，最多飞行时间不得超过 16 小时。在任何连续 24 小时内，最多允许飞行时间不得超过 16 小时；在任何连续 7 天内，国内航线不超过 35 小时，国际和地区航线不得超过 40 小时，一个日历月内，不得超过 100 小时；一个日历年内，不得超过 1000 小时。

值勤时间在任何连续 24 小时内，单套机组不得超过 14 小时；增加 1 名正驾驶的单套机组，不得超过 16 小时；双套和双套以上机组，不得超过 20 小时。

休息时间每日（或任何连续 24 小时内）飞行结束后，必须安排飞行人员 2 倍于飞行时间的休息时间，并且在任何情况下均不得少于 8 小时。对于跨 4 个时区以上的飞行，必须安排飞行人员 3 倍于飞行时间的休息时间。在任何连续飞行 7 天内，必须安排飞行人员至少 1 次连续 24 小时的休息。

为贯彻执行民航总局第 35 号令，民航西南管理局于 1993 年 10 月 15 日下发《关于认真执行民航总局第35号令的通知》（以下简称《通知》）。《通知》要求每月20日之前，各航空公司将每个飞行人员的飞行时间上报，并注明有无违反规定的情况；管理局将不定期地派人到各航空公司对飞行人员的飞行、执勤、休息时间进行抽查。《通知》还要求各航空公司所在地的省（区）局安全监察处（科）协助做好监督、检查、落实第35号令的工作，并及时报民航西南管理局。

1994年4月21日，民航总局发出《关于重申严格执行35号令的通知》，为保证贯彻与落实，民航西南管理局于同年5月26日组织检查组，对西南地区3月份执行第35号令情况进行了检查。采用查阅飞行任务书和飞行记录本的方式，在西南航空公司成都飞行大队抽查了86名飞行人员，其中有10人超时飞行，最多的超时54小时；在四川航空公司飞行大队抽查了18名飞行人员，其中有5人超时飞行，最多的超时30小时。检查结束后，向全地区下发了专题通报，提高了全地区执行第35号令的自觉性。

1995年，西南航空公司控制超时飞行所采取的措施主要是：合理安排航班，严格控制加班、包机，调配好运力，安排好生产；合理安排机组；抓好飞行训练，充实机组力量。当年西南航空公司505名飞行人员，无一人月飞行时间超过100小时，年飞行时超过1000小时。

为了对机组成员的值勤时间、飞行时间和休息要求实施规范化管理，1999年5月5日，民航总局颁发了CCAR－121FS部《大型飞机公共航空运输承运人运行合格审定规则》（以下简称《规则》），按工种对机组成员的值勤时间、飞行时间和休息要求进行了修订。至2005年，民航西南管理局依据《规则》规定，对西南地区各航空公司空勤人员的值勤时间、飞行时间和休息要求进行持续监督检查，实施严格的行业管理。

第三节　飞行年龄极限

空勤人员的飞行年龄极限即空勤人员从事飞行任务的最高年龄，达到了这个年龄应予停飞退休。这种停飞，称为自然停飞或年龄停飞，不同于在适飞年龄内因身体、技术或政治3个方面不适合飞行的停飞。

1983年10月，民航局规定空勤人员的退休年龄为：男性55岁，女性50岁。1985年12月9日，民航局下达试行的《民航空勤人员退休年龄和停飞、退休后待遇的暂行规定》中，确定“男满55周岁，女满45周岁，累计飞行满10年，可以提前退休。空勤人员男满50周岁，女满40周岁，累计飞行满10年由于身体、技术原因不宜继续飞行，停飞后改做地面工作，到男年满55周岁，女年满45周岁时，仍可提前退休”。

从1990年6月1日起，运输航空飞行员、飞行领航员、飞行通信员、飞行机械员的飞行年龄极限由1985年12月规定的男性55周岁、女性45周岁修订为男性60周岁、女性55周岁，对通用航空飞行中从事超低空作业项目和丘陵、山区飞行高度50米以下的作业项目任务的飞行人员年龄仍不得超过55周岁。

从1990年9月1日起，空中乘务员与航空安全员的飞行年龄极限，空中乘务员从40周岁修订为45周岁，航空安全员从45周岁修订为50周岁。女乘务员因年龄停飞后，可按有关规定提前退休。1990年11月27日，民航局在《关于办理空勤人员年龄停飞有关问题的通知》中规定：各类空勤人员年龄极限为飞行人员男性60周岁，女性55周岁；空中乘务员女性45周岁，男性50周岁；空中安全员男性50周岁。空勤人员停飞年龄按照干部管理权限审批，由本单位人事劳动部门将到达极限年龄的人员通知航空卫生部门，由航空卫生部门填写有关报告表，报本单位领导批准后通知有关部门在到达极限年龄的下个月起正式停飞。各有关部门应从停飞之月起停止其各种空勤待遇，收回各种合格证及执照。至此，各航空企事业单位和管理局机关空勤人员，一旦到了规定的年龄极限，就按照规定办理停飞手续。

2004年12月16日，民航总局颁发的CCAR－61RI部规章规定：参与CCAR－121部运行的驾驶员必须遵守CCAR－121部对驾驶员年龄限制。年满60周岁的驾驶员执照持有人，从事国际商业航空运输运行的航空器上担任驾驶员前应当得到运行所在国的允许。

民航四川地区各航空企事业单位部分年末空勤人员统计表

表4－13　　单位：人

年度	单位	飞行人员					乘务员	合计
		驾驶员	领航员	通信员	机械员	小计		
1985	民航成都管理局	232	57	75	58	422	104	526
	民航飞行专科学校	158	4	9	8	179	—	179
	小计	390	61	84	66	601	104	705
1995	民航飞行学院	207	1	2	9	219	—	219
	西南航空公司	271	15	13	60	359	579	938
	西南航重庆公司	119	2	—	25	146	253	399
	四川航空公司	120	19	2	32	173	128	301
	小计	717	37	17	126	897	960	1857
2004	民航飞行学院	201	—	—	7	208	—	208
	国航股份西南分公司	529	—	6	—	535	756	1291
	四川航空集团公司	190	—	—	—	190	284	474
	华西通用航空公司	8	—	—	—	8	—	8
	三星通用航空公司	10	—	—	—	10	—	10
	小计	938	—	6	7	951	1040	1991

说明：本表根据《中国民用航空志·西南地区卷》编制，表中不包括航空安全员和空中警察人数

第五篇　航线航班

民用航空的飞行航线，在航线地图上是飞行起点和终点之间的直线，对飞机而言，是和地图上这条直线相对应的空中飞行路线。航线两侧各10千米的宽度以内为航路。按规定班机必须在航路内飞行，遇特殊情况偏离航路必须事先请示航行管理机构并得到允许。航线一般分为国际航线、地区性航线和国内航线。飞机由始发站起飞，沿固定航线到终点（或中途降落经停站再飞往终点站），然后返回起点站作定期（或不定期）向社会公布的航空运输飞行，称作航班。

1986年，四川省境内没有独立的民用航空运输公司，也没有国际航线，只有国内、省内航线35条，地区航线仅成都—香港包机航线1条。进入20世纪90年代后，民航四川地区的航线航班进入快速发展时期。到2005年，从成都出发的国际、地区航线已开通24条，成都已与国内外93个大中城市定期通航。四川地区的中国西南航空公司、四川航空公司、长城航空公司、鹰联航空公司4家航空运输公司先后共开辟各类航线460余条。

四川省内各地方支线机场由于开航时间有先有后，客源情况也不一致，因此各通航城市航线航班有多有少。相对而言，四川九寨黄龙机场航班较多。

第一章 国内航线航班

第一节 跨省（自治区、直辖市）航线航班

1987 年，民航成都管理局进行体制改革，成立了民航西南管理局、中国西南航空公司、成都双流机场。从此，民航西南管理局不再执管飞机，逐步建立政企分开的管理体制。中国西南航空公司及所属重庆分公司先后组建飞行大队（飞行部），四川省航空公司、长城航空公司先后成立。各航空公司均自主经营航线，并接受民航总局、民航西南管理局行业管理。

一、西南航空公司、国航西南分公司跨省（自治区、直辖市）航线航班

1988 年，西南航空公司运营第一年，新开辟成都—杭州、成都—昆明—海口、广州—拉萨 3 条国内航线，连同公司成立之前的 1987 年 10 月通航的 42 条国内航线，共 45 条航线，通航里程 67070 千米。

1992—1997 年是西南航空公司发展较快的时期。由于飞机老龄化，机队结构不尽合理，加上航空运输市场逐步从卖方市场转向买方市场，同业之间竞争日趋激烈，公司大规模地更新老旧飞机，淘汰小飞机，大量引进短程客机以不断满足国内主营市场的需求。这一时期也是西南航空公司开辟国内航线最多的阶段。

1998—2005 年，西南航空公司以调整、巩固和进一步完善机队结构为主，开辟新的国内航线的数量比前一阶段有所减少，但为满足西藏市场的需求和西藏自治区政府部门的特殊要求，公司设立以成都为保障基地，以拉萨为中心，辐射全国各大城市的航线网络。至 2005 年底，原西南航空公司及更名后的国航西南分公司先后开辟跨省（自治区、直辖市）航线 226 条，各航线航班情况见表 5－1。

1988—2005 年西南航空公司、国航西南分公司跨省（自治区、直辖市）航线航班一览表

表 5－1

序号	航　线	航　班
1	成都—杭州航线	1988 年 3 月 16 日开辟，航程 1699 千米，使用波音 737－300 型飞机，每周飞行 1 班，2002 年夏秋季每周二、四、六共飞行 3 班
2	成都—昆明—海口航线	1988 年 3 月 18 日开辟，航程 1757 千米，使用图 154M 型飞机，每周飞行 1 班，以后改为成都—海口直达航班，2002 年夏秋季每周二、三、五、六共飞行 4 班

续表 5－1

序号	航 线	航 班
3	广州—拉萨航线	1988 年 5 月 4 日开辟，航程 2651 千米，使用波音 707 型飞机飞行，每周飞行 1 班，后停航。1999 年 12 月 15 日复航，使用波音 757－200 型飞机，每周二、六飞行 2 班，中途经停重庆。2002 年夏秋季每周二飞行 1 班
4	重庆—上海航线	1989 年 6 月 7 日开辟，航程 1537 千米，使用波音 737－300 型飞机，同年 11 月 1 日起改用图 154M 型飞机，每周飞行 1 班。2002 年夏秋季使用波音 737－800 型飞机，每日飞行 2 班，其中 1 个航班经停武汉
5	重庆—广州航线	1989 年 6 月 7 日开辟，航程 1188 千米，使用波音 737－300 型飞机（或图 154M 型飞机），每周 1 班。同年 11 月 1 日起，每周飞行 3 班。1990 年夏秋季增至每周飞行 8 班，同年冬春季增至每周飞行 10 班，2002 年夏秋季已增至每日飞行 3 班，其中 1 个航班经停桂林
6	成都—福州航线	1989 年 9 月 27 日开辟，航程 1771 千米，每周飞行 1 班。2002 年夏秋季已增至每周 6 班，使用波音 757－200 型或波音 737－600 型飞机飞行，周三、五、日的航班经停南昌
7	广州—长春航线	1989 年开辟，航程 2899 千米，使用图 154M 型飞机
8	广州—太原航线	1989 年开辟，航程 1710 千米，使用图 154M 型飞机
9	重庆—沈阳航线	1990 年 2 月 12 日开辟，航程 2177 千米，使用图 154M 型飞机，每周飞行 1 班。1990 年 11 月 1 日起停航
10	重庆—太原—沈阳航线	1990 年 2 月 18 日开辟，使用图 154M 型飞机，此航线与成都—沈阳航线相衔接，每周飞行 1 班
11	贵阳—海口航线	1990 年 4 月 1 日开辟，航程 908 千米，使用波音 737－300 型飞机，每周飞行 1 班。2002 年夏秋季已增至每周飞行 3 班
12	成都—乌鲁木齐航线	1990 年 4 月 1 日开辟，航程 2258 千米，使用波音 707 型飞机，每周飞行 1 班。2002 年使用波音 757－200 型或波音 737－600 型飞机，每周飞行 4 班
13	重庆—厦门航线	1990 年 4 月 2 日开辟，航程 1516 千米，使用图 154M 型飞机，每周飞行 2 班。2002 年夏秋季使用波音 737－300 型或波音 737－800 型飞机飞行，每周飞行 4 班，均经停南昌
14	重庆—海口航线	1990 年 4 月 2 日开辟，航程 1253 千米，使用图 154M 型飞机，每周飞行 1 班。2002 年夏秋季使用波音 737－800 型或波音 737－300 型飞机，每日飞行 1 班
15	长沙—贵阳航线	1990 年 11 月 1 日开辟，航程 667 千米，使用图 154M 型飞机，每周飞行 1 班，1995 年停航
16	成都—大连航线	1990 年 4 月 5 日开辟，航程 1989 千米，使用波音 707 型或图 154M 型飞机，每周飞行 1 班。2002 年夏秋季使用波音 737－600 型飞机，每周飞行 2 班，经停洛阳
17	重庆—哈尔滨航线	1990 年 4 月 7 日开辟，航程 2650 千米，使用图 154M 型飞机，每周飞行 1 班。同年 11 月 1 日起，改为重庆—北京—哈尔滨航线，每周飞行 1 班。2002 年夏秋季使用波音 737－800 型飞机飞行
18	贵阳—厦门航线	1990 年 8 月 25 日开辟，航程 1254 千米，使用波音 737－300 型飞机，每周飞行 1 班。2002 年夏秋季改用波音 737－600 型飞机，每周飞行 3 班
19	成都—北京—长春航线	1990 年 11 月 1 日开辟，航程 2630 千米，使用图 154M 型飞机，每周飞行 1 班。2002 年夏秋季使用波音 737－600 型飞机，每周飞行 2 班
20	成都—温州航线	1991 年 4 月 2 日开辟，航程 1797 千米，使用波音 737－300 型飞机。后改用波音 757－200 型飞机，每周 6 班，其中周四的航班经停武汉
21	西安—包头—呼和浩特航线	1991 年 4 月 2 日开辟，使用运 7 型飞机

续表 5-1

序号	航线	航班
22	贵阳—西安航线	1991 年 4 月 4 日开辟，航程 928 千米，使用波音 737-300 型飞机，每周飞行 1 班。1992 年 10 月 26 日起增为每周飞行 2 班。后改用波音 757-200 型飞机，每周飞行 4 班
23	成都—汕头航线	1991 年 4 月 7 日开辟，航程 1700 千米，使用图 154M 型飞机。后改为波音 737-300 型飞机，每周飞行 1 班，经停贵阳
24	成都—青岛航线	1991 年 10 月 28 日开辟，航程 1705 千米，使用波音 737-300 型飞机。后改用波音 737-200 型和波音 737-300 型飞机，每日飞行 1 班
25	重庆—汕头航线	1991 年 11 月 2 日开辟，航程 1568 千米，使用波音 737-300 型飞机，2002 年夏秋季每周飞行 2 班，经停湛江
26	成都—深圳航线	1992 年 1 月 20 日开辟，航程 1446 千米，使用波音 737-300 型飞机，每周飞行 4 班。后改用波音 757-200 型飞机，每日飞行 2 班
27	成都—合肥航线	1992 年 1 月 21 日开辟，航程 1392 千米，使用图 154M 型飞机。后改用波音 737-600 型飞机，每周飞行 3 班，经停重庆
28	贵阳—深圳航线	1992 年 1 月 26 日开辟，航程 891 千米，使用波音 737-300 型飞机，每周飞行 4 班。2002 年夏秋季每日飞行 1 班
29	重庆—乌鲁木齐航线	1992 年 3 月 29 日开辟，航程 2560 千米，使用图 154M 型飞机，每周飞行 1 班。从 1993 年 10 月 31 日起改用波音 737-300 型飞机，每周飞行 2 班。2002 年夏秋季改用波音 737-800 型飞机，每周飞行 3 班，周一的航班经停兰州
30	昆明—深圳航线	1992 年 4 月 1 日开辟，航程 1245 千米，使用波音 737-300 型飞机
31	成都—南宁航线	1992 年 4 月 2 日开辟，航程 1014 千米，使用波音 737-300 型飞机。2002 年夏秋季每周 4 班
32	成都—桂林—宁波航线	1992 年 6 月 1 日开辟，使用波音 737-300 型飞机，后改为成都—长沙—宁波航线，使用波音 757-200 型或波音 737-600 型飞机，每周飞行 2 班
33	成都—哈尔滨航线	1992 年 10 月 31 日开辟，航程 2710 千米，使用图 154M 型飞机，后改用波音 757-200 型或波音 737-600 型飞机，每周飞行 3 班，周三、日的航班经停郑州、周五的航班的经停济南
34	重庆—福州航线	1992 年 11 月 13 日开辟，航程 1598 千米，使用波音 737-300 型飞机。2002 年夏秋季每周飞机 4 班，经停长沙
35	重庆—合肥航线	1992 年 12 月 1 日开辟，航程 1146 千米，使用图 154M 型飞机。2002 年夏秋季使用波音 737-600 型飞机，每周飞行 3 班
36	成都—北海航线	1992 年 12 月 1 日开辟，航程 1206 千米，使用波音 737-300 型飞机。 1993 年，西南航空公司开辟国内航线 34 条
37	天津—温州航线	1993 年 1 月 9 日开辟，使用波音 737-300 型飞机
38	成都—芒市航线	1993 年 3 月开辟，使用波音 737-300 型飞机
39	烟台—深圳航线	1993 年 3 月开辟，航程 2191 千米，使用波音 737-300 型飞机
40	宁波—北京航线	1993 年 3 月 28 日开辟，航程 1338 千米
41	成都—西安—烟台航线	1993 年 4 月开辟，航程 1882 千米，2002 年夏秋季使用波音 737-300 型飞机，每周飞行 2 班
42	重庆—温州航线	1993 年 4 月开辟，航程 1505 千米，使用波音 737-300 型飞机
43	重庆—北海航线	1993 年 4 月开辟，航程 1070 千米，使用波音 737-300 型飞机。2002 年夏秋季使用波音 737-800 型飞机，每日飞行 1 班，经停昆明

续表 5－1

序号	航　线	航　班
44	贵阳—北京—哈尔滨航线	1993 年 4 月 1 日开辟，航程 2966 千米，使用波音 737－300 型飞机，每周飞行 2 班
45	烟台—北京航线	1993 年 4 月开辟，航程 575 千米，使用波音 737－300 型飞机。2002 年夏秋季使用波音 757－200 型飞机，每日飞行 1 班
46	烟台—上海航线	1993 年 4 月开辟，航程 846 千米，使用波音 737－300 型飞机。2002 年使用波音 757－200 型飞机，每日飞行 1 班
47	烟台—广州航线	1993 年 4 月开辟，航程 2132 千米，使用波音 737－300 型飞机。2002 年夏秋季每周飞行 2 班，经停厦门
48	烟台—哈尔滨航线	1993 年 4 月开辟，航程 1093 千米，使用波音 737－300 型飞机
49	北海—汕头航线	1993 年 4 月开辟，使用波音 737－300 型飞机
50	北海—上海航线	1993 年 4 月开辟，航程 1670 千米，使用波音 737－300 型飞机。2002 年夏秋季使用波音 737－800 型飞机，每周飞行 5 班，经停深圳
51	上海—南宁航线	1993 年 4 月开辟，航程 1750 千米，使用波音 737－300 型飞机。2002 年夏秋季使用波音 757－200 型飞机，每周飞行 4 班，周日的航班经停桂林
52	成都—济南—哈尔滨航线	1993 年 4 月开辟，使用图 154M 型飞机
53	重庆—青岛航线	1993 年 5 月开辟，航程 1577 千米，使用波音 737－300 型飞机。2002 年夏秋季使用波音 737－800 型飞机，每周飞行 3 班
54	贵阳—长沙—福州航线	1993 年 5 月开辟，航程 1360 千米，使用波音 737—300 型飞机，每周飞行 3 班。2002 年夏秋季每周飞行 4 班
55	北京—南宁航线	1993 年 6 月开辟，航程 2250 千米，使用图 154M 型飞机
56	贵阳—湛江航线	1993 年 6 月 8 日开辟，航程 808 千米，使用波音 737－300 型飞机。2002 年夏秋季每周飞行 2 班
57	成都—湛江航线	1993 年 6 月 8 日开辟，航程 1355 千米，使用波音 737－300 型飞机。2002 年夏秋季每周飞行 2 班，经停贵阳
58	湛江—长沙—北京航线	1993 年 8 月开辟，航程 2409 千米，使用波音 737－300 型飞机
59	湛江—广州航线	1993 年 8 月开辟，航程 454 千米，使用波音 737－300 型飞机
60	成都—郑州航线	1993 年 9 月 2 日开辟，航程 1039 千米，使用波音 737－300 型飞机。2002 年夏秋季每周飞行 4 班
61	郑州—汕头航线	1993 年 9 月 9 日开辟，航程 1447 千米，使用波音 737－300 型飞机
62	青岛—上海航线	1993 年 10 月 31 日开辟，航程 693 千米，使用波音 737－300 型飞机。2002 年夏秋季使用波音 757－200 型飞机，每日飞行 1 班
63	重庆—襄樊航线	1993 年 10 月 31 日开辟，航程 675 千米，使用运 7 型飞机
64	西安—襄樊航线	1993 年 10 月 31 日开辟，使用运 7 型飞机
65	成都—郑州—哈尔滨航线	1993 年 11 月 3 日开辟，使用波音 737－300 型飞机
66	烟台—厦门航线	1993 年 11 月开辟，航程 1760 千米，使用波音 737－300 型飞机。2002 年夏秋季每周飞行 2 班
67	烟台—武汉航线	1993 年 11 月开辟，航程 1170 千米，使用波音 737－300 型飞机
68	北海—广州航线	1993 年 11 月开辟，航程 606 千米，使用波音 737－300 型飞机
69	北海—长沙—沈阳航线	1993 年 11 月开辟，使用波音 737－300 型飞机

续表 5-1

序号	航线	航班
70	贵阳—武汉—沈阳航线	1993 年 11 月 3 日开辟，航程 2686 千米，使用波音 737-300 型飞机，每周飞行 2 班。2002 年夏秋季每周飞行 1 班
71	重庆—南宁航线	1994 年 1 月 14 日开辟，航程 858 千米，使用波音 737-300 型飞机，每周飞行 1 班
72	海口—长沙航线	1994 年 2 月 21 日开辟，使用波音 737-300 型飞机，每周飞行 1 班
73	海口—广州航线	1994 年 2 月 26 日开辟，使用波音 737-300 型飞机
74	北海—长沙—北京航线	1994 年 2 月 28 日开辟，航程 2488 千米，使用波音 737-300 型飞机，每周飞行 2 班。2002 年夏秋季改用波音 737-800 型飞机，每周飞行 4 班
75	广州—宁波航线	1994 年 2 月 28 日开辟，航程 1189 千米，使用波音 757-200 型飞机，每周飞行 1 班
76	宁波—厦门航线	1994 年 2 月 28 日开辟，使用波音 757-200 型飞机，每周飞行 1 班。2002 年夏秋季改用波音 737-300 型飞机，每周飞行 2 班
77	北海—深圳—上海航线	1994 年 2 月 29 日开辟，使用波音 737-300 型飞机，每周飞行 2 班。2002 年夏秋季改用波音 737-800 型飞机，每周飞行 5 班
78	海口—武汉航线	1994 年 2 月 29 日开辟，航程 1379 千米，使用波音 737-300 型飞机，每周飞行 1 班
79	重庆—湛江航线	1994 年 4 月 3 日开辟，航程 1100 千米，使用波音 737-300 型飞机，每周飞行 1 班。2002 年夏秋季每周飞行 2 班
80	贵阳—长沙—青岛航线	1994 年 5 月 18 日开辟，航程 2026 千米，使用波音 737-300 型飞机，每周飞行 1 班。2002 年夏秋季改为贵阳—武汉—青岛航线。使用机型未变，每周飞行 4 班
81	泸州—昆明航线	1994 年 6 月 10 日开辟，航程 530 千米，使用运 7 型飞机，每周飞行 1 班
82	海口—深圳航线	1994 年 6 月 11 日开辟，航程 603 千米，使用波音 737-300 型飞机，每周飞行 1 班
83	长沙—广州航线	1994 年 6 月 12 日开辟，航程 620 千米，使用波音 737-300 型飞机，每周飞行 1 班
84	重庆—拉萨航线	1994 年 7 月 1 日开辟，航程 1585 千米，使用波音 757-200 型飞机，每周飞行 2 班。2002 年夏秋季每周飞行 1 班
85	贵阳—桂林航线	1994 年 7 月 2 日开辟，航程 420 千米，使用运 7 型飞机，每周飞行 2 班。2002 年夏秋季改用波音 737-300 型飞机，班次未变
86	贵阳—湛江—三亚航线	1994 年 8 月 9 日开辟，航程 1130 千米，使用波音 737-300 型飞机，每周飞行 2 班。2002 年夏秋季改为贵阳—湛江航线，使用机型与航班班次均未变
87	重庆—杭州航线	1994 年 9 月 1 日开辟，航程 1500 千米，使用波音 737-300 型飞机，每周飞行 2 班。2002 年夏秋季每周飞行 3 班，经停长沙
88	成都—南昌航线	1994 年 9 月 20 日开辟，航程 1240 千米，使用波音 737-300 型飞机，每周飞行 2 班。2002 年夏秋季改用波音 757-200 型或波音 737-600 型飞机，每周飞行 6 班
89	贵阳—汕头航线	1994 年 9 月 22 日，航程 1182 千米，使用波音 737-300 型飞机，每周飞行 1 班

续表 5－1

序号	航　线	航　班
90	贵阳—南京航线	1994 年 9 月 26 日开辟，航程 1371 千米，使用波音 737－300 型飞机，每周飞行 2 班
91	重庆—三亚航线	1994 年 11 月 1 日开辟，航程 1472 千米，使用波音 737－300 型飞机，每周飞行 3 班。2002 年夏秋季改用波音 737－800 型飞机，每日飞行 1 班
92	烟台—牡丹江航线	1994 年 11 月 1 日开辟，使用波音 737－300 型飞机，每周飞行 1 班
93	成都—北海—三亚航线	1994 年 11 月 2 日开辟，航程 1735 千米，使用波音 737－300 型飞机，每周飞行 2 班。后改为成都—三亚直飞航线，使用波音 737－600 型飞机，每周飞行 5 班
94	成都—洛阳—大连航线	1994 年 11 月 2 日开辟，航程 2115 千米，使用波音 737－300 型飞机，每周飞行 1 班。后改用波音 737－600 型飞机，每周飞行 2 班
95	上海—济南航线	1994 年 11 月 2 日开辟，使用波音 737－300 型飞机，每周飞行 2 班
96	昆明—上海航线	1994 年 11 月 2 日开辟，航程 2042 千米，使用波音 757－200 型飞机，每周飞行 1 班。后增至每日 1 班
97	重庆—济南航线	1994 年 11 月 3 日开辟，航程 1300 千米，使用波音 737－300 型飞机，每周飞行 1 班。2002 年夏秋季改用波音 737－800 型飞机，每周飞行 6 班
98	南宁—汕头航线	1994 年 11 月 3 日开辟，使用波音 737－300 型飞机，每周飞行 1 班
99	长沙—南京航线	1994 年 11 月 3 日开辟，使用波音 737－300 型飞机，每周飞行 1 班，后改用波音 757－200 型飞机，每周飞行 5 班
100	长沙—青岛航线	1994 年 11 月 4 日开辟，使用波音 737－300 型飞机，每周飞行 1 班
101	长沙—昆明航线	1994 年 11 月 5 日开辟，使用波音 737－300 型飞机，每周飞行 1 班
102	南昌—昆明航线	1994 年 11 月 5 日开辟，航程 1457 千米，使用波音 737－300 型飞机，每周飞行 1 班
103	温州—桂林航线	1994 年 11 月 5 日开辟，航程 1280 千米，使用波音 737－300 型飞机，每周飞行 2 班。
104	贵阳—武汉—青岛航线	1995 年 1 月 3 日开辟，航程 1960 千米，使用波音 737－300 型飞机。2002 年夏秋季每周飞行 4 班
105	烟台—武汉—厦门航线	1995 年 1 月 4 日开辟，航程 2080 千米，使用波音 737－300 型飞机。后该航线停航，另有烟台—厦门—广州航线，每周飞行 2 班，烟台—厦门直飞航线，每周飞行 2 班，均使用波音 737－300 型飞机
106	广州—厦门—宁波航线	1995 年 3 月 27 日开辟，航程 1477 千米，使用波音 757－200 型飞机
107	重庆—武汉—上海航线	1995 年 3 月 29 日开辟，使用波音 757－200 型飞机。2002 年夏秋季改用波音 737－800 型飞机，每日飞行 1 班
108	成都—兰州航线	1995 年 3 月 29 日开辟，使用图 154M 型飞机，2002 年夏秋季改用波音 737－300 型飞机，每周飞行 5 班
109	重庆—武汉—黄山航线	1995 年 3 月 30 日开辟，航程 1254 千米，使用波音 737－300 型飞机
110	湛江—昆明航线	1995 年 4 月 2 日开辟，航程 957 千米，使用波音 737－300 型飞机
111	成都—宜宾—广州航线	1995 年 4 月 20 日开辟，航程 1400 千米，使用波音 737－300 型飞机
112	成都—邦达航线	1995 年 4 月 28 日开辟，航程 769 千米，使用波音 757－200 型飞机，每周飞行 2 班，后增至每周飞行 4 班
113	成都—北京—丹东航线	1995 年 5 月 17 日开辟，航程 2482 千米，使用波音 737－300 型飞机

续表 5-1

序号	航线	航班
114	烟台—长春—延吉航线	1995 年 5 月 22 日开辟，航程 1259 千米，使用波音 737-300 型飞机，每周 1 班
115	成都—西宁—乌鲁木齐航线	1995 年 5 月 22 日开辟，航程 2258 千米，使用图 154 型飞机
116	湛江—厦门—上海航线	1995 年 6 月 13 日开辟，使用波音 737-300 型飞机
117	成都—珠海航线	1995 年 6 月 21 日开辟，航程 1536 千米，使用波音 737-300 型飞机
118	重庆—珠海航线	1995 年 6 月 23 日开辟，航程 1235 千米，使用波音 737-300 型飞机。后改用波音 737-800 型飞机，每周飞行 2 班
119	成都—张家界航线	1995 年 7 月 1 日开辟，航程 695 千米，使用波音 737-300 型飞机。后增至每周飞行 4 班
120	张家界—北京航线	1995 年 7 月 1 日开辟，使用波音 737-300 型飞机
121	重庆—兰州—乌鲁木齐航线	1995 年 11 月 2 日开辟，航程 2560 千米，使用波音 737-300 型飞机。后改为使用波音 737-800 型飞机，每周飞行 3 班
122	重庆—合肥航线	1995 年 11 月 3 日开辟，航程 1146 千米，使用波音 737-300 型飞机。后改用波音 737-600 型飞机，每周飞行 3 班
123	成都—石家庄航线	1995 年 12 月 4 日开辟，使用波音 737-300 型飞机。
124	成都—石家庄—沈阳航线	1996 年 1 月 1 日开辟，使用图 154M 型飞机
125	成都—南昌航线	1996 年 1 月 1 日开辟，航程 1240 千米，使用波音 737-300 型飞机
126	海口—珠海航线	1996 年 1 月 2 日开辟，使用波音 737-300 型飞机
127	成都—洛阳—沈阳航线	1996 年 2 月 3 日开辟，使用图 154M 型飞机飞行，后停航。另有成都—洛阳航线，每周飞行 2 班，还有成都—沈阳航线，每周 4 班，其中有 2 班经停西安
128	重庆—宁波航线	1996 年 3 月 31 日开辟，航程 1550 千米，使用波音 737-300 型飞机
129	青岛—宁波—厦门航线	1996 年 3 月 31 日开辟，使用波音 757-200 型飞机，每周飞行 1 班，后增至每周飞行 2 班
130	成都—天津—长春航线	1996 年 4 月 1 日开辟，使用波音 757-200 型飞机。后改为成都—北京—长春航线，使用波音 737-600 型飞机，每周飞行 2 班
131	北海—昆明航线	1996 年 4 月 2 日开辟，使用波音 737-300 型飞机。后改用波音 737-800 型飞机，每日飞行 1 班
132	贵阳—长沙—宁波航线	1996 年 4 月 2 日开辟，使用波音 737-300 型飞机。后停航，改为贵阳—长沙—福州，每周飞行 4 班
133	贵阳—昆明航线	1996 年 4 月 2 日开辟，航程 449 千米，使用波音 737-300 型飞机，后增至每周飞行 5 班
134	桂林—南京航线	1996 年 4 月 4 日开辟，使用波音 737-300 型飞机
135	成都—西宁航线	1996 年 4 月 5 日开辟，航程 1124 千米，使用波音 737-300 型飞机，后改用波音 757-200 型飞机，每周飞行 3 班
136	大庸—西安航线	1996 年 4 月 5 日开辟，使用波音 737-300 型飞机
137	广州—宜宾航线	1996 年 5 月 1 日开辟，使用波音 737-300 型飞机

续表 5－1

序号	航　线	航　班
138	成都—长沙—上海航线	1996 年 5 月 1 日开辟，使用波音 737－300 型飞机。后改为成都—长沙—宁波航线，使用波音 737－600 型（或波音 757－200 型）飞机，每周飞行 2 班
139	成都—石家庄—哈尔滨航线	1996 年 6 月 1 日开辟，使用图 154M 型飞机。后改为成都—郑州—哈尔滨和成都—济南—哈尔滨航线。前条航线使用波音 737－600 型飞机，每周飞行 2 班；后条航线使用波音 757－200 型飞机，每周飞行 1 班
140	成都—宜宾—上海航线	1996 年 6 月 12 日开辟，使用波音 737－300 型飞机。后改用波音 757－200 型飞机，每周飞行 4 班
141	重庆—西安—北京航线	1996 年 6 月 13 日开辟，使用波音 757－200 型飞机。后停航，另有重庆—西安直飞航线，使用波音 737－800 型飞机，每周飞行 4 班
142	拉萨—西安—北京	1996 年 7 月 11 日开辟，使用波音 757－200 型飞机。后改为拉萨—西安—上海航线，每周飞行 2 班
143	烟台—武汉—昆明航线	1996 年 10 月 28 日开辟，使用波音 737－300 型飞机
144	广州—青岛—哈尔滨航线	1996 年 10 月 29 日开辟，使用波音 757－200 型飞机。后改用波音 737－300 型飞机，每周飞行 2 班
145	广州—烟台—哈尔滨航线	1996 年 10 月 30 日开辟，使用波音 757－200 型飞机。后改为广州—厦门—烟台航线，使用波音 737－300 型飞机，每周飞行 2 班
146	重庆—郑州航线	1996 年 11 月 2 日开辟，使用波音 737－300 型飞机
147	北海—武汉—北京航线	1996 年 11 月 2 日开辟，使用波音 737－300 型飞机。后改为北海—长沙—北京航线，使用波音 737－800 型飞机，每周飞行 4 班
148	成都—宜昌—上海航线	1996 年 12 月 30 日开辟，使用波音 737－300 型飞机。后改用波音 757－200 型飞机，每周飞行 4 班。
149	成都—武汉—南通航线	1997 年 3 月 30 日开辟，使用波音 737－300 型飞机
150	长沙—上海航线	1997 年 4 月 2 日开辟，使用波音 737－300 型飞机
151	成都—连云港—大连航线	1997 年 4 月 26 日开辟，使用波音 737－300 型飞机
152	成都—九江—上海航线	1997 年 5 月 22 日开辟，使用波音 737－300 型飞机
153	成都—武汉—黄山航线	1997 年 6 月 26 日开辟，使用波音 737－300 型飞机
154	重庆—贵阳—珠海航线	1997 年 10 月 27 日开辟，航程 1369 千米，使用波音 737－300 型飞机。后改为波音 737－800 型飞机，每周飞行 2 班
155	南宁—桂林—上海航线	1997 年 10 月 27 日开辟，使用波音 737－300 型飞机。2002 年夏秋季每周飞行 4 班
156	成都—武汉—常州航线	1997 年 10 月 28 日开辟，使用波音 737－300 型飞机
157	成都—徐州—哈尔滨航线	1997 年 11 月 12 日开辟，使用波音 737－300 型飞机。后改为成都—徐州直达航线，每周飞行 2 班
158	南宁—九江—上海航线	1997 年 12 月 3 日开辟，使用图 154M 型飞机
159	万县—广州航线	1997 年 12 月 18 日开辟，使用波音 737－300 型飞机
160	成都—兰州—乌鲁木齐航线	1998 年 3 月 29 日恢复飞行，使用图 154M 型飞机，每周飞行 4 班。后改用波音 737－600 型飞机，每周飞行 2 班
161	成都—南昌—福州航线	1998 年 3 月 29 日开辟，使用波音 737－300 型飞机，每周飞行 3 班。后改用波音 757－200 型飞机，每周飞行 4 班

续表 5－1

序号	航　线	航　班
162	贵阳—珠海—汕头航线	1998 年 3 月 29 日开辟，使用波音 737－300 型飞机，每周飞行 2 班，后停航。另有贵阳—珠海和贵阳—汕头的直达航线。贵阳—珠海航线使用波音 737－800 型飞机，每周飞行 2 班；贵阳—汕头航线使用波音 737－300 型飞机，每周飞行 1 班
163	成都—长沙—宁波航线	1998 年 10 月 25 日开辟，使用波音 737－300 型飞机。后改用波音 737－600 型飞机，每周飞行 2 班
164	厦门—桂林—昆明航线	1998 年 10 月 27 日开辟，使用波音 737－300 型飞机。2002 年夏秋季每周飞行 5 班
165	成都—长沙—南京航线	1998 年 10 月 28 日开辟，使用波音 737－300 型飞机。后改用波音 757－200 型飞机，每周飞行 5 班
166	昆明—泸州—广州航线	1998 年 12 月 23 日开辟，使用波音 737－300 型飞机
167	贵阳—泸州—北京航线	1999 年 1 月 25 日开辟，使用波音 737－300 型飞机
168	西宁—拉萨航线	1999 年 4 月 16 日开辟，使用波音 757－200 型飞机，每周 2 班。2002 年夏秋季每周飞行 4 班
169	北京—西宁航线	1999 年 4 月 16 日开辟，使用波音 757－200 型飞机，每周飞行 2 班，与西宁—拉萨—西宁航班衔接。后改用波音 737－300 型飞机，每日飞行 1 班，不再与西宁—拉萨航班衔接
170	西安—西宁—北京航线	1999 年 5 月 26 日开辟，使用波音 757－200 型飞机，每周飞行 3 班。后改为西安—西宁—上海航线，每周飞行为 2 班
171	成都—大庸—上海航线	1999 年 6 月 6 日开辟，使用波音 737－300 型飞机，每周飞行 2 班
172	泸州—广州—海口航线	1999 年 7 月 15 日开辟，使用波音 737－300 型飞机，每周飞行 2 班。后改为泸州—广州航线，每周飞行 4 班
173	昆明—泸州—北京航线	1999 年 7 月 16 日开辟，使用波音 737－300 型飞机，每周飞行 2 班
174	成都—武汉—徐州航线	1999 年 7 月 27 日开辟，使用波音 737－300 型飞机，每周飞行 2 班
175	西昌—昆明—广州航线	1999 年 11 月 1 日开辟，使用波音 737－300 型飞机
176	成都—贵阳—厦门航线	1999 年 11 月 2 日开辟，使用波音 737－300 型飞机。后改用波音 737－600 型飞机，每周飞行 3 班
177	重庆—南昌—厦门航线	1999 年 11 月 14 日开辟，使用波音 737－300 型飞机。2002 年夏秋季每周飞行 4 班
178	成都—邦达—拉萨航线	1999 年 12 月 23 日开辟，使用波音 757－200 型飞机，2002 年夏秋季每周飞行 1 班。另有成都—邦达航线，使用波音 757－200 型飞机，每周飞行 3 班
179	北京—成都—拉萨航线	1999 年 12 月 23 日恢复飞行，使用波音 757－200 型飞机。后改用空中客车 340－300 型飞机，每日飞行 1 班
180	重庆—长沙—杭州航线	1999 年 12 月 24 日开辟，使用波音 737－300 型飞机。2002 年夏秋季每周飞行 3 班
181	广州—重庆—拉萨航线	1999 年 12 月 25 日恢复飞行，使用波音 757－200 型飞机。2002 年夏秋季每周飞行 1 班
182	拉萨—邦达—成都航线	1999 年 12 月 26 日开辟，使用波音 757－200 型飞机，每周飞行 1 班
183	成都—武汉—温州航线	2000 年 3 月 26 日开辟，使用波音 757－200 型飞机，每周飞行 3 班。后增至每周 6 班

续表 5－1

序号	航　线	航　班
184	重庆—昆明—北海航线	2000 年 3 月 26 日开辟，使用波音 737－300 型飞机，每周飞行 3 班。2002 年夏秋季每日飞行 1 班
185	重庆—西安航线	2000 年 3 月 27 日开辟，航程 603 千米，使用波音 737－300 型飞机，每周飞行 4 班。后改用波音 737－800 型飞机
186	重庆—张家界航线	2000 年 3 月 27 日开辟，航程 511 千米，使用波音 737－300 型飞机，每周飞行 4 班。后改用波音 737－800 型飞机每日飞行 1 班
187	拉萨—西安—上海航线	2000 年 3 月 28 日开辟，使用波音 757－200 型飞机，每周飞行 2 班。从 2000 年 5 月 29 日起改为拉萨—西宁—西安—上海航线，使用机型和航班数未变
188	上海—西安—拉萨航线	2000 年 3 月 29 日开辟，使用波音 757－200 型飞机，每周飞行 2 班。从 2000 年 5 月 29 日起改为上海—西安—西宁—拉萨航线，使用机型和航班数未变
189	重庆—湛江—汕头航线	2000 年 4 月 25 日开辟，使用波音 737－300 型飞机，每周飞行 2 班
190	重庆—贵阳—珠海航线	2000 年 4 月 29 日恢复飞行。使用波音 737－300 型飞机，每周飞行 2 班。后改用波音 737－800 型飞机
191	贵阳—三亚航线	2000 年开辟，航程 1160 千米，使用波音 737－300 型飞机。2002 年夏秋季每周飞行 3 班
192	成都—广元—北京航线	2000 年 9 月 28 日开辟，成都—广元段航程 208 千米，使用波音 737－300 型飞机
193	成都—昆明—迪庆—拉萨航线	2001 年 4 月 5 日开辟，航程 2323 千米，其中成都—昆明 711 千米，昆明—迪庆 500 千米，迪庆—拉萨 1112 千米，使用波音 757－200 型飞机，每周飞行 1 班。2004 年 10 月 20 日停飞
194	成都—迪庆航线	2001 年 4 月 19 日开辟，航程 766 千米，使用波音 757－200 型飞机，每周飞行 1 班
195	绵阳—北京航线	2001 年 4 月 28 日，开辟航程 1537 千米，使用波音 737－300 型飞机，每周飞行 4 班
196	广州—绵阳航线	2001 年 4 月 28 日开辟，航程 1495 千米，使用波音 737－300 型飞机，每周飞行 2 班，2002 年夏秋季每周飞行 3 班
197	重庆—青岛—大连航线	2001 年 6 月 4 日开辟，航程 1919 千米，使用波音 737－300 型飞机，每周飞行 2 班。后只飞行重庆—青岛航线，航程 1594 千米，使用波音 737－800 型飞机，每周飞行 1 班
198	重庆—北京—哈尔滨航线	2001 年 7 月 1 日开辟，航程 2565 千米，使用波音 737—300 型飞机，每周飞行 2 班
199	成都—长沙—厦门航线	2001 年 10 月 28 日开辟，航程 1796 千米，使用波音 737－600 或波音 757－200 型飞机，每周飞行 2 班
200	成都—重庆—合肥航线	2001 年 10 月 28 日开辟，航程 1462 千米，使用波音 737－600 型或波音 737－300 型飞机，每周飞行 3 班，2002 年夏秋季每周飞行 2 班。其中，成都—重庆航段是 1995 年因成渝高速公路开通而停航后，又恢复投入航班飞行的。2003 年 3 月 26 日停飞
201	重庆—三亚航线	2001 年 10 月 28 日开辟，航程 1455 千米，使用波音 737－300 型飞机，每周飞行 7 班
202	重庆—贵阳航线	2001 年 10 月 28 日恢复飞行，航程 357 千米，使用波音 737－800 型飞机，每周飞行 2 班

续表 5－1

序号	航　线	航　班
203	成都—三亚航线	2001 年 10 月 28 日开辟，航程 1671 千米，使用波音 737－300 型飞机，每日飞行 1 班，2002 年夏秋季每周 2 班
204	成都—武汉—杭州航线	2001 年 10 月 30 日开辟，航程 1737 千米，使用波音 757－200 型飞机，每周飞行 4 班，2002 年夏秋季每周 3 班
205	成都—济南—哈尔滨航线	2001 年 10 月 30 日恢复飞行，航程 2818 千米，使用波音 737－300 型飞机，每周飞行 2 班。2003 年 3 月 29 日停飞
206	成都—昆明—丽江航线	2001 年 12 月 29 日开辟，航程 1057 千米，使用波音 737－300 型飞机，每周飞行 2 班
207	昆明—上海航线	2002 年 3 月 31 日开辟，航程 2080 千米，使用波音 757－200 型飞机，每周飞行 1 班。2003 年 3 月 29 日停飞
208	贵阳—桂林航线	2002 年 3 月 31 日开辟，航程 376 千米，使用波音 737－300 型飞机，每周飞行 2 班
209	重庆—宜昌—黄山航线	2002 年 3 月 31 日开辟，航程 1186 千米，使用波音 737－300 型飞机，每周飞行 2 班。2002 年 10 月 20 日停航
210	成都—大理航线	2002 年 6 月 22 日开辟，航程 972 千米，使用波音 737－300 型飞机，每周飞行 2 班
211	重庆—大理航线	2002 年 7 月 15 日开辟，航程 930 千米，使用波音 737－300 型飞机，每周飞行 2 班
212	重庆—昆明—丽江航线	2002 年 7 月 20 日开辟，航程 1018 千米，使用波音 737－300 型飞机，每周飞行 2 班
213	贵阳—丽江航线	2002 年 8 月 5 日开辟，航程 788 千米，使用波音 737－300 型飞机，每周飞行 2 班
214	贵阳—长沙—青岛航线	2003 年 3 月 30 日开辟，航程 2117 千米，使用波音 737－300 型飞机，每周飞行 2 班
215	成都—哈尔滨航线	2003 年 4 月 8 日开辟，航程 2625 千米，使用波音 737－600 型飞机，每周飞行 2 班。2004 年 3 月 25 日停飞
216	成都—重庆—沈阳航线	2003 年 7 月 15 日开辟，航程 2418 千米，使用波音 737－600 型飞机，每周飞行 2 班。2004 年 12 月 9 日停飞
217	成都—芒市航线	2003 年 7 月 18 日开辟，航程 1167 千米，使用波音 737－600 型飞机，每周飞行 2 班
218	成都—昆明—芒市航线	2003 年 11 月 13 日开辟，航程 1168 千米，使用波音 737－600 型飞机，每周飞行 3 班。2004 年 10 月 29 日停飞
219	贵阳—西安航线	2004 年 3 月 28 日开辟，使用波音 737 型飞机，每周 3 班
220	广州—桂林航线	2004 年 4 月 16 日开辟，航程 473 千米，使用波音 737－600 型飞机，每周飞行 1 班
221	贵阳—温州航线	2004 年 7 月 3 日开辟，使用波音 737 型，每周 2 班
222	重庆—九寨黄龙航线	2004 年 8 月 10 日开辟，航程 627 千米，由国航重庆分公司使用波音 737－300 型飞机，每周飞行 7 班
223	成都—西宁—格尔木航线	2005 年 7 月 1 日国航西南分公司开通，由空客 A319 飞机执飞
224	成都—合肥航线	2005 年 7 月 31 日国航西南分公司开通，由空客 A319 飞机执飞

续表 5－1

序号	航　线	航　班
225	广州—达州航线	2005 年 10 月 30 日国航西南分公司开通，由空客 A319 飞机执飞
226	厦门—上海航线	2005 年 10 月 30 日国航西南分公司开通

说明：本表根据《中国民用航空志·西南地区卷》和国航西南分公司资料整理编制

二、四川航空公司跨省（自治区、直辖市）航线航班

四川航空公司自 1988 年 10 月 1 日首航后至 2005 年底，共开辟跨省（自治区、直辖市）航线 139 条，使用图 154、运 7、EMB－145LR、空客 320 等型飞机。

1988 年开辟跨省航线 4 条：成都—重庆—昆明、成都—贵阳—昆明、成都—贵阳、成都—重庆。

1989 年开辟跨省航线 6 条：成都—贵阳—桂林、重庆—贵阳、成都—桂林、成都—昆明—贵阳、成都—重庆—贵阳、成都—武汉。

1990 年开辟跨省航线 6 条：成都—西安、昆明—（贵阳）—武汉、贵阳—武汉、成都—（武汉）—温州、重庆—武汉、成都—（重庆）—襄樊。

1991 年开辟跨省航线 2 条：成都—重庆—长沙、成都—万县—武汉。

1992 年开辟跨省航线 24 条：成都—北京、成都—广州、成都—深圳、成都—温州、成都—北京—重庆、成都—广州—重庆、万县—西安、成都—西安—北京、成都—乌鲁木齐、成都—北京—汕头、成都—贵阳—北海、成都—汕头、成都—深圳—重庆、成都—上海、成都—万县—西安、成都—上海—重庆、成都—北京—兰州、成都—北京—哈尔滨、成都—沈阳、成都—厦门、成都—广州—兰州、成都—广州—济南、成都—海口、成都—济南—哈尔滨。

1993 年开辟跨省航线 10 条：宜宾—昆明、泸州—昆明、宜宾—贵阳—北海、长沙—北京、成都—乌鲁木齐、海口—北京、桂林—厦门、成都—南宁、南宁—上海、济南—上海。

1994 年开辟跨省航线 3 条：成都—三亚、北京—长春、重庆—三亚。

1995 年开辟跨省航线 1 条：北京—宁波。

1996 年开辟跨省航线 9 条：成都—北京—哈尔滨、西昌—北京、成都—重庆—张家界、济南—厦门、成都—长沙、成都—宁波、昆明—西昌、成都—宜昌、成都—温州。

1997 年开辟跨省航线 7 条：成都—重庆—宜昌、贵阳—泸州、成都—杭州、重庆—昆明、长沙—张家界、成都—张家界、成都—济南—威海。

1998 年开辟跨省航线 11 条：贵阳—广州、温州—深圳、成都—郑州、成都—达县—武汉、达县—西安、广州—张家界、张家界—福州、成都—杭州—上海、成都—青岛、杭州—昆明、重庆—西安。

1999 年开辟跨省航线 5 条：重庆—晋江、广州—温州、成都—长沙—福州、成都—郑州—宁波、成都—西安—呼和浩特。

2000 年开辟跨省航线 27 条：成都—长沙—杭州、广州—汕头—上海、温州—上海、成都—天津—哈尔滨、成都—张家界—珠海、成都—济南—大连、重庆—桂林、重庆—南宁、西昌—西安—北京、张家界—珠海、成都—北京—丹东、成都—石家庄—沈阳、西安—北京、成都—南宁—广州、成都—黄山、汕头—舟山、西安—三亚、广州—西宁、成都—西宁、成都—襄樊、广元—温州、成都—福州、成都—珠海、西宁—重庆—深圳、深圳—宜宾、昆明—深圳、重庆—南充。

2001 年开辟跨省航线 6 条：西宁—敦煌、西安—威海、威海—哈尔滨、绵阳—深圳、绵阳—昆明、汕头—贵阳；

2002 年开辟跨省航线 6 条：绵阳—海口、绵阳—北京、绵阳—重庆、成都—银川、深圳—泸州、成都—重庆“空中穿梭快巴”。

自成渝高速公路通车后，成渝航线的旅客量逐年减少，至 1999 年完全停飞，经川航领导率队进行调研、考证，并经多方面协作配合，成渝航线于 2002 年 9 月 28 日恢复，使用 EMB—145LR 型飞机。之所以将其称为“空中穿梭快巴”，是由于其优势在于：旅客在成都、重庆市购“快巴”机票后，在规定时间内凭票乘坐免费大巴前往机场，在规定时间内办理乘机手续，乘机到达目的地后，有大巴在飞机下直接接旅客至市区，托运的行李在飞机下直接领取。包括在市区搭车至机场以及乘机时间在内前后约 2 小时的全部行程与成渝铁路 11 小时、成渝高速公路 5 个小时左右相比较，成渝航线的优势明显。

川航的成渝“空中穿梭快巴”在全国民航第一次实行通票制（单程票价含机场建设费和机场到市区的地面交通费用）；第一次在普通航班上使用专用值机柜台、安检通道、候机室；第一次现场发放行李；第一次在停机坪接旅客到市区；第一次根据旅客要求全程设计航班；第一次短距离的穿梭飞行。

2003 年开辟跨省航线 6 条：重庆—铜仁、成都—万州、万州—宜昌、万州—西安、重庆—九寨沟、万州—北京。

2004 年开辟跨省航线 6 条：成都—徐州、徐州—大连、重庆—攀枝花、攀枝花—丽江、成都—丽江、南昌—宁波。

2005 年开辟成都—九寨—西安航线。

第二节　四川省内航线航班

一、西南航空公司、国航西南分公司在四川省内航线航班

1991—2005 年，西南航空公司及更名后的国航西南分公司在四川省开辟的航线共 7 条，分别是：

重庆—泸州航线，1991 年 9 月 9 日开辟，航程 170 千米，使用运 7－100 型飞机。成都—泸州航线，1994 年 7 月 4 日开辟，航程 246 千米，使用运 7－100 型飞机，每周飞行 2 班。成都—万县航线，1994 年 11 月 2 日开辟，航程 382 千米，使用运 7－100 型飞机，每周飞行 2 班。成都—九寨沟航线，2003 年 9 月 28 日开辟，航程 371 千米，使用波音 757－200 型或空中客车 319 型飞机，每周飞行 35—70 班。成都—攀枝花航线，2003 年 12 月 6 日开辟，使用波音 737 型或空客 320、319 型飞机，每周 14 个以上航班。成都—西昌航线，2004 年 7 月 5 日恢复飞行，航程 526 千米，使用波音 737－300 型或空客 319 型飞机，每周 7 班。成都—达州航线，2005 年 10 月 30 日，国航西南分公司开通。

二、四川航空公司在四川省内航线航班

1988—2003 年，四川航空公司共开辟省内航线 15 条，使用运 7、运 12、MR－60、空客 319、

320、EMB－145LR 等型飞机。各条省内航线开辟情况如下：成都—梁平航线，1988 年 3 月 1 日开辟。成都—西昌航线，1988 年 7 月 4 日开辟，2002 年 10 月 31 日改为“空中穿梭快巴”航线。成都—万县航线，1988 年 11 月 1 日开辟，开初飞机起降使用梁平机场，2003 年 5 月 29 日起在万州五桥机场起降。成都—南充航线，1989 年 2 月 24 日开辟。重庆—南充航线，1989 年 7 月 1 日开辟。成都—大足航线，1989 年 12 月 26 日开辟。成都—泸州航线，1990 年 4 月 1 日开辟。成都—宜宾航线，1992 年 12 月 10 日开辟。成都—达县航线，1994 年 12 月 15 日开辟。重庆—万县航线，1997 年 3 月 31 日开辟。西昌—宜宾航线，1999 年 4 月 18 日开辟。成都—广元航线，2000 年 9 月 28 日开辟。成都—绵阳航线，2001 年 6 月 9 日开辟。成都—九寨沟航线，2003 年 9 月 28 日开辟。成都—攀枝花航线，2003 年 12 月 15 日开辟。

第二章　国际地区航线航班

第一节　国际航线航班

一、西南航空公司、国航西南分公司飞往国外航线航班

1992—2005年，西南航空公司及更名后的国航西南分公司先后开辟飞往国外的国际航线共27条。

成都—伊尔库茨克航线，1992年12月7日，使用波音707型飞机执行化运包机，首航成功。成都—新加坡航线，1994年1月1日开辟，航程3474千米，使用波音757－200型飞机，开初每周飞行2班，后每周飞行3班。成都—曼谷航线，1993年6月开辟的包机航线，1996年10月28日转为定期正班国际航线，使用波音737－300型或波音757－200型飞机，每周飞行2班，后增至每周5班。重庆—曼谷航线，1997年2月8日开辟的包机航线，航程2022千米，使用波音737－300型飞机。1998年10月30日转为正班国际航线，使用波音737－800型飞机，每周飞行2班。重庆—吉隆坡航线，1997年4月14日，由西南航空重庆公司开辟，为不定期直航包机航线，使用波音737－300型飞机。北京—上海—奥克兰航线，1999年7月31日，由西南航空公司和新西兰大陆发展股份有限公司共同开辟的国际包机航线，使用空中客车340－300型飞机，航程11050千米。飞行不久即停航。北京—广州—奥克兰航线，1999年8月8日，由西南航空公司和新西兰大陆发展股份有限公司共同开辟的国际包机航线，使用空中客车340－300型飞机，航程11500千米。飞行不久即停航。成都—普吉航线，2000年12月29日开辟，为定期包机航线，使用波音737－300型飞机，每周飞行1班。成都—汉城航线，2001年4月16日开辟，航程2534千米，使用波音737－300型飞机，每周飞行2班。2005年，汉城改称首尔。

2001年，根据西南航空公司与中国国际航空公司在联合重组的框架下达成的协议，国航3架空中客车340－300型飞机交给西南航空公司营运，国航湿租1架西南航空公司波音757－200飞机。上述飞机均由西南航空公司的机组和乘务员身着国航的制服，使用国航的CA代码，执飞国航的国际航班。国航交给西南航空公司营运的3架空客340－300型飞机分别于2001年11月11日、11月21日、12月10日交付西南航空公司使用，并在交付使用的次日由西南航空公司执飞营运以下3条国际航班：北京—温哥华—北京航线，航班号CA991/2，每周一、三、五飞行3班。上海—巴黎—上海航线，航班号CA949/50，每周三、六飞行2班。北京—厦门—新加坡航线，航班号CA957/8，每周一至周六飞行6班。从2002年1月1日起，国航湿租西南航空公司的波音757－200型飞机执飞营运以

下3条国际航线：北京—上海—仙台航线，航班号CA955/6，每周三、日飞行2班。北京—上海—福冈航线，航班号CA915/6，每周一、四、五飞行3班。北京—上海—大阪航线，航班号CA921/2，每周二、六飞行2班。

2002年起，又新增加以下国际航线航班。成都—东京航线，2002年4月26日开辟，航程3799千米，使用波音757－200型飞机，每周飞行4班。2004年3月26日停飞。成都—大阪航线，2002年7月18日开辟，航程3193千米，使用波音757－200型或波音737－600型飞机，每周飞行2班。成都—上海（浦东）—福冈航线，2003年1月12日开辟，航程成都—上海（浦东）1879千米，上海（浦东）—福冈998千米，使用波音757－200型飞机，每日飞行1班。成都—北京—东京航线，2004年3月26日开辟，航程北京—东京2562千米，使用波音757－200型飞机，每日飞行1班。成都—北京—巴黎航线，2004年7月28日开辟，航程北京—巴黎10253千米，使用空中客车340－300型飞机，每周飞行2班。成都—北京—法兰克福航线，2005年9月28日国航西南分公司开通。成都—北京—伦敦航线，2005年9月28日国航西南分公司开通。成都—北京—温哥华航线，2005年9月28日国航西南分公司开通。成都—北京—纽约航线，2005年10月10日国航西南分公司开通。成都—北京—旧金山航线，2005年10月10日国航西南分公司开通。成都—北京—洛杉矶航线，2005年10月10日国航西南分公司开通。成都—法兰克福货运航线，2005年12月18日国航西南分公司开通，这是中国西部地区第一条直达欧美的货运航线。

二、外国航空公司开辟飞往四川航线航班

从2001年起，至2005年，外国航空公司开辟飞往四川的国际航线共3条。

汉城—成都航线，2001年4月18日，韩国亚洲航空公司使用空客321型飞机开辟，每周3班。

曼谷—成都航线，2002年1月1日，泰国国际航空公司使用波音737－400型飞机开辟，每周3班。

新加坡—成都航线，2002年7月24日，新加坡胜安航空公司使用空客320型飞机开辟，每周2班。

第二节 地区航线航班

一、从四川飞往港、澳地区航线航班

1981—2005年，从四川飞往港、澳地区航线先后开辟有5条。

成都—香港航线，1981年11月15日由民航成都管理局开辟，使用民航沈阳管理局三叉戟型飞机飞行。西南航空公司成立后由该公司执管营运。1996年10月28日，改为地区定期正班航线，使用波音757－200型或波音737－300型飞机，每周飞行5班，后增至每日1班。

重庆—香港航线，1987年7月17日由民航成都管理局与重庆旅游包机公司共同签署协议营运。1987年10月15日西南航空公司成立后，改由西南航空公司与重庆市旅游包机公司双方共同营运，由西南航空公司使用波音737－300型飞机飞行。1996年10月28日，重庆—香港包机航线改为地区

定期正班航线，由西南航空公司执管营运，使用波音 737 - 300 型飞机飞行，每周飞行 5 班，后增至每日 1 班。

重庆—澳门航线，1995 年 11 月 22 日，由西南航空公司开辟，使用波音 737 - 200 型飞机。

重庆—桂林—澳门航线，1996 年 10 月 5 日，由西南航空公司开辟，使用波音 737 - 300 型飞机，每周飞行 2 班，后每周飞行 3 班。

重庆—香港—重庆航线，2005 年 5 月 12 日，由四川航空股份有限公司开通。

二、港、澳地区航空公司飞往四川航线航班

港、澳地区航空公司先后开辟飞往四川的航线 2 条。

香港—重庆航线，1997 年 4 月 23 日，由港龙航空公司使用空客 320 型飞机开辟，每周 2 班。

澳门—成都航线，2002 年 8 月 1 日，由澳门航空公司使用空客 320 型飞机开辟，每周 1 班。

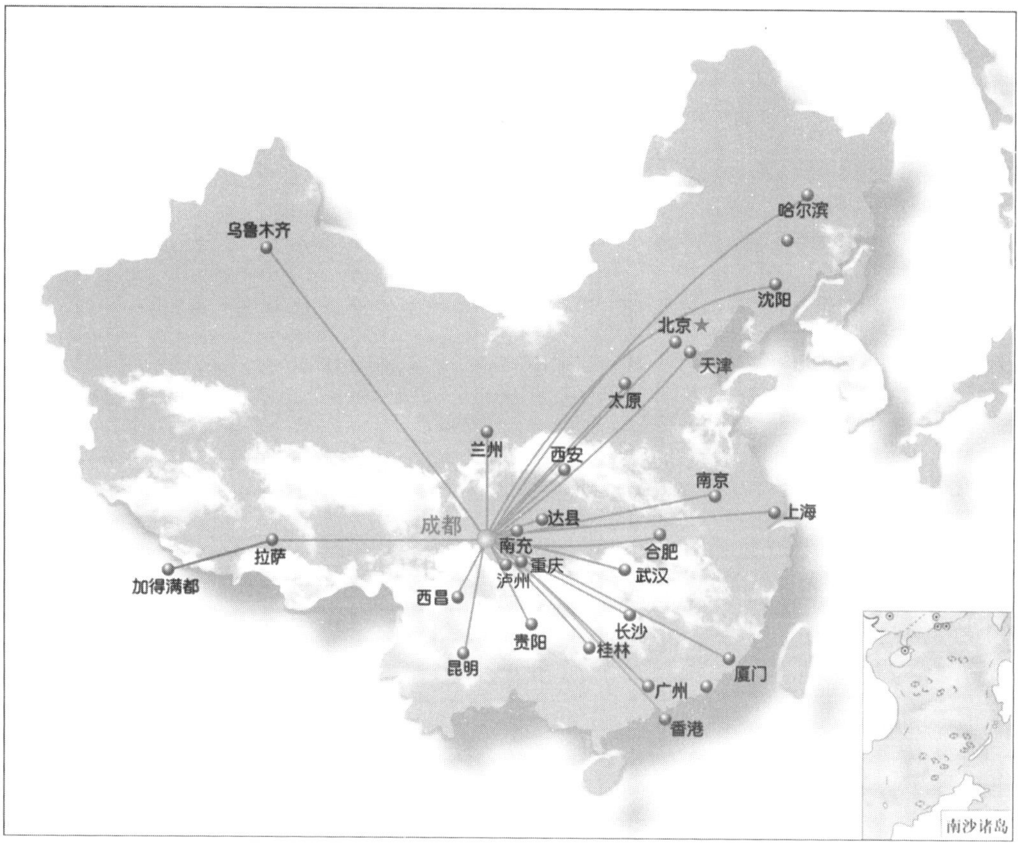

图 5 - 1　1987 年成都出发航线示意图

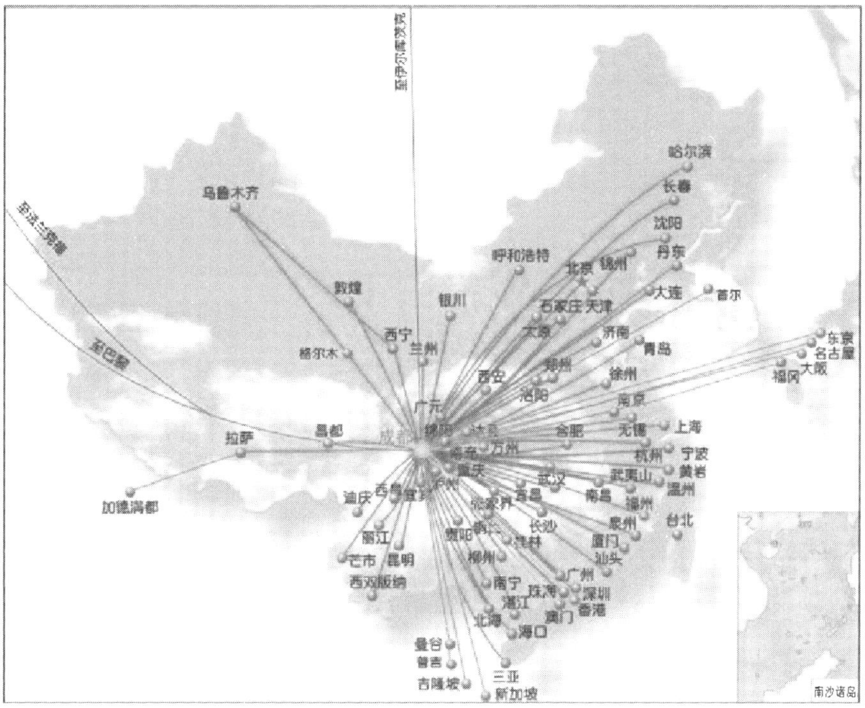

图 5－2　2005 年成都出发航线示意图

第六篇　航空运输及通用航空

民用航空运输是交通运输系统的重要组成部分，代表着先进科学技术装备起来的现代化交通运输生产力。特别是在远程运输和水陆交通运输不方便的地域更具有快速、经济、高效等优越性，是其他任何交通运输方式所不能替代的。

1995 年，全国 139 个机场中，成都双流国际机场旅客吞吐量达到 4496685 人，位于全国机场旅客吞吐量排序第 4 位。2004 年，全国 133 个机场中，成都双流国际机场旅客吞吐量突破千万人次大关，达到 11660631 人，是继北京、上海、广州、深圳之后，全国第 5 家跨入世界繁忙机场行列的机场之一。2005 年，成都双流国际机场旅客吞吐量达 13871548 人。

1986—2005 年，四川地区先后组建成立中国西南航空公司、四川航空公司、长城航空公司、鹰联航空公司。至 2005 年，西南地区以外的东方、南方等航空（集团）公司以及上海等航空公司在成都等地均设有营业部或售票点。2005 年，四川省内机场全年航空运输旅客 1566.66 万人次，邮货 257236.41 吨，分别是 1986 年的 17.75 倍、10.03 倍。

通用航空是民用航空业务的重要组成部分，包括使用航空器从事为工业、农业、林业、牧业、渔业等生产经营和经济建设服务的作业飞行，以及为医疗、卫生、抢险、救灾、环境监测、科学实验、教育、训练、文化、体育及空中游览等服务的飞行活动。1987 年以前，民航第十七飞行大队承担西南地区的通用航空任务。1987 年 10 月，民航成都管理局进行管理体制改革后，四川地区通用航空公司先后成立。至2005年，四川省内有成都华西通用航空公司、四川三星通用航空有限责任公司开展通用航空作业。

第一章　旅客运输

第一节　组织实施

旅客运输组织工作遵循“保证重点，照顾一般，方便旅客”的原则。工作内容包括组织客源、控制座位、销售客票、办理旅客乘机手续、行李运输、候机室服务、安全检查以及组织旅客登机等。

一、订座、售票

由于飞机在空中飞行的特殊性，航空运输对旅客购票乘机也提出了有别于其他交通运输工具的特殊要求。

民航对旅客订座购票乘机在各个时期都有规定。旅客购票必须证件齐全（1990 年以前，购票须有介绍信、身份证或工作证等，以后只用身份证）方能购票。

为扩大客源，争取旅客乘坐飞机，旅客订座购票可以用电话、信函、电报订座（购票时交验证件），既可预订本站出发的座位，也可以预订联程、回程航班的座位，或由任何航站出发的座位。有经停站的航班，为便利经停航站办理订座和售票，则采用分段配额或索让座位的办法。例如成都经重庆、武汉、南京至上海的航班，始发站与经停各航站售票数量都有一定配额，在正常情况下，各航站按规定的配额售票，如始发站有紧急旅客要求购票乘机，可以采用索让的办法解决。始发的紧急旅客急需乘机，如配额机票已售完，可向下一航站索要旅客到达目的地的机票，中途经停站紧急旅客急需乘机，可向上一站或下一站索要旅客到达目的地的机票。但这种办法，必须得到上一站或下一站的同意后，方能超额售票。

从 1975 年 5 月 1 日起，国内航班订票办法改为各航站和若干常有较多人员乘机的大单位及旅游单位签订供票协议，还为当地党、政、军领导机关预留一定数额的客票，同时规定各航站对每个航班都必须有一定比例的客票在售票处窗口出售。1985 年，民航科研所研制出了售票填票机，在民航成都售票处使用，并逐步推广，减轻了售票员的劳动强度。1989 年 6 月 27 日，全国民航第一个卫星电脑订座系统在中国西南航空公司成都售票处通过鉴定，中国西南航空公司成为首家试用这种方式订座并获得成功的航空公司。当年西南民航就开始与民航局计算中心及全国各地民航电子订座系统联网，大幅提高订座工作的效率和运输服务质量，同时又方便了广大旅客。

2001 年，西南航空公司有一类 BSP 代理人总数 359 家，二类代理人总数达 2545 家。至 2001 年 11 月，共销售 BSP 票款 18 亿元，销售 BSP 客票近 200 万张。

2003 年 10 月 28 日，中国国际航空公司（以下简称国航）电子客票产品正式在成都销售，旅客可以通过登录国航网站或到指定代理人处购买电子客票，或利用招商银行一卡通或工商银行信用卡在网上直接支付票款，登机前只需持有效身份证件便可在机场电子客票柜台拿到登机牌和报销凭证。国航电子客票从10月中旬开始在成都出港、回程的航线中，先后开通了北京、上海、广州、沈阳、重庆、杭州、深圳、青岛8个城市。在10月28日正式启用后，陆续开通哈尔滨、南京、昆明、桂林、贵阳、海口、长沙、武汉、西安、大连10个城市。2004年全部开通国际航线的电子客票业务。国航西南公司在环宇包机、永兴票务等30余家代理人开通了电子客票业务。2004年9月6日，国航西南分公司首张大客户电子客票诞生，持这张成都到昆明电子客票的大客户为柯达公司，该公司是国航西南分公司在成都地区首家开通电子客票业务的大客户。安迅、毕立信息、助邦实业等公司也相继成为公司的电子客票用户。

二、售票机构

（一）售票点、销售代理人

民航机票销售除了在民航管理机构售票处出售机票外，在其他地方也设立售票机构。最初主要是为方便旅客购买机票，在有关单位配合协助下，采取设立售票点和委托售票的形式。

随着中国市场经济体制的建立，把企业推向市场成为经济活动的主体，航空运输企业也不例外。特别是航空运力的大量投入，逐步进入以销售为导向的航空运输市场。当初主要是为了便于旅客购买机票而设立的售票点，到20世纪80年代也逐步扩大并成为占有空运市场的销售代理机构，适应了市场的需求，成为航空运输企业销售业务不可缺少的商业伙伴。民航航空运输销售业是民航对外服务的重要手段，也是面向旅客、货主的重要窗口。1987年民航成都管理局管理体制改革后，民航四川省管理局售票处仍予保留，重新抽调人员组建，照常营业，并代理全国各大航空公司部分销售业务。航空公司售票处也代理外地一些航空公司的部分销售业务。

1989年1月，四川省绵阳市联运公司机票、货运代理处，德阳市政府机票、货运代理处与乐山客运中心站机票、货运代理处相继经民航西南管理局批准营业。是年12月，成都市第一家销售代理人成都市联运公司机票代理处成立。民航四川省局在重庆地区设立的客货代理人，1991年2月，重庆第一家代理人重庆旅游包机公司机票代理处建立。1995年底有47家，由于部分代理人不规范的经营行为，擅自设立违规的二级、三级的“黑点”，扰乱了航空市场，民航四川省局曾多次按民航总局、民航西南管理局的要求上报取缔、处罚违规的代理人。

为实施行业管理，维护市场销售秩序，保护销售代理人的合法权益，1996年4月3日，经民航西南管理局和中国民用航空协会批准，四川省航空运输销售代理人协会在成都成立，当年发展会员73家。

成都双流机场售票业务 1990年11月，成都双流机场开始办理客货销售代理业务。在旅客服务公司销售科下设3个售票处：成都市内北新街售票处、西南民族学院售票处和机场大门外民航宾馆售票处。3个售票点主要销售西南航空公司和四川航空公司机票。1993年3月，增开成都市内红照壁售票处。同年5月9日，新疆航空公司、厦门航空公司、南方航空公司、深圳航空公司从成都回程航班座位分配权交成都双流机场。1994年7月，位于成都市科华北路24号的成都双流机场磨子桥客货营运大楼正式营业，同年10月开始办理国际售票业务。1998年6月26日，民航总局下发《关于民航各管理局、省、市（区）局、航站、机场开办的销售代理剥离问题的通知》后，成都双流国际机场等单位的销售代理业务机场剥离，交由成都双流国际机场新星实业开发总公司经营。至2000年，客运代理业务已发展成以磨子桥售票大楼为中心，包括市内四川省展览馆、人民南路、文武路、荷花池、五块石机票代理处等9个市内机票代理处和1个国内机票销售柜台及团队和分控等综合性的客运销售代理机构。2001年11月12日，成都双流国际机场与机场新星实业开发总公司分别出资40%、60%成立成都双流国际机场航空客货服务有限责任公司，主要负责民航地面运输代理服务、航空客货销售代理服务等有关业务。2003年11月21日，商务部同意成都双流国际机场与明捷航空集团（成都）有限公司在成都市设立中外合资经营企业“成都机场明捷航空服务有限责任公司”，自此，客货代理业务由成都机场明捷航空服务有限公司开展。

规范售票市场　从1998年开始，国际航空运输协会开始在中国推行开账与结算计划，即中国BSP客票（中性客票），该客票在使用和票据结算等方面均具有防范侵吞票款等诸多优点。6月1日，民航总局下发了《关于大力推行中国BSP有关问题的通知》。2000年3月上旬，民航总局召开整顿销售代理市场全面推广BSP工作会议，于3月20日正式下发《2000年全面推广中国BSP的工作安排》的通知，所有客票代理人在2000年全部加入中国BSP，使用机打票，结束手工票的历史。国际航协对加入中国BSP的代理人发放统一的BSP中性客票，只发放1个办公室号，只能用中国航信安装的唯一打印机，并要求按期结算，从技术上控制了手工客票，遏制代理“黑点”的产生和生存，规范了代理市场。

（二）售票处、营业部（办事处）

1987年，民航成都管理局实行管理体制改革以后，西南航空公司、四川航空公司、长城航空公司等先后成立，航线增多，客运市场的竞争日趋加剧，各航空公司为扩大市场份额在各合适地段或单位以及国内其他城市甚至在国外设立售票分处或营业部是航空运输业务发展的需要。各航空公司设立的售票分处或营业部是航空公司的一个机构，隶属本公司，不同于销售代理人。西南航空公司1990年1月18日在北京人民大会堂四川厅举行北京营业部开业典礼新闻发布会。到2000年底，先后在北京、海口、广州、深圳、厦门、上海、北海、昆明、贵阳、重庆、武汉、长沙、烟台、三亚、哈尔滨、青岛、桂林、乌鲁木齐、拉萨设立营业部或办事处。1999年8月31日，西南航空公司成都售票处在成都设立少城、太升路、总府路、东风大桥、水碾河5个售票分处；同年1月10日设立棕南分处；2000年7月20日设立双流分处。四川航空公司于1996年分别在重庆、深圳、广州、上海、北京、昆明、海口、济南设营业部；在成都市内先后在人民东路（1991年）、人民南路（1994年）、人民北路（1997年）、新明珠酒店（2000年）等处设立售票分处。

从2003年1月1日起，西南航空公司所属的国内营业部、国外办事处除原西南航空公司成都售票处合并原国航驻成都营业部，组建国航西南公司成都营业部外，全部一并划归国航市场营销部管理，不再由西南航空公司管辖。国航西南公司成都营业部隶属国航西南公司市场营销部管理。2003年4月18日，国航西南公司成都营业部紫荆售票处在成都市城南紫荆小区家乐福超市成立开业；5月9日，国航西南公司成都营业部双楠售票处在双楠小区置信购物广场成立开业。这样，西南航空公司在成都市内加上原有的人民南路售票处、北新街售票处、西南民族学院售票处、人民中路售票处、棕南售票处、双流售票处和双流机场售票处，共有9处直销售票处。2004年2月10日，国航股份西南分公司决定对宜宾、泸州、攀枝花、绵阳等城市派驻商务代表，派驻人员由国航股份西南分公司市场营销部归口管理和统一派遣，其对外交往时的称谓是“中国国际航空公司商务代表”。商务代表的职责为代表国航对常驻地区客源单位的国航客运营销工作进行服务、指导、监督及管理。协调解决客源单位在销售工作中遇到的问题，协助客源和疏通国航的销售渠道，规范市场销售行为，保证国航客运营销工作顺利进行，销售额稳步增长，确保所驻地区的销售收入指标的完成。2004年3月4日，国航股份西南分公司九寨沟营业部在阿坝州松潘县川主寺镇成立，隶属西南分公司市场营销部。

四川地区各民航单位中，除有的在外地驻有营业部外，其他地区的民航单位中也有在四川地区驻有营业部或办事机构。武汉航空公司于1999年8月10日在成都设立营业部。厦门航空公司成都营业部和南方航空公司成都营业部先后于2000年9月22日和11月30日在成都双流国际机场设立补票处。

1990—2002年，西南航空公司相继在国内外27个城市设立营业部、办事处，并以此为中心建立起广泛的区域性联合销售服务网络，见表6-1、表6-2。

1987—2000年西南航空公司国内营业机构一览表

表6-1

序号	机构名称	设立时间	隶属关系
1	成都营业部	1987年10月	直属西南航空公司
2	北京营业部	1990年1月	均隶属西南航空公司市场销售部
3	广州营业部	1990年4月	
4	重庆营业部	1990年7月	
5	海口营业部	1990年10月	
6	上海营业部	1992年7月	
7	厦门营业部	1993年4月	
8	深圳营业部	1994年3月	
9	贵阳营业部	1994年3月	1998年7月22日之前隶属公司市场销售部，之后，划归西南航空贵州分公司管理
10	昆明营业部	1994年9月	隶属西南航空公司市场销售部
11	武汉营业部	1994年12月	隶属西南航空重庆公司
12	北海营业部	1995年4月	均隶属西南航空公司市场销售部
13	烟台营业部	1995年4月	
14	长沙营业部	1995年5月	
15	三亚营业部	1995年7月	
16	哈尔滨营业部	1996年1月	
17	桂林营业部	1999年4月	
18	乌鲁木齐营业部	1999年5月	
19	青岛营业部	1999年5月	
20	拉萨营业部	2000年7月	直属西南航空公司

说明：本表根据《中国民用航空志·西南地区卷》编制

1988—2002 年西南航空公司驻国外办事机构一览表

表 6－2

序号	机构名称	设立时间	隶属关系
1	加德满都办事处	1988 年 2 月	均直属西南航空公司
2	新加坡办事处	1995 年 3 月	
3	名古屋办事处	1998 年 8 月	
4	曼谷办事处	1999 年 11 月	
5	汉城办事处	2001 年 1 月	
6	东京办事处	2002 年 3 月	
7	大阪办事处	2002 年 6 月	

说明：本表根据《中国民用航空志·西南地区卷》编制

三、旅客乘机

旅客乘机包括运送旅客的地面交通、空运配载及发运统计、办理乘机手续和行李运输、对旅客进行安全检查、组织旅客登机和对号入座等环节，这些工作均有标准和要求。在按程序进行工作中，还要尽量缩短旅客在候机室等候的时间和保证航班飞行正常。

（一）地面交通

各航站至市区之间的地面交通，无论是始发、中转、到站旅客，民航历来都备有汽车接送。中华人民共和国成立后，中国民航按各航班飞机预计起飞时间计算，提前一个半小时将旅客送到机场，以便有足够的时间让旅客办理乘机手续。到站旅客是随到随送。接送旅客的班车，1984 年以前，由民航免费提供。1984 年开始按民航局的通知，根据不同情况和条件，将接送旅客的地面交通办法作了改变，成都民航改由成都公共交通运输部门承办，买票上车。西南民航各航站仍由民航承办，但向旅客收取一定费用。旅客因自身原因误车导致误机，由旅客自己负责，如因民航或公共交通运输部门原因造成行车延误导致误机，由民航或公共交通运输部门负责。

（二）行李运输

托运旅客随身携带行李是客运工作的组成部分。中华人民共和国成立后，中国民航规定，国内航班每位乘客可以免费托运行李 15 千克，自理手提行李 5 千克，共计 20 千克。超重行李按规定收费。旅客行李一般与旅客同机到达目的地（特殊情况除外）。旅客在目的地凭托运行李凭证，经工作人员核对后，提取自己托运的行李。至 2000 年底，实行的行李运输规定还有：旅客不得在交运的行李和随身携带的物品中夹带易燃、易爆、腐蚀、有毒、有放射性、可聚合、磁化物质、未经妥善包装的玻璃器皿以及其他危险物品，还规定旅客乘坐飞机不得携带武器或随身携带刀具、利器、凶器。随身携带的物品，头等舱旅客可随身携带两件物品，公务舱和普通舱旅客可随身带一件物品，但总重量均不得超过 5 千克，每件体积不得超过 20 厘米 ×40 厘米 ×55 厘米，超过上述件数、重量或体积的物品，应按规定作为货物或行李托运。

20 世纪 80 年代，成都、重庆等主要机场都先后安装有旅客行李转盘，到达行李进入转盘后，由旅客自行辨认提取，然后由民航工作人员验证放行，从而加快了旅客提取行李的速度，方便了旅客。

1984 年 7 月，民航局首次召开全局行李运输工作会议，西南民航各省（区）管理局和各个航站，都认真贯彻执行会议精神和各种规章制度，改进了行李运输工作，一是加强行李安全检查，二是实行交运、装卸岗位责任制，加强各个环节管理，杜绝野蛮装卸。行李丢失、错装、漏装、损坏现象大大减少，飞行安全有了保障。

为改进行李运输服务工作，缩短旅客等候提取行李时间，从1984年7月1日起，西南民航各航站均实行民航局规定的行李交付时间标准。即：乘坐宽体客机旅客交运的行李，在飞机到站后，第一件行李在20分钟内交付给旅客；波音707、波音737、DC9、伊尔62、伊尔18、三叉戟客机载运的交运行李，在飞机到站后，第一件行李在15分钟内交付给旅客，全部行李在1小时内交付完毕；其他机型载运的交运行李，在飞机到站后40分钟内全部交付旅客。

为方便在行李运输中对因损坏或丢失行李进行赔偿，从1985年1月1日起，民航西南地区各航站执行民航局《关于实行行李声明价值的通知》规定：旅客交运的行李每千克价值超过10元时，可以办理行李声明价值，如发生丢失、破损，赔偿额以声明价值为限，逾重行李费退还旅客，但所交的声明价值费不退，如旅客未办理行李声明价值，则均按损失行李的实际价值或延误运输造成的实际损失赔偿，但每千克的赔偿金不得超过10元；民航应收取超过限额部分（即每千克10元）外0.5%的声明价值附加费；旅客声明价值为外汇时，应按当日银行公布的买入价折算成人民币价值；行李的声明价值不能超过行李本身的实际价值，每一旅客的行李声明价值最高额为8000元。

（三）旅客体重

飞机的载量有严格限制，对每班飞机所载客货重量都必须认真计算，由业务人员填写飞行载重表，经运输部门和机组严格审查签字。

1955年1月1日起，中国民航废除每位乘机旅客必须实地过磅，准确计算重量办法，规定国内航线旅客体重一律按每人72千克计算，国际航线旅客体重一律按每人80千克计算（包括国内航线旅客手提行李物品5千克、国际航线旅客手提行李物品10千克）。经过几十年的实践证明，此办法切实可行，既保证了飞行安全，又简化了手续，提高了工作效率。

（四）登机手续

旅客到达机场候机室后，按规定时间或听候通知办理乘机手续，旅客的乘机手续是：规定在飞机起飞前30分钟在候机大厅交验机票、身份证和交运行李，然后领取登机牌进入候机室休息等候登机。1983年，开始实行安全检查制度，设立隔离候机厅，旅客在办完手续后，还要经过安全检查，方能进入隔离候机厅候机。

为确保飞行安全和空防安全，提高运输服务质量，按照民航局1982年10月27日的通知要求，在办理旅客乘机手续时，着重把好验票关和登机关。民航工作人员必须查验客票是否有效，核对订座控制表内的序号或名单是否相符；客票发现疑点时，查验旅客的身份证件；客票核对无误后，才能发给旅客登机牌，旅客登机牌上写有航班号、飞机号、座位号和始发、到达地点；检查旅客随身携带的物品是否符合运输规定，旅客随身携带的手提行李牌注明始发和到达地点，并按件交旅客挂在手提行李上（以后取消了手提行李牌制度）；旅客托运的行李、物品，按规定认真进行抽查和过磅，行李牌必须按规定填写拴挂，下联交旅客收存。

旅客办完乘机手续后，虽经过安全检查隔离，但在登机时还必须查验，再次仔细查验客票、登机牌；旅客登机完毕，服务员要立即清点登机牌，并与乘务员核对人数，发现实际登机人数与值机通知人数不符时，要立即查明原因并报告值班领导；航班飞机起飞后，服务人员应及时清查隔离厅内是否有旅客遗留物品。

1983年5月5日，中国民航沈阳管理局第十飞行大队王仪轩机组驾驶的三叉戟型296号飞机在执行沈阳—上海航班飞行任务时，被歹徒卓长仁等劫持到韩国；5月8日，国务院发布《关于加强防止劫机的安全保卫工作的命令》，规定乘坐民航班机的人员一律凭县、团级以上单位出具的证明和乘机人员的身份证件购买机票，出售机票一律由民航负责，其他任何单位不得代售。为加强防范，决定对旅客的安全检查工作由武装警察部队担任。1983年7月后，各武装警察部队先后进驻民航各个机场建立安全检查站执行安检任务，配备现代化的检查设施，如手提式金属探测器、金属探测门（安全门），X检查仪等。为适应形势需要，1985年5月后，民航各机场的武装警察安全检查站进一步加强力量，安全检查人员有所增加。

为搞好运输现场组织工作，缓和办理乘机手续时间的紧张局面，民航局运输服务司于1988年7月23日发出《办理乘机手续时间的通知》，规定凡200座（含）以上的客机，在离站时间前120分钟开始办理乘机手续，飞机离站前30分钟停止办理手续；90座（含）至200座的客机在离站时间前90分钟开始办理乘机手续，离站前20分钟停止办理乘机手续；90座以下的客机，在离站前60分钟开始办理乘机手续，离站前20分钟停止办理乘机手续。

（五）对号入座

在20世纪60年代以前，由于飞机吨位小、座位少，旅客登机后自便入座。自从安24型和伊尔18型飞机投入航线飞行后，因飞机客座数增加，为搞好机舱秩序，提高服务质量，从1966年10月起，开始在伊尔18型飞机上试行对号入座，旅客反映较好。随着大型客机投入航线飞行增多，旅客猛增，遂于1973年7月起一直到2005年底，西南民航按规定旅客搭乘所有航班的飞机，一律实行对号入座。

第二节　服务工作

民航服务工作主要包括机场地面服务和空中服务两个方面。中华人民共和国成立后的西南地区民航，在初创阶段各机场候机室即有为旅客服务的工作人员。1985年6—10月，民航成都管理局组织参加民航局在全国6个地方（上海、北京、广州、成都、西安、沈阳）开展的包括乘务队、候机室、餐厅、宾馆、机上清洁队、售票处、货运仓库、装卸队8个“窗口”的优质服务竞赛活动。1986年，成都民航在参加全国的“三优一学”服务竞赛中，成都双流机场就收到表扬信件万余件。1987年，西南民航围绕思想、作风、纪律方面进行了服务工作的全面整顿。1987年10月，中国西南航空公司成立后，曾多次通过培训教育和开展“最佳服务员”“最佳营业员”竞赛以及开展“树新风、送温暖”活动，强化职工服务意识，使服务质量进一步提高。

1993年，中国西南航空公司获中国保护消费者基金会设立的最高奖——“保护消费者杯”，是当时全国民航唯一获此奖杯的航空公司。

1994年初，全国民航开展服务质量上台阶和“十万旅客话民航”活动，经过政府的检查和旅客的评价，于1995年4月评选出的优质服务前5名的航空公司依次是：东方航空公司、厦门航空公司、西南航空公司、深圳航空公司和东北航空公司。

1996年10月至2002年12月，按照民航总局统一部署，民航西南地区管理局全面开展以“为人民服务，树行业新风”为宗旨的创建“文明单位”和“精品服务样板”活动。涌现出成都双流国际机场等全国文明机场、文明航班、文明售票处。

2003—2004年，西南民航重点抓航班正常和航空运输市场监管，及时、妥善地处理消费者投诉是其中重要一环。仅民航西南地区管理局市场处直接参与处理的旅客、货主投诉就有35起。

一、机场地面服务

（一）候机室服务

1986年，成都、重庆等机场的候机楼（室）经过改建和扩建，各种服务设施亦已基本配套。各机场候机室（厅）均设有问讯处、播音室、服务室、商店，还备有茶水、书报、办理失物招领等服务项目；各候机室（厅）的服务人员还可为旅客联系住宿宾馆、代发电报、寄信；尤其是对老弱病残的旅客有特殊服务的项目，如上下飞机时扶老携幼，帮助旅客提送手提行李等；候机室（厅）还配有值班医生和常用的药品等。在1986年的“三优一学”竞赛中，成都双流机场候机室被评为用户先进单位。

为进一步提高服务质量，1994年，西南民航开展“十万旅客话民航”活动，认真听取广大旅客对各航站服务质量的监督和检查。7月13日，成都双流国际机场候机室举行了意见卡首发仪式。7月21日，民航西南管理局又召开了西南地区运输服务质量检查会议，这对提高西南民航各航站的服务质量起到了促进作用。

1993年6月，辽宁省大连师范学院退休人员顾丹秋以《重庆机场优质服务之花争奇斗艳》为题的来信，对重庆江北机场服务人员热情、周到的服务和急旅客所急、想旅客所想的精神大为赞赏。1994年8月，一位乘坐重庆—上海航班飞机无人护送的八旬老人在登机桥内大小便失禁，服务人员不怕脏、不怕臭，及时找来衣物为老人换洗并护送登机，老人十分感激。1995年8月，民航总局局长陈光毅收到一封署名刘树人的感谢信，信中称，他的母亲已80高龄，两腿均有伤病，无法自己行走，她要从成都到青岛看望儿子，怎么走很为难。成都去青岛，无直通火车，中途转车太不方便，于是购买了3月30日的机票去青岛。由于老人无法行走，成都双流国际机场候机室的服务人员帮助老人办理乘机手续，用轮椅推老人过安检并送到飞机上。在飞机上老人受到空中乘务员的特殊照顾。飞机在青岛机场着陆后，男乘务员又将老人背下飞机。老人是农村妇女，辛苦一辈子，第一次坐飞机，处处提心吊胆，不料处处顺利，人人亲切，她说：“坐飞机像在家里一样，为什么人家都这么好啊？”老人回到青岛家中后逢人就说：“这世道好，民航人好。”

2001年10月26日，成都双流国际机场新候机楼开始营运。随着新候机环境和相关硬件设施的改善，运输服务部门进一步改进了业务工作流程，加速了值机员对乘机旅客的验证关和放行关，值机大厅导乘服务工作流程也进行了优化，加强对晚到旅客的引导，切实保障旅客的顺利出行和航班正点。

成都新候机楼启用后，西南航空公司开展全开放值机柜台服务，旅客可在公司全部23个值机柜台中的任一个办理值机手续，大大节约了办理乘机手续时间。他们还推出对乘坐从成都出港航班的旅客“生日亲情”服务，乘机当天过生日的旅客可以享受西南航空公司的贵宾待遇。旅客被邀请到商务要客室候机，免费品尝瓜果糕点，并获赠小礼品，服务员还将为其提供乘机引导服务。一位享受了这种“生日亲情”服务的旅客在留言簿上留言：“我的生日被我妻儿遗忘，却被你们全优的服务发现，并受到真挚祝福，这使我终生难忘。”

2003年，国航西南分公司为精心打造国航的品牌，不断提升国航知名度，在全公司范围内开展“四心工程”，即“放心、顺心、舒心、动心”，要求地面服务旅客满意度达到85%的质量目标，并真正做到“四心归一心，一心为旅客”。

（二）餐厅服务

民航的旅客餐厅服务是民航整个服务工作的组成部分，是民航对外服务的窗口，服务工作的好坏直接反映民航的服务质量，关系着民航的声誉。西南民航除加强对旅客餐厅全体人员进行教育，提高其全心全意人民服务的思想外，还按照1986年1月21日民航局计划司、运输服务司联合发出的《关于民航旅客餐厅厨师评定级的通知》，对全体厨师进行了考评定级工作，并适当增发奖金，使旅客就餐的膳食质量和服务得到了提高。

20世纪80年代中期，重庆白市驿机场餐厅连续3年被评为“全国民航系统文明餐厅”，并获得文明餐厅流动奖杯。

1985年9月，民航局曾在重庆白市驿机场召开全国民航系统餐厅工作现场会，推广该餐厅的经验。1985年，中国民航局、中共四川省委、四川省人民政府分别授予该餐厅“文明单位”称号。《重庆日报》《经济日报》《工人日报》等报刊曾多次报道该餐厅的先进事迹。1986年9月15日，国家经委、中华全国总工会在召开的全国班组工作会议上授予重庆民航餐厅为“全国先进班组”称号，并颁发“五一劳动奖状”。重庆民航自迁驻江北机场后，该餐厅增添了服务设施，服务工作仍保持先进水平。

（三）招待所（宾馆）服务

20世纪80年代之前，成都民航在重庆白市驿机场和成都双流机场修建旅客招待所。80年代中期，成都民航开始在成都市内售票处设立蓝天宾馆（涉外），隶属民航成都管理局旅客服务公司管理。此宾馆主要是为乘坐飞机的旅客服务，有58间客房，119个床位（可供外宾54个床位）。据1988年统计，该宾馆接待旅客51226人次，其中外宾162人次，总利用率达120%。同期，成都双流又新建航空宾馆，大大缓解了过往成都双流机场旅客和机组的住宿问题。20世纪90年代初期，重庆江北机场修建了档次较高、服务设施比较好的宾馆，基本解决了机场过夜旅客的住宿问题。由于航空客运的快速增长，需要在成都双流机场过夜的旅客比较多，因此，民航西南管理局先后在市内和机场各修建一幢设施完善、档次较高的宾馆，即位于成都市内的民航大厦和位于机场的巨龙大厦，1995年均已投入营业。

（四）航班不正常时的服务

航班不正常给旅客的日程安排、生活和工作造成诸多困难和不便甚至损失，同时，也给民航运输服务工作带来许多复杂问题。旅客情况多种多样，民航局要求有关各级领导在做好航班不正常服务工作方面担负责任，也要求服务人员千方百计为旅客排忧解难。1981年10月和1983年4月，民航局曾先后发出两个做好航班不正常情况下服务工作的通知。此后，航班不正常的服务工作虽有改进，但服务工作程序不清、工作秩序混乱、旅客困难不能迅速解决等一些问题仍然存在。1983年12月16日，民航局作出《关于进一步做好航班不正常情况下服务工作的规定》，对航班不正常情况下各部门的职责和工作程序、服务内容、向旅客提供食宿交通等费用、为旅客支付的费用的结算等问题作出明确规定。1991年12月31日、1992年12月26日，民航局先后发出《关于做好航班不正常时旅客服务工作的紧急通知》《关于进一步加强航班不正常情况下服务工作的通知》和《关于做好航班不正常时旅客服务工作的通知》。西南民航各省（区）管理局、各航空公司、机场、各航站，对民航局的历次规定、指示、通知，都认真贯彻执行。重庆机场天气多变，很不利于正常飞行，因此，受气象条件的影响而发生的航班不正常情况较多，服务工作任务重，难度也大。在航班不正常时除及时做好航班动态通报和安排旅客休息和食宿，提供交通方便外，值班领导还接待旅客并做好解释工作。凡由民航原因造成航班延误或取消时，一律为旅客免费提供膳食和住宿服务，有时还在可能的情况下向旅客提供文化娱乐活动。

1985年1月，因天气原因，重庆白市驿机场连续几天关闭，出港旅客积压1000余人，旅客焦急，给机场各方面工作带来压力。服务人员耐心向旅客说明原因，并提供热情周到服务，为旅客提供食宿和交通方便，晚上组织旅客联欢，举行舞会，缓和旅客焦躁心情。同年6月29日，重庆—昆明的航班取消，进城的旅客因公路堵塞又返回机场，在招待所已满员的情况下，候机室服务人员从招待所借来卧具，买来蚊香，让出自己的房间给旅客住。1993年，民航四川省管理局将江北机场候机楼底层旅客休息厅改装成娱乐歌舞厅，为不正常航班的旅客提供娱乐服务。1995年10月，民航总局局长陈光毅在民航四川省管理局检查工作时，对此举表示赞赏。为做好航班不正常情况下的服务工作，该局还专门成立了航班不正常服务工作领导小组，制定了不正常航班服务工作预案，选派有经验、服务热情周到的工作人员为不正常航班的旅客服务，用优质的服务消除旅客的怨气。仅据重庆江北机场1994年统计，当年发生不正常航班816班次，安排旅客用餐56061人次，安排旅客住宿5055人次。重庆江北机场总服务台的优质服务多次受到上级的表彰，1995年被授予重庆市“青年文明号”岗位称号。

成都双流机场地处四川盆地西部，冬季大雾天气多，能见度差，容易造成航班延误，加之双流机场是一个老机场，很长一段时间主要靠20世纪60年代的设施、设备保证80—90年代的飞行任务，给候机服务带来困难。1990年12月19日，大雾笼罩双流机场，由成都飞往各地的旅客滞留在机场，顿时休息、饮水、饮食出现了困难。服务人员发现用平时开水器烧水已供不应求，立即安排服务员到500米之外的地方运送开水，保证了几千人的饮水。餐厅师傅们连续加班，及时满足旅客用餐。1992年11月8—10日，大雾天气导致飞机连续延误。设计高峰小时旅客容量为1200人的机场候机楼，最多时滞留在候机楼内的旅客高达4000余人，过道上都站满了客人，上厕所都要排队。有的旅客躁动不安，大大增加了服务工作难度。候机楼服务员不推卸，不回避，耐心解释，热情服务，为旅客提供棋牌娱乐，送茶送水，排忧解难。1991年2月21日，由于机械故障，成都—南昌的航班不能按时起飞，有的旅客怨气大，甚至砸东西泄气。服务员们尽管满腹委屈，还是坚持使用文明语言，耐心解释，含泪微笑，用热情和真诚去感化旅客。为此，当年4月23日《人民日报》以《温馨的航空港——记成都双流机场的优质服务》为题，载文予以报道。

2004年7月1日，民航总局出台《航班延误经济补偿指导意见》后，国航西南分公司立即成立了“航班延误补偿处置领导小组及办公室”，并出台相应的规定。该公司地面服务部总结处置不正常航班“十六字诀”：有效沟通、重点突破、敢于决断、整体联动。2004年7—8月正是生产旺季，运输量居高不下，同时由于运力短缺、机械故障，拉萨、九寨黄龙机场天气原因等，造成延误航班500余班。其中发生40余起旅客拒绝登机、拒绝下机和高额索赔的恶性事件，均被地面服务部运用“十六字诀”成功处置，未发生一起有效投诉。

2004年8月5日，国航西南分公司执行九寨沟—成都的CA4474航班，因天气原因飞机延误，150名旅客在狭窄的机舱里等待了8个小时。当时有人躁动不安，有人高原缺氧，还有50多名旅客要乘坐联程航班。乘务员找来纸笔，让小孩绘画打发时间，机长王天佑从机场急救中心借来55个氧气袋，解决旅客高原缺氧问题。空勤人员还与国航西南分公司地面服务部联系，请对方提前做好一切准备，在飞机到达成都时立即为联程旅客办理手续。经空勤人员耐心解释、提供快餐、陪客聊天等，使旅客情绪平静。为此，北京交通大学副教授宋守信等6位旅客先后写了感谢信。

（五）重要旅客服务

中华人民共和国成立以来，西南地区民航各单位对专机飞行除了绝对保证安全外，还十分重视专机飞行的服务工作。民航总局曾前后多次对做好专机客人的服务工作作了明确规定。由于一些重要客人需要改乘班机，因此，民航总局再次强调切实做好针对重要客人的服务工作，并下发《关于重要旅客乘坐民航班机运输服务工作的规定》（以下简称《规定》）。《规定》指出，“重要旅客是航空运输保证的重点，认真做好旅客的运输服务工作是民航运输部门的一项重要任务”。《规定》共7条，即：重要旅客的范围；高度重视重要旅客运输服务工作；优先保证重要旅客的机票、座位；做好重要旅客的信息传递；优先为重要旅客办理乘机、到达手续；做好重要旅客的地面接待服务工作；做好重要旅客的机上服务工作。

为做好重要旅客的服务工作，西南民航各单位从飞行安全保证、要客休息室、要客购票和登机到要客的服务工作等都作了具体规定并提出具体要求。民航四川省管理局为接待好要客，于1995年5月将重庆江北机场候机楼贵宾休息室进行装修，省局办公室归口管理要客的服务工作，各保障部门设要客登记本，选派有经验、表现好、责任心强的人担任要客服务工作，优先保证要客的机票、座位，优先办理要客乘机、到达手续，主动热情做好服务工作。仅据1994年统计，重庆江北机场就接待重要旅客250次，计1479人。中国西南航空公司于1991年6月10日制订并下发《接待重要客人服务标准》，1992年6月18日，又制订和下发《要客服务室管理办法》，规定要客服务室由公司营运部负责管理，由一位副总经理负责处理有关问题，要客服务室的工作受公司值班领导监督，工作人员在运输部旅客服务室主任的具体领导下进行工作。为确保要客安全和休息，凡进入要客服务室的旅客，必须持有VIP登机牌，不属VIP服务范围的旅客，不允许进入要客服务室，要客服务室免费向要客提供茶水、饮料、点心，因公司原因造成航班不正常时，免费向要客提供餐食。要客服务室的各种服务设施、设备应由专人负责妥善保管，随时保持清洁卫生，设施、设备不允许外借或移作他用。对要客服务工作的具体要求是：要客服务室人员应准时上岗，及时做好接待重要客人的准备工作，运输部旅客服务室主任要对准备情况进行监督检查；上岗的服务人员着装要整洁，挂牌、站立、微笑服务，举止文雅，行为端庄，服务过程中应主动热情、有礼貌，严格按服务程序规范进行服务；服务人员应主动向要客介绍公司及民航的情况，征求要客对服务工作的意见，准确传递航班信息；航班不正常要客需要用餐时，服务人员应征求要客意见，与送（接）负责人一道，按VIP伙食标准与机场餐厅值班人员联系，做好要客就餐工作；每日的服务工作结束后，服务人员仍要随时保持室内整洁、卫生，随时为要客提供舒适的休息场所；服务人员应树立严格的保密观念，对要客的姓名、身份要保密。中国西南航空公司要客服务室VIP服务，赢得了社会的广泛赞誉，先后被评为四川省和全国“青年文明号”。

（六）对旅客的特殊服务

西南民航历来对旅客中的老、弱、病、残、幼者给予特殊的关怀和照顾，努力为旅客排忧解难，保证有困难和需要特殊照顾的旅客能安全顺利地到达目的地。各航空公司对无成人陪伴儿童服务、有成人陪伴儿童服务、携带婴儿旅客的服务、孕妇服务、老年旅客服务、睡眠旅客服务、晕机和呕吐旅客服务、盲人旅客服务、聋哑旅客服务、轮椅旅客服务、担架旅客服务、其他伤残旅客服务、重要旅客服务等，都作了详细、具体的规定。如对盲人旅客服务：主动向盲人旅客做自我介绍，帮助提拿、安放行李，并引导入座，不要将其安排在靠近紧急出口的座位上。就座后，帮助其触摸安全带、呼唤铃、通风器的位置并告知使用方法，还要介绍紧急设备（救生衣、氧气面罩等）的位置和使用方法及紧急出口的方向。如盲人旅客随身携带导盲犬，可将其安定在该旅客座位的前方地板上，将导盲犬的头朝向过道，必要时向周围旅客加以解释。供应饮料和餐食时，可将餐盘比作时钟，将餐盘内的各种食物和饮料的摆放位置告诉旅客，亦可引导其自己触摸，帮助其打开餐盒盖、餐具包并摆好餐食。西南地区民航各个机场都程度不同的备有特殊服务设施、设备。成都双流机场1987年10月在改革中成立时，候机大厅有一间12平方米的母子候机室，内有保温瓶、奶瓶之类用具。1990年9月，在总服务台旁设了一间面积为25平方米的母婴候机室，增设了儿童玩具、婴儿床、小毛毯等服务用品，还设有老、弱、病、残、孕专座140个，轮椅3个，残疾人电梯2部。

2001年10月26日，成都双流国际机场第三次扩建后，新候机楼有面积为110平方米的特殊旅客候机厅，专供婴幼儿和老弱病残孕等旅客候机用，备有婴儿床1张，轮椅3个，新增残疾人电梯2部。

孕妇乘坐飞机有一定限制，一般怀孕8个月便不宜乘坐飞机，但也有个别孕妇由于早产，在机场或飞机上分娩。凡发生这种情况，西南民航的工作人员都是尽最大努力，使产妇平安分娩。

西南航空公司从1994年起推出无成人陪伴儿童（俗称“邮寄”儿童）运输服务以来，深受家长的欢迎。每年的春运、寒暑假期间，几乎每个航班都有无成人陪伴儿童，少则一两个，多则七八个，而又以沿海的广州、深圳、海口、汕头以及旅游名城昆明、西安等居多。为确保运输服务安全有序，公司制定《无成人陪伴儿童运输暂行规定》，规范了航空“邮寄”儿童的服务工作。

西南航空公司从2001年7月5日起，放开每个航班对无人陪伴儿童的限量，将原规定每个航班最多5个名额增至30名，并且不收取任何服务费用，极大地满足了家长的需求。公司地面服务部还推出了“无人陪伴欢乐行”服务，特地为“无人陪伴儿童”购买玩具和书籍，安排专门的服务员照顾他们，缓解儿童乘机压力。当无人陪伴儿童在候机值机大厅办理乘机手续时，服务员认真查验证件，做好登记，帮孩子们穿上印有“独自旅行”的带有公司标志的衣服，由专人负责引导候机至登机并与空中乘务员交接，飞机抵达目的地，又要替他们提取行李，然后送往出口处交至其亲友手中。2001年7月5—13日，出港的无成人倍伴儿童有600余人，平均每天近80人。2002年6月下旬至7月上旬近20天就接待无成人倍伴儿童超过1000人，平均每日50多名。2003年6月26日，国航西南分公司CA4401成都—拉萨航班上就有33名无人陪伴儿童。在暑期中，每天乘坐国航西南分公司航班的无人陪伴儿童也增至100多名。2004年暑假期间，乘坐该公司航班出港的无人陪伴儿童每天超过100人，其中间一半是前往拉萨和广州两地。地面服务部推出的“无人陪伴欢乐行”服务，让孩子们轻松“单飞”。

国航股份西南分公司地面服务部于2004年4月推出“老年台胞亲情服务”，至8月底就为约120

名搭乘公司或代理公司香港航班返台湾的老年台胞提供办理乘机手续、通关、候机及行李寄存等全程看护和协助服务，让众多老年台胞倍添宾至如归的感觉。

二、空中服务

中华人民共和国成立后，中国民航初创时期，由于机型小、航班少、旅客不多，空中服务工作暂由机组人员兼管。随着客运的发展，1955 年底，民航才培养第一批空中服务员，毕业后，分配 2 名到重庆民航，在里 2 型飞机上做服务工作。空中服务主要包括：向旅客讲解乘机注意事项，介绍航线，照顾旅客空中生活，通报飞行情况及在发生特殊情况时组织旅客脱险等。民航重庆管理处迁成都后，从 1958 年起开始招收乘务员，到 20 世纪 80 年代，已建成一支素质较高、业务较熟练、能在各型飞机上做配套服务的空中乘务人员队伍，除正常服务外，还兼顾处置一些突发事件。

1991 年 6 月 8 日，中国西南航空公司在下发的《客舱服务办法》中规定了客舱服务机构的职责、工作程序、考核和奖惩等办法。具体规定是：乘务科和乘务中队负责组织、实施客舱服务工作，企业管理部门负责监督、检查。职责是：贯彻执行民航局颁发的《乘务手册》和该公司的《客舱服务规范化办法》，满足机上乘客的需要，并检查客舱服务设施情况，组织总结讲评，实行奖惩。程序和要求，分 3 个阶段进行：第一阶段是预先准备，执行航班任务的乘务组要认真做好每日飞前预先准备工作，要有特殊情况下如何进行服务的准备，乘务人员不得缺席和请假，准备情况要有原始记录，乘务长必须向机长报告乘务组的准备情况。第二阶段是直接准备，执行航班任务的乘务组，必须在起飞前一小时到飞机客舱进行准备工作，带齐《乘务手册》规定的物品、证件和资料，严禁因迟到或不到延误航班。第三阶段是组织实施，这一阶段的工作是具体反映空中服务工作质量的全部过程。在组织实施中有 18 条具体规定：乘务员必须做到着装统一、举止文明和挂牌服务；正确运用“十字文明用语”，开展微笑服务和奉献服务；将《旅客意见簿》挂在客舱指定的位置；旅客上、下飞机过程中，乘务员必须在各自的工作岗位上迎、送旅客，引导旅客入座和贮放行李；客舱广播要声音清晰、吐词清楚和准确，速度要适中，除执行《乘务手册》规定的广播词外，还应增加“请旅客注意爱护客舱设备和卫生，口痰、口香糖纸等脏物请吐（放）在清洁袋内”的广播内容；飞机起飞和着陆阶段，乘务员要认真检查旅客是否系好了安全带，并巡视客舱，制止旅客搬弄行李和在客舱内走动；向旅客仔细讲解客舱设备的用途和使用方法，示范表演要逼真，动作要标准，行为要规范；适时供给旅客选阅机上配备的报刊和宣传品；发放供应品时，执行公司有关规定，做到面对面服务，严禁请旅客传递、代送供应品；及时回收旅客不需用的物品，收回的物品不得掉在客舱的地毯上，保持客舱清洁、厕所和厨房卫生；乘务员必须每隔 10 分钟巡视一次客舱；及时向旅客介绍飞越的山川名和城市上空的时间；旅客下完飞机后，乘务员要认真检查客舱，防止旅客的行李物品遗失在飞机上；乘务员在信息舱内不得大声喧哗和谈论与乘务工作无关的事，并应适时播放轻音乐，为旅客提供愉快、舒适的旅途环境；飞机起飞和落地时，要拉开服务窗帘，飞机降落停稳后，乘务员要检查客梯车（登机桥）的停靠情况，确认安全后，才引导旅客下机；飞机降落前，要及时清点机上供应品，做好登记和交接的准备工作，不得擅自处理和拿走机上供应品；乘务长要认真填写《乘务长飞后汇报卡》，对旅客提出的意见要认真收集，妥善交接；有要客乘坐的班机，乘务长要与要客见面，主动征求对改善服务工作的意见。同时也对考核和奖惩办法作了规定。

国际航班的空中服务不仅反映航空服务质量的优劣，而且关系到国家的声誉。西南航空公司于

1992年6月19日专门下发《国际航班乘务员上岗考核标准》，该标准对国际航班乘务员总的要求是：执飞国际航班的乘务员，必须达到下列各项要求，达不到要求不准上岗，上岗后达不到要求的要下岗，这些要求是：热爱祖国、热爱党、热爱社会主义、热爱民航事业，忠于职守，有良好的工作态度和精神面貌。遵纪守法：遵照民航局《关于民航出国人员出国前组织学习的通知》精神，按《出国注意事项》和《对外社交礼节》的要求，严守外事纪律，在与所飞往国家的有关人事交往、接触过程中，严守国家机密；在国外能遵守当地的法律规定。模范坚持服务的基本原则：一视同仁原则，对旅客不分国别、民族、种族、贫富、亲疏，不以貌取人；礼貌待客原则，对旅客礼貌、热情友好；诚信无欺原则，对旅客诚信无欺，公平待人；民族尊严原则，尊重民族习俗，不卑不亢，不提供损害民族尊严的服务；按章办事，熟知国际航空法的有关规定并严格执行，保障旅客的合法权益。仪容仪表：端庄、大方、整洁、表情自然、和蔼、亲切，自觉做到微笑服务；举止文明，姿态端庄。业务能力和技能：考虑问题全面，处事机敏，应变能力强；达到满足服务需要的外语水平，已飞国际（地区）航班500小时以上的乘务员，经公司劳动人事处组织考试并取得合格证，其他乘务员，应经过民航乘务员培训中心的培训并取得合格证；熟悉国际客票、旅费证的功能、用途、有效期、退票的规定以及国际行李运输的特殊要求等国际航空运输业务等知识；熟练掌握飞机经停国家（地区）、航线终到国家关于海关、边防、检疫的入境申报及办理程序，并能帮助旅客正确填写各种入境文件；熟悉掌握航线经过国家、航线终到国家的政治、时差、地理位置和主要城市、名胜古迹及航线所到机场的名称、方位、到市区的距离等有关知识，能用外语流利地向旅客介绍；掌握到达航站的衔接航班情况；掌握特殊餐食的种类、表示方法、禁忌，尊重外国旅客的风俗习惯；能处理一般疾病，掌握急救知识；实际服务操作能力达到民航局规定的一级乘务员服务水平，动作准确、娴熟。

1994年3月10日，西南航空公司再次印发《空中优质服务规范化要求》，进一步提高空中服务工作的质量，要求共13条：统一着装挂牌，着装须颜色、样式统一，包括衣、裙、鞋、袜，必须佩带公司牌号；热情迎送客人，旅客上下飞机乘务员必须站在各自规定的号位，使用文明用语，态度热情迎送旅客；文明微笑服务，乘务员对旅客必须使用文明用语，如“您好”“谢谢”“再见”“对不起”，微笑回答旅客提问；认真广播、巡视，乘务员对客舱要坚持每10分钟巡视一次，保证旅客随叫随到，及时为旅客提供服务，介绍沿途飞越城市、名胜等；要客优先礼遇；搞好音乐录像，有电视播放设备的飞机，必须按程序规定，在飞行中播放音乐、录像，并保持经常更新内容；放好衣帽行李，乘务员必须帮助头等舱旅客放好行李、衣帽；及时打扫厕所，旅客5—6人用厕所后，乘务员必须清扫一次；做好安全检查，检查旅客是否系好安全带、小桌板是否扣好，行李架上的物品是否放稳妥，紧急窗口不许堆放物品，在航班飞机上禁止旅客吸烟；开展特殊服务，做好对老、幼、弱、病、残的服务，地面要密切配合；在途中遇航班不正常时，乘务员要通过广播向旅客耐心做好解释工作，表示歉意；保持“五个一样”：有人检查与无人检查、领导在和不在、对待中国旅客与外国旅客、客人多与客人少、情绪好和情绪欠佳都做到服务一个样；接受监督批评，对旅客反映的意见要认真对待、态度热情，绝不允许同旅客争吵，决不允许有不尊重旅客的行为发生。除了以上13项外，还有6项严禁：严禁空中打瞌睡；严禁人为原因放出紧急滑梯；严禁私分机上供应品；严禁拾物私分；严禁发生旅客先上后下；严禁漏机、缺额服务。对违反上述要求及6项“严禁”的责任单位必须严肃处理。

1994年5月，西南航空公司以赴泰国培训归来的20多名骨干乘务员为基础，组建国际乘务中队，制订“标准航线”服务程序细则，从迎客开始到填写“航后卡”，对所有工作程序都作了详尽规定，并规定乘务员用标准的仪表、用语等为旅客提供“不间断服务”。1995年，该公司将国际乘务中队的服务程序拍成录像、教学片在整个乘务部推广，要求所有航线都成为“标准航线”。乘务部还推出《乘务员工作标准及有关管理规定汇编》和《服务程序、餐食、供应品配备标准及有关规定》。

1995年9月3日，西南航空公司将新招收的50名乘务员送去国际航空公司培训中心进行一个半月的系统培训。这批新乘务员在培训期间，接受了包括形象设计、旅客心理、客舱服务、形体训练、美容、英语、机上急救等20多门专业课的训练。

1995年12月30日，乘坐西南航空公司珠海—成都航班的四川打工妹陈太菊在航班途中，发现装有用血汗挣来的1万多元的饭盒丢了，悲痛欲绝。机上胡晓乘务组获悉情况后，立即踊跃捐款，并动员全机乘客捐款，共捐款6000余元。事后，另一同机乘客回家后发现包内多了一个装钱的饭盒，立即送往中国西南航空公司，原来该乘客在通过安检时，误将饭盒收入包内。在机上他还捐助了200元。西南航空公司接此款后，立即派专车将钱送还陈太菊，深受感动的陈太菊当即将飞机上所得捐款转交希望工程。中央电视台播放的《蓝色旅途》故事片，就是根据这一真实感人的故事改编而成的。

2001年1月1日，西南航空公司首批15名藏族乘务员在完成培训后，正式参加航班飞行，体现了中国民航多民族的服务特色。

2001年7月4日，美籍华人马军找到西南航空公司，他一家要利用休假回到成都老家。他5岁的孩子美籍华裔少年CHRISMA（中文名叫马阳杨）从小患有罕见的“坚果过敏症”，对花生、核桃、杏仁、腰果等坚果类食物都会过敏，既不能吃，也不能闻，严重过敏时，会引起喉咙肿大压迫呼吸器官导致生命危险。公司对此非常重视，专门召开会议，专题研究保证马阳杨在旅程中避免接触坚果类食物的各种措施。为此，公司专门为马阳杨一家安排了条件较好的候机室，还为马阳杨一家所乘坐的SZ4501成都—上海航班制定了一套不含坚果类食物的食谱等，并制定了7条应急措施。7月7日，马阳杨一家在候机室受到了地面服务人员无微不至的照顾；在机舱里，乘务员将他们安排在相隔其他旅客较远的座位上，还专门修改了广播词，将马阳杨的情况通报给全体乘客，并希望旅客不要在航班上食用这类食品。乘务员的行为得到全体旅客的理解与配合。飞机安全抵达上海后，激动万分的马军代表全家在留言簿上写道：“16年来成都发生的巨变使我终生难忘，在今天我感受到的浓浓乡情更使我终生难忘!”

2002年12月17日，12名老一辈无产阶级革命家的亲人、老红军乘坐国航西南公司4102航班抵达成都，参加“四川省纪念红军入川70周年”的系列活动。公司免费为他们提供了北京—成都的往返机票。这批老人包括92岁高龄的谢觉哉夫人、老红军王定国及毛泽东、朱德、贺龙等老一辈无产阶级革命家的亲人。

2004年1月至6月30日，旅客对国航西南分公司空中服务的满意度为93%。其间共收到旅客表扬信442封，没有出现一起旅客有效投诉。

2004年2月22日，国航西南分公司乘务部在成都索菲特万达大饭店举行了一场空中服务现场展示会。该公司提出“五个创新”，即：服务理念创新、服务机制创新、服务管理创新、服务产品创新、服务文化创新；“四个转变”：从注重表现和机械型服务向开放和思考型服务转变，从粗放服务向精细服务转变，从提供局部服务向全方位服务转变，从关注内部旅客向关注外部旅客转变。

1986—1987年民航四川地区各机场旅客货邮吞吐量、发运量统计表

表6－3　　万人次、吨

年份	成都双流				重　庆				西　昌			
	吞吐量		发运量		吞吐量		发运量		吞吐量		发运量	
	旅客	货邮	旅客	货邮	旅客	货邮	旅客	货邮	旅客	货邮	旅客	货邮
1986	58.30	19400.00	43.30	9909.30	29.12	6200.00	14.17	3125.20	0.85	54.00	0.51	28.00
1987	109.42	27329.50	55.19	14697.60	32.97	7497.50	15.81	4006.20	1.09	80.90	0.65	42.70

说明：本表根据《中国民用航空志·西南地区卷》编制，南充、达县、泸州等机场扩建停航

1988—2004年中国西南航空公司、国航股份西南分公司运输统计表

表6－4

年份	飞行班次	飞行里程（万千米）	飞行小时（小时）	旅客周转量（万人次千米）	旅客周转量（万吨千米）	货邮周转量（万吨千米）	运输总周转量（万吨千米）	旅客运输量（万人次）	货邮运输量（吨）	正班载运率（%）
1988	11755	1533.22	25731	174927.00	12588.00	4530.00	17118.00	122.10	30818.00	73.80
1989	14348	1927.00	29886	196006.00	14131.00	5480.00	19611.00	135.44	36986.00	65.30
1990	17309	2187.00	34414	230245.00	16600.00	5922.00	22522.00	170.34	41374.00	64.70
1991	18755	2369.00	40212	277254.00	19985.00	6004.00	25989.00	205.78	42636.00	71.30
1992	19658	2646.00	43335	329238.00	23605.00	6940.00	30545.00	237.10	47940.00	69.60
1993	28594	3987.00	59658	462453.00	33143.00	9146.00	42290.00	333.80	63205.00	61.30
1994	38544	5209.61	72251	584808.00	41908.55	11397.20	53305.75	437.76	79780.00	59.10
1995	45548	6078.00	84323	726603.00	52043.00	13702.00	65746.00	548.77	95636.00	60.60
1996	48847	6763.00	97473	755375.00	56180.00	15662.00	71842.00	565.10	108846.00	58.20
1997	47528	6857.41	99206	725602.86	53925.33	15252.35	69177.68	540.77	107056.30	54.90
1998	46505	6747.20	98898	630234.95	46792.05	14582.52	61374.57	474.53	103164.80	49.70
1999	46419	6496.87	95702	640526.05	47429.18	15237.86	62667.04	492.63	108335.10	48.20
2000	46884	6632.69	97425	669143.42	49546.86	18439.40	67986.26	505.44	131046.80	49.60
2001	50206	7211.87	104951	718573.59	63980.38	14726.89	78708.13	535.54	104097.50	56.58
2002	42705	6328.60	91069	676162.99	60251.95	13970.99	74224.19	486.66	95912.20	54.70
2003	50397	6689.10	97456	768450.40	68528.70	13991.20	82519.80	535.36	92802.80	66.60
2004	59733	7950.20	124411	1001602.00	89436.60	16510.90	105947.40	701.32	104601.60	33.00
合计	633735	87613.77	1296401	9567205.26	750074.60	201495.31	951573.88	7028.44	1394238.10	58.66

说明：本表根据《中国民用航空志·西南地区卷》编制

1988—2004 年四川航空公司运输统计表

表 6－5

年份	飞行班次	飞行里程（万千米）	飞行小时（小时）	旅客周转量（万人次千米）	旅客周转量（万吨千米）	货邮周转量（万吨千米）	运输总周转量（万吨千米）	旅客运输量（万人次）	货邮运输量（吨）	正班载运率(%)
1988	549	23.12	680	961.00	61.07	12.93	74.00	2.16	107.00	53.80
1989	2180	94.22	2605	3290.00	236.86	16.88	253.74	8.19	363.90	69.50
1990	4300	195.58	5095	7439.00	529.90	34.10	564.00	17.70	631.00	59.50
1991	6085	587.89	7864	11325.00	815.34	44.66	860.00	25.12	819.00	62.50
1992	5264	495.23	8601	49887.00	3571.62	605.38	4177.00	42.17	4289.00	59.80
1993	8961	863.81	15091	82904.00	5922.00	1415.00	7337.00	70.27	9846.00	57.60
1994	10320	1031.87	16993	98987.00	7062.72	2120.28	9183.00	84.98	15248.00	56.70
1995	11287	1063.00	18052	108585.00	7744.00	2445.00	10189.00	93.48	17583.00	61.90
1996	12433	1321.00	21483	130218.00	9669.00	3085.00	12754.00	104.39	21579.00	58.30
1997	13270	1398.30	21737	135424.77	10049.30	3527.24	13576.54	108.62	24846.70	59.00
1998	13687	1597.80	23172	152905.49	11334.08	4233.67	15567.75	117.97	29961.10	59.40
1999	15266	1934.71	27303	181676.95	13424.31	6111.33	19535.64	138.34	42857.80	56.70
2000	15914	2174.78	29654	213298.46	15799.75	7220.54	23020.29	154.42	49027.20	61.40
2001	18470	2620.55	35279	245521.94	21931.49	6795.81	28727.06	170.88	44694.50	67.26
2002	23510	3176.30	44351	284292.56	25388.19	7589.70	32978.03	203.75	49732.90	71.40
2003	28965	3020.00	43010	273006.50	24435.20	8220.80	32656.20	222.19	54907.00	72.30
2004	40587	4259.00	57830	426829.50	38140.30	10932.20	49072.50	365.50	75423.00	74.40
合计	231048	25857.16	378800	2406552.17	196115.13	64410.52	260525.75	1930.13	441916.10	62.44

说明：本表根据《中国民用航空志·西南地区卷》编制

1992—2000 年长城航空公司运输统计表

表 6－6

年份	飞行班次	飞行里程（万千米）	飞行小时（小时）	旅客周转量（万人次千米）	旅客周转量（万吨千米）	货邮周转量（万吨千米）	运输总周转量（万吨千米）	旅客运输量（万人次）	货邮运输量（吨）	正班载运率(%)
1992	352	56.00	854	5748.00	412.00	99.09	512.00	4.10	670.00	48.30
1993	1681	250.00	3700	27439.00	1964.00	428.01	2392.00	19.65	3054.00	53.30
1994	1083	145.60	1944	14778.00	1055.44	266.56	1322.00	11.09	2010.00	49.80
1995	1952	258.00	3575	21925.00	1564.00	327.00	1891.00	17.15	2513.00	51.90
1996	3624	500.00	7421	39690.00	2945.00	709.00	3654.00	30.44	5177.00	52.20
1997	3789	475.40	7429	36425.18	2708.47	617.84	3326.31	30.89	4656.20	50.90
1998	3968	477.91	7380	34961.91	2597.94	715.79	3313.73	30.92	5552.50	49.70
1999	4095	529.51	8109	36751.65	2725.62	903.24	3628.86	31.20	7154.90	49.00

续表6-6

年份	飞行班次	飞行里程（万千米）	飞行小时（小时）	旅客周转量（万人次千米）	旅客周转量（万吨千米）	货邮周转量（万吨千米）	运输总周转量（万吨千米）	旅客运输量（万人次）	货邮运输量（吨）	正班载运率（%）
2000	4095	489.68	7721	38510.62	2854.24	950.02	3804.26	37.15	8044.50	55.70
合计	24639	3191.10	48133	256229.36	18826.71	5016.55	23844.16	212.59	38832.10	51.20

说明：1. 本表根据《中国民用航空志·西南地区卷》编制；
2. 长城航空公司于2001年5月24日正式转让给东方航空集团公司，故此表只统计到2000年

2001—2005年民航四川地区各机场旅客吞吐量及起降架次统计表

表6-7

机场＼指标＼年份	2001		2002		2003		2004		2005	
	吞吐量（人次）	起降架次	吞吐量（人次）	起降架次	吞吐量（人次）	起降架次	吞吐量（人次）	起降架次	吞吐量（人次）	起降架次
成都双流	6286813	66540	7617494	77732	8237623	83058	11660631	110186	13871548	132901
九寨黄龙	—	—	—	—	174408	1607	904264	7081	1097204	8868
宜宾菜坝	133944	1932	124342	1880	144274	2105	145261	1914	149666	1670
泸州蓝田	78270	1388	67825	1233	73143	1370	82024	1438	41913	822
绵阳南郊	64947	800	125117	1912	89145	1197	161263	1843	130295	1440
西昌青山	32602	817	44522	1116	58193	1491	115176	2348	152280	2704
广元盘龙	14916	954	10093	264	2253	64	2266	62	—	—
攀枝花保安营	—	—	—	—	6424	58	185999	2070	179424	2004
南充高坪	—	—	—	—	—	—	12181	386	44279	1279

说明：本表根据《中国民用航空志·西南地区卷》和民航西南地区管理局统计资料编制

第二章 货物邮件运输

第一节 航空货物运输

一、货物运输量

1985年，四川地区各机场货邮吞吐总量13132吨。1986年前后，民航体制机构进行改革和调整。1987—1988年，西南航空公司、四川省航空公司先后成立，四川地区民航货邮运输量快速增加。至1990年，四川地区各机场货邮吞吐总量43353.3吨，是1985年四川地区各机场货邮吞吐总量的3.3倍。其中，成都双流机场货邮吞吐量34604吨。

1992年12月7日，西南航空公司使用波音707型飞机首次完成成都—俄罗斯伊尔库茨克货物包机任务。1993年8月，西南航空公司将一架波音707型客机改装成商务载重达36吨的货机投入营运以后，到1995年8月，累计承运各种货物超过10000吨，为国家重点建设和四川地区的经济发展发挥了应有的作用。

在庆祝西藏自治区成立30周年期间，从1995年4月起至8月底止，西南航空公司共运送各类进藏货物1309吨，比1994年同期增长50%。当年运输工作的特点是物资种类多，持续时间长，规格要求高。承运进藏的物资包括服装、电视机等。除此之外，从8月上旬开始，西南航空公司又承担了由浙江省空运一批藏族同胞爱吃的小香猪。该批小香猪原定8月11日空运进藏，为配合节日市场，两吨小香猪运抵西南航空公司货场后，该公司派专人日夜值班照料，特意两次推迟空运时间，于8月13日将小香猪空运至拉萨进入了节日市场。西藏羊卓雍湖水电站是节日献礼的重点工程，8月27日，施工单位武警水电三总队要求紧急运送7件高精度的水电设备进藏，每件重达960公斤的物资在空运中遇到麻烦，一是拉萨机场因该货太重无法装卸，二是西南航空公司的波音707型货机又因维修缺件无法起飞，西南航空公司立即与民航西藏自治区管理局联系落实装卸事宜，又紧急派人通宵排除故障。8月28日清晨，拉萨机场准备了人力装卸，该批水电设备终于如期运达拉萨。

1995年，四川地区各机场货邮吞吐总量61618.66吨，比1990年增长42.13%。其中，成都双流国际机场货邮吞吐量61368.27吨，在全国139个机场中，成都双流国际机场年货邮吞吐量排第4位；重庆江北机场年货邮吞吐量在全国139个机场中排名第10。

2000年，四川地区各机场货邮吞吐总量128490.52吨，是1995年的2.09倍。其中，成都双流国际机场货邮吞吐量124423.82吨。

2005年，四川地区各机场货邮吞吐总量257236.41吨，是2000年的2倍，1985年的19.59倍。

其中，成都双流国际机场货邮吞吐量250529.11吨。

二、货运质量

货运质量的标准主要是迅速、安全、正确、便利。1982年，民航西南地区对货运工作实行全面质量管理，加强对货运质量的检查和监督工作，改善装卸搬运设施，将货运质量达标纳入经济承包内容，杜绝了货差货损的事故，使西南民航的货运质量达到新的高度。1985年4月26日，民航局为贯彻落实国家经委《关于加强货运质量综合治理工作的通知》，下发了《关于加强空运货物质量综合治理工作的通知》（以下简称《通知》）。《通知》要求各级民航货物运输部门：开展全面质量管理活动；加强货运质量的检查监督；严格执行规章制度，加强法纪教育；改善货物运输组织工作，实行吨位控制管理；增添更新设备、改善设备简陋状况；加强业务培训，提高人员素质。民航成都管理局在贯彻这一《通知》时，在货运部门推行了经济承运责任制，实行全面质量管理，配备了现场检查员，加强检查督促，改善运输装卸设施。1985年5月10日，重庆民航从上海空运一批长毛兔到重庆，中午运到营业处后，收货单位岳池县畜牧局尚未得到发货单位的通知，当时气温高达35℃以上，货运室工作人员发现长毛兔已死亡10多只，便一面立即电话通知收货单位，一面开箱抢救，将长毛兔放出来活动、喂水，采取措施降温避暑，避免了更多的长毛兔中暑死亡，一直忙到晚上10点多钟，货主赶来提货时，见此情景十分感动。

1986年3月1日，民航局以第50号命令发布《中国民用航空货物国内运输规则》，西南民航为保证货物能按照货主的要求如期发运，还采取了货物空运预订吨位的办法，既保证了空运货物的速度，也保证了货物运输的质量。

各类机场地面装卸设备标准一览表

表6-8

起落机型	设备名称	要求
宽体飞机、波音707货机	升降平台车	1—2辆
	散货传送车	2辆　可根据客货运量增加数量
	小牵引车	2辆　可根据客货运量增加数量
	集装箱拖车	4辆　可根据客货运量增加数量
	集装板拖车	4辆　可根据客货运量增加数量
	散货拖车	4辆　可根据客货运量增加数量
	铲车	2辆　可根据客货运量增加数量
	集装箱	由拥有宽体机、波音707货机的航空公司提供降落该型飞机的机场使用
	集装板	
	网套	

续表 6－8

起落机型	设备名称	要求
波音 707 客机、三叉、伊尔 18、MD 超 80 等型号飞机	散货传送车	2 辆　可根据客货运量增加数量
	小牵引车	2 辆　可根据客货运量增加数量
	散货拖车	4 辆　可根据客货运量增加数量
	铲车	2 辆　可根据客货运量增加数量
安 24 以下型号飞机	130 汽车	1—2 辆　客货量较大航站可配牵引车、拖车
	铲车	1 辆

说明：本表根据《中国民用航空志·西南地区卷》编制

随着民航货运量的增加，机场的货运装卸设施不适应业务发展的需要，影响货物的空运速度和质量。因此，民航局于 1985 年 4 月 18 日发出《关于下发运输装卸、服务设备配置标准的通知》，要求装卸设备凡已达到规定标准的航站，必须加强维修保管，确保使用，并根据客货业务发展情况有计划地添置；尚未达到标准的航站应力争尽早配备。民航成都管理局遵照民航局通知，要求各机场必须按标准配齐，并根据各自的货运量适当增加车辆；凡起降安 24 型以下飞机的机场，可配置拖车、铲车各一部。装卸设备的添置，加快了货运的装卸速度，提高了货物运输的质量。在 1986 年全国民航开展的货物优质装卸活动中，成都双流机场装卸队被评为“装卸一级窗口”。

为按时空运货物，西南民航从 1986 年 1 月 1 日起，遵照民航局财务司、运输服务司的通知，开始执行支付违约运输的违约金。通知规定，货物超过运输合同上填明的约定期限运达到货地点，每延误一天，承运人偿付相当于运费 5% 的违约金，但总额不得超过运费的 50%，这就保证了货物的按时空运。

保证空运货物的安全是保证货运质量的重要一环。20 世纪 50 年代初期，西南民航对货物收运、过磅、检查、地面运输、出入仓库、保管、装卸、交付等各个环节的工作，做到内部任务落实，责任落实，从而保证了货物运输的安全。1989 年 9 月 29 日，民航局发布《关于实施居民身份证查验制度后办理乘机和货运手续有关规定的通知》，其中有关货运手续方面规定：“国内公民交运或提取货物时，民航货运部门要核查其单位介绍信和承办人员身份证，并将证件号码填写在货物托运书或提货单中的备注栏内”。为了防止空运货物、行李丢失、被盗，保护旅客和货主的利益，维护民航声誉，西南民航遵照民航局 1991 年 6 月 4 日发出的《关于防止航空货物、行李丢失、被盗的通知》，在西南民航的运输服务系统内部反复进行职业道德、职业纪律和法制、法规教育；并规定运输服务部门的各级领导干部经常深入货物仓库、行李分拣处、装卸作业场所和搬运队，进行现场监督、检查、指导；对于各类货物，尤其是家用电器和贵重物品，一定要从收运、进仓、出仓、装机、交付等环节严格清点交接，交接双方要在交接单上签字，以明确责任，实行专人、专库、专单管理。

为及时了解货主对航空货物运输服务质量的意见，更好地完善规章制度，提高货物运输和服务质量，加强货物运输工作的管理，民航西南管理局遵照民航局 1992 年 5 月 24 日《关于做好航空货物运输质量征询意见工作的通知》，对本地区的航空公司（包括地方航空公司）、机场、省（区）管理局、航站和航空货运代理人进行征询抽查，对航空公司和机场每季度进行一次检查，对省（区）管理局、航站每半年进行一次检查。对航空公司和机场的征询抽查，每次被征询人数都在 150 人以上，对省（区）管理局和航站，根据货运量的多少，征询抽查的人数不等，但一般都在50—100人。1993年，遵照民航局《关于对货运系统实行全面整顿的紧急通知》，西南民航各单位对货运系统于1993年10—12月进行全面整顿。经整顿后，各单位的货运质量都有明显提高，通过民航总局和西南管理局联合组织的服务质量上台阶检查组的检查，各单位都是合格的。

关于危险品的载运，1969年9月12日，民航总局转发国务院、中央军委同意民航总局《关于民航飞机载运危险品的问题的请示》批件，民航总局在请示中建议“今后民航客、货班机一律不载运易燃、易爆、剧毒、腐蚀、放射性同位素等危险品；遇国防急需，要求民航空运危险品，须经托运单位报总参谋部批准，采取有效措施，由民航安排专机承运”。在实际工作中，西南民航一直是遵循国务院、中央军委以及民航总局有关危险品不准利用班机运输或限制运输的一系列规定，进行严格检查，认真防护，杜绝事故的发生。从1984年起，民航西南地区各单位又先后开办了国内航空货物运输的保险业务。

为保障航空运输安全，促进外贸发展，国家进出口商品检验局、民航总局、国家计委、外经贸部联合发出通知，决定从1995年5月1日起对空运进出口危险货物包装的使用和检验实行统一管理，并相应制订了《航空运输进出口危险货物包装检验管理办法》（试行）。对危险品运输包装的使用、查验、管理、处罚等诸方面作了详细规定，它的实施是中国危险品航空运输业与国际危险品航空运输业接轨的重大决策，也标志着中国危险品航空运输向国际标准化迈进了一步。

三、组织货运

1987年10月，民航成都管理局实行管理体制改革，“政企分开”之后，客货源调查和运输业务宣传由各航空公司、机场等企业具体实施，地区管理局行使政府监督职能。成都、重庆等航空公司、机场先后成立宣传广告公司，宣传形成规模。有的还在香港凤凰卫视连续进行有关航空运输业务的广告宣传。除调查组织一般客货源外，还把重点转向旅游团体、会议人员、出国劳务、节日客源、进出口货源等。成都、重庆等地还设计制作各种精美纪念品、宣传品，如航机杂志、挂历、旅行便览，还参加国际航空展览，扩大宣传攻势，收到良好效果，客货源调查组织和运输业务宣传进入了一个新的时期。

为满足某些用户特急货物或函件快速运送的要求，民航各运输服务部门自20世纪80年代末90年代初，先后开展快件空运业务。

20世纪90年代，各航空公司设有负责货运的流量流向分析、市场调查、销售工作的管理和货源组织工作的机构。

1995年5月，西南航空公司邀请成都10家企业座谈，并征询货主对该公司货运工作的意见和要求。根据反馈的信息，该公司开始策划推出《货物运输合同书》，7月初与28家企业签订了《货物运输合同书》，使货主交运货物更加方便，还可享受“三优一协”服务。“三优一协”服务是指中国西南航空公司的合同货主在交运货物时可以享受货物优先搬运装卸、优先交运、优先运输，承运人协助货主购买该公司机票的服务。《货物运输合同书》对货主应承担的责任也作了规定，即货主“必须严格按照《中国民用航空国内运输规则》的有关规定交运货物，在交运的货物中不许夹带政府禁止运输和限制运输的物品、危险品”。

1996年，计算机“货运生产管理系统”在货运公司推广运用。该系统能在几秒钟内显示出查询货单的全部信息内容。以前手工操作收一票货，最熟练的员工也需要3分钟，运用该系统后只需1分钟。“导运”服务是针对一些货主对航空货物运输不了解而设立的。由货运工作人员在“窗口”引导货主办理托运手续，并回答货主提出的问题，打破以往窗口封闭式服务，变被动服务为主动服务。他们还推出“两卡一上门”服务。“两卡”即致歉卡、致意卡；“一上门”即上门收货服务。四川龙泉水蜜桃每年6—7月大量上市，货运公司为方便果农运水蜜桃，采取灵活的方式，把收货现场设在果林山头、田间，力保交运的鲜桃在第一时间及时运出。2000年5月中旬至6月25日共收运水蜜桃829吨，其中运往广州的水蜜桃一天就达20余吨。

2003年，因受非典型性肺炎（以下简称“非典”）疫情的影响，货邮运输由2002年的12.2万吨下降至9.3万吨，下降23.77%。国航西南分公司大力发展代理人销售渠道，扶持代理、依托代理，在发展分销渠道的同时，建立核心代理人机制。2003年，货运公司先后与27家货运代理人签订了销售代理协议。采取积极措施，加强对货运的组织工作，以货补客，特别是抓好大宗货和西南地区土特产品的货物运输，如开辟昆明—成都—北京航线运输鲜花，开辟成都—贵阳—北京、成都—绵阳—北京和成都—杭州—北京航线运输皮鞋，挖掘潜力，增加收入。松茸是四川省出口创汇的大宗货物，主要出口日本。但松茸这种高档食品对运输的时限和保鲜要求极高，从四川甘孜、阿坝、凉山产地运往日本大致不能超过48小时。为解决货主担心松茸积压损失巨大的后顾之忧，货运公司的职工每天凌晨5点上岗，5点30分开始收货，并及时将其送进冷冻仓库短时储存，尽力将松茸装上最近的航班，使其能在当天经北京或上海中转运至日本，为货主保证最佳的经济效益。仅2001年8月下旬，货运公司就收运松茸近70吨，成都—上海、成都—北京的航班，每天每架波音737－300型飞机最多可运送200多件，而每架波音757－200型飞机则可达到435件。2003年5月中旬到6月3日共运往广州、北京、深圳等地鲜桃146吨。四川省双流县的草莓是该县的支柱产业，以其独特的味道和喜庆的色彩占据了北京、广州等市场。货运部门为保证草莓的及时空运，采取了一系列措施，吨控室24小时值班接受货主订舱、问询，并在双流机场货运设立专门草莓交运窗口，随到随收，随收随运。为此双流县政府多次专程为货运公司送来锦旗：“情系农业，排忧解难，西航货运，功不可没”和“银燕助农，友谊长存”的感谢铜匾。四川省获得新加坡的卫生许可准入川猪肉，货运公司与客户达成承运协议，2001年12月21日，西南航空公司一架波音757飞机满载5310公斤猪肉飞往新加坡，开创大批四川绿色无公害猪肉航空外运的新局面。四川茶叶主要运往上海、南京等地，货运公司从服务上下工夫，派出销售人员在峨嵋、名山产茶区设立收运点，由货运公司专车把收运的茶叶及时运往机场，使春茶的运量和销售收入取得好成绩。在2003年“非典”和2004年“禽流感”疫情时期，全力保证防治“非典”和“禽流感”医药用品的调运工作。国航西南公司提出了“感情零障碍、服务零缺陷、货主零距离、货主零动手”的“四零”服务；开展“无缝隙服务”，坚持“上道工序为下道工序负责，下道工序弥补上道工序不足”的运输服务工作原则，防止货运服务内部缺陷影响服务工作。2004年，成功协助双流县兽医卫生监督检验所和成都双流机场运行疫病防治办公室做好了两起从疫区运抵成都的鸡苗和鸭苗的处置工作。

第二节　航空邮件运输

1980年7月24日，邮电部、海关总署、民航总局联合发出《关于处理国际特快专递邮件联系办法的通知》，着重解决国际特快专递邮件的处理。发运和验关的程序、手续都需要按预订的时间进行，以保证国际特快专递邮件的处理时限。

1987 年 7 月 1 日，民航局运输服务司发出《关于搞好航空邮件运输工作的通知》，要求：对于航空邮件，各地仍按优先运送的精神办理，一经收运要保证及时运出，不得积压。对运力紧张的航线，必须有计划地收运，邮政部门亦可通知民航预留吨位；各地要为邮件装卸、转运作业现场提供方便；对邮件的收运和提取工作，必须严格执行交接制度，逐件核对点交，无误后，双方应在交接单上签字，对于捆扎不牢、开裂或破损的邮袋，应拒绝收运。民航局运输服务司于当年 7 月 17 日又发布《关于加强外交邮袋运输管理的通知》，规定：外交邮袋要指定专人保管，机场与市内间运输应有人监护；外交邮袋一律用直达航班运输，如一天有多个直达航班，除特急件外，一般应固定航班；外交邮袋装机后，始发站应将所装舱位通知到达站，同时，应在舱单备注栏内说明；外交邮袋从收运至交付的每个环节实行登记制度；进港的外交邮袋，到达站应认真核对，如发现不正常情况，必须在 2 小时之内发报或电话通知始发站。

1991 年 12 月 14 日，中华人民共和国邮电部、民用航空局联合发出关于发布《航空运邮规定》的通知，对邮件运输的航班、班期和吨位的确定，交运邮件的规格和路单，邮件的交接，联运邮件的运输，邮件的运费等都有明确规定，此后，航空邮件的运输工作，一直是按这一规定执行。

第三章　专机包机运输

20 世纪 80 年代以前，西南民航专、包机运输任务很少。专机，主要是执行保障任务。包机，主要有成都—香港定期和不定期的货邮包机等。1987 年 10 月 15 日，按照“政企分开，简政放权”的原则，民航成都管理局实行了管理体制改革试点。中国西南航空公司、四川航空公司等先后成立，专、包机运输业务有所发展。

第一节　西南航空公司专机包机运输

西南航空公司执行包机任务比较突出的事例是邵逸夫包机。

1998 年 8 月 15 日，邵逸夫一行包机乘 SZ4055 从成都到香港（07:30—09:40），乘 SZ4056 从香港到赣州（10:30—11:20），乘 SZ4655 从赣州到南昌（18:00—18:40）。8 月 17 日，乘 SZ4656 从南昌到黄山（08:00—08:40），乘 SZ4657 从黄山到武汉（17:00—17:50）。8 月 18 日，乘 SZ4658 从武汉到老河口（07:50—08:35），乘 SZ4663 从老河口到武汉（18:30—19:15）。8 月 19 日，乘 SZ4644 从武汉到成都（08:30—10:00）。8 月 23 日，乘 SZ4065 从成都到香港（15:20—17:30）。

2002 年邵逸夫一行 50 人包机，8 月 24 日，乘 SZ4026 从香港到西安（10:00—12:30），乘 SZ4993 从西安到延安（13:10—13:50）。8 月 25 日，乘 SZ4994 从延安到西安（13:30—14:10）。8 月 26 日，乘 SZ4995 从西安到景德镇（17:30—18:55）。8 月 27 日，乘 SZ4644 从景德镇到成都（17:50—19:55）。8 月 31 日，乘 SZ4065 从成都到香港（17:30—19:45）。

2004 年 9 月 18—25 日，邵逸夫一行包机航线为香港—长沙—铜仁—大庸—宜昌—重庆—九寨—成都—香港。成都维修基地挑选了适航状态最好的波音 737－600 型 5023 号飞机执行此次包机任务，维护人员还专门对客舱布局进行了调整，拆除了部分座椅安装了桌子等，在执行任务期间，5 名技术骨干跟机，严把放行关口，为要客提供了安全、优质的全程服务。

1987—2002 年西南航空公司（国航西南公司）客、货包机统计表

表 6－9

年份	航班号	执行日期	机型	班次	航线
1987	CA4007/8	9 月 12、26 日，10 月 3、10 日	波音 707	4	拉—加德满都—拉
1997	SZ4031/2	2 月 8 日	波音 737－300	1	渝—曼谷—渝
1997	SZ4061	5 月 5 日	波音 737－300	1	鄂—富山

续表 6-9

年份	航班号	执行日期	机型	班次	航线
1999	SZ4071/2	7 月 8、15、22、29 日	波音 737-300	4	双—澳门—双
1999	SZ4013/4	7 月 2、5、9、12、16、19、23、26、30 日	波音 737-300	9	筑—港—筑
1999	SZ4071/2	8 月 5、12、19、26 日	波音 737-300	4	双—澳门—双
1999	SZ4013/4	8 月 2、6、9、13、16、20、23、27、30 日	波音 737-300	9	筑—港—筑
1999	SZ4051/2	8 月 25、29 日	波音 757-200	2	双—港—双
1999	SZ4031/2	7 月 24、31 日	波音 737-800	2	渝—曼谷—渝
1999	SZ4091/2	7 月 30 日，8 月 13、27 日	空客 340-300	3	京—沪—奥克兰—沪—京
1999	SZ4093/4	8 月 6、20 日	空客 340-300	3	京—穗—奥克兰—穗—京
1999	SZ4031/2	8 月 7、14、21、28 日	波音 737-800	4	渝—曼谷—渝
1999	SZ4041/2	8 月 12、16 日	波音 757-200	2	渝—名古屋—渝
1999	SZ4485/6	9 月 5 日	波音 737-300	1	双—渝—双
1999	SZ4071/2	9 月 2、9、16、30 日	波音 737-300	4	双—澳门—双
1999	SZ4013/4	9 月 3、6、10、13、17、20、24、27 日	波音 737-300	8	筑—港—筑
1999	SZ4061/2	10 日 8、15、22、29 日	波音 757-200	4	双—曼谷—双
1999	SZ4061/2	12 日 24、31 日	波音 737-300	2	筑—曼谷—筑
2000	SZ4013/4	1 月 4、7、11、14、18、21、25、28 日	波音 737-300	8	筑—港—筑
2000	SZ4061/2	1 月 7、14、21、28 日	波音 737-300	4	筑—曼谷—筑
2000	SZ4061/2	2 月 4、11、18、25 日	波音 737-300	4	筑—曼谷—筑
2000	SZ4071/2	2 月 5、12 日	波音 757-200	2	双—吉隆坡—双
2000	SZ4037/8	2 月 6 日	波音 737-200	1	双—曼谷—双
2000	SZ4061/2	4 月 11、16 日	波音 757-300	2	筑—曼谷—双
2000	SZ4071/2	4 月 18、25 日	波音 737-300	2	双—澳门—双
2000	SZ4037/8	12 月 29 日	波音 737-300	1	双—普吉—双
2000	SZ4043/4	12 月 29 日	波音 757-200	1	双—名古屋—渝
2000	SZ4071	12 月 30 日	波音 757-200	1	渝—加德满都
2001	SZ4072	1 月 6 日	波音 757-200	1	加德满都—渝
2001	SZ4043/4	1 月 7 日	波音 757-200	1	渝—名古屋—双
2001	SZ4063/4	1 月 23、24、25、29 日	波音 737-300	4	筑—曼谷—筑
2001	SZ4057/8	1 月 24、30 日	波音 757-200	2	双—吉隆坡—双
2001	SZ4063/4	2 月 2、9、15、23 日	波音 737-300	4	筑—曼谷—筑
2001	SZ4037/8	2 月 2、9、15、23 日	波音 737-300	4	筑—曼谷—筑
2001	SZ4037/8	2 月 2、9、16、23 日	波音 737-300	4	双—普吉—双
2001	SZ4063/4	3 月 2、9、16、23、30 日	波音 737-300	5	筑—曼谷—筑
2001	SZ4037/8	3 月 9、16、23、30 日	波音 737-300	4	双—普吉—双
2001	SZ4091/2	4 月 26、29 日，5 月 3、6、10、13 日	波音 757-200	6	大连—名古屋—大连
2001	SZ4061/2	4 月 6、13、20、27 日	波音 737-300	4	筑—曼谷—筑

续表 6－9

年份	航班号	执　行　日　期	机　型	班次	航　线
2001	SZ4063/4	4 月 11、12、16、17 日	波音 757－200	4	筑—曼谷—筑
2001	SZ437/8	4 月 16、30 日	波音 737－300	2	双—普吉—双
2001	SZ4081/2	4 月 14、21、28 日	波音 737－300	3	双—澳门—双
2001	SZ4057/8	4 月 30 日	波音 757－200	1	双—吉隆坡—双
2001	SZ4071/2	4 月 20 日	波音 757－200	1	渝—加德满都—双
2001	SZ4073/4	5 月 5 日	波音 757－200	1	双—加德满都—渝
2001	SZ4061/2	4 月 4、11、18、25 日	波音 737－300	4	筑—曼谷—筑
2001	SZ4067/8	5 月 30 日，5 月 1、6 日	波音 737－300	3	筑—曼谷—筑
2001	SZ4069/70	5 月 1 日	波音 737－200	1	筑—曼谷—筑
2001	SZ437/8	5 月 7、28 日	波音 757－200	2	双—普吉—双
2001	SZ4057/8	5 月 7 日	波音 757－200	1	双—吉隆坡—双
2001	SZ4081/2	5 月 5、12、19、26 日	波音 757－200	4	双—澳门—双
2001	SZ4047/8	5 月 3 日	波音 737－300	1	穗—松山—桂
2001	SZ4047/8	5 月 6 日	波音 737－300	1	穗—松山—渝
2001	SZ4061/2	6 月 1、8、15、22、29 日	波音 737－300	5	筑—曼谷—筑
2001	SZ437/8	6 月 14、28 日	波音 757－200	2	双—普吉—双
2001	SZ4081/2	6 月 2、9、16、23、30 日	波音 737－300	5	双—澳门—双
2001	SZ4061/2	7 月 13、20、27 日	波音 737－300	3	筑—曼谷—筑
2001	SZ437/8	7 月 5、13、20、27 日	波音 737－300	4	双—普吉—双
2001	SZ4081/2	7 月 7、14、21、28 日	波音 737－300	4	双—澳门—双
2001	SZ4047/8	7 月 20 日	波音 737－300	1	虹桥—冈山—渝
2001	SZ4047/8	7 月 24 日	波音 737－300	1	鄂—冈山—虹桥
2001	SZ4061/2	7 月 6 日	波音 737－300	1	筑—曼谷—筑
2001	SZ4021	7 月 26 日	波音 757－200	1	拉—港
2001	SZ4022	7 月 21、28 日	波音 757－200	2	港—拉
2001	SZ4061/2	8 月 3、10、17、24、31 日	波音 737－300	5	筑—曼谷—筑
2001	SZ437/8	8 月 3、10、17、24、31 日	波音 737－300	5	双—普吉—双
2001	SZ4021	8 月 2、9、16、23、30 日	波音 757－200	3	拉—港
2001	SZ4022	8 月 4、11、18、25 日	波音 757－200	2	港—拉
2001	SZ4081/2	8 月 4、11、18、25	波音 737－300	4	双—澳门—双
2001	SZ4048	8 月 11 日	波音 757－200	1	大阪—双
2001	SZ4047	8 月 16 日	波音 757－200	1	双—大阪
2001	SZ4073/4	8 月 25 日	波音 757－200	1	双—鹿儿岛—双
2001	SZ4073	8 月 30 日	波音 757－200	1	双—鹿儿岛
2001	SZ4078	8 月 31 日	波音 757－200	1	佐贺—双
2001	SZ4061/2	9 月 14、21、28 日	波音 737－300	3	筑—曼谷—筑

续表6-9

年份	航班号	执行日期	机型	班次	航线
2001	SZ4063/4	9月30日	波音737-300	1	筑—曼谷—筑
2001	SZ437/8	9月28日	波音737-300	1	双—普吉——双
2001	SZ4021	9月6、13、20、27日	波音757-200	4	拉—港
2001	SZ4022	9月1、8、15、22、29日	波音757-200	5	港—拉
2001	SZ4081/2	9月1、8、15、22、29日	波音737-300	5	双—澳门—双
2001	SZ4048	9月19日	波音757-200	1	大阪—双
2001	SZ4047	9月24日	波音757-200	1	双—大阪
2001	SZ4073	9月6、12、18日	波音757-200	3	双—鹿儿岛
2001	SZ4074	9月1、7、13日	波音757-200	3	鹿儿岛—双
2001	SZ4077	9月2日	波音757-200	1	双—佐贺
2001	SZ4079	9月11、17日	波音757-200	2	双—福冈
2001	SZ4080	9月12、16日	波音757-200	2	福冈—双
2001	SZ4085	9月22、27日	波音757-200	2	双—长崎
2001	SZ4086	9月8、23日	波音757-200	2	长崎—双
2001	SZ4061/2	10月5、12、19、26日	波音737-300	4	筑—曼谷—筑
2001	SZ437/8	10月5日	波音757-200	1	双—普吉—双
2001	SZ4048	10月5日	波音737-800	1	大阪—双
2001	SZ4047	10月10日	波音737-800	1	双—大阪
2001	SZ4079	10月18日	波音757-200	1	双—福冈
2001	SZ4080	10月13日	波音757-200	1	福冈—双
2001	SZ4088	10月19日	波音757-200	1	熊本—双
2001	SZ4090	10月24日	波音757-200	1	大分—双
2001	SZ4089	10月28日	波音757-200	1	双—大分
2001	SZ4021	10月4、11、18、15日	波音757-200	4	拉—港
2001	SZ4022	10月6、13、20、27日	波音757-200	4	港—拉
2001	SZ4081/2	10月6、13、21、27日	波音737-300	4	双—澳门—双
2001	SZ4080	10月29日	波音757-200	1	福冈—双
2001	SZ4061/2	11月1、8、15、22、29日	波音737-300	4	筑—曼谷—筑
2001	SZ4071	11月3日	波音757-200	1	渝—加德满都
2001	SZ4072	11月10日	波音757-200	1	加德满都—渝
2001	SZ4079	11月2日	波音757-200	1	双—福冈
2001	SZ4048	10月30日，11月3日	波音737-300	4	新泻—渝
2001	SZ4047	11月3、7日	波音757-200	1	武汉—新泻
2001	SZ4048	11月7日	波音757-200	1	福岛—渝
2001	SZ4047	11月11日	波音757-200	1	武汉—福岛
2001	SZ4061/2	12月2、9、16、23、30日	波音737-300	5	筑—曼谷—筑

续表 6－9

年份	航班号	执　行　日　期	机　型	班次	航　线
2002	SZ4061/2	1 月 6、13、20、27 日	波音 737－300	4	筑—曼—筑
2002	SZ4061/2	2 月 3、10、17、24 日	波音 737－300	4	筑—曼—筑
2002	SZ4037/8	2 月 11、13、14 日	波音 757－200	3	双—普吉
2002	SZ4048	2 月 16 日	波音 737－300	1	仙台—桂
2002	SZ4050	2 月 19 日	波音 737－300	1	名古屋—滇
2002	SZ4047/8	2 月 20 日	波音 737－300	1	穗—仙台—桂
2002	SZ4049/50	2 月 23 日	波音 737－300	1	双—名古屋—滇
2002	SZ4047	2 月 24 日	波音 737－300	1	穗—仙台
2002	SZ4047	2 月 27 日	波音 737－300	1	双—名古屋
2002	SZ4048	2 月 27 日	波音 737－300	1	新泻—滇
2002	SZ4061/2	4 月 7、14、21、28 日	波音 737－300	4	筑—曼—筑
2002	SZ4063/4	4 月 12、18 日	波音 757－200	4	筑—曼—筑
2002	SZ4081/2	4 月 26、28 日	波音 737－300	2	双—澳门—双
2002	SZ425/6	4 月 5、12、19、26 日	波音 737－300	4	渝—澳门—渝
2002	SZ4047/8	4 月 27 日	波音 757－200	1	双—大阪—双
2002	SZ4061/2	5 月 5、12、19、26 日	波音 737－300	4	筑—曼—筑
2002	SZ4037/8	4 月 30 日	波音 757－200	1	双—普吉—双
2002	SZ4039/40	5 月 4 日	波音 757－200	1	双—普吉—双
2002	SZ4081/2	5 月 10、17、24、31 日	波音 757－200	4	双—澳门—双
2002	SZ4081/2	5 月 12、19、26 日	波音 737－300	3	双—澳门—双
2002	SZ425/6	5 月 3、10、17、24、31 日	波音 737－300	5	渝—澳门—渝
2002	SZ4091/2	5 月 8 日	波音 757－200	1	双—吉隆坡—双
2002	SZ4041	5 月 2、6 日	波音 737－800	2	武汉—名古屋
2002	SZ4047/8	5 月 2 日	波音 757－200	1	双—大阪—渝
2002	SZ4047	5 月 6 日	波音 757－200	1	武汉—大阪
2002	SZ4061/2	6 月 9、16、23、30 日	波音 737－300	4	筑—曼—筑
2002	SZ4081/2	6 月 7、14、21、28 日	波音 757－200	4	双—澳门—双
2002	SZ4081/2	6 月 2、9、16、23、30 日	波音 737－300	5	双—澳门—双
2002	SZ425/6	6 月 7、14、21、28 日	波音 737－300	4	渝—澳门—渝
2002	SZ4485/6	6 月 9 日	波音 737－300	1	渝—宜昌—渝
2002	SZ4021	7 月 4、11、18、25 日	波音 757－200	4	拉—港
2002	SZ4022	7 月 7、14、21、28 日	波音 757－200	4	港—拉
2002	SZ4061/2	7 月 7、14、21、28 日	波音 737－300	4	筑—曼—筑
2002	SZ4021	8 月 1、8、15、22、29 日	波音 757－200	5	拉—港
2002	SZ4022	8 月 3、10、17、24、31 日	波音 757－200	5	港—拉
2002	SZ4061/2	8 月 4、11、18、25 日	波音 737－300	4	筑—曼谷—筑

续表 6－9

年份	航班号	执 行 日 期	机 型	班次	航 线
2002	SZ4042	8 月 10 日	波音 737－800	1	名古屋—双
2002	SZ4041	8 月 14 日	波音 737－800	1	双一名古屋
2002	SZ4061/2	9 月 1、8、15、22、29 日	波音 737－300	5	筑—曼—筑
2002	SZ4047/8	9 月 15、19、23 日	波音 757－200	3	双—名古屋—双
2002	SZ4051/2	9 月 17 日	波音 737－600	1	双—东京—双
2002	SZ4404	9 月 13 日	空客 340－300	1	拉—陕—双
2002	SZ4061/2	10 月 6、13、20、27 日	波音 737－300	4	筑—曼—筑
2002	SZ4063/4	9 月 30 日	波音 737－300	1	筑—曼—筑
2002	SZ4037/8	9 月 30 日，10 月 3、5、8 日	波音 757－200	4	双—普吉—双
2002	SZ4022	10 月 5 日	波音 757－200	1	港—拉
2002	SZ4047/8	10 月 9 日	波音 757－200	1	双—名古屋—双
2002	SZ4047/8	10 月 13 日	波音 757－200	1	双—名古屋—双
2002	SZ4047	10 月 17 日	波音 757－200	1	双—名古屋
2002	SZ4048	10 月 17 日	波音 757－200	1	富山—双
2002	SZ4047/8	10 月 21、25 日	波音 757－200	2	双—富山—双
2002	SZ4047	10 月 29 日	波音 757－200	1	双—富山
2002	SZ4048	10 月 29 日	波音 757－200	1	名古屋—双
2002	SZ4061/2	11 月 3、10、17、24 日	波音 737－300	4	筑—曼—筑
2002	SZ4043/4	10 月 31 日	波音 757－200	1	渝—新泻—渝
2002	SZ4043/4	11 月 4 日	波音 757－200	1	武汉—新泻—渝
2002	SZ4043	11 月 8 日	波音 757－200	1	武汉—新泻
2002	SZ4044	11 月 8 日	波音 757－200	1	大阪—渝
2002	SZ4043/4	11 月 12 日	波音 757－200	1	武汉—大阪—渝
2002	SZ4043/4	11 月 1 日	波音 757－200	1	渝—新泻—渝
2002	SZ4043/4	11 月 5 日	波音 757－200	1	武汉—新泻—渝
2002	SZ4041/2	11 月 15 日	波音 737－800	1	渝—仙台—渝
2002	SZ4041/2	11 月 19 日	波音 737－800	1	武汉—仙台—渝
2002	SZ4041/2	11 月 23 日	波音 737－800	1	武汉—仙台—渝
2002	SZ4047	11 月 2 日	波音 757－200	1	双—名古屋
2002	SZ4048	11 月 3 日	波音 757－200	1	福岛—双
2002	SZ4047/8	11 月 7 日	波音 757－200	1	双—福岛—双
2002	SZ4047/8	11 月 11 日	波音 757－200	1	双—福岛—双
2002	SZ4047/8	11 月 19 日	波音 757－200	1	双—名古屋—双
2002	SZ4047/8	11 月 23 日	波音 757－200	1	桂—名古屋—双
2002	SZ4097/8	11 月 2、9 日	波音 757－200	2	双—加德满都—双

说明：本表根据《中国民用航空志·西南地区卷》编制

第二节　四川航空公司包机运输

四川航空公司自1988年7月14日开航以来，没有专机任务，只执行过包机飞行任务。1992年以前的包机飞行班次较少。1988—1991年共飞行147班次，9.63万千米，运送旅客0.3万人次，运送货邮96.92吨。1992年以后，包机飞行班次逐步增多。1992年，共执行成都出港至重庆、昆明、西安、武汉、西昌等地客货包机64班次，飞行2.67万千米，运送旅客0.24万人次，运送货邮13.56吨。1993年，共执行成都出港至长沙、昆明、西安、深圳、西昌、宜宾等地客货包机35班次，飞行1.89千米，运送旅客0.12万人次，运送货邮16.63吨。1994年，共执行成都出港至重庆、梁平、上海、西昌、宜宾等地客货包机27班次，飞行1.12万千米，运送旅客0.08万人次，运送货邮8.32吨。1995年，共执行成都出港至重庆、梁平、宜宾等地客货包机10班次，飞行0.49万千米，运送旅客0.02万人次，运送货邮0.32吨。1996年，共执行成都出港至昆明、宜昌、西安客货包机3班次，飞行0.21万千米，运送旅客0.01万人次，运送货邮0.27吨。1997年，共执行成都出港至重庆、西昌、上海等地客货包机8班次，飞行0.28万千米，运送旅客0.03万人次，运送货邮0.54吨。1998年，执行成都出港至贵阳客包机1班次，飞行0.1万千米，运送旅客0.01万人次。1999年，执行宜宾至西昌客包机1班次，飞行0.03万千米，运送旅客0.01万人次。2000年，共执行成都至上海客包机4班次，飞行0.71万千米，运送旅客0.01万人次。四川航空公司2001—2005年没有执行包机任务。

第四章　航空运价

第一节　旅客票价

中华人民共和国成立后，民航第一次公布航空运价是1950年7月22日中央军委民航局请示国务院总理周恩来批准后执行。公布的运价按水陆交通方便的城市航空运价较低，反之较高的原则制订。这次公布的运价中，成都至重庆的旅客票价为101元（按人民币币制改革后的币值计算，下同），重庆至汉口的旅客票价为240元，重庆至贵阳旅客票价为107元。1950年9月18日，中央军委民航局第二次公布运价，这次公布的运价比第一次公布的运价降低25%左右，其中成都至重庆的旅客票价为73元，重庆至汉口为156元。中国人民航空公司成立后，1952年8月1日，又进行了一次调整，起到了一定的经济杠杆作用，客运量有所增加。从1958年7月起，民航局数次降低国内航空旅客票价。

1985年，国内航空旅客票价只相当于20世纪50年代的1/3。随着民航事业的发展，航空运输总周转量的不断增长，购买高价航油的开支不断增加，飞机、航材价格每年都以5%至10%的速度上涨，加上保险费用的提高，相应配套设施的增加等多种原因，民航运输成本大幅度提高，以致民航营运亏损逐年增加。为了改变这种状况，1987年6月15日起，又实行新运价。新运价比原来水平提高26%左右，每客公里为0.21元。

随着改革开放的深入实施，1988—1990年，国内航空票价每年都有调整，从而开始扭转了国内航空运价长期偏低和脱离成本的不正常情况，以适应改革开放形势和航空运输成本增长的需要。

1988年7月12日，国务院办公厅发出通知，要求各地区、各部门采取措施，优先保证外国人到华访问和华侨、港澳台同胞回大陆探亲、旅游乘坐民航班机，经国务院决定，在旅游旺季，对民航18个点共56条旅游热线的票价实行浮动价格，即国内旅客和华侨、港澳台同胞的机票与外国人同等价格，从7月20日起上浮。还规定民航局可根据航线旅客的增减对旅游热线的范围进行适当调整，但要报国家物价局备案。此56条航线的各种票价，一律上浮到公布票价，包括货物、行李运价，均与外国旅客的票价相同。在上浮票价的56条航线中，四川地区民航就有成都—上海、成都—广州、成都—桂林、成都—西安、成都—昆明、成都—杭州6条旅游热线。

1989年，民航局决定从3月1日起在国内航线对中外旅客统一实行公布票价的旅游热线，由1988年7月20日开始的56条增至71条，四川地区民航除上述6条航线外，又增加重庆—北京、重庆—上海、重庆—广州3条航线。至此，四川地区民航就成都和重庆两个机场共9条旅游热线票价实行浮动价格。为了合理利用航空运力，民航局决定从1989年8月1日起至12月31日，在国内71条实行公布票价的航线上实行临时性的80%优惠。

为扭转航空旅客票价长期偏低的情况，根据国务院《关于做好提高铁路、水运、航空客运票价工作的通知》，1989年9月18日，民航局和国家物价局发布《关于下达民航国内航线客票运价调整方案的通知》。该通知指出，经国务院批准，民航国内航空票价从1989年9月5日起进行适当调整，即公布票价的平均每客千米费率已达到0.28元的航线不予调整，没有达到0.28元的航线调整到0.28元，平均提价幅度为14.8%；优惠折扣票价由现行的每客千米费率0.113元调整到0.2元，平均上调77%；在调整旅客票价的同时，货物、行李运价也作相应调整，但邮件运价暂不调整。

1990年1月1日，民航局通知，乘坐国内71条主要旅游航线航班的中外旅客统一恢复执行1989年9月5日调整后的公布票价。1990年3月24日，民航局、国家物价局下发《关于人民币汇率调整后适当提高民航国内航线公布票价的通知》。该通知指出，由于人民币汇率调整，经国务院批准，从1990年4月15日开始，适当提高民航国内航线公布票价（上调14.5%），即外籍旅客（包括外籍华人）乘坐民航国内航班的票价，平均每客千米由0.28元提到0.32元，行李、货物运价相应提高；华侨、港澳台同胞乘坐民航国内航班的旅客票价与外国旅客相同，一律实行公布票价；国内旅客票价一律不变；对于旅游部门组织的旅游团队，乘坐民航国内航班飞机时，仍实行优惠办法，即运输旺季优惠3%，运输淡季优惠7%。

1992年后，国家对航空旅客票价的调整次数增加，且调整幅度亦相对增大。1992年12月19日，经国务院批准，民航局、国家物价局联合发文，调整民航航线公布票价，从1993年1月1日起实行。调整后的公布票价在原有价格的基础上上调10%，并上浮10%。各航空公司可以根据市场供求情况，在10%的幅度内向下浮动。对旅行社有组织接待10人以上（不含中方陪同）的海外旅游团体票价，推迟到1993年4月1日起执行。头等舱、公务舱票价可分别按票价的150%和130%计算，同时，行李、货物运价相应调整。

根据有关航线客座利用率和经营单位的要求，民航总局决定调整11条国内航线折扣票价，并允许航空公司在调整后的票价基础上，上下浮动10%，其中有西南地区的成都至郑州航线，客票价由230元调整为340元，从1993年11月15日起执行。

1993年12月21日，为适应国家改革开放和民航发展的需要，民航总局决定，从1994年1月1日起调整国内航线折扣票价，规定国内航线折扣票价上调10%，并根据旅客需求变化和季节性的特点，在调整后的票价基础上可上下浮动10%，作为最高和最低限价，由各航空公司根据市场情况掌握，但如需下浮10%幅度的航线，必须报民航总局审批。对头等舱、公务舱票价分别按普通票价的150%、130%计算，并规定在春运期间，对民航内部人员和国内大学、中学、小学的教师和学生票价实行优惠票价。对国内货物运输价格的优惠幅度，由承运的航空公司确定，下浮不限。此举增加了航空公司的经营灵活性，在一定程度上增加了航空运输量，提高了飞机客座率和载运率，但也造成了航空公司之间削价竞销，航空运输市场出现价格秩序混乱的局面。

从1994年7月1日起，民航总局根据国内航空运输企业经营成本和客运市场情况，决定调整国内航线折扣价，调整后的国内航线折扣价为最高限价，同时对逾重行李、货物运价也作了相应的调整。在调整中要求各航空公司视本公司承运航班的客座率，可下浮20%作为最低保护价，并可在此幅度内根据运输条件制定各种优惠票价，原定的折扣票价上下浮动10%的办法不再执行，并严禁将正常票价的差额暗扣给销售代理单位、买票单位或买票人。

1994 年 12 月 15 日，民航总局就调整国内航线折扣票价后出现的问题作了如下明确规定：对 10 人以上的海外旅游团体的优惠，均在民航总局发布的国内航线的公布票价金额基础上给予规定的优惠，而不是在下浮基础上再给予优惠（下同）。对于国内残废军人、教师、学生、民航内部工作人员的优惠，均在民航总局发布的国内航线折扣票价金额基础上给予规定的优惠。对于婴儿、儿童按民航总局发布的公布票价或折扣票价的 10%、50% 付费。

从 1995 年 7 月 1 日起，民航总局和国家计委为促进中国民航事业的发展，缩小国内航线公布票价与国际航空票价的差距，经国务院批准，调整国内航线公布票价，调整后的国内航线公布票价平均提高 20%，逾重行李、货物运价也作相应的调整。为使计价办法合理化，并照顾边远地区，改变以前计价办法中不分距离远近均使用一种价率的做法，调整后的公布票价公式为：票价 = 80 元 + 0.87/客千米 × 航距，最低计费距离为 200 千米，如果调整前的标准已高于按此计算的票价，则不调或少调，对个别短程和热线，适当多调。

为规范价格管理行为，便于对外报价，各航空公司（包括地方航空公司）的公布票价和机场（包括下放地方和军民合用机场）收费均由国家计委同民航总局管理；折扣票价由民航总局管理，向国家计委和省价格主管部门备案；延伸服务收费由省价格主管部门管理。

为整顿航空运输市场在旺季时的价格秩序，制止削价竞销，规范航空运输市场的价格行为，1996 年 6 月 21 日，民航总局下发《关于国内航线折扣票价取消浮动及有关问题的通知》。该通知规定：国内航线折扣票价以民航总局公布的折扣票价为统一价格。各种上下浮动票价一律停止执行。各航空公司必须严格执行民航总局统一规定的全行业优惠票价，包括婴儿折扣，儿童折扣，革命残废军人折扣，寒、暑假期间教师、学生优惠，民航系统内部优惠，国内一、二类旅行社组织接待的海外到华旅游团队优惠（淡季优惠 15%，旺季优惠 10%，适合于公布票价）。不得擅自扩大优惠范围和优惠幅度。航空公司在部分航线上对内宾旅游团队实行的优惠及其他给予限定旅客类型、限定条件的优惠促销票价（如老人优惠、常客里程奖励、首航优惠等）以及一些航空公司已建立或拟建立的多等级舱位（如 K、M）及相应票价，接此通知后，须将适用条件、优惠幅度及运行方式报民航总局，经民航总局批准后方可实行。必须严格执行有关销售代理手续费的规定，不得采用给予个人或单位现金、财物回扣及结算差价等其他不正当手段促销。以上规定从 1996 年 7 月 1 日起执行。

1996 年 7 月 18 日，民航总局财务司下发《关于调整国内部分航线折扣票价的通知》规定：从 1996 年 7 月 28 日起调整国内部分航线折扣票价，逾重行李、货物运价也相应调整。调整后的折扣票价为统一票价，各航空公司不得擅自调高或降低，货物运价可下浮 30%。头等舱、公务舱票价分别按普通舱票价的 150%、130% 计算，婴儿（未满 2 周岁）、儿童（未满 12 周岁）、革命残废军人票价分别按照适用成人正常舱位票价的 10%、50% 和 80% 计算。鉴于部分航线季节性、单向性明显，各航空公司根据航线市场情况可在 15% 幅度内制定 10 人以上团体优惠票价（凭单位介绍信购票）；寒、暑假期间可在 35% 幅度以内制定教师、学生优惠票价。

对藏胞及革命残废军人等乘坐国内航班另有相关规定。1983 年，民航局根据《中共中央统战部关于接待国外藏胞工作的具体规定》的精神，决定从 11 月 9 日起，国外藏胞在国内乘机的收费标准：凡持中华人民共和国驻外使、领馆签证回国探亲、定居的国外藏胞，在国内乘飞机时，凭各地统战、民委部门或接待单位的证明信和本人的身体证件，按第一种票价购买飞机票。凡藏胞已加入外国籍者，在中华人民共和国乘座飞机时，按对待外籍华人到华的有关规定办理，即凭本人护照，按第二种票价购买飞机票。1984 年 7 月 5 日，民航局对革命残废军人乘坐飞机票价的折扣规定是遵照《中华人民共和国兵役法》第五十二条“革命残废军人乘坐火车、轮船、飞机、长途汽车优先购票，并按照规定享受减价优待”的规定，并根据民航的具体情况，凡革命残废军人在国内乘坐民航飞机时，可凭革命残废军人证书，享受按第一种票价折扣 20% 的优待，其余手续及待遇和一般旅客相同。该规定从 1984 年 10 月 1 日起执行。

为便于对持有中国护照的旅客购买国内机票，民航局曾在 1990 年 10 月 30 日颁发的《关于对驻华外国机构工作的中方人员和持有中国护照的旅客购买国内机票办法的通知》中规定：“凡持我驻外使馆签发的中国因私普通护照的旅客，一律按国内公布票价收取外汇人民币；凡持我公安部门签发的中国因私普通护照的旅客，第一次回国时，自其入境之日起 15 天内，可按国内旅客适用票价收取人民币。凡超过 15 天期限或第二次及多次入境在国内乘机，按国内公布票价收取外汇人民币。”这一办法实行以后，部分赴海外探亲而未携带居民身份证的境内公民，以及赴海外的中国留学生，因超过规定期限按国内公布票价购票，矛盾较多，影响了民航的服务工作。根据国家外汇体制改革、实行汇率并轨的实际情况，1994 年 12 月 1 日，民航总局发布《关于持中国护照的旅客购买国内机票有关问题的通知》规定：“一、凡持我驻外使馆、领事馆签发的中国护照的旅客，仍按国内公布票价购票的规定执行。二、持我外交部、公安部出入境管理局、各省（自治区、直辖市）人民政府外事办公室签发的中国护照，包括持原由国内上述部门签发，而后又在我驻外使馆、领事馆续签（第一条规定除外）的护照，在护照的有效期内，按国内折扣票价购票，并自 1995 年 1 月 1 日起执行。”但该通知在执行过程中由于各售票机构对文件中的“护照有效期”理解不一，影响了民航服务质量。为此，民航总局财务司、公安局、运输管理司于 1995 年 2 月 9 日下文，对《关于持中国护照的旅客购买国内机票有关问题的通知》中所称的“护照有效期”作了说明，即“因故不能提供居民身份证，而持中华人民共和国护照的国内公民，可在护照签证有效期内或回国入境 30 天内办理国内购票手续”。

1997 年 7 月 1 日零时起，国家取消国内航线折扣票价，对境内、境外的旅客实行统一票价，航空票价开始与国际接轨。同年 11 月，民航总局又实行“一种票价，多种折扣”的价格体系，使票价进一步符合航空市场发展规律。但由于当时国家经济结构的调整及东南亚金融危机的影响，国内航空市场增幅下滑，市场供大于求的矛盾突出，全行业经济效益急剧滑坡。为了争夺客源，一些航空公司采用大幅度降价、提高代理手续费标准等各种手段进行竞争，严重破坏了正常的市场秩序。为此，民航总局发布《制止民用航空运输市场不正当竞争规定》（民航总局第 47 号令），重申国内航线票价最大优惠幅度为最低保护价，同时下发了从 1998 年 12 月 1 日起施行的《国内航空运输销售市场监管实施办法》。

1999 年 2 月 1 日起，各航空公司销售国内航线客票，除国家特殊规定外，都执行国家计委、民航总局印发的《国内航段旅客票价、逾重行李运费表》。儿童票、婴儿票仍按公布票价的 50% 和 10% 计算。

2000 年 4 月，针对世界燃油价格连续上涨，航空公司经营成本加大的情况，民航总局召开办公会，选择 102 条国内航线实行航线联营，在同一航线上，各航空公司按民航总局统一核定票价售票，然后再按参营航空公司投入座位和机型，确定其收入比例。是年 10 月 1 日起，国内航线支线票价管理进一步放开。对省（自治区、直辖市）由支线航段票价及支线飞机独家经营的跨省（自治区、直辖市）航线票价，实行最高限价管理，最高票价不得超过公布票价（A票价）10%至15%。是年10月25日和30日，民航总局分别下发《关于允许航空公司收取燃油附加费的通知》和《关于实施燃油加价政策有关问题的通知》，批准航空公司统一暂按现行国内公布经济舱票价（YB）的15%上浮票价。航空经济舱单程票价上浮金额最多不超过150元。头等、公务舱票价以上浮后经济舱票价为基础，分别按照国内经济舱公布票价150%和130%制定。儿童票、婴儿票分别按上浮后票价50%和10%计算。上浮后票价尾数以元计。同时，建立国内航线票价与航空煤油价格联动机制，以2000年11月1日国内航空煤油实际供应价格为标准，今后油价变动，累计上涨或下降10%，国内航线票价上浮或下浮3%。

2001年12月，民航总局对航空燃油附加费比率进行调整，浮动上限由15%降至14%，此后国内航线航空燃油价格幅度又进行多次调整。

2002年1月1日、4月10日、10月10日和12月10日，航空燃油加价浮动比例上限4次分别调整至8%、11%、14%，11%。2003年2月10日、5月10日和6月10日，航空燃油加价浮动比例再次调整，上限分别调整至17%、14%和11%。

2003年，调整后四川地区的航空票价情况，如：成都—西安，A票价每客670元；B票价每客560元。成都—昆明，A票价每客720元；B票价每客620元。成都—兰州，A票价每客910元；B票价每客830元。

2004年4月20日，民航国内航空运输价格改革方案出台，民航总局对航空票价的监管由核定航线具体票价的管理方式，改为对航空公司运输的基准价和浮动幅度的间接管理，航空运输企业在政府规定的幅度内，自行制定具体票价种类、水平、适用条件，提前30天通过航空价格信息系统报民航总局、国家发展改革委备案，并对外公布后执行。

1984—1987年成都至全国各主要城市航空旅客运价一览表

表6－10　　　　单位：元/人

年份 / 运价 / 航线	1984		1987	
	统一运价	折扣运价	统一运价	折扣运价
成都—北京	226	124	411	167
成都—上海	250	150	425	196
成都—广州	201	131	354	164
成都—西昌	47	28	79	37
成都—昆明	84	55	148	73
成都—贵阳	85	51	146	64
成都—重庆	37	24	68	32
成都—西安	79	47	140	63
成都—兰州	105	63	179	117
成都—乌鲁木齐	—	—	588	271
成都—沈阳	306	168	520	227
成都—天津	—	—	377	171

续表 6－10

航线＼运价＼年份	1984		1987	
	统一运价	折扣运价	统一运价	折扣运价
成都—太原	145	87	247	117
成都—南京	210	126	356	164
成都—厦门	—	—	650	248
成都—长沙	129	77	220	100
成都—武汉	147	96	250	120
成都—桂林	141	85	254	107

说明：本表根据《中国民用航空志·西南地区卷》编制

1988—1990 成都至全国各主要城市航空旅客运价一览表

表 6－11　　单位：元/人

航线＼运价＼年份	1988		1989		1990	
	公布票价	折扣票价	公布票价	折扣票价	公布禁票价	折扣票价
成都—北京	411	167	475	336	543	475
成都—上海	425	196	498	352	570	498
成都—合肥	333	158	389	267	445	267
成都—杭州	420	200	475	326	544	420
成都—广州	354	164	376	266	430	376
成都—西昌	79	37	108	96	124	96
成都—昆明	148	73	199	141	228	199
成都—贵阳	146	64	148	118	170	118
成都—重庆	68	32	87	78	100	78
成都—南充	47	21	59	53	68	53
成都—达县	79	35	97	86	111	86
成都—拉萨	547	242	547	300	547	300
成都—西安	140	63	181	124	207	181
成都—兰州	179	85	263	180	301	180
成都—乌鲁木齐	588	271	632	433	723	433
成都—沈阳	520	227	656	450	751	450
成都—大连	478	299	557	382	636	382
成都—长春	631	395	736	505	842	505
成都—天津	377	171	459	314	525	314
成都—太原	247	117	328	225	375	225
成都—南京	356	164	453	310	518	310
成都—厦门	518	248	535	366	612	535

续表 6－11

运价 / 年份 / 航线	1988		1989		1990	
	公布票价	折扣票价	公布票价	折扣票价	公布禁票价	折扣票价
成都—福州	496	340	496	340	567	340
成都—海口	446	220	491	337	562	490
成都—长沙	220	100	263	180	301	265
成都—武汉	250	120	293	201	335	201
成都—桂林	254	107	273	193	312	273
成都—哈尔滨	—	—	—	—	867	520

说明：本表根据《中国民用航空志·西南地区卷》编制

1995 年 7 月 1 日起成都至全国各主要城市航线旅客票价和逾重行李及货物运价一览表

表 6－12

运价 / 航线	公布运价			
	旅客（元/人）	逾重行李（元/千克）	货物（元/千克）	
			45 千克以下	45 千克以上
成都—北京	1560	15.60	12.48	9.36
成都—长沙	900	9.00	7.20	5.40
成都—邦达	880	8.80	7.04	5.28
成都—北海	1140	11.40	9.12	6.84
成都—长春	2370	23.70	18.96	14.22
成都—达县	380	3.80	3.04	2.28
成都—大连	1810	18.10	14.48	10.86
成都—大足	270	2.70	2.16	1.62
成都—丹东	2240	22.40	17.92	13.44
成都—福州	1620	16.20	12.96	9.72
成都—桂林	930	9.30	7.44	5.58
成都—贵阳	540	5.40	4.32	3.24
成都—海口	1610	16.10	12.88	9.66
成都—昆明	700	7.00	5.60	4.20
成都—拉萨	1580	15.80	12.64	9.48
成都—兰州	900	9.00	7.20	5.40
成都—柳州	1030	10.30	8.24	6.18
成都—洛阳	910	9.10	7.28	5.46
成都—南昌	1160	11.60	9.28	6.96
成都—南充	260	2.60	2.08	1.56
成都—南京	1490	14.90	11.92	8.94

续表 6－12

航线＼运价	公布运价			
	旅客（元/人）	逾重行李（元/千克）	货物（元/千克）	
			45 千克以下	45 千克以上
成都—南宁	960	9.60	7.68	5.76
成都—宁波	1650	16.50	13.20	9.90
成都—汕头	1560	15.60	12.48	9.36
成都—沈阳	2120	21.20	16.96	12.72
成都—太原	1100	11.00	8.80	6.60
成都—万县	410	4.10	3.28	2.46
成都—武汉	990	9.90	7.92	5.94
成都—西安	640	6.40	5.12	3.84
成都—西昌	420	4.20	3.36	2.52
成都—西宁	1060	10.60	8.48	6.36
成都—厦门	1740	17.40	13.92	10.44
成都—襄樊	1000	10.00	8.00	6.00
成都—烟台	1720	17.20	13.76	10.32
成都—宜宾	290	2.90	2.32	1.74
成都—湛江	1260	12.60	10.00	7.58
成都—郑州	980	9.80	7.84	5.88
成都—重庆	350	3.50	2.80	2.10
成都—泸州	290	2.90	2.32	1.74
成都—广州	1290	12.90	10.32	7.74
成都—哈尔滨	2440	24.40	19.52	14.64
成都—杭州	1560	15.60	12.48	9.36
成都—合肥	1290	12.90	10.32	7.74
成都—吉林	1310	13.10	10.48	7.86
成都—青岛	1560	15.60	12.48	9.36
成都—三亚	1540	15.40	12.30	9.24
成都—上海	1630	16.30	13.04	9.78
成都—深圳	1540	15.40	12.32	9.24
成都—石家庄	1260	12.60	10.08	7.56
成都—天津	1510	15.10	12.08	9.06
成都—温州	1640	16.40	13.12	9.84
成都—乌鲁木齐	2040	20.40	16.32	12.24
成都—珠海	1420	14.20	11.36	8.52

说明：本表根据《中国民用航空志·西南地区卷》编制

1999年2月1日起成都至全国各主要城市旅客票价、逾重行李运价一览表

表6－13

航线	航距（千米）	旅客票价（元/人）	逾重行李（元/千克）	航线	航距（千米）	旅客票价（元/人）	逾重行李（元/千克）
成都—邦达	769	660	10	成都—三亚	1677	1270	19
成都—北海	1216	950	14	成都—上海	1782	1290	19
成都—北京	1697	1150	17	成都—汕头	1700	1280	19
成都—长沙	940	730	11	成都—沈阳	2346	1640	25
成都—重庆	313	190	3	成都—深圳	1446	1130	17
成都—大连	1989	1450	22	成都—天津	1640	1230	18
成都—福州	1771	1330	20	成都—青岛	1705	1210	18
成都—广州	1390	1040	16	成都—温州	1797	1220	18
成都—桂林	975	780	12	成都—武汉	1047	730	11
成都—贵阳	531	500	8	成都—乌鲁木齐	2258	1350	20
成都—海口	1757	1220	18	成都—厦门	1911	1420	21
成都——杭州	1699	1280	19	成都—西安	647	500	8
成都—哈尔滨	2710	1820	27	成都—西昌	387	450	7
成都—合肥	1392	970	15	成都—西宁	1124	790	12
成都—黄山	1412	1080	16	成都—徐州	1394	1050	16
成都—济南	1419	1090	16	成都—烟台	1882	1380	21
成都—昆明	711	560	8	成都—宜宾	240	310	5
成都—兰州	940	750	11	成都—宜昌	870	630	9
成都—拉萨	1307	1200	18	成都—银川	1207	810	12
成都—南昌	1240	960	14	成都—张家界	695	640	10
成都—南京	1618	1230	18	成都—湛江	1335	960	14
成都—南宁	1014	710	11	成都—郑州	1039	760	11
成都—宁波	1803	1230	18	成都—珠海	1536	1170	18

说明：本表根据《中国民用航空志·西南地区卷》编制

2003—2004年成都至全国部分大、中城市旅客公布票价统计一览表

表6－14

航线	头等舱（元/人）	公务舱（元/人）	经济沧（元/人）	开始执行时间
成都—长春	3060	2650	2040	2003.1.1
成都—大连	2720	2350	1810	2003.2.10
成都—张家界	1200	1040	800	2003.5.17
成都—海口	2300	1990	1350	2003.5.17
成都—大理	1440	1250	960	2003.5.17
成都—三亚	2390	2070	1590	2003.5.17
成都—北海	1790	1550	1190	2003.5.17

续表 6－14

航线	头等舱（元/人）	公务舱（元/人）	经济沧（元/人）	开始执行时间
成都—丽江	1320	1140	880	2003. 5. 17
成都—桂林	1470	1270	980	2003. 5. 17
成都—昆明	1050	910	700	2003. 5. 17
成都—湛江	1800	1560	1200	2003. 5. 17
成都—石家庄	1700	1470	1130	2003. 5. 17
成都—洛阳	1280	1110	850	2003. 5. 17
成都—拉萨	2250	1950	1500	2003. 5. 17
成都—厦门	2670	2310	1780	2003. 5. 17
成都—武汉	1370	1180	910	2003. 5. 17
成都—温州	2300	1990	1530	2003. 5. 17
成都—太原	1710	1480	1140	2003. 5. 17
成都—天津	2310	2000	1540	2003. 5. 17
成都—青岛	2270	1960	1510	2003. 5. 17
成都—深圳	2120	1830	1410	2003. 5. 17
成都—汕头	2400	2080	1600	2003. 5. 17
成都—西安	950	820	630	2003. 5. 17
成都—沈阳	3080	2670	2050	2003. 5. 17
成都—上海	2420	2090	1610	2003. 5. 17
成都—北京	2160	1870	1440	2003. 5. 17
成都—南宁	1550	1340	1030	2003. 5. 17
成都—南京	2310	2000	1540	2003. 5. 17
成都—宁波	2310	2000	1540	2003. 5. 17
成都—贵阳	950	820	630	2003. 5. 17
成都—南昌	1800	1560	1200	2003. 5. 17
成都—哈尔滨	3420	2960	2280	2003. 5. 17
成都—杭州	2400	2080	1600	2003. 5. 17
成都—合肥	1820	1570	1210	2003. 5. 17
成都—福州	2490	2160	1660	2003. 5. 17
成都—长沙	1370	1180	910	2003. 5. 17
成都—郑州	1430	1240	950	2003. 5. 17
成都—广州	1950	1690	1300	2003. 5. 17
成都—常州	2240	1940	1490	2003. 5. 17
成都—烟台	2600	2250	1730	2003. 5. 17
成都—宜昌	1190	1030	790	2003. 5. 17
成都—徐州	1970	1700	1310	2003. 5. 17

续表 6-14

航线	头等舱（元/人）	公务舱（元/人）	经济沧（元/人）	开始执行时间
成都—万州	660	570	440	2003.5.17
成都—重庆	570	490	380	2003.5.17
成都—迪庆	1470	1270	980	2003.6.17
成都—芒市	1920	1660	1280	2003.6.17
成都—西昌	690	600	460	2003.6.17
成都—九黄	1050	910	700	2003.9.22
成都—攀枝花	1070	920	710	2003.12.28
成都—呼和浩特	2030	1760	1350	2004.2.1
成都—乌鲁木齐	3060	2650	2040	2004.4.20

说明：本表根据《中国民用航空志·西南地区卷》编制

第二节　货物行李及邮件运价

中华人民共和国成立后的航空货物、行李及邮件运价，曾有过多次变动。1950 年，第一次公布的航空运价中普通货物的运价是每千克按旅客票价 1.5%、贵重货物按普通货物运价的 2.5 倍计算。1950 年 9 月 18 日起，随着旅客票价的降低，货物运价从每吨千米 3.28 元降为 2.61 元，降价幅度为 19%。此后，航空货物运价随着旅客票价的提高或降低数次调整。

一、航空货物、行李运价

1986 年 7 月 1 日起，在提高乘坐国内航线的外国旅客票价的同时，提高了外国旅客托运货物、行李的运价。1987 年 6 月 15 日起，适当调整国内旅客票价的同时，对货物、行李运价亦按比率随旅客票价作了相应的调整。

1988—1990 年，国内货物与行李运价每年都随旅客票价的调整进行调整，公布的货物运价是 45 千克以下的每千克按旅客票价的 0.8% 计价，45 千克以上的按旅客票价的 0.6% 计价；行李运价按旅客票价的 1% 计价，折扣运价的货物运价每千克按旅客票价 0.8% 计价。

1993 年 1 月 1 日起，在调整航空旅客票价的同时，调整了行李、货物运价。对国内空运货物的优惠价，由承运的航空公司确定，下浮不限。为解决以前因国内航线运价低，以致国内航班承运从外国收运货物运费偏低的问题，1993 年 5 月 5 日，民航总局发出《关于调整国内航空货物最低运价的通知》，规定：“各航空运输企业承运的国内航空货物最低运费为人民币 10 元，或按最低计费重量 5 千克算出（即：5 千克 × 航线货物运价）的运费，两者取其高者。原国内每张货运单按 1 元收取的最低运费标准的规定予以废止。”该规定从 1993 年 6 月 1 日起执行。

1994 年 11 月 16 日，民航总局财务司又下发国内航空货物最低运费的补充通知，主要解决国内收运的小件货物最低运费问题，如按最低计费重量计算出的最低运费较高，从而影响了小件货物的收运量的问题。为促进小件货物运输，规定国内各货运部门收取仅在国内航班承运的国内航空货物最低运费每张货运单为人民币10元；收运的进口或出口由国内航班承运的国际、地区航空货物，最低运费按民航总局1993年5月5日发布的《关于调整国内航空货物最低运价的通知》执行。

1994年12月15日，民航总局批复航空快递业务收费标准，从1995年1月1日起执行，同时废止1991年印发的《关于民航开展航空快递货物运输业务收费标准的通知》。这次航空快递业务收费标准规定：航程500千米以下航段，0.5千克货物首起数收费22元，以后每增加0.5千克增加收费7元，不足0.5千克按0.5千克计算收费；航程501—1500千米航段，0.5千克货物首起数收费22元，以后每增加0.5千克收费增加9元，不足0.5千克按0.5千克计算收费；航程1501—2500千米航段，0.5千克货物首起数收费22元，以后每增加0.5千克增加收费11元，不足0.5千克按0.5千克计算收费；航程2501千米以上航段，0.5千克货物首起数收费22元，以后每增加0.5千克增加收费15元，不足0.5千克按0.5千克计算收费。如果没有直达航班，须经两个或两个以上航段中转的航空快递货物，一律按实际航段距离相加后，参照上述航程档次标准收费。还规定动物、鲜活物品、贵重物品的收费在上述收费标准基础上，最高可加收50%。

1995年7月1日起，国内的航空货物运价随航空客票价提高相应提高。

1996年6月21日，民航总局在下达的《关于国内航线折扣票价取消浮动及有关问题的通知》中关于货运运价作出规定："国内航线货物运价取消原'下浮不限'的政策，下浮幅度超过下限，须报民航总局批准。各航空公司组织的专价货只能由本公司承运；需其他公司承运或联运的，应根据双方有关协议或事先取得其他公司的同意。各货运销售代理单位，包括省（自治区、直辖市）局、航站，必须使用航空公司货运单，自行印制的货运单必须停止使用。为加强运价监管，民航总局将建立'运价监督检查'制度，各地区管理局要根据运价管理工作的需要，在相应职能管理部门设立'运价监督检查员'，组织并配合民航总局开展运价专项检查。对违反本通知及民航总局有关运价管理规定，随意削价，扰乱航空运输市场秩序的行为，本着从严、从重的原则进行处罚"。该通知自1996年7月1日起执行。

1999年7月1日，民航总局颁发《关于下发国内航空货物运价的通知》。从7月15日起，国内航线货物运价按照民航总局规定运价执行，各航空公司不得擅自提高或降低。普通货物运价分基础运价和45千克以上、300千克以上3级重量分段计价。国内航空货物运价使用新规则，直达货物运价先于分段相加运价。等级货物运价（按基础运价150%计算）先于普通货物运价；国内航空货物运价计费使用规则为运费以元为单位，元以下四舍五入。

二、航空邮件运价

中华人民共和国成立后，1950年开始航空邮运之初，航空邮件除计普通邮资外，加收航空邮资。全部邮资归邮政部门，民航发运的航空邮件，按重量向邮政部门收取航空运费。1950年的航空邮件运价，每空运1千克邮件按旅客票价的1.5%收费。此后，航空邮件运价随着旅客票价的提高或降低数次调整。

1987年，在调整旅客票价时，航邮运价相应上调40%左右。1989年9月5日，国家为了民航获得较大的发展，在航空运价上调的同时，也上调了航空邮件运价8%左右。1990年10月19日，民航局、邮电部发布《关于调整国内航空邮件运输价格的通知》，从1990年10月11日起，"普通邮件运输，按现行国内航空普通货物运输价格计算；特快专递邮件运输，按普通货物运输价格150%计费"。

1991年12月14日，邮电部、民航局联合发布《航空运邮规定》，该规定第七条载明，邮件的运费，除按民航局、邮电部于1990年10月19日下发的文件规定执行外，对有关邮件运输的其他收费按以下办法处理：对于固定吨位运邮的航线，除特快专递根据实际所发重量按民航货物运价150%核计外，其余吨位一律按民航货物运价核计，实际重量超过固定吨位时按实际重量计费。民航如不能按原确定航班、固定吨位运输，除天气、不可抗力、机械原因外，民航则应按该次航班固定吨位运费（按货运价核计）计算支付邮政部门5%的延误运输违约金，运费不退，根据邮政处理办法免费尽力尽快将该批邮件运达目的地；实行预留吨位邮运的航线，按实际承运各类邮件的重量分别计收运费；联运邮件的运费均按民航规定的出发站至到达站两地之间的费率结算，中转航站由交邮方重新处理联运邮件，不另计费；中国民航国际或地区航班承运的其他国家或地区邮政寄发的邮件，由邮方按照万国邮联规定的运价垫付运费，承运中国邮政发往其他国家或地区的邮件，按国际货运价（45千克以上）计价收费。同时还规定了各类邮件的运费，邮政部门应于每月10日前将上月运费结付给当地民航。

1992年6月22日，国家物价局致函民航局和邮电部，对航空邮件运价争议的问题仲裁如下：1992年6月30日前，国内旅游热线邮件空运价格按民航局、国家物价局于1989年9月18日下发的《关于下达民航国内航线客运票价调整方案的通知》规定的公布票价货运45千克以上的标准执行；1992年7月1日以后，普通邮件运输按国内航空普通货物运输价格计费，即折扣票价低于公布票价水平时，邮件按折扣票价货运标准计费，国家规定折扣票价上浮到公布票价水平时，邮件按公布票价货运45千克以上标准计费，特快专递邮件运价和优惠问题，由民航局与邮电部商定。根据《邮政法》规定，航空邮件资费由邮电部根据航空运费的变动提出调整方案，报国家物价局审批。

1997年7月21日，民航总局财务司和邮电部邮政总局联合颁发《关于空运邮件启用航空邮运结算单问题的通知》。是年9月1日，民航空运邮件启用《航空邮运结算单》，结算凭据和运价不变。

第三节　专机包机运价

专、包机运价与客货运价的计价方式和收费标准是不相同的。从1951年下半年开始，采用按不同机型座位乘以旅客票价来计算，如系单程包机，另收包机费的80%作为调机费，执行任务期间，如需过夜，则按每夜加收一定的留机费。之后，民航局数次调整包机收费标准。

1987年，民航局重新公布了新的专、包机收费标准，具体规定见表6-15至表6-19。

1987年公布的专、包机收费标准一览表

表6-15

机　型	每千米费率（元/千米）	每小时费率（元/小时）	每小时留机费（元/小时）	每小时急救费（元/小时）
波音737-300	20.00	13700	13700	6850
波音737-200	18.00	12300	12300	6150
三叉戟	16.00	11100	11100	5550
BAe146	16.00	11100	11100	5550
伊尔18	15.00	7900	7900	3950

续表 6－15

机　型	每千米费率（元/千米）	每小时费率（元/小时）	每小时留机费（元/小时）	每小时急救费（元/小时）
运 12	15.00	7900	7900	3800
安 24	8.00	2900	2900	1450
运 7	7.00	2750	2750	1375
伊尔 14	6.60	2210	2100	1800
运 5	3.00	850	850	600
备注	1. 飞机停留超过 24 小时，收 2 小时留机费；调机、包机回程不利用者，按包机费 80% 收费；凡一天之内飞行少于 2 小时者，按 2 小时包机计算收费 2. 机费可上浮 30%，在实行公布运价航线上飞行，包机按全座计算			

说明：本表根据《中国民用航空志·西南地区卷》编制

1989 年 7 月 15 日起专、包机收费标准一览表

表 6－16

机　型	每千米费率（元/千米）	每小时费率（元/小时）	急救费率（元/小时）	备　注
波音 747CMB	63	52668	45017	1. 从 1989 年 7 月 15 日起，专包机收费标准为：每客千米费率 × 可用客座数 ×90% ＋调机费＋留机费 2. 表内为最高限价 3. 3 天前签订包机合同者，其调机和包机回程的收费按该机型包机收费标准的 80% 计算，在 3 天之内签订合同者，其调机和包机回程的收费标准的 85% 计算，并为最高限价 4. 专机的调机费一律按该机型收费标准的 80% 计算 5. 飞机在执行包机期间需做停留者，2 小时之内不收留机费，从第 3 小时开始（不足 1 小时按 1 小时计算）算起，每停留 1 小时收取该机型 1 小时包机费的 20%，并作为最高限价。民航和天气原因留机，不收留机费 6. 专机每停留 24 小时按 2 小时的收费标准收费
波音 747SP	59	49140	31557	
波音 767	46	34884	24289	
波音 757	43	30413	17817	
波音 737－300	29	20732	10970	
波音 737－200	27	19302	10955	
波音 707	32	23562	12819	
空客 310	50	35745	26884	
MD82	32	22877	10911	
图 154	35	26500	10269	
三叉戟	22	15728	9369	
安 24	11	3861	2513	
运 7	12	4259	2513	
伊尔 18	21	10194	5216	
L－100－30	31	18031	12579	
BAe146	20	11633	8340	
安 12	14	6312	3800	
双水獭	7	1980	1834	
肖特 360	8	2475	2000	

说明：本表根据《中国民用航空志·西南地区卷》编制

1991 年 5 月 18 日民航局重新调整国内航线包机收费标准一览表

表 6－17

机　型	每千米费率（元/千米）	每小时费率（元/小时）	备　注
波音 747CMB	94.00	78600	1. 国内航线包机收费标准自 1989 年执行以来，人民币汇率已调整两次，而包机费率低于运价水平，加上飞机、航空器材、航油价格上涨，以及企业管理费的增加，使成本支出较多 2. 每小时急救费率（元/小时）按表内 65% 收取 3. 各航空公司可根据公司机型成本和市场情况，在包机收费标准基础上上浮 20% 作为最高限价
波音 747SP	90.00	75600	
波音 747－400	96.00	80800	
波音 767	70.00	53600	
波音 757	64.00	45800	
波音 707	50.00	37400	
波音 737－300	45.00	30600	
波音 737－200	42.00	27000	
空客 300	89.00	65000	
空客 310－300	66.00	47500	
空客 310－200	74.00	51800	
MD11	110.00	91300	
MD82	53.00	40000	
图 154	39.00	27300	
雅克 42	32.00	21400	
三叉戟	31.00	18100	
BAe146	20.00	8320	
冲 8	17.00	6150	
安 24	17.00	6180	
运 12	6.50	1470	
肖特 360	13.00	4680	
双水獭	7.00	1830	
安 12	31.00	16100	
L－100	46.00	23200	

说明：本表根据《中国民用航空志·西南地区卷》编制

1993 年 4 月 13 日，民航局下发《关于调整国内航线专、包机收费标准的通知》（以下简称《通知》），收费标准和办法是：各型号飞机的专、包机收费标准，按照客千米费率、座位数，并参照各机型的平均航速计算；专、包机的计费，分别按该机型机每千米费率和飞行小时费率计算后，取其高者。

包机的收费办法：单程包用飞机、调机和包机航段的收费标准按包机收费标准的 150% 收取，包机、调机的回程不再收费；包机单位要求在包机期间需作停留，在 1 小时之内不收留机费，超过 1 小时，从第 2 小时起，每停留 1 小时按该机型 1 小时包机收费标准的 20% 收取留机费；不是包机单位的原因停留 1 小时以上，不收取留机费；包机方与承运方事先要签订包机合同，如包机方在执行包机的 72 小时前提出退包，承运方应收取包机合同规定的全部费用的 10% 作为退包费，如在 72 小时之内，24 小时之前提出退包，承运方应收取包机合同的全部费用的20% 作业退包费，如在 24 小时之内提出退包，承运方应收取包机合同规定的全部费用的 50% 作为退包费；由于承运原因（不含天气、禁航、民航保障部门），在规定的起飞时间超过 2 小时不能执行，在第 3 小时之内执行者，承运方按合同规定的全部费用的 90% 收取，在第 4—6 小时之内执行者，承运方按合同规定的全部费用的 80% 收取，在第 6—24 小时内执行者，承运方按合同规定的全部费用的 70% 收取，超过 24 小时执行，承运方按合同规定的全部费用的 50% 收取，由于承运方原因取消包机合同，承运方按合同规定的全部费用的 50% 赔偿包机方。

专机的收费办法：专机的收费标准（包括调机、调机回程和飞机回程）一律按调整后的收费标准 100% 收取；专机的留机费按包机的留机费办法执行。但由于专机飞行的特殊性，每停留 24 小时最多按 2 小时的专机收费标准收取，停留在 24 小时之内，按包机留机费办法收取，但最多不能超过 2 小时的专机费收取；专机合同签订后出现退包，不收退包费，但要收取已发生的调机费（含回程）和专机改装费用（含材料、工时费）；如每日飞行不足 1 小时，按 1 小时收取专机费；在调整后的专、包机收费标准基础上，各航空公司可根据经营成本和客运市场情况上、下浮动 20% 作为最高、最低限价，并报民航局备案。

此《通知》从 1993 年 5 月 15 日起执行，同时对原有历次专、包机的收费标准及收费办法全部废止。

1993 年 5 月调整后专、包机收费标准一览表

表 6 - 18

机 型	每千米费率（元/千米）	每小时费率（元/小时）
波音 747 - 400CMB1	148	127872
波音 747 - 200CMB1	135	116640
波音 747 - SP	135	116640
波音 747 - 300	113	93564
波音 767 - 200	104	86112
波音 757	95	66868
波音 707	73	54604
波音 737 - 300	66	44676
波音 737 - 200	61	39420
波音 737 - 500	63	42048
空客 300	130	96214
空客 310 - 300	96	69350
空客 310 - 200	108	75628
MD11	160	133298
MD82	70	47158
图 154	77	58400
雅克 42	57	39858

续表 6－18

机　型	每千米费率（元/千米）	每小时费率（元/小时）
福克 100	54	33480
BAL146－100	45	26426
BAL146－300	56	38080
冲 8	30	12147
安 24	25	8978
运 7	25	8978
运 12	10	2146
肖特 360	19	6832
萨伯（SAAB－340）	20	9200
双水獭	10	2671

说明：本表根据《中国民用航空志·西南地区卷》编制

各航空公司为适应市场需求，积极组织加班、包机飞行，缓解了部分国内航线旅客买票难的问题，提高了航空运输企业的社会效益和经济效益。为了维护旅客利益，保证国内航空运输市场的正常运转，民航总局于 1995 年 1 月 17 日下发《关于国内加班、包机飞行旅客票价问题的通知》规定："一、国内各单位、旅行社要求航空公司加班、包机飞行，由双方根据民航总局规定的包机价格或航线票价协商确定其价格，但包机只能是一张附旅客名单的团体包机机票。二、国内航线所有对外销售机票的加班、包机飞行的旅客票价，一律按国内正班飞行的旅客票价售票，即境外旅客执行公布票价，国内旅客执行折扣票价。三、对于国内部分特殊航线，允许航空公司按一定客座率以包机形式给包机单位，其旅客客票价必须按上述第二条规定执行。四、凡违反上述规定的航空公司和包机单位或销售代理人，除按百分之百的客座率计算的涨价收入上交民航总局外，另按民航总局第 12 号（即《民航局关于航空运输服务方面罚款的暂行规定》）、第 37 号（《民用航空运输销售代理业务管理规定》）令予以处罚。"

1996 年 6 月 18 日，民航总局颁发《关于调整包机收费标准的通知》。是年 7 月 1 日，废止 1993 年民航局《关于调整国内航线专包机收费标准的通知》。新标准包机飞行收费按飞机最大起飞全重计收。每天飞行不足 2 小时按飞行 2 小时计收最低飞行费。调机每飞行小时按包机飞行小时标准费率 50% 计算。包机留机费 1 小时内不收；超过 1 小时，从第 2 小时起每停留 1 小时（不足 0.5 小时按 0.5 小时计算，超过 0.5 小时不足 1 小时按 1 小时计算），按包机飞行小时费率 20% 计收留机费。不是包机方原因需停留时，不收留机费。国际（地区）包机在上述费用基础上，加收 20% 作为国际飞行处理费用。

1996 年 7 月 19 日，民航总局重新调整专机收费标准，规定专机飞行收费按飞机最大起飞全重分类，按飞行小时计费。

专机一次飞行不足 1 小时，按飞行 1 小时计算，专机执行任务期间需停留，停留不超过 1 小时（含）不收留机费；凡超过 1 小时，从第 2 小时起每停留 1 小时（不足 0.5 小时按 0.5 小时计算，超过 0.5 小时不足 1 小时按 1 小时计算）按专机飞行小时费率的 20% 计算，留机时数按实际停留时间累计计算，每停留24小时或停留不足24小时，留机费最多按专机飞行2小时计算。对配备的专机供应品，按民航总局规定的配备不计费，若用机单位要求配备规定以外的供应品，按实际发生费用计费。

1996年7月19日民航总局调整后专机收费标准一览表

表6－19

最大起飞全重	每飞行小时费率（元/小时）
320吨以上	260000
200—320吨（含）	170000
130—200吨（含）	140000
90—130吨（含）	100000
60—90吨（含）	70000

说明：本表根据《中国民用航空志·西南地区卷》编制

2004年，国航股份西南分公司根据航油不断上涨和4月份国内运价普遍提升的实际情况，逐步对包机价格进行了调整。

第五章　通用航空

1958 年，民航成都管理局组建专业航空飞行小组。1960 年，扩建为专业飞行中队。1965 年 10 月，扩编为民航第十七飞行大队，主要承担民航西南地区的通用航空任务。1987 年 10 月，民航第十七飞行大队划归新成立的中国西南航空公司，并改称重庆飞行大队。

1987 年 10 月，民航成都管理局进行管理体制改革后，通用航空公司先后成立。至 2005 年，四川地区有成都华西通用航空公司以及四川三星通用航空有限责任公司。

第一节　作业设备

一、喷撒设备

运 5 型飞机的喷撒（洒）设备是根据喷撒（洒）种子、肥料、毒料和药剂等需要而安装的，可分为颗粒（或粉剂）喷撒装置和液体喷洒装置两种。

颗粒（或粉剂）喷撒设备：由料桶、定量出口、风车、搅拌器、操作开关等部分组成。作业时，飞行员在驾驶舱内打开操纵开关，种子或药物即自动从出口下落至扩撒器，在飞行高速气流的作用下，将种子或药物均匀撒开，喷撒量可先由机务人员在地面预先根据作业需要调整。喷撒粉剂时，风车带动搅拌器，帮助粉剂均匀下沉。1972 年，民航第十七飞行大队机务中队为了提高飞机播种造林的生产率，降低作业成本，将原苏制料桶容积进行改进，由原来装种 650 千克增加到 850 千克，不仅提高了生产率，也降低了作业成本。同时，还将苏制的扩撒器由固定型改为活动型。作业时扩撒器后半部打开，不作业时合拢，扩撒器前部风洞口迎风面减少。改进后的设备重量减轻 50 千克。由于减少飞机在飞行中阻力，提高了飞机的飞行速度。经测定，每小时提高时速 15—20 千米，在高原山区运 5 型飞机能够达到这样的速度，确实是一项重大成果，对保证飞机作业飞行安全和提高质量，都起到很大作用。民航第十七飞行大队这项研究改造成果的样机，曾送天津张贵庄机场参加过民航科技成果展览。1975 年，民航第十七飞行大队给该课题组记集体三等功，该项研究获民航成都管理局科技改进二等奖、民航科技进步三等奖。该课题组在民航总局 1978 年召开的科技大会上受到表彰。

民航成都管理局为了提高飞播造林质量，减轻使用部门负担，民航 101 厂将伊尔 14 型飞机上用于播种的木箱改为铝质结构，飞机重量减轻 100 千克，将设备重心向后移动 120 毫米，并将主马达从容器前端改至后端，使飞行重心移动，这样使机尾调整重心的配重由原来的 468 千克减少到 370 千克，出种口由人工抽板控制改为电动启动，由领航员操纵，从而减少 2 名机上操作人员，增加飞机载重150千克，大大改善了伊尔14型飞机的播种设备。改进后，可增加种子载重350千克，每架次可增加播种面积93.33公顷，每小时提高生产率28%，降低成本20%，且播种均匀，减少了漏播。这种伊尔14型飞机的播种设备是中国飞播造林工作中的创举，它为以后近20年的飞播造林起了重要作用。1978年，民航成都管理局机务大队研制出机载光电程序控制自动播种机，它是利用飞机上的导航设备定向机和信标机接收地面无线电信号来控制飞机上的播种设备，可反映出播种程序、播种数量和箱门位置等情况，不仅用仪表指示，也有声光显示和数字显示。该设备用于1982年在梁平、西昌两地播种试验获得成功。

液体喷洒设备：由料桶、喷洒器（包括水泵、喷嘴管、喷嘴）、搅拌器和操纵系统等部分组成。喷嘴管装在飞机下翼支架上，喷嘴的大小可根据喷液量的大小选择不同的规格。搅拌器的作用是使液体混合均匀。作业时，飞行员打开作业开关，液体在水泵压力下成雾状喷洒出去。

运12型飞机喷撒（洒）设备的组成部分与运5型的喷撒（洒）设备大体相同，不过它的操纵系统和运5型飞机的气压操纵不同，它是由机械操纵。另外，飞行员可在驾驶舱内自行调节喷撒（洒）量。

二、航摄仪

20世纪60年代中期，中国从瑞士引进RC8型航摄仪，像幅为18厘米×18厘米，焦距为115毫米和210毫米，适用于全色黑白航空摄影。暗匣长60米，宽19厘米，可摄取300张相片。采用真空压平板装置，压平精度在0.01毫米以内。这种航摄仪所摄底片质量比较稳定，使用效果比较好。

20世纪70年代中期，中国从瑞士购置的全自动RC10型软片航摄仪，它有4种焦距，分别为88、153、213、304毫米的镜箱，像幅23毫米×23毫米，均可用于全色、红外、彩色和假彩色等航空摄影。有两个可以互换的暗盒，既能用标准的120米的卷片轴，也能用标准的60米的卷片轴，可摄取相片600张或300张。这种航摄仪的优点是：镜箱焦距系列化，一台仪器能承担多种任务；相机的几何质量和构相质量等性能明显提高。

第二节 作业项目

四川地区的通用航空作业以农业、林业、牧业为主，其次是抢险救灾和特种作业。民航在四川地区的通用航空农业飞行起步于1957年春季。首次飞行是在四川省的西昌、凉山地区，使用里2型飞机1架，开展航空护林飞行。以后，为满足工农业生产发展的需要，通用航空飞行逐渐增多。1955—1987年，四川地区的通用航空飞行由民航成都（重庆）管理局（处）组织进行。1987年民航体制改革后，通用航空任务由新成立的西南航空公司组织实施；1993—1997年，由贵州双阳通用航空公司组织实施；1998—2000年，由双阳、华西两个通用航空公司组织实施；2001—2005年，由华西、三星等通用航空公司组织实施。

一、农林业航空作业

（一）飞播造林

1958年，民航西南地区开展具有一定规模的飞机播种造林（以下简称飞播造林）业务，先是试验性质。从当年9月11日开始，民航成都管理局使用民航局派出的航测大队的伊尔12型飞机1架，飞行作业7架次5小时，在四川省西昌、喜德、昭觉交界的东西河区域和甘肃兰州、酒泉和黑龙江北安等地撒下马桑、云南松等13种种子33600千克，播种面积1000公顷。但这次飞机播种造林试验未获成功，主要原因：一是播种期太晚，当年雨季已过，幼苗出芽开始生长时，即进入冬春旱季而死亡；二是试验共使用13种种子，而成功率较高的树种云南松仅占3%。因此，第一次飞播造林试验的成活率极小。

1959年，四川省林业部门与民航成都管理局合作，将播种由旱季少雨的9月提前到雨季到来的6月进行。民航成都管理局使用伊尔14型609号飞机，以西昌小庙机场为基地，在四川凉山地区飞播造林作业，飞行72架次29小时，播种面积0.7万公顷。当年入冬前实地调查，云南松、华山松、桤木等树种出苗后生长正常，经过冬春雨雪袭击，保苗情况良好。1960年6月调查，每亩有幼苗500—1000株，有苗面积率占播种有效面积的60%，这两项指标均达到技术设计的标准与要求，试验成功。这次试验，不仅是西南地区，也是全国飞播造林的首次成功。国务院总理周恩来认真察看了民航局送去的树苗，详细询问了飞播情况，十分高兴地说："飞机播种造林，在我国是个创举，应该推广。"从此，飞播造林事业便以更大的规模和更快的发展速度在全国范围内开展起来。

1962年，民航成都管理局与四川省林业厅合作，除在西昌、凉山东西河流域继续进行飞播造林外，又在小金县两河至木城进行高山飞播造林试验，使用伊尔14型飞机1架，飞行7架次，共混播冷杉、桦木和少量云杉、红杉种子9000余千克，试播面积1000公顷。播后观察，除桦木种子因粒小质轻，未全部落到播区内外，其他树种在播区内每30平方厘米有种子5粒，且分布比较均匀。第二年观察，每公顷有苗85000多株，平均苗高3厘米。但树苗越冬后，阳坡荒山草地已几乎全部无苗，阴坡虽保存有树苗，但遭人为破坏和自然灾害树苗亦全部死亡。

1963年3月，民航成都管理局应四川省林业厅的要求，派运5型飞机1架，以重庆白市驿机场为基地，在合川县盐井区至双凤场一带进行飞播造林试验，作业飞行2小时，飞撒马尾松种子155千克，作业面积250公顷。播后跟踪调查，播种20天后发芽率达74.5%。6个月后，幼苗最高的为15厘米，一般高为7—8厘米，最低的亦有4厘米，成活效果显著试验获得成功。1983年，合川县林业局再次进行调查，此播区内树高已达5米，胸径9厘米，成林面积128.8公顷，占作业面积52%。

1963年5月，农业部和民航局在四川省西昌市召开飞播造林现场经验交流座谈会，以西昌飞播成功实例为典型，肯定飞播造林成果，总结交流经验，推动全国飞播造林事业的发展。

1964年5月23日，四川省林业厅在合川县双凤区进行飞播云南松试验，民航成都管理局使用运5型飞机1架，以重庆白市驿机场为基地，播种面积86.7公顷，但成活率较低，生长十分缓慢，没能成林。主要原因，一是播区海拔高度不足1000米，不适宜云南松（属高原耐寒树种）生长；二是播种季节偏晚，且播种后45天无雨。

1965年11月，民航局与农业部再次在四川省西昌市召开飞机播种造林现场经验交流座谈会，进一步肯定西南民航飞播造林的成绩和经验，并向全国民航推广。

1966年，四川地区的飞播造林开始进入推广应用阶段。1965年11月至1967年6月，民航成都管理局在四川省北部的广元、青川、平武、盐亭、三台，在四川省东部和南部的酉阳、秀山、武隆、彭水、垫江、巫山、巫溪、奉节和西南部的威远、仁寿、眉山、渡口等县市，开展飞播造林，作业面积达8.4万公顷。当年使用飞机8架，飞播树种也有增加。

由于飞播造林任务逐年增多，飞播造林地区不断扩大，作业生产效率也大幅度上升，为提高飞播造林作业质量，交流经验，推动飞播造林工作的发展，林业部和民航局于1967年6月在云南省昆明市召开全国飞播造林现场交流会，推动了西南地区及全国飞播造林工作的发展。

20世纪70年代，四川地区飞机播种造林进入巩固发展阶段。1978年10月，林业部和民航总局再次在四川省西昌市召开全国飞机播种造林工作会议，总结经验，将飞播造林工作推向新阶段。来自全国各省、自治区、直辖市林业战线和民航系统的代表，实地参观凉山彝族自治州20多年来飞播造林的成果，当参观邛海东南边一带海拔3000余米的大箐播区林子时，代表们受到很大鼓舞，广播电视台的记者录下一卷卷磁带；当参观更大的北山飞播林区时，展现在代表们面前是一片一望无际的飞播造林长出的林海。代表们说："过去荒凉山，今日已胜峨眉天下秀，青城天下幽了。"林场场长介绍说："这些林子属喜德、西昌、甘洛等县市的范围，面积10.59万公顷，是全州，全省，也是全国飞播造林的大林子，目前树高一般有9.5米，胸径11—30厘米，每公顷平均5250—15000株。"

1983年，重庆市林业局对辖区内1980年以前飞播区进行成效调查，其结果是：共飞播7656.4公顷，成林面积1536.93公顷，占飞播面积的20.1%。其中江北县张关播区生长最好，该播区成林面积816.73公顷，为飞播面积的51.9%，平均树高3.3米，平均胸径4.5厘米。主要经验是飞播后封山育林，搞好林区管理。

1987年10月，民航成都管理局进行体制改革后，中国西南航空公司、贵州双阳通用航空公司、华西通用航空公司等先后成立，飞播造林任务分别由各公司担任。

1988年4月，中国西南航空公司重庆飞行大队使用运12型飞机（国内首次使用该型飞机于通用航空）在四川省茂汶羌族自治县山区飞播造林试验成功，有种样面积达86.1%，每平方米平均落种8粒，达到计划要求。

华西通用航空公司自1998年正式成立后，即经营通用航空业务。1999年3月30日至5月12日，在四川绵阳进行飞播造林，飞行64架次，历时119小时23分，作业面积1.53万公顷。2000年4月5日至5月9日，在四川绵阳飞播造林，飞行85架次，历时125小时32分，作业面积1.67万公顷。2001年3月23日至5月30日，在四川广元、绵阳、汉源飞播造林206架次，历时296小时39分，作业面积3万公顷。2002年4月2日至5月13日，在四川广元、绵阳飞播造林84架次，历时110小时54分，作业面积1.67万公顷；是年9月17日至10月7日，在重庆市巫山县飞播造林25架次，历时74小时37分，作业面积0.67万公顷。2003年4月2日，在四川广元、绵阳飞播造林88架次，历时123小时46分，作业面积1.6万公顷；是年5月13日至6月16日，在西昌飞播造林35架次，历时75小时14分，作业面积0.87万公顷；6月8日至8月7日，在陕西咸阳、淳化飞播造林104架次，历时94小时38分，作业面积1.1万公顷。2004年4月2日至4月20日，在四川广元飞播造林75架次，历时92小时39分，作业面积1.4万公顷；是年4月26日至7月24日，在广元、西昌、泸定飞播造林133架次，历时236小时26分，作业面积4.07万公顷。

四川地区飞播造林曾使用过的基地机场有成都双流机场、温江机场、广元机场、重庆白市驿机场、西昌小庙机场、夹江机场、泸州机场、绵阳机场等。1983—2004年，民航在四川西昌地区飞播造林作业面积统计见表6-20。

1983—2004 年民航在西昌地区飞播造林作业面积统计表

表 6－20

年度	面积（公顷）	年度	面积（公顷）
1983	25962. 50	1999	47643. 81
1991	14500. 58	2000	44882. 43
1992	19576. 45	2001	44035. 34
1993	21830. 91	2002	54000. 00
1994	24572. 28	2003	30666. 67
1997	20370. 18	2004	26666. 67
1998	37045. 18		

说明：本表根据《中国民用航空志·西南地区卷》编制

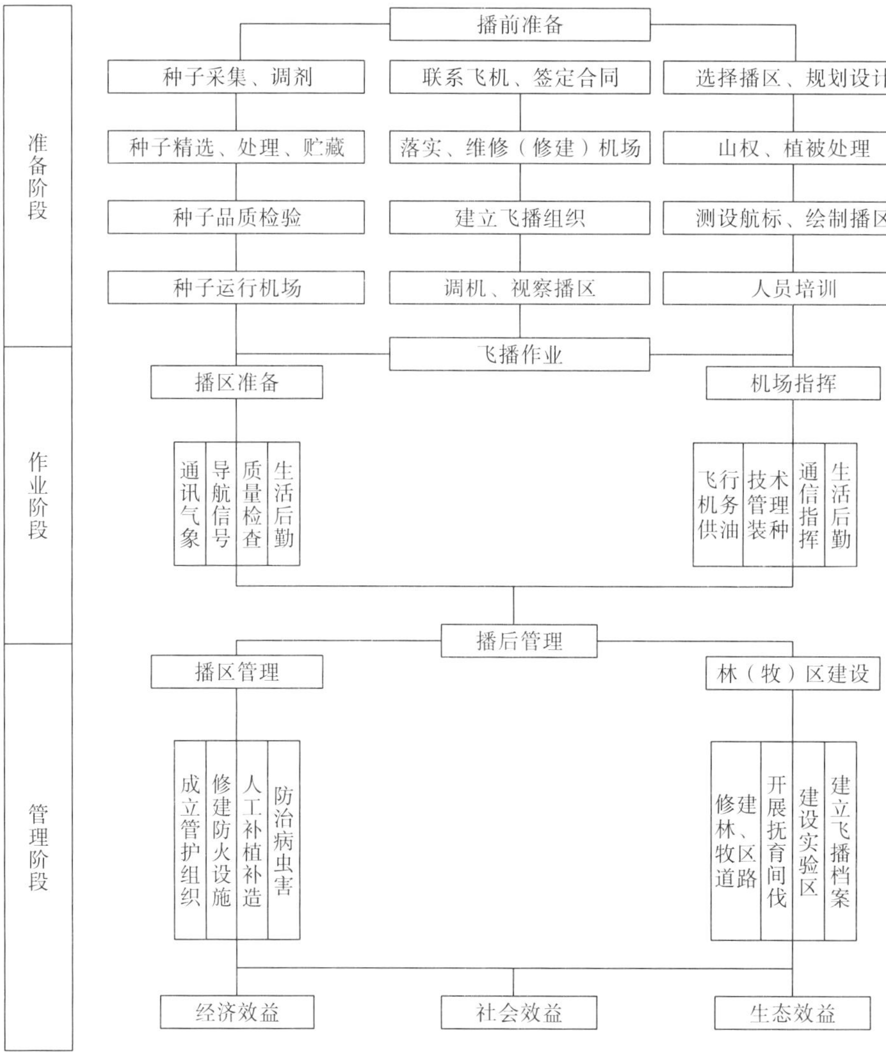

图 6－1　航空播种作业程序示意图

（二）航空护林

四川地区的航空护林飞行任务，主要是由民航第十七飞行大队和贵州双阳通用航空公司承担。

1965—1990年，民航第十七飞行大队在云南、四川两省共进行航空护林飞行231架次，飞行506小时39分，在巡护中空投宣传单82.5万张，发现火情45次，并直接灭火7次，飞行42架次。

成都华西通用航空公司于1998年3月16日至5月14日，使用运5飞机在广西百色进行航空护林飞行67架次、90小时39分。

贵州省双阳通用航空公司于1990年即开始执行航空护林任务。1996年3月12日至5月25日，该公司以四川西昌青山机场为基地，使用运12型飞机完成西昌航空护林站天然林区春季护林防火任务，共飞行50架次、170小时，发现森林火情（灾）39次。2002年，在四川地区航空护林40架次、100小时。2003年，在四川地区航空护林38架次、80小时。2004年，在四川地区航空护林33架次、73小时。

三星通用航空公司由民航总局特批，2001年3月10日至5月5日，使用夏延ⅢA型B3625号飞机为西南航空护林总站成都站在川西林区进行森林防火巡护作业飞行19架次，47小时30分，作业面积为12万平方千米。2002年3月10日至5月15日，使用夏延ⅢA型B3625号飞机为西南航空护林总站成都站在川西林区进行森林防火巡护作业飞行28架次，55小时18分，作业面积为12万平方千米。2003年3月5日至5月10日，使用夏延ⅢA型B3625号飞机在川西林区进行森林防火巡护作业飞行32架次，73小时10分，作业面积为12.3万平方千米。2005年，三星通用航空公司航空护林33小时。

（三）人工降雨

四川地区的飞机人工降雨作业始于1960年。1960—1979年，民航人工降雨一直使用人工喷撒催化剂，1980年，改为试用民航局科学研究所协助制作的自动喷撒器，收到了比较明显的效果，基本上可以控制每千米喷撒催化剂约9—13千克。

1978年5月16日至6月23日，在四川省的绵阳、南充等地农区进行航空人工降雨作业飞行22架次，飞行39小时，其中有16架次成功，成功率为72%，降雨量最小8.1毫米，最大73.3毫米，平均比对照区增加8.8毫米。根据观察测算，在5.8万平方千米范围内，58万公顷农田受益，缓解了旱情。1979年，四川盆地西部和川东地区60多个县（市）连续出现春夏伏旱，个别地区江河断流，农田龟裂，禾苗枯萎，水库干涸，甚至人畜吃水都困难。少数农民杀猪宰羊、烧香磕头，求龙王爷降雨，雨还是降不下来。在旱区，正当群众渴望天降救命雨的时候，4月12日晚上，民航成都管理局使用伊尔14型飞机在旱区上空进行航空人工降雨作业飞行，旱区连降喜雨6个多小时，受益耕地130多万公顷，雨量最大的平昌县达27.4毫米。旱区农民高兴地说，“真是一场及时雨啊”“民航飞机能催云降雨，真棒”“掌握了现代科学技术的人们，才是真正的龙王”。4月12日以后，民航成都管理局连续多次在旱区组织飞机进行航空人工降雨作业飞行，先后使用2架伊尔14型飞机。从5月5日零点至5月6日凌晨2点，在26小时之内，又连续飞行作业8架次。由于抓住了当时有利于航空人工降雨的天气条件，使四川省内34个县平均降雨量达13.6毫米，及时缓解了这些地区的旱情。当年，民航成都管理局共作业飞行41架次，每次平均增雨量为167万立方米，累计相当于一次大雨的有3个县，中雨的有15个县，其余相当于一次小雨。1980年，在四川省进行航空人工降雨作业飞行7架次，全部降了雨，降雨量比未催化降雨地区增加19%至51%，净增雨水量约2亿多立方米，有38个县受益，实际受益耕地面积200多万公顷。

1960—1979年，民航人工降雨一直使用人工喷撒催化剂，1980年，改为试用民航局科学研究所协助制作的自动喷撒器，收到了比较明显的效果，基本上可以控制每千米喷撒催化剂约9—13千克。

1980年夏，贵州连晴少雨，部分地区干旱较为严重，对夏粮作物生长造成危害。民航成都管理局使用经改装的伊尔14型609号飞机，以磊庄机场为基地，以重点旱区为主，兼顾轻旱区进行航空人工降雨。共组织飞行19架次，41小时43分，播撒尿素催化剂30吨，播撒航程1945千米，有13架次降雨，成功率68%，平均降雨量13—15毫米。仅7月10日和31日3次作业就净增雨水约8亿立方米，受益面积3万平方千米。

1987年民航体制改革以后，四川地区的人工降雨作业由通用航空公司组织实施。2001—2004年，经民航总局特批，由三星通用航空公司具体实施人工降雨作业。2001年3月1日至5月10日，使用运7－100型飞机，为四川省人工影响天气办公室在四川部分地区进行人工降雨作业飞行21架次、48小时，作业面积为2600平方千米。2002年3月5日至5月5日，使用运7－100型飞机，为四川省人工影响天气办公室在川东、川北、川南地区进行人工降雨作业飞行26架次，52小时16分，作业面积为2820平方千米。2003年3月15日至10月10日，使用夏延Ⅲ型BA3626号飞机在河北省、河南省部分地区为河北省人工影响天气办公室和河南省人工影响天气办公室进行人工降雨作业飞行107架次，298小时8分。2003年4月10日至5月21日，使用运7－100型飞机，为四川省人工影响天气办公室在四川部分地区进行人工降雨作业飞行23架次、58小时，作业面积约3100平方千米。2004年5月15日至8月12日，使用运12E型B－3840飞机，为内蒙自治区人工影响天气办公室在内蒙乌海地区进行人工降雨作业飞行41架次、62小时17分，作业面积约5100平方千米。2004年3月15日至9月30日，使用夏延延ⅢA3625号飞机为北京市人工影响天气办公室在北京地区进行人工降雨及大气物理探测作业飞行61架次、162小时38分。2004年3月20日至5月9日，使用运7－100型飞机，为四川省人工影响天气办公室在四川部分地区进行人工降雨作业飞行16架次、41小时，作业面积约2600平方千米。2004年3月5日至9月30日，使用夏延Ⅲ型BA3626号飞机为河北省人工影响天气办公室在河北部分地区进行人工降雨及大气物理探测作业飞行72架次、189小时5分。2005年，三星通用航空公司在全国各地区农林业航空作业人工增雨447小时。

（四）农林业病虫害防治

飞机灭虫是通用航空为农业服务最早的项目，是根据农林业设计要求，用飞机喷撒（洒）各种化学、生物、毒饵或性激素等制剂，以达到消灭病、虫、鼠害，保护人类生活环境和农作物、果树、森林、牧草及其生物圈的目的。

四川地区最早使用飞机灭虫是1963年。当时，重庆中梁山和燕山一带森林发生严重松毛虫灾害，发展快，范围广。民航成都管理局应林业部门的要求，使用运5型飞机1架，以白市驿机场为基地，执行飞机灭治松毛虫的作业飞行任务。6月19日至7月12日，使用90%晶体敌百虫液剂，平均每公顷用量60千克。共飞行140架次、55小时10分，作业面积1953公顷。喷药后16—48小时内，松毛虫死亡率最高地区达99%，最低的地区也在70%以上，平均为84.2%。此后，仍以白市驿机场为基地，先后数次使用飞机灭虫，均收到良好效果，害虫死亡率均在80%以上。1981年，民航第十七飞行大队在四川达县地区的开江县采用超低容量作业（药液浓度高，用量少，每架次喷洒面积大），灭松毛虫效果较好，灭松梢螟效果较差。至1990年，民航第十七飞行大队在川、云、贵3

省20个县（市）进行航空灭虫，作业面积5.49万公顷，其中大部分是灭松毛虫，其他是灭竹蝗、松梢螟、松尺蠖等，使用的农药主要有6%可湿性666粉，25%DDT乳剂，90%敌百虫晶体液剂等。作业效果好，害虫死亡率均在80%以上。

二、工业航空作业

工业航空作业是通用航空的作业项目之一，民航四川地区工业航空作业主要是航空测绘、航空物探、航空摄影等。

中华人民共和国成立后，航空摄影测量广泛应用于航空测绘、航空物探、综合性的资源调查等。如国家基本比例地形图、森林航空摄影、铁路航空摄影、地质摄影以及水利建设、城市规划、能源基地、冶金和矿山、高压输电线路、农业土质资源调查等项目。

1975年，民航第十七飞行大队以重庆白市驿机场为基地，使用运5型飞机，在重庆地区进行岩溶照相，飞行1架次、52分钟。

1998年2月20日至3月19日，贵州双阳通用航空公司使用运12飞机，在西昌青山机场飞行11架次、43小时22分，完成雅攀高速公路测绘任务。

四川华西通用航空公司于1998年9月28日至1999年1月6日，使用运5飞机，为中国第二铁路工程局勘探设计院进行成都—重庆高速铁路通道的航摄作业27架次，飞行59小时11分。1999年7月16日至29日，使用运5飞机，为配合四川彭州市电视台拍摄专题片进行航空摄影作业2架次，飞行3小时33分。2001年10月2—3日，使用运5飞机，为成、温、邛高速公路航拍作业4架次，飞行5小时59分。2002年9月2日至11月6日，使用运5飞机，为乐山地区航摄作业13架次，飞行16小时46分。2002年4月27日至5月13日，使用运5飞机，为福堂坝航摄作业5架次，飞行6小时42分。2003年8月2日至11月1日，使用运12飞机，为金沙江溪洛渡电站航摄作业10架次，飞行28小时06分。2003年9月3日至10月24日，使用运5飞机，为武汉市航摄作业12架次，飞行31小时42分。2003年9月8日至9月21日，使用运12飞机，为德阳地区航摄作业4架次，飞行9小时14分。2003年9月11日至10月7日，使用运12飞机，为宜宾地区航摄作业2架次，飞行4小时57分。2003年9月21日，使用运12飞机，为乐山地区航摄作业1架次，飞行4小时11分。2003年10月4日至12月31日，使用运5飞机，为昆明地区航摄作业10架次，飞行35小时54分。2003年10月16日至21日，使用运12飞机，为达成铁路航摄作业3架次，飞行10小时15分。2003年10月20日至11月4日，使用运12飞机，为普提—思蒙高压线航摄作业6架次，飞行20小时39分。2003年11月21—23日，使用运12飞机，为仪陇地区航摄作业2架次，飞行9小时41分。2004年1月1日至2月15日，使用运12飞机，为昆明地区航摄作业14架次，飞行43小时39分。2004年2月4日至4月29日，使用运12飞机，为兰州212国道航摄作业13架次，飞行49小时18分。2004年4月2日至7月11日，使用运5飞机，为紫坪铺电站航摄作业5架次，飞行13小时29分。2004年6月28日至12月31日，使用运12飞机，为衢州、武夷山地区航摄作业45架次，飞行142小时15分。2004年7月1日至7月5日，使用运5飞机，为四川德阳、江油两地区航摄作业3架次，飞行9小时02分。2004年7月18日至8月12日，使用运5飞机，为德阳市旌阳区、广汉市两地区土地资源调查航摄作业2架次，飞行9小时03分。2004年8月18—28日，使用运5飞机，为普提—思蒙高压线航摄作业2架次，飞行4小时09分。2004年8月28日至9月10日，使用运12飞机，为四川南充地区航摄作业4架次，飞行8小时39分。2004年10月10日至11月16日，使用运5飞机，为双河—沙溪坝高压线航摄作业4架次，飞行14小时15分。

三星通用航空公司于2003年4月10日至10月20日，使用贝尔206Ⅲ型直升机，为重庆电视台和四川天燃气公司，在重庆地区和四川部分地区进行航空拍照作业飞行167架次、240小时29分。2004年6月10日至9月15日，使用贝尔206Ⅲ型直升机，为重庆电视台在重庆地区进行作业飞行89架次、132小时。

2005年，三星通用航空公司工业航空摄影151小时，航空测绘16小时。

1988—1992年中国西南航空公司通用航空作业项目统计表

表6－21

年份	总飞行小时	工业航空作业			农林业航空作业					其他飞行小时
		合计（小时）	航空摄影（小时）	空中旅游（小时）	合计		航空护林（小时）	播种造林		
					小时	万公顷		小时	万公顷	
1988	1150	—	—	—	996	12.10	—	996	12.10	154
1989	812	—	—	—	812	11.80	133	679	11.80	—
1990	750	—	—	—	720	9.33	170	550	9.33	30
1991	739	18	18	—	721	11.33	244	477	11.33	—
1992	729	96	7	87	635	6.10	272	363	6.10	—

说明：本表根据《中国民用航空志·西南地区卷》编制

1998—2004年成都华西通用航空公司作业项目统计表

表6－22

年份	总飞行小时	工业航空作业	农林业航空作业				
		航空摄影（小时）	合计		航空护林（小时）	播种造林	
			小时	万公顷		小时	万公顷
1998	149	59	90	—	90	—	—
1999	123	4	119	1.53	—	119	1.53
2000	126	—	126	1.67	—	126	1.67
2001	303	6	297	3.00	—	297	3.00
2002	209	23	186	2.33	—	186	2.33
2003	448	154	294	3.53	—	294	3.53
2004	623	294	329	5.47	—	329	5.47

说明：本表根据《中国民用航空志·西南地区卷》编制

2001—2005 年四川三星通用航空公司作业项目统计表

表 6－23

年份	总飞行小时	工业航空作业		农林业航空作业		
		合计（小时）	航空拍摄（小时）	合计（小时）	人工降雨（小时）	航空护林（小时）
2001	95.50	—	—	95.50	48.00	47.50
2002	107.60	—	—	107.60	52.30	55.30
2003	669.80	240.50	240.50	429.30	356.13	73.17
2004	587.00	132.00	132.00	455.00	455.00	—
2005	677.00	197.00	197.00	480.00	447.00	33.00

说明：本表根据《中国民用航空志·西南地区卷》编制

第三节　业务管理

一、作业组织

民航成都管理局自 1959 年设立专业航空飞行管理机构后，才具体承办通用航空飞行任务。通用航空的飞行任务，绝大部分是由专门承担专业航空飞行任务的飞行分队（1958 年 8 月）、飞行中队（1961 年 11 月）、飞行大队（1965 年 9 月）担任。少数任务由于选择机型等原因，才由民航第七运输飞行大队担任。

1986 年 1 月 8 日，国务院颁发《关于通用航空管理的暂行规定》以后，专业航空改称通用航空。

1987 年，民航成都管理局进行体制改革，西南航空公司成立后，通用航空业务具体由西南航空公司所属的重庆飞行大队承担。1989 年贵州双阳通用航空公司成立后，通用航空业务逐步由该公司承担，西南航空公司承担的通用航空业务逐步减少，1993 年起不再承担通用航空业务。

二、作业实施

通用航空作业由民航西南管理局、各省局的通用航空业务部门及用户单位分工协商具体承办。实施中，一般经过作业前的准备、飞行作业以及检查总结等阶段。

（一）准备工作阶段

通用航空作业的准备工作大致包括计划、勘测设计、组织、物资准备等。随着民航生产组织结构的变化，具体内容亦有所不同。

计划安排与勘测设计由用户于作业前进行勘测、设计后，编制勘测、设计文件，由当地民航业务单位与其协商提出计划或报告，上报民航上级主管单位，经同意后组织实施。至 20 世纪 70 年代初，随着任务量加大，简化了工作程序和内容，多为现场实施性作业形式替代。有的项目改为自由作业，工作效率大为提高。作业实施前，一般都要与用户签订合同（或协议）。合同的内容主要包括作业项目、作业区数量、地域及其行政隶属关系、作业面积、飞行架次、作业时间、作业基地（机场）、机型选择、调机架数、调机时间、双方各自应负的责任及收费标准、办法等。

组织机构作业之前，一般由地方政府牵头，成立通用航空作业指挥部或类似的临时机构，协调有关单位的工作。指挥部设指挥长、副指挥长及若干工作人员，设有飞行、通信、气象、加种（料）、安全保卫、后勤保障机构或工种等。飞行业务严格按照《中华人民共和国飞行条例》和《中国通用航空飞行条例》以及有关条令、专业飞行工作细则、具体作业方案进行，由民航组织实施。

物资准备由民航与地方有关部门分工负责，主要包括飞机调配、作业机械、航空油料与油车、备用航材、无线电台、指挥设备、机场维修、作业区地形图、信号、种子（料）、运输及交通工具、消防设施等准备项目。由于作业项目、作业地区不同，物资准备内容或简或繁，各有差异。

（二）作业飞行阶段

作业飞行阶段大致有飞机调配、熟练与视察飞行、作业时机及作业飞行等几个方面。

飞机调配 按合同规定的时间，将飞机调到作业基地。在受系统天气影响，长期不能调机到基地的情况下，采取先调机至附近机场，等待时机调机至作业基地的措施，充分利用有利的间隙时机，实现调机计划。

熟练飞行 飞机调达作业基地后，空勤人员要进行熟练飞行，了解机场和航线地形、地貌等特点，掌握空地通信联络、指挥调度、地面信号协同配合等情况，以适应新环境、新条件下的飞行，并做好应急情况处置预案，确保飞行安全与作业质量。

视察飞行 每项作业之前，都要认真组织视察飞行。飞行架次不等，一般视作业区面积大小、地形等情况而定。主要是让飞行人员在作业前实地勘察、了解作业区和范围、地形、地貌、地物、地标以及电台信号设置等情况。视察飞行后，机组要与指挥部领导、调度、通信导航等有关人员共同研究最佳作业方法、飞行高度、电台设置位置及信号频率、飞机进入和退出作业区的航线、作业顺序等。在执行农林化学作业和飞播作业时，由于飞行高度很低，难度较大，特别是在复杂山区更是如此。为确保飞行安全，常派出航行管制人员或飞行人员到作业区现场指挥飞机，帮助飞行人员及时发现作业区及信号，报告飞行员作业区的风向、风速，避免和障碍物相撞。

作业时机 根据作业项目特点和需要，选择适宜的作业季节。其中航空播种项目对作业时机有较高的要求，选择适宜的播期，成为飞播成败的关键之一。决定适宜的播种季节，主要根据作业区的气象条件（其主要因素是降雨和气温）而定。雨季到来之前播种，不仅有利于迅速萌动扎根发芽，而且通过一个雨季的生长，有利于幼苗抵御伏旱。

作业飞行 作业飞行必须严格按照飞行条令、专业航空飞行细则和视察后研究制订的作业方案进行。在作业过程中，空勤组及时总结交流在保证飞行安全前提下提高作业质量的经验；指挥部负责解决在作业过程中遇到的各种问题，直到作业完毕。作业飞行由于时间、季节限制性强，所以，通用航空基地的飞行活动相当紧张，通常是日出起飞，日落前15分钟结束，每天工作10多个小时。

在航空播种、灭虫、施肥作业中，因偏流侧风影响，可能出现遗漏或重复播（洒）现象，对此采取侧风修正技术，克服偏流的影响。主要做法是：当地面导航人员发现4—5米/秒侧风时，立即报告飞行员。报告内容包括从几号桩开始偏流、偏流方向、程度飞播（洒）带上播幅内树种（或肥料、药剂、药粉）落种（料）的情况等。飞行员获报后，根据风向、风速作偏流飞行作业修正。地面信号人员采取配合措施，按原定顺序移动桩号位置，并注意避免因在侧风修正中移位不一，发生地面指示信号不成直线而导致无法进行飞行作业或重复播（洒）现象，保证侧风偏流修正时的作业质量。

（三）总结检查阶段

一个基地的作业任务完成后，由指挥部对本次任务完成情况和存在的问题作总结，或通过座谈会，各单位交换意见，提出改进工作的建议。最后，由合同双方对作业统计单位进行审核、认可、签字后交财务部门结算各项费用，至此作业任务宣告完成。

通用航空的作业项目中，除了飞播不能当时检查出芽率的实际效果外，其他作业如防治农林病虫害、护林、人工降雨、航测、物探、航摄等项目均可在作业后检查中知道是否有成效及成效的程度。作业后的检查对今后的改进工作，提高作业效率是很重要的。

三、通用航空规章制度建设

民航通用航空飞行的规章制度，都是由民航总局或民航总局与国家有关部、委、局在各个时期制订和颁发的。1987 年前，民航成都管理局及所属各省（区）管理局和各航站，只是执行而已。民航总局自开始进行通用航空作业后，先后制订并颁发了通用航空工作细则、规范、守则等规章制度 20 余种。1980 年，由国家测绘总局、民航总局和总参测绘局共同研究制订全国第一部正式的《1：5000、1：10000、1：25000、1：50000、1：100000（比例尺）地形图航空摄影规范》，并于同年 10 月以国家测绘总局名义颁发施行。1981 年 1 月，民航局颁发了《中国民用航空专业飞行工作细则》，这个细则是以 1966 年 3 月颁发的《中国民用航空农业飞行工作细则（草案）》和 1975 年 3 月颁发的《中国民用航空探矿飞行工作细则》为基础，并结合通用航空飞行生产实践进行修订的，增加了航空摄影飞行和海上服务飞行等方面的内容，是一个比较全面、系统的通用航空飞行工作细则。

1981 年，民航局又下发《中国民用航空工作人员服务守则》，对做好通用航空服务工作作出了明确规定。该守则颁发后，《中国民用航空农业飞行工作细则（草案）》和《中国民用航空探矿飞行工作细则》即行作废。1983 年 2 月和 1985 年 5 月，民航局分别下发《民航农业航空作业质量技术标准与要求》和《直升机近海飞行规则》。这一系列规章制度的制订和颁发施行，使通用航空的飞行组织、勤务保障和生产、技术、管理及服务等项工作都有了比较可靠的科学依据，对发展通用航空飞行生产、促进通用航空工作，都起到了重要作用。1986 年 1 月 8 日，国务院颁布《关于通用航空管理的暂行规定》后，通用航空的各项制度在全国范围内更趋规范和统一。1988—1995 年，中国西南航空公司和贵州双阳通用航空公司在执行通用航空飞行作业任务中，一直遵照民航总局规定的有关通用航空的各种规章制度进行，同时接受中国民航西南管理局的行业管理。

1995 年 10 月 30 日，《中华人民共和国民用航空法》颁布，1996 年 3 月 1 日起实施。其中第十章通用航空部分，明确了通用航空定义、设立条件及要求，通用航空第三者责任保险等。

改革开放以后，由于中国通用航空事业的迅速发展，原有的飞行管制和服务保障方式已不能满足需要，2003 年 5 月 1 日，国务院、中央军委颁布实施《通用航空飞行管制条例》。该条例共七章。第一章，总则；第二章，飞行空域的划设与使用；第三章，飞行活动的管理；第四章，飞行保障；第五章，升放和系留气球的规定；第六章，法律责任；第七章，附则。共计 45 条。该条例的颁布和实施，对推动中国通用航空事业的发展，合理开发和充分利用空域资源以及保证飞行安等，都有重大意义。

2004 年之后，随着通用航空的发展，民航通用航空行政管理划分为经济类准入许可和安全类运行审定两大体系。

经济类准入许可，是以市场管理为主体，以盈利或取酬为目的，将通用航空划分为经营性和非经营性两类，分别施行审批和登记管理。2004 年 10 月 12 日，民航总局颁布《非经营性通用航空登记管理规定》，对非经营性通用航空施行登记管理并颁发“非经营性通用航空登记证”。2004 年 12 月 2 日，民航总局颁布第 133 号令《通用航空经营许可管理规定》，对经营性通用航空（包括通用航空企业及航空俱乐部）施行审批管理并颁发“通用航空企业经营许可证”。第 133 号令明确了通用航空企业甲、乙、丙 3 类经营项目。其中，在甲类中继空中游览项目后增设了公务飞行、出租飞行和通用航空包机飞行等经营项目，使载客类通用航空经营活动由单点飞行实现了跨两点飞行，为国内通用航空的发展提供了方便。

为规范民航通用航空企业行政审批行为，依照《中华人民共和国行政许可法》，民航总局下发了《经营性通用航空行政许可管理程序》，对通用航空企业行政审批行为进行了规范。安全类运行审定管理以飞行标准部门为主体，施行审批制并颁发“运行审定合格证”。

第七篇　空中交通管理

空中交通管理是民用航空实施生产、训练飞行组织与指挥的重要环节，通常包括空中交通管制、通信导航、航空气象、航行情报等业务。四川地区地域辽阔，地形地貌复杂。西面是世界屋脊的青藏高原，南面是气候湿润的云贵高原，北面和东面是气候宜人的丘陵和盆地，大气温度差异大。大风、大雾、风沙、低云、冰雹、雷雨、结冰、颠簸、风切变等危及飞行安全的气象要素俱全。中华人民共和国成立后，西南民航针对西南地区的地形和气象特点，加大空中交通管理力度，在专业人员培养、设备设施装备和法规规章建设等方面作出不懈努力。

第一章　空中交通管制

民航四川地区的各级空中交通管制部门是组织航空器飞行的指挥机构，担负着“保证安全第一、改善服务工作、争取飞行正常”工作方针的贯彻与落实。在飞行活动中，以空中交通管制（航行调度）为中心，搞好与飞行、机务以及其他各项勤务保障工作的协调配合，确保了安全生产和训练飞行任务完成。进入20世纪80年代后期，随着民航管理体制改革的不断深化，各级空中交通管制（航行调度）也随之转变了工作职能，主要是为其所辖区内的民用航空器飞行提供空中交通管制服务，不再从事直接的飞行组织与生产协调等项业务活动。

第一节　空管体制机构

中华人民共和国成立后，全国的空中交通实行由空军统一管制、各航空部门分别指挥的体制，在保卫国家安全和支持民用航空事业中发挥了重要作用。随着国民经济的快速发展，继续沿袭这种管理模式势必影响以经济建设为中心方针的贯彻、影响国家空中交通资源的充分利用。进入20世纪80年代后，在国务院、中央军委的领导下，各有关方面就开始酝酿对空中交通管制体制进行改革，为建立一种战时以空军为主，平时以民用航空为主的新的空中交通管制体制，以达到既能保障经济发展，又能满足国防要求，确保国家安全的目的。国家各有关部门经过研究探索，对空中交通管制体制进行了重大改革。

1980年3月5日，在国务院、中央军委的《关于民航总局不再由空军代管的通知》中明确规定，民航的航行管制工作按《中华人民共和国飞行基本规则》中规定的“中国人民解放军空军统一领导全国的飞行管制”执行。

1984年1月27日，民航局印发《军民共用机场实施统一指挥措施》。要求军民共用机场同时组织飞行时，必须严格执行《中华人民共和国飞行基本规则》中的有关规定和要求，加强与当地空（海）军请示报告，服从当地空（海）军统一指挥和统一管制。民航各省（区）局按民航局的要求，分别与驻地空军制订了实施统一指挥的协议。

1986年以前，民航成都管理局航行处是民航西南地区空中交通管制（航行调度）和领航（航行情报）的管理部门，对民航西南地区的空中交通管制（航行调度）和领航（航行情报）工作实施领导与管理。

1986年5月13日，民航局下发了《关于管理局调度、气象、航行情报等机构级别的通知》，规定民航地区管理局指挥调度室为副处级，地区管理局所属区调、站调、航行情报室、气象台为正科级，民航省（自治区、直辖市）局指挥调度室为副科级。根据此规定，民航成都管理局、四川省局按照干部管理权限，对其指挥调度部门主要负责人相继下发重新任职的通知，从机构级别上加强了指挥调度部门组织管理。

1987 年 10 月 15 日，民航成都管理局实施政企分开的体制改革，航行处划归民航西南管理局，改名为航行气象处，各级指挥调度部门的名称与飞行指挥区域范围不变。

1990 年 11 月 1 日，民航局颁发《中国民用航空空中交通管制工作规则》，在此前颁发的《中国民用航空指挥工作细则》废止。《中国民用航空空中交通管制工作规则》，将“航行管制”改为“空中交通管制”，“区域指挥调度室”改为“区域空中交通管制室”，“航站指挥调度室”改为“空中交通报告室”，“管制塔台”改为“塔台管制室”。

1992 年，民航西南管理局报请民航局批准，省级民航局将其内设的科、室升格为处级。民航四川省局航行气象科升格后更名为航务管理处，省局指挥调度室隶属于航务管理处。

1992 年 7 月 10 日，根据民航局《关于转发国务院批准的〈关于民航进一步深化体制改革方案的请示〉的通知》精神，成立民航西南管理局航务管理中心。该中心为独立核算自收自支预算管理的事业单位，内设 15 个二级机构，行使部分政府职能，隶属于民航西南管理局。

民航西南管理局航务管理中心成立后，管理局航行气象处归入航务管理中心，更名为航行处，行使管理局业务处职能，对民航西南地区的航行工作进行技术业务领导，并对各航空企业单位的航务工作实施行业管理。管理局指挥调度室也归入航务管理中心，更名为航务管理中心指挥调度室，升格为处级，负责成都地区的飞行管制工作，同时执行管理局指挥调度室的职能，对西南地区的指挥调度工作实行领导与管理。指挥调度室下设塔台管制室、区域管制室、飞行报告室、管调，并在业务上接受航行处指导。1994 年 10 月航行处下设模拟机室，配有 DRS－93 型航管雷达模拟机 1 套。

1995 年 12 月 29 日，根据民航总局《关于进一步明确总局及地区管理局两级空中交通管理机构职责的意见》和《关于组建民航地区管理局空中交通管理局的补充通知》精神，民航西南管理局撤销了航务管理中心，成立民航西南管理局空中交通管理局（以下简称空管局）。空管局是民航西南管理局负责辖区内空中交通管理事务的职能部门，业务上接受民航总局空中交通管理局的领导。空管局人员由原航管中心人员构成，是独立核算的自收自支预算管理的事业单位。其主要职责是：贯彻执行党和国家的方针、政策、法律、法规、命令，以及根据民航总局空管局制定的空中交通管制、通信、导航、气象、航行情报等规章制度、技术标准和业务范围，制定本辖区的规定及实施细则。拟定本辖区空中交通管理的发展规划，编制地区年度建设计划，汇总上报民航西南管理局。会同有关部门对本辖区内的空域、航路、情报区的划分提出建议；对上级划定的航路进行建设。拟定本辖区内的空中交通管理系统各类人员的培训计划，受理执照考核、审核、上报工作。对本辖区内的空中交通管理事务实施行业管理，负责组织辖区内的空中交通系统的日常运行、协调、监督工作。负责本辖区内无线电管理工作。协调本辖区内民用航空机场的航班飞行时刻。组织实施本辖区内的专（包）机以及非航班飞行的保障工作。编辑、发布地区性航行情报资料。承办民航总局空中交通管理局和民航西南管理局交办的其他事宜。民航西南管理局空中交通管理局成立后，航行处和指挥调度室分别更名为空管局空中交通管制处和空管局空中交通管制中心。

根据国家空管委《关于我国航路移交民航管制指挥和飞行管制区调整方案》以及《民航西南地区管制区域调整和航路管制指挥移交实施细则》的要求，2000 年 6 月 30 日起，民航西南管理局空管局空中交通管制中心下设塔台管制室、进近管制制室、区域管制室、飞行报告室和管调等管制机构，对民航西南地区各省（区）局、航站空中交通管制业务工作实施管理。

继京、广、深和京、沪、广航路移交民航管制与指挥之后，2000年6月30日零时起，国家将全国航路和空中走廊移交民航管制单位实施具体指挥工作。移交西南地区的主要内容：一是航路，上海—武汉—昆明—中缅国境点LINSO（N232230、E985530）、广州—昆明—中老国境点SAGAG（N211130、E1013724）、武汉—重庆—成都、南昌—长沙—贵阳、西安—重庆—昆明、雅布赖—成都—广州—香港等7条航路，航路宽度为20千米（其中G212航路金堂VOR－富家场VOR段为10千米）。二是走廊，成都、重庆、昆明空中走廊由民航管制和指挥，空中走廊宽度为8千米。三是空域高度，地表面至标准海平面气压12千米（含）。

随着民航体制改革的不断深化，空中交通管理体制必须实施配套改革。空管体制改革的主要内容在于将空管工作与机场分离，成为自成体系的空中交通管理系统，以利于确保航空安全。其中，承担高空管制任务或空管行业管理任务较重的管制单位成立为空管中心；不承担高空管制任务，只承担中、低空和进近管制任务的成立为空管站。

2000年9月25日，民航总局下发《关于做好空管改革准备工作的通知》。是年10月9日，民航西南管理局在转发民航总局的通知中，要求各省（自治区、直辖市）局认真做好空管改革的各项准备工作。民航西南地区各省（市）局相继成立了空管体制改革工作领导小组和办公室，分别向民航西南管理局上报《空管体制改革实施方案》，民航西南管理局向民航总局上报《实施方案》，经民航总局批准后，民航西南各省（市）分别成立空管中心（站），进行人、财、物、资料、档案的移交。各省（市）空管中心（站）均与原所在的省（市）局分离，隶属于民航西南管理局空中交通管理局领导与管理。

至2005年，民航四川地区在用的西昌青山、达州河市、南充高坪、广元盘龙、宜宾菜坝、泸州蓝田、绵阳南郊、攀枝花保安营、九寨黄龙等支线机场自开航时起均设置了空中交通管制（航行调度）机构。各支线机场的空中管制部门依据《中华人民共和国民用航空法》《中华人民共和国飞行基本规则》《中国民用航空飞行规则》《中国民用航空空中交通管理规则》《飞行管制一号规定》等法律、法规和规章，对进出本机场半径50千米范围内的航空器飞行实施空中交通管制服务。

第二节 管制区域与高空指挥区

一、空中交通管制区域

中华人民共和国成立后，空中交通管制（飞行调度指挥）区域未明确划分。1955年2月，民航局才规定各航站调度室负责机场半径50千米范围内的飞行指挥，各区域调度室负责其半径500千米范围内航线的飞行指挥，至是年7月8日，空军司令部颁发《全国航行管制区域划分规定》时，开始正式划定西南地区空中交通管制（飞行调度指挥）区域范围。至2000年，空军和民航局对管制与指挥区域又经过多次重新划定与修改完善。

1985年10月15日起，民航成都管理局执行的飞行管制区域划分规定中，成都为全国7个飞行管制区之一，由成都军区空军负责。成都飞行管制区域的界线，自拉则拉山口（不含）经改则、喀拉木伦山口、阿柳沙、唐古拉山口、德格、阿坝、四道城、广元、化龙山、团堡寺、大树坳、同古、旧州、名达山（不含），沿中越、中老、中缅、中印、中不、中锡、中尼国境线至拉则拉山口的连线内。

20 世纪 90 年代，西南民航调度指挥区域为：自拉则拉山口、唐古拉山口、德格、阿坝、广元、泥溪、镇坪、恩施、来凤、铜仁、同古、基长、旧州、名达山、沿国境线、拉则拉山口的连线内。其中包括成都、昆明、贵阳、拉萨、重庆指挥区。

民航四川省局的区域管制指挥范围：从 1981 年 5 月 20 日起为：来凤、团堡寺、镇平、广元、南充、泸州、古蔺、来凤之连线内 7000 米（不含）以下空间。重庆白市驿机场于 1968 年扩建竣工通航后，先后划定 3 条空中走廊。1 号走廊：合川导航台—白市驿机场南头远距导航台；2 号走廊：涪陵导航台—白市驿机场南头远距导航台；3 号走廊：白沙镇导航台—白市驿机场南头远距导航台。市局搬迁江北机场后，于 1993 年 10 月 15 日起，合流水、綦江导航台开始使用，3 条空中走廊随之改变。1 号走廊改为合流水导航台—江北机场；2 号走廊改为涪陵导航台—长生导航台；3 号走廊改为綦江导航台—长生导航台。

1992 年民航成都管制区为：阿坝、广元、泥溪、南充、泸州、古蔺、永善、米易、德钡、德格、阿坝的连线内。民航重庆管制区为：古蔺、来凤、镇坪、泥溪、南充、泸州、古蔺的连线内。

2000 年 6 月 30 日，空军司令部对全国飞行管制区进行了适当的调整。成都飞行管制区范围：自拉则拉山口（不含）、改则、喀拉木伦山口、阿柳沙、唐古拉山口、德格、阿坝、四道城（不含）、广元（不含）、化龙山（不含）、团堡寺（不含）、大树坳（不含）、同古、旧州、名达山（不含）、沿中越、中老、中缅、中印、中不、中锡、中尼国境线至拉则拉山口的连线内，由成都军区空军负责管制，走廊和航路交由民航管制指挥。西南民航管制指挥区域调整后划分为昆明、贵阳、成都、拉萨 4 个管制区。

成都管制区的范围为：德格、阿坝、四道城、广元、泥溪、镇坪、来凤、比耳、燕子口、大关、米易、德钦、昌都 N32°06′00″E97°00′00″的连线内。成都地区划设 5 条空中走廊。一号走廊为双流机场（VOR）—塔子山—金堂（VOR）；二号走廊为五凤溪（VOR）—柏鹤寺（VOR）—双流机场（西南远台）；三号走廊为柏鹤寺（VOR）—资阳（VOR）；四号走廊为富加场（VOR）—红香寺—双流机场（西南远台）；五号走廊为双流机场（西南远台）—崇州（VOR）。新增成都进近管制区，成都进近管制室管制范围为五凤溪—资阳—富加场—乐山—峨眉—雅安—都江堰—德阳—金堂—五凤溪之连线内，管制高度 6000 米（不含）以下。

空中交通管制扇区是飞行管制的基本单位。一般情况下航空管制把区域管制区或者进近管制区划分为两个或者两个以上的部分，每个部分称为一个管制扇区。其目的是为了将管制区的工作量分配至两个或者两个以上的管制席位，减轻单一管制席位的工作负担或者减少陆空通信频率拥挤。2000 年 6 月 30 日前，成都区域管制划分为 2 个扇区。2000 年 6 月 30 日，成都区域管制划分 4 个扇区：东扇区自泥溪—镇坪—来凤—比耳—水口寺—赤水—大足至泥溪，全天开放；南扇区自甲米—康定—简阳—乐至—大足—赤水—水口寺—燕子口—大关—米易至甲米，全天开放；西扇区自阿坝—康定—甲米—德钦—N28°31′00″E97°35′00″—昌都—N32°06′00″E97°00′00″—德格至阿坝，全天开放；北扇区自阿坝—四道城—广元—泥溪—大足—乐至—简阳—康定至阿坝，每天 10：00—19：00

开放。

2000年6月30日，成都进近管制区域共划设5条空中走廊，一号走廊为双流机场—塔子山—金堂；二号走廊为五凤溪—柏鹤寺—双流机场；三号走廊为柏鹤寺—资阳；四号走廊为富加场—红香寺—双流机场；五号走廊为双流机场—崇州。

2002年12月27日，成都进近管制区的空域范围在原来的基础上向外直线距离扩大约30千米，从是日零时起正式启用。扩大调整后的成都进近管制区水平范围为：德阳（N31°08′47″E104°22′46″—N31°04′12″E104°42′10″）—通山井（N30°49′00″E104°55′48″）—太安场（N30°38′00″E104°57′03″）—资阳（N30°07′01″E103°46′00″）—富加场（N29°55′46″E104°18′14″）—乐山（N29°34′00″E103°46′00″）—峨眉（N29°36′00″E103°29′00″）—雅安（N29°59′00″E103°00′00″）—都江堰（N31°00′00″E103°37′00″）至德阳连线范围内。成都进近管制区垂直范围仍为6000米（不含）以下。

根据2000年4月19日民航西南管理局《关于管制区域调整后民航重庆市局行使有关管制职责的通知》，6月30日起撤销重庆管制区后，原重庆区域管制室更名为成都管制区东扇区重庆管制室，负责成都管制区东扇区高空、中低空空中交通管制工作；新增重庆进近管制区，重庆进近管制室管制范围为白沙—合川—岳池—忠县—石柱—平安寺—土地坳—水塘—官渡—白沙连线内，管制高度6000米（不含）以下。重庆地区设有3条空中走廊，一号走廊为江北机场—合流水，二号走廊为江北机场—长生桥—涪陵，三号走廊为江北机场—綦江。成都管制区东扇区重庆管制室、重庆进近管制室、重庆塔台管制室同属于民航重庆市局航行管制处的建制。

二、高空指挥（管制）区

1965年开始民航总局在全国范围内划分若干高空指挥区。高空、中低空指挥区的分界高度为4500米。1993年10月14日，分界高度改为6600米，6600米（含）以上的空间为高空指挥区，6600米（不含）以下的空间为中低空指挥区。此后，高空、中低空指挥区的分界高度一直固定为6600米。

1981年5月20日，民航局对高空指挥区进行了调整，民航西南地区划分为成都、昆明、贵阳、拉萨4个高空指挥区。成都高空指挥区范围改为N28°31′ E97°35′—德钦—米易—永善—古蔺—来凤—团堡寺—镇坪—广元—阿坝—德格—N32°00′ E97°00′—昌都—N28°31′ E97°35′的连线内。由于飞行保障设备和技术人员不足，拉萨高空指挥区域内的飞行指挥仍由成都区调负责。

2000年4月1日起，拉萨高空指挥区域的飞行，由成都区域管制室移交拉萨区域管制室负责实施管制与指挥。拉萨高空指挥区域改为N28°31′00″E97°35′00″—N32°00′00″E97°00′00″—唐古拉山口—N32°41′00″E90°00′00″—N30°26′00″E81°37′00″—国境线之连线内。

2000年6月30日起，成都高空指挥范围又改为N32°06′00″E97°00′00″—德格—阿坝—四道城—广元—泥溪—镇坪—来凤—比耳—燕子口—大关—米易—德钦—N28°31′00″E97° 35′00″—昌都—N32°06′00″E97°00′00″的连线内，分别由成都区域管制室和成都管制区东扇区重庆管制室实施高空交通管制服务。

高空管制区的指挥主要为航路管制，其原则和方法主要有：在航路和空中走廊以及交由民航调配指挥的航线飞行的运输机和直升机，由民航管制部门实施管制和指挥，并对其正确性负责。军用飞机在执行作战、演习及其他特殊飞行任务时，民航组织避让。加入航路或与航路相连的空中走廊的运输机和直升机，必须在加入点前50千米取得民航有关管制部门的许可。退出航路或与航路相连的空中走廊的运输机和直升机，必须在退出点前50千米取得军航有关管制部门的许可。运输机和直升机穿越航路时，在穿越点前50千米必须取得民航有关管制部门的许可，并按下列要求穿越：一般应保持高度穿越，特殊情况按指定的高度层穿越；改变原飞行高度穿越时，穿越点前50千米范围内为高度层转换区，并在航路外10千米范围内保持平飞（不含上升下降地段）；退出点前50千米必须取得军航有关管制部门的许可。如因某种原因不允许穿越时，则按管制指令在穿越点前50千米等待，等待区域超出航路时，应取得军航管制部门的许可。在航路交叉处原先架设的立交桥（即固定高度穿越原则），按原规定执行。军航航空器飞行，其接受放行制度，按军航规定执行。

至2005年，民航西南地区高空管制区总面积为170.35万平方千米，高空航线总距离为11357千米。其中成都高空管制区面积为52.99平方千米，高空航线距离为4275千米。

第三节　管制方法与移交

空中交通管制工作，是通过法定的管制方法对航空器提供飞行引导、配备安全间隔，并由各级调度室（管制室）传递移交下组织实施的。长期以来，各级调度室（管制室）担负着飞行的组织与指挥，确保了各种飞行任务顺利地完成。民航西南地区凡有民用航空器的飞行活动，各区域调度室（管制室）与相邻区域调度室（管制室）之间，区域调度室（管制室）与管制塔台（塔台管制室）之间，区域管制室与进近管制室或进近管制室与塔台管制室之间，始终坚持管制移交规定，认真负责地进行空中交通管制的移交工作。

一、管制方法

（一）程序管制

成都地区管制部门自20世纪60年代至80年代末期，均沿袭程序管制（亦称程序指挥）。这种管制方式，是依靠飞行员在飞行中用无线电报告飞行诸元，由空中交通管制员通过计算和推测，掌握飞机的位置和高度，并依照空中交通管制程序和有关规定，调配飞机之间的间隔，保持规定的安全间隔和高度差，以保持飞行安全，维护空中秩序。但由于当时历史条件下机载导航设备以及地面导航设备的落后，再加之飞行员报告的位置有时不够准确或不够及时，所以飞机在空中偏航，着陆时发生偏差以及其他不正常事件时有发生，严重影响飞行的安全和正常。

（二）雷达监控下的程序管制

为改进民航空中交通管制手段，民航总局决定先解决大城市的空中交通管制设备落后的问题。1982年，民航总局分别从美国、日本、英国等订购了多套一、二次雷达设备，分别安装在广州、成都、昆明、贵阳、厦门等地。在成都安装的是日本东芝（TOSHIBA）一、二次雷达系统，该系统于1988年10月开始试用，1991年经民航局批准投入正式使用，标志着成都地区的管制工作开始由程序管制向雷达监控下的程序管制进行转变。虽然当时执行的是程序管制间隔标准，但航空管制员已经可以从雷达屏幕上直接获得航空器的重要飞行参数，改变了过去只能通过飞行员报告来推测计算航空器方位的管制方法，从而提高了飞行安全的保障能力和飞行正常性，加速了飞行流量。

1993年，民航总局印发《关于下发〈关于在北京—广州航路上试行雷达监控条件下缩小飞行间隔的实施办法〉的通知》之后，成都地区管制部门根据民航总局要求，组织相关人员进行了学习，并结合成都地区管制工作实际情况制定了塔台进近范围内的间隔实施标准，予以试运行。1994年5月17日，民航总局下达了《关于在进近范围内实施雷达监控条件下缩小飞行间隔的通知》（以下简称《通知》），要求安装了航管雷达并正式通过校验的单位，可在塔台进近范围内试行雷达监控条件下缩小飞行间隔的服务，在保障飞行安全的基础上提高飞行流量。根据《通知》要求，成都塔台对先前试运行的间隔标准进行了补充和完善，对雷达监控下缩小飞行间隔的标准确定为：两机顺向和交叉飞行时15千米；顺向和逆向平行或分散飞行时侧向间隔10千米；逆向飞行时30千米；逆向飞行两机相遇后不少于10千米开始上升下降。此项间隔标准的制定和实施，标志着在成都塔台进近范围内的管制方法朝着雷达管制的方向迈出了实质性的一步。

（三）雷达管制

20世纪90年代末，随着飞行流量的日益增长，原有的东芝雷达系统日渐陈旧，已不能满足成都地区空管事业发展的要求。为解决这一瓶颈问题，西南空管局从法国引进了在当时具有国际一流水平的泰雷斯（THALES）一、二次雷达系统及“欧洲猫”（Euro－CAT）空管自动化系统，于2002年4月在成都安装成功并投入运行。

2003年11月28日，成都进近管制室得到了中国民用航空总局空中交通管理局《关于成都进近管制区实施雷达管制的批复》。经过周密准备，于2003年12月25日零时在成都进近区域内开始实施雷达管制。

2004年，西南空管局从英国雷神（RAYTHEON）公司引进了两套二次雷达系统分别安装在成都和广元，作为THALES雷达系统的备份和补充。此外，西南空管局还协同四川大学智胜公司共同开发出了航管自动化应急系统，并于2005年9月正式投入使用。通过以上工作，使成都地区的雷达信息系统的稳定性和可靠性得到极大提高，为最终在成都地区实现雷达管制的目标打下了坚实的基础。

至2005年底，成都地区空中交通的管制方式完成了从程序管制、雷达监控下缩小间隔到雷达管制的转变。

（四）管制方法的改进和更新

随着四川地区民航事业的快速发展，军民航飞行的持续增长，管制方法需不断改进以满足航班量的增长对管制服务的要求。20世纪90年代，高度表拨正程序改革、过渡高度层改革以及成都双流机场Ⅱ类盲降程序的实施，进一步促进了四川民航事业的发展，在增加飞行安全裕度的同时，加速了空中流量。

1.“四个方案”的实施

“四个方案”是指《全国军民航管制区域调整方案》《全国航路管制指挥移交和航线管制指挥方案》《成都地区分流方案》《成都管制区域扇区划分方案》。这4个方案对理顺空中交通通道、加速空中流量、提高飞行服务质量起着相当重要的作用。

在国家空管委制定的《全国军民航管制区域调整方案》《全国航路管制指挥移交和航线管制指挥方案》实施以前，成都地区军民航空域管理和管制指挥的依据是《成都飞行管制分区飞行管制规定》和《成都飞行管制分区飞行管制补充规定》等相关条令。这些规定明确指出：所有航路航线及空域的管制指挥权均归空军所有，民航只负责在航路（线）和空中走廊对民航运输机、直升机实施具体指挥。

随着国家空管事业的发展，国家空管委于1998年10月27日下发了《全国军民航管制区域调整方案》和《全国航路管制指挥移交和航线管制指挥方案》。1999年2月3日，民航总局对上述两个方案文件进行了传达。为实施两个方案，西南地区空管部门协同空军管制部门做了大量的前期准备工作，于2000年6月30日零时顺利实施。《全国军民航管制区域调整方案》和《全国航路管制指挥移交和航线管制指挥方案》实现了全国各地区“一个空域内由一家管制指挥”的目标，明确了由民航对航路、空中走廊上飞行的军民航运输机、直升机实施具体指挥，并对指挥的正确性负责的原则，对于民航事业的发展具有重要意义。

与上述两个方案同时实施的还有《成都地区分流方案》和《成都管制区域扇区划分方案》。

《成都地区分流方案》的实施改变了成都地区的航路航线结构，基本实现了在塔台进近范围内飞行活动的单向进出，同时建立了新的成都地区军民航协同工作原则，规范了军民航活动的飞行路线和方法，为成都地区民航事业的进一步发展奠定了坚实的基础。《成都管制区域扇区划分方案》的实施，将成都区域分为4个扇区，实施不同管制方式的区域分离，减轻了管制员的工作负荷，提高了安全运行裕度，降低了安全风险。

2. 高度层改革

20世纪90年代至2005年末，西南地区空域管理经历了3次重要的高度层改革。

1993年10月15日，为了与国际航空管理体制接轨，民航对空域管理进行了初步改革。飞机在600—6000米范围内，每600米一个高度层；高度在6600—12000米范围内，每1200米为一个高度层；12000米以上，每2000米为一个高度层。2001年1月，实施第二次高度层改革。6000—9000米内，每隔600米为一个高度层；高度层由3个增加到7个。2001年8月1日，新版《中华人民共和国飞行基本规则》施行，西南所辖区域内6000—8400米之间垂直间隔由600米缩小至300米。

高度层改革缩小了垂直间隔，飞行可用的水平面增多，提高了垂直空域的利用率，加速了飞行流量。

3. 过渡高度层、高度表拨正程序改革

2001年1月，民航总局颁布《中国民用机场高度表拨正程序和过渡高度层改革方案》，西南空管局制订了成都地区的高度表拨正程序和过渡高度层改革方案。2003年9月16日，西南空管局组织军民航有关单位召开了成都地区过渡高度层改革研讨会，会议确定了改革方案。是年12月25日，成都地区正式实施高度表拨正程序和过渡高度层改革。

根据《成都地区高度表拨正程序改革方案》规定：适用范围限于在高度表拨正程序实施范围内飞行的民用航空器及加入成都空中走廊、进离场航线交由民航管制指挥且机载设备允许使用修正海压拨正程序的军用运输机、直升机。水平范围按民航总局批复的成都进近管制区水平边界范围。

4. 成都双流国际机场Ⅱ类盲降程序的实施

1999年3月22日，民航西南管理局空中交通管理局在成都双流国际机场安装了挪威诺马克公司生产的nm7000型仪表着陆系统。它与原有的NM35000型ILS设备系统组成了互为主、备用的双向仪表着陆系统，使得成都双流国际机场02#和20#跑道方向均可以实现盲降进近着陆，极大地提高了双流国际机场运行能力。

2003年11月，《成都双流国际机场仪表着陆系统Ⅱ类运行低能见度程序》得到民航总局批复，同意正式使用。这标志着成都双流国际机场是继首都国际机场和上海浦东机场之后第三个实施Ⅱ类运行程序的机场。Ⅱ类运行低能见度程序的实施，改善了因成都双流国际机场秋冬季节低云多雾天气造成的飞行环境，减少了航班因天气原因造成的延误。

二、管制移交

（一）国内航路空中交通管制移交

20世纪80年代前，民航西南地区的管制移交工作通常是通过空中飞机与管制部门空地通讯进行的。飞机在飞临下一管制区域前，使用无线电与下一管制部门（区调或塔台）建立联络，通报飞行动态和飞行情况，以及预达下一管制区域的时间和高度，并保持长守。尔后再与原管制部门脱波中止联络，或者是管制部门给下一管制部门转发空中飞机的位置电报进行管制移交。后来随着飞行流量日益增大，管制区域之间飞行冲突问题随之日益突出。1982年8月，民航成都管理局印发了《做好飞行管制移交的具体办法》，明确规定："飞机飞越位置报告点和飞越相邻指挥区的管制移交点时，机组均要作位置报告。""值班调度员、话务员要熟悉民航指挥区域划分规定，熟悉有关管制移交点资料和飞机位置报告程序，正确实施飞行指挥。"

1985年11月，民航局召开有民航成都管理局和西安、武汉、郑州等邻近指挥区域参加的航行管制协调会议，其中主要是严格航行管制程序，控制本指挥区域内各机场飞机放飞的时间，保证同一航路上的飞机有规定间隔，同时要改善通信手段等。

1987年9月，民航西南管理局、云南省局派人员前往缅甸参加中缅国际航线空中交通管制区的协作和管制移交程序以及改善通信联络的会谈，并签署了会谈纪要。

为进一步完善民航西南地区的飞行管制移交和协调办法，1991年4月5日，民航西南管理局制订并印发了《关于加强民航西南地区飞行管制移交和协调有关问题的通知》（以下简称《通知》）。该《通知》从1991年5月1日零时起执行。《通知》要求民航西南地区各级空中交通管制（指挥调度）部门，严格按照《中国民用航空空中交通管制规则》的规定，认真做好飞行管制的移交工作。根据各条航路（航线）的实际情况，相邻管制室（指挥调度室）要在管制移交的内容、地点、手段和飞行高度等方面加强协调配合，研究制订出具体移交协议和安全措施。《通知》还对进出重庆（除桂林、海口方向外）的高空飞行活动，在飞行高度上，民航重庆区域管制室（区调）与成都区域管制室（区调）作了划分，各自负责在划分飞行高度上的飞行管制，两个区域管制室（区调）应按《中国民用航空空中交通管制工作规则》中有关条款进行管制移交。飞越重庆地区的高空飞行，由成都区域管制室（区调）负责飞行管制，当飞越的飞机与进出重庆的飞机有冲突时，由成都区域管制室（区调）负责调配，重庆区域管制室（区调）要积极协助配合。由桂林、海口方向进出重庆的高空飞行活动，由重庆区域管制室（区调）与贵阳区域管制室（区调）直接进行管制移交，重庆和昆明调度室对飞越叙永的所有飞行动态电报必须发给成都区域管制室（区调）。《通知》中还对从广汉起飞，出五凤溪走廊口的航空器和从广汉起飞，飞往西安方向的航空器，在入航前和上升到规定高度前，应及时与民航西南管理局成都区域管制和塔台管制部门建立联系、相互通报有关情况以及成都—南充航线使用运12型飞机的飞行高度等，均有明确规定。此后，按照《通知》中的要求，成都、昆明、贵阳、重庆等管制部门分别与相邻的管制部门陆续签订了飞行管制移交协议。管制移交分为正常移交和非正常移交。正常移交是指沿预定航路（航线）按规定的间隔和高度配备通过交接点的航空器所进行的管制移交；非正常移交是指由于天气等原因导致航空器改变飞行高度、偏离飞行航线等一切正常移交以外的方法进入对方区域的管制移交。无论正常与非正常移交，根据管制工作规定，在没有完成管制移交前，不得指挥航空器进入对方区域。协议中对管制移交手段、移交点、移交内容、移交高度以及与空军的飞行活动协调等均有明确规定。

根据《中国民用航空空中交通管制工作规则》，1993 年 10 月 7 日，民航四川省局重庆区域管制室和贵州省局贵阳区域管制室就重庆、贵阳区域管制达成移交协议，协议从 1993 年 10 月 15 日零时起生效。

（二）进近、塔台移交

四川地区军民航机场密集，航路航线结构复杂，特别是在进近管制区域内存在 8 个军民航机场，而在以成都双流国际机场为中心，半径 25 千米范围内有 5 个军民航机场，机场密集程度之高，乃全国罕见。这些机场的起落航线相互重叠，进离场方法错综复杂，使得飞行冲突矛盾十分突出。

2005 年，随着“欧洲猫”自动化航管系统投入管制运行，进近与塔台移交协议签订。双方在该协议中首次明确了双方移交条件、离场程序、航路间隔、复飞的处置、本场训练试飞工作程序以及避让太平寺机场起降的具体办法。到 2005 年底，成都进近和塔台的航空器移交方式分为雷达管制、雷达监控下的程序管制两种方式。

在雷达管制条件下，进近航空器修正海压 1200 米建立盲降后或最迟距跑道入口 15 千米处，在航空器进近速度及航迹正常（雷达指示地速不大于 380 千米/小时）情况下，由成都进近向航空器发布继续进近许可，向双流塔台进行管制移交。需要做非精密进近的（VOR/DME 进近）的航空器，进近应尽早与塔台进行协商，在塔台同意后，方可进行。需要做低高度“短五边”进近的航空器，进近应提前通报塔台，在塔台同意后方可发布进近许可，并在最迟距跑道入口 15 千米处或“三转弯”前将航空器的标牌及话频移交给塔台。在雷达监控下的程序管制条件下，进近航空器建立盲降或在双流“五边航迹”最低修正海压 1200 米且最迟距跑道入口 15 千米处，由进近向航空器发布继续进近许可，向塔台进行管制移交。在程序管制条件下进近与塔台实施程序管制移交。

第四节 防止空中危险接近

一、规章与措施

防止空中航空器发生危险接近，是各级空中交通管制部门经常性的中心工作。1986 年以前的《中华人民共和国民用航空飞行条令（草案）》《中国民用航空飞行条例》《中国民用航空飞行指挥工作细则》以及 1990 年 5 月 26 日民航局颁发的《中国民用航空飞行规则》和《中国民用航空空中交通管制工作规则》中均有防止空中航空器危险接近的规定。

1990 年 3 月 2 日，民航局下发了《关于空中航空器危险接近间隔标准的规定（试行）》，凡民用航空器飞行均须执行此规定。该规定适用于程序管制，并适用于雷达管制或雷达监视情况下的飞行。空中航空器危险接近的间隔标准是：航路飞行阶段（指在区域管制内的飞行）纵向间隔：逆向飞行小于 1 分钟乘以相近两航空器速度的和，顺向飞行小于 1 分钟乘以相近两航空器后航空器速度；侧向间隔：相近两航空器小于 3 千米；垂直间隔：6000 米（不含）以上小于 200 米；6000 米以下小于 100 米。进近飞行阶段（指在进近管制区内的飞行），两航空器的纵向、侧向、垂直间隔分别为小于3千米、小于1千米、小于100米。穿云航线飞行阶段（指在塔台管制区内的仪表飞行），两航空器的3个间隔分别为小于2千米、小于500米、小于100米。起落航线飞行阶段（指塔台管制区内的目视飞行），两航空器的3个间隔分别为小于500米，小于200米，小于50米。在进近与塔台指挥尚未分开的机场，危险接近的间隔标准按各机场划分的区域和塔台管制范围分别执行本规定中的有关规定。

1994年9月14日，民航总局制定并下发了《防止空中危险接近的措施》，主要内容有：各级空中管制单位每季度组织一次安全教育与整顿，发生危险接近时，及时整顿；严格空中交通管制值班；完善工作程序，严密组织管制交接。要求各级管制部门的工作流程、与友邻管制单位的协作制度每年进行一次修订补充；加强流量预测及控制；注重管制人员技术培训，提高业务素质；建立定期技术检查制度，要求各管理局于每年上半年组织对所属省（自治区、直辖市）局、航站的管制员进行一次技术检查；加强对复杂情况飞行的组织与保障；按规定进行雷达录像和通话录音，并经常组织检查；加强与军队航管部门的协调；建立信息报告制度，要求凡发生飞行冲突或因空中交通服务原因造成的危及飞行安全事件必须及时、如实报告；发生问题的管制室要立即逐级上报，并在24小时内将主要情况上报民航总局空管局总调度室；3天之内由管理局航行处上报事件详细经过；一周之内将情况报告及处理结果书面或电报上报民航总局。对于空管指挥工作中出现的优秀典型事例也应及时上报。

1995年8月26日，西南航空公司运7型B-3435号飞机从梁平飞往双流，四川航空公司运7型B-3497号飞机从双流飞往南充，由于管制员的人为原因，两机在五凤溪上空相遇，垂直高度相差200米，侧向间隔1700米，造成危险接近。在此期间，民航其他地区在航线上也先后发生儿起危险接近或飞行冲突的严重事件。为此，民航总局于1995年9月1日再次发出了《关于防止发生飞行危险接近、飞行冲突的紧急通知》（以下简称《通知》）。《通知》重申：凡是人为原因造成的危险接近或飞错高度、航线，必须严肃处理，根据情节给飞行员或管制员暂停执照1—6个月；各级领导要加强检查督促，对所属人员进行安全教育。

2002年6月12日，民航总局明传电报《关于对未安装机载防撞系统（ACAS11）民用飞机实行飞行限制的通知》，规定自2002年7月12日起，对所有无ACAS11、最大起飞重量超过15000千克或批准的旅客座位数量超过30的民用固定翼涡轮发动机飞机的飞行，实施在有关机场起降和有关航路高度层飞行的限制；从2003年1月1日起，禁止无ACAS11、最大起飞重量超过15000千克或批准的旅客座位数量超过30的民用固定翼涡轮发动机飞机在国境内飞行。国航西南公司、国航重庆公司、四川航空股份有限公司等航空运输企业单位接到民航总局通知后，立即将所执管的飞机全部安装机载防撞系统（ACAS11）；民航飞行学院也根据民航总局电报通知精神，从2002年10—12月，将4架运7-100型飞机全部安装CAS67（ATCAS）机载防撞系统。为了使CAS67（ATCAS）机载防撞系统正常使用，2003年，民航飞行学院还拨款5万元用于CAS67（ATCAS）机载防撞系统的维护开发，并上报民航总局适航司审批。

二、差错事故标准

1983年，民航局颁布了《指挥调度工作事故差错标准》，但自1987年民航体制改革实施政企分开后，航行管制工作发生了很大变化，原有的规定与实际情况不相适应。民航局于1991年3月6日下发《空中交通管制事故差错标准》，对空中交通管制事故、空中交通管制工作事故征候、空中交通管制工作严重差错、空中交通管制工作差错的标准作了明确界定。

构成空中交通管制事故的有：等级飞行事故；由于调配间隔不当造成两架航空器危险接近；造成航空器迫降。

构成空中交通管制工作事故征候的有：误将航空器指挥进入正在射击的炮射区；未将飞行动态通知军方飞行管制单位，造成对方把该航空器误为不明航空器处置并造成航空器被拦截等严重后果；误将航空器指挥进入禁区；造成航空器无人指挥。

构成空中交通管制工作严重差错的有：造成飞行取消、返航；在航空器仪表进入着陆时，错误地关闭导航设备或同时开放双向导航设备（同频），并以此实施飞行指挥；在仪表飞行条件下，指挥航空器低于最低安全高度飞行；塔台向航空器报错场压 ±400 帕，或零点高度 ±30 米以上；指挥航空器起降过程中违反了尾流间隔规定；两航空器纵向、侧向、垂直间隔数据的二分之一（含）以下至危险接近间隔数据（不含）；忘记进行管制移交，影响了邻近管制区的正常飞行指挥或者致使航空器飞出该管制区有10分钟之久与下一管制区未沟通无线电联络；承办专、包机国外飞行任务，错、漏、忘向有关国家申请；负责开启各录音设备的管制室，管制员在工作期间没有及时开通录音设备，或录音中断未发现者；对公共设施（备）因操纵错误或使用不当造成损失达1000元人民币（含）以上者。

构成空中交通管制工作差错的有：误将航空器指挥飞向炮射区，但进入射区前得到纠正者；航空器能见飞行时，开错或误关导航设备，或同时开放双向导航设备（同频）；由于管制工作过失造成航班延误达15分钟以上者；专机抵离时间错报 ±15 分钟以上者；航空器的飞行计划、起飞、降落、延误、取消等情况、发电报或通知有关单位有错、漏、忘者；未按规定进行管制移交造成接受方工作被动；两航空器纵向、侧向、垂直间隔小于规定间隔数据，但大于规定间隔数据的二分之一（不含）；飞行动态晚通报军方飞行管制单位30分钟以上，但未造成影响飞行安全与正常的后果；对公共设施（备）因操纵错误或使用不当，造成损失人民币500元（含）以上，1000元（不含）以下者；违犯本系统、本单位有关的工作规程、守则、制度，但情节不严重者。

中华人民共和国成立后，民航成都（西南）管理局以及民航云南省局、贵州省局、四川省局（重庆市局）、西藏区局（拉萨航站）和民航飞行学院（校）始终以“事故差错标准”为依据，将所属航行调度（管制）工作质量作为考核其部门领导的管理能力和工作业绩以及衡量当事人技术业务素质的重要标志，从而激发各级航行调度（管制）部门领导和人员的工作热忱和事业心，杜绝了空中飞机相撞事故的发生。

2000年6月30日，民航西南管理局依据《民用航空器飞行事故征候》《民用航空地面事故等级》以及民航有关规章，制定颁发了《民航西南地区航空安全严重差错（重要事件）管理规定》。此规定适用于西南地区从事民用航空活动的飞行、机务、空管、场道、运输、航油及公安安检等部门和人员。其中，对空中交通管制工作严重差错又明确补充相关的4个条款：飞行员飞错、管制员给错指令或管制员未及时纠正飞行员错误的复诵，造成航空器间纵向、侧向、垂直间隔均小于规定间隔数据，其中两项小于规定间隔数据的二分之一；管制员在使用二次雷达设备实施监控时，未纠正机组的错误造成航空器间纵向、侧向、垂直间隔均小于规定间隔的二分之一；管制员指挥航空器起降过程中违反了尾流间隔规定；错、忘、漏发飞行预报、飞行动态报以及误传飞行信息，并造成不良影响。这些条款，推进了管制工作规范化管理的进程。

三、空中交通管制事故征候

民航四川地区在空中交通管制工作上，凡发生影响或危及安全的事件时，均对照民航局于1991年3月颁发的《空中交通管制事故差错标准》，认真地进行分析原因、明确责任、严肃处理，从中吸取教训，改进工作，确保飞行安全。1992—2005年间，民航四川地区空中交通管制工作发生的事故征候如下。

（一）1992年4月11日成都区域管制发生事故征候

1992年4月11日，图154/B－2612号机执行汕头—成都航班任务，图154/B－2625号机执行成都—桂林航班任务，在成都管制区内相对飞行。成都区域管制室值班管制员没有通报两机相对飞行动态，当B－2612号机高度3300米出港经富加场走廊口时，指挥该机上升高度10000米；在B－2625号机请求下降高度时，又指挥其由10200米下降3000米进入富加场走廊口，致使两机同在9000米的高度上造成危险接近，侧向间隔仅300米。

（二）1994年8月3日事故征候

1994年8月3日，中国联合航空公司图154/B－4028号机执行南苑—昆明飞行任务，飞行高度10800米，预计飞越綦江（10:31）；港龙空客320型飞机执行香港—成都航班任务，飞行高度10800米。成都区域管制室为调配这两机的高度冲突，即告贵阳区域管制室：港龙空客320型飞机下降9600米进入成都区域，贵阳区域管制室同意。贵阳管制室发给成都区域管制室的港龙空客320型飞机移交电报仍是10800米（KA389FL108ID，10:39）。10:29，成都区域管制室收到该电报未认真核实处理，误认为港龙空客320型飞机已下降到9600米。10:35和10:36，港龙空客320飞机两次呼叫成都，报告高度10800米，成都区域管制室又未予以重视。港龙空客320型飞机过交接点报告高度10800米，预计飞越富加场（10:58）。成都区域管制室回答港龙空客320型飞机保持10800米。10:37，港龙空客320型飞机报告危险接近，结果两机在10800米同高度，水平距离仅200—300米交叉穿越。

（三）1995年8月26日成都塔台管制发生事故征候

1995年8月26日，运7/B－3435号机重庆—成都，预计进成都机场五凤溪走廊口（13:00），高度3000米；运7/B－3434号机成都—重庆，预计出成都机场五凤溪走廊口（13:01）。塔台管制员指挥B－3434上升海压2700米，保持高度出五凤溪走廊。13:00，B－3435号机报告3000米进五凤溪走廊口，塔台见习管制员这时错误地指挥B－3435号机下降场压1500米，结果造成13:00′40″两机在五凤溪走廊内相遇，侧向间隔1700米，垂直高度差约200米。

（四）1997年4月22日重庆塔台管制发生事故征候

1997年4月22日，西南航空公司波音737－300/B－2590号机执行湛江—重庆航班任务，飞行高度3600米，预计10:46进重庆机场綦江走廊口，新疆航空公司波音737－300/B－2930号机执行重庆—昆明航班任务，飞行高度3300米，预计10:47出重庆机场綦江走廊口。B－2590号机进走廊后，重庆塔台管制员错误指挥其下降高度至1800米，当该机下降高度至3400米，与B－2930号机发生飞行事故征候。B－2930号机根据TCAS告警信息，采取立即右转并下降170米的避让行动。

（五）1999年4月29日成都区域管制发生事故征候

1999年4月29日，国际航空公司波音767－300/B－2555号机执行成都—北京航班任务，北方航空公司麦道 82/B－2339 号机执行大连—成都航班任务。由于成都区域管制员忘记国航 B－2555 号机动态，错误指挥北航 B－2339 号机下降，穿越国航 B－2559 号机高度层，发生两机在 8000 米高度侧向间隔 4 千米、高度差 210 米的飞行事故征候。

第五节　航班飞行正常性

航班飞行正常性工作是涉及民航各单位、各部门、各工种、各环节综合性的系统工程。航班正常性的高低，直接关系到民航的形象、声誉和发展，是衡量民航组织领导能力、生产管理水平、业务技术素质和服务工作质量的重要标志，也是考核航空运输企事业单位的重要指标之一。

1985 年，民航成都管理局飞行 8190 班次，正常率为 84.1%，荣获国家授予的“全国优秀企业”称号。1986 年，民航成都管理局飞行 14249 班次，正常率为 87.2%。

1987 年 10 月 15 日，民航实施政企分开的体制改革。为适应体改后的形势，民航局对航班飞行正常性工作进行了适当改革、调整和充实，将航班飞行正常性分为由各航空公司负责的航班班机飞行正常性和各机场负责的机场班机放行正常性，民航西南管理局对所辖地区范围内的航班飞行正常性工作实施行业管理。此后，西南地区各航空公司按照市场需求、本公司的运输能力及飞行保障部门的条件，经民航西南管理局及民航局审核、协调后决定的航班（班机编码）、班次（每周飞行班数）、班期（每周飞行日数）和时刻（始发站机场、经停站机场和终点站机场的起飞和着陆时间），通过《航班班期时刻表》方式，一年两次（夏秋季和冬春季）向社会公布，一经公布，必须遵照运行。

1989 年 3 月 10 日，民航局下发《关于组织与实施飞行过程中几个问题的说明》，对关于飞机放行问题、关于机场关闭开放问题、关于关闭航路问题、关于备降机场的天气资料供应问题、备降机场应保证飞机备降问题、关于空中飞机一台发动机失效，是否必须就近降落问题、关于重申严格执行不正常飞行情况的报告制度以及关于天气原因关闭机场和航路，是否可以继续飞行等问题都作出了明确的规定和说明。此后，民航西南管理局、四川省局、西南航空公司、四川航空公司和双流机场等单位，围绕保证班机飞行安全和正常，按照民航局的规定，认真组织与实施航班生产飞行。

1991 年，在民航局召开的全国民航服务工作会议上，国务院副总理朱镕基作了“关于提高民航航班飞行正常率”的重要指示。1991 年 10 月 22 日，民航局在下发的《关于提高航班正常率和服务质量年内初见成效的决定》中，各航空公司的航班班机飞行正常率要达到 80% 以上。西南航空公司为了保证航班班机正常运行，于 1991 年 11 月 1 日发布了保证航班班机正常的 6 份企业标准文件，即《航务签派工作保证航班正常措施》《飞行大队保证航班正常办法》《飞机维修部门保证航班正常措施》《营运部保证航班正常措施》《机上供应部确保航班正常措施》《签派对外协调工作程序》。这些文件按企业标准化、规范化的要求制定各部门、工种的工作职责、措施、方针、目标和程序等。

1993 年 7 月 16 日，民航总局发出了《关于做好航班正常工作的紧急通知》。该通知的主要内容为：认真分析航班不正常原因，找出症结，采取措施。加强领导值班和建立每月一次的讲评制度。每天的讲评工作要把航班飞行正常情况作为主要内容之一。对现有工作制度和有关规定要长期坚持下去，并在工作实践中继续予以完善。地区管理局和航空公司配备专门人员切实做好航班飞行正常性的统计工作。地区管理局负责公布本地区繁忙机场的饱和时间段。企业党组织要发挥政治核心作用，围绕企业生产经营开展工作。

1995年5月16日，民航总局下发《关于印发航班统计管理规定的通知》，自1995年10月29日起执行。对统计航班正常的标准、记录和统计航班正常的部门、统计报告表、统计管理要求等内容作出具体规定。是年5月19日，民航总局又下发《关于归口统计机场飞行架次的通知》（以下简称《通知》），自1996年1月1日起执行。该《通知》规定：机场起降架次由机场统计部门统计，根据航管部门的需要，机场统计部门统计时，增加飞越架次项目，需要统计的飞越架次，由各地航管部门通知当地机场统计部门，统计架次的唯一依据是航管部门的飞行动态登记表。各地机场统计部门要按照要求向当地航管部门分别按月、季、年度提供飞行架次统计数字，特殊需要时随时提供。

民航西南地区航班正常工作实施制度化管理。民航西南管理局空中交通管理局自1992年7月10日成立航务管理中心时起，就指定专门部门和人员负责正常率的统计和分析工作，并按民航总局的要求，坚持每月将各航空公司的航班班机飞行正常率和各机场的机场班机放行正常率统计情况向全地区通报和向民航总局报告，以促进全地区航班正常率的提高。西南航空公司、四川航空公司、民航四川局、成都双流国际机场以及地方支线机场等单位，也固定专门部门和人员实施航班正常的管理，并按民航总局和西南管理局的规定和要求，每月按时上报正常率统计报表。

1998—2004年四川地区各航空公司航班班机飞行正常性统计见表7－1，各民航机场起落架次统计见表7－2。

为加强航空安全管理和提高民航航班飞行正常率，2005年9月，民航总局空中交通管理局下发咨询通告《关于明确雷达管制间隔和实施飞行流量管理有关规定的通告》（以下简称《通告》），该《通告》明确了流量管理指令的发布和内容，这是空中交通管制执行的第一份流量控制指导性文件，并根据该文件设立了流量管理席位，专门处理航班流量管理工作。

1998—2004年四川地区各航空公司航班班机飞行正常性统计表

表7－1

单位 年度	西南航空公司		四川航空公司		长城航空公司	
	班次	航班正常率(%)	班次	航班正常率(%)	班次	航班正常率(%)
1988	14188	85.0	465	82.2	—	—
1989	14747	91.1	1271	74.3	—	—
1990	15173	91.0	2703	67.7	—	—
1991	16755	87.1	4173	65.3	—	—
1992	17298	86.4	4463	70.0	—	—
1993	27443	86.1	9302	70.1	—	—
1994	37888	88.1	9048	78.0	1278	55.5
1995	41458	86.3	9639	86.2	2070	76.2
1996	51099	80.6	11973	74.9	3811	76.3
1997	53284	79.8	12273	74.9	3764	73.2
1998	54380	78.4	13207	73.7	4007	77.2

续表 7－1

年度＼单位	西南航空公司		四川航空公司		长城航空公司	
	班次	航班正常率(%)	班次	航班正常率(%)	班次	航班正常率(%)
1999	53548	74.6	14419	72.5	4648	74.9
2000	52933	75.0	15335	72.7	4073	67.9
2001	57061	78.1	17777	71.4	1584	75.1
2002	65405	72.3	25048	71.5	—	
2003	—	—	28865	80.0	—	—
2004	—	—	33353	77.7	—	—

说明：1. 本表根据《中国民用航空志·西南地区卷》编制；
2. 长城航空公司并入东方航空公司后，自 2002 年起，民航总局就没有通报其航班飞行正常性；
3. 2002 年 10 月成立国航西南公司，从 2003 年起，民航总局没有通报其航班飞行正常性

1988—2005 年四川地区各民航机场起降架次统计表

表 7－2

年度＼机场	成都	西昌	南充	达县	泸州	宜宾	广元	绵阳	九寨黄龙	攀枝花
1988	11222	320	—	—	—	—	—	—	—	—
1989	13132	314	812	—	—	—	—	—	—	—
1990	16515	364	1070	—	382	—	—	—	—	—
1991	18264	587	841	—	554	—	—	—	—	—
1992	24732	1184	348	—	498	10	—	—	—	—
1993	27778	362	320	—	858	622	—	—	—	—
1994	33044	542	470	6	926	1588	—	—	—	—
1995	41768	1860	478	680	1402	472	—	—	—	—
1996	43058	1595	464	621	804	2219	—	—	—	—
1997	46470	1510	797	630	504	2297	—	—	—	—
1998	49399	1209	482	533	524	2440	—	—	—	—
1999	53392	1363	70	342	1144	1666	—	—	—	—
2000	58614	1011	50	32	1420	1800	108	—	—	—
2001	66540	817	—	—	1388	1932	954	800	—	—
2002	77732	1116	—	—	1233	1880	264	1912	—	—
2003	83058	1491	—	—	1370	2105	64	1197	1607	58
2004	110186	2348	386	—	1438	1914	62	1843	7081	2070
2005	132901	2704	1279	—	822	1670	—	1440	8868	2004

说明：本表根据《中国民用航空志·西南地区卷》和民航西南地区管理局统计资料编制

第二章　通信导航

民航通信导航是由地地之间、地空之间的通信和机场、航路的导航以及机场、进近、航路的雷达监视三部分所组成。通信导航工作主要任务是组织、实施通信、导航和雷达监视设备的正常运行，并规划、组织通信、导航和雷达监视设备与设施的建设以及技术改造和技术人员的业务建设，保证通信联络畅通与导航和雷达监视的准确无误，为“保证安全第一，改善服务工作，争取飞行正常”提供通信导航保障服务。

第一节　通信导航机构

1986 年，民航成都管理局通信导航处是民航西南地区通信导航业务领导机构。民航成都管理局通信导航队下辖成都地区的导航队、雷达站、中心发射台、收报台、外勤组等，通信修理所和通信库房的行政、业务由通信导航处领导。民航第十七飞行大队设有通信股，业务受民航四川省局通信导航科领导。

1987 年 10 月 15 日，民航成都管理局进行了体制改革，体制改革后的通信导航处和通信导航队划归民航西南管理局。1989 年 7 月 15 日，通信导航队改为通信导航总站。

1992 年 7 月 10 日，民航西南管理局航务管理中心成立后，通信导航处与通信总站均隶属于航务管理中心，对民航西南地区的云南省局、贵州省局、重庆市局、西藏区局和双流国际机场及西昌、达县、南充 3 个航站以及宜宾、泸州、广元、绵阳 4 个地方机场的通信导航部门、成都通信导航总站、西南 6 家航空公司的通信部门实施业务领导和行业管理。是年，民航四川省局的通信导航科改为通信导航处，负责对其所在机场的通信与导航工作实施组织保障，并对省局管辖的航站（机场）通信导航和导航台工作实施业务领导和管理。

1995 年 12 月 29 日，民航西南管理局空中交通管理局成立，通信导航处与通信导航总站隶属于空中交通管理局，民航西南管理局无线电管理委员会办公室、西南地区“八五”日贷航路建设办公室、西南地区空管工程建设办公室、西南地区 CNS/ATM 实施办公室以及民航西南管理局西部航路建设办公室也设在通信导航处。1997 年，重庆为直辖市以后，原来由民航四川省局管辖的西昌、达县、南充 3 个航站划归成都双流国际机场，其通信导航工作改由双流国际机场现场指挥中心航务科直接管理，并接受民航西南空管局通信导航处的行业管理。

根据民航总局《关于对西南管理局空中交通管理体制改革实施方案的批复》，2001 年 12 月 28 日，民航昆明空中交通管理中心、贵阳空中交通管理中心和重庆空中交通管理站正式挂牌成立。之后，民航西南空管局通信导航处对成都通信导航总站、昆明空管中心技术保障部、贵阳空管中心技术保障部、重庆空管站技术保障部和西藏区局通信处实施业务领导，并对四川机场集团、云南机场集团、贵州机场集团、重庆机场集团及西南各航空公司实施行业管理。随着地方经济的高速发展，机场建设越来越快，九寨黄龙、攀枝花、泸州、绵阳、宜宾、广元、绵阳等机场也接受民航西南空管局通信导航处的行业管理。

截至2005年底，民航西南空管局通信导航处的主要职责有：贯彻执行上级有关通信、导航、雷达及无线电管理的政策、法规和技术标准，负责民航西南地区通信、导航、雷达业务的行业管理；拟订民航西南地区通信、导航、雷达系统的业务发展规划及基本建设规划并监督检查计划实施情况；根据上级规定，制定民航西南地区通信、导航、雷达业务的补充规定和实施办法；负责民航西南地区航空无线电业务管理，经授权颁发电台执照；监督、检查西南地区通信导航工作服务质量、设备运行情况；组织西南地区通信、导航、雷达设备的定期检查及相关设备的飞行校验工作；主持民航西南地区新建（扩建）机场的通信、导航、雷达台站的选址以及通信、导航、雷达项目工程的现场验收工作；组织实施通信、导航、雷达设备的添置、更新、选型、引进、购置工作；主持局本部报废通信、导航、雷达、计算机设备的技术监定工作；参与民航局主持的对西南地区大型通信、导航、雷达设备的报废鉴定工作；负责提出通信、导航、雷达人员的业务培训标准和培训计划，组织技术考核，负责通信导航执照的管理工作。

第二节　设备与业务

一、通信

（一）平面通信

平面通信指地面与地面之间的通信。主要是航站（机场）与航站（机场）之间，航站（机场）与导航台之间，航站（机场）与省（自治区、直辖市）局之间，航站（机场）、省（自治区、直辖市）局与地区管理局之间，航站（机场）、省（自治区、直辖市）局、地区管理局与民航局（民航总局）之间的通信联络。

1. 无线通信

无线平面通信是以短波摩尔氏电报为主，以开通部分短波单边带平面话台为辅的方式进行平面通信联络。通常情况下，以干线电路和地方电路组成平面通信网络，用规定的格式和程序直接通报或按规定的电路转报。

中华人民共和国成立后，民航在初创阶段，民航西南地区通信网络由民航局统一规划，民航重庆（成都）管理处（局）组织实施；进入20世纪60年代后，西南地区通信网络由成都管理局拟定，报民航局批准后，管理局组织实施；进入90年代，民航西南管理局空中交通管理机构成立后，由空中交通管理机构拟定、承办，但国际通信网络仍由民航总局统一规划。

随着航线的改变和新航线的开辟以及机型的更新，通信设备和业务量也不断增加。西南各民航机场均设有收信台、发射台。成都双流机场和重庆白市驿机场因飞机起降架次多，飞行任务繁重，通信设备更完善。1975年，西昌青山机场设置了中心发射台以适应起降大型飞机通信导航的需要。民航四川省局于1981年设置单边带收、发讯机，1990年，民航四川省局从重庆白市驿机场迁到江北机场后，无线平面通信设有收、发报台、甚高频台等。发报台有1500瓦和400瓦单边带发讯机。1990年10月，建成省局航行部门与空军某师的特高频地面无线电信电路。20世纪90年代中期，成都、重庆等机场均建有专门的短波发射台和收信台，主要采用广州海华公司生产的MT系列1500瓦和400瓦短波发射机以及RX1002系列收信机，原来各地使用的TC401、74型、76型发射机在进入90年代后逐步淘汰。随着民航有线通信和卫星通信的发展，短波平面无线电报网使用的越来越少，根据民航总局空管局1998年《关于取消短波平面无线电报波道的通知》，中国民航短波平面无线电报波道正式关闭。由于西藏地区地理条件和通信设施的具体情况，成都、拉萨、邦达机场之间的短波平面无线电报波道暂时保留作为备份，随着民航西南地区通信事业的发展，2000年6月15日零时起，成都、拉萨、邦达机场之间的短波无线电平面波道正式关闭。

2. 有线通信

自动转报和分组交换业务 中华人民共和国成立之初，民用航空通信主要以无线电为主。进入20世纪60年代后，开始使用有线电通信。1966年，民航成都管理局开始建立与民航总局连接的电传电路。成都与贵阳磊庄机场、昆明巫家坝机场、重庆白市驿机场的电传电路分别于1971年、1974年1976年开通。至此，民航成都管理局与民航总局、四川省局、云南省局、贵州省局之间的电报传递、逐步改为以电传为主，无线通信只作为备用手段。

1982年，民航局决定使用微机处理技术，以民航局为转报中心，1984年引进的低速计算机自动转报机在民航成都管理局安装后，成为转报分中心。是年2月10日，成都管理局自动转报分中心正式开放工作，民航四川、云南、贵州省局先后加入自动转报系统。自动转报各终端，均需24小时开放，随时保持电传机设备、纸页、纸条完好、齐备，操作人员必须按《中国民航自动转报系统操作规定》执行。自动转报分中心正式开放以后，有关飞行、气象、运输、专业、航行业务等电报能及时传递，提高了传递电报的时限与准确率，减轻了报务员的劳动强度。

1990年初，民航四川省局和云南省局相继安装了常州无线三厂和邮电部十所共同开发的自动转报机；是年7—8月，民航西南管理局和四川、云南、贵州省局先后安装了美国生产的FRS800型帧中继交换设备，并加入民航总局空管局帧中继网中。1991年7月，民航西南管理局安装了美国生产的UMS96型自动转报机，替代以前香港大东电报公司的老式转报机，1994年，民航贵州省局也安装了青岛蓝波公司生产的自动转报机。1994—1996年间，民航西南管理局以及四川、云南、贵州省局和西藏区局分别引进了美国生产的TP4855型和TP8020型分组交换机，共同组成西南地区分组交换网。

1995年以前，民航自动转报电路和分组交换电路主要通过租用邮电部的模拟专线来进行传输。1995年以后，随着民航空管C波段卫星通信网的建成，民航西南管理局到民航总局和民航西南地区各省（自治区、直辖市）局、机场的转报链路、分组交换链路、帧中继链路都逐渐通过民航卫星通信网络来传输，部分重要链路还租用了邮电部的DDN链路，与民航卫星链路互为备份，保障了自动转报系统快速、连续、不间断的工作。

1997年8月，民航西南管理局的自动转报系统主机由MV2500升级成MV5600。至2004年，民航西藏区局以及宜宾宾菜坝、西昌青山、广元盘龙、绵阳南郊、九寨黄龙、攀枝花保安营等机场相继安装了自动转报设备，并加入到民航西南地区管理局转报分节点中。

截至2005年，成都至重庆、西南管理局链路带宽为14兆，成都至昆明链路带宽为32兆，成都至贵阳、拉萨链路为16兆，成都同时还与广汉、九寨黄龙、西昌、达州等三级节点以DDN或SDH链路相连。四川地区的民航ATM网已开通情报数据库、气象数据库、转报链路、雷达引接、视频会议系统、办公网等业务。

有线电话传输业务　1963年以前，民航成都管理局电话总机使用的是100门供电式，双流机场到成都市有8对架空线作中继线和专线电话。1963年成立电话站，采用200门纵横制总机，以后逐步扩大，到1977年设400门的纵横制总机，并有38对中继线进入成都市。1987年10月，民航管理体制改革，在民航成都管理局基础上成立民航西南管理局。1994年4月，管理局电话引进瑞典爱立信公司生产的MD110型600门程控交换机，1996年管理局电话站又引进美国朗讯科技公司生产的DEFINTYTG3型5000门数字程控交换机，彻底淘汰了原来的纵横制机电交换机。1997年，建立第一套光中继传输系统，采用4芯充油式光缆和3次群终端设备，开通了240路机场到市区的中继线路。

1967年，民航四川省局省局将电话总机改为100门供电式。1983年，民航四川省局电话更新为自动拨号。1990年1月22日，民航四川省局由重庆白市驿机场迁至重庆江北机场，电话总机容量为800门程控交换机，机场至重庆市中继线路31条。1994年，引进法国生产的1600门先进交换机。1995年，民航四川省局将机场至重庆市24千米的旧式光缆全部更新为单模光缆，并引进法国光缆电端设备，容量为240路。是年12月，利用民航建设资金，为民航四川省局电话站安装了上海阿尔卡特公司生产的1600门程控电话交换机。

1992—2005年，民航西南地区各机场相继安装程控电话交换机，实现了公共电话通信的程控化和数字化。

3. 卫星通信

1992年，为解决成都至拉萨的通信问题，民航西南管理局和民航西藏区局采用美国休斯网络系统公司的TES设备，租用国安公司的卫星通信网，分别在成都双流机场、拉萨贡嘎机场和拉萨市建立卫星通信地球站，开通了卫星电话和传真业务。1994年，在民航总局统一规划下，民航西南地区各单位利用“八五”日贷项目投资，使用“亚太一号”和“鑫诺一号”同步通信卫星，采用美国休斯公司的电话地球站TES系统和个人地球站PES系统，先后建成中国民航C波段卫星通信网。其中：成都双流、重庆江北、西昌青山、达州河市坝、南充高坪、广元盘龙、绵阳南郊、攀枝花保安营、九寨黄龙等民航机场相继建成了TES和PES卫星通信地球站；泸州蓝田等民航机场相继建成了TES卫星通信地球站，加入到中国民航C波段卫星通信网中。为保证空军航路移交后民航和空军空中交通管制部门间的可靠联系，在民航总局统一规划下，民航西南管理局空管局于2003年6月又在成都、昆明、贵阳、拉萨建成了4座军民联网卫星通信地球站，加入到军航卫星通信网中。

截至2005年，民航成都卫星站TES系统经过多次扩容后达到32路的容量，先后开通至民航总局与西南地区各民航机场的空中交通管制移交专线电话、卫星长途电话、VHF遥控话音、转报数据、雷达数据、气象数据等多种传输业务。

4. 地面集群移动通信

1996年10月至1997年6月，在民航总局统一规划下，民航西南管理局空管局、民航重庆市局和云南省局分别在成都双流机场、重庆江北机场、昆明巫家坝机场安装了美国摩托罗拉公司生产的SMART－NET－2型800兆赫兹集群移动通信系统，为各航空公司、航空油料公司、空管、公安等驻机场单位提供无线集群专业移动通信服务，并取消了原来分散使用的VHF对讲机。集群移动通信系统的规模为10个无线信道，截至2004年，成都双流机场的集群移动通信系统已达到600移动用户规模。

（二）地空通信

地空通信也叫陆空通信，是指地面与航空器、航空器与航空器之间的通信联络。其主要任务是为空中交通管制和航空企事业运行管理提供通信勤务保障服务。

中华人民共和国成立后，民航重庆、成都、昆明、贵阳等航站指挥塔台均安装有短波无线电设备，在塔台半径50千米的区域内凡有飞行活动时，飞行指挥人员使用塔台短波与航空器进行通话联络。

根据国际民航组织的规定，供空中交通管制和飞行情报使用的地空通信设备，必须能进行双向通信；供塔台管制和进近管制使用的地空通信设备，必须能进行直接、迅速和始终无干扰的双向通信。为达到这一要求，必须使用超短波及其同类性能的设备。为此，民航局于1982年2月发出通知，要求各高空指挥区的高空航路飞行改用超短波或短波单边带联络，这标志着中国民航的地空通信进入了一个新的阶段。成都区调对空话台于当月开放短波单边带地空通信。1984年10月，民航四川省局设立重庆中梁山超短波转播台，就是为了增加超短波通信的有效距离，主要频道为航路特高频指挥台，同时增设机场指挥塔台频道，扩大了特高频通信有效范围，改善了地空通信的效果。

1991年7月25日，西南航空公司按照民航局颁发的《中国民用航空通信业务规程》中“关于保证地空通信工作正常”的要求，重申：航空器在塔台管制区域内飞行时，飞行无线电通信员负责协助飞行员通话；飞行员必须戴耳机使用驾驶舱喇叭监听。航空器在航线上飞行时，飞行无线电通信员或担任通信工作的飞行员，必须和相应的区调对空台保持长守。如果担任通信工作的人员需暂时离开驾驶舱，必须指定其他人守听，打开驾驶舱喇叭，放在正常使用的设备位置，音量适中，并应尽快返回座位。飞行中严禁在驾驶舱谈论与本次飞行无关的事情，应集中精力，监听与本机有关的飞行活动，确保飞行安全。按规定认真填写空中通信记录簿。

短波单边带话音通信曾是民航西南地区地空通信的主要手段，但其话音质量较差，信号又不够稳定，至20世纪90年代，除成都—拉萨航线外，逐步被甚高频通信所取代，改其为地空通信的备用设备。成都—拉萨航线由于地形特殊，仍然一直使用短波单边带进行地空通信联络，通信波道使用国内高空通信网YL02。

1990年1月22日，重庆江北机场竣工时，设有甚高频地空通信，塔台和中低空区调话台与空中航空器联络利用甚高频通信，进行飞行管制和管制交接。1995年，根据“八五”日贷建设计划，成都双流机场引进了德国R/S公司生产的8信道甚高频共用系统，代替了原来的VHF单机，作为主要的甚高频地空通信设备。2000年11月，成都双流机场R/S的8信道共用系统扩容到12信道。1997—2005年，西昌青山、达州河市坝、南充高坪、广元盘龙、绵阳南郊、攀枝花保安营、九寨黄龙等支线机场配备了意大利等国家生产的甚高频电台（如OTE电台等）和民航第二研究所开发的话音切换单元。经过这些建设，民航四川地区各机场进近和终端区的甚高频地空通信能力和可靠性都得到了很大提高。

为扩展西南地区的VHF通信覆盖，1994年民航西南管理局航务管理中心利用“八五”日贷项目投资，在四川峨眉山金顶气象台内建成了成都—峨眉山VHF遥控台。1998年5月，在民航总局统一规划下，先后建成成都—重庆等地VHF遥控台。2000年12月，又建成成都—广元、成都—叙永VHF遥控台基本构成民航VHF遥控台网络，极大地改善了四川地区VHF地空通信覆盖效果。这些遥控台基本都采用单信道工作方式，主要使用意大利 OTE 公司和德国 R/S 公司生产的电台以及民航第二研究所和民航总局空管局维修公司开发的遥控接口设备，采用民航卫星网或邮电部的 DDN 网络进行遥控信号的传输。

建成地空通信 VHE 数据链。在民航总局统一规划下，1999 年 10 月至 2005 年，民航四川地区先后建成成都双流等机场地空通信 VHF 数据链 RCS 站，加入到民航总局空管局数据公司的地空数据通信网中，为装载数据通信系统的航空器提供 VHE 数据通信服务。

2005 年 3 月 23 日，成都 昭通遥控台新建的德国 R/S4 信道共用系统启用。是年 8 月，新建的重庆—万州遥控台和方斗山遥控台改造工程通过验收，极大地改善了成都区域管制东扇区东部航路的 VHF 覆盖。

二、导航

（一）机场导航

机场导航的任务是引导航空器起飞入航和航空器进近着陆。民航西南地区机场的导航设备先后有导航台、定向台、着陆雷达、全向信标和测距仪系统（DVOR/DME）以及仪表着陆系统等设备。按国际民航组织的要求，进近和着陆的导航设备应采用标准化的仪表着陆系统（ILS）辅之精密进近雷达（PAR 即着陆雷达），但在 20 世纪 60 年代之前，民航西南地区各机场起降的飞机都不是快速飞机，机型不多，航班密度不大，导航设备比较简单。

进入 20 世纪 70 年代后，西南地区中心城市的民航机场导航设备逐步更新。1970 年，成都双流机场装备了 791 着陆雷达，20 世纪 80 年代开始使用引进的仪表着陆系统。重庆白市驿机场于 20 世纪 70 年代增设了 791 着陆雷达。着陆雷达的使用，实施了进近着陆的视觉指挥。成都双流、重庆白市驿等机场的短波定向台也于 1974 年先后淘汰。1990 年 1 月，重庆民航由白市驿机场迁至江北机场。重庆江北机场设有南北双向仪表着陆系统、全向信标测距台、791 着陆雷达站、长生桥旁侧导航台、统景镇旁侧导航台、南北外指点标台、南北近台，达到 20 世纪 80 年代国际先进水平。

1997 年 7 月，成都双流国际机场利用“八五”日贷项目投资资金，引进挪威 NOR－MAC 公司生产的 NM3500 型仪表着陆系统，更新了原使用的 MARK－11 型仪表着系统。1999 年，又引进了该公司生的 NM7000 型仪表着陆系统，与原有 NM3500 型仪表着陆系统组成互为备用的双向仪表着陆系统。重庆江北机场也于 1998 年 7 月利用民航机场建设基金引进挪威 NORMAC 公司生产的 NM7000 型仪表着陆系统，与原有 MARK－11 型仪表着陆系统构成双向仪表着陆系统。

至 2005 年，民航四川地区的成都双流、西昌青山、宜宾菜坝、泸州蓝田、广元盘龙、绵阳南郊、攀枝花保安营、九寨黄龙、南充高坪等航空运输机场以及广汉、洛阳等两个飞行训练机场均相继引进安装了仪表着陆系统。民航四川地区除达州、新津、遂宁等三地机场外，均配置了仪表着陆系统等先进设备。与此同时，上述各航空运输机场与两个飞行训练机场还相继引进安装了全向信标和测距仪系统（DVOR/DME），引导航空器进近着陆和起飞后入航。

（二）航路导航

航路导航的作用是为航空器在航路（航线）上飞行时提供方位、位置及距离，保障航空器准确地沿着航路（航线）安全飞行。

1986—2005 年，民航四川地区的航路导航台有金堂、五凤溪、资阳、富家场、崇州、柏鹤寺、南充、达州、叙永、西昌等航路导航台。其中，金堂、五凤溪、资阳、富家场、崇州为成都双流机场进出走廊口导航台，为进出走廊飞行提供导航服务；南充导航台主要是为成都—西安、成都—武汉方向往返飞行提供导航服务；达州导航台主要是为重庆—西安方向往返飞行提供导航服务；西昌导航台主要是为成都—中甸方向往返飞行提供导航服务；道孚导航台（1991 年 8 月撤销）主要是为成都—拉萨方向往返飞行提供导航服务；金堂、五凤溪、资阳、叙永导航台还为欧亚国际航路返往飞行提供导航服务。

国际民航组织要求：航路导航设备应采用甚高频全向信标（VOR）和测距设（DME），辅之以无方向性、信标（NDB，即中长波导航台）。按此要求，民航西南地区于 20 世纪 70 年代开始引进全向信标和测距设备，20 世纪 80 年代，成都双流机场添置 DVOR/DME 系统。1992—1997 年，民航四川地区利用“八五”日货项目投资，叙永、富家场、五凤溪、达川等导航台先后引进安装澳大利亚 AWA 公司生产的 DVOR/DME 设备。2000 年 3—6 月，资阳、金堂、崇州、柏鹤寺等导航台又先后引进安装意大利 AIRSYS 公司生产的 DVOR/DME 设备。截至 2005 年，民航四川地区大多数航路导航台装备了全向信标和测距设备。

（三）通用航空通信导航

民航四川地区的通用航空通信导航，主要是为航空器在执行造林播种、航空护林、农林灭虫等项通用航空飞行任务时提供平面通信、地空通信和飞行导航服务。这 3 项业务保障和操作过程通常是连续交叉进行。因通用航空作业要经常使用临时机场作为临时飞行基地，作业区又往往在交通不便的野外地区，通信导航的使用受到一定限制，又需加以简化。简化的通信导航设备，采用平面和陆空混合电路，在临时飞行基地设置 15 瓦小型中长波导航台。民航第十七飞行大队是通用航空飞行大队，1966 年 3 月由成都搬迁至重庆白市驿机场后，民航四川省局为该大队备有通信导航车，通信导航车上配备短波、超短波收发信机和中长波导航机等设备。第十七飞行大队执行通用航空飞行任务时，通信导航车开赴临时飞行基地，为执行通用航空飞行任务的航空器起、降和作业飞行提供通信导航保障。1967 年以前，第十七飞行大队执行外地的通用航空飞行任务，由大队地面报务人员前往担任通信导航保障工作。1967 年第十七飞行大队的地面报务人员调走后，由民航四川省局派报务人员承担，此种状况延续到 1987 年 10 月民航管理体制改革结束。以后，双阳通用航空公司、华西通用航空公司和三星通用航空公司在外地执行通用航空任务时，由所在地的民航单位或机场提供通信导航服务。

三、监视

（一）航管雷达监视

民航四川地区为国际航路和国内航线飞行活动的监视，实施主动的管制，引进航管监视雷达始于 1987 年，成都双流机场安装日本东芝二次雷达及国产 784 厂 797 一次雷达，并于 1988 年投产使用。1993 年 5 月，重庆江北机场引进了意大利 ALENIA 公司生产的 ATCR－33K 和 SIR－M 型航管一、二次雷达。

1997 年，民航西南管理局空中交通管理局与民航第二研究所合作，在原东芝雷达的基础上研制了 RDPS 技改系统，增强了雷达的监视功能。2001 年 9 月，成都牧马山雷达站安装法国 THALES 公司 STAR2000 一次雷达及 RSM970S 二次雷达，并于 2002 年 5 月同时投产使用。2004 年 1 月，成都

797 一次雷达停止使用。是年 7 月，成都双流国际机场场内雷达站和广元雷达站安装雷神公司 Cossor Condor 二次雷达，并于 2005 年 2 月投产使用。民航四川地区航管雷达的监视覆盖率得到很大提高。

（二）自动相关监视

1988 年，成都东芝雷达建成后，雷达数据处理一直使用该雷达数据处理系统，该数据处理系统只能处理单雷达信息，没有飞行计划处理能力。

1999 年 12 月至 2000 年 6 月间，成都、昆明建成了西部航路自动相关监视系统（ADS－C），使用美国 ARINC 公司生产的 ADS 设备，在中国首条新航行系统航路 L888 上，通过卫星数据链进行数据通信和自动相关监视服务。

2001 年 8 月，成都安装法国 THALES 公司生产的欧洲猫 2000 空管自动化系统，并于 2002 年 5 月投产使用。该系统通过搜集、核实、处理和显示雷达数据、飞行计划和航行情报数据，使管制员能在雷达和非雷达环境下都能有效地实施空中交通管制工作。

2004 年民航四川地区各运输机场通信导航主要设备见表 7－3。

2005 年 5 月，西南地区雷达信号联网建成投入使用。2005 年 9 月，四川大学智胜公司生产的欧洲猫 2000 应急系统投产使用。该系统能在雷达和非雷达环境下作为欧洲猫系统的应急系统，具有各种必要的关于飞行器不正常飞行的告警功能，协助管制员的工作。

2004 年民航四川地区各运输机场通信导航主要设备统计表

表 7－3　　　　单位：台

机场 数量 设备	成都双流机场	西昌青山机场	达州河市机场	宜宾菜坝机场	泸州蓝田机场	广元盘龙机场	绵阳南郊机场	南充高坪机场	九寨黄龙机场	攀枝花保安营机场
VHF 共用系统	2	—	—	—	—	—	—	—	—	—
VHF 单机	—	5	5	5	5	5	5	5	5	5
VHF 遥控台	5	—	—	—	—	—	—	—	—	—
HF 发射机收信机	5	1	2	1	1	1	1	1	1	1
卫星通信地球站 TES	1	1	1	1	1	1	1	1	1	1
卫星通信地球站 PES	1	1	1	1	1	1	1	1	1	1
程控交换机	1	—	—	—	—	—	—	—	—	—
自动转报设备	2		1	1	1	1	1	1	1	1
帧中继设备	1	—	—	—	—	—	—	—	—	—
长波机（NDB）	10	5	1	—	—	—	—	—	—	—
全向信标（DVOR）	8	1	1	1	1	1	1	1	1	1
测距仪（DME）	8	1	2	1	2	2	2	2	2	2
仪表着陆系统（Ⅱ．S）	2	1	1	1	1	1	1	1	1	1
航管第一次雷达	1	—	—	—	—	—	—	—	—	—
航管第二次雷达	4	—	—	—	—	—	—	—	—	—
航管内话系统	2	—	—	—	—	—	—	—	—	—
地空数据链远端站（RGS）	1	1	1	1	—	—	—	—	—	—

说明：本表根据《中国民用航空志·西南地区卷》编制

第三章 航空气象

航空气象是研究气象要素和天气现象对航空器飞行的影响，为航空器飞行提供气象服务的一种保障业务。航空器飞行的各个阶段均受气象条件的影响。地面风、能见度、气温、气压、高空风、低空风切变、颠簸、结冰、大气湍流、雷暴、对流层顶等各种天气现象都直接与飞行安全有关。航空气象是空中交通管理工作重要的组成部分，是组织、实施、指挥飞行的一项不可缺少的勤务保障工作。

第一节 气象机构

一、民航成都管理局气象机构

20 世纪 50 年代，成都成立民航气象机构。1950 年初，成都军管会空军处接管中国航空公司在成都凤凰山机场的气象训练班后，建立了凤凰山机场气象站。同年 3 月，该气象站移交给民航成都航站，业务由西南军政委员会气象处领导。1952 年 8 月，该气象站划归西南军区空军。为支援成都—拉萨通航，中央气象局于 1956 年 4 月将所属的航空护林流动气象台从东北嫩江迁到四川广汉，5 月在广汉机场建立民航气象台，属四川省气象局建制。1956 年底，气象台从广汉迁到成都凤凰山机场，1958 年 4 月迁到成都双流机场。1961 年 2 月民航气象体制改革，气象台划归民航建制，是民航成都管理局的基层单位。1965 年 3 月，气象台隶属于民航成都管理局航行处气象科。1969 年 11 月民航划归解放军建制，1970 年 12 月 12 日民航成都管理局指挥部成立，气象台隶属于指挥部气象处。气象台从初建时起，一直设有预报、观测、填图、报务 4 个组。1972 年将报务组改为电传组，还增加雷达组、资料组和卫星组。1980 年 10 月管理局指挥部撤销后，航行处与气象处合并为航行气象处，气象台隶属于管理局航行气象处。

二、民航西南管理局空中交通管理局气象机构

1987 年 10 月 15 日，民航西南管理局气象台成为管理局航行气象处的建制单位。1989 年气象台将组改为室，撤销了卫星组，增设了机修室、计量室、计算机室和对空广播室，连同原有的预报、观测、填图、电传、资料、雷达共 10 个室。1992 年 7 月 10 日，民航西南管理局在航行气象处、通信导航处的基础上成立航务管理中心。航务管理中心下设气象处和中心气象台，中心气象台升格为处级单位，隶属于航务管理中心，业务工作受气象处指导。1995 年 12 月，民航西南管理局空中交通

管理局成立，原航务管理中心气象处和中心气象台，分别更名为空中交通管理局气象处和气象中心。气象处的主要职能是：具体负责管理并领导四川省、云南省、贵州省、重庆市、西藏自治区范围内的民航气象工作；制定西南地区民航气象业务建设规划，组织西南地区航空气象服务；拟定西南地区民航气象工作年度计划和业务学习培训计划，组织检查所辖气象中心、台、站的工作质量和技术业务考核；参与调查和处理西南地区范围内与气象有关的飞行事故；组织收集、整理、审核、上报西南地区气象中心、台、站的月总簿、年总簿；组织技术业务经验交流；制定西南地区有关气象工作的补充规定；审报西南地区气象器材、物资、仪器配备计划；组织气象仪器设备安装验收，检查修理以及气象计量器具的鉴定工作；参与西南地区内国际通航技术服务协议中有关气象条款的签订。气象中心下设4个室，分别为预报室、探测室、设备维修室、情报室，业务工作仍接受气象处指导。

三、民航四川省局气象机构

1950年初，西南军区空军接管中国航空公司在重庆白市驿机场的气象站。1955年5月，西南军区空军将重庆白市驿机场气象站移交给民航重庆管理处。按照1956年6月29日民航重庆管理处与四川气象局签署的合同，将白市驿机场气象站划归四川省气象局领导，定名为四川省重庆民航气象台①。1961年2月1日起，又改归于民航重庆站领导。1965年7月，民航四川省局在重庆白市驿机场成立后，气象台由民航四川省局航训科领导。气象台下设观测、填图、报务、预报4个组，以后报务与填图合在一起，成为3个组。1990年，民航四川省局航行训练科更名为航行气象科，1992年又改名为航务管理处，气象台是该处下属单位。到1995年，气象台下设预报、观测、填图、雷达、维修、卫星接收等7个室。根据1997年3月17日民航总局决定，1997年4月18日成立民航重庆市局，民航四川省局不再存在，气象台隶属于民航重庆市局航务管理处。在重庆市局成立前的当年4月10日，民航西昌、南充、达县航站划归成都双流国际机场，分别更名为西昌青山、南充火花、达州河市机场。原西昌、南充、达县航站气象台也随之更名为西昌青山、南充火花、达州河市机场气象台。

四、民航其他气象机构

民航飞行学院（校）在广汉机场建立了中心气象台，并在新津分院、绵阳分院、洛阳分院和遂宁航站建有气象台。西南航空公司以及后来的国航西南分公司、国航重庆分公司，四川航空股份有限公司的航务管理部门均有专人负责气象方面的工作。

2004年8月14日，南充新修建的高坪机场正式通航。在南充高坪机场竣工时，原南充火花机场的机构与人员搬迁至新机场，并移交南充市政府领导，实施属地化管理。其气象台更名为南充高坪机场气象台，气象业务工作仍由民航西南管理局空管局气象处实施行业管理。

1986—2005年，四川省内的宜宾菜坝、泸州蓝田、广元盘龙、绵阳南郊、九寨黄龙、攀枝花保安黄等机场，先后成立了气象台。各机场气象台的业务工作均由民航西南管理局空中交通管理局气象处实施行业管理。

---

① 实际上，中央气象局已于1955年7月决定将该台划归四川省气象局建制。

第二节 技术与设备

一、气象观测

民航空中交通管制气象观测工作是在指定的时间、次数、项目对各种天气要素进行观测。在工作实践中，每日气象观测的次数，原则上是根据飞行任务多少决定的。通常分为24小时观测（00：00－24：00）、12小时观测（06：00－18：00）、供航观测（每小时1次）和执行特殊飞行任务时的半点观测（每半小时1次）。观测又分为例行观测和特殊观测。例行观测是指每小时的50分钟至正点的天气要素的观测；特殊观测是在两次例行观测之间的时间段内某项天气要素发生突变，将危及飞行安全时而进行的观测。所观测的某项天气要素的实况，都要及时发出危险报与解除报，提供给空中交通管制、气象预报和有关单位使用。

（一）观测系统

20世纪80年代，气象观测的常规设备主要有水银气压表、干湿球温度表、电传风向风速仪、量雨筒、制氢设备、轻便式风向风速仪及云幕灯等。随着科技事业的进步，观测的技术和设备不断地得到改进和更新。1986年，民航成都管理局气象台使用微机技术进行高空测风研制成功，运用效果好，既能省人力，又提高了测风的精确度。

1989年，民航西南地区管理局气象台从芬兰引进一套MIDAS200型气象自动观测系统，于1990年10月安装调试，1991年1月1日正式投入使用。该设备按照国际标准安装在跑道一侧距离中心线120米、距离跑道头300米处，云高仪安装在南北近台。气象自动观测系统设备能自动观测机场跑道视程能见度、风向风速、云高、气压、温度、湿度等天气要素，并能自动处理、显示、储存和传送，使气象观测技术与设备向自动化、规范化和科学化迈进，使成都双流机场具备实施精密进近的气象观测条件。1990年，民航四川省局气象台也引进了一套芬兰气象自动观测系统。此后，西昌青山机场也引进了气象自动观测系统。1994年4月20日，由于双流机场跑道扩道需要，气象自动观测系统跑道风向风速仪、云高仪等部分设备拆除。2003年9月1日，民航西南管理局空中交通管理局气象中心启用了芬兰制造的MIDASⅣ型自动气象观测系统，原MIDAS200型自动气象观测系统报废。至2005年，四川省内各民航机场先后从芬兰引进了气象自动观测系统。

（二）气象雷达

为确保雷雨季节的飞行安全，四川地区的民航气象台相继配置了气象雷达。1970年，民航成都管理局气象台和十四航校气象台先后配备了711型测雨雷达。该型雷达有效半径300千米，可随时观测到机场周围的雷雨分布情况。1981年，民航四川省局气象台也安装了711型测雨雷达。随着民航事业发展迅速，这些设备已不能满足气象保障的需要。1989年，民航西南管理局气象台从成都784雷达厂购买了技术先进的714型测雨雷达，有效半径400千米，替代了原有的711型测雨雷达。20世纪90年代，民航四川省局气象台购置了性能更为先进的气象测雨雷达，对原有设备进行更新换代。2001年8月，九寨黄龙机场为适应夏季飞行繁忙的需求，引进了714X型测雨雷达。2002年9月，民航西南空管局气象中心购买了美国生产的DWSR2500C型多普勒雷达，2004年3月24日通过验收正式启用。该雷达水平测距有效半径480千米，不仅能够探测到气象目标的回波强度资料，而且能够测到内部径向速度分布及谱宽资料，从而提高了测量质量和预报中、小尺度天气的能力，满足各个层次的需要。

（三）气象云图接受处理系统

卫星云图是气象预报和空中交通管制的重要依据之一。1972年，民航成都管理局气象台首先使用低分辨卫星云图，每天接收1次EASS8号卫星电视云图和2次（白天和晚上各1次）NOAA卫星云图。1979年增加了一套W72静止卫星接收机，每日可接收8次日本GMS卫星云图资料，增加了图次，有利于跟踪天气系统。

1992年，民航西南空管局购置了北京巴特公司生产的静止卫星云图接收和处理系统，并用计算机（286系列）作为终端，每小时实时接收和存储大量的云图资料，实现了实时显示、实时处理功能，从而提高了云图资料的利用率，解决了远距离传输的问题。1998年1月，民航西南空管局购置了“风云二号”静止气象卫星接收系统，安装使用GMS同步高分辨展宽数字处理云图接收机，在接收高分辨云图的同时还将信号输送到预报室，能及时显示各种数字处理的云图产品。终端接入成都区域管制室、探测室。

2003年4月，民航西南空管局气象中心启用新购置的国家气象局生产的卫星云图接收系统，所提供的卫星云图效果更好。

2005年，四川省内广元盘龙、达州河市、九寨黄龙、攀枝花保安营、南充高坪等民航机场也相继购置了卫星云图接收处理系统。

2005年6月，民航西南空管局气象中心卫星接收系统升级，购买了北京星地通公司的静止卫星云图接收系统，用来接收FY－2C的资料。

（四）航空气象数据库

1995年，民航西南空管局开始建立航空气象数据库。1996年6月14日，开始进行《中国民航航空气象数据库及气象卫星传真广播应用系统》的安装，6月27日安装完毕。该系统工作站主要是收集和转发民航的所有气象情报和资料，为成都地区的服务单位提供丰富的气象实时资料，并可以通过卫星线路和其他气象中心及时交换信息。

1998年7月1日，从1995年开始建立的航空气象数据库开始试运行。它是由分布在北京气象中心及广州、上海、成都、西安、沈阳、乌鲁木齐等7个分中心的局域网，以及国内60余个机场的局域网通过卫星信道连接成广域网的应用系统。它是全国民航7个分中心之一的局域网，通过卫星信道连接成广域网的应用系统，可以为国际、国内飞行提供综合气象情报服务。

1999年1月1日，中国民航航空气象数据库及气象卫星广播传真应用系统正式运行。民航重庆、昆明、贵阳、拉萨气象台及绵阳、广元机场气象台安装621卫星传真接收系统后都能接受到西南民航气象中心或华北民航气象中心制作的各种卫星云图和气象情报；泸州、邦达、宜宾等没有安装621传真系统设备的气象台，可以通过远程终端服务，索取所需要的气象情报。2002年9月17日中国民航航空气象数据库及气象卫星广播传真应用系统开始进行了应急改造，同月19日完成。

2005年4月，中国民航航空气象数据库及气象卫星广播传真应用系统升级改造，改造后的数据库采用了ORACLE，主服务器采用了IBM P650（双机）。同时对原系统的网络设备进行了升级，与其他中心之间的连接采用了2兆带宽的ATM。

（五）气象信息综合分析处理系统

2000年，民航西南空管局气象中心与四川省气象局一起引进了由中国气象科学研究院、国家气象中心及北京市气象局联合开发的人机交互系统气象信息综合分析处理系统MICAPS系统1.0版。MICAPS系统的主要用途是为预报员提供一个业务预报的工作平台，其功能是：检索各种气象数据、显示各种气象数据的图形图像、对图形进行编辑。此外包括外围功能：系统状态监视、进程控制、系统定制、系统维护、收集预报业务管理数据。业务流程主要是当通讯系统接收到数据时进入数据库，MICAPS系统定时或实时地从数据库获取数据。经过预报员的操作，利用MICAPS系统制作出各种预报产品，发送到预报服务系统。一部分产品或对下级的指导预报回送到数据库。系统自动收集的预报管理数据则定时地送到预报业务管理部门。MICAPS的引进，提高了预报资料的分析效率。

二、气象填图

气象填图是指气象填图员将收来的国内外各气象台、站按统一格式发来的气象电码，译成符号和数字，分别填写在地面天气图和高空天气图上，供气象预报分析研究天气使用。

20世纪50年代，西南地区各民航气象台、站每日所需要的气象资料采用摩尔斯收报方式，报务员用手工抄收，然后交给填图员译成符号和数字填在天气图上。20世纪60年代初，民航成都管理局气象台由手工抄报改为有线电传；70年代，民航四川省局气象台改用单边带，接收气象资料。1982年，民航成都管理局气象台引进美国42型电传打字机。1987年，民航西南管理局气象台使用国产自动填图机代替多年的手工操作。此后，民航四川省局气象台也使用自动填图机填图。1988年，民航西南管理局气象台研制成功用微机译填每小时天气实况图，此系统可将来自各地的天气报告（包括航危报、天气实况报等）一并自动译填在图上，并可在电视屏上显示，将每小时航站及航路实况适时传递。从此，结束了手工填图的历史。1990年，民航西南管理局、民航四川省局气象台陆续引进美国生产的DMP-62型自动填图系统，该系统除自动填图外，还可以代替气象预报员手工分析天气图表。此后，西昌青山、达州河市等机场气象台也先后配置了自动填图系统。

1995年，民航西南空管局气象中心填图室使用自动填图系统，通过四川省气象局气象中心收集所需的各种地面、高空资料，并准确、美观、快捷地自动分析和绘制各种天气图，为气象预报提供了及时、可靠的资料。1999年8月8日，民航西南空管局气象中心情报室更新绘图设备，使用美国HP公司生产的HP450C绘图仪。

三、气象预报

气象预报是指气象预报员将收集的各种地面天气图、高空天气图、卫星云图、天气实况和雷达回波等气象资料进行综合分析、判断，制作未来短期航站和航路天气预报，提供空中交通管制、航行签派部门和飞行机组使用，并负责为本站出发或过站的航空器提供规定的气象文件资料，作为航空器飞行的基本文件之一。

20世纪50—60年代，民航四川地区的天气预报工作主要是采用天气图表分析、判断天气形势的变化来制作天气预报。20世纪70年代后期，全国气象系统推广“数理统计法”制作天气预报。1977—1978年，民航成都管理局组织西南地区气象预报人员学习此方法，举办了两期“数理统计预报”培训班，之后是“天气图表分析判断法”与“数理统计预报法”并行。但天气形势分析判断法仍是民航四川地区气象预报普遍采用的方法，各气象台根据实际情况，结合数理统计预报法，对各灾害性天气进行总结，对提高气象预报的准确率有重要作用。

随着探测技术的进步，对预报灾害性天气的预报准确率也有较大的提高，主要是对卫星云图的分析和雷达回波的应用起到了重要作用。1985 年，民航成都管理局气象台应用微机，将各种气象资料信息和有关数据输入电脑处理，送到预报室，为制作天气预报提供了可靠的依据。1989 年 5 月，民航西南管理局气象台又使用自动摄像双向传输设备，每天 16：00 给将要执行任务的飞行人员讲解天气，为飞行人员提供方便、快捷的天气预报服务。

1986 年以前，民航四川地区各气象台预报室（组）固定一名观测员专门填写航空天气实况报和危险报，每小时 1 张，从第一架航空器起飞前两个小时开始至最后 1 架航空器飞行结束。1990 年 7 月，随着民航气象资料自动服务网的陆续广泛使用，民航四川地区结束了观测员手工填写天气实况和航危报的历史。

1995 年，民航西南空管局气象中心增设了较先进的同步高分辨数字展宽处理卫星接收系统，每天可提供 08 时至 20 时的各标准等压面层次的高空图、温度对数压力图和 02 时、05 时、08 时、14 时、20 时的东亚地面辅助图表等。还通过气象情报系统收集全国民航机场及国外有关机场的天气实况、航站和航路预报，提高了预报的准确率。

民航西南管理局航务管理中心、民航西南空管局气象中心主要气象设备见表 7－4、表 7－5。

1992 年民航西南管理局航务管理中心主要气象设备统计表

表 7－4　　　　单位：台

设备名称	设备功能（或型号）	数量	投产年份	生产国
气象自动观测系统	MIDAS600 系统	1	1990	芬兰
气象雷达系统	714 天气雷达	1	1991	中国
气象卫星云图接收机	卫星接收机和 121 型卫星云图传真机	1	1987	中国

说明：本表由民航西南空管局审核提供

2005 年民航西南空管局气象中心主要气象设备统计表

表 7－5　　　　单位：台

设备名称	设备功能（或型号）	数量	投产年份	生产国
气象预报应用系统	气象业务平台 1.0（sun 公司平台）	1	2005	中国
气象自动观测系统	提供本场天气要素 MIDAS IV	1	2003	芬兰
气象雷达系统	多普勒天气雷达 DWSR－2500C/K	1	2003	美国
气象遥感卫星	提供卫星云图 FY 系列	1	2001	中国
常规观测设备	基本气象天气要素 AMS－II	1	2001	中国
气象绘图仪	HP 绘图仪	1	2001	美国
通信备份设备	P650	1	2005	美国
自动填图系统	联想 PC 机和天气图填绘系统	1	2001	中国
气象数据库	P650 ORACLE 9i	1	2005	美国
MICAPS 系统	MICAPS 1.0 版本	1	2000	中国

说明：本表由民航西南空管局审核提供

第三节 气象保障

航空气象保障是通过收集航空地面和高空气象情报资料、绘制成各种气象图表，然后加以综合分析判断来实现的。

一、气象保障的情报分类

20 世纪 70 年代以前，四川地区飞行量不多。从天津、北京飞往重庆、成都、昆明以及重庆飞往成都、昆明、贵阳、西昌的航班都较少。提供给飞行机组的气象情报资料只有航空天气报告（航站天气实况）以及部分航路天气预报，航空天气报告的内容也没有统一规定。1956 年，民航气象体制改革时，中央气象局和中国民用航空局在为国内飞行使用航空气象情报方面联合发出的通知中，规定了 4 种气象情报。即：航空天气实况报告、危险天气报告、航站天气预报和航路天气预报。其中危险天气报告要及时报告外，其他 3 种均是根据飞行任务而发布的例行气象情报。

自 20 世纪 70 年代伊尔 18 型飞机开始在四川地区飞行后，对气象情报的要求有所提高。从低空至高空、从平原至山区、从丘陵至高原都要提供可靠的气象情报保障。民航局根据国际民航组织的规定，对气象情报进行了改革。民航成都管理局气象台以及民航四川局气象台都按照民航局的要求发布气象情报。在对外发布的航站天气预报、航路天气预报、航站天气实况报告和特殊天气观测报告上，也统一按国际航空气象情报的技术标准交换气象情报，提高了航空气象情报服务效果。

随着机型的更新、国际航线的开辟、国内航班的增加、气象先进设备的运用，至 2005 年民航西南地区各气象保障部门发布的主要气象情报有：航站天气预报是机场区域内（半径 50 千米范围内）在特定时段的天气要素情况所制作的预报；航路天气预报是在两特定机场之间的航路天气情况所制作的预报；航站天气实况报告是在特定的时间、次数、项目对各种气象要素每小时观测 1 次的报告；特殊观测报告是在两次例行观测之间的时段内，某一要素变化值达到、超过本场运行最低标准时，必须进行特殊观测的报告；重要天气报告是危及航空安全灾害性天气要素的报告，包括航站危险天气和航路危险天气。航站危险天气主要有大风、冰雹、雷暴、低云、大雾、沙尘暴、暴雨、吹雪等；航路危险天气主要有雷暴、积雨云、冰雹、严重颠簸、严重积冰、风切变、急流、高吹雪、漏斗云（龙卷）等。

二、气象情报传递与供应

（一）飞行气象情报国内交换

飞行气象情报国内交换是国内民航飞行气象服务能否正常的重要一环。国内飞行气象情报交换主要依靠民航气象数据库系统，少部分未配备民航气象数据库系统的机场气象台、站需要的飞行气象情报，通常由民航地区气象中心通过航空固定电信网或者其他有效方式转发，或者根据规定由机场气象台、站向民航地区气象中心自行索取。

民航气象中心将收到的境内机场的飞行气象情报，通过民航气象数据库系统与民航地区气象中心交换，民航地区气象中心将收到的境内机场的飞行气象情报，通过民航气象数据库系统与机场气象台、站交换。另外，华北地区气象中心、华东地区气象中心、中南地区气象中心将接收到的由世界区域预报中心（WAFC）发送的飞行气象情报、民航气象数据库，供国内用户使用。

（二）飞行气象情报国际交换

飞行气象情报国际交换是国际飞行气象服务的重要资料来源。国际间交流的飞行气象情报包括机场天气报告、机场预报、重要气象情报、火山灰和热带气旋咨询报告和航空器空中报告。国际交换飞行气象情报通常是以公报的形式进行交换。亚太地区的飞行气象情报交换分为定期交换和不定期交换，定期交换主要是按规定时间和目录进行资料交换。不定期交换主要是交换一些非例行报告的资料和答复请求报索取的资料等。

在亚太地区，由地区气象情报交换（ROBEX）中心负责收集、编辑和交换责任区内的气象情报。同时，地区气象情报交换中心要按规定的时间将收集编辑好的气象情报发送给地区气象情报数据库（RODB），由地区气象情报数据库将有关信息与国际民航组织其他地区进行资料交换。亚太地区所设的地区气象情报数据库有曼谷、东京、新加坡、布里斯班和南迪（斐济）5 个。另外，由英国和美国提供的 4 个卫星组成的广播系统也可以进行全球范围的另一种形式的飞行气象情报交换。

国内飞行气象情报与国际交换主要由民航气象中心负责。民航气象中心负责收集、编辑相关的公报，按规定时间通过中国民航飞行气象情报收集中心发往境外有关地区飞行气象情报收集中心，再通过有关飞行气象情报收集中心收集境外机场的资料。

民航气象中心将收到的境外有关机场飞行气象情报，向民航地区气象中心转发，地区气象中心再向机场气象台、站转发。有少量机场气象台、站需要与境外气象服务机构直接进行飞行气象情报交换时，该机场气象台、站可通过 AFTN 与相关的境外气象服务机构直接进行有关资料交换。

（三）气象服务业务保障水平

民航四川地区各气象台在提高天气预报质量上做了大量工作。1987 年以前，民航成都管理局一直坚持每天第一架航空器起飞前 2 小时由管理局值班首长、航行部门值班领导和值班管制员（调度员）、预报人员参加的天气讨论制度。1987 年民航体制改革后，四川地区各民航气象台仍继续坚持集体会商天气制度。这些措施使气象预报的准确率一直保持在较好的水平上。民航西南空管局气象中心的天气预报准确率的平均值为：1992 年为 93.9%、1993 年为 94.0%、1994 年为 92.0%、1995 年为 88.9%、1996 年为 88.2%、1997 年为 87.5%、1998 年为 85.5%、1999 年为 85.2%、2000 年为 86.0%、2005 年为 89.2%。

（四）特色气象保障服务

民航西南空管局气象中心结合四川地区气候特点和内部、外部用户单位的工作特点，进行了特色气象保障服务。2001 年，为民航四川地区管制人员、西南地区航空公司飞行签派人员开展了气象拓展服务。2002 年，根据管制人员的工作需要编制了自动观测数据显示软件，成功为二次雷达校飞提供了较为准确、客观的中期天气预报。同年，为四川航空公司制作每日两次的航线高空风和温度预告数值表，每年可节约燃油费上百万元。2004 年，为满足四川航空公司建立 FOC 系统之需，西南空管局气象中心为其增加了 3 台数据库报文检索终端，并编制相应的程序，改进了部分功能，提高了网络传输速率。2005 年，西南空管局气象中心成立了“双流机场雷暴技术总结”和“九黄机场风切变”两个课题小组，对本场夏季雷暴和九寨黄龙机场的风切变进行专门的研究和探讨，开展了“WRF 模式本地化”课题的研究，引进先进的预报模式并使其在符合本地气候特点的条件下充分发挥作用，提高预报准确率。

第四章 领航与航行情报

第一节 领航与航行情报机构

一、民航成都管理局领航与航行情报机构

中华人民共和国成立后，民航初创时期在西南地区未建立领航或航行情报机构。从天津、北京飞往重庆、成都，以及从重庆、成都飞往其他航站的飞机，其领航工作由民航局派遣领航员担任。1955年5月，民航重庆管理处设立领航室，担负民航西南地区领航勤务保障工作。1956年底，领航室迁往成都，隶属于民航成都管理处飞行科。1959年9月19日飞行科更名为航行科，领航室隶属于航行科。1965年3月，民航成都管理局航行科升格为航行处，领航室隶属于航行处。是年9月，民航成都管理局直管的民航第五飞行大队扩建为民航第七、第十七两个飞行大队。新成立的两个飞行大队均设立领航室，分别隶属于所在大队航行股。

1981年4月2日，民航总局《关于加强航行情报勤务工作的通知》中要求，“各局站领航室一律改为航行情报室，并根据各自的任务量，本着因事设人的原则，建立与健全航行情报机构”“各地区管理局要设立航行情报室，各省（区）局、飞行专科学校设或不设，按任务决定，但必须设专人负责。各航站根据任务情况设专人负责，或指定航行调度室兼管”。据此，民航成都管理局和第七、第十七飞行大队的领航室改名为航行情报室。

二、民航西南管理局航行情报机构

1987年10月15日，民航西南管理局成立后设立航行情报室，隶属于管理局航行气象处。西南航空公司设立航行情报室，隶属于公司的航务处（后改为航务管理部）。第七、第十七飞行大队划归西南航空公司，并分别改名为成都飞行大队和重庆飞行大队，其航行情报室分别隶属其所在大队航务科。西南航空重庆公司成立后，重庆大队航行情报室隶属于重庆公司的航务管理部。

1992年7月10日，民航西南管理局航务管理中心成立。民航西南管理局航行气象处航行情报室划归航务管理中心，并升格为处级单位，隶属于航务管理中心。1995年12月，在航务管理中心的基础上，成立民航西南管理局空管局，航行情报室更名为空管局航行情报中心。为适应空管体制改革的需要，2001年8月4日，民航西南管理局空管局增设航行情报处，对民航西南地区各省（自治区、直辖市）局、航空公司及民航飞院的航行情报部门以及航行情报中心业务工作实施指导。2002年3月，西南航空公司与西南航空重庆公司的航务管理部相继更名为运行控制中心，两级公司的航行情

报室都分别隶属于公司运行控制中心。是年10月，西南航空公司与国际航空公司重组后，分别成立国航西南公司（分公司）、国航重庆公司（分公司）后，两公司（分公司）的航行情报室仍分别隶属于公司运行控制中心。

三、民航四川省局航行情报室

民航四川省局于1965年7月成立时设有领航室，领航室隶属于省局航行训练科。1982年，领航室改名为航行情报室，隶属关系不变。1990年，航行训练科更名为航行气象科，航行情报室隶属于航行气象科。1992年底，民航四川省局航行气象科升格为航务管理处，航行情报室隶属于航务管理处。1997年4月18日，民航四川省局撤销，航行情报室隶属于民航重庆市局航行气象处。

四、四川航空公司航行情报室

1986年9月，四川航空公司成立后设立航行情报室，隶属于公司航务处（部）。2002年8月四川航空公司改制为航空股份有限公司时，公司航务部改名为运行控制中心，航行情报室隶属于运行控制中心。

此外，四川省内宜宾、泸州、绵阳、广元、九寨黄龙、攀枝花等机场指定专门部门和人员负责航行情报业务工作。华西、三星等通用航空公司也设有专人负责航行情报业务工作。

第二节 业务运行

民用航空领航与航行情报是引领航空器安全航行的一门应用科学。

领航工作的主要任务是：在不同的条件下，用不同的设备和方法，准确、按时、安全地引导航空器沿着预定的航路（航线）飞向目的地。领航业务还包括航路规划、航线选择、空中走廊设置、导航设备布局、空域管制划分，高度层配备、任务前领航准备、领航计划拟订以及飞行程序设计、机场使用细则编制、上报和审批等范围。航行情报工作的主要任务是编写机场使用细则、制定仪表飞行程序和机场最低运行标准、规划航路、选择航线、部署导航设施、编印各种航图、发布航行通告、拟定飞行计划和飞行细则、制订航空器耗油定额、检查飞行准备等，并将各种航行资料进行整理、制作，准确及时地提供飞行人员、管制人员、签派人员以及航空技术单位在组织、实施与指挥飞行过程中使用。

航行情报是由民航各有关业务部门及时、准确、完整地向航行情报部门提供涉及航空器航行的原始资料，航行情报部门对收集到的资料进行整理、制作后，向相关国家和国内民航单位（部门）发布，为航空器安全准确航行提供航行情报勤务保障。

民航总局在1986年10月13日《关于重新颁发〈民航各技术业务部门向航行情报部门提供原始情报资料的规定〉的通知》中，规定航行、通信导航、场建、公安、油料、气象、国际运输、财务、卫生等9个部门根据不同种类和不同性质的内容，提前向航行情报部门提供原始资料，明确了各部门提供原始资料的内容、方法及限定时间。航行情报部门根据收集到的原始资料，为各种飞行提供及时、准确、完整的航行情报服务。

一、发布航行通告

航行通告的内容主要包括机场的开放或关，航路的建立、撤销或改变，飞行情报区、管制区、管制地带、禁区、危险区、限制区、空中走廊的规定和程序的建立或改变，航路、机场的导航设施和地空通信设备的建立、中断或者恢复、频率、呼号、位置的改变，机场区域内影响飞行的障碍物的设置或者拆除，施放气球、炮射、人工降雨、滑翔飞行、火箭发射、航空演习以及飞行的其他情况等。

20 世纪 80 年代以来，民航局（总局）为航行情报工作颁发了一系列法规和规章。民航四川地区各级航行情报部门为落实民航局（总局）的法规规章，相继制定航行情报管理工作制度，从而使航行通告工作日趋完善和规范。西南各省（自治区、直辖市）局向民航成都管理局（民航西南管理局、民航西南地区管理局）航行情报室（中心）发布 D 系列航行通告，民航成都管理局（民航西南管理局、民航西南地区管理局）航行情报室（中心）向民航局（总局）、国内各地区管理局、各省（自治区、直辖市）局航行情报机构发布 C 系列航行通告（一级航行通告），民航局（总局）在收到地区管理局发布的 C 系列航行通告（一级航行通告）后，根据航行通告内容，向全世界发布对外开放机场、航路的 A 系列航行通告。西南航空公司、四川航空公司等四川省内的航空公司航行情报部门，从成立时起，依据民用航空有关的法规和规章，为本公司航空器安全航行提供准确、及时、有效的航行情报资料，在航行情报工作上做好保障服务。

20 世纪 90 年代末，航行情报服务的工作方式有所改变。2000 年后，由先前使用美国编制的航行情报系统改为国内自主研发了航行情报动态信息系统（CNMS），CNMS 系统主要用于接收、处理和发布国内外与航空相关的数据信息，并向机场、航空公司、空中交通管制部门和其他用户提供航空数据信息的查询服务。系统中数据是保障飞行员及时掌握异地机场及沿途导航设施运行状况的重要信息来源。同时，这套系统的建成使用改变了民航航行情报服务的方式和手段，提高了服务能力，航空公司及其他用户也给予了很高的评价，缩短了中国与航空发达国家在提供航行情报服务方面存在的差距。

2003 年 5 月 13 日，国航西南公司航行情报室在为飞行安全服务上实行航行资料包借用制，废除原航行资料发放制，该室准备航线资料包 94 个，其中国际航线 28 个、国内航线 66 个。执行国内航班的机组，一个机组一次飞行借用一个国内航线资料包；执行国际航班的机组，一个机组一次飞行借用一个国际航线资料包，同时借用一个国内航线资料包，飞行结束后，资料包及时交航行情报室保管，有效地防止了机组校对航行资料不齐全等问题的发生。是年 9 月 19 日，该室又启用新的国际航线资料包，新的资料包中增加相应的国内机场资料，使执行国际航班的机组只需带一个国际航线资料包即能安全飞行，减轻了机组的负担。

民航西南地区从 20 世纪 90 年代起，随着航空器机型的更新和机场的修建，每年发布的航行通告逐年增加。据记载：D 系列航行通告，1992 年度发布 65 份，2005 年度发布 538 份，13 年间增长 8 倍；C 系列航行通告，1992 年度发布 113 份，2005 年度发布 915 份，13 年间增长 9 倍，为航空器安全航行提供了航行情报勤保障。

二、制定机场使用细则

机场使用细则是供飞行、机务、管制、签派、场道、航油、商务、气象、通信导航等部门及其人员工作时使用的依据之一。对外开放的机场还需编成“AIP”对外公布、机场使用细则是法定文件，空勤人员、地勤人员、管制人员、签派人员以及场内一切工作人员必须遵照执行。

1986—2005 年，机场使用细则原则由机场管理机构委托所在地航行情报部门制订；没有设航行情报机构的机场，机场管理机构可委托其他单位制订，定稿后呈报上级主管机关审核批准，并颁发施行。依据民航总局有关机场使用细则审批权限的规定与要求，民航四川地区的成都双流、重庆白市驿、重庆江北等机场的机场使用细则由民航总局批准，四川地区其他机场的机场使用细则由民航西南管理局批准。凡是新建、改建、扩建的机场，必须重新制定机场使用细则。机场使用细则一般包括以下内容：机场跑道坐标、跑道入口标高、跑道最高点及位置、机场与城市关系位置等；起降跑道磁向，跑道长、宽、厚、PCN 值、停止道、使用数据（包括可用起飞滑跑，加速停止，着陆等距离）等；联络道（滑行道）及停机坪：位置、长、宽、厚及质量等；无线电导航设备：各台（近、远 NDB，下滑，航向，全向信标等）的磁向、距离等；灯光设备：各种灯（进近、着陆入口、跑道末端、跑道中线、跑道边、下滑坡度、T 字布、联络道等）的颜色、强度、数据等；航站区域及其地形特征和主要障碍物；气象特征（平均气温、平均相对湿度、平均气压、平均风速等）；各项规定及注意事项，如起落航线规定，仪表进近、过渡高度、过渡高度层及等待规定，进离场规定等；空中、地面特殊规定。

三、制定机场天气标准

航空器起飞和降落，必须依据一定的天气标准。不同的机场，由于地形地貌、净空条件、天气特点、环境污染、导航设备、助航设施、跑道特性、机场标高以及使用机型等因素的不同，机场的天气标准也不相同。航空器起飞和降落的天气标准，对保证飞行安全有至关重要的作用。制定与提供各机场的天气标准是航行情报部门的一项重要工作。

1986—2005 年，根据四川省内各机场在不同时期将要使用的新机型特点，民航局（总局）和民航成都（西南）管理局的领航（航行情报）部门，多次会同民航四川省局等部门，对各机场净空环境、设施设备和跑道特性等进行综合考察，及时制定了各机场提供航空器安全起降的天气标准，见表 7－6 至表 7－9。

1995 年成都双流国际机场天气标准一览表

表 7－6　　　　　　　　　　　　　　　　　　　　　　　　　　单位：米

跑道	着陆最低标准		飞机分类			
			A	B	C	D
02	Ⅱ．S－1	DH/能见度	60/800	60/800	65/800	65/800
	GP 不工作	MDH 云高/能见度	90 100/800	90 100/800	90 100/800	90 100/1200
	VOR/DME	MDH 云高/能见度	90 100/800	90 100/800	90 100/800	90 100/1600
	NDB/DME	MDH 云高/能见度	105 110/1600	105 110/1600	105 110/1600	105 110/2000
	NDB	MDH 云高/能见度	130 140/1600	130 140/1600	130 140/2000	130 140/2400

续表 7－6

跑道	着陆最低标准		飞机分类 A	B	C	D
20	VOR/DME	MDH 云高/能见度	100 110/2000	100 110/2000	100 110/2000	100 110/2400
	NDB/DME	MDH 云高/能见度	105 110/2000	105 110/2000	105 110/2000	105 110/2400
目视盘旋		MDH 云高/能见度	130 150/2000	185 190/2800	215 220/3200	215 220/3600

说明：本表根据《中国民用航空志·西南地区卷》编制

1995 年重庆江北机场天气标准一览表

表 7－7　　单位：米

跑道	设备	着陆最低标准	飞机分类 A	B	C	D	备注
02	Ⅱ．S－Ⅰ类	DH RVR 云高/能见度	60 55 70/800	60 550 70/800	65 550 70/800	65 600 70/800	Ⅱ．S－Ⅰ类：进近灯不工作、VIS 增加 800 米。夜航：具有Ⅱ．S－Ⅰ类灯光，DH、云高增加 15 米，进近灯不工作，DH、云高增加 15 米，VIS 增加 400 米
	下滑道不工作	MDH 云高/能见度	90 100/1600	90 100/1600	90 100/1600	90 100/2000	
20	Ⅱ·S－Ⅰ类	DH RVR 云高/能见度	60 550 70/800	60 550 70/800	65 550 70/800	65 600 70/800	
	下滑道不工作	MDH 云高/能见度	80 100/1600	80 100/1600	80 100/1600	80 100/2000	
02	1361818 VOR/DME	MDH 云高/能见度	140 140/1600	140 140/1600	140 150/2000	140 150/2400	进近灯不工作、VIS 增加 800 米。夜航：有进近灯 MDH、云高增加 50 米，进近灯不工作、MDH、云高增加 50 米，VIS 增加 400 米
	NDB/DME	MDH 云高/能见度	140 150/1600	140 150/1600	140 150/2000	140 150/2800	
20	VOR/DME	MDH 云高/能见度	130 130/1600	130 130/1600	130 130/2000	130 130/2400	
	NDB/DME	MDH 云高/能见度	130 140/1600	130 140/1600	130 140/2000	130 140/2400	
目视盘旋		MDH 云高/能见度	190 200/2000	190 200/2000	550 550/4000	550 550/4800	

说明：本表根据《中国民用航空志·西南地区卷》编制

2005 年成都双流国际机场航空器起飞天气标准一览表

表 7－8　　单位：米

跑道	起飞最低标准（有备降） 飞机类别		实施低能见度程序 跑道边缘灯，跑道中线灯	跑道边灯	无灯（白天）	主要灯光 跑道 02 左/右	跑道 20 右/左
02 左/20 右	3 发、4 发及 2 发（涡轮）	A/B/C 类	跑道视程 200	跑道视程 400	跑道视程 500	PALS CAT Ⅱ SFL PAPI TDZL REDL RCLL	PALS CAT Ⅰ SFL PAPI REDL RCLL
		D 类	跑道视程 250				
	其他 1 发、2 发			能见度 1600			

续表 7－8

跑道	起飞最低标准（有备降）					主要灯光	
	飞机类别		实施低能见度程序 跑道边缘灯，跑道中线灯	跑道边灯	无灯（白天）	跑道 02 左/右	跑道 20 右/左
02 右/20 左	3 发、4 发及 2 发（涡轮）	A/B/C 类	跑道视程 200	跑道视程 400	跑道视程 500	PALS CATⅢ SFL PAPI TDZL REDL RCLL	PALS CATⅠ SFL PAPI REDL RCLL
		D 类	跑道视程 250				
	其他 1 发、2 发			能见度 1600			
注释	REDL：跑道边缘灯 PALS CATⅠ：精密进近灯光系统一类盲降 PALS CATⅢ：精密进近灯光系统三类盲降 SFL：顺序闪光灯			RCLL：跑道中线灯 PALS CATⅡ：精密进近灯光系统二类盲降 PAPI：精密进近轨迹指示器 TDZL：接地带灯光			

说明：本表由民航西南空管局审核提供

2005 年成都双流国际机场航空器落地天气标准一览表

表 7－9　　　　单位：米

		A	B	C	D
仪表着陆系统/测距仪	决断高度（真高）	553（60）		558（65）	
	跑道视程/能见度	550/800		550/800	
下滑道不工作	最低下降高度（真高）	620（127）			
	能见度	1600			
盘旋	最低下降高度（真高）	690（178）	720（208）	720（208）	
	能见度	2400	2800	3600	

最后进近定位点—复飞点（下滑道不工作）12100							
地速	节	80	100	120	140	160	180
	千米/小时	150	185	220	260	295	335
时间	分:秒	4:50	3:55	3:18	2:48	2:28	2:10
下降率	英尺/分	420	530	640	740	850	960
	米/秒	2.2	2.7	3.2	3.8	4.3	4.9

说明：本表由民航西南空管局审核提供

四、绘制特种图表

特种航图是保证飞行安全的必备资料，也是飞行员执行飞行任务的法定文件和依据。特种航图共 13 种：机场障碍物“A”型图；机场障碍物“B”型图；机场障碍物“C”型图；精密进近地形图；航路图；区域图；标准仪表离场图；标准仪表进场图；仪表进近图；目视进近图；机场图；机场地面运行图；航空器停放、停靠图（即停机位图）。其中机场障碍物“A”型图、机场障碍物“B”型图、机场障碍物“C”型图、精密进近地形图、标准仪表离场图、标准仪表进场图等6种图，双向运行每种图制作2份，单向运行为1份。仪表进近图比较复杂，如全套设备（NDB、VOR、ILS）且双向运行，每个机场需作12份图，如成都双流、重庆江北机场等。机场图、机场地面运行图、航空器停放、停靠图（停机位图）均只作1份。以上各种航图均根据地面设备和障碍物的变化而变化。按审批权限办理报批手续，如无变化则可永久使用。所有航图一经批准颁布，即是飞行的依据，成为法定文件，飞行人员以及其他人员必须遵守，并不得改动。若确需修改，只能由各级航行情报部门办理，并按规定程序上报，审批后重新颁布执行。

五、制定飞行程序

飞行程序是根据机场障碍物分布情况和不同导航设施布局而制定的具体飞行方法，从机场选址时就要进行飞行程序论证是否适合修建机场。

根据国际民航组织有关文件规定：确定机场最低运行标准，必须进行飞行程序设计。对飞行程序设计的各项要素，进行科学精确的计算，获得航空器安全起降的法定依据。随着民航事业的发展，机型不断增加，各地机场不断改、扩建，这就需要航行情报部门重新设计进离场程序和进近程序。

飞行程序设计与机场飞行区的初步设计（确定跑道位置、方向、长度和跑道入口标高等）同步进行的设计，称为飞行程序的初步设计。在初步设计阶段必须确定飞行程序需要设置的导航设施准确的位置；对不同跑道设计精密进近程序、非精密进近程序、仪表进离场程序和等待程序；计算各飞行阶段的数值包括最后进近的OCH，为设计编制飞行员使用的各类仪表进近程序图、仪表进场图、仪表离场图提供基本数据。

1987年5月7日，民航局印发《关于上报机场飞行程序设计报告内容的规定》，对上报机场飞行程序设计报告的内容统一规定为：机场的基本资料；最低扇区高度；起始进近航段计算；中间进近航段计算；ILS进近程序计算；GP不工作；NDB最后进近计算；复飞程序；盘旋着陆；制图基本数据。

1991年2月22日，民航局发布CCAR－97FS－R2部《航空器机场运行最低标准的制定和实施的规定》，并于2001年2月26日和2003年6月20日进行了2次修改。CCAR－97FS－R2部是航行情报部门制定机场运行最低标准的规范性的规章。

1995年5月8日，民航总局根据国际民航组织关于运输飞机进近分类的规定，公布了各型运输飞机的着陆入口速度。按国际民航组织规定，将飞机分成A、B、C、D、E5类。这种分类作为制订机场飞行程序和机场运行最低标准的依据，各类飞机在进近着陆中执行相应类别的着陆最低标准。但此分类与中国空中交通管制部门为分配巡航高度和进出走廊的高度的飞机分类不同。是年底，民航西南管理局根据民航总局公布的各型运输机着陆入口速度，将西南地区各机场使用的机型分为A、B、C、D共4类，作为制订各机场飞行程序和运行最低标准的依据。

民航四川地区各型运输飞机着陆入口速度的分类表

表 7－10　　单位：千米/小时

类别	A		B					C					D
机型	运 5	运 12	安－24B	安－24PB	夏延ⅢA	运 7	雅克 42	空客 310－200	波音 737－200	波音 737－300	波音 767－300	波音 757－200	图－154M
入口速度	122	152	178	181	202	183	207	248	246	246	252	246	265

说明：本表根据《中国民用航空志·西南地区卷》编制

1987—2005 年，根据民航总局分工和要求，民航西南管理局和西南空管局的航行情报部门，先后完成了四川省成都双流、重庆江北、宜宾菜坝、泸州蓝田、万县梁平、达州河市坝、广汉、新津、遂宁、广元盘龙、绵阳南郊、攀枝花保安营、九寨黄龙、南充高坪等四川省内机场的飞行程序设计，经报请民航总局审批后印刷，下发各单位使用；完成了成都双流、重庆江北、西昌青山机场 AIP 上报工作。与此同时，还对成都双流、西昌青山等机场的进离场程序进行了优化。

1992—2005 年，根据民航局 CCAR－97FS－R2 部的规定，民航西南管理局和西南空管局航行情报部门按照各机场重新设计的进离场飞行程序，分别对在用和新修建的成都双流、重庆江北、西昌青山、达州河市坝、广汉、遂宁、宜宾菜坝、泸州蓝田、攀枝花保安营、九寨黄龙、广元盘龙、绵阳南郊、南充高坪等民航机场制定了运行最低标准，经报请民航总局批准，下发各单位执行。

第五章　飞行签派

飞行签派部门是航空公司组织生产飞行、训练飞行的主要机构，其主要任务是依据国家与民航的安全生产法律、法规和规章以及航空公司的运行管理手册，按照航空公司运行计划，负责航空器生产飞行、训练飞行的组织、放行、协调、调配与运行控制，并为航空公司保证飞行安全，争取航班正常，提高服务质量与经济效益，对航空器的运行实施严格管理。

第一节　签派机构与业务建设

一、签派机构

1987 年以前，民航空中管制系统实行 4 级调度指挥体制，签派工作在民航区域及航站（机场）调度室的职责范围之内，没有设专门的签派室，由航行调度室放行、接受飞机。四川各航站（机场）调度室负责掌握区域内放行、接收飞机标准，成都、重庆航行区调度室负责掌握航路放行飞机标准。但是否接收、放行飞机，由值班的处（局）、站领导决定，值班调度人员具体执行。

1987 年 10 月，民航管理体制改革后，西南航空公司成立飞行签派室，负责飞行组织、运力调配、生产协调和运行管理等项工作，隶属于公司航务处（后改名为航务管理部），其业务工作接受民航西南管理局航行处行业管理。1990 年 12 月，西南航空公司重庆分公司成立，也设立飞行签派室，隶属于分公司航务科。1993 年 3 月，航务科更名为航务管理部，飞行签派室隶属于航务管理部。以后，西南航空公司签派室改名为总签派室。2002 年 3 月，西南航空公司与西南航空重庆公司的航务管理部相继更名为运行控制中心，西南航空公司总签派室和重庆飞行签派室分别隶属于其运行控制中心，职能不变。是年 10 月，西南航空公司与国际航空公司重组后，于 2002 年 10 月 30 日成立国际航空西南公司。原西南航空公司总签派室隶属于国航西南公司运行控制中心。2003 年 8 月 28 日，根据国航总部“一体化”改革的要求，国航西南公司改制为国航西南分公司，将原西南公司总签派室改名为飞行签派室，仍隶属于国航西南分公司运行控制中心。

为加大行业管理的力度，1995 年 12 月 18 日，民航西南管理局设立航务管理处，主要职责是：贯彻执行国家有关法律和民航总局颁发的飞行标准有关政策、规章和标准，并监督检查本地区的落实情况。对飞行标准有关法规、规章、政策和标准的修改和完善提出建议和意见，上报民航总局。组织实施本地区民用航空运营人合格审定工作；参与跨地区运营人合格审定工作。负责本地区运营人新辟航线或航线上新增机型的审批；参与实施本地区运营人新增运行项目的运行合格审定。制订本地区航务工作年度持续监督检查计划。审核本地区机场的飞行程序、运行最低标准和低能见度程序，组织指导监管办对机场飞行程序和运行标准执行情况的监督检查。负责本场运营人运行控制、飞机性能的管理，指导监管办进行相关监督检查。审核上报并负责监督检查高原机场飞机起飞一发失效应急程序；批准并监督检查非高原机场飞机起飞一发失效应急程序。负责实施本地区飞行签派员培训机构的合格审定和持续监察工作；颁发或吊销合格证书；收集上报监察信息。负责管理本地区飞行签派员执照申请审核、执照考试和临时执照许可；负责飞行签派员机型签注工作。负责本地区飞行签派检查委任代表的推荐、培训、考核、资格审查和委任，提出暂停或取消委任代表资格的建议；管理本地区飞行签派委任代表的各项工作。跟踪、搜集国际上新技术应用的动态和相关资料；负责开展本地区的航行新技术的应用推广工作。参与审核本地区机场建设预可研、可研、初步设计、净空处理、飞行程序方案及导航设施布局和机场工程的审核、验收等工作；参与本地区机场建设飞行区验收；组织本地区机场的验证飞行、程序试飞、飞机性能试飞，上报试飞报告。民航西南管理局航务管理处根据其职责，对西南航空公司以及重组后国航西南分公司、四川航空公司以及改制后四川航空股份有限公司等运输航空公司的飞行签派实施业务指导和行业管理。

二、签派业务建设

（一）签派制度建设

西南航空公司是全国民航体改试点成立的第一家大型航空运输企业。公司成立时，从原民航成都管理局调度室选调6名空中交通管制人员组建飞行签派室。这些管制人员在一无签派经历、二无史料借鉴的情况下，凭着多年管制工作的实践，从严格签派制度入手，认真组织飞行、调配运力、协调工作关系，加强了飞机运行管理，并结合实际，精心分析、研究、探索，先后制定《公司、航管、机场工作协调程序》《飞行签派室工作职责》《飞行签派员工作职责》《签派放行员工作职责》《交接班程序》《专机保障程序和相关规定》等规章制度。飞行签派室工作职责是：根据西南航空公司的运行计划，合理地组织航空器的飞行并进行运行管理，争取航班正常，提高服务质量和经济效益；受理本公司市场部、飞行部、维修厂和有航务代理协议的其他航空公司的航务部门（机组）提交的飞行任务申请，编制和申报飞行计划；承办飞行的组织与实施，督促检查机长、机务及各保障部门飞行前的准备实施情况，并签发放行航空器的文件；掌握整个签派区域天气实况和天气预报。出现危险天气时，及时通报有关机组和保障单位；收集、了解最新的航行情报资料，及时向机组提供；监督、掌握所管辖飞机的飞行动态，并及时通报，采取有效手段、保证飞行安全和航班正常；当出现航班不正常时（如延误、改航、备降、取消），全面考虑各种综合因素，会同有关部门拟定航班调整和运力调配方案请示上级领导后，负责落实；当出现紧急情况（如劫机、炸机、机上有爆炸物、飞行事故等）时，作为紧急情况的指挥中心，按照处理预案沉着指挥、灵活处置，争取最大限度地控制损失，并尽快恢复正常运营；负责与空中交通管制、通信、气象、航行情报以及机场、航油等单位保持联系，协调与飞行有关事宜；处理与本部门有关的业务电话、传真及文件等，并保证交接清楚；组织并参加每日的生产排班会，汇报航班正常性，分析不正常原因，提出提高航班正常性和保证飞行安全的建议。这些规章制度的建立，促使飞行签派工作逐步规范化。与此同时，公司加强签派工作的资金投入，不断添置必要的工作设备，对签派工作给予了积极的支持，使飞行签派工作在“保证安全第一，改善服务工作，争取飞行正常”和提高经济效益上发挥了重要作用。西南航空公司的飞行签派工作制度，为西南地区各航空运输企业提供了有效的工作经验。其他航空公司在加大航空器运行管理和设施、设备投入的同时，着重加强了签派业务建设。

（二）签派人员素质建设

签派人员的素质直接关系到航空器运行管理工作的质量，也是涉及航空公司的安全、正常、服务和效益的大事。四川地区各航空公司成立之初，签派人员严重不足，整体业务水平不高，因而从航空公司成立时起，不断到民航飞行院校航管系中挑选毕业生。毕业生到来后，从加强教育入手，制订带培计划、指定专人施教，安排跟班见习，以及到飞行、机务、商务部门实习，并定期检查考核。这些人员经过1年多的工作实践和锻炼提高，具备胜任签派工作的能力。据统计，1987年西南航空公司成立时，签派室只有6名飞行签派人员，至2004年国航西南分公司的签派人员已增至30名，本科学历达90%。1988年，四川航空公司组建飞行签派室时只有4名签派人员，又是空军转业干部，至2004年飞行签派人员已增至30名，其中还有2名研究生。签派队伍素质的提高，促进了民航四川地区航空器运行管理工作的落实。

（三）签派业务培训

1987年民航体制改革后，民航西南管理局和各航空公司严格贯彻执行《中国民用航空签派工作细则》和有关民航规章，对签派业务培训主要做了3个方面的工作。

1. 新进签派学员的业务理论训练

新进签派学员的业务理论训练包括基础教育、一般科目训练、执管飞机的机型训练3部分。基础教育至少包括下列内容：飞行签派员的相应职责；民航规章的相应条款；合格证持有人的运行合格证和运行规范的内容；合格证持有人运行手册的相应部分。一般科目训练主要包括下列内容：通信系统的使用，包括系统的特性和相应的正常、应急程序；气象学，包括各种类型的气象信息和资料，气象资料的分析（包括航路和终端区的气象和其他天气条件的预报）、锋面系统、风的条件，以及各种高度的气象实况图和预报图的使用；航行通告系统；导航设备及其公布资料；飞行签派员与驾驶员的共同责任；盛行的天气现象和可以提供使用的气象资料来源；空中交通管制和仪表进近程序；签派员资源管理训练。执管飞机的机型训练主要讲授下列内容：飞机的一般介绍，着重于运行特性和性能特性、仪表进近与通信设备、应急设备与使用程序、最低设备清单以及其他与飞行签派员业务和职责有关的课题；飞行操作程序，包括正常、非正常和应急操作的原则以及相应的程序和限制；重量与平衡的计算；飞机性能签派的基本要求和程序；飞行的计划，包括航路选择、飞行时间分析及燃料要求；应急程序。在业务理论训练中，还特别强调应急程序，包括在飞机遇到危险时，向有关政府部门和单位发出紧急通报，以给予该飞机最大限度的帮助。

2. 安排签派学员的跟班见习

签派学员业务理论训练结束后，各航空公司制订签派学员跟班见习计划，安排签派学员跟班见习签派工作，并按照见习计划组织实施。要求教员因人施教、严格传帮带；学员认真学习，虚心请教，积极努力工作。见习期间，对签派学员的学习和工作，组织定期检查与考核，对好的表扬、鼓励，对存在的问题进行帮助、指导，促使其业务能力不断得到提高。各航空公司的飞行签派学员经过跟班见习，其业务技术素质基本达到胜任签派工作的能力。

3. 严格飞行签派执照申办程序

各航空公司对基本上能胜任飞行签派工作的学员，为其申办飞行签派执照。民航西南地区申办飞行签派执照的一般程序：完成飞行签派专业理论训练；完成本公司内部专业培训和检查考核；签派资格审核合格；向民航西南管理局或其派出机构递交考试申请；管理局或其派出机构对其审核符合标准者进行理论和实践考试；理论考试 80 分以上（百分制）、实践考试优良者，管理局为其申报民航总局颁发的飞行签派执照。

根据《中国民用航空签派工作细则》以及民航规章 CCAR－121 部、CCAR－65 部的要求和规定，截至2004 年9 月，四川地区为各运输航空公司累计颁发飞行签派执照75 人。其中，国航西南分公司机关和签派室有 47 人取得飞行签派执照，四川航空股份有限公司签派室有 28 人取得飞行签派执照。

民航西南地区的飞行签派人员取得飞行签派执照后，还必须对本公司执管飞机进行转机型训练，熟悉掌握各种机型有关理论和数据后，经考核合格，方可单独担任飞行签派工作。

第二节　签派业务与陆空通信

一、签派制度改革

1987 年 6 月，民航局在民航成都管理局进行体制改革试点，中国西南航空公司组建并开始试运行。为适应体改形势发展的需要，民航局对飞行的组织、指挥和勤务工作制度作了相应的改革和规定。是年 8 月 1 日起，全民航实行取消飞机接收、放行制度。对政企分开后的飞行组织与指挥问题，民航局先后于 1987 年、1988 年作出规定。1989 年 3 月 10 日又印发《关于组织与实施飞行过程中几个问题说明》，其主要内容：（1）飞机放行问题。降落站因天气原因关闭机场时，如果起飞站考虑有可靠的备降机场和携带有足够的备用油量，决定放行飞机起飞时，降落站不应表示不同意，但起飞机场航行调度员或飞行签派员应将备降机场名称和备用油量在起飞报中注明并通知沿途机场、备降机场和降落机场。当飞机将要到达降落机场时，机场天气仍低于最低开放标准，降落机场航行管制部门可不同意飞机降落，应指挥飞机去备降机场备降。飞行签派员或航行调度员与机长意见有分歧，通常不应放行飞机起飞。如有特殊情况，可报请公司决定。（2）机场关闭、开放问题。当天气实况低于机场开放最低气象条件，应当关闭机场。机场关闭后，如天气实况高于该机场最低起飞天气标准，仍可放行飞机起飞，但应有可靠的备降机场。降落机场因天气原因关闭后，如有可靠的备降机场和备份油量，机长可以提出继续飞往降落站的要求，有关航行管制部门应允许其继续飞行，但在飞机将要到达降落机场时，如天气条件仍然低于机长和机场的最低天气标准时，降落站可不同意降落，机长也不应降落，而应去备降机场备降。（3）关闭航路问题。原则上不得随意关闭航路。只有在遇有不可克服的危及飞行安全的情况方可关闭航路。在航路天气预报和天气实况都报有雷雨或严重结冰或严重颠簸的天气现象，而又不能采取绕航或改变飞行高度层的方法避开，严重影响飞行安全时，区域管制室方可区别不同机型，关闭航路不适航的部分航段。如有可靠的备降机场和备份油量，机长可以决定继续向前飞行，区域管制室应积极提供保障和服务，但禁止飞机进入雷雨区或严重结冰区或严重颠簸区。如通信联络不好，应积极主动地采取措施，不应随意关闭航路。如果采取任何措施均不能沟通通信联系，无法保证飞机安全飞行时，可以关闭航路。（4）担任备降任务的机场在整个飞行期间，各有关部门必须坚守岗位，随时准备保证飞机在本场备降。

1989 年 5 月起，民航局决定实行机场开放制和航空公司飞行签派制，即机场按规定定时通报天气实况，不准以天气原因关闭机场，不发接收、放行电报。有飞行计划的飞机能否起飞，由机长和本公司签派室商定；在飞行签派员允许起飞的情况下，机长有最后决定权。飞机起飞后，起飞站按规定向有关各方发出该飞机起飞电报。飞机到达降落机场时，依据该机场对该飞机规定的天气标准是否可以降落，决定权在机长，责任由机长承担。

1990 年 3 月 22 日，民航局颁发并于 6 月 1 日开始执行的《关于取消因天气条件关闭机场、航路制度的决定》，目的是为了在保证飞行安全前提下提高飞行正常性，提高服务质量和经济效益。因天气条件关闭机场、航路的制度取消后，由航空公司飞行签派员和机长负责飞机的放行，并承担放行责任，但必须在收到降落站和备降站天气预报、天气实况的情况下，才允许放行飞机；在飞机飞行中，机长得知降落站天气低于自己的天气标准或航路天气不适航，有权适时决定返航或去备降机场；禁止飞机低于机场、机长、飞机的气象最低条件起飞和着陆；气象台（站）收到和发出（本场、本区域）的特选天气报告、重要天气情报及其他危及飞行安全的天气情况报告，应及时通知有关空中交通管制部门，并按协议通知所服务的有关航空公司签派室及其代理机构，空中交通管制室应及时转告飞行中的有关飞机；各气象台（站）应严格按规定在飞机起飞前 2 小时 30 分和 2 小时将本机场、负责区域的天气预报、天气实况及有关气象资料发给起飞机场和负责区域指挥的机场气象台（站）；空中交通管制部门对飞行中的机长执行规章制度的情况有监督责任。因跑道结冰、积水、积雪超过标准关闭机场时，仍按关闭机场的规定执行。

二、签派业务

根据民航规章 CCAR－121 部《公共航空承运人运行合格审定规则》的有关条款，四川地区各航空公司对飞行签派员在飞行的组织与实施过程中的职责、责任和权力作出明确规定：对于每一次飞行安全的责任由机长和飞行签派员共同负责；飞行签派员在起始某次飞行，如果认为有不安全的情况存在，可建议终止、延迟或改变该次飞行的责任和权力。

民航四川地区各航空公司每次飞行前，飞行签派员必须进行一系列的计划和工作协调，以确定该次飞行能够安全和有效的实施。飞行签派员履行职责尤其在制作飞行计划时，必须既要考虑到安全因素又要考虑到经济因素。根据其工作职责，每次飞行前飞行签派员的工作包括：确定航路；检查计划航路、目的地和备降场的天气实况和预报；计算速度和预计的飞行时间；确定导航和机场设施的状况，以及地面保障部门的准备情况；确保飞机满足最低设备要求；计算载重平衡，确定商载；计算燃油量；确定该次飞行是在飞机的性能和限制范围内；与空管部门协调并申请飞行计划。飞行前的准备工作完成后，有关的信息以签派放行单的形式汇总，在飞行签派员和机长均同意该次飞行能够安全进行时，双方在放行单上签字以表明共同认可，共同承担对该次放行授权的责任。一旦开始飞行，飞行签派员必须实施飞行监视，并与授权监控的飞机保持联系，监督、掌握飞行动态，采取有效手段保证飞行安全和航班正常。当出现航班不正常（延误、改航、备降、取消）时，全面考虑各种综合因素，恰当地进行航班调整和运力调配。在飞行实施过程中，机长和飞行签派员双方都有责任向对方通报任何影响这次安全的信息。当认为继续飞行不安全时，无论飞机是否在飞行过程中，飞行签派员有权独立于机长单方面宣布应急状态，并采取任何终止该次飞行的必要行动，但对结果正确与否负责。

2002 年骨干航空公司重组后，国航西南分公司、国航重庆分公司等与总部建立纵向的专业化管理体制：统一运行标准和工作程序，统一培训管理和业务技术标准，统一操作平台和集成运行管理系统，保证了飞机安全、正常运行。2003 年 4 月，根据国航总部关于异地放行飞机的要求，国航西南分公司运行控制中心组织签派人员学习新的运行规范，试用新的软件，整理大量资料，制定有关规章，于是年 6 月 19 日实施异地放行飞机。实施异地放行后，飞行签派室所放行的航班由原来的日平均 30 个航班增至 150 个航班。通过实施异地放行飞机，提高了运行效率，节约了运行成本，仅签派代理费每年就可节省 200 万元支出。

三、陆空通信

民航西南地区各运输航空公司飞行签派室在成立之初，基本都没有设置陆空联系设备，飞行签派员职责只有在基地才能基本履行，公司飞机若在外站，只能委任当地航管部门代理签派实施有偿服务。1990 年民航四川省局迁到重庆江北机场后，因当时西南航空重庆分公司飞行签派机构未能完善，无力担当飞行签派，经民航西南管理局批准，西南航空公司包括重庆分公司的飞机，进出江北机场一度由民航四川省局航管部门代理签派业务。签派代理对保障航空承运人在外站的运行、规范为机组提供地面服务行为起到积极作用。但航空承运人失去了对飞机运行的签派放行权和控制权，造成飞行签派工作被动。西南航空公司在飞行签派室率先设置 VHF 航务波道，以后其他运输航空公司也相继设立了此波道，使飞机签派室的职能较前有所发挥。VHF 航务波道有效距离大致在 100 千米，只能解决基地进出站飞机的陆空通信联系问题。对较远距离只有通过所在地区域管制室进行陆空通信联系，各飞行签派室对本公司飞行实施运行管理和控制的难度仍然较大，致使公司的机队、人力、设施等资源得不到充分的利用，公司的潜能不能得到充分发挥，公司的运行成本不能尽量地降低，公司的领导层精力不可能从繁琐的日常事务中解脱，因而影响公司领导进行科学的决策和高效组织公司的生产运作。

进入 20 世纪 90 年代中期以后，四川地区各航空公司随着机队的更新、航线的延伸、市场的拓展，对飞机运行控制重要性的认识不断提高，加大了资金投入，重点加强了运行控制系统的建设。飞行签派室分别使用地空数据通信、卫星电话、甚高频语音、高频语音等通信方式，与本公司飞机保持陆空通信联系，能对多条国内、地区和至周边国家的国际航线的飞行实施严格监控，使飞机运行管理工作上了新台阶。

第八篇　航空油料

航空油料保障是各种飞行的重要勤务保障之一。包括对燃料油、润滑油、润滑脂、清洗油、液压油、仪表油以及为飞行服务的其他特种油料的采购、储存、输转和加注等服务。

中华人民共和国成立后，由于国产石油工业的发展，20 世纪 60 年代初已能生产符合标准的航空汽油。民航成都管理局按照民航总局的决定，从 1965 年 4 月 1 日起，在伊尔 14、里 2、运 5 型飞机上开始使用兰州炼油厂生产的 RH95/130E 航油。经过一年多的试用，国产 RH95/130E 航空汽油及 HH20 航空润滑油与进口的航油及润滑油的使用情况基本一致。因此，按照民航总局的决定，从 1966 年 6 月起，国产和进口的航油及润滑油均可在专机上使用，并可不限比例地在专机上混合使用。从 1967 年 11 月 1 日起，国产航空煤油在一等专机上使用后，西南民航和全国民航一样，很快结束了依靠进口“洋油”飞行的历史。随着民航体制改革的深入，航空油料的领导和管理工作日趋完善，到 1990 年成立中国航空油料公司成都公司后，各项工作更为专业与规范。

第一章　航油业务

第一节　航油供应

一、运输航空油料供应

中华人民共和国成立后，在民航创建阶段，西南地区由于航班少，航空油料需求不多，除使用接收中国航空公司与中央航空公司所遗留数量不多的油料外，不足部分由空军供应。民航西南地区各航站所需航油，由民航重庆（成都）管理处（局）向民航局申请调拨，再由重庆（成都）管理处（局）向所属航站提供。

由于国产石油工业的发展，20 世纪 60 年代初已能生产符合标准的航空汽油。民航成都管理局遵照民航总局的决定，从 1965 年 4 月 1 日起，在伊尔 14、里 2、运 5 型飞机上开始使用兰州炼油厂生产的 RH95/130E 航油。经过一年多的试用，国产 RH95/130E 航空汽油及 HH20 航空润滑油与进口的航油及润滑油的使用情况基本一致。因此，遵照民航总局的决定，从 1966 年 6 月起，国产和进口的航油及润滑油均可在专机上使用，并可不限比例地在专机上混合使用。

1967 年 2 月 6 日，国务院批准国产航油鉴定委员会《关于在民航总局大型飞机上使用国产航空煤油的报告》，同意在民航大型飞机上使用航空煤油，国产航空煤油与进口航空煤油可以不限比例地混合使用，并同意国产航空润滑油也可在大型飞机使用，但一等专机可推迟一段时间使用。1967 年空军发出通知，从 5 月 1 日起，各级专机可使用国产航空煤油；民航总局决定，从 1967 年 11 月 1 日起，在一等专机上使用国产航空煤油。从此，中国民航结束了靠进口“洋油”飞行的历史。

从 1981 年起，航油改为民航自行采购，民航成都管理局向民航总局申报计划，由民航局审批后分配。

1983 年，成都双流机场决定停飞扩建，飞机起降转场至广汉机场，飞机所需油料每日用油车运送。按航班计算，1983 年需要航油 4 万吨，当时由于国家能源短缺，铁路运输紧张，供、运油料设施陈旧，给油料供应增加不少困难，且国家当年下达供应平价油仅有 3 万吨，所缺的 1 万吨航油只能高价购进。在转场期间保证了飞行的航油供应。

1984 年 4 月 2 日，民航局航空工程司、物资供应司联合通知，中国茂名石油公司用加氢裂解工艺生产的 3 号喷气燃料，经国产航空油料鉴定委员会秘书组组成的联合评定小组，于 1983 年 11 月对该油进行全面分析评定后，认为各项质量标准符合 SY1008－803 号喷气燃料标准。1984 年 3 月，又在空军喷气飞机上进行了试飞。试飞结果，发动机工作稳定，各项参数正常，未发现异常现象。决定茂名3号喷气燃料可以在民航飞机上使用，可与其他喷气燃料混贮、混用，亦可用在专机上。

1984年，由于波音707型飞机投入营运，成都双流机场航油供量大增。当年，民航总局分配航油45600吨全部提完，并超提航空煤油1000吨、航空汽油163吨，当年共使用航油53115吨。

1986年，西南地区民航共接收各种油料68060吨，其中：航空煤油66013吨，航空汽油694吨，航空润滑油42吨，洗涤汽油11吨，车用油料1300吨；支出各种油料65160吨，其中：航空煤油62931吨，航空汽油745吨，航空滑油83吨，洗涤汽油126吨，车用油料1275吨。

1987年，由于机群建设发展到以波音系列飞机为主体，大型、快速客机增多，航空油料的消耗也达历史最高水平，全年西南地区民航共耗油102843吨，但吨千米耗油量比1986年减少9.6%，经济效益有所提高。

1990年，中国航空油料公司、中航油成都（西南）公司先后成立，西南地区民航需用航油单位向中航油公司或西南公司申报。中航油成都（西南）公司主要业务范围是3号喷气燃料的采购、储存、输转和加注服务。西南地区4个航油公司的航油耗油量已达8.4万余吨。1990年以后，随着民航业“健康、持速、稳定”的发展，各航空公司飞机数量的增加、机型增大、航线增多，加之中国航空油料公司的系统管理，航油耗油量逐年递增。成都双流机场1990年耗油52733吨，2000年耗油166121吨，2004年耗油增至294908吨。

二、民航飞行学院（校）油料供应

1963年以前，十四航校所需航空油料由空军调拨供应，学校只申报油料指标和用油核销。1963年5月，民航总局党委在《关于学校整编的实施方案》中确定学校的油料供应由民航供应部门统一负责。1969年11月，民航划归军队建制，该校的航油又归空军有关业务部门提供。1981年，民航的油料改为民航单位自行采购后，该校负责向民航总局申报年度油料计划，由民航总局按计划统一分配。学校根据计划指标，再向民航驻兰州、洛阳等炼油厂代表室申报月份采购计划。1990年起，民航飞行学院的年度航空油料计划报中国航空油料公司，该院根据飞行任务情况，每月向中国航空油料公司兰州、洛阳等驻各炼油厂代表处（室）申报采购计划。

1965年3月前，民航飞行学校使用的是进口油料，从1965年4月1日起，依照民航总局的决定，在伊尔14、运5飞机上使用兰州炼油厂生产的RH95/130E航空汽油和HH20航空润滑油。1991年5月14日，TB－20型飞机试用兰州炼油化工总厂生产的100号汽油获得成功。是年7月25日，民航总局适航司批准TB－20飞机使用国产RH－100/130汽油。1993年7月以后，洛阳分院使用的3号航空煤油改为洛阳炼油厂供给，航空汽油仍由兰州油炼厂提供。

1990—2000年民航飞行学院航油消耗统计表

表8－1　　单位：吨

单位 / 数量 / 年份	新津分院	广汉分院	洛阳分院	绵阳分院	遂宁航站
1990	704.86	51.16	1158.26	758.87	—
1991	477.71	3.89	1536.43	185.16	—
1992	669.41	798.12	1297.42	339.80	—

续表 8－1

单位 数量 年份	新津分院	广汉分院	洛阳分院	绵阳分院	遂宁航站
1993	951.43	2862.12	1634.83（下半年）	421.70	—
1994	797.87	1608.31	3924.28	319.56	—
1995	990.41	1673.08	4762.26	376.72	5.75
1996	956.61	1899.97	5414.74	339.72	18.63
1997	1046.60	2285.06	5402.37	504.84	45.49
1998	668.20	2617.71	4565.39	435.23	4.96
1999	723.00	1877.45	2982.01	584.04	10.99
2000	387.87	3157.18	3547.07	636.78	7.27

说明：本表根据《中国民用航空志·西南地区卷》编制

2001—2004 年民航飞行学院航油接收统计表

表 8－2　　单位：吨

单位 数量 年份	新津分院 汽　油	广汉分院		洛阳分院		绵阳分院 汽　油
		汽　油	煤　油	汽　油	煤　油	
2001	913.26	338.95	2074.97	298.00	2028.00	701.69
2002	547.06	636.51	1182.08	546.00	3465.00	385.58
2003	267.57	494.60	1519.78	484.00	2825.00	177.90
2004	453.25	118.60	1443.59	477.00	3693.00	743.11

说明：本表根据《中国民用航空志·西南地区卷》编制

第二节　航油运输

由于受地理位置限制，20 世纪 50 年代初，西南地区航空油料的运输是以 200 公升桶装油料从上海经长江水运到重庆，然后由驳船转运到九龙坡码头，再用卡车将桶装油送到九龙坡油库和白市驿机场。除供白市驿机场给飞机加油外，还要供应成都、昆明、贵阳等航站。用汽车运油只能用于短途运输。

随着国家铁路建设发展延伸至西南各省后，民航西南地区所需的航油则可通过铁路运至距离各机场最近的火车站或租用空军机场铁路专用线，并利用机动泵（最初用手摇泵）连接胶管从铁路油槽车内进行卸油，再用运油车将航油运回机场。20 世纪 70 年代后，随着航油供应量的不断增加，仅靠汽车来回转运航油，既不安全又不经济，民航的航油供应保障工作已远远落后于其他工作，严重制约着航班供油。1977 年、1981 年，先后在重庆白市驿、成都双流机场分别修建了民航铁路专线运油。铁路油罐车直接推进油库卸油区，经过卸油泵将铁路油槽车的油卸入油库油罐中。

1998 年，经铁道部批准，洛阳留庄至重庆磨心坡开通 2 条航油龙组专列运输，每列 50 辆油槽车，每列一次可运输航油 2500 吨，由于龙组的开通，较好地解决了重庆江北机场航油运输难的问题。

为保证重庆江北机场和成都双流机场供油不间断，1996年，经民航总局和中航油总公司批准，在重庆长江下游唐家沱增建一座航油卸油码头及中转油库。这样做的目的，一是解决因洛阳炼油厂航油资源不足，避免重庆与成都争资源；二是成都双流机场航油告急时，则可以从华东地区的炼油厂，通过长江水路将航油运至唐家沱油库，再将航油反输至北碚磨心坡转运站，采用铁路运输至成都双流国标机场，该工程至1998年建成。唐家沱卸油码头及中转油库的建成，缓解了成都、重庆两大机场供油难的问题。

2001年9月，经铁道部批准，分别开通了兰州颍川堡、洛阳留庄至成都公兴火车站航油龙组专列运输，其中兰州—成都3个专列，每列35个油槽车，一次可运输航油1750吨。洛阳—成都3列，2003年1月起又增1列，每列44个油槽车，一次可运输航油2200吨。由于龙组的顺利开通，解决了成都双流国际机场长期以来因铁路运输问题而造成航油供应紧张的局面。

民航飞院各分院所在地机场的航油运输，主要由炼油厂发油时将油槽车发运至各机场所在地的火车站卸油专线或货运专线，然后用运油车短途运至各机场油库。广汉机场的运油点，从广汉火车站卸油专线储油库运油，其距离为8千米。洛阳机场有一条长4950米、直径108厘米的输油管线输送航空煤油进机场油库，航空汽油仍需运油车运输，从洛阳火车站卸油铁路专线至机场油库，距离为10千米。绵阳机场的运油点，从皂桷铺铁路卸油专线到南郊机场油库，距离为25千米。遂宁机场油库用油，全部采用运油车从绵阳南郊机场油库运油，其距离为80千米。新津机场的运油点从彭山空军二航校卸油专线运油，其距离为50千米。从2004年起，新津机场从广汉火车站卸油专线储油库运油，距离为80千米。

至2005年，民航四川地区既靠水陆联运，又开通铁路龙组专列运输航油的机场有成都双流机场；通过铁路直达运输航油的有西昌机场、攀枝花机场、绵阳机场、广汉机场；通过公路二次转运的有九寨黄龙机场、南充机场、达州机场、泸州（军民合用）机场、宜宾（军民合用）机场、新津机场等。

第三节　航油化验

20世纪50年代初，西南民航没有航油化验手段，只凭机务人员目视检查并采用鹿皮漏斗过滤方法除去油料中的杂质。1955年5月，民航重庆管理处开始筹建油料化验室，经调拨、购买化验设备，配备化验人员，制订化验规则等工作后，于11月初正式建立航油化验室。当年共化验汽油样51个，润滑油样11个。以后，民航四川局成立油料化验室。

1990年，航油成都公司将化验室改称油品应用研究中心，扩大了化验范围。该中心的主要职责是：对安全技术处负责，接受其监督管理，负责公司油料质量管理及组织油料质量管理工作的检查，指导正确使用、保管油料。收集用户对油料质量方面的意见，发现问题认真调查研究，开展科学试验，提出有效措施；走访各有关炼厂，掌握油料生产的工艺、质量等第一手资料，为内部的油料质量管理提供科学依据。负责油料收发、储存、使用和更生等过程的质量管理，对不合格油料提出技术处理意见，对油料掺配、更生进行技术指导。负责没有化验室的下级单位的油料各项化验工作。

参加油料的研究、试验及其科研成果的鉴定、推广应用；参与油料化验方法和仪器设备的研究、试验及其科研成果的鉴定、推广应用；掌握各机型对喷气燃料的性能要求，提出油料互换代用意见；调查研究油料使用过程中的问题并开展科学试验；负责新油料的试验、试用及新试验方法和标准在本地区的推广应用。对公司油料化验人员、质量检查员进行技术培训和考核；组织筹措公司化验设备，负责本中心化验设备的维护和保养。拟定下级化验室的业务建设规划及油料化验工作的有关规定，指导、检查下级化验室的业务工作，解决化验工作中的技术难题。搜集有关油料化验方面的技术资料及标准，负责下级化验室所购化验仪器的审核工作。协助有关部门做好进口油料的质量管理工作，并按国际有关标准要求，做好进口油料的质量检验工作；开展对外技术服务和技术咨询工作；完成上级交办的有关油料的研究任务；不断总结和推广油料化验和质量管理工作的经验。负责对与本部门及下级化验室有关的危险源及环境因素进行识别和控制。参与对不合格品的评审，参与合同评审。负责对与本部门有关的危险源及环境因素进行识别和控制。负责本部门适用法律法规及相关要求的收集、更新及传递。

按照中国航空油料总公司《航空油料质量管理制度》的要求，中航油西南公司油品应用研究中心对航空汽油、喷气燃料、航空润滑油、润滑脂以及液压油等的所有入库、使用、储存进行化验。

入库化验是油库接收油料时，于卸油前应完成的化验；使用化验是油料在使用前应完成的化验；未经化验的油料不许使用。储存化验是油料在储存过程中定期检查油料质量的化验。各类油品的化验项目有区别：航空汽油化验项目为：外观、水分、杂质，水溶性酸、碱，密度，馏程，四乙铅含量，腐蚀试验（铜片、银片），酸度，实际胶质。喷气燃料化验项目为：外观、水分、杂质（包括壳牌测水、固定颗粒、污染试验），水溶性酸、碱，密度，馏程，腐蚀试验（铜片、银片），酸度（或总酸值），闪点（闭口杯），黏度（20℃），实际胶质，水反应，电导率，水分离指数，波特比色。润滑油化验项目为：外观、水分、杂质，水溶性酸、碱，密度，酸度，闪点（开口杯、闭口杯），黏度（20℃、50℃、100℃），凝点，残炭。润滑脂化验项目为：外观、水分、杂质，腐蚀试验，锥入度，滴点（空气浴、油浴），游离酸、碱。特种液化验项目为：外观、水分、杂质，水溶性酸、碱，密度，馏程，腐蚀试验，酸值，闪点，黏度。其他化验项目为：喷气燃料微生物测定，石油产品水分测定，饱和蒸气压测定，石油产品低温性能测定。

专机所使用的油料除日常使用化验外，还应按《专机工作条例》规定的期限和项目进行，即燃料油：化验项目为外观、水分、杂质、密度、馏程、水溶性酸或碱，有效期为1个月。润滑油的化验项目同上，增加黏度，有效期为3个月。

为保证油品质量，民航西南地区各油料部门按《中国民用航空油料工作条例》继续执行“一条龙”服务的管理办法。各库、站设置质量检查员，从接收、储存、化验、发运一直到给飞机加油都有人把关。1995年，除继续把好“接收、储存、加油”3道关口外，着重加强抽查油品质量次数和解决隐患，加强油品质量标准化管理，从标准化管理中要安全，在安全中要效益，实现“全年油品合格率100%”的目标。

民航飞院各机场油库均建立了油料化验室，配备化验员，进行常规项目化验。到20世纪80年代后期，民航飞院各机场油库的化验设备不断更新和补充，扩大化验范围，加强对化验室的规范管理，严格执行油料入库化验、使用化验、储存化验的规定。民航飞院的油料化验，依据民航行业标准中《航空油料质量管理》规定及有效的各种产品标准、实验方法进行化验。化验的制度有《化验室安全规则》《药品试剂管理规则》《化验室操作规则》《化验室管理规则》《化验室仪器管理规则》《油料化验员职责》《药品管理规定》等。

民航飞院的航油，因存放期短，一般3—4个月周转1次。2001—2004年，未发现经化验有质量问题而降质使用。

第四节　飞机加油

20世纪50年代初，重庆白市驿机场有苏制里2、美制C46、C47、DC3等型飞机起降，重庆航站用国民政府遗留下来的2辆2800公升奇姆西破旧加油车和一些手摇泵给飞机加油。1953年，重庆航站开始使用从苏联引进的3台3800公升嘎斯加油车和1台800公升滑油加油车。汽油加油车上的过滤用的是细帆布。以后又逐步增添一些进口和国产的大型及新型加油车，加油的速度和质量都逐步提高。

20世纪90年代，开始用加油栓直接为飞机加油。加油设备与技术由20世纪50年代初期给一架小型飞机加800千克都很困难，提高到能同时给数架大型飞机加油的能力。1990年，重庆江北机场建立机坪输油管线加油栓系统，设有6架飞机的加油栓机位，可满足给1架大型远程飞机或同时给3架大型中程飞机加油的需要。油料过滤精度由20世纪50年代初期只能用麂皮漏斗过滤一般杂质，到能过滤肉眼看不见的游离水，脱水效果在百万分之三十以下和脱杂质1毫克/升以下。

2001年10月，成都双流国际机场建成16个加油栓机位，至2004年9月共建成24个加油栓机位，从耗油库用输油管线连接机坪地井通过加油栓直接给飞机加油。

飞机加油分为翼上重力加油和翼下压力加油。翼上加油多为小型飞机，在20世纪50—60年代较为普遍。通用航空在执行飞播、灭虫等作业用的运5等小型机上也是翼上加油。翼上加油作业时，要求油料加油员特别小心，因加油员必须爬上机翼实施加油作业，而机翼上又不能随意踩踏，只能在规定的范围上站立作业，否则就会踩坏机翼的蒙皮（布），造成飞机损坏。尤其是冬季，机翼上往往结有冰霜，加油员稍有不慎，就会从机翼上滑落摔伤。从20世纪70年代始，随着机型更新，以翼下压力加油作业为主。进入21世纪后，西南各主要机场几乎没有小型机起降，极少遇到翼上加油作业。

给飞机实施加油作业，加油员必须持在有效期内的合格油品化验单，经机组认可后方可实施加。加油完毕后，机组在加油单上签字认可。

民航西藏区局贡嘎机场在1995年以前一直没有民航的储油库。飞往拉萨的民航飞机必须装载往返油量，有时飞机要在贡嘎机场加油需请当地空军协助。自从拉萨—加德满都国际航线开航后，在贡嘎机场加油问题更为突出。为此，民航西藏区局与空军部队于1988年4月27日签订了《关于国际航班加油有关事宜》的协议书。协议书内容如下：

"民航西南航空公司受国家民航总局委托，决定从4月27日起恢复成都—加德满都的国际航班。为节约国家外汇开支，由民航西南航空公司申请，成都军区空军后勤部同意，民航飞机飞往加德满都的航班返回成都时，需在空军部队补加部分航空油料。关于补加油料的有关事宜、经中国人民解放军空军部队（以下简称甲方）与民航西藏自治区管理局（以下简称乙方）协商，达成以下协议：

国际民航班机暂定每周飞行两个班次。每班次原则上需在甲方补加航空油料3吨左右，当飞机需要加油时，由乙方提前通知甲方航行调度室，以保证及时供应。负责给国际航班加油的车辆、司机和油料保障人员由甲方派出，给飞机加油前必须有机组人员与油料化验人员共同检查并双方签字后方可加油。国际航班飞机必须备有飞机外出加油单，甲方给予加油凭机组签字的加油单。每半年由甲方汇总上报成都空军油料处并与西南航空公司结账。根据空军有关油料价报规定，甲方应向乙方收取油料管理费，每吨120元（包括加油费），由乙方按月向甲方付给。”

民航局于1986年公布的《中国民用航空油料工作条例》的第七章《飞机加油》中，规定了给飞加油前的准备要检查加油车的铅封、随车的加油工具、加油胶管、压力加油接头（油枪）是否完好；检查油库中油料数量；检查油料牌号与油料化验单是否相符，化验日期是否在有效期内（即“三查”），并要求用250毫升广口瓶从油车沉淀槽、过滤器放油检查、必须放至目视检查不混浊，无杂质为止。以后，将这些操作程序归纳为三查三放①。这项制度一直坚持执行。

民航各型飞机加油量有明确规定：根据各型飞机性能和每次飞行的实际距离来确定加油量，低于规定的加油量，将造成油量用尽而未达目的地飞机迫降或无处可降导致严重后果；高于规定的加油量而油料部门又未通知商务部门，商务部门按规定的油量和起飞重量配载，使载重平衡表的计算不真实，将造成飞机超重起飞，超重着陆，如一旦超过了最大允许值，飞机的加速性能发生变化，将严重威胁飞行安全。民航总局于1995年7月19日再次重申：所有机组均严格执行公司起飞油量的规定，如确因天气原因，考虑绕雷雨等情况而需多携带燃油，机组要及时通知运输部门，运输部门应相应减少业载，以保证飞机不超过最大起飞重量。

民航专机的油料保障在1990年以前执行《中国人民解放军专机工作条例》以及民航局颁发的补充规定中有关油料保障的规定。但随着民航体制改革深入，1990年民航先后成立中国航空油料公司及各地区油料公司，原执行的规定已不适应改革后的情况，民航局于1990年11月24日颁发《关于专机油料保障工作的通知》（以下简称《通知》）。该《通知》规定：执行专机任务的地区油料公司或油料部门指派一名领导干部亲临现场，会同执行专机任务的航空公司的值班领导和专机机组，对专机加油车油料质量进行检查，务必使品种、牌号、化验结果和日期都符合规定。加油设备完好，加油车沉淀槽、加油枪放出的油料无水分杂质。检查合格并经航空公司值班领导（在外站授权代表或专机机组）在油料化验单上签字后方可加油。油料公司或油料部门负责留取加油车内油样并提供油料化验单，航空公司机务人员（或专机机组）负责提取专机油箱内的油样（油样的容器和铅封材料由油料部门提供），一并由油料公司或油料部门与专机机组对留取的油样共同铅封，交油料公司或油料部门妥为保存，直至专机任务完成后3天止。执行专机任务的航空公司（或其他地面服务代理部门）必须放专机油箱内的沉淀，直至燃油清洁透明、无水分杂质。航空公司值班领导或授权代理人对这项工作负责进行监督检查。

飞机加油程序包括以下3个步骤：

加油前的准备工作。准备劳动防护用品：工作服、工作鞋、手套、耳罩、护目镜等；掌握当日航班动态及已供油情况；检查加油车及铅封是否齐全完好；检查油车存油数量、油品、牌号、化验有效期、使用油罐号等是否相符；检查油品质量，即每日第一次加油前（采用壳牌测水器进行水分

① “三放”为：放油车沉淀槽、放油车过滤器、放加油接头。

检测）和重新装油静止10—15分钟后排放水分、杂质；检查加油车及附属设备状况，包括：外观、制动、联锁、转向、灯光、仪表、机油、燃油、冷却水、轮胎气压以及导静电线、随车灭火器、液压升降系统、轮档等是否完好有效。

实施加油过程。场内行驶不超过25千米/小时，机坪行驶不超过15千米/小时；距离飞机15米时，确认飞机主发动机熄火和客梯车支脚架放下后，以5千米/小时速度缓慢驶入加油位置；停车后拉好手制动；塞好左驱动轮前、后轮档；操作油车闭路取样器提取合格的油样，主动向航空公司代表出示并请确认油品质量合格；连接导静电线至飞机导静电桩上；先升平台或伸护栏或推作业梯，后打开地井盖挂上紧急拉索和打开地井阀防尘盖，将油车上地井接头与地井阀连接后升平台（管线油车）；打开飞机加油仓门盖和机上油箱接头盖；将加油胶管接嘴与飞机油箱接嘴连接并锁定；将流量计调至零刻度；询问加油数量后驱动油泵；手握呆德曼控制器缓慢打开加油阀；逐步增加压力至额定流量及压力；待加油数量在1000升从过滤分离器出口检查油品质量，加油结束后从过滤分离器沉淀槽检查油品质量；观察仪表、管线、阀门、流量计、胶管、接头、飞机油箱排气孔等有无异常情况；加至接近机组要求数量时减小压力，待达规定数量后松开呆德曼手柄并关闭手动阀门。

加油结束后的工作。卸下加油接嘴盖好防尘盖；盖好飞机油箱接嘴盖和加油仓盖板；在航空公司代表确认加油数量后，加油员按当日实际密度和流量计读数以及油单上规定栏目认真填写加油单，并请航空公司代表在加油单上签字；收回加油胶管，盖好防尘盖或降下平台或放下护栏；收回地井接头和紧急拉索，盖好防尘盖和地井盖（管线车）；收回导静电接地线；将作业梯放回原处；绕车一周，检查车辆周围有无障碍物，并再次确认加油接头、升降平台是否复位，地井胶管（管线加油车）、导静电线等是否收回，然后取出前后轮档；脱开油泵，以5千米/小时速度驶离飞机。

第五节　航油回收

航油回收是民航节约能源的一项重要工作以及防止质量不合格的航空油料进入下一道工序，确保油品质量和保证飞行安全的有效措施。

1994年9月15日，民航飞院在航空油料管理制度中，对航空油料使用后的管理作了规定：“从飞机上放下的沉淀油，修理清洗机件后的油料，机务部门应按品种、牌号分别存放，妥善保管，油库应及时收回，准确计量；经化验能继续用于生产的，应按规定入库；降质报废的必须经学院油车科批准，由学院油车科负责处理，油款交学院财务处；任何单位和个人不准私自对外销售处理航空油品，否则按违纪处理。”民航飞院油料的回收量每年10吨左右。

中航油西南公司制定了《不合格品的控制程序》，包括如下内容：

不合格品的识别与判定。油料化验员按《喷气燃料化验程序》对喷气燃料进行化验，如某项指标不满足标准要求时，应对该批次喷气燃料重新取样进行化验，化验结果仍不合格则判定其为不合格品。储油库油料化验员对某项化验结果存在疑问（结果难以界定），则将保留油样送油品应用研究中心重新化验，以油品应用研究中心的化验结果为最终结果，必要时将油样送公认第三方化验机构进行仲裁。在加油过程中顾客对喷气燃料质量、计量及服务产生疑问或不满意时，飞机加油员向顾客作出解释的同时立即向加油站调度员报告；调度员立即向加油站值班领导和现场指挥中心汇报；

现场指挥中心立即赶到加油现场（必要时组织相关部门参与），对顾客的疑问或不满意等情况做出回复，对属于油料公司责任造成的顾客不满意则判为不合格服务。

不合格品的隔离、标识和记录。不合格喷气燃料的隔离、标识和记录：油料化验员判定不合格喷气燃料后，向储存部门出具《不合格品检验报告》；储存部门接到《不合格品检验报告》后，及时对存放不合格喷气燃料的容器进行封存以隔离不合格品，并通过记录进行标识；隔离不合格品后，储存部门填写《不合格品报告》并附《不合格品检验报告》报安全技术处。针对顾客对服务不满意的事件，现场指挥中心和航空加油站协调配合取得顾客谅解并重新提供优质服务。航空加油站将事件经过以书面形式上报现场指挥中心。发生重大服务差错（延误航班、拉坏飞机加油接头、加油车刮碰飞机），现场指挥中心应立即和顾客进行沟通，把顾客的损失减至最低。

不合格品的评审。针对不合格喷气燃料，由安全技术处审核确认《不合格品报告》，上报油料公司分管安全副总经理。针对不合格服务，由现场指挥中心根据航空加油站的报告和通过各种渠道收集的信息，综合分析事件发生的原因上报油料公司分管安全副总经理。油料公司副总经理组织对不合格品进行评审，制定处理方案报总经理批准。油料公司总经理组织对重大服务差错进行管理评审并制定处理方案；通过与顾客的协商，对顾客的损失进行赔偿。

不合格品的处置。储存部门按处理方案的要求对不合格喷气燃料进行处理，将《不合格品报告》补充完整报安全技术处，安全技术处负责组织处理结果的验证。航空加油站按处理方案的要求对不合格服务制定相应的改进措施；现场指挥中心负责对改进措施进行验证。

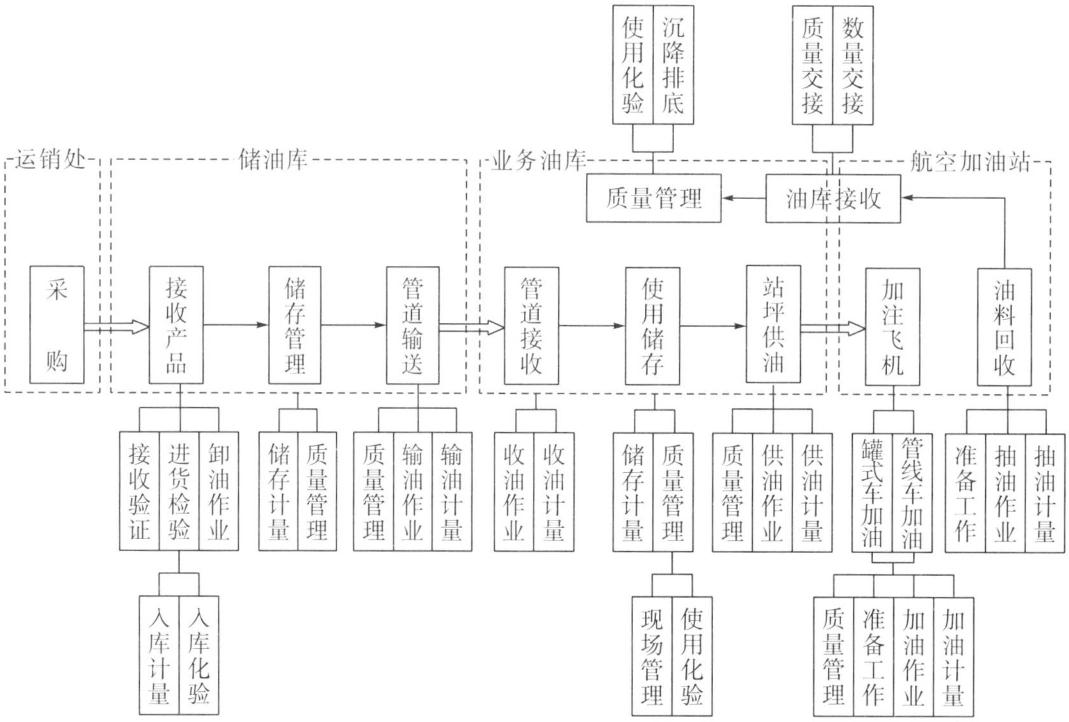

图8－1　中航油西南公司喷气燃料控制示意图

不合格喷气燃料的重新验证。实施掺配处理的不合格喷气燃料在掺配后要经过油品应用研究中心取样化验，合格后才能返回未化验的储存罐，如不合格则由运销处向油料总公司上报处理意见，按总公司的批复进行处理。掺配合格后进入主流程的喷气燃料仍按《生产服务过程的提供》进行控制。

对交付给顾客后才发现喷气燃料不合格的情况，油料公司应将不合格情况立即通报顾客，请求顾客停止使用该批产品并立即隔离，承担顾客由此造成的损失并无偿调换同等数量的合格产品。不合格服务经纠正后，现场指挥中心向顾客传递相关信息。中航油西南公司喷气燃料控制示意图如图8－1所示。

第二章 航油设备

第一节 运卸油设备

中华人民共和国民用航空开航时，民航在重庆有4辆卡车运桶装油。20世纪60年代制作5个活动油罐，临时装上卡车运油。20世纪70年代，增加5辆黄河牌运油车。1977年、1981年，重庆、成都先后在储油库修建卸油专用铁路线，铁路油槽车直接推进油库卸油区，经过卸油泵将铁路油槽车的油卸入油库油罐中。到20世纪80年代末，成都、重庆都有铁路专线，各有17个车位。1990年，新建的重庆江北机场投入使用。在卸油作业区修建卸油铁路专线2.84千米，卸油栈桥有16个油槽车位。

2001年5月，在成都牧马山卸油站新建油泵棚448平方米，安装3台200GZB－50管道卸油泵（两用一备）用于卸油，卸油能力600立方米/小时，3台125GZB－120输油泵（两备一用）用于往机场油库输油，输油能力160立方米/小时。还改建长354米的卸油栈桥，安装30个卸油鹤位可同时接卸60个铁路油槽车。在库内安装由中航油中天公司设计的自控系统，可在主控室动态监测现场各种仪表的工艺参数和设备的工作状态，如油罐的液位、温度、液位开关状态；管线压力、温度、流量；观察现场电动阀和机泵的运行状态；控制电动阀的开启和油泵的启停。至2005年，四川省内各民航机场油库都配备运油车辆、油泵等运、卸油设备。

民航飞行学院各分院所在地的机场运、卸油设备是：新津分院机场油库有1辆东风运油车，型号145，容量13.8千升，有移动式电动泵2台，泵房内有7台卸油泵。广汉分院机场油库有3辆运油车，其中解放运油车1辆，型号SC25110GJY，容量13千升；东风运油车1辆，型号SCZ540GJY，容量18千升；红岩运油车1辆，型号SCZ5200GYYCQ，容量14千升。有罐车位4个，灌油能力60立方米/小时；有油泵12个。绵阳分院机场油库有2辆运油车，1辆为东风运油车，型号EQ1141G1，容量15千升，另1辆东风运油车，型号YZQ511GYY，容量为11千升。洛阳分院机场油库，有卸油栈桥1座，罐车位6个，卸油能力200立方米/小时，输油管线从中转库到业务油库长4950米，直径108厘米。有东风140运油车4辆，每辆容量8千升。绵阳机场（集团）公司2004年有卸油栈桥1座、罐车位1个、卸油能力200立方米/小时，东风运油车2辆，油泵3台。

第二节 储输油设备

1977年，民航与空军在重庆白市驿机场合建1座32000吨储油库，内设2000立方米立式油罐16

个，50 立方米卧式油罐 6 个，泵房 2 座。这座油库的建成，对民航四川地区的供油起到一定的储备保证作用。

1982 年，在成都牧马山建成一座储油库，有 8 个 2000 立方米储油罐。储油区设有 8 座 2000 立方米掩体堆土立式油罐，在使用油库修建 3 个 300 立方米油罐。

修建铁路卸油专线和卸油栈桥，只解决了航油运到油库的问题，航油从油库送到机场给飞机加油，除使用油库，还需铺设输油管道。1981 年，民航成都管理局在修建牧马山储油库的同时，铺设了储油库到双流机场使用油库两条 13.78 千米、直径分别为 100 毫米和 150 毫米的输油管。民航四川省局除了与当地空军合建了一条从卸油区到白市驿机场储油库两条长 3.6 千米，直径为 150 毫米的输油管外，还铺设了一条直径 100 毫米从储油库到机场使用油库的输油管。重庆江北机场从卸油作业区到储油库铺设了 22.4 千米输油管，从储油库到机场使用油库铺设有 3.2 千米、直径 150 毫米的输油管，机场使用油库到机坪也铺设了管线。

1990 年，在成都双流机场扩建油库 6000 立方米，内设 2000 立方米锥底式油罐 3 座及相应配套设施。1991 年 4 月，在成都双流机场储油区建成 2000 立方米锥体立式储油罐 3 个，30 立方米卧式污油罐 3 个，5 立方米油水分离罐 1 个。1993 年 7 月，将原直径为 159 毫米管道改造成为直径 219 毫米、长为 14.5 千米（即卸油站经牧马山储油库至机场耗油库）的地下输油管道。新建与之相配套的转输油的泵棚一座，建筑面积 157 平方米，安装输油泵 2 台（输油能力为 180 立方米/小时）、倒油泵 2 台、安装通信电缆 30 对。1994 年 12 月，在对机场消耗油库原 20 世纪 60 年代修建的半地下式油罐（300、200、50 立方米和 30 立方米的高架罐）全部拆除的基础上，新增建成 2 个 5000 立方米的立式锥底油罐及其配套设施。

1992 年，成都在卸油区建有从公兴火车站至卸油区 2.4 千米的铁路专用线以及能同时接卸停放 18 个铁路油槽车的卸油栈桥，另还建有部分附属油料（95 号航汽、洗涤汽油、车用汽油、柴油以及航空滑油）储存罐。卸油区至储油区至机场消耗油库，铺设有 2 条 14.5 千米的地下输油管道，其中一条直径为 159 毫米的管道主要输送喷气燃料，另一条直径为 114 毫米的管道则输送 95 号航汽油。在航油的接卸方面，从铁路油槽车直接将航油卸入储油库进行储存，经沉淀后直接将航油输至机场消耗油库。牧马山储油库自 1982 年投产使用以来，近 20 年时间由于设备的不断老化，加之库区分散，不利于管理，结合双流机场供油扩建工程，在卸油站新建了 2×5000 立方米的储油设施。原储油区 8 个 2000 立方米油罐以及附属设施，经中航油总公司 2002 年批准实施报废，已出租银龙公司管理和使用。

2001 年 10 月，在牧马山储油区新建成 2 个 5000 立方米航煤中转罐和 2 个 100 立方米的高架沉淀罐，总容积为 10200 立方米。在双流机场使用（业务）油库库区新建成 3 个 10000 立方米锥底航空煤油使用罐和 2 个 100 立方米锥底沉淀罐，并将管线与老库区（容量 16000 立方米）相连，成为一体。

四川地区各机场建有规模不等的储油库或储油罐。

1990 年，重庆新建的江北机场修建了 1 座较现代化的油库。油库由卸油区、输油管线、储油区、机场使用油库及机坪加油栓等组成。卸油站设有 1000 立方米锥底立式油罐 2 座，80 立方米锥底方式油罐 3 座，30 立方米锥底立式罐 4 座。油罐车中的航油先卸入卸油站的中转油罐，经过沉淀合格后，经油泵通过 24.8 千米管线输入储油库。油库设置 10000 立方米锥底式油罐 3 座，80 立方米锥底高位罐2座。机场使用油库设有1000立方米锥底油罐4座，80立方米锥底高位罐3座和30立方米锥底立式油罐2座以及为机坪加油配套设施。储油系统采用微机管理，可以自动测量库内油面高度、温度、航油密度、体积、重量。库内主要设备有：最高液位报警器、1151压差式液位变送器、LW－100涡轮流量计及变送器、WZP－240防爆型铂热电阻、CECY160/33D防爆电容式压力变送器、PM－86液位计显示单元、CF－30A流量积算电脑、CF－20B压力流量电脑等。消防设备采用液下氟氮白灭火系统和半固定式泡沫灭火系统以及固定式冷却系统。

1993—1998年，先后在重庆北碚磨心坡卸油站增容8000立方米、唐家沱新建中转油库6425立方米。在重庆北碚区磨心坡卸油站内，建有1000立方米立式油罐2个，80立方米高位罐3个，30立方米卧式罐4个，容积为2360立方米。从磨心坡车站至卸油站修建了一条长度为2.84千米的铁路专用线，站内建有1座长96米的卸油栈桥，可同时接卸停放铁路油槽车16个。1994年5月，重庆江北机场增建3000立方米立式油罐2个、2000立方米立式油罐1个。在重庆江北区熊家坝，建有3个10000立方米立式储油罐和2个80立方米沉淀罐，容积为30160立方米。在机场消耗油库内建有1000立方米锥底使用油罐4个，80立方米锥底高位罐4个，50立方米4个，30立方米锥底沉淀罐2个，容积为4580立方米。1998年12月，新建成中转油库，库内建有2个3000立方米、2个200立方米和1个25立方米的油罐，总容量为6425立方米。

民航飞院（校）所属各分院（校）所在的机场均建有储存航油的设备。新津机场：民国时期已有容积270立方米立式油罐5座。1991年9月18日新建油罐17座，容量1089立方米；1996年建油罐5个，容量为1070立方米。广汉机场：民国时期已有容积270立方米的立式油罐5个。1984年3月建油罐17个，容量为1660立方米。1987年，在广汉火车站卸油作业区修建储油罐4个，计200立方米。1995年，在广汉卸油区新修油罐1个，容量为1000立方米。是年与兰州炼油厂合资在广汉卸油区修建油罐5个，合计容量为2620立方米。洛阳机场：1987年由洛阳市建油罐6个，容量为3600立方米。1993年修建油罐13个，容量为2380立方米。在洛阳石化公司库区专用线卸油区修建200立方米的航空煤油罐2个，200立方米的航空汽油罐1个，50立方米的放空罐2个。绵阳机场：1990年9月，建成储油量为210立方米的油库。1995年5月，新建油罐12个，容量691立方米。2000年绵阳分院自建容量为500立方米航空煤油罐1个，500立方米航空汽油罐1个。至2004年有立式油罐2座，容量各为1000立方米，放空罐2个，沉淀罐3个。遂宁机场：1981年3月，建成容量为150立方米的油库1个。1986年11月，建成容量为300立方米油罐4个。到2005年底，民航飞院所属的新津、广汉、洛阳、绵阳、遂宁5个机场，有立式油罐34个，卧式油罐52个，高位罐18个，油库总容量已达到14614立方米（不含卸油区油罐）。各机场油库设储油区、作业区、行政生活区，均配备了电气设备、仪表监控和计量系统。其中洛阳机场油库属民航三级油库，其余机场油库属民航四级油库。

第三节　化验计量设备

一、航油化验设备

1986年，四川地区航空油料化验工作由民航成都管理局油料处和民航四川省局领导。1987年10

月，民航体制改革后，新组建的成都双流机场中心化验室负责航空油料化验工作。1990年，油料工作从双流机场分离出来，成立中国航空油料成都公司。随着机型更新和数量增多，对航油的质量保证和监控的要求逐步提高，炼油厂的工艺也发生了较大变化，航油的国内、国际标准也不断改变，化验设备也需添置和更换。是年，中国航空油料成都公司将中心化验室改为油品应用研究中心，扩大化验范围，增加化验设备，以保证航油质量。1992年11月7日，按中国航空油料总公司的批示，中国航空油料公司成都公司改称中国航空油料西南公司，负责西南地区航油工作。至2004年，中国航空油料西南公司本部在成都双流国际机场有成套的航油化验设备，主要设备有石油产品馏程测定仪6台、铜片腐蚀测定仪4台、银片腐蚀测定仪2台、实际胶质测定仪1台、水分离指数测定仪1台、开口闪点测定仪1台、闭口闪点测定仪6台、锥入度测定仪1台。

民航飞行学院的航油化验设备，分布在学院所属各通用机场油库。

二、航油计量设备

1986年前，民航成都管理局航空油料计量管理较为粗放，在油品交接过程中，计量是用自制的铝制量油尺测量。由于铝制量油尺制作刻度粗糙，误差大，计算方法简单，往往造成数据不准确。给飞机加油使用的流量计，是国产腰轮流量计，计量不精确，性能不稳定，使用寿命短。但从1987年民航实行管理体制改革以后，航空油料计量方法迅速得到改变。

2000年，中国航空油料西南公司本部在成都双流国际机场的航油计量设备有：标准刮板流量仪4台、二等活塞式压力计2台、立式油罐径向偏差仪、便携式测定仪、超声波测厚仪、标准钢卷尺、标准金属量器、水准仪、套管尺、读数显微镜等各1件。

至2004年，中国航空油料西南公司共有计量器具2188件。其中成都本部911件，成都地面加油站79件。主要计量器具有：计量标准器具79件、流量计66台、压力表559只、密度计135支、量油尺37把。

民航飞行学院航油计量设备分布在新津、广汉、洛阳、绵阳、遂宁5个机场油库。其中，新津机场油库有4台LL型腰轮流量机；广汉机场油库有8台腰轮流量机；洛阳（北郊）机场油库有电动计量加油机4台、电脑计量加油机2台、腰轮流量机6台；绵阳（南郊）机场油库有腰轮流量机6台；遂宁（南坝）机场油库有4台腰轮流量机。2005年，绵阳机场（集团）公司的油料计量设备有：温度计4支、密度计3套，量筒5个、杯盒2个、量油尺2米、15米各2把。

第四节 加油设备

20世纪50年代，重庆白市驿机场有苏制里2、美制C46、C47、DC3等型飞机起降，重庆航站给飞机加油，是用国民政府遗留下来的2辆2800公升奇姆西破旧加油车和一些手摇泵。1953年，重庆航站开始使用从苏联引进的3台3800公升加油车和1台800公升滑油加油车。汽油加油车上的过滤用的是细帆布。1954年，从捷克进口3台太脱拉7000公升加油车。1956年，又增加2台国产解放牌加油车。1958年后，成都双流机场使用需加注航空煤油的苏制伊尔18型飞机、安24型飞机和英国子爵号飞机起降。为适应新机型的加油需要，先后从苏联引进4台TC－16000公升煤油加油车。

1964 年，又从英国引进 1 台 40000 公升莱伦达大型煤油加油车，此车过滤精度含水量在百万分之三十以下。此后，又添置国产解放牌加油车、黄河牌加油车、滑油加油车等。1984 年、1985 年，又分别从英国、联邦德国进口 4 台 47000 公升大型加油车。1990 年后，又进口英国产 65000 公升大型加油车，以及国产红岩牌 4000 公升和斯太尔 47000 公升加油车。

1990 年，重庆江北机场建立较现代化的机坪直线加油栓系统，设有 6 架飞机的加油栓机位。

1999 年 12 月，完成成都双流国际机场站坪管网加油系统。其中铺设使用油库至站坪两条 DN400 输油管线，总长 6200 米，站坪内铺设加油环管 DN300，总长 2200 米。建有 24 个机位以及加油栓井 28 套。在加油管线上设有高点放气、低点放水和隔断阀井等设施。2001 年 10 月，在成都双流国际机场新建成的航空加油站内，有 2 套加油车灌油装置，流量为 240 立方米/小时。

2004 年，中国航空油料西南公司本部在成都双流国际机场有各型加油车 13 辆。其中，车载容量 47000 升奔驰 1922 型加油车 3 辆，容量 47000 升奔驰 2631 型加油车 2 辆，容量 47000 升国产斯太尔加油车 1 辆，奔驰 614D 型管线加油车 3 辆，国产五十铃管线加油车 3 辆，航油多功能车 1 辆。

2005 年，绵阳机场（集团）公司有容量 18000 升的国产斯太尔加油车 2 辆。九寨黄龙机场航空油料公司有斯太尔加油车 1 辆、康明斯加油车 1 辆。

20 世纪 50 年代，民航飞行学院每个飞行训练团配备 3 辆加油车（含加滑油车 1 辆）。1963 年，每个训练团增配 1 辆加油车。到 2005 年，民航飞行学院有加航空燃油油车 21 辆。其中，新津分院加油设备有容量 4800 升的东风加油车 1 辆，容量 4500 升的东风加油车 1 辆，容量 4600 升的东风加油车 2 辆，容量 4000 升的解放牌加油车 1 辆；广汉分院加油设备有容量 14000 升的红岩加油车 1 辆，容量 6000 升的东风加油车 1 辆，容量 8000 升的解放加油车 1 辆；洛阳分院加油设备有容量 4600 升的解放加油车 2 辆，容量 4000 升的黄河加油车 2 辆，容量 4600 升的东风加油车 2 辆，容量 20000 升的斯太尔加油车 1 辆；绵阳分院加油设备有容量 4600 升的东风加油车 2 辆，容量 7500 升的东风加油车 1 辆，容量 4600 升的解放加油车 1 辆；遂宁航站加油设备有容量 4500 升的东风加油车 1 辆，容量 6800 升的东风康明斯加油车 1 辆。

第三章　航油管理

第一节　安全管理

航空和地面油料具有易燃、易爆、易挥发、易渗漏、易于集聚电荷等特性。1980 年以前，民航四川地区各航油部门按照民航局《油料工作细则》中有关航空油料安全条款，结合各地的油料安全生产技术情况，制订和完善了各项技术设备操作规程，使油料安全工作逐步走上正轨。在油料安全工作中，贯彻以“安全第一，预防为主”的方针，设法减少油蒸汽在空气中积聚，不让其达到爆炸浓度。在新建成都、重庆等油库中，对半埋式与全埋式油罐罐套尽量多开通气孔，使油罐的入孔、测量孔伸出罐套通向大气，使油蒸汽很快消散在大气中。20 世纪 50 年代，油料抽注都采用内燃机油泵，这种油泵的内燃机排气管要排出大量的火星，容易引起火灾，为使作业安全，1956 年，经过技术创新，装上防备设备，将内燃机油泵都改成了防爆电动机油泵，对油库作业的安全提供了技术保证。

1980 年 4 月，民航局颁发《中国民用航空油料工作条例（草案）》。1986 年 8 月，民航局正式颁发《中国民用航空油料工作条例》。民航四川地区的航空油料管理工作一直遵循民航局的规定，不断加强航空油料的各项管理工作。

一、中航油成都（西南）公司航油安全管理

1990 年，中国航空油料公司成都公司在西南油料系统开展安全整顿，各科、室、库、站制订和完善各类人员的岗位职责，补充和修订各项规章制度。同年 10 月，中航油成都公司在昆明羊方凹油库召开安全管理达标现场会，检查、督促西南民航各油库达标工作进展情况，年内，各库、站的技术设备、业务建达标工作已完成 75% 以上。

1991 年，西南地区 18 个库、站、室的安全达标经上级验收后，全部合格。成都储油库被评为大型油库先进单位。

1994 年，中航油西南公司进一步完善安全检查制度，制定了八不许：不许违章指挥、违章作业；不许擅自离开工作岗位；不许违反劳动纪律、玩忽职守；不许对安全隐患麻木不仁；不许发生问题隐瞒不报；不许人为原因造成航班延误；不许利用加油，搞吃、拿、卡、要；不许在购买、维修生产设备和在油库建设、技术改造中责任心不强或因为个人得好处造成安全隐患，影响安全生产。凡有以上一条者以违反安全制度论处。

1995 年 6 月，中国航空油料总公司为加大安全和监督力度，在全系统公开聘用一批安全检查员，

参加全系统的安全检查和一些大型油库工程建设项目的验收和技术服务，对重大事故进行调查，参加总公司的安技方面的管理标准、规范的制定、修订和审核。同年，中国航空油料总公司修订下发了安全管理、储输油设备设施、飞机加油、油品质量、油品计量、消防管理等6大类的安全检查标准单。依据安全管理标准要求，中航油西南公司健全安全领导小组，各库、站建立安全检查小组，分队有安全员，明确各自的职责，制订检查制度并发动公司党、政、工、团齐抓共管安全生产。在实际工作中，用于安全的资金优先保证，安全器材优先供应。对现行生产、操作场所的管理标准、规章制度和操作规程进行一次认真的清理和修订。

2001年，中航油西南公司开展安全文化建设和“安康杯”竞赛活动，完善应急救助管理体系，全员安全意识进一步加强。调整国防战备领导小组、明确工作职责，完善包括消防、国防战备、军运工作保障、安全事故的应急处理等措施，连续14年15次完成军运等国防战备工作，受到政府主管部门的肯定。航空加油站积极稳妥地推行“一人制”（一台加油车，由一人完成车辆驾驶和飞机加油作业），并开始试运行。

2002年，中航油西南公司开展ISO 9001：2000换版工作，并通过认证。成都本部成立现场指挥中心，成都航空加油站正式实施“一人制”加油作业方式。为保护牧马山油库至成都双流机场油库15千米输油管道的安全，10月31日，邀请输油管道沿线的3镇13村村长、书记就《石油天然气管道保护条例》和《安全生产法》的相关内容进行学习座谈，发放《石油天然气管道保护条例》和“安全举报卡”。11月10日，《中国民航报》以《动员各方力量保护输油管线》为题对此次活动进行了报道。2003年，推进安全管理科学化，通过开展安全文化建设活动，进一步增强了全员安全意识。通过培训，ISO 14001以及GB/T28001进入文件编制阶段。改造成都业务油库胀油系统和成都双流机场机坪管网紧急停放按钮；加大本部输油管线的巡检力度，重新安装输油管线保护桩。进一步加强油品质量检测监控，确保油品质量安全。加强计量器具的检定，计量工作对监督生产安全和降低成本起到积极作用。对航空加油站管理、公司的流程再造、对外航供油等事项进行研讨。在非典型性肺炎流行期间，坚持一手抗非典型性肺炎、一手保安全的方针，采取有效措施防止疾病感染和传播。

2004年，修订和完善系列规章制度，加强组织领导，不断完善安全考核指标，层层签订安全责任保证书，构筑安全目标责任体系。通过12次安全形势分析会、2次安委会、6次安全检查和油库管理研讨会，责令有关单位限期整改存在的问题，调查处理3起不安全事件。加强人员培训，加强设备设施的维护保养，使设备设施处于良好的工作状态。积极推行“5S”（整理、整顿、清扫、清洁、素养）管理，进一步规范作业现场秩序，杜绝各类事故发生，取得良好安全业绩。

2005年，中航油西南公司加强以“健康、安全、人文、环保”为主题安全文化建设，将职业健康安全意识和环保意识贯穿于安全生产全过程。发挥“三长一员”（分队长、党小组长、工会小组长和安全检查员）在生产管理中的积极作用。4月4日，中航油西南公司（含重庆、贵州分公司）获得中国质量认证中心ISO 9001：2000“质量管理体系认证证书”；4月18日，获得GB/T2400I－ISO 4002：1996“环境管理体系认证证书”；7月7日，获得OHSAS18001：1999、GB/T28001－2001“职业健康、安全管理体系认证证书”。11月26日，国家实验室认可委员会派两位专家，对中国航油西南公司油研中心整个管理体系进行审核，认为符合ISO/IEC17025：2005体系要求。

二、民航各机场航油安全管理

西南民航各机场在给飞机加油（放油）时，均有“九禁止”“八不许”规定。机场在给飞机加油、放油时，以下9种情况严厉禁止：油品质量未经飞行机组检查和在油料保证书上签字时；飞机在通电（指翼上加油）、充氧、充电、明火加温时；机场上空有沙暴（指翼上加油）雷雨时；需加油的飞机停在机库内；飞机通气口距机坪等一号防火区25米以内；在距飞机25米以内有开动着的飞机发动机、加温机及各种易跳火的电器设备；需加油的飞机距机场开机的空域探测雷达或功率输出50千瓦的雷达开机30米以内；飞机距雷达天线100米以内，功率输出25千瓦至90千瓦的航行雷达或气象雷达天线前方180米，扫描范围20米或机载监视雷达操作的100米范围内；需加油的飞机的燃油通气阀或油箱口距候机楼或廊道卫星厅10米以内。加油航班时的“八不许”：不许油料员穿着混合纤维制品的服装和钉子外露的鞋；一般不许有旅客留在客舱中（如需要应经机场当局或航空企业同意，但客梯车不得离开飞机，且承担责任并派人监视旅客不得使用明火、吸烟，直升机加油或放油时绝不允许旅客在客舱内）；不许有飞机电瓶的拆装作业；不许在加油设备6米内距飞机加油口及油箱通气阀6米以内，使用闪光灯照相或其他电子的闪光设备作业；不许飞机的机械气象雷达开机；不许为飞机服务的其他车辆距正在给飞机加油的油车6米范围突燃熄火后而试图重新启动；不许使用电动工具钻头、冲压器或相似的动力设备；不许将静电导电线连到飞机的无线电上、飞机螺旋桨上或高度承压部件的起落架上，而应接在飞机的导静电桩上孔内或航空公司指定的地点。

三、民航飞行学院航油安全管理

民航飞行学院根据《油料工作细则》和《中国民用航空油料工作条例》的规定，结合学院油料设备和生产技术状况，制订了各项技术设备的操作规程，各类人员的岗位职责，补充和完善各项规章制度，严格执行《油料安全工作十条禁令》和《油库防火防爆十条禁令》。

《油料安全工作十条禁令》严禁岗位技术考核不合格者或未经岗位技术考核者独立顶岗操作。严禁不按规定着装进入岗位作业。严禁司机酒后开车和非专职司机开车。严禁油车司机超速行车。严禁在作业时看书、看报、扎堆聊天等做与作业无关的事。严禁在油库区、作业区及值班场所打牌、下棋、打麻将、饮酒，上班时间不准看电视。严禁在岗位作业时，未经领导允许擅离工作岗位。严禁在未熟悉本岗位设备状况、工艺流程、操作规程的情况下盲目作业。严禁无油料业务干部在场的情况下独自清洗油罐、油车及动火作业。严禁作业后不讲评，对收尾工作不检查、不记录。

《油库防火防爆十条禁令》严禁在油库区吸烟、生火、打猎及携带打火机、火柴、易燃物等火源进入油库区。严禁在各种油气区用钢铁工具互相敲打或用来敲打金属容器、设备。严禁穿钉子外露的鞋和穿戴易产生静电的服装进入油库区、作业区参加油料作业。严禁未按规定办理用火手续和无安全可靠措施在库区进行施工用火或生活用火。严禁未批准的各种机动车辆或未安防火星罩的机具进入油罐区及易燃易爆区。严禁在易燃易爆区使用非防爆的动力及照明设备进行作业。严禁在库内存放其他危险品、爆炸品和易燃物资。严禁堵塞消防通道和随意挪用或损坏消防器材与设备，严禁损坏库区内的防爆设施与设备。严禁加油车未与飞机或机坪接地线连接好而实施飞机加油。严禁用塑料、搪瓷、镀锌铁皮等容器作取样器或作排放汽、煤油容器和用汽油、易挥发溶剂在库区内擦洗设备、衣物及地面。

民航飞行学院还制订了机务维修工作中给飞机加放（抽）燃油时的安全规定及发生溢油时的安全措施。

给飞机加、放（抽）燃油时的安全规定：飞机加、放（抽）燃油时，飞机和加、放（抽）燃油的设备与容器必须有充分、合格的接地点接地，而且所有加、放（抽）燃油的设备与容器必须与飞机牢固连接，以便静电通地。通常只应在露天情况下加、放（抽）燃油。加、放（抽）燃油的现场必须配备有明显的“禁止烟火”的标志字牌，有灭火设备并有人掌握，加油车撤离路径必须畅通。加、放（抽）燃油时，飞机附近（25米以内）只准使用无火花的电气设备、防爆灯和手电筒，不准有正在工作的加温机及其他产生明火的设备，不准拆装飞机蓄电瓶。发动机试车过程中不准加、放（抽）燃油。加、放（抽）燃油时，必须先接地线，后打开油箱盖和接加油管（或油枪）；先拆加油管（或油枪）和盖加油箱盖，后拆接地线。加、放（抽）燃油时，只准将与加、放（抽）燃油有关的电路接通；与加、放（抽）燃油无关的电门、电路、设备不准随意接通或断开（夜间照明灯，可以在接通位置），特别是雷达及高频电台，不准在加油时进行工作。压力加油时，当自动切断加油的电路或活门发生故障，而使油箱压力过大或大量溢油时，加油人员应立即停止加油，然后按处理溢油的规则处理。雷雨时不准加油；雨、雪或风沙天气而又无遮盖措施时，不准从上翼面给飞机加油。对于因加、放（抽）燃油时飞机重心位置的变化，减震支柱收缩、伸张引起飞机状态变化或由于温度变化而溢油等问题，遵照有关机型维修手册的规定执行。

发生溢油时的安全措施：溢油现场应避免一切火花，禁止开关电动及照明设备以及拖动会产生火花的工作梯或设备。在机库内发生溢油时，应在溢油处布置带有灭火设备的人员并处于警戒状态；所有工作人员应立即避向燃油的上风方向；应尽可能在燃油蒸汽逸散到机库内的电门之前，切断电源；少量溢油时，应尽快用沙土或其他吸收剂将其吸尽。用过的吸收剂应放在机库外，不准将燃油或吸收剂冲入或丢放在机库暗沟内；大量溢油时，禁止机动车辆进入机库，要堵住暗沟，非紧急需要的工作人员均撤离现场，如果机场消防人员在20分钟内不能到达现场时，在场的机务负责人应组织人员在溢油的边缘喷撒泡沫或干粉灭火剂，并用吸收剂从溢油边缘慢慢倒向溢油中心，直到完全覆盖为止，在消防人员没有到达之前，不要清扫吸收剂。在停机坪、客机坪发生溢油时，可用吸收剂覆盖清除干净，所有产生火花的设备应远离现场，直至燃油完全挥发、蒸汽吹散为止。在燃油未清除前，不准起动发动机、地面电源车和气源车。大量溢油时，应通知机场消防部门，派消防车或水车将机坪上溢出的燃油冲洗干净。

第二节　计量管理

1990年，中航油成都公司成立后，加强了计量工作的领导管理，开展了计量升定级工作。是年，西南民航各油库、加油站进行了企业标准化方面的目标动态管理和目标评估。各库、站建立、健全了各项计量制度，自行设计了二等标准流量值校验装置，解决了边远航站和输油管线流量表不易校验的老大难问题。中航油成都公司建立了档案室，搜集各种工作记录、计量数据等资料28大类74种，绘制能源、计量、油品质量监控、安全防护等计量网络图43幅。1991年，在“安全、质量、效益年”活动中，把目标质量管理的总项目项项分解，层层落实，广泛开展QC小组活动。成都油料公司下发了《关于加强对计量定级工作领导的通知》。该公司成立了计量管理领导小组、计量定级工作组和检定站、计量监督科。各库、站相继成立了计量室，配备了符合要求的计量器具。对成都地区油料部门的927件计量器具按照中国航空油料总公司计量器具A、B、C分类管理制度的规定，进行了普查、分类、建档、立卡。11 月，在进行计量定级检查评审中，成都、重庆油料部门达到二级标准。1992 年，中航油西南公司成立计量检定中心，加强对计量人员的技术培训，增强计量意识，改善计量设备，配置了石油量油尺（精度等级为 ±1 毫米）、精密水银温度计（精度等级为 0.2 级）、石油密度计（精度等级为 ±0.0005 克/立方厘米），废除了铝制式量油尺，并采取了正确的油品测量方法和数据计算方法，对油品进行监控测量。给飞机加油流量计均采用英国产的精度为 0.2 级的刮板流量计，淘汰了国产的腰轮流量计。按照国家检定规程对中航油西南公司内部使用的所有计量器具进行周期检定，保证所有计量器具在生产中其误差在国家标准允许范围内，使公司内部库、站油品交接中的误差保持在每年 ±0.1% 以内，给飞机加油的加油车流量计误差在 ±2% 以内，保障了公司内部的量值传递并符合国际贸易交接的规定。

1993 年，根据《中华人民共和国计量法》《中华人民共和国计量实施细则》以及中国航空油料总公司制发的《民用航空油料计量管理》《油料计量管理制度》和民航总局的有关规定，对民航油料计量工作实施统一领导，分级管理，明确了总公司安全技术处是民航各地区油料公司计量工作归口管理机构。直属公司的计量管理工作由业务科管理，形成整个航空油料公司系统的油料计量管理网络。各级油库都必须配备持有合格证的专职计量员，严格按国家颁发的计量管理条例和石油产品计量管理制度规定及石油产品计量操作规程正确操作，保证油品数据准确可靠。新建造的油罐和新购置的计量器具、仪表，要经过检定、合格后才能使用。所有油罐都要编制准确的容积表。

中航油西南公司计量管理经历了 4 个阶段：

传统简单的器具管理阶段。1990—1994 年，对于计量工作理解非常狭窄，只是着重于计量器具管理。根据生产的需要逐步建立了企业的最高计量标准，公司先后建立了容量、流量、压力、长度、黏度、密度 6 项标准。各生产单位根据计量升定级标准要求，清理非法使用的计量器具，按工作需求配备计量器具，对计量器具进行周期校准，建立计量器具的台账，为计量工作的发展打下了基础。1994 年，中航油西南公司在全公司范围内检定各类流量计、器 108 台次，对不合格的流量计、器及时调试或向厂方更换。

数据管理认知阶段。1994—1997 年，按照民航油料管理制度的要求建立健全各种计量记录；对油库之间计量交接开始探索性实验，收集数据作误差坐标分析图，建立了第一个计量交接制度，即储油库与业务库管线计量交接制度，标志着对计量工作有了一个全新的认识。

提高业务素质，完善制度建设阶段。1997—2001 年。各油库新进了一批技工学校中专毕业的学员，计量工作人员得到充实，但这些人员对计量技能知识的掌握还较欠缺，为此，进行了多次的油品计量专业培训。计量人员掌握相关计量标准、规程，规范了计量人员的测量手法，为做好误差分析创造了条件。按照 ISO 9000 标准体系中 ISO 10012 对计量工作的要求，对测量设备质量提出了管理、使用的要求。制定在生产各环节中油料测量的操作规程、规范，以保证安全生产的可靠运行。

误差分析的认识阶段。2001—2005 年，经过培训和标准制度的建立，计量人员的技术得到提高，管线交接由单次误差 ±0.50%，月误差 ±0.35%，达到年误差 ±0.02% 以内，保证了油料计量的准确可靠。至 2005 年，共建立计量标准 6 项，即：大容量标准、流量标准、压力标准、长度标准、黏度标准、密度标准。

2004 年 1 月，中航油西南公司计量检定中心开始对成都本部以及分公司进行计量审计。是年，西南公司计量检定中心获得中国航油集团公司红旗单位称号。

2005年4月5日，民航总局发布MH/T6004-2005《民用航空油料计量管理》，8月1日起执行。5月上旬，中航油西南公司计量检定中心及原建4个计量检定室迁入机场消耗油库，面积250平方米。是年，计量检定中心5名检定员通过“大容量”计量检定换证。5月13—27日，中航油西南公司安全技术处、计量检定中心组成油料计量审计组，对成都地区、重庆、贵州分公司各油库站进行为期两周系统性计量审计。7月14日，两次对成都航空油料加油站新购置的管线加油车流量计和一台用户有争议的流量计进行仲裁检定，结果合格。8月9日，航空加油站一台流量计与航空公司机组发生争议，经计量检定中心仲裁校验结果在误差范围内，结论为合格。同时，加强对各支线机场油料计量监管，西南地区各油料部门按规定对计量器具、设备进行检定。是年，中航油西南公司计量检定中心再次获得中国航油集团公司红旗单位称号。

第三节 质量管理

航空油料质量的优劣直接关系到飞行安全。航空油料在贮运和加注作业的过程中易受空气、水分、杂质、表面活性物及微生物的污染，因此，必须做好油料的收发、贮存、掺配、更生和化验各个环节的油料质量管理工作，保证飞机使用纯洁、合格的航空油料。

一、航油收发管理

1986年，民航局在发布《中国民用航空油料工作条例》中，要求对收发的容器、管线、油泵、过滤器和各种加油设备保持清洁完好，同一管线不能混输不同种类的油料，在输送不同牌号的油料前，应将管线、油泵和抽真空装置内的剩油放尽，必要时进行清洗。该条例还规定了航空燃料的水分含量不超过30PPM，杂质含量不超过1MG/L，所有发现的燃料必须经过一定时间的沉降静置。静置沉降的最低时限：航空煤油为每米液柱3小时；航空汽油每米液柱45分钟。沉降后，经取样目视检查无水分、杂质，方可发出使用。如达不到上述要求需紧急发油时，储存时间航空煤油应不少于8小时，航空汽油不少于4小时；对接收入罐的油料，包括转罐油料应建立油罐装油记录，以备考查。

2003年3月，中国民用航空总局正式发布了中华人民共和国民用航空行业标准MH6020—2000《航空油料质量管理》，该标准系统地规定了航空油料的生产验收、接收程序、储存程序、发出程序和加注程序，对设施、设备的清洗要求以及油料的回收、掺配及更生、航空油料的储存年限、化验标准、化验项目等。

二、航油储存管理

储存航油要根据库内储油容器的情况合理安排。西南地区各储油库的油罐划分为储存罐和沉淀罐；各机场油库的油罐分为沉淀罐、储存罐和使用罐。从储存罐抽注油前，要进行一次排污，使用罐每天从油罐排污阀放样检查是否有水分，发现水分都要设法排除；油料在输入油罐和为加油车装油前都必须经过过滤器过滤；油罐内都严格按照涂漆工艺涂刷防锈涂料，涂料脱落要及时涂补；过滤器要定期清洗；油罐所装配的附件如呼吸阀、人孔、测量油口、排污放水系统等每个月进行一次检查，以确保其密封好，防止灰尘和水分进入油罐；从飞机上退回的油料要单独存放，化验合格后方可使用；航空附属油料入库后，要分类存放并建立卡片登记，定期清点，定期储存化验；收回的油料，经静置、沉淀和过滤后，质量符合使用指标的，可继续使用，对质量变化较大的润滑油要进行更生，更生的滑油质量符合使用指标，才能发出使用。航空油料储存年限规定见表8－3。

航空油料储存年限规定一览表

表8－3　　单位：年

类别	油　料　名　称	储存年限	备　注
燃料油	航空活塞式发动机燃料	5（10）	括号内是地下、半地下罐存油
	喷气燃料	5（10）	括号内是地下、半地下罐存油
润滑油	航空喷气机润滑油（8A）	10	
	航空喷气机润滑油（8B）	8	
	20号航空润滑油	15	
仪表油	4、5、14、16号精密仪表油	8	
	8号航空仪表油	15	
燃料油	航空活塞式发动机燃料	5（10）	括号内是地下、半地下罐存油
	喷气燃料	5（10）	括号内是地下、半地下罐存油
液压油	10号航空液压油	10	
润滑脂	钙基、钠基、锂基和钙钠润滑脂	5	
	铝基润滑脂、防锈润滑脂	5	
	7007、7008号航空润滑脂，特7号精密仪表脂	5	
	烃基润滑脂	10	

说明：本表根据《中国民用航空志·西南地区卷》编制

中国航油西南公司以GB/T19001—2000质量管理体系标准建立的质量管理体系为基础，按照GB/T28001—2001职业健康安全管理体系、GB/T24001—1996环境管理体系标准要求建立“一体三标”的综合管理体系（以下简称管理体系），加以实施、保持并持续改进，实现质量管理、风险控制、环境管理及污染预防的目的，旨在提供满足要求的产品和服务，增强相关方满意度。加强对喷气燃料的防护，保证油品质量。采用专管专用、专罐专用的方式对喷气燃料进行防护，即喷气燃料所用的油罐、管线等设备不与其他油品混装混用。过滤分离器符合GJB610或API1581的规定，增加质量检查次数。在公司本部和各分公司储油库收油端口加装过滤分离器，在重庆分公司卸油码头发油端加装旋涡分离器，增加固体颗粒污染试验检查点，对油罐、过滤分离器定期检查清洗，保证喷气燃料质量不受设备影响。储油罐底部为下锥底形状，罐内设浮动式吸油管；过滤分离器底部设沉淀槽；罐式加油车罐体底部呈不小于3%的斜度并设沉淀槽；机场供油管网设置低点排水装置，确保喷气燃料在加注飞机前经过充分沉降并排除水分、杂质。在喷气燃料的控制过程中，设立入库化验、使用化验等检验环节，在储油库、业务油库、航空加油站设13处质量检查环节，赋予质量检查员一票否决的权力，保证加注飞机的喷气燃料质量100%合格。这些措施使西南地区的油品质量保证能力得到了提高。加强化验仪器设备管理维护，计量器具及时送检，使量值传递可靠。及时补充技术力量，组织化验员培训，为职业技能鉴定打下良好的基础。

1998年12月7日，经中国方圆标志认证委员会巴蜀认证中心评定，证明中航油西南公司建立和实施了符合 GB/T19002－1994－ISO 9002:1994 标准要求的质量体系。该体系覆盖了民用航空器 3 号喷气燃料的采购、储存、输转、加注、销售和服务的全过程。2002 年，中航油西南公司成立 ISO 9001/2000版质量体系贯标办公室，先后完成《质量管理手册》《质量控制手册》编写和各类记录的修订工作。新的质量体系于2002 年 8 月 5 日开始试运行，11 月 11 日进行内审，11 月 26 日完成管理评审，12 月 6 日通过认证。12 月 25 日，经中国·四川巴蜀质量认证中心评定，证明中国航空油料西南公司的质量管理体系符合质量体系标准 GB/T19001—2000IDT－ISO 9001:2000。该体系覆盖了 3 号喷气燃料的采购、储存、输转、加注和服务过程。2003 年，中航油西南公司油品应用研究中心新化验室竣工，为开展实验室认证做好前期准备工作。

2004 年 12 月 30 日，中国质量认证中心（CQC）四川评审中心在对中航油西南公司成都本部，重庆、贵阳两个分公司 3 地进行了“一体三标”的现场审核，召开最终评定的末次会议。会议评定中航油西南公司通过“一体三标”认证。通过审核，评审组一致认为：中航油西南公司“一体三标”管理体系非常完善，在产品质量、环境保护、职业健康安全方面的管理非常到位，管理体系、人员素质、设备状况、环境状况均超出认证通过的基本要求。中航油西南公司是中国质量认证中心（CQC）四川评审中心在四川地区认证通过的第二家“一体三标”认证企业。

三、加、放油管理

飞机使用的油料种类、牌号，按照飞行手册有关油料使用规定执行。加入飞机的燃料油必须做到：水分含量不超过 30PPM；杂质含量、重量值，每公升不超过 1 毫克；颜色在 4 级（干片）以下；长距离输油管线或灌油品的管线每周应从低点阀井进行 1 次水分检查，发现异常，及时排除。

飞机起飞前必须对航空油料放油检查，民航局曾多次通知必须坚持飞机起飞前对航油放油检查的制度。1988 年，民航局适航司颁发《重申各型飞机飞行前放燃油沉淀的通知》。1988 年 3 月 31 日，西南航空公司印发《关于加强对航油检查的通知》（以下简称《通知》）。该《通知》规定：机务外场一定要配备必要的放沉淀工具，坚持做好飞前和飞后对飞机燃油的放沉淀工作。其标准为放出的油观察不到水和杂质为准。飞行机组一要坚持加油前对油样进行严格的检查，发现有水分和杂质，均不得向飞机上加注。无论在本场或外站，均要严格执行。

民航飞行学院机务部门对每架飞机均配备放沉淀的工具，做到飞行前对飞机燃油放沉淀检查，观察放出的航油无水分、无纤维、无铁锈、无杂质为止。1991 年，该院使用米利波仪进行油料现场检查。1993 年，开始使用壳牌测水器现场检查。飞行机组在加油前坚持对油样进行严格检查，合格后才向飞机加注。为保证航空油料质量，油库对出库油料必须保证“四无”（即无水分、无杂质、无金属末、无纤维）。1994 年 9 月，该院对长期储存后不合格的油料作出规定：因储存时间过长等原因，造成油品质量不符合标准，各分院（航站）应首先提出处理意见并附有化验单，报该院油车科，待批准后作降质处理。

四、航油化验管理

20 世纪 50 年代初，西南民航没有航油化验手段，只凭机务工程人员目视检查并采用鹿皮过滤方法除去油料中的杂质。1955 年 5 月，民航重庆管理处开始筹建油料化验室。以后，四川、云南、贵州省局油料化验室先后成立。1990 年，航油成都公司将化验室改称油品应用研究中心，扩大了化验范围。

民航飞行学院各机场油库均建立了油料化验室，配备化验员，实施航油化验管理，进行常规项目化验。

2005 年 12 月，中航油西南公司油品应用研究中心通过国家实验室认可委员会审核，取得国家实验室认证资格证书。

第四节 设备管理

一、中航油西南公司设备管理

1994 年，中航油西南公司投资 60 万元对奔驰加油车进行了大修，全公司清洗 5000 立方米的大油罐 2 次，2000 立方米的油罐 3 次，其他油罐 49 次。油罐及管线防腐 6000 平方米，维修加油车 12 台次，清洗加油车 29 台次，1995 年落实以计算机为手段的设备管理化基础工作，巩固了 1994 年清产成果，做到账、卡、物相符。

2004 年 5 月 14 日，中航油西南公司制定的《设备管理细则》中规定了《设备控制程序》，目的是：对公司的生产设备、辅助设备、监视和测量设备进行有效控制，保证设备的正常使用。范围是：适用于公司生产设备、辅助设备、监视和测量设备的控制。职责是：安全技术处为本程序的归口管理部门；安全技术处负责生产设备、辅助设备、监视和测量设备的管理；各设备使用部门负责本部门设备的使用管理以及设备技术档案管理；操作人员负责设备的日常维护、保养。工作程序是：设备选型、购置和验收；使用部门按照《文件资料控制程序》保存本部门设备的技术资料，按《记录控制程序》管理各类记录；设备的分类管理；设备的使用管理；监视和测量设备的计量确认；设备维护、修理；设备的改造、更新、报废；设备的标识管理；设备配件及耗材控制。规定详细具体，操作性强。

2005 年，中航油西南公司按照设备系统管理要求，抓紧加油车辆大修，细化过滤分离器滤芯、加油胶管等消耗品管理，对每根胶管、滤芯均建立台账，做到统筹安排，节约资金。

二、民航飞行学院航油设备管理

民航飞行学院各机场油料部门，对油罐和各类油车的清洗、维修，对电机、油泵、阀门、过滤器等部件的更换修理都有具体规定。每 1—2 年清洗油罐 1 次，对发现有锈蚀的油罐及时进行除锈和防腐处理，对油车每年清洗 1 次，对各种油泵、阀门、电机、过滤器等部件，每年春秋换季检查时进行检查修理，对不合格的部件进行更换。该院还按照中国航空油料公司油库达标验收标准，每 4—5 年对全院油库达标情况进行检查，评选油库达标优胜单位，对未达标的油库限期改正。1991 年，民航飞行学院按照中国航空油料公司油库达标验收标准，对全院机场油库达标情况进行了检查，4 个机场油库均达标合格，广汉机场油库为达标优胜单位。1997 年，学院对油库设备管理工作提出更高的要求，这一年，全院机场油库共清洗加油车 44 台次，过滤分离器 113 台次，维护阀门 634 个、更新 24 个，维护内燃机 10 台次、流量计 6 台、油泵 22 台、电动机 5 台次，测量各种接地装置 523 个，检查机械透气阀、阻火器 81 次，对 5 座 300 立方米油罐、1 座 1000 立方米油罐及中转库栈桥、管路进行防腐，对 4 座 35 立方米油罐、1 座 300 立方米油罐进行清洗。按照中国航空油料公司计量器具

A、B、C分类管理的规定，该院各油库进行了普查、分类、建档立卡，对不合格计量器具进行调试和更新。由于经常坚持对油料设备的维护管理，有效地提高了设备的完好率和利用率，为完全达标创造了条件。

三、民航各油库、机场航油设备管理

1990年，西南地区各油库、机场共大修油机、油泵、油车52台次，维修过滤器、各种油泵、阀门、车辆等分别为50、2339、999、985台次；共清洗过滤器材118台次，油罐58130立方米，油泵1150台次，油枪660支次，油车63台次，对库、站油料质量检查122次。1991年，对油料质量建立并坚持了各库（站）值班领导检查、化验室每月检查、油料成都公司每半年检查制度。全年共清洗油罐66025立方米，过滤器156台次。排放沉淀1389罐次，油品质量检查540次，化验油样709个，油品质量合格率达到100%。1991年，民航西南地区各库、站共添置电动机9台套，更换耗能高的变压器2台，更换阀门31个，更换7台KB等级防爆电动机，更新39套阻火器、呼吸阀以及15台加油车过滤器和全部油库终端过滤器，拆除了长期影响安全的架空电源线，配备了13套防爆工具。西南地区11个库、站全部安装了新型多功能电子报警器，购置了16套压力加油接头，38根胶管和1340只过滤芯，修建19个消防阀，添置540件消防器材。全年共维护、维修车辆1079台次，油泵639台次，电机585台次，阀门3124个次。航空油料油罐和油料过滤器清洗规定见表8-4、表8-5。

航空油料油罐清洗规定一览表

表8-4

存放地点	名　称	用　途	清洗期限（年）
储油库	立区油罐	储存	2.00
	卧式油罐	使用	1.00
业务油库、耗油库	卧式油罐	储存	1.00
		使用	1.00
各油库	油罐	沉淀污油	0.50
燃料加、运油车	油罐		0.50
滑油加油车	油罐		1.00

说明：1. 本表根据《中国民用航空志·西南地区卷》编制；
2. 以上各种油罐，在必要时可提前清洗；
3. 油罐清洗完毕后，由组织实施作业的领导检查合格后方可装油，并要详细做好清洗记录

航空油料过滤器清洗规定一览表

表8-5

过滤器种类与名称	检查清洗和更换控制指标		
	进出口压力差 Pa（千克/平方厘米）	检查期限（月）	更换期限（月）
油泵和流量表入口的粗滤网	—	12	—
油库收油系统预过滤器	9.81×104（1.0）	3	24
油库收发油系统过滤分离器	9.81×104（1.0）	12	24
燃料油加、运油车过滤器	9.81×104（1.0）	6	—

续表 8－5

过滤器种类与名称	检查清洗和更换控制指标		
	进出口压力差 Pa（千克/平方厘米）	检查期限（月）	更换期限（月）
燃料油加、运油车过滤分离器	9.81×104（1.0）	12	24
抽油车过滤器	9.81×104（1.0）	12	—
润滑油加油车过滤器	—	—	—

说明：本表根据《中国民用航空志·西南地区卷》编制

第五节　经营管理

四川地区各民航单位油料部门，在 1990 年中航油成都公司成立之前，分别隶属于民航成都管理局、民航四川省局和机场，主要职责是后勤保障服务，不是经营性单位。但由于购置航空油料的资金比较大，因而有一个资金合理使用与缩短周转时间的问题。民航成都管理局决定从 1963 年 4 月 1 日起，供应部对油料和航材的采购与供应实行内部经济核算制度。核算的内容包括：航油收入、发出、结存的增减，航油的实际采购成本，航油的价款、运杂费的支出，发出的油料价款，油料的储存数，资金周转速度以及油料的损耗、变质、报废、丢失等。为此，供应部门专门配备了财务人员负责核算工作。

1989 年 1 月 9 日，民航局下发《关于民航油料实施财务单列的通知》（以下简称《通知》），规定从 1989 年 1 月起，各地区油料部门的财务核算，从民航西南管理局、四川省局、机场的财务核算中独立出来。在中国航空油料公司成立之前，其油料财务由民航西南管理局机场代管。《通知》还对财务核算、人员划分、资金划分、物资与资产的划分等作了具体规定。1990 年 3 月 27 日，民航局下发《关于民航油料财务等工作划归中国航空油料公司管理的通知》，从 1990 年起，“油料系统的财务收支计划，由民航局下达给中国航空油料公司，各地区航空油料公司（处）财务收支计划，由中国航空油料公司下达”。“各地区油料公司（处）的会计决算、财务快报及有关资料，要按规定及时向油料总公司报送，由油料总公司审核汇总后报民航局。各地区管理局、机场不再管理这方面的工作。各级油料公司要按规定交纳各种税、费及能源交通重点建设基金和预算调节基金。其中营业税从 1990 年 7 月 1 日开始由地区油料公司（处）在当地税务部门交纳，外航加油除外；能源交通重点建设基金、预算调节基金由油料总公司集中北京办理上缴事宜；调节费由总公司统一向民航局交纳；所得税由油料总公司通过民航局向国家交纳。各地区油料公司的职工福利基金、职工奖励基金、生产发展基金留成比例，由油料总公司在民航局核定的油料总公司的总额基础上对下进行确定。各项基金的使用要严格按照国家和民航局的有关规定执行”。

1990 年 2 月 26 日，中国航空油料公司成立，结束了以前各地区油料部门只管安全生产不管经营的状况。财务独立核算、盈亏自负、安全生产和经营管理摆到了航空油料总公司和地区公司的突出地位。中航油系统内部实行一级核算四级管理（总公司、地区公司、分公司、供应站）。总公司对地区公司实行三项核算考核：费用支出考核，包括吨油经营费用、管理费用、财务费用、4 项可控费用

(业务招待费、办公费、会议费、差旅费）商品损耗等；生产经营管理考核，包括生产安全、利润总额、吨油费用、全员劳动生产率、工资总额、投资总额、投资计划管理、经营责任制管理、职工上岗考核和科技进步等；精神文明建设考核，包括职工遵纪守法、服务质量、企业文化建设等。

地区油料公司根据以上考核指标，经过细化分解，再对各分公司和供应站进行考核。

一、中航油成都（西南）公司经营管理

中航油成都（西南）公司在拟订安全生产计划、基建方案重大技术改革措施、财务预算、决算、自有资金的分配以及教育培训、机构设备等问题方面都坚持公司领导集体研究，职能部门积极参与，并提出注意克服重实物管理，轻财务管理；重完成任务，轻经济效益；重伸手要钱，轻精打细算；重计划，轻检查等倾向以加强经营管理。1991 年，各油料部门对各种车辆加强维修保养，修旧利废，节约开支 19 万元。加强了对油品各种证件和油款托收的复核审查，查出漏收贵州省航空公司 3.7 吨油款，炼油厂多收 2 吨多油款，并查出厂方多次发油短少，得到了补偿，全年回收各种残油 75265 千克，节约用煤油 2500 千克，节约开支 80 余万元。1994 年，成都储油库对油槽车坚持逐车计量向炼油厂索赔车耗航油 24 吨。1995 年，共回收槽车底油 132.9 吨。在接收油料中，合理合法地向各炼油厂索赔 11.8 吨。是年，成立中国航空油料西南公司经营管理委员会，印发《中国航空油料西南公司经营合同管理暂行办法》，逐步建立完善的经营管理制度，使各个环节的工作执行按标准、实施按制度，做到有章可循。

由于设备更新、技术人员业务水平的提高、管理机构逐步完善等原因，以往建立的管理标准、规章制度和操作规程，有些与实际情况不相适应，1995 年，中航油西南公司按照本单位的设备与设施现状和人员分工情况，对管理标准、规章制度和操作规程进行了一次认真清理。全年共修订 90 余项规定和制度，重点审定了《卸油作业程序》《输油作业程序》《灌装油料作业程序》《飞机加油安全单》等。

1996—2000 年，中航油西南公司的经营基本上是计划经济模式，航油购销价格完全按上级规定执行。由于市场物价不断上涨，自 1996 年开始，该公司出现亏损。为增收节支，公司财务处于 1992 年印发的《财务管理暂行规定》，经过几年的实践，于 1996 年 7 月对此规定作了修改和完善，对公司的财务管理、资金管理、资产管理、资金控制、审批权限等作进一步规定，使公司的经营工作得到了进一步规范；还对公司中层以上干部的电话费用、职工上下班的自行车磨损费用、职工子女入托入园费补贴作了相应的统一规定。公司在历年的财务审计中未发生严重差错。中航油西南公司财务处与运销处密切合作，对原计划经济时期制定的库存量必须保证 3 个月以上的规定逐步尝试给予缩短，加强与炼油厂、铁路的联系合作，减少航油的库存量，减少银行贷款数额并提高资金使用周转率，将航油原库存 3 个月降为 1 个月以内。

2001 年，面对油品价格和供应的严峻形势，航油西南公司在筹措资源、协调运输等方面做了大量工作，多次与炼油厂、销售公司、铁路部门联系，保证航油供应。对增长过快的费用开支采取强化管理，降低成本措施，各项可控费用控制在计划进度之内；及时回收油款，加速资金周转；积极组织贷款，保证航油采购资金；对石化公司的油款，分轻重缓急逐步划出，减少银行贷款额度，降低财务费用；加强审计工作，彻底清产核资，保证财务数据的真实性；对所有库存油料进行盘点，如实上报盘盈油品数据。

2002年，及早制定资源采购计划，把握采购节奏，确保航油合理库存量。9月，成都、贵阳在油价低谷时增加库存1万吨，直接获得价差利润460万元。及早制定航油调运方案，召开运输保障协调会，与有关部门保持良好的合作关系。优化运输方式，保证航油及时调运。在航油资源配置受到影响、龙组（运油专列）不正常情况下，保障高峰期的航油供应。节约运费，从4月开通了兰州、洛阳到成都的龙组专列运输，减免部分兰州铁路局收取的龙组快运费，使兰州炼油厂运杂费下降25.69%，节约573万元。重庆分公司航油运输由铁路全部改为长江水运，吨油运费下降50元，全年节约运输费用近500万元。加强预算管理和费用控制。抓好挖潜增效工作，制定增效节流办法，压缩不必要开支，对增长过快的费用采取控制措施。利用银行贷款利率下调时机，及时进行贷款置换，降低财务费用。通过安装计算机自动办理托收程序等有效措施，缩短航油结算周期，加快油款回笼，应收账款周转天数缩短到20天。加强财务审计，严格财务管理和业务监督，保证财务工作的真实性和可靠性，使公司的经济效益得到有效保障。

2003年，根据国内石油供求变化趋势，千方百计抢油源，保供油。通过前往各炼油厂落实航油资源，兑现排产计划，向空军借调航油12000吨，及时协调和解决在发运过程中出现的问题等多种手段，确保航油供应。改革流程，优化供应链，进行航油连锁配送的探索。11月，从重庆“反输”航油至成都，缓解了成都航油供应的燃眉之急。通过大西南航油资源的整合，使供油保障能力进一步增强。根据“美伊战争”和“非典”疫情等实际情况，加强石油市场和航油需求分析，把握好航油采购节奏，适时适量增减库存，保证航油供应与库存管理的有机统一。优化运输方式，节约运杂费。通过租用机车车头的方式，及时接卸龙组，缩短航油运输周期。在三峡禁航期间，重庆分公司用最少的采购资金完成三峡截流前的航油调运工作。

2004年，在航油资源严重不足，油品市场价格严重倒挂，炼油厂生产积极性不高的不利情况下，抓好航油资源落实，优化采购方式。通过召开资源和运输紧急协调会，及时向四川省经委、成都铁路局等有关单位汇报情况，增开一列洛阳至成都的航油龙组，重庆返输航油等艰辛工作，成都航油的正常供应得到保证。制定航油供油模式和应急预案，增加从新疆进油等途径。根据库存测算和航油价格分析，适时增减库存。3月，在油价上涨前多提航油7700吨，实现价差利润300万元；与甘肃西部物流有限责任公司签订《“五定”班列及快运直达运输物流服务协议》（“五定”即定点、定线、定车次、定时间、定运价），使兰州至成都的航煤龙组运输费用每吨下降10.12元，节约运输费用54万多元。加强营销服务意识，巩固原有销售渠道，积极拓展支线机场航油市场。从2004年起，逐步介入四川九寨黄龙机场、南充机场、绵阳机场等支线航油销售市场，逐步介入国航西南维修基地、中外合资的斯来克玛等航空维修所需的航油市场，进一步拓展西南航油的市场份额。与民营航空企业鹰联航空公司建立了业务关系。进行兰（州）成（都）渝（重庆）管线输送航油的可行性研究，安排了青藏铁路通车后的西藏市场前景调研的任务。成都本部增加了地油经营网点。严格预算，成本费用得到控制。制定《预算管理实施细则》，对生产经营的各个环节、各项费用实施全方位的预算管理。全程监控费用开支情况，保证预算指标在受控范围内。对运杂费的产生进行逐项清理和分析，规范铁路费用相关合同的管理，降低航油运杂费。通过网上银行实行资金集中管理，加快资金流动，将各分公司之间资金筹措和调度的时间由3—5天降至1天，提高资金的周转率和盈利能力。运用票据支付、银行透支、委托总公司统一贷款相结合的融资模式，缓解资金成本上升的压力，全年融资成本降低约30万元。加快了应收账款的力度，应收账款周转天数降低为35天，同比减少了8

天。新增经济效益增长点，创建万州机场供油模式，节约运营成本。加强审计工作，严格财务管理和财务监督，弥补了一些财务管理中的不足。

中航油西南公司2001年为4.4万架次飞机加油22.5万吨，其中成都本部加注航油18.5万吨/3.35万架次，贵州分公司4万吨/1.08万架次，同比增长12.8%和10.2%；实现销售收入6亿元，公司采购航油21.9万吨。2002年，成都本部加注航油21.57万吨/3.86万架次，重庆分公司9.97万吨/2.34万架次，同比增长18%和17%。贵州分公司4.61万吨/1.23万架次；公司主营业务收入8.93亿元，向国家上缴利税1900万元；在折旧费大幅上升的情况下，同比减亏4307万元。2003年，共为8.32万架次飞机加注航油38.08万吨。其中，成都本部22.08万吨/4.14万架次，重庆分公司11.26万吨/2.88万架次，贵州分公司4.73万吨/1.28万架次，同比增长5.46%，完成预算的100.63%；实现销售收入102240万元，同比增长14.54%；航油销售成本86771万元，同比增加18.71%，完成预算的101.30%；商品流通费总额21041万元，同比增加18.71%，完成预算的98.40%；上缴税收3321万元。全年亏损4710万元；若扣除长期贷款利息3786万元，实际亏损924万元，同比减亏511万元。2004年，共为10.4万架次飞机加注航油48.8万吨，远远超过年初预测的43.5万吨。同比增长27.11%。其中成都本部销售航油29.5万吨/5.5万架次，重庆分公司13.46万吨/3.3万架次，贵州分公司5.9万吨/1.6万架次。经济效益扭亏为盈。实现销售收入16亿元，销售成本13.7亿元，商品流通费用2.1亿元，实现利润2493万元，同比扭亏增盈7203万元。

2005年，中航油西南公司继续推行预算管理，预算编制采取“自上而下、自下而上、上下结合”的方式。加强航油结算，采取买方付息票据等形式，提高资金管理水平。进一步完善内控制度，将强风险防范。利用现代化财务核算手段强化财务分析，使会计核算从事后达到实时，财务管理从静态走向动态。是年，中航油西南公司获得总公司清产核资先进集体。

二、民航飞行学院航油经营管理

民航飞行学院为做好油品的经营管理，在1994年9月颁发的《航空油品管理制度》中，制定了关于《航空油品的申请、订购》《油品收、支动态的申报》《油品损耗》《油品结算》等规定。关于《航空油品的申请、订购》：各分院在申请航油年度计划的规定时间内，经学院油库科测算其申报计划、学院财务处核准后上报中航油总公司；月计划由学院油车科每月计划申请。关于油品收、支动态的申报：各油库每月在规定时间内上报学院油车科。油品动态表内容包括：航空燃料和润滑油的收、发及库存数量，要实事求是地依据其实际密度进行计算，各种油品要按照规定的油品编号顺序进行填写，消耗的油品应详细注明使用单位和用途，计量单位应统一；各种原始凭证要妥善保管，不得随意更改或销毁；各分院油库每半年应作一次油品盘存和半年决算，每年应作一次油品全年决算。关于损耗管理：计算损耗严格按照油料自然损耗标准进行计算，损耗超出标准时要查明原因，由各分院油库书面报告院油车科，出库前的一切损耗由经营油库负责，不得转嫁给用户；管道、阀门、油泵、法兰、油罐、油桶的渗漏和差错事故所造成的损失不能作自然损耗处理，接收油品运输溢耗超过定额，应严格按要求进行核实，油库领导要监测计量，认真填写《油品验收，计时及复测记录》并妥善保存，在确认无误后向有关部门交涉，并在接收该油品24小时内报院油车科记录内容；接收附属油品（含进口油品）若发现漏损，接收单位应及时向承运单位索赔，同时报院油车科；任何非自然损耗所造成的油品损失要查明原因，根据情节轻重进行严肃处理。关于《航空油品结算》：除洛阳分院自行支付外，其他分院接收航空煤油所需支付油款由院油车科统一报销；全院接收的航空汽油、航空洗涤汽油、附属油品（含进口油品）等，油款由院油车科核实，交院财务处支付；训练飞机加油由该机场所在分院财务部门核销，非训练飞机在洛阳分院以外其他分院加油，其加油单交院油车科，经核实后由院财务处收款，学院飞机在学院外机场加油，机组应妥善保管加油单并及时将加油单交分院油料部门，油款由院油车科负责报销。

第六节　信息化管理

信息化管理是现代化管理的重要手段之一。1992 年底，中航油西南公司引入第一台计算机。1994 年，中航油西南公司财务处组建内部局域网，开始运用安易财务软件系统。1995 年，中航油西南公司安全技术处开始运用设备管理软件；1996 年，引入鹏通公司加油结算系统。1998 年 7 月，中航油西南公司组织编写人事考勤软件。1999 年 10 月，安全技术处、运销处开始运用总公司远程报表系统。2000 年 11 月，业务油库自动化供油系统启用。2001 年 10 月，组织编写加油站调度统计管理软件。2002 年 10 月，安全技术处开始运用总公司安全检查网络系统。2003 年 4 月，建成公司机关内部局域网；2003 年 10 月，中航油西南公司引入德国 SAP 公司软件进行 ERP 项目建设。2004 年 1 月，中航油西南公司 ERP 项目切换上线，正式投入使用。2004 年 3 月，中航油西南公司与总公司联建视频会议系统。2004 年 4 月，中航油西南公司成立信息化办公室。此后，中航油西南公司加强计算机及网络安全管理，加强对 ERP 信息系统数据的管理与监控，会同关键用户明确各分公司、业务部门最终用户的职责和权限，指导各单位编写 ERP 管理规定。建立 ERP 系统管理考核办法并将其纳入公司各单位年度业绩考核。为成都航空加油站、业务油库和储油库搭建无线局域网，配备无线上网卡，保障 ERP 系统数据录入的准确性和及时性。通过对计算机基础知识、ERP 系统管理思想、管理方法等相关知识的培训，初步掌握 ERP 系统的基本原理。2004 年航空油料西南公司 ERP 设备配置见表 8－6。

2004 年中国航空油料西南公司 ERP 设备配置一览表

表 8－6

单位	网络连接方式	电脑配置数量（台）	VPN 客户端安装数量（个）
公司本部	宽带	80	20
牧马山储油库	宽带	6	1
双流机场业务油库	宽带	6	0
双流机场航空加油站	宽带	6	1
油品应用研究中心	宽带	3	1
计量检定中心	拨号上网	4	1
贵州分公司本部	ADSL	19	8
龙洞堡储油库	拨号上网	1	0

续表 8－6

单位	网络连接方式	电脑配置数量（台）	VPN 客户端安装数量（个）
龙洞堡业务油库	ADSL	1	0
贵阳航空加油站	ADSL	2	0
重庆分公司本部	ADSL	24	10
熊家坝储油库	拨号上网 1	0	
江北机场业务油库	ADSL	3	0
唐家沱码头油库	ADSL	2	0
磨心坡卸油库	ADSL	1	0
重庆航空加油站	ADSL	3	0
西昌青山供应站	拨号上网	1	1
驻荆门炼油厂代表处	ADSL	2	1
万州供应站	拨号上网	0	1
合计		164	45

说明：本表根据《中国民用航空志·西南地区卷》编制

中航油西南公司本部在成都通过宽带连接到 INTERNET，在本部安装一台 SAPROuTER 做 NAT 地址映射与总公司建立 VPN，本地的所有 SAP 用户通过这台机器 SAPROuTER 访问总公司的 SAP 服务器，保证了数据传输的安全性。西南公司本部与业务油库、航空加油站之间的直线距离 3000 米左右，互相可视。采用点对点的无线连接方式，采用朗讯公司的无线产品。两点分别用一台 11 兆无线网桥（RG－1000），通过转接缆连接一个高增益定向天线（PA24），点一与点二的天线相对。

中航油西南公司本部与牧马山储油库直线距离 25 千米左右，有山相隔不能直视，在牧马山老油库设置朗讯公司的无线转发器，中航油西南公司无线网桥见图 8－2。

2004 年中航油西南公司 SAP 系统用户分布见表 8－7。

2005 年，中国航空油料集团公司针对 ERP 上线后月结过程中容易出现的问题，提出解决办法和应对措施，先后下发《关于总部统一支付进口航煤货款的操作流程及财务处理规定的通知》《中国航空油料集团公司成员企业关联交易账务处理规范》《关于集团公司 SAP 切换后系统操作的几点注意事项》和《关于集团公司 SAP 切换后系统操作的主要变化》，规范 ERP 业务流程。

信息化管理提升了航油管理效率。西南航空油料部门从 20 世纪 50 年代年耗油量仅千吨左右发展到 2005 年耗油 70 多万吨；储油能力从几十立方米的小油罐发展到 2000 立方米、5000 立方米、10000 立方米的大油罐；油料运输从几十立方米的太脱拉运油车发展到铁路专线栈桥运、卸油和数千米长输油管线输油；加油模式从手摇泵给飞机加油发展到从耗油库用输油管线连接机坪地井通过加油栓直接给飞机加油。

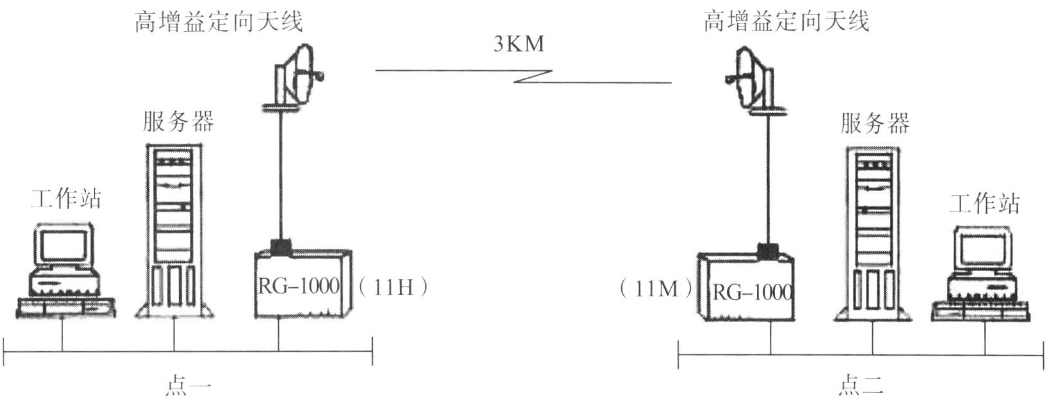

图 8-2 中航油西南公司无线网桥示意图

2004 年中航油西南公司 SAP 系统用户分布一览表

表 8-7

单位	部　门	岗　位	SAP 用户数量（个）
中航油西南公司本部	公司领导人	经理、副经理	3
	财务处	处长/固定资产财务主管	1
	财务处	总账会计/固定资产/地油	2
	财务处	总账会计/报表	1
	财务处	应收/应付会计	1
	财务处	出纳/固定资产出纳	1
	运销处	运销处领导	2
	运销处	业务人员	1
	运销处	业务人员	1
	安全技术处	业务人员、计量管理人员、固定资产管理员	2
	修建处	固定资产管理员	2
	计划处	固定资产管理员	1
	行政办公室	固定资产管理员	1
中航油西南公司本部	牧马山储油库	油库人员、固定资产操作员	5
	牧马山储油库	油品化验人员、计量器具管理人员	3
	成都业务油库（航空加油站）	油库人员、固定资产操作员	4
	成都业务油库（航空加油站）	计量器具管理人员	1
	成都业务油库（航空加油站）	油单录入员	6
	油品应用研究中心	油品化验人员、计量器具管理人员、固定资产操作员	2
	计量检定中心	计量器具管理人员、固定资产操作员	2
	用户数小计		42

续表8－7

单位	部　门	岗　位	SAP用户数量（个）
重庆分公司	分公司领导人	分公司经理、副经理	2
	计财科	科长	1
	计财科	科长/总账会计/固定资产财务	1
	计财科	应收/付款会计	1
	计财科		1
	计财科	出纳/固定资产出纳	1
	业务科	业务科领导	2
	业务科	业务人员、固定资产管理员	1
	办公室	固定资产管理员	1
	重庆北碚油库	油库人员、固定资产操作员	2
	重庆北碚油库	油品化验人员、计量器具管理人员	2
	重庆唐家沱油库	油库人员、固定资产操作员	4
	重庆熊家坝油库	油化验人员、计量器具管理人员	3
	重庆唐家沱油库	油库人员、固定资产操作员	3
	重庆熊家坝油库	计量器具管理人员	1
	重庆使用油库	油库人员、固定资产操作员	4
	重庆使用油库	计量器具管理人员	1
	重庆使用油库（航空加油站）	油单录入员	2
	重庆分公司化验室	油品化验人员、计量器具管理人员固定资产操作员	2
	重庆分公司计量室	计量器具管理人员、固定资产操作员	1
	万州供应站	油库人员、固定资产操作员、油单录入员	0
	万州供应站	计量器具管理人员	0
	用户数小计		36
贵州分公司	计财科	账务主管	1
	计财科	应收/付款会计/总账会计	1
	计财科	出纳/固定资产出纳/固定资产财务/总账会计	1
	分公司领导人	分公司经理、副经理	2
	业务科	业务科领导领导	1
	业务科	业务人员固定资产管理员	2
	办公室	固定资产管理员	1
	贵州储油库	油库人员固定资产操作员	4
	贵州储油库	油品化验计量器具管理人员	3
	贵州业务油库	油库人员固定资产操作员	4
	贵州业务油库	油品化验计量器具管理人员	3

续表 8－7

单位	部　门	岗　位	SAP 用户数量（个）
贵州分公司	贵州业务油库（航空加油站）	油单录入员	5
	贵州分公司计量室	计量器具管理人固定资产操作员	1
	用户数小计		29
荆门代表处	驻荆门炼油厂代表处	业务人员	2
	茂名石化代表处	业务人员	2
	用户数小计		4
全公司用户数合计			111

说明：本表根据《中国民用航空志·西南地区卷》编制

第九篇　行业管理

中华人民共和国成立后，民航西南地区自1950年1月15日军委民航局驻渝办事处成立到1987年民航体制改革前，民航成都管理局长期实行“政企合一”的管理体制。民航成都管理局既是民用航空的一级管理机构，代表国家民用航空主管部门对西南地区民用航空事业实施行业管理，又是直接经营民航业务的国营企业，对所属单位和业务实施领导与管理。

1987年10月15日，民航成都管理局实行政企分开的体制改革试点之后，至2005年民航西南地区管理局的行业管理功能逐步完善，主要是依据民航总局授权，行使行业管理的政府职能，对西南地区民用航空企事业实施飞行标准管理、航空器适航管理、运输服务管理和机场业务管理等。民航西南地区管理局贯彻执行国家方针、政策和法律以及民航法规、规章，督促检查执行情况，并按行业技术标准颁发相关执照或证件，主要目的是保证飞行安全，提高服务质量，维护航空市场秩序和社会公共利益。

第一章　飞行标准管理

第一节　管理机构

1986年以前，民航成都管理局管理西南地区的民用航空事业，是政企合一的管理机构。民航成都管理局航行处、训练处分别负责飞行技术和飞行训练方面的管理。随着西南地区民航事业的发展，训练处更名为科教处，并增设安全检查室（后改名为飞行安全监察处，以下简称安监处）.、专业航空处（以下简称专业处）、卫生处。安监处、专业处、科教处、卫生处等职能部门对飞行技术、飞行培训和航空卫生的业务分别实施对口管理。

1987年10月15日，民航成都管理局实施体制改革，成立民航西南管理局。管理局飞行安全监察处（后改名为飞行标准安全监察处，以下简称飞标安监处）负责对民航西南地区的飞行安全、飞行标准实施行业管理。1990年6月2日，民航局下发《民航局飞行标准安全监察司、地区管理局飞行标准安全监察处和航空公司工作关系〈试行〉》（以下简称《工作关系》），对民航局飞标安监司与地区管理局飞标安监处在飞行安全、飞行标准管理方面的分工、职责、权限作出明确的界定。民航西南管理局根据民航局下发的《工作关系》，结合工作实际，为飞标安监处重新颁发了工作职责。飞标安监处的主要职责是：贯彻民航局飞行技术管理的规章制度，检查辖区内各航空公司、云南省局的飞行训练质量；审核辖区内各航空公司、云南省局各种机型的飞行训练大纲，并检查大纲的执行情况；负责辖区内飞行领航员改学航空器驾驶工种的审批，并报民航局飞标安监司备案；负责管理局飞行各工种兼职技术检查员的聘任工作；负责向民航局推荐飞行各工种兼职技术检查员的人选；拟定辖区内飞行技术检查计划，对各航空公司、云南省局机长、教员定期实施飞行技术检查或抽查；贯彻民航局飞行人员执照管理的规章制度，负责受理与承办辖区内各航空公司、云南省局飞行人员执照的申请、考核、审查、报批、颁发，以及暂停、吊扣和吊销等工作；负责辖区内外国飞行人员执照的审核和认可工作；负责辖区内各航空公司、云南省局空勤人员的体格检查和医学鉴定，并对其航空卫生工作实施监督检查。

1995年4月6日，为贯彻民航总局关于成立地区管理局航空安全办公室的通知，民航西南管理局将飞标安监处一分为二，成立飞行标准处（以下简称飞标处）和航空安全办公室。飞标处下设技术检查室、训练管理室、执照资料室、航空医监室。1999年5月11日又增设运行管理办公室，细化飞行标准管理工作。飞标处主要职责是：贯彻落实民用航空法律、法规、规章和飞行标准规定，根据辖区内具体情况制定补充规定或实施办法；负责组织对辖区内航空企事业单位进行运行合格审定和持续监督检查；负责辖区内民用航空器飞行人员执照考核、英语考试工作，办理民用航空器飞行人员执照和合格证的颁发、签注以及暂停、吊扣和吊销等工作；负责辖区内民航飞行院校、飞行培训机构资格审定以及对飞行模拟机和飞行训练器的合格审定工作；负责管理辖区内各航空企事业单位飞行人员的训练情况，掌握各飞行队伍的技术状况，对带有倾向性的技术问题及时发出咨询通告；贯彻民用航空卫生工作制度和空勤人员体格鉴定标准和管理程序，管理辖区内体检合格证的发放和吊销工作；拟定辖区内民用航空卫生管理工作实施办法，管理辖区内空勤人员的卫生保健、航空医学知识教育和航空医学研究工作。

2003 年 7 月 24 日，民航深化体制改革，民航西南管理局更名为民航西南地区管理局，航空卫生管理工作从飞标处剥离，管理局对飞标处的职责进行了相应的修改、补充与完善。与此同时，依据民航深化体改方案，民航重庆、贵州、云南安全监督管理办公室（以下简称监管办）分别于 2003 年 11 月 26 日、12 月 30 日和 2004 年 4 月 26 日相继成立，各监管办均设有飞行标准管理部门。管理局飞标处与各监管办飞标部门的工作范围、职责、权限也进行了相应的分工与交接。

2005 年，管理局飞标处组织对各省、市监管办和民航成都安全运行监督办公室人员实施相关的业务培训，并对各省、市监管办和成都安全运行监督办公室的审定和持续监管工作进行监督和指导，加强了管理力度。

第二节 飞行训练管理

民航四川地区在组建飞行队伍的初期，飞行培训程序和训练大纲虽有部分翻译资料，但由于缺乏系统的内容、完整的程序和具体规定，基本以单位领导或带飞教员的实际经验为依据，在飞行训练的具体组织和实施过程中，程序、课目、内容、时间、要求、标准不够统一，飞行人员的技术状况和成长速度均存在着一定差距。1963 年 6 月 5 日，民航总局《关于统一飞行人员培训程序和分工编写各类各级空勤人员暂行训练大纲的问题》颁发后，民航成都管理局对执管的伊尔 14、里 2、运 5 机型，按照民航总局颁发的机型训练程序和训练大纲，认真制定飞行训练计划。20 世纪 70 年代起，民航成都管理局执管的机型逐步向涡轮螺旋桨式、涡轮风扇式过渡，飞行人员面临改装新的机型与飞行技术的适应和提高。

1983—1984 年，民航成都管理局完成飞行训练 1566 小时 34 分；批准转机型训练 78 名，批准转升机长（教员）91 名，批准转升正驾驶 43 名，批准飞行领航员、飞行通信员、飞行机械员放单飞 32 名。1985 年，选拔 32 名飞行员和 16 名飞行机械员赴美国西雅图波音飞机公司培训中心首批改装波音 737－300 型飞机。

1987 年体制改革后，民航西南管理局为民航西南地区管理机构，通过其机关各职能部门分别对西南地区各航空企事业单位的业务工作对口实施行业管理。有关飞行训练管理问题，民航局在 1990 年 6 月 2 日下发的《关于印发〈民航局飞行标准安全监察司、地区管理局飞行标准安全监察处和航空公司的工作关系（试行）〉的通知》中明确规定：地区管理局飞行标准安全监察处负责管理本地区飞行人员的各种训练，并负责向民航局飞行标准安全监察司报告飞行训练情况和统计飞行训练资料以及检查飞行训练大纲执行情况等。为此，民航西南管理局飞标安监处，要求各航空公司将机型训练大纲与年度飞行训练计划、各机型机长转天气标准名单与飞行人员放单飞情况，以及飞行人员转作业项目与完成年度专业飞行任务情况及时报告管理局飞标安监处。根据民航局的规定，1992 年 3 月 25 日，民航西南管理局飞标安监处又下发了《关于飞行训练报批有关问题的通知》，对各航空公司飞行人员转升机型训练、模拟机训练以及飞行人员改驾驶工种训练的报批问题作出了规定和要求。

1995 年 3 月 6—8 日，民航西南管理局在云南西双版纳召开民航西南地区飞行技术训练管理工作会议，研究贯彻民航总局于 1994 年 11 月 17 日发布的《中国民用航空飞行人员训练管理规定（试行)》(以下简称《规定》)。根据该《规定》精神，会议就如何加强西南地区飞行技术训练管理的问题进行了认真讨论。其中对机组技术力量配备以及飞行人员基础训练、转机型训练、改装差异训练、转正驾驶训练、转天气标准训练、转作业项目训练、模拟机复训等训练计划的报批、飞行训练大纲的编写、最低设备放行清单（MEL）的修订、飞行技术资料的管理问题均作出了具体要求。是年 8 月 3 日至 9 月 9 日，民航西南管理局组织了以管理局飞标处处长为组长、副处长为副组长的检查组，对西南航空公司、四川航空公司、贵州省航空公司、云南航空公司关于贯彻执行民航总局《规定》的情况进行了检查。检查组听取了航空公司与飞行大队领导有关贯彻执行民航总局《规定》的情况汇报，查阅了公司的飞行训练大纲、飞行复训计划、模拟机训练合同以及训练的结业证书；抽查了部分飞行员的飞行记录簿、理论考试成绩单和技术检查记录以及转机型、升机长、转天气标准、转飞行教员的训练时间、审批程序等记录；召开了部分飞行人员、基层飞行干部座谈会以及对部分机型的机长、飞行教员的飞行技术进行了抽查。从检查的情况来看，各航空公司贯彻执行民航总局《规定》是认真的，表现在领导亲自抓、行动快、方法得当、措施有力。

1997 年 7 月，民航西南管理局飞标处为规范飞行标准的行业管理，依据《中华人民共和国民用航空法》和民用航空规章有关规定，参照民航总局 CCAR－121FS 部（征求意见稿)，着手编写了《民航西南管理局飞行标准管理手册》(以下简称《飞标管理手册》)。历时半年，几经易稿，于 1998 年 1 月 22 日在民航西南地区飞行标准管理工作会议上讨论通过，经民航西南管理局局长批准，自 1998 年 3 月 12 日起施行。《飞标管理手册》共 10 章，涉及飞行标准部门职责、飞行技术训练管理、飞行技术检查管理、飞行人员照证管理、运行合格审定管理、通用航空飞行技术管理、航空卫生管理等方面，内容全面、具体、明确、易操作。民航总局飞标司司长为《飞标管理手册》作序。序中指出：飞标管理手册凝聚了西南地区飞标管理部门领导和同志们的高度责任感和强烈事业心，表明西南地区的飞行标准管理在从行政型管理、经验型管理向科学化、法制化、规范化管理的转轨中又上了一个新台阶。

1998 年 7 月 3 日，民航总局发布 CCAR－62FS 部《中国民用航空飞行人员训练管理规定》（以下简称《飞行训练管理规定》)，对 1994 年 11 月发布的《规定》进行了修改和完善。在训练种类和基本要求方面增加了初始训练、升级训练和仪表等级训练；增加了航空器类别、级别、等级训练，重新获得资格训练等内容，训练时间也作了新的规定。民航西南管理局要求西南地区各航空公司、飞行院校认真贯彻民航总局飞行训练管理规定，结合自身实际，制定出贯彻的实施办法和措施，将飞行训练管理工作落到实处。是年 9 月 11 日，民航西南管理局发现少数飞行人员《飞行经历记录本》填写内容数据不完整不准确，甚至存在虚假现象。为贯彻落实民航总局《飞行训练管理规定》，民航西南管理向各航空公司、飞行院校提出了 4 点要求：一是提高认识。《飞行经历记录本》是飞行人员的主要技术档案之一，是飞行人员飞行经历的真实记载，也是进行飞行训练管理、实施飞行训练工作和飞行人员的合格审定、申办驾驶员执照的重要依据。二是规范使用。飞行人员要认真学习飞行经历记录本填写须知，明确其填写内容、方法和要求，填写时做到内容齐全、数据准确。每次飞行结束后由机长、教员或管理部门负责人签字，本人保证填写内容属实。飞行经历记录本平时由飞行人员个人保管，填满后交飞行技术主管部门存档。三是检查督促。航空公司、飞行院校的各级训练管理部门应当结合本单位情况，加强对飞行人员填写飞行经历记录本的帮助指导，提出具体要求和措施，经常检查飞行经历记录本的使用情况，发现问题及时给予纠正，认真履行管理职责。四是加强监督。管理局飞标处审批各种训练和办理飞行执照过程中，在审查飞行经历记录本的同时，认真审核飞行经历记录本，对涂改、伪造《飞行经历记录本》骗取执照、技术等级或授权者，将按照民航总局飞行训练管理规定的罚则，收回其已取得的执照、技术等级和技术授权，并按规定进行处罚，以保证民航总局飞行训练管理规定的贯彻执行。是年，民航西南管理局审批各航空公司的飞行人员恢复飞行 17 人次、改工种训练 15 人次、转飞行教员训练 11 人次、转模拟机教员训练 34 人次、改装机型训练 153 人次。此外，还对经营香港、澳门、深圳、珠海航班的西南航空公司、西南航空重庆公司、云南航空公司、四川航空公司、贵州航空公司在航线资料更改后其机组飞行准备情况进行了检查，并安排飞行监察员跟班飞行，对航班运行全过程进行了监督。

1999 年，民航西南管理局根据民航总局 CCAR－62FS 部《飞行训练管理规定》，对西南地区各航空公司的年度飞行训练计划进行了审批。是年，还完成了对西南航空公司的《空客 340－300 飞行训练大纲》《波音 757－200 飞行训练大纲》《波音 737－300/800 飞行训练大纲》，云南航空公司的《波音 767－300 飞行训练大纲》《波音 737－300/700 飞行训练大纲》，四川航空公司的《空客 321－232 飞行训练大纲》《空客 321－200 飞行训练大纲》《图 154M 飞行训练大纲》《运 7 选装型飞行训练大纲》，双阳通用航空公司的《运 12 飞行训练大纲》，华西通用航空公司的《运 5 飞行训练大纲》的审批，以及对西南航空公司的《新雇员训练提纲》《飞行运行手册》《飞行员训练手册》《应急程序手册》《航站运行手册》《初始符合性声明》等文件的审批。

2000 年春运期间，民航西南管理局成立运行检查小组，由局领导带队，分别在成都国际双流机场、重庆江北机场、贵阳龙洞堡机场对进出港的飞行机组“三证”携带情况、机上飞行技术资料、客舱安全管理以及签派放行、机务维护、飞机配载、客货运输等方面进行了为期 6 天的检查。抽查班机 20 架次，人员 180 人次，并对西南航空公司、四川航空公司的机组预先准备情况以及对冬季飞行特点方面的知识掌握情况进行了检查。为了规范飞行训练管理工作，2001 年，民航西南管理局派出飞行监察员，分别对西南航空公司、西南航空重庆公司、云南航空公司、四川航空公司等单位的飞行人员模拟机复训质量进行了监督检查。对模拟机复训中存在的问题，除当场指正外，还向所在航空公司通报，提出限期整改的意见，确保了模拟机复训质量。2002 年 5 月 28 日，民航西南管理局发出通知，要求从 2002 年 1 月 1 日起，各航空公司尚未进行补充训练或尚未结合改装进行补充训练的原军用航空器驾驶员和民航飞行学院毕业的航空器驾驶员，在补充训练或结合改装补充训练前，必须通过管理局组织的理论考试，并满足 CCAR－61 部对英语限制的要求。是年 10 月 22 日，民航西南管理局再次下发通知，向辖区内各航空公司、民航飞行学院提出规范训练（熟练）的 17 条要求，严格执行民航总局规定，确保训练质量。

2003 年，民航西南地区管理局除组织检查组，分赴各航空公司重点抽查 65 名飞行人员的《飞行记录簿》、飞行训练合格证明以及《飞行经历记录本》等技术资料外，还严格依据民航总局 CCAR－

62FS 部《飞行训练管理规定》把好飞行人员的飞行训练审批关口。

2004 年 5 月 11—14 日，民航西南地区管理局飞标处会同各监管办对在“五一”黄金周期间各运输航空公司飞行机组、乘务组的飞行时间开展专项检查。检查中发现的主要问题有：飞行员日、周飞行时间超时。国航西南分公司有 1 名飞行员周飞行时间达 36 小时 02 分，两名飞行员周休息时间不足，两名飞行员日单机组飞行时间超过 8 小时；东航云南分公司 5 月 2 日有一机组飞行时间达 8 小时 28 分；国航重庆分公司有一副驾驶周飞行时间达 37 小时 28 分。乘务员超时较突出。国航西南分公司 5 月 1—7 日乘务员超时达 34 人，飞国际航线的乘务员还未统计在内。国航西南分公司乘务员的值勤期和休息期缺乏专门记录，任务书上也没有值勤时间栏目，且在航班安排上有超时现象。对以上 3 个主要问题，民航西南地区管理局及时发出书面通报，要求有关航空公司立即进行整改，并按照有关规定进行了处罚。

2005 年 6 月 1 日，CCAR121 - R2 部《大型飞机公共航空运输承运人运行合格审定规则》正式施行，原民航总局 CCAR - 62FS 部《飞行训练管理规定》最终退出中国民用航空规章体系，其作为训练管理主要依据的作用也被新的规章所取代，飞标建设在管理的制度化、标准化、科学化方面迈出了重要的一步。

2005 年是西藏自治区成立 40 周年，川航在 8 月 20 日顺利实现了成都—拉萨航线的首飞。为保证高原航线的安全运行，飞标处组织对航空公司的训练大纲进行执飞梳理，要求在大纲和检查科目中增加九寨黄龙机场、拉萨机场、邦达机场、丽江机场和攀枝花机场等高原机场和复杂航线的训练科目检查内容，并对飞行人员的训练情况和训练记录进行针对性的检查。

第三节　运行合格审定管理

一、公共航空运输承运人运行合格审定

1999 年 5 月 5 日，民航总局发布了 CCAR - 121FS 部《大型飞机公共航空运输承运人运行合格审定规则》。民航总局明确规定：CCAR - 121FS 部自发布之日前，已经批准运行的公共航空运输承运人应当逐步按 CCAR - 121FS 部规范其运行，于 2001 年 5 月 1 日前通过运行合格审定，取得运行合格证，否则不得再继续实施运行。当民航总局对东方航空公司进行运行合格审定的试点工作结束后，民航西南管理局就启动了贯彻 CCAR - 21FS 部运行合格审定的准备工作。与此同时，各运输航空公司也先后派人赴民航华东地区学习取经，借鉴东方航空公司运行合格审定的成功经验，积极开展运行合格审定的各项工作，为迎接局方对其进行运行合格审定做准备。

1999 年 5 月 11 日，民航西南管理局成立了以副局长为组长的运行合格审定领导小组，以及由飞标处牵头，适航、航务、运输、公安等部门参加的运行合格审定办公室（以下简称审定办）。与此同时，民航西南管理局为运行合格审定专门制定了“坚持标准，确保质量，各负其责，稳步前进”的 16 字工作方针。为保证运行合格审定工作能顺利进行，管理局还从局机关、航空公司抽调 14 名各类监察人员充实到审定办工作，并及时调整办公用房、配备办公家具，以及购置电脑、传真机等办公设备，为做好审定工作提供了保障。按照 CCAR - 121FS 部《大型飞机航空运输承运人运行合格审定

规则》的规定，结合民航西南地区工作实际，民航西南管理局对西南地区各运输航空公司运行合格审定工作作出了初步安排，从1999年起，分别对民航西南地区各航空公司进行运行合格审定。

（一）西南航空公司运行合格审定

为加强运行合格审定工作的组织领导，西南航空公司于1998年7月21日成立运行管理领导小组和运行管理办公室（以下简称运行办），正式为运行合格审定工作做准备。经过近1年的努力，基本完成了公司各类手册、大纲以及相关文件的编写工作，并从1999年5月开始与民航西南管理局接触，希望得到局方的支持与指导，并表示了对其进行运行合格审定申请的意向。民航西南管理局依据民用航空规章授权，同意西南航空公司意向性的意见，首先对西南航空公司进行运行合格审定。管理局参加审定工作的人员，积极参加民航总局举办的“运行合格审定监察员培训班”学习，认真学习有关法规、规章，以及运行合格审定的工作程序，从业务素质上打下基础。CCAR－121FS部收到后，审定办首先组织有关人员进行了两周的学习，就运行合格审定的工作程序、工作方法、工作内容进行了逐章逐条的研究、讨论，先后12次召开办公会议，对审定的各个阶段可能出现的情况也进行了详细、深入研究，并多次与西南航空公司有关人员就审定工作交换意见。在审定工作开始前，制定了《预先申请工作单》《正式申请工作单》《文件审查阶段工作单》《验证飞行监察计划》《航路客舱安全监察计划》《航路监察工作单》《应急撤离和水上迫降演示监察计划》《航站监察检查单》《运输现场演示与验证检查单》《乘务培训中心基地监察检查单》《乘务员资格审定检查单》《停机坪监察检查单》《手册审定工作安排》以及审定各阶段工作程序图等28份，为对西南航空公司开展运行合格审定工作做好了充分的准备。西南航空公司的运行合格审定工作分为5个阶段。

1．预先申请阶段

1999年7月13日，民航西南管理局召开了西南航空公司运行合格审定预先申请会。会上，西南航空公司总经理代表公司向局方递交运行合格审定预先申请意向书（PASI表），并对预先申请的有关情况进行了详细说明。民航西南管理局对公司的预先申请意向书（PASI表）进行审查。认为该意向书（PASI表）的内容符合相应的规章要求，基本满足运行合格审定的条件，可以进入下一阶段工作正式申请做准备。按照运行合格审定工作的程序与要求，民航西南管理局审定办向西南航空公司提供了运行合格审定工作单、活动日程表、运行规范条目单和其他适用的文件清单等指导性材料，同时列出了在正式申请会上公司应提交的文件清单。

2．正式申请阶段

1999年7月28日，民航西南管理局召开西南航空公司运行合格审定正式申请会。西南航空公司总经理代表公司向管理局局长递交了正式申请信和6个附件，即：《活动日程表》《初始符合性声明》《运行手册》《初始新雇员训练手册》《管理人员资格简历》《购买/合同/租赁有关文件》以及公司编写的《飞行运行手册》《飞行训练手册》《工程手册》《签派员手册》《签派员训练手册》《乘务手册》《乘务训练手册》《危险品运输手册》《危险品训练手册》《航空保卫手册》《应急手册》《航站手册》《运行规范》《最终符合性声明》《波音737－300/800飞行训练大纲》《空客340－300飞行训练大纲》《波音757－200飞行训练大纲》《波音737－300/800MEL》《空客340－300MEL》《波音757－200MEL》等各类文件，并对正式申请的有关情况进行说明。管理局局长接受了西南航空公司的正式申请，并向参加审定工作的人员提出了“相互尊重、坚持标准、实事求是”的要求，希望大家积极工作，保证质量，共同完成好对西南航空公司运行合格审定工作。正式申请会议结束后，管理局审定办专门召开会议，对西南航空公司提交的正式申请信及6个附件进行认真的审查，经过集体讨论，认为西南航空公司所提交的各类文件符合有关要求，满足继续审定的条件，同意进入运行合格审定的下一阶段，进行文件审查。

3. 文件审查阶段

1999年7月29日至11月22日近4个月时间，民航西南管理局对西南航空公司编写的200多万字的各类手册、大纲及相关文件，进行了认真审定。为保证文件审查的质量，管理局审定办在对西南航空公司的各类运行手册审查过程中，实行了“三审查”“三把关”的制度。“三审查”即：一是个人审阅、二是小组讨论、三是审定办集体讨论；“三把关”即：每份文件要由主管监察员、主任监察员、审定办主任3人签字后才能生效。这期间，管理局审定办共发出了61份函件，对各类手册、大纲以及相关文件提出了652条修改意见。管理局审定办与公司运行办还多次召开协调会，就手册、大纲和相关文件中存在的具体问题进行集体研究、讨论和修改，并安排云南航空公司和四川航空公司运行办人员参加，邀请他们提出修改的意见和建议，使西南航空公司提供的各类手册、大纲和相关文件基本满足了民用航空相关规章的要求。

4. 演示验证阶段

1999年11月1日至12月26日，管理局审定办组织监察员对西南航空公司的飞行、乘务、签派、机务、运输等各类人员的业务技术训练、训练设施、训练记录、主运营基地、飞行机组、机务维护、签派放行、商务配载与装载等项目进行了审查。在成都基地使用空客340－300飞机，在重庆基地使用波音737－800飞机，进行了应急撤离演示，并在公司乘务培训中心实施了水上迫降演示。根据审定工作中关于验证飞行的要求，管理局审定办先后对西南航空公司运营的一些典型航线进行了检查。这期间，结合对西南航空重庆公司新引进的波音737－800型飞机的审定，使用该机型进行了重庆—杭州—重庆、重庆—广州—重庆、重庆—乌鲁木齐—重庆航线的验证飞行。按照民航总局关于对西南航空公司新开辟航线的批复精神，于12月10日对成都—邦达—拉萨—成都航线进行了验证飞行。针对邦达机场的特殊性，将波音757－200型飞机在邦达机场起飞过程中的单发性能作为主要的验证飞行科目，经过充分准备，精心配合，达到预期目的。管理局审定办还于12月24日对成都—新加坡—成都航线进行了验证飞行。

通过文件审查，实地检查、紧急演示、验证飞行，管理局运行合格审定领导小组及其审定办公室对西南航空公司所编写的各类运行手册能否在公司的实际运行中得到贯彻落实，以及该航空承运人保证安全运行的能力进行了综合评估。评估认为基本满足CCAR－121FS部和相关规章的规范要求。

5. 颁证阶段

民航西南管理局和西南航空公司经过5个多月的共同努力，顺利完成西南航空公司运行合格审定工作，并达到预期的效果。1999年12月30日，民航西南管理局召开颁布证件会议，管理局局长代表民航总局向西南航空公司颁发了“航空承运人运行合格证”和《运行规范》。西南航空公司总经理对审定后公司如何贯彻落实各种运行手册情况进行了详细说明。

（二）四川航空公司运行合格审定

民用航空规章CCAR－121FS部（征求意见稿）下发后，根据CCAR－121FS部（征求意见稿）的要求，四川航空公司于1997年8月成立以副总经理为组长，以及由飞行队伍、机务维修、航务签派、运输服务等部门人员参加的运行手册编写组，负责公司运行手册撰写工作。至1998年4月，完成了《飞行运行政策手册》《初始符合性声明》《运行规范》等手册初稿，完成和规范了公司部分营运管理手册中的相关内容。1999 年 5 月 5 日，民用航空规章 CCAR－121FS 部《大型飞机公共航空运输承运人运行合格审定规则》正式发布。按照 CCAR－121FS 部的规定，1999 年 10 月 12 日，四川航空公司成立了以公司总经理为组长的运行合格审定领导小组，以及由公司有关部门 20 名人员组成的运行合格审定办公室（以下简称公司运行办），正式起动运行合格审定的各项准备工作。经过 4 个多月的艰苦努力，基本上完成了公司各类手册、大纲以及相关文件的编写工作，并从 2000 年初开始与民航西南管理局接触，希望得到局方支持与指导，并表示了预先审定申请的意向。民航西南管理局依据民用航空规章授权，经研究决定对四川航空公司进行运行合格审定。四川航空公司的审定工作分为 5 个阶段实施。

1. 预先申请阶段

2000 年 2 月 25 日，民航西南管理局在成都召开四川航空公司运行合格审定预先申请会。会上，四川航空公司总经理向局方递交了运行合格审定预先申请意向书（PASI 表），并对预先申请的有关情况进行了详细说明。民航西南管理局审定办对四川航空公司的预先申请意向书（PASI 表）进行了认真审查，认为意向书（PASI 表）符合 CCAR－121FS 部等规章要求，基本满足运行合格审定的条件，并按运行合格审定工作的程序与要求，向四川航空公司提供了运行合格审定工作单、运行合格审定活动日程表、运行规范条目单和其他适用的文件清单等指导性材料，同时列出了在运行合格审定正式申请会上公司应提交的文件清单。

2. 正式申请阶段

2000 年 11 月 15 日，民航西南管理局召开四川航空公司运行合格审定正式申请会。会上，四川航空公司总经理代表公司向管理局局长递交了正式申请信和 6 个附件以及公司编写的各类手册、大纲和有关文件，并对正式申请有关情况作出说明，管理局局长接受了四川航空公司的正式申请。正式申请会议结束后，管理局审定办专门召开会议，对四川航空公司提交的正式申请信及 6 个附件进行认真的审查，经过集体讨论，认为四川航空公司提交的各类文件符合有关要求，满足继续进行审定的条件，同意进入运行合格审定的下一阶段，进行文件审查。

3. 文件审查阶段

2000 年 11 月 16 日至 2001 年 2 月 26 日，3 个多月时间，民航西南管理局审定办对四川航空公司编写的 475 万字共 34 部各类手册、大纲以及相关文件进行了详细审查。在审查过程中，管理局审定办坚持了“三审查”“三把关”制度，对不符合规章要求的手册、大纲以及相关文件，坚决不予批准，并责成公司进行修改完善。这期间，管理局审定办发出了 122 份函件，对各类运行手册提出修改意见和建议。管理局审定办与公司运行办还多次召开协调会，双方就具体问题进行共同研讨，以求达到共识，从而使四川航空公司的各类手册、大纲以及相关文件基本满足了民用航空有关规章的要求。为了确保所审各类运行手册的质量，在文件审查的最后阶段，还采用了集中审定的方式，先后组织 3 次双方工作人员面对面地对各类手册、大纲以及相关文件中存在的问题进行研究，对公司提供的所有手册、大纲以及相关文件进行集体修改定稿。经过双方共同努力，顺利地完成四川航空公司各类运行手册的最后定稿工作，保证了各类手册、大纲以及相关文件的质量。

4. 演示验证阶段

2001 年 2 月 27 日至 3 月 30 日，民航西南管理局审定办组织局方监察员对四川航空公司的各类人员训练、训练设施、训练记录、主运营基地、飞行机组、机务维护、签派放行、运输配载和装载平衡等项目进行了审查，使用A320－232型飞机进行了应急撤离演示。根据审定工作中关于验证飞行的要求，管理局审定办先后对四川航空公司运营的成都—广州—成都航线A320航班、成都—西昌—成都航线MA－60航班、成都—上海航线A321航班、上海—成都航线A320航班、成都—海口—成都航线EMB－145航班进行了验证飞行检查，并对四川航空公司的广州航站、广州营业部、西昌航站、上海航站、上海营业部、重庆航站、重庆指挥中心、海口航站、海口营业部进行了监察。此外，管理局审定办还对四川航空公司MA－60、EMB－145两种新增机型投入运营前进行了合格审定工作。通过文件审查、实地检查、应急演示、验证飞行，管理局运行合格审定领导小组和运行合格审定办公室对四川航空公司所编写的各类运行手册能否在公司的实际运行中得到贯彻落实，以及该航空运输承运人保证安全运行的能力进行了综合评估，基本符合民航有关规章的规范要求。

5. 颁证阶段

经过1年多的努力，民航西南管理局顺利完成对四川航空公司运行合格审定工作。2001年3月30日，民航西南管理局召开颁发证件会议。根据民用航空规章授权，民航西南管理局局长向四川航空公司颁发了“航空承运人运行合格证”和《运行规范》，四川航空公司总经理就审定后如何贯彻落实各类运行手册进行了详细说明。

（三）鹰联航空公司运行合格审定

2005年，民航西南地区管理局顺利完成对全国首家民营航空企业——鹰联航空公司的运行合格审定工作。在审查过程中，飞标监察员本着“严格标准、热情服务”的态度，对鹰联航空公司这种没有飞行运行经验的民营航空企业给予了积极的帮助和支持，特别是在规章编写工作的指导上，民航西南地区管理局飞标处针对鹰联航空公司运行管理机构和人员都处于雏形的条件下，指导和督促鹰联航空公司人员学习规章、理解规章，为各类运行手册编写工作的顺利完成打下坚实基础。鹰联航空公司顺利通过民航西南地区管理局的运行合格审定后，飞标处根据局领导的指示，派飞行监察员参与该公司的飞机引进、航线审定以及航线带飞等工作，为其提供力所能及的帮助，引导其健康发展，以确保该公司航空承运人在通过局方的合格审定后安全地实施运行。

二、新增机型运营前合格审定

1998年7月29日，民航西南管理局依据民用航空规章授权，并根据民航总局《关于加强对航空公司新增机型投入运营前审定的通知》，成立以民航西南管理局局长为组长的新增机型投入运营前合格审定领导小组，以及由管理局飞标处牵头，适航、航务、运输等部门参加的新增机型投入运营前合格审定办公室。是年，对西南航空公司的A340－300、四川航空公司的A321－200、云南航空公司的波音737－700等新增机型投入运营前进行了合格审定。新增机型运营前审定工作主要涉及飞行标准，机务维护、航务保障、空勤乘务、运输服务等52个方面111条以及航空器国籍证、适航证、电台执照等内容。开展此项工作，民航西南管理局是民航系统的第一家，没有经验可以借鉴。参加审定的人员首先进行了为期两周的学习，在对有关法规、规章和规定学懂、吃透、贯通的基础上进行，使新增机型的合格审定工作进行得比较顺利。按照此种工作方式，1999年对西南航空公司的波音737－800等新增机型、2000年对四川航空公司的MA－60、EMB145－LR等新增机型，2001年对西南航空公司的波音737－600和云南航空公司的CRJ－200等新增机型，2004年对四川航空公司空客

319－133等新增机型进行了运营前的合格审定。

三、持续监督检查

西南航空公司、云南航空公司、四川航空公司分别于1999年12月30日、2000年10月14日、2001年3月30日通过民航西南管理局的运行合格审定。管理局对已审定合格的航空公司实施持续监督检查，是巩固运行合格审定成果，促其持续合格运行的重要手段。民航西南管理局及其飞行标准部门自2000年起，对已取得"航空承运人运行合格证"的航空公司，依据民用航空规章授权，结合实际、制定年度监督检查工作计划，对各航空公司运行工作开展有针对性不间断的监督检查。2000年的春运期间，民航西南管理局飞行标准检查组对西南航空公司的机组预先准备、机务维护、签派放行、商务配载和客货运输等方面分别进行了运行检查，对其中不符合"运行手册"提出4条意见和建议。2001年，民航西南管理局飞行标准处先后派出飞行监察员5人次，对西南、云南、四川等运输航空公司的飞行人员训练执行机型训练大纲情况进行了专项监察，发现各类问题5个，提出改进意见5条，并且重申：今后飞行人员凡进行模拟机训练和本场飞行训练，原则上局方都要安排飞行监察员或指派飞行检查委任代表实施监察，以确保飞行训练的质量。2002年5月21—22日，民航西南管理局配合民航总局检查组分别对西南地区各运输航空公司飞行标准进行了抽查。检查组认为：各运输航空公司应进一步加强对公司各类运行手册的全面学习，尽快完善有关飞行训练和理论培训的记录，加强对飞行人员复训时间间隔和应急生存训练符合规章的管理，特别要加强对双机型飞行人员训练管理。根据民航总局检查组的要求，民航西南管理局飞行标准处立即修订完善了下半年持续监督检查计划，对各运输航空公司在运行中执行民用航空规章和公司各类运行手册的情况适时地实施持续监察。

经运行合格审定的航空公司，通过民航西南管理局持续监督检查，均树立遵守规章按照手册运行的观念，促进了西南地区航空安全管理工作的落实。根据飞行事故征候万时率统计资料记载：民航西南地区1999年为0.97、2000年0.25、2001年0.27、2002年为0.30、2003年为0.22、2004年为0.39。2000年以后的年度飞行事故征候万时率均控制在0.4以下，保证了安全运行。

第四节 飞行人员执照管理

一、西南民航飞行人员执照管理

1985年7月10日，民航局下发了《关于实行民用航空器飞行人员执照制度的通知》以及《颁发民用航空器飞行人员执照暂行规定》和《民用航空器飞行人员执照管理试行办法》。根据《颁发民用航空器飞行人员执照暂行规定》，飞行人员执照分为驾驶员、飞行领航员、飞行无线电通信员（简称"飞行通信员"）、飞行机械员（工程师）执照。执照颁发前，应进行体格检查和业务技术考核。体格检查必须经民航局主管部门指定或批准的体检单位进行体格检查，并领到体检合格证。业务技术考核，包括飞行理论考试和技术检查考核工作，由民航局授权的单位和技术检查人员进行。身体体格检查和业务技术考核均合格方可颁发执照。执照有效期限为1年，以后每年需进行1次审查和考核。颁发的飞行人员执照使用期限不得超过10年，届时由单位申请更换执照新本。飞行人员如发生飞行事故或严重的飞行事故征候，应视情况暂停、吊销执照或降低飞行技术等级。《民用航空器飞行人员执照管理试行办法》从组织管理机构和职责，执照的申请、考核、审查和颁发，技术检查人员的待遇，管理经费，总结报告和工作程序等10个方面作了明确的规定。1986年4月10日，民航局下发《颁发民用航空器飞行人员执照的补充规定》，从13个方面对《颁发民用航空器飞行人员执照暂行规定》作了补充。是年12月8日，民航局又下发了《关于飞行人员执照工作中进一步明确的几个问题的通知》，明确指出：遇有临时性飞行任务，由于时间紧急，可向民航局申请颁发临时执照，临时执照有效期限不得超过3个月；见习副驾驶（本场未单飞者）、飞行领航学员、飞行通信学员、飞行机械学员办理临时执照；颁发临时执照的考核工作，由申请颁发执照的单位组织实施，并对考核结果负责。民航局还作出规定：自1987年1月1日起，凡无执照的飞行人员一律不准飞行，凡无执照飞行者本人罚款人民币50元，所在单位罚款人民币5000元。民航西南地区自接到民航局文件之日起，严格遵照文件的规定与要求，积极认真地为实行民用航空器飞行人员执照制度做准备。

为加强飞行人员执照管理工作，民航成都管理局确定由分管飞行安全的副局长为技术总负责人，办事机构设在管理局科教处，受理和承办各飞行大队、独立中队飞行人员执照的申请、考核、审查、报批和发放工作。民航飞行专科学校确定由分管飞行训练的副校长为技术总负责人，办事机构设在飞行训练处，受理和承办各分校飞行人员执照的申请，考核、审查、报批和发放工作。由于各单位领导对执照工作抓得紧，至1986年12月，民航成都管理局447名飞行人员全部办理了飞行执照，使西南地区民用航空器飞行人员执照制度自1987年1月1日起按时实行。

1987年民航体制改革后的民航西南管理局飞行安全监察处行使行业管理职能，对民航西南地区各航空公司、云南省局的飞行人员执照工作实施行业管理。是年，依照民航局飞行人员执照制度的规定与要求，为西南航空公司和民航云南省局飞行人员办理正式执照403人次，办理临时执照124人次。在办理执照过程中，严格标准，规范程序，照章办事，使飞行人员执照管理工作逐步规范化。1988年，飞行人员执照考核工作由于受年初空难事故影响，至5月才通盘考虑。西南航空公司和民航云南省局的507名飞行人员，除因病，改装机型、转驾驶工种或其他特殊情况之外，应办正式执照的277名，经过理论考试成绩都在80分以上，技术检查成绩都在4分以上（5分制），体格检查全部合格，民航西南管理局为这277名飞行人员办理了正式飞行执照，并为其他181名飞行人员办理了临时执照。民航飞行学院严格按照飞行人员执照考核标准，对153名飞行人员进行严格的考核，全部合格，都办理了飞行人员执照。但在执照考核工作中发现有的考场有相互对答案的现象，个别飞行技术检查员有送人情的现象，还有少数飞行人员未带执照或执照逾期飞行等。1989年，民航西南管理局对执照考核工作抓得早，于2月研究确定了飞行各工种技术检查员名单，3月28日召开了民航西南地区飞行人员执照工作会议，对执照考核工作提出了严格要求。会议决定：理论考试包括试卷、时间、地点、监考均由管理局负责组织实施。会后，管理局飞行安全监察处先后派出12人次分别对西南航空公司成都飞行大队、重庆飞行大队、民航云南省局、四川航空公司、双阳通用航空公司进行了理论考试，并对各单位飞行人员携带执照飞行的情况进行了抽查。当年，管理局为民航西南地区各航空公司、云南省局办理飞行人员执照773人次，其中正式执照354人次、临时执照419人次；民航飞行学院按照标准为各分院办理飞行人员执照172人次。取得正式执照的飞行人员，理论考试成绩均在90分以上，技术检查成绩均在4分以上，且未发现考场对答案或送人情的现象。

1990 年 3 月 6 日，民航西南管理局聘任飞行各工种兼职技术检查员 23 名，分别承担各机型各工种理论考试命题和技术检查考核工作。全年，管理局为民航西南地区各航空公司、云南省局办理飞行人员正式执照 379 人次、临时执照 219 人次，其中贵州省航空公司 9 名飞行人员是第一次办理飞行执照；民航飞行学院为各分院办理飞行人员执照 178 人次。

民航西南管理局为了做好每年度的飞行人员执照发放工作，届时召开地区执照工作会议，总结经验，提出要求，部署考核工作。1991 年 4 月 4 日，参加民航西南地区飞行人员执照工作会议的有各航空公司、云南省局飞行执照管理部门负责人和管理局聘任的 26 名飞行各工种兼职技术检查员。会议要求发放飞行执照必须严格标准，严格坚持“三不办”[①]，防止送人情。为使广大飞行人员全面掌握所飞机型的理论知识，会议决定理论考试不出复习题，不划重点范围，以判断题、选择题、填空题为主，适当安排问答题，驾驶、领航工种还要有计算题，内容既要广泛，又要突出重点。要求每位飞行技术检查员以高度的责任感和使命感，严肃认真地做好命题、阅卷和技术检查工作，实事求是地进行评分，认真负责地填写评语，严格把好技术标准关。当年，管理局为各航空公司、云南省局办理飞行人员正式执照 457 人次、临时执照 245 人次，民航飞行学院为各分院办理飞行人员执照 176 人次。1992 年度，民航西南地区飞行人员执照会议于当年 4 月 15 日召开，会议就执照的申请、考核、审查、报批、颁发等项工作进行安排与部署。7 月 28 日，云南航空公司正式成立。管理局为各航空公司办理飞行人员正式执照 559 人次、临时执照 503 人次；民航飞行学院为各分院办理飞行人员执照 196 人次。1993 年度，民航西南管理局为各航空公司办理飞行人员正式执照 558 人次、临时执照 390 人次，民航飞行学院为各分院办理飞行人员执照 196 人次，在是年 3 月 19 日召开的民航西南地区飞行人员执照工作会议上，除对执照考核工作进行安排部署外，还对双阳通用航空公司机组无执照飞行进行了严肃处理。双阳通用航空公司于 1992 年 10 月引进运 12 型飞机 4 架后，公司即在运 11 机型中选拔部分飞行人员改装运 12 飞机，至 1993 年 1 月 15 日理论学习结业，在没有申办飞行执照的情况下，组织改装人员本场训练和航线带飞，2 月飞来成都时才被发现制止，这是 1 起视飞行执照为儿戏的事件。会议责成该公司写出书面检查报告，并处以 20000 元的罚款。1994 年，民航西南管理局根据 3 月 23 日西南地区飞行执照工作会议精神，为各航空公司办理飞行人员正式执照 641 人次、临时执照 462 人次；民航飞行学院为各分院办理飞行执照 226 人次，西南地区办理飞行人员执照共计 1329 人次。1995 年 1 月 23 日，民航西南管理局下发了《关于做好 1995 年度飞行人员执照管理工作的通知》，对 1995 年飞行人员执照的理论考试提出了如下新的规定。

试题组成：波音 737－300 型有驾驶工种 4 组题，机械工种 3 组题；波音 757－200 型有驾驶工种 3 组题，机械工种 2 组题；图 154M 型有驾驶工种 3 组题，机械工种 3 组题，领航工种 2 组题；运 7 选装型有驾驶工种 3 组题，机械工种 2 组题，领航工种 2 组题，通信工种 2 组题；运 7－100 型有驾驶工种 2 组题，机械工种 2 组题；运 12 型有驾驶工种 2 组题；波音 707 型有驾驶工种 2 组题，机械工种 2 组题，领航工种 2 组题，通信工种 2 组题。

试题内容：驾驶工种每组题飞行手册占 50%，基础理论占 20%，规章制度占 15%，领航、气象、通信理论知识占 15%；领、通、机工种每组题飞行手册占 50%，基础理论占 30%，规章制度占 20%。该通知最后要求，每组试题应严格保密，由管理局飞标安监处封存，并报民航总局审核、备

① 即体格检查不符规定者不办、理论考试不及格者不办、技术考核不合格者不办。

案。

1995年，管理局按照新编试题分别对各航空公司飞行人员进行执照考核，为各航空公司办理飞行人员正式执照651人次、临时执照671人次；民航飞行学院为各分院办理飞行人员执照219人次，西南地区办理各种飞行人员执照共计1541人次。1996年度，民航西南地区飞行人员执照的考核工作，坚持标准，严格把关。考核内容既有难度，又有深度，全地区为飞行人员办理各种执照1573人次，促进了飞行人员基本素质的提高。

1996年4月25日，民航总局飞标司发出传真电报《关于执照管理工作进行分层次管理的通知》，规定了地区管理局执照管理工作的职责范围。至此，民航飞行学院飞行人员执照的申请、考核、签发等工作划归民航西南管理局统一管理。是年8月1日，民航总局颁布民用航空规章CCAR－61R1部《民用航空器驾驶员、飞行教员和地面教员合格审定规则》和CCAR－63部《民用航空器领航员、飞行机械员、飞行通信员合格审定规则》，并自翌年1月1日起实施。从此，中国民航飞行人员执照制度采用国际上通用的管理方法，根据每个驾驶员的飞行技术和飞行经历，换发为私用驾驶员执照、商用驾驶员执照和航线运输驾驶员执照等3个类别的执照。11月20日，民航总局颁发《关于下发〈民航飞行人员换发执照实施办法〉的通知》，并于11月下旬在海南省召开了会议，对已取得执照和临时执照的飞行人员规定了换发新执照的期限。12月2日，民航总局飞标司又下发《贯彻飞行人员换发驾驶执照实施办法需要明确的几个问题》，对换发执照工作作了13点说明。为做好飞行人员新执照的颁发和换发工作，是年12月10—15日，民航西南管理局在云南西双版纳召开“民航西南地区贯彻民航规章CCAR－61R1部、CCAR－63部会议”。会议依据民航规章CCAR－61R1部、CCAR－63部和相关文件的规定，结合西南地区实际，就飞行人员执照的管理办法进行了认真研究。其中，对飞行人员正式执照办理，飞行人员执照定期检查，飞行人员临时执照办理，飞行教员合格证办理，飞行人员执照通用的混飞机型，飞行人员执照、合格证的有效性管理，外籍飞行人员执照或认可证的办理，以及飞行人员执照、合格证颁发与换发程序等进行了具体讨论与明确。同时，对有关问题作出了规定：申请航线运输驾驶员执照的人员，必须符合民用航空规章CCAR－61R1部第69条规定；民航规章CCAR－61R1部、CCAR－63部中要求的飞行经历是飞行人员在座上的飞行经历，飞行中未上座者不能计算飞行经历。领航、通信、机械工种改航空器驾驶人员，其飞行经历只能在改驾驶工种之后计算；凡未在现飞机型上单独执行过飞行任务的机长，以及不符合民航规章CCAR－61R1部中规定的机长飞行经历者，在申请技术授权时最高申请见习正驾驶；领航员、飞行机械员、飞行通信员按现有效执照申请换发，在申请技术授权时不得申请观察员。

1997年，民航西南管理局飞标处按照民航总局规定的时限完成了民航西南地区飞行人员执照的换发工作。当年西南地区有7家航空企事业单位，飞行人员1218名，其中飞行驾驶员1015名、领航员43名、飞行通信员21名、飞行机械员139名，办理换发飞行人员执照1014本，飞行学员合格证61本，首次申办执照47本，签发年度执照1053人次。

1998年是民航飞行人员换发新执照后按新的执照管理程序和审定规则进行执照管理的第一年，工作程序和签注标准与以往有很大的变化。为此，民航西南管理局飞标处根据民用航空规章CCAR－61R1部、CCAR－63部以及总局飞标司制定的关于执照管理的两个“程序”的精神，制定出民航西南地区《飞行人员执照管理实施办法》，经管理局局长批准后，于是年3月12日正式颁发实行。民航西南地区《飞行人员执照管理实施办法》中明确地规定了“飞行人员执照管理工作程序”，使民航西南地区飞行人员的执照管理工作有章可循，操作规范。民航规章 CCAR－61R1 部、CCAR－63 部规定，对航线运输驾驶员执照持有人，必须每 6 个日历月审查签注执照 1 次，管理局飞标处每月平均有 200 份左右签照材料需要审查及办理。工作中严格掌握标准，对不符合标准的予以退回；遇到问题或对照标准集体研究，或请示民航总局飞标司，使审查签照工作得以顺利进行。是年，办理各类飞行人员执照 1771 人次，其中：商用运输驾驶员、航线运输驾驶员执照 117 人次；增加飞行技术等级、飞行人员临时执照、飞行学员合格证 275 人次；技术审定批准书 1319 人次。

1999 年，办理各类飞行人员执照 1989 人次。其中：商用运输驾驶员执照、航线运输驾驶员执照 125 人次，飞行教员合格证 179 人次，增加飞行技术等级、飞行人员临时执照、飞行学员合格证 261 人次，技术审定批准书 1424 人次。2000 年，办理各类飞行人员执照 1895 人次，其中：商用运输驾驶员执照、航线运输驾驶员执照、飞行教员合格证 108 人次，增加飞行技术等级、飞行学员合格证 294 人次，技术审定批准书 1493 人次。2001 年，办理各类飞行人员执照 2731 人次。其中：商用运输驾驶员执照、航线运输驾驶员执照、飞行教员合格证 161 人次，私用驾驶员执照 22 人次，技术审定批准书 1703 人次。2002 年，办理各类飞行人员执照 3378 人次。其中商用运输驾驶执照 165 人次，飞行教员合格证 258 人次，飞行学员合格证 449 人次，飞行人员临时执照 235 人次，增加飞行技术等级 268 人次，技术审定批准书 1977 人次，外籍飞行人员执照认可证 8 人次、私用驾驶员执照 18 人次。

民用航空规章 CCAR－61R1 部《民用航空器驾驶员、飞行教员和地面教员合格审定规则》颁布后，经过 6 年运行实践，民航总局于 2002 年 10 月 21 日进行了第一次修改。民航西南管理局根据修改后的规则，重新修订飞行执照管理的工作程序，并自翌年起，对全地区进行第二次换发执照工作。2003 年，办理各类新版飞行执照 3701 人次。其中：商用运输驾驶员执照 102 人次，航线运输驾驶员执照 69 人次，飞行教员执照 100 人次，飞行学生驾驶员执照 548 人次，飞行人员临时执照 219 人次，技术审定批准书 2105 人次，增加飞行技术等级 550 人次，外籍飞行人员执照认可证 1 人次，私用驾驶员执照 7 人次。2004 年，办理各类飞行人员执照 4702 人次。其中：航线运输驾驶员 1586 人次，飞行教员执照 214 人次，飞行学生驾驶员 729 人次，飞行人员临时执照 409 人次，增加飞行技术等级 352 人次，外籍飞行人员执照认可证 2 人次，私用驾驶员执照 306 人次，技术审定批准书 1104 人次。

2005 年，在执照管理工作中，飞标处严格把关，实行“谁推荐、谁负责；谁审核、谁负责；谁主管、谁负责；谁批准、谁负责”的责任制度，始终牢记“送人情就是送人命”的教诲，在具体的执照办理工作中，坚决把住“转升等级关”。新版的飞行人员执照从 2005 年度开始全面正式使用，同时根据民航总局的计划，管理局从本年度起开始为各航空公司、飞行院校办理新版飞行教员执照。

二、外籍飞行人员执照管理

外籍飞行人员执照或认可证办理制度，是中国民用航空器飞行人员执照管理制度中的重要内容之一，也是与国际民航接轨，对外籍飞行人员执照实行严格管理，确保其所飞航空器安全运行的重要举措之一。1985 年 7 月 10 日，民航局下发《颁发民用航空器飞行人员执照暂行规定》第九款规定：外国飞行人员在中华人民共和国所属（含租用）的民用航空器上执行飞行任务时，各单位必须对其所持有的执照和体检合格证进行审查，与执行该项任务的技术标准和有效期限相符合，并使其熟悉中国民航有关飞行规则，审查合格后，可向民航总局申请换发外国飞行人员临时执照。1993 年

1月22日，民航局发布《湿租外国民用航空器从事商业运输的暂行规定》，规定湿租航空器机组成员的飞行执照、体检合格证等有关资料、文件必须经民航局认可。根据上述规定，各航空公司湿租、雇请的外籍飞行人员，由所雇请的航空公司写出申请，附所雇请的飞行人员的飞行执照、体检合格证复印件报所在地的地区管理局，经审核同意后，报民航局审批。

1985年底前，民航成都管理局引进的第一架波音737－300型飞机，由美国西雅图飞抵成都。波音飞机公司按照购机合同规定，派出3名美国飞行教员到成都进行售后带飞服务。民航成都管理局于12月10日电报申请民航总局办理美国飞行教员执照认可。民航总局及时复电：批准美国3名飞行教员执照有效。

1987年10月15日民航体制改革后，根据机构职能，民航西南管理局对民航西南地区外籍飞行人员执照实施行业管理，日常工作由管理局飞行安全监察处（后改名为飞标安监处）以及后来的飞标处承办。1988—1996年，是西南民航不断引进新机型增加新运力时期。西南航空公司于1988年起从苏联图波列夫飞机制造厂引进图154M型飞机，1992年起从美国波音飞机公司引进波音757－200型飞机。四川航空公司于1991年起从原苏联图波列夫飞机制造厂引进图154M型飞机、1995年起从法国空客飞机公司引进空客320－232型飞机。飞机引进后，各相关飞机制造厂家根据购机合同规定均派出飞行教员执行售后带飞服务。四川航空公司为了增加运力，于1993—1996年间，湿租俄罗斯的图154型飞机担任公司的航线运输任务，湿租机组实行定期轮换制。1995年7月，西南航空公司雇佣哈萨克斯坦飞图154型飞机的飞行人员10名，到公司加入该机型的航班飞行。外籍飞行人员到后，民航西南管理局对各航空公司申报的外籍飞行人员执照和体检合格证件的复印件进行审核后，报请民航总局批准执照认可。

1996年4月25日，民航总局飞标司下发《关于执照管理工作进行分层次管理的通知》，规定外籍飞行人员执照认可由所在地区管理局审查批准。1996年8月，美国波音飞机公司飞行员到云南航空公司执行波音767－300售后带飞服务；1998年，法国空客飞机公司飞行员到西南航空公司执行空客340－300售后带飞服务；2000年，巴西航空工业公司飞行员到四川航空公司执行EMB－145售后带飞服务；2001年，加拿大庞巴迪飞机公司到云南航空公司飞行员执行CRJ－200售后带飞服务。这些外籍飞行教员的执照和体检合格证件，民航西南管理局均进行了认真审查，合格者，签发执照认可证。为加强民航西南地区外籍飞行人员执管工作，民航西南管理局于1998年3月12日下发的《飞行人员执照管理实施办法》中，将外籍飞行人员执照认可证办理列为《飞行人员执照管理实施办法》的第十二条，并在此条对适用范围、办理程序、工作要求以及执照认可证有效期限作了明确规定，对外籍飞行人员执照实施规范性管理。1985—2005年，民航成都管理局以及体改后的民航西南管理局、民航西南地区管理局为外籍飞行人员办理飞行执照认可手续和办理飞行执照认可证约165人次。

第五节　航空卫生管理

一、管理机构与职能

1985年以前，民航成都管理局设有卫生处，行使管理局范围内航空卫生工作的管理职能。主要负责管理局范围内空勤人员的保健、体检、疗养、膳食等方面的管理。为了保障空勤人员身体素质，确保航空器安全运行，1985年1月，民航成都管理局成立空勤体检队，隶属于卫生处领导。体检队设内科，外科，眼科，耳、鼻、喉、口腔科，神经科，妇科，担负管理局招飞、招乘、地升空和在职空勤人员体检鉴定工作。1987年10月民航体制改革时，空勤体检队划归民航西南管理局飞行安全监察处，更名为航空医监室，是隶属于飞行安全监察处的行业管理部门。其主要职责是：负责辖区内各航空公司、民航云南省局在职空勤人员定期体格检查和医学鉴定；负责辖区内各航空公司，民航云南省局接收军队飞行人员，招收飞行学生、乘务学员、空保人员和地升空人员以及改装航空器驾驶工种的飞行人员体格检查和医学鉴定；负责对辖区内各航空公司、民航云南省局空勤人员的健康疗养、膳食卫生和航空卫生保障工作实施监督检查。

1995年4月6日，民航西南管理局飞标安监处一分为二，分别成立航空安全办公室、飞标处，航空医监室隶属于飞标处。航空医监室划归飞标处后分为医政航空卫生室和医监室，医政航空卫生室主要负责航空卫生工作的行业管理，医监室主要负责航空人员方面的体检与鉴定。2003年7月14日，民航深化体制改革，民航西南管理局更名为民航西南地区管理局，航空卫生工作从飞标处剥离，成立航空卫生处，由管理局直接领导。航空卫生处的主要职责是：贯彻执行国家卫生工作方针、政策，依据有关法律、法规和民航规章，负责对辖区内的民用航空卫生工作实施管理；负责对辖区内招收飞行学生、乘务学员、空保人员的医学选拔和在职空勤人员、空中交通管制人员，飞行签派人员定期体检鉴定；负责辖区内航空人员体检文书和医学资料的审核、体检合格证的颁发与吊销，并对体检鉴定不合格结论与特许飞行进行审核、审定；负责对辖区内航空体检医师资格的审查与委任，并对其工作实施监督检查；负责辖区内接收原军队飞行人员的体检，并对其身体档案进行审查；承办辖区内外籍空勤人员体检合格证的认可工作；负责对辖区内民用机场应急救护预案进行审查，并对其落实情况进行持续性监督检查；负责辖区内爱国卫生、疾病防疫、计划生育和航空卫生教育以及航空医学研究工作；负责管理局领导、机关干部医疗保健以及社保医疗报销等事宜。2004年3月19日，民航西南地区管理局成立成都民用航空医学中心，挂靠航空卫生处，由航空卫生处管理，负责辖区的航空人员体检鉴定工作。

二、航空人员体检管理

航空卫生工作直接为航空人员身心健康服务，对确保航空器运行安全，促进民用航空事业发展具有重要意义。民航局于1984年2月17日颁发的《中国民航空勤人员体检鉴定与规定》与1986年9月11日颁发的《民用航空人员体格检查合格证暂行规定》，对体检项目、鉴定标准和合格证有效期限等方面均作出了明确规定。为保证民航局的规定在民航西南地区能得到贯彻执行，1987年7月25日，民航西南管理局下发《关于西南地区民用航空持照人员的体检规定》（以下简称《规定》）。《规定》的主要内容是：民航西南地区航空人员（飞行人员、乘务人员、空中交通管制人员、航空器维护人员）均由民航西南管理局航空医监室统一进行体检，身体合格者，颁发体检合格证，合格证在规定时间内具有法律的有效性；凡招收飞行学生、乘务学员、空中交通管制人员，应事先申报管理局飞行安全监察处，由飞行安全监察处统一安排体检；上述航空人员在申请执照前必须取得体检合格证，无体检合格证者一律不得发放执照，无执照者不得从事其专业工作；体检合格证有效期，飞行人员、乘务人员、空中交通管制人员每年体检1次，体检合格证有效期限为1年；航空器维护人员每两年体检1次，体检合格证有效限为2年。根据管理局对持照人员体检的规定，是年9月15日，飞行安全监察处下发《1988年度空勤人员大体检通知》，要求各飞行队伍航医室做好体检的各项常规检查和特殊检查的准备工作，并对常规检查项目和特殊检查项目以及体检时间都作出具体安排。1990年6月25日，飞行安全监察处派工作组对民航西南地区各航空公司、民航云南省局的航空卫生工作进行了全面检查。事后，管理局下发了《航空卫生工作通报》。

1991年9月5日，民航局发布《中国民用航空卫生工作规则》，接着又召开全国民航航空卫生工作会议。为了贯彻民航局航空卫生工作会议精神，民航西南管理局于是年12月在成都召开民航西南地区航空卫生工作会议，就加强与改善空勤人员膳食管理、医疗保健、健康疗养、体检鉴定以及接收军队飞行人员、恢复飞行的人员、地升空人员的身体把关等问题进行了研究，会议达到了预期效果。1995年8月28日，民航总局飞标司下发《关于签发1996年度航空人员体格检查合格证有关规定的通知》。按此通知，西南地区各航空公司除首次办理体检合格证的飞行人员和健康鉴定结论为Ⅳ类、Ⅵ类航空器驾驶员外，其余航空人员的体检登记表和体检合格证由民航西南管理局飞标处医监室审核签发。是年9月18日，民航总局下发《关于学习贯彻〈民用航空飞行人员体格检查鉴定标准〉等7个新标准的通知》。据此，民航西南地区航空人员体检鉴定从是年10月1日起，按照这7个新标准实施。1998年3月12日，民航西南管理局根据民航航空卫生工作的规章、规定和标准，结合实际，制定颁发了《航空卫生工作管理实施办法》，对航空卫生保障，空勤人员年度体检、招飞、招乘、招安全员的体检，航空公司接收飞行人员的办理，空勤人员复飞的办理，体检合格证的办理等方面均作了具体规定。2001年8月31日，民航总局发布CCAR－67FS部《中国民用航空人员医学标准和体检合格证管理规则》。按此规则要求，自2002年起，民航西南地区各级别航空人员体检合格证，均由民航西南管理局航空卫生管理部门审核颁发，不合格人员申请特许合格，由民航西南管理局将申请人的申请及医学资料报民航总局航空卫生管理部门审核、评定、签发或拒签。至此，民航飞行学院飞行人员的体检合格证也由民航西南管理局航空卫生管理部门审核、颁发与管理。

三、在职空勤人员体检

西南民航自组建飞行队伍以来，空勤人员的体格检查与医学鉴定是由民航局航卫部门组织实施，有时也请当地空军医疗卫生部门进行体检鉴定。自1985年1月，民航成都管理局成立空勤体检队伍后，管理局范围的空勤人员体格检查与医学鉴定均由体检队负责。1987年10月民航体制改革后，民航西南管理局航空医监室按照中国民航空勤人员体检鉴定标准与规定，对辖区内各航空公司、民航云南省局的空勤人员实施定期体检与鉴定。对结论为飞行合格的，上报民航局审核，申办体检合格证。对结论为飞行暂不合格的，向航空公司、民航云南省局提出进一步检治意见。对结论为飞行不合格的，则填写《空勤人员停飞医务证明书》，报管理局审批后，通报给所在单位，并上报民航局飞标司备案。自2002年起，民航西南地区空勤人员的体检合格证，均由管理局航空卫生管理部门审核、颁发与管理。民航西南管理局航空医监室各科的体检医师都具有大专以上学历，3年以上临床经历，并经过第四军医大学空医系培训结业，业务素质较好，保障了体检与鉴定的质量。

四、招收飞行学生体检鉴定

1984年初，民航成都管理局根据《民航招收飞行学员体检标准》，选调医疗部门各科临床医师在成都市的部分中学应届高中毕业生中体检选拔飞行学生。招收飞行学生体检大致分为目测、初检、复检 3 步，实行单科淘汰制。当年上站体检人数 205 名，体检鉴定合格 49 名，合格率为 23.9%，淘汰人数 156 名，这是西南民航首次进行招收飞行学生体检与鉴定。空勤体检队成立后，民航成都管理局招收飞行学生体检工作由空勤体检队承担。民航体制改革后，根据民航西南地区各招飞单位提出的申请，由民航西南管理局航空医监室到各招生的省、市、县，按照《民航招收飞行学员体检标准》组织实施。从 1990 年起，招飞体检增加了心理学测验项目，提高了招收飞行学生的质量。《民用航空招收飞行学生体格检查鉴定标准》于 1996 年正式实施后，运用新的招飞标准，使民航西南地区招飞体检合格率进一步提高，1996—2004 年达到 31.49% 至 53.17%，连续 10 年列全民航第一，并提高了体检质量。此外，管理局航空医监室及后来的成都民用航空医学中心还一直承担民航西南地区招收乘务学员、空中安全员、地升空人员、改航空器驾驶工种人员的体检鉴定与管理。

第二章 适航管理

第一节 管理机构

1987年民航体制改革前，民航西南地区的适航管理部门一直是民航成都管理局机务处。1987年10月15日民航成都管理局实施体制改革后，民航西南管理局设立航空器适航处。2003年7月，民航西南管理局航空器适航处改为民航西南地区管理局航空器适航维修处。

适航维修处工作职责是：负责民用航空营运人的运行合格审定适航部分工作，并实施日常监督。负责民用航空器首次投入运行前适航检查；负责民用航空器年度适航检查，并签署适航证年度审查结论；负责民用航空器特许飞行的审批，并实施证后监督。负责民用航空营运人新航线或航线新增机型的航线维修许可审查和监督。负责民用航空营运人的《工程手册》《维修方案》《可靠性方案》《维修人员培训大纲》的审批，以及后续修改；审核各机型《最低设备放行清单（MEL)》，并对适航性资料的执行情况实施监督。负责民用航空器一般性加改装和修理方案的审查和批准，并进行监督检查。负责汇总、分析、评估民用航空营运人航空器保留项目信息和适航指令执行情况；收集、上报航空器维修动态、使用困难报告、安全运行情况。负责民用航空维修单位《维修管理手册》和《维修/修理人员培训大纲》的审批以及后续的更改，并监督其实施。负责民用航空维修单位的维修许可审查和颁证后日常监督；承担新增维修项目的许可审查和批准。负责民用航空维修单位的年度审查，并审阅维修单位年度报告。按授权参与境外民用航空维修单位的维修许可证审查和复查。负责收集、分析、评估民用航空维修单位的质量月报和人为差错月报。按授权参加不安全事件和飞行事故的调查；按授权对违规和违章的事件提出处罚建议。

1993年10月5日，民航总局通知民航西南管理局，为加强民用航空器的初始适航管理，促进民航事业的顺利发展，决定设立成都航空器审定中心。1993年11月4日，民航西南管理局成立适航审定中心筹备小组及办公室。1994年1月8日，民航西南管理局下发的《关于成立中国民用航空总局成都航空器审定中心的通知》中，明确成都航空器审定中心行政隶属民航西南管理局领导，业务受民航总局适航司指导。1994年10月24日，民航西南管理局正式任命了审定中心主任。审定中心职责是：贯彻执行中共中央、国务院及民航总局有关民用航空器适航管理的法令、规章，参与航空器适航标准、文件、细则的制定。在管理局领导下，按民航总局适航司授权，对航空器进行型号合格审定和生产许可审定，审批有关型号国产民用航空器设计、制造单位提出的重大加、改装项目；对民用航空器零部件、机载设备、材料等产品进行审定、批准、颁发或吊销“零部件制造人批准书”或“技术标准规定项目批准书”，对持证人进行经常性的监督、检查。参与首次进口的民用航空器的型号认可审查和出口民用航空器及其他航空产品的审查。按授权负责有关国产民用航空器初始维修大纲的审查和批准维修大纲的修改。根据授权颁发国产民用航空器的适航指令，监督、检查航空器设计、制造单位执行适航指令情况。了解有关航空器持续适航状况，收集可靠性信息，参与航空器事故调查、分析，提出预防措施和改进建议，按授权审批特修方案。对委任型号审查、生产许可证、生产检验、工程代表进行资格审查和评议，提出委任或吊销建议。

成都航空器审定中心与民航西南管理局适航维修处的工作关系主要是审定中心向适航处通报航空产品初始适航审查情况，通报国产航空器的审查结果，督促制造厂向适航维修处提供全套持续适航文件。适航处向审定中心通报飞机的故障信息。

2003 年民航深化体制改革后，原民航总局成都航空器审定中心更名为适航审定处，成为民航西南地区管理局的一个内设职能部门，由原来的事业单位编制转变为行政部门编制。适航审定处的职责是：根据授权，参与航空器、航空发动机以及螺旋桨的型号认可审查（VTC），参与补充型号认可审查（VSTC），参与设计批准认可（VDA）；根据授权，参与 TC 项目型号合格审定和型号合格证书更改审定；负责西南地区补充型号合格审定（STC）的受理、审批及证件管理；负责西南地区 TDA 项目的型号设计批准和更改的审定；负责西南地区 TDA 项目的生产许可审定；负责西南地区 TC 项目生产许可审定证后管理；负责西南地区 PMA、TSOA、MDA 项目的审定及证后管理；负责西南地区航空化学产品项目的审定及证后管理；负责西南地区超规范修理、重大特修方案的工程批准；负责西南地区重复性、多发性故障的工程评估；负责西南地区委任代表（DER&DMIR）和委任单位代表（DOR）的审定及管理；根据授权，参与或负责民用航空油料项目的适航审定；根据民航总局与外国适航当局签署的协议，代表外国适航当局负责西南地区为外国公司生产的民用航空产品的监督检查工作；根据授权，负责相关机型航空器适航指令的颁发及相关管理工作；负责西南地区航空器首次引进前的单机适航检查并根据授权签发适航证件；负责西南地区标准化、质量和计量管理以及质量认证工作。在民航深化体制改革中，从 2003 年 11 月 26 日起，先后成立民航重庆、贵州、云南、四川安全监督管理办公室，下设适航维修处或适航维修监察人员。

2005 年，适航审定处有适航监察员 5 名，专业涵盖飞行性能、航空器结构、航空发动机、标准计量等。因工作需要，聘用 1 名航空电子电器专业技术人员从事相关适航审定技术支持工作。

第二节 初始适航管理

民用航空器的初始适航管理主要是指民用航空产品设计制造的适航审定、批准和监督。民用航空产品在交付使用之前，依据各类适航标准和规范，对民用航空器及其部件的设计和制造所进行的型号合格审定和生产许可审定，以确保航空器和其部件的设计、制造是按照适航部门的规定进行的。

1994—1995 年，成都航空器审定中心根据民航总局授权，并报民航总局批准，开展对航空器产品的型号合格审定，航空产品的生产许可审定，航空材料、零部件的机载设备审定等初始适航管理的审定工作。如，证后管理类审定有：民航总局第二研究所（以下简称民航二所）产品项目FW－84卫生剂审定批准函；绵阳 756 厂产品项目 GNYG 系列碱性电池零部件制造审定；成都电子管厂产品项目餐车咖啡壶等零部件制造审定；宜宾 570 厂产品项目胶圈等飞机零部件制造审定；英国 NELSEN

公司产品项目281、304、165清洁剂设计认可审定；美国LEARJET公司产品项目LEARJET－60飞机型号合格审定；加拿大PW公司产品项目LEARJET－60飞机发动机型号合格审定；雅安205厂产品项目TB－20飞机燃油油量表零部件制造审定和运12飞机燃油油量表技术标准审定。委任试验单位代表审定的有：民航二所审定的航空化学试验委任代表单位，并命名为航化试验中心；民航二所审定为阻燃试验委任单位代表，并分别为座椅垫燃烧试验、材料阻燃试验；北京航空工艺地毯有限公司审定为阻燃试验委任单位代表，并为材料阻燃试验。成都航空器审定中心审查项目还有：对成都飞机工业公司生产许可审定，审定项目为MD－90干线飞机新宇航项目；对科烁化工厂审定的批准函，审定项目为翱鹰牌金属清洗剂；对民航二所六维公司审定的批准函，审定项目为NW－012空气清洗剂、NW－013杀虫剂以及GX－22、GX－24、GX－25飞机清洁剂和NW－015客舱清洁剂；对成都719厂进行技术标准审定，审定项目为WHF电台；对绵阳783厂进行技术标准审定，审定项目为ATC应答机和编码高度表；对成都161厂进行技术标准审定，审定项目为ADC等6个项目；对上海高胜公司审定的批准函，审定的项目为清洁剂；对上海奇仕公司审定的批准函，审定项目为清洁剂及空气清新剂；对北京兰西公司审定的批准函，审定项目为空气清新剂；对大连华阳恩赛公司审定的批准函，审定项目为DOUSE清洁剂；对湖北当阳5710厂产品项目液压软管组件进行零部件制造审定。

2003—2004年，适航审定处本着“宣传、帮助、监督、检查”八字方针，开展适航审定工作。2003年，该处在继续做好并完善各项认可审定（VTC、VSTC和VDA）、各项零部件/机载设备审定（TSOA、PMA）、各项航空化学产品设计生产审定、有关适航证件复查换证工作的同时，还进行了有关国产ARJ21－700涡扇支线飞机型号的审定；ARJ21支线飞机是中国第一次严格按照相关的民用航空规章进行型号审定70—90座双发尾吊支线飞机；3项VTC审查、8项VSTC审查、2项VDA审查、1项MDA审查、6项PMA审查、1项PDA审查；18项PMA/TSOA和5项航化产品批准的换证；对西南地区6个机场图形符号标准检查和导航设备的验收以及有关民航计量器具指南的函审等。在生产监督方面，代表外国适航当局完成了对成都飞机工业公司88套空客－320型飞机舱门的转包生产制造检查和签发适航批准标签。在颁发适航指令方面，借鉴国际上有关适航指令管理的经验，翻译了约13万字的FAA适航指令手册，为结合国情完善管理提供了参考资料。是年，适航审定处负责的立法/立法研究项目有8项：航空油料管理条例草案，民用航空油料适航管理规定（CCAR55）草案，全套CTSO报批稿；AP－21－01R2草案修订；CCAR21－EASA/IR21的对比研究，航空器修理的设计审定方法研究，CFIT的适航立法研究，飞机除冰防冰液使用指南，还研究和编写了有关标准化、计量、质量方面的管理文件3份。2003年4月，按照民航总局适航审定司和民航西南管理局通知要求，必须在5天内为航空公司准备好一份飞机客舱防“非典”消毒剂清单。按正常程序，其审定周期至少需要半个月时间，为此，适航审定处根据多年来的航化审定经验，立即研究制定了既要保证安全又可缩短试验周期的应急方案，并得到了民航总局适航审定司的批复。根据批复，对7个产品进行试验，及时确定了2个符合要求的消毒剂。

2004年，适航审定工作新增职责有：航空器首次单机适航证颁发管理，适航指令的颁发管理，标准计量以及民用航空油料适航管理等。在工作量加大、人员没有增加的情况下，全年共完成单机适航检查17架次。其中：二手航空器单机适航检查9架次，新航空器适航检查8架次。完成运输类航空器适航检查12架次，通用类航空器5架次，西南地区通用航空公司航空器适航证换发工作。建立适航指令管理库，组织召开西南地区适航指令管理工作会议，在各航空公司设立适航指令联络员，保证适航指令颁发管理整个过程的畅通。全年共颁发适航指令65份，涉及空客320系列、EMB－145系列、波音757系列等机型。除起草CCAR55部《民用航空油料适航审定规定》及《民用航空化学产品适航审定规定》两部草案外，还参与CCAR21部《民用航空产品和零部件合格审定规定》、AP－21－01《进口民用航空产品和零部件认可审定程序》、AP－21－03《型号合格审定程序》、AP－21－04《生产许可审定和监督程序》等程序的修订工作。完成ARJ21－700涡扇支线飞机的型号审定工作，先后参加ARJ21试飞评审、驾驶舱评审、燃油系统设计初步评审等项目审查活动以及PMA、TSOA、MDA以及航空化学产品设计/生产批准等项目的适航审查。

根据民航总局授权，代表法国民航当局DGAC，对成都飞机工业公司转包生产项目进行监督检查，共签发空客320型飞机后登机门适航批准标签81份，空客320型飞机地板组件适航批准标签9份，空客320型飞机前起落架适航批准标签1份，空客320型飞机一号框适航批准标签2份，达索T3油箱适航批准标签4份。完成对西南地区5个机场（成都、重庆、拉萨、安顺、兴义）的图形符号标志设置及流程的评标、审定。完成成都双流国际机场A厅、重庆江北机场新航站楼以及版纳、兴义、南充、安顺机场的图形符号标准的初验、总验共计12次。参加总局检查组，完成广州新白云机场、深圳机场的图形标志检查工作。根据民航总局适航审定司关于证后管理属地化的要求，2004年度适航审定处向其他地区管理局适航审定处移交了部分证后管理项目，这些项目主要涉及航空化学产品、客舱装饰件等。在移交过程中，该处指派监察员，认真整理审查及证后管理资料，积极与项目接收适航审定处相关人员沟通交流，确保了项目移交工作的顺利进行，完成了华北、东北、中南地区共计5个生产厂家证后项目的移交工作。

2005年，根据民航总局CCAR21部《民用航空产品和零部件合格审定规定》以及适航管理程序要求，适航审定处负责航空器引进前的单机适航检查工作，并根据授权签署适航证件。至11月底，共完成航空器单机适航检查33架次，其中运输类飞机21架次，通用类航空器12架次。川航5架次，鹰联航空2架次，国航西南、重庆分公司8架次，东航云南公司6架次，民航飞院通用类航空器12架次。进一步完善适航指令颁发及管理程序，颁发适航指令88份，转发适航指令137份。完成航空公司航空器改装设计批准（MDA）项目审查2项，航空化学产品设计、生产批准函项目审查5项，PMA项目2项，民航飞院ADSB特许飞行审查2项。

根据民航总局授权，代表法国民航当局DGAC，对成都飞机工业公司转包生产项目进行监督检查。年内共签发空客320型飞机后登机门适航批准标签138份，空客320型飞机地板组件适航批准标签220份，空客320型飞机前起落架适航批准标签79份，空客320型飞机一号框适航批准标签115份，达索T3油箱适航批准标签20份。完成空客320型飞机零件制造、装配制造符合性检查，交付组件205架次。年内，完成标准计量管理工作程序修订，完成重庆等4个机场的图形符号标志的设置审定。受民航总局适航审定司委托，负责起草《民用航空油料适航规定》CCAR55部获得民航总局批准并发布。

第三节　持续适航管理

民用航空器持续适航管理是在航空器满足初始适航标准规范，投入运行后，为保持适航水平，航空器能始终处于安全运行状态而进行的管理。包括对航空器使用、维修的控制、维修单位许可审定，维修人员执照制度以及航空器适航性的鉴定与监督检查。

一、维修单位的许可审定

1987年5月4日，国务院颁布《中华人民共和国适航管理条例》（以下简称《适航条例》）之前，民航各级飞机维修单位一直实行的是“自修自检”的体制。《适航条例》颁布后，民航开始对国内维修单位实施许可审定制度，即维修单位必须经过审查合格后才允许进行有关项目的维修工作。民航局于1988年11月2日颁布并于1993年2月3日修改的《民用航空器维修许可审定的规定》（简称CCAR－145部）后，该制度日趋完善。CCAR－145部规定，凡承担在中华人民共和国注册登记的民用航空器或航空器部件、机载设备维修业务的任何单位或个人，必须向民航局适航部门申请维修许可证，经审查合格，颁发许可证后方可从事批准范围内的维修业务活动。维修许可证是批准申请人维修资格的凭证。

合格的维修单位必须在厂房设施、工具设备、技术资料、人员和器材5个方面符合所申请维修类别和项目的要求；还必须建立严格的质量保证、工程技术和生产管理3个控制系统。适航部门在颁发维修许可证之前，应确认申请人具备以下条件：具有完成其承担工作任务所需要的适当设施。具有足够的工具和测试设备，测试设备应建立常规校准规则。具有足够的航材库存保障，并做到分类保管、出入库检验和必要的对器材、部附件的处理手段。技术资料、档案和记录要由专门机构完成，应记录维修工作历史、完成工作情况，并保证各种技术资料随时处于现行有效状态。从事管理、批准工作的各类管理人员和技术人员，必须具有相应的资料和能力，并应取得一定的资格证件或执照。具有完善的质量保证机构和制度，质保人员应具有一定资格和有效合格证件。

1988年11月，民航局适航司和民航西南管理局适航处对西南航空公司维修厂所承担的各型飞机维修及附件修理的资格进行检查后，颁发了下列项目的维修许可证：波音737－300型飞机各级P检和换发及换发以下各级维护。安24飞机一级以下（不含一级）的维修和换发及维护。图154M型飞机Ⅲ型（不含Ⅲ型）以下各级维修和换发及维护。按西南航空公司飞机维修厂提供的附件修理能力表，实施安24型飞机特种设备和机械附件修理第一至第十五项和第四十项，并实施波音707、737－300型机轮、刹车装置的分解、检查和装配及707飞机的液力锁定器。无损探伤3个项目：磁力探伤、涡流探伤、着色渗透探伤。因超声波探伤仪性能、配件都不能满足技术要求，该项目的人员培训未解决，故超声波探伤暂不发证。波音707型飞机D检以下（不含D检）各级维修、换发维护工作及其特种设备的检修。上述1—5项有效期为3年，从1988年12月15日起到1991年12月15日止；第6项有效期半年，从1988年12月15日起到1989年6月15日止。

二、维修、检验人员资格管理

（一）维修人员执照制度

保持民用航空器的持续适航是由日常的保养和维修工作来完成的，而维修人员的素质是决定完成保养和维修工作好坏的关键，维修人员执照又是衡量维修人员基本素质的重要标志。1983 年，民航局就提出机务维修人员将要实行执照制度，负责航空器维修的人员必须持有执照，只有获得执照的维修人员，才有从事民用航空器维修并予以放行的资格。1987 年 5 月，国务院授权民航局主管民用航空器适航工作后，维修人员执照工作便纳入到适航管理范围之中。1991 年 2 月 10 日，民航局颁发《民用航空器维修人员合格审定的规定》（以下简称 CCAR－65 部），对维修人员执照的申请、培训、考核和颁发以及执照的检查和吊销都作出具体规定。民航西南管理依据 CCAR－65 部的规定，对民航西南地区维修人员执照实施行业管理。

四川地区维修人员执照主要为机械、电气、仪表、无线电等执照。每类执照都包括基础部分和机型、专业部分。根据 CCAR－65 部中的规定，对于取得维修人员执照（基础部分）的维修人员必须具备：年满 21 周岁，身体健康合格，具备民航总局要求的维修基础知识，并掌握有关适航规章的内容。维修人员执照取得基础部分后，还必须取得机型或专业部分合格才行。条件是：经培训、考试已取得维修人员基础部分的执照。具有从事维修工作累计 3 年以上的行为。对所申请的机型或专业进行过专门培训并考试成绩合格。民航西南管理局适航维修处根据民航局颁发的文件规定，负责受理民航西南地区维修人员执照的申请和基础部分考试，颁发或吊销执照，在执照上签署机型和专业，并对执照人员进行定期或不定期检查。各航空公司或飞机执管单位负责维修人员执照的机型、专业部分的培训和考试，批准本单位机务放行人员，但均需报民航西南管理局适航处备案。对民航西南地区各省（自治区、直辖市）局、双流国际机场、地方机场（航站）的维修人员执照，也按照上述规定和程序进行申请、办理和颁发。民航飞院为了加强本单位维修人员执照制度的管理，还对本单位实施维修人员执照制度作了具体规定和要求：机务人员要取得维护（修）执照，必须经专门培训并考试合格。各机务工程部和修理厂要根据机务人员维护（修）能力和本单位维护（修）工作的实际，按机务处的通知，严格申报送学人员名单，自学考试合格人员应在表中注明（基础执照部分）。研究参加执照培训班的人员，要严格服从组织管理，中途不得退出培训（若因特殊事情必须中断的，应报院机务处批准），缺课超过总学时的 1/3 者，不得参加该期考试。委托承办机型和专业执照培训的维修单位，应确定 1 名工程部的领导负责，认真编写培训大纲和实施方案，并在实施前 1 个月报院机务处。在实施中要严格执行大纲，严格实施管理，严密组织考试，严肃评定成绩，并将考试结果报院机务处。已经获取维护（修）执照两个部门的人员，维修单位应严格审查放行资格。根据放行岗位的实际需要，每年 10 月向院人事处、机务处报人员名单。维修单位对取得执照的人员应建立档案，对取得放行权（整机和专业）的人员应单独建档，同时编入维修管理手册。维修单位对执照放行人员，除平时在实际工作中要加强考核外，每年还要进行 1 次以安全规则、规章制度、适航管理和维修专业知识（所维修的航空器）为主要内容的考试。对考核、考试不合格的人员，一律暂停专业放行权。

西南民航开展维修人员执照工作始于 1985 年。是年，全地区有 21 名机务维修人员取得了机械执照。由于此后期间仍处于维修人员执照的试行阶段，为此，制度还不够完善，工作还不够规范，要求还不够严格。至 1987 年西南民航体制改革时，西南地区机务维修人员只有 193 人次取得维修人员执照。其中民航成都管理局机务大队有 54 人次取得机械执照、1 人次取得仪表执照、16 人次取得电气执照、15 人次取得电子执照、4 人次取得无线电执照；民航云南省局机务科有 23 人次取得机械执照、8 人次取得电气执照、7 人次取得电子执照、1 人次取得无线电执照；民航四川省局机务科有 1 人次取得机械执照；民航贵州省局机务队有 4 人次取得机械执照、2 人次取得电气执照、1 人次取得电子执照；民航飞行学院有 26 人次取得机械执照、9 人次取得仪表执照、10 人次取得电气执照、8 人次取得电子执照、3 人次取得无线电执照。至 1991 年 2 月 10 日民航总局 CCAR－65 部颁发后，民航西南地区维修人员执照制度才逐步走向规范化、标准化、制度化管理。

（二）检验人员执照制度

检验人员是指对民用航空器及航空器部件的维护、修理以及翻修等工作进行检验的人员。对检验人员执照的申请人，应具备以下条件：要有维修人员执照。具有 5 年以上本专业维修工作的经历和中专以上文化程度。符合 CCAR－145 部中对检验人员的有关要求。熟悉适航法规内容和本单位质量控制及检验制度，具备质量管理知识。身体健康，能完成预定工作。

民航西南地区推行机务检验人员执照制度从 1993 年开始。各单位根据机务检验人员必须具备的条件，经过考核合格后向民航西南管理局适航处申报检验人员的执照。适航处依据民航局的有关文件规定进行审核，对符合标准者颁发检验人员执照。

民航西南地区在申办检验人员执照的工作中，从各企事业单位到民航西南管理局机关，都严密程序、严格标准、严把质量关。至 2002 年底，民航西南地区取得各类检验人员执照的机务检验人员有 597 人。其中，西南航空公司飞机维修厂有 80 人次取得机械检验执照、34 人次取得仪表、电子/无线电检验执照、37 人次取得电气检验执照；云南航空公司（民航云南省局）有 38 人次取得机械检验执照、14 人次取得电气检验执照、15 人次取得仪表、电子/无线电检验执照；民航贵州省局有 4 人次取得机械检验执照、2 人次取得电气检验执照、2 人次取得电子检验执照；民航飞行学院有 71 人次取得机械检验执照、28 人次取得仪表、电子/无线电检验执照、18 人次取得电气检验执照；西南航空重庆公司飞机维修厂有 32 人次取得机械检验执照、23 人次取得仪表、电子/无线电检验执照、13 人次取得电气检验执照；四川航空公司有 23 人次取得机械检验执照、19 人次取得仪表、电子/无线电检验执照、8 人次取得电气检验执照；贵州省航空公司有 9 人次取得机械检验执照、5 人次取得仪表、电子/无线电检验执照、4 人次取得电气检验执照；双阳通用航空公司有 7 人次取得机械检验执照、2 人次取得电子检验执照、2 人次取得电气检验执照；长城航空公司有 2 人次取得机械检验执照、4 人次取得电子/无线电检验执照、2 人次取得无线电检验执照；四川运动体校有 3 人次取得机械检验执照、2 人次取得仪表/无线电检验执照、1 人次取得电气检验执照；成都飞机维修工程公司（后改名为西南航空飞机维修公司）有 56 人次取得机械检验执照、20 人次取得仪表、电子/无线电检验执照、13 人次取得电气检验执照；华西通用航空公司有 1 人次取得机械检验执照、1 人次取得电气检验执照；石林通用航空公司有 1 人次取得机械检验执照、1 人次取得电气检验执照。随着 2001 年 12 月 21 日公布、2003 年 1 月 1 日实行的《民用航空器维修人员执照管理规则》即 CCAR－66 部，取代了 CCAR－65AA－R1，同时 CCAR－66 部取消了维修检验人员执照。西南适航处自 2003 年 1 月 1 日起，不再向西南地区维修单位从事维修检验的人员颁发维修检验人员执照，而由维修单位质量系统自行确定质量检验和审核人员资格。

三、民用航空器年度适航检查

在中华人民共和国登记的民用航空器，均须接受年度适航检查（以下简称年检），自首次颁发适航证的次年度开始。航空器封存期间可不进行年检，但解除封存后，当年内必须完成1次年检。大修（含D检及以上维修）的航空器可结合修理进行年检或修后当年内完成1次年检。完成年检和适航证正常签署的航空器，其适航证在下一年度检查前将一直有效。逾期未进行年检的航空器，视为不适航。已进行年检但未获得适航证正常签署的航空器，一切飞行活动将受到限制，并视情节轻重予以处罚，直至收缴适航证。

民航西南地区各航空器使用人结合航空器使用和维修工作安排，在每年1月底以前向民航西南管理局适航处提交《航空器年度适航检查申请书》，对欲进行年检的机型、注册号、计划年检日期和地点作出初步安排，并对本单位其他在册但未安排年检计划的航空器作出说明，包括机型、注册号、原因。适航处依据申请书统筹协调，在30天内以《航空器年度适航检查受理通知书》形式对航空器使用人的申请计划予以认可并提出调整意见。

年检的实施，由航空器使用人自检和适航处检查两部分组成。自检由航空器使用人结合靠近年检时定期维修工作完成，依据《民用航空器持续适航检查记录单填写说明》认真填写《民用航空器持续适航检查记录单》。适航处的检查由民航西南管理局适航处选派适航检查员组成检查组，具体实施检查工作。检查分为“航空器技术履历审查”和“航空器技术状态现场检查”。技术履历审查主要是核查所有适用的法定技术文件的完整有效性及其在被检航空器上的落实状况，并评估这种状况对航空器持续适航性的影响。技术状态现场检查包括两个方面：一方面，根据对航空器技术履历审查情况，对有充分怀疑理由的项目或部位进行局部深入检查或核查；另一方面，对航空器重要适航项目作例行检查。适航处完成检查以后，由检查人员填写《航空器年检发现问题通知单》，通知航空器使用人，并限期改正，航空器使用人对涉及的所有问题，逐条拟定纠正措施及完成日期，并写出纠正措施报告，提交适航部门，适航部门进行必要的核查。

西南管理局适航处对完成自检与检查符合适航标准的航空器，在适航证上进行正常签署。但如果在年检中发现有影响适航的故障或缺陷时，根据保证航空器在一定时间内不降低安全使用水平的纠正措施程度，采取分期签署方式，直至故障、缺陷完全排除后，完成适航证的正常签署；如果航空器使用人对航空器的故障、缺陷既未采取可接受的临时措施，也未拟定彻底排除的计划，应被视为航空器“年检不合格”，适航处收缴该航空器的适航证，直到故障、缺陷彻底解决并经适航处核实后，方能完成适航证的正常签署。

四、民用航空器最低设备放行清单

1992年10月4日，民航总局颁布《民用航空器最低设备放行清单管理使用规定》（以下简称《规定》）。该《规定》是在中国注册并营运的航空器营运人制定和使用民用航空器《最低设备放行清单》的基本依据，必须遵照执行。《民用航空器最低设备放行清单》是指营运人对所属特定型号并带有序号和注册号的航空器制定的可以允许不工作设备和系统的文件。它包括特定型号的《最低设备放行清单序言》《最低设备放行清单》《程序文件》《批准文件》。《最低设备放行清单》的管理使用原则是：在确保飞行安全的前提下，为争取飞行正常，根据航空器的性能和设计余度，允许在特定条件下，某项设备不工作可以继续飞行，即是只要符合《最低设备放行清单》的具体条款，并按规定的要求进行操作，飞行安全是可能得到保证的。但是，它绝不是各型航空器的维护标准，更不是可以长期带故障的飞行依据。要求航空器上的所有设备符合适航标准和有关营运规定。《最低设备放行的清单》所包括的设备项目，认为该项目可以允许不工作也能保持一个可以接受的安全水平。另外，航空器运行时对失效设备的限制条件、保持《最低设备放行清单》的现行有效性、《最低设备放行清单》的适用范围、航空器故障修复期限等均应按照规定办理。

西南民航执行航空器《最低设备放行清单》制度是从1992年开始的。当时西南民航各航空器执管单位由于技术力量还不能完全满足推行这一制度的需要，在1995年以前西南民航普遍使用的是航空器制造国民航当局提供的《主最低设备放行清单》（MMEL）。此后，西南民航随着新机型不断引进和技术力量的进步，为了加强规范化、标准化的安全管理和技术管理，西南地区各航空器执管单位将编写《航空器最低设备放行清单》（MEL）列为大事，并提到重要的议程，有的由飞行技术管理部门和机务工程部门编写，有的由运行管理办公室负责编写MEL的工作。各航空器执管单位在编写工作中，根据各型航空器制造国民航当局提供的《主最低设备放行清单》（MMEL），综合考虑本单位经营的航线、担负的任务性质、维修技术素质、安全运行能力和航材供应保障等实际情况。

西南地区各民用航空器执管单位的航空器《最低设备放行清单》完成后，报民航西南管理局审批。按照民航总局有关的文件规定，西南管理局飞标处会同适航处对其认真审核，核准后批复其执行。

至2005年，西南民航各单位主要机型的《航空器最低设备放行清单》（MEL）相继出台。为保持MEL的有效性，各航空器执管单位根据各型航空器制造国的MEL的修改通告，及时对MEL进行修正。

第四节　处　罚

1989年4月，民航局颁发《民用航空器适航管理处罚暂行办法》（以下简称《办法》），明文规定：凡在使用民用航空器过程中，有违反《适航管理条例》及其《实施细则》行为，得处以警告、罚款等处罚。这一《办法》的公布，保证了持续适航管理工作的顺利进行。《民用航空器维修单位合格审定规定》（CCAR－145）对维修单位在维修活动中的违法行为规定了警告、罚款、没收违法所得、暂停许可维修项目直至吊销许可证的处罚。《民用航空器维修人员执照管理规则》（CCAR－66）规定民用航空器维修人员执照和资格证书持有人有下列情形之一的，由民航局或者民航地区管理局责令其停止维修工作并可给予警告或者吊扣执照或资格证书3—6个月的处罚，情节严重的，吊销其执照或者资格证书：擅自涂改民用航空器维修人员执照和资格证书的；违反规定进行维修工作并且隐瞒情况不据实报告的；超出签署和授权的范围进行维修放行的；伪造维修记录的；在服用毒品或者饮用含酒精饮料后进行维修或者放行工作的；授权或者迫使下属人员违反有关规定进行维修和放行工作的；对违反规定从事维修和放行工作的行为和事实隐瞒不报的。

这些规章的贯彻，规范了维修单位的维修管理和维修活动的开展。同时，对维修质量的调查和对维修单位以及维修人员违法行为的处罚，在一定程度上遏制了维修活动中的违章行为的发生。

2002 年 6 月 1 日，绵阳机场发生一起由于机务人员违章操作，致使飞机损坏、返航的严重事件。民航西南管理局组织事故调查认定后，吊销或暂停了有关维修人员执照，暂停了机场的航线维修许可证，并派出工作组进行整顿。

2004 年 11 月 2 日，民航飞院飞机修理厂检修的新津分院 TB200/B－8832 号飞机，在完成罗盘校检工作后返回工厂途中，当离飞机停放区约 15 米处时，滑行人员未按规定的滑行路线滑行，飞机偏离滑行线左侧 2.8 米，导致飞机左翼尖与停放在滑行线左侧 7.7 米草坪中的 1 辆富康车发生擦剐，造成左翼尖、航行灯罩和频闪灯损坏报废。造成该事件的原因是：滑行人员未按规定路线滑行；飞机返回途中未安排地面滑行引导人员；车辆未停放在规定区域。根据民用航空器维修有关标准，此次事件定性为人为差错，对相关责任人进行了暂停飞机地面滑行工作和扣发当月绩效工资的处理。

第三章 运输服务管理

第一节 管理机构

1987年10月15日，民航成都管理局实行管理体制改革试点，成立民航西南管理局，下设企业管理处，编制10人，负责体制改革、企业管理和运输服务工作。其主要职责是：负责航空运输业务管理、航空运输市场管理、航空运输企业销售机构的设立审批及监管、航空运输销售代理人审批及监管、航空运输服务、企业工效挂钩承包管理、企业能源计量、标准化管理、通用航空业务管理、对企业进行监督和指导、组织检查颁发企业经营许可证、参与省（区）局管理体制改革；负责西南地区计量定级升级工作、能源管理工作；负责协调成都双流机场各单位运输生产工作；对西南地区运输生产进行业务管理、监督；对航空运价执行情况进行监督；组织、监督专、包机运输实施；协助航空公司、成都双流机场处理好航班不正常工作；考核颁发乘务A、B、C执照；考核审批西南地区航空运输销售代理企业；对通用航空的作业地点、飞行时间、作业质量等进行监督指导。

1996年4月8日，撤销企业管理处，成立运输通用航空管理处。主要职责是：贯彻执行国家的方针、政策、法规，根据国家和民航总局有关规定，对运输航空、通用航空企业执行国家和民航总局的有关政策法规、规章制度及服务质量标准等实施监督检查；负责拟定西南地区通用发展计划；对西南地区运输航空、通用航空业务实行行业管理，并负责协调监督和指导；负责西南地区一类客货销售代理的审核，负责西南地区二类客货销售代理的审核、审批、颁发及吊销经营证书等；负责西南地区乙、丙类通用航空企业的审批和甲类的初审报批工作；负责西南地区客货销售代理业从业人员的考核，颁发及吊销上岗证书；负责西南地区乘务人员执照的考核、颁发；受理旅客、货主、用户的投诉；负责西南地区运输航空、通用航空业务的指导工作，宣传、推广先进典型经验；负责运输航空、通用市场管理和信息统计等的管理和服务工作；会同有关部门处理航班不正常工作；组织协调西南地区运输航空、通用航空生产、春运及抢险救灾等重大运输任务；负责西南地区航空运输企业航线、航班的审批及管理工作。

2003年8月，民航进一步完成深化管理体制改革，民航总局不再承担航空运输企业的经营责任，各机场移交地方政府，民航行政主管部门在航空运输服务方面的工作重心转移到为各市场主体提供公平有序的竞争环境以及消费者权益保护。是年8月26日，民航西南地区管理局将运输通用航空管理处与国防动员委员会办公室合并成立市场管理处，至2004年底未变。其主要职责是：贯彻执行民用航空运输管理法规规章，拟定辖区航空运输管理实施细则；审核或审批辖区内公共航空运输企业、通用航空企业及其代理企业、航空俱乐部的设立及有关经营许可申请；负责监督检查国内及境外公共航空运输企业及其代理企业、机场、航空地面服务企业在辖区内的航空运输市场行为；负责辖区内航空运输消费者事务工作；负责辖区内民航企事业单位服务质量的监督指导工作；负责运输航空企业在辖区内的航线经营许可、航班计划、加班、包机申请的审批工作；负责组织协调辖区内各机场的容量评估工作和机场综合保障能力，并确定小时保障容量；参与监督检查辖区内民用航空企事业单位执行价格标准的情况和收费行为；负责辖区非经营性通用航空活动和个人飞行的登记管理；负责通用航空企业在辖区生产运营的监督、指导和协调；参与辖区专机运输保障工作；参与辖区口岸机场对外开放的检查验收工作；参与辖区航空企业安全运行合格审定和安全评估；参与新建、改扩建机场项目审查评估及各类机场验收；参与涉及本地区的航空安全事故调查、处理和评定；参与制定辖区运输航空和通用航空的发展规划；组织编制辖区民航国防动员发展规划；组织指导辖区民航国防动员宣传、教育工作；组织协调辖区民航系统人民防空、交通战备、经济动员、防汛抗震、抢险救灾，及重大、特殊、紧急运输工作；组织协调四川省内民航系统武装动员、通信线路保护工作；协调辖区内民航系统国防运力的动员和征用工作；指导辖区内民航各国防交通专业保障大队的队伍建设；负责辖区内民航企事业单位战备事业费、储备物资、资金的调配和管理；负责管理局所属各安全监管办市场管理部门的业务领导工作；负责辖区各航空销售代理人协会的指导工作等。

第二节　运输生产与销售代理人管理

1987 年 10 月，民航成都管理局实行管理体制改革，政企分开后，客货源调查和运输业务宣传由各航空公司、机场等企业具体实施，地区管理局行使政府监督职能，主要是协助、指导、监督企（事）业单位提高运输管理水平和空、地服务质量；贯彻执行民用航空法规、规章及规定，履行行业监督职能。成都、重庆、昆明、贵阳、拉萨各地的航空公司、机场，先后成立宣传广告公司，宣传形成规模。员工们萌发了竞争意识，“时间就是金钱”“速度就是效益”“效益是企业生命”等口号广为流行。有的还在香港凤凰卫视连续进行有关航空运输业务的广告宣传。除了调查组织一般客货源外，还把重点转向旅游团体、会议人员、出国劳务、节日客源、进出口货源等。

1988 年 12 月，民航局运输司通知，原来民航运输销售市场只由自己销售的模式已不适应航空运输发展的需要，可适当发展代理人销售。代理人申请条件：单位申请，3 人以上销售人员，有 20 平方米以上的营业场所和保证票证、资金安全的设备，经地区管理局批准后，可以同航空运输公司签订协议，从事机票销售业务。对此，民航西南管理局制定了具体实施方案，除上述规定外，民航西南管理局要求：根据当地客货流量的需求，由地方企事业单位向航空公司提出申请，航空公司报民航西南管理局，由民航西南管理局企管处和航空公司共同派人实地考察，成熟一个发展一个。

从 1988 年 12 月至 1993 年 8 月 3 日，经国务院批准、由民航总局拟定的第 37 号令《民用航空运输销售代理业管理规定》下发前，西南地区航空运输销售代理企业共有 20 余家，主要是厂矿集中地区和公共交通单位，如四川省重庆市、成都市、绵阳市、乐山市、自贡市联运公司、自贡市客运中心、德阳市政府等单位。

1993 年 8 月民航总局第 37 号令下发后，西南地区航空运输销售代理人有了全面发展。

1994 年，民航总局下文对销售代理费进行规范，代理费统一由航空公司按销售额的 3% 进行支付，代理人一律不得向旅客收取手续费。

1995 年，民航总局下发《航空运输销售代理业质量保证金管理暂行规定》的通知，要求各代理人缴纳质量保证金，其中一类销售代理保证金 10 万元，二类销售代理保证金 5 万元；同时经营一类客货销售代理的保证金 12 万元，二类客货代理保证金 8 万元。

为减少航站亏损，1995 年民航西南管理局下发通知，凡是航站有地面销售系统的，原则上不在社会上发展航空销售代理人。四川省宜宾、泸州、达州机场至 2003 年体制改革前基本上没有发展航空销售代理人。

1995 年对西南地区航空运输销售代理企业进行评优，共评出 10 家优秀代理人，进行通报表彰，颁发了奖牌。

为控制航空运输销售代理的发展速度，1996 年下半年至 1997 年上半年基本停止发展，按规定向社会发出公告。

1999 年，民航总局在全国推广 BSP 销售结算系统，要求国内所有代理人加入 BSP 销售结算系统运作，是年底，销售代理人全部加入了 BSP 销售结算系统。

为规范航空运输销售代理市场，从 1996 年 10 月开始，民航西南管理局对销售代理市场进行全面检查、连续整顿，并对违规销售代理按规定进行严肃处理，见表 9－1。

1996 年 10 月至 2004 年 12 月民航西南地区管理局在四川省内行政执法统计表

表 9－1

序号	案件名称	结案日期	处罚类别	执行情况	备注
1	德阳金舟服务中心违反法规	1997 年 2 月	罚款 8000 元	执行较好	
2	四川航空服务公司非法转让机票	1997 年 2 月	罚款 15000 元	执行较好	
3	广元南巡公司拖欠票款	1997 年 2 月	撤销代理资格	执行较好	
4	乐山嘉州宾馆过期换证	1997 年 3 月	罚款 10000 元	执行较好	
5	四川中旅过期换证	1997 年 3 月	罚款 10000 元	执行较好	
6	南充工业开发公司非法设立分支	1997 年 4 月	罚款 20000 元，停业 45 天	执行较好	
7	成都飞航贸易公司严重违规（经济案）	1997 年 6 月	撤销代理资格	执行较好	
8	成都华展商贸公司严重违规（经济案）	1997 年 6 月	撤销代理资格	执行较好	
9	四川五交化总公司过期换证	1997 年 8 月	罚款 20000 元	执行较好	
10	成都蜀安出国人员服公司非法设立分支	1997 年 8 月	罚款 10000 元，停业 45 天	执行较好	
11	成都力合货运有限公司填开鸳鸯货单	1997 年 9 月	撤销代理资格	执行较好	
12	内江国际旅行社非法设立分支	1997 年 10 月	罚款 30000 元，停业 60 天	执行较好	
13	达川地区凤凰航空包机公司过期换证	1998 年 2 月	罚款 5000 元	执行较好	
14	四川天地实业公司擅自搬迁地址	1998 年 3 月	罚款 5000 元	执行较好	
15	成都速捷航空服务公司擅自搬迁地址	1998 年 4 月	罚款 5000 元	执行较好	
16	成都地质山水旅游公司涂改机票	1998 年 4 月	罚款 3000 元	执行较好	
17	绵阳工商联合公司非法设立分支	1998 年 4 月	罚款 20000 元，停业 45 天	执行较好	
18	深圳航空公司成都营业部非法设立代理	1998 年 6 月	罚款 10000 元	执行较好	

续表 9－1

序号	案件名称	结案日期	处罚类别	执行情况	备注
19	成都青羊佳能代理处非法设立分处	1998 年 7 月	罚款 20000 元，停业 45 天	执行较好	
20	成都山水旅行社拖欠票款	1998 年 9 月	撤销代理资格	执行较好	
21	自贡旅游开发公司拖欠票款	1998 年 9 月	撤销代理资格	执行较好	
22	民航快递成都公司非法设立分支	1998 年 9 月	罚款 20000 元，停业 45 天	执行较好	
23	四川航空旅业服务有限公司填开鸳鸯票	1998 年 9 月	撤销代理资格	执行较好	
24	泸州蓝田机场非法转让机票	1998 年 10 月	罚款 20000 元	执行较好	
25	达川凤凰包机公司非法转让机票	1998 年 10 月	罚款 20000 元，停业 30 天	执行较好	
26	成都银雁航空服务中心无证人员上岗	1998 年 10 月	罚款 5000 元	执行较好	
27	成都天府票务中心无证人员上岗	1998 年 10 月	罚款 5000 元	执行较好	
28	西南空管局劳动服用公司擅自搬迁地址	1998 年 10 月	罚款 5000 元	执行较好	
29	四川航空服务有限公司非法转让机票	1998 年 10 月	罚款 30000 元，停业 60 天	执行较好	
30	成都金霞贸易公司非法设立分支	1998 年 10 月	罚款 30000 元，停业 60 天	执行较好	
31	南川旅游天发公司非法转让机票	1998 年 10 月	罚款 20000 元，停业 30 天	执行较好	
32	内江旅行社非法转让机票	1998 年 10 月	罚款 30000 元，停业 60 天	执行较好	
33	四川赛林实业公司过期换证	1998 年 11 月	罚款 10000 元	执行较好	
34	乐山佛光贸易公司拖欠票款	1998 年 11 月	撤销代理资格	执行较好	
35	彭州师专代理处拖欠票款	1998 年 11 月	撤销代理资格	执行较好	
36	西南航空公司运价违规	1999 年 6 月	罚款 200000 元	执行较好	
37	四川航空公司运价违规	1999 年 6 月	罚款 200000 元	执行较好	
38	乐山嘉州宾馆代理处非法设立分支	1999 年 5 月	罚款 30000 元，停业 60 天	执行较好	
39	四川天马旅游公司低价竞销	1999 年 6 月	罚款 20000 元	执行较好	
40	成都精英航空代理低价竞销	1999 年 6 月	罚款 20000 元	执行较好	
41	四川锦江川信贸易公司低价竞销	1999 年 6 月	罚款 20000 元	执行较好	
42	四川新阳科技公司非法设立分支	1999 年 9 月	罚款 20000 元，停业 45 天	执行较好	
43	四川鹏展代理处非法转让机票	1999 年 9 月	罚款 20000 元，停业 45 天	执行较好	
44	成都丰泽公司代理处非法转让机票	1999 年 9 月	罚款 2000 元	执行较好	
45	西南空管局劳服司抚琴代理分处	1999 年 9 月	停业 45 天	执行较好	
46	四川航空运输服务有限公司拖欠票款	1999 年 4 月	撤销代理资格	执行较好	
47	新都农技中心机票代理处拖欠票款	1999 年 4 月	撤销代理资格	执行较好	
48	成都正翔航空机票代理处拖欠票款	1999 年 4 月	撤销代理资格	执行较好	
49	成都银雁航空服务中心拖欠票款	1999 年 4 月	撤销代理资格	执行较好	
50	南川旅游开发公司机票代理处拖欠票款	1999 年 4 月	撤销代理资格	执行较好	
51	威远电力大酒店机票代理处拖欠票款	1999 年 4 月	撤销代理资格	执行较好	
52	新津贸易公司代理处未年检	1999 年 4 月	撤销代理资格	执行较好	
53	四川飞鹰国际货运公司未年检	1999 年 4 月	撤销代理资格	执行较好	
54	川西建材机票代理处未年检	1999 年 4 月	撤销代理资格	执行较好	

续表 9－1

序号	案件名称	结案日期	处罚类别	执行情况	备注
55	新都宏达机票代理处未年检	1999 年 4 月	撤销代理资格	执行较好	
56	成都金盛代理拖欠票款	2000 年 1 月	撤销代理资格	执行较好	
57	成都鹏远代理非法转让他人（金盛）	2000 年 1 月	处罚 20000 元	执行较好	行政诉讼
58	成都古峰商贸公司机票非法转让他人	2000 年 3 月	处罚 20000 元，停业 45 天	执行较好	
59	四川新阳科技公司机票非法转让他人	2000 年 3 月	处罚 20000 元	执行较好	
60	成都永兴航空服务公司票证管理不严	2000 年 3 月	处罚 3000 元	执行较好	
61	成都佳驰租凭公司机票非法转让他人	2000 年 3 月	处罚 20000 元	执行较好	
62	四川天马旅游公司机票非法转让他人	2000 年 3 月	处罚 20000 元，停业 45 天	执行较好	
63	四川航空公司散客充团	2000 年 7 月	处罚 30000 元	执行较好	
64	成都永兴航空服司机票非法转让他人	2000 年 11 月	处罚 20000 元，停业 45 天	执行较好	
65	成都天怡商务发展公司在未登记地址营业	2000 年 11 月	处罚 20000 元	执行较好	
66	成都宏远电子公司擅自搬迁地址	2000 年 11 月	处罚 5000 元	执行较好	
67	成都方正电子有限公司在未登记地址营业	2000 年 11 月	处罚 15000 元	执行较好	
68	成都精英客货代理中心在未登记地址营业	2000 年 11 月	处罚 15000 元	执行较好	
69	北方航空公司（成都）不正当竞争	2000 年 11 月	处罚 30000 元	执行较好	
70	成都山水机票代理有限公司违反有关规章	20001 年 3 月	处罚 15000 元	执行较好	
71	四川天马旅游航空服务有限公司违规销售	2001 年 6 月	处罚 20000 元，停业 45 天	执行较好	
72	成都华翔航空服务有限公司涂改机票	2002 年 4 月	处罚 10000 元	执行较好	
73	成都海外旅游公司未按规定填写旅客订座单	2002 年 7 月	处罚 15000 元	执行较好	
74	四川航协公司未按规定填写旅客订座单	2002 年 7 月	处罚 15000 元	执行较好	
75	成都双流国际机场航空客货服务有限责任公司省展览馆代理处违规销售假学生票	2002 年 8 月	处罚 10000 元，停业 15 天	执行较好	
76	成都精英航空销售中心非法设立分处	2004 年 11 月	处罚 5000 元	执行较好	
77	成都恒翔航空服务有限公司非法设立分处	2004 年 11 月	处罚 5000 元	执行较好	
78	成都华龙航空服务有限公司非法设立分处	2004 年 11 月	处罚 5000 元	执行较好	
79	成都天翔航空机票代理处非法将机票转让他人	2004 年 12 月	处罚 5000 元	执行较好	

说明：本表根据《中国民用航空志·西南地区卷》编制

第三节　运输服务质量管理

民航运输服务质量管理，包括对旅客运输（以下简称客运）和货物运输（以下简称货运）的服务质量管理。1983 年 12 月，民航局作出了《关于提高运输服务质量的决定》，促进了民航运输服务态度的改善和服务工作的规范化、标准化、制度化。1985 年 6—10 月，民航成都管理局参加民航局组织的由全民航 6 个管理局、8 个“窗口”单位（乘务队、候机室、餐厅、宾馆、机上清洁队、售票处、货运仓库、装卸队）的优质服务竞赛活动。民航重庆航站旅客餐厅20世纪50年代就被评为民航先进单位，到20世纪80年代，由于认真贯彻了“旅客第一、信誉第一”的方针，在全民航创建文明餐厅、开展优质服务活动中，受到中外旅客赞扬。从1984年起，该餐厅连续3次获得民航“优秀服务流动杯”，还获得全国总工会授予的“全国先进班组”称号。1985年，被民航局和中共四川省委、省人民政府分别授予“文明单位”称号。

1984年，国家经委发出《关于综合治理货运质量的通知》（以下简称《通知》），民航局转发此《通知》。民航成都管理局按照《通知》精神，在货运部门推行了经济承包责任制，实行全面质量管理，配备了现场质量检查员，加强检查监督，改善运输装卸设备。1984年12月6日，民航局下发了《关于开展国内航空货物运输保险业务有关问题的通知》。根据民航局通知，民航成都管理局要求所属各省局、航站的运输部门认真贯彻，并对防止货物的丢失、被盗等作出了规定，加强了对危险货物的管理和货物运输安全的检查。

1987年10月，民航成都地区实行管理体制改革试点、政企分开后，地区管理局不再直接管理运输生产，下设了企业管理处。其主要职责是：抓好西南民航各单位运输服务质量的提高，督促各航空公司、机场认真抓好对旅客运输的各项规定的落实；对民航局召开的运输会议和座谈会及时进行传达贯彻；对民航局有关提高运输服务质量的通知，管理局及时制定贯彻落实意见，并要求各航空公司、机场建立行李查询室，严格登记，及时查询，找到后及时转运，及时送到旅客手里。各查询室备有各种各样的行李箱和旅行包，对托运中损坏的行李当场给予更换或赔偿。

1988年1月，为加强民航国内行李运输管理，民航局在广州召开国内行李运输工作专题座谈会，于当年4月下发了《关于加强行李运输工作的补充规定》，对行李运输过程中行李牌设计格式、内容以及掉牌、破损、分拣工作进行了详细规定，明确行李赔偿限额：公布票价（外宾）每公斤人民币40元，折扣票价（国人）每公斤25元，超过部分应办理行李申明价值手续。管理局按照要求，组织工作组对云、贵、川、藏等民航单位各运输生产一线进行检查指导，规范行李运输行为。

根据国务院关于《国内航空运输旅客身体损害赔偿暂行规定》，明确每名旅客最高赔偿限额人民币2万元。1989年5月1日前，民航局与中国人民保险公司在全国范围内开展国内航空运输人身意外伤害保险业务。其间，民航局下发《关于开展国内航空运输旅客人身意外伤害保险业务有关问题的通知》。接到通知后，管理局立即组织西南地区各运输航空公司及各省（自治区、直辖市）局、航站运输业务部门，积极做好与当地保险公司签订《国内航空运输人身意外伤害保险业务代理合同》，并在各售票营业窗口开展宣传，确保航空运输企业旅客人身意外险和旅客自愿投保工作在5月1日前顺利开展。

1990年2月，民航局发出《关于开展“迎亚运、创优质”的通知》后，管理局成立由局领导、西南地区各单位主要领导以及局机关各职能部门共同组成的“迎亚运、创优质”活动领导小组，办公室设在管理局企业管理处。办公室经常组织工作组到云、贵、川、藏进行现场检查和协调，发简报30余期，将各地活动开展情况进行通报，确保了活动的顺利开展。这期间，西南地区各航空公司、省（自治区、直辖市）局、机场、航站都成立相应的活动领导小组，开展岗位技能和服务竞赛等活动，使“迎亚运、创优质”活动形式多样、联系实际、取得实效，受到民航局好评。

1990年10月，民航局企业管理司下发《民航运输服务质量等级试行标准》（以下简称《标准》），对售票、值机、候机、机上、餐厅和宾馆的服务制定详细的考核标准。管理局根据《标准》

下发通知，要求各运输服务保障单位对照《标准》细化和完善本单位、本部门的规章制度、工作程序和考核标准，并在西南地区内组织各运输一线单位交叉学习。各单位在建立管理规章和工作程序的基础上，进一步完善了“工作检查单”和周例会考评、讲评等制度。

1991 年 6 月 1 日，民航局下发《关于下发〈民航运输服务人员守则〉的通知》，从着装、仪表、精神面貌和职业道德方面明确了运输服务人员应遵循的 10 条规定，并要求在各营业服务窗口张贴。西南管理局立即成立由监察处牵头，企业管理处、宣传部等各职能部门参加的工作组，印发《民航运输服务人员职业道德检查单》，对西南地区各运输服务窗口单位进行检查，在督促各单位完善《工作手册》的基础上，要求一线各服务窗口重在抓落实。同年 6 月，民航局又下发《关于下发〈民航运输服务质量社会监督员制度〉的通知》和《关于建立民航运输服务现场质量监督员制度》的通知。根据上级指示精神，由企业管理处牵头，在各地省委、省政府以及社会各界聘请 24 位“民航运输服务质量社会监督员”，颁发“监督员证书”。每月定期和不定期收集社会监督员对民航工作的意见和建议，通过会议纪要及简报形式，定期反馈有关单位进行改进落实。

1992 年 4 月，民航局发出《关于下发〈关于做好要客服务工作协调会会议纪要〉的通知》后，管理局企业管理处、公安局等职能部门对西南地区各运输服务保障单位的要客保障工作情况进行检查监督，按照《关于重要旅客乘坐民航班机运输服务工作的规定》，从定座、值机、行李运输、机上服务和信息传递方面，进一步规范各单位服务保障程序。

1992 年 10 月，民航局下发的《关于做好旅客满意率抽查和统计的通知》。管理局下发明传电报，布置工作程序，印制 5 万份“征询意见卡”，由企业管理处牵头，积极组织西南地区各航空公司、机场、航站在各售票处、候机楼和机上开展旅客满意率抽查。至 1995 年，企业管理处专门组织人员到各运输服务一线窗口、机上跟班发放并回收“征询意见卡”12000 多份，及时对旅客意见数据进行定期统计、通报和上报。

1993 年 6 月，民航总局下发《关于开展“民航运输服务质量上台阶”活动的通知》后，管理局派员参加了民航总局在北京干部管理学院举行的《运输服务质量标准和检查评分办法》（以下简称《办法》）的审定和活动开展计划会议。8 月印发了《办法》，9 月在全国开展为期 3 年的“服务质量上台阶”活动，为民航运输服务质量的整体提高打下良好基础。其间，民航总局组织各地区管理局、航空公司进行相互交叉学习和评审，民航总局副局长柯德铭带领总局检查团到成都、昆明等地检查指导。民航西南管理局制定西南地区服务质量上台阶活动《实施意见》，在西南地区各航空公司和机场、航站开展了形式多样的“民航运输服务质量上台阶”活动，使各单位运输服务管理及服务软、硬件都有较大提高。

1993 年 6 月至 1995 年，民航总局在全民航范围内开展“运输服务质量上台阶”和“十万旅客话民航”活动。民航总局运输司制定各岗位评分标准。管理局成立活动领导小组，1 位副局长任组长、驻双流国际机场民航各单位 1 名副职任副组长，办公室设在企业管理处；要求各航空公司、省（自治区、直辖市）局也要成立相应机构，指定 1 名副职负责，各单位企管部（处）、计划经营处具体落实。

为扎扎实实搞好服务质量上台阶和“十万旅客话民航”活动，管理局制定具体实施方案，要求各单位广泛深入地动员，人人参与到服务质量上台阶活动中去。管理局党、政、工、团组成的工作组，深入到各单位，按“标准”逐项督促检查和评分；在候机室、售票处、飞机上散发征求意见卡；

从省（自治区、直辖市）局、航站抽调人员组成联合检查组交叉检查；各航空公司由企管部（处）牵头，组织乘务人员互相跟班学习检查。管理局还组织航空公司、省局运输部门的负责人到长沙参观学习、交流经验。

在民航运输服务质量上台阶活动中，西南民航各单位对服务设施设备进行改造，西南航空公司对售票处进行彻底改造；成都双流国际机场和昆明巫家坝机场分别对各自候机室卫生间进行二次改造。由于各单位的共同努力，西南民航整体服务水平有较大提高，服务硬件有较大改善，运输服务人员养成使用文明用语的良好习惯。地方交通部门号召向民航乘务学习，成都—重庆高速路大巴公司倡导以民航空中服务为标准。3 年上台阶活动中，西南航空公司、民航四川省局、民航云南省局、成都双流国际机场、四川航空公司乘务队、民航四川省局售票处等被评为先进；西南航空公司 4101 航班被评为精品航班。各航空公司还评出各自优秀乘务组。

1996 年 10 月至 2002 年 12 月，按照民航总局统一部署，民航西南管理局全面开展以“为人民服务，树行业新风”为宗旨的创建“文明单位”和“精品服务样板”活动。管理局及所属各单位在创建工作中做到了 5 个结合：第一，把创建活动与“讲文明、树新风”活动紧密结合起来。大力推进规范服务和文明服务，进一步贯彻落实了民航加强精神文明建设、改进服务工作的措施。第二，把创建活动与加强航空运输企业规范化基础管理紧密结合起来。为加强企业规范化基础管理，增强企业的“精品”意识、名牌意识，提高企业的经营管理水平，提高企业在社会主义市场经济中的竞争力，管理局年初转发总局《关于广泛开展规范化空中服务活动的通知》，要求各单位必须按照民航总局对空中服务的要求，提高地面服务水平，积极配合航空公司搞好规范化空中服务活动，进一步提高民航运输服务的质量和水平。同时，管理局把民航总局关于开展规范化空中服务活动的要求纳入到对精品服务样板单位检查验收的内容之中。第三，把创建活动与努力提高职工素质相结合，加强软件建设。各单位致力在软件建设上一方面提高企业的管理水平，另一方面狠抓企业员工思想政治素质和业务技术素质的教育培训，努力造就一支过硬的员工队伍。第四，把创建活动与开展“为机组创造优良宽松飞行环境做贡献”活动、“航行气象优质服务活动”相结合。加强了空中飞行和地面保障部门的服务意识，切实提高服务质量，为旅客提供一个安全舒适的乘机环境，该项活动在西南地区各单位的积极支持和配合下，取得了显著成绩，受到了过往航空公司的欢迎和民航总局的肯定。第五，把创建活动与工会开展的“文明家庭”活动、团委开展的“青年文明号”活动相结合。将“精品”创建与整体面上的精神文明建设工作结合起来。通过抓好各个点上的工作从而推动了整个精神文明建设工作全面进行，形成全行业的文明风尚。双流机场围绕机场中心工作，以创文明单位、文明集体、文明班组、文明家庭和文明职工等形式，加强和深化机场的精神文明建设。

2002 年，民航西南管理局在创建“精品服务样板”活动中，加强对创建文明航班、文明售票处等单位检查。至 2002 年底，民航西南地区被民航总局命名的行业级文明单位 16 个，其中全国文明机场 3 个：成都双流国际机场、重庆江北机场、贵阳龙洞堡机场；文明航班 9 个：西南航空公司的 4103/4 成都—北京、SZ4301/2（成都—广州）、SZ4141/2（重庆—北京）、SZ401/2（成都—香港）、SZ405/6（重庆—香港）；云南航空公司的 3Q4121/2（昆明—北京）、3Q4541/2（昆明—上海）；四川航空公司的 3U561/2（成都—上海）、3U301/2（成都—深圳）；文明售票处 4 个：云南航空公司成都售票处、云南航空公司昆明售票处、贵州省局贵阳售票处、民航西藏区局拉萨售票处。

民航西南地区级精品服务样板 26 个。其中四川泸州机场是文明机场；西南航空公司的 SZ4401/2

（成都—拉萨）、SZ4137/8（重庆—北京）、SZ4161/2（贵阳—北京）；四川航空公司的3U145/6（成都—北京）是文明航班。空港公司机场宾馆、电话公司经营部，公安局机场派出所、公安局交警队、医救中心门诊部、现场管理处指挥室、中航油西南公司贵阳航空加油站、成都双流国际机场候机楼派出所、安检一科是精品服务样板单位。

2003年，中国发生“非典”疫情，给国家的经济建设和人民的身体健康带来巨大影响和严重威胁。根据中共中央、国务院关于抗击“非典”的一系列重要指示精神，民航西南管理局党委十分重视，以对党、对国家和人民高度负责的精神，迅速成立抗“非典”领导小组和运输物品协调领导小组及办公室等，具体负责日常工作，积极投入抗击“非典”。按照中央“一手抓防治非典，一手抓经济建设”这个中心不动摇的方针，制定严密措施，狠抓工作落实。重点加强飞行、机务、空管、场道、公安、安检等重点单位和关键部位的安全工作，加强安全隐患整治。合理调整客货运力安排，千方百计扩大货物运输，严格控制成本和各种非生产性支出，把损失减少到最低限度。完善和认真落实抗“非典”情况下的航班不正常处置预案，保证服务质量不下降。在广大干部职工的艰苦奋斗和共同努力下，取得了抗击“非典”的胜利。

抗击“非典”工作坚持在地方政府统一领导下，由机场牵头，各有关单位密切配合，管理局负责督促、检查、协调。按照国务院副总理吴仪提出的“无一人漏检”的指示精神，进一步落实“地面堵，空中查”的各项工作措施。各售票处、机场等公共场所都张贴了民航总局印发的预防控制非典的公告，配置了各种宣传册，要求旅客严格填写《健康申报表》，切实加强对每位进出港旅客的体温测试工作，严防“非典”患者和疑似病人通过民航运输渠道流动、传染，严格信息报告制度，严把“天门关”。其次重点加强对候机楼、摆渡车、飞行器及其他公共区域的消毒灭菌工作，加强环境卫生的综合治理。切实加强对空勤人员的预防保护工作，严格出勤前和飞行后的体检把关和巡诊，有发热、咳嗽等症状一律不得参加飞行，并按规定实行观察和隔离。这期间，管理局还抽调医务人员和机关干部到双流机场生产一线帮助工作，支援一线防“非典”工作。组织纪律上，要求全体干部职工坚守工作岗位，认真履行职责，积极主动搞好工作。同时对因玩忽职守、临阵退缩、工作不力造成不良影响和严重后果的，予以严肃查处。为进一步严密措施，提高对突发事件的应急处置能力，2003年5月22日，管理局组织了民航成都地区各单位联合参加的应急演练。

抗击“非典”期间，为确保抗“非典”物资运输的及时畅通，管理局加强组织协调。根据民航总局《关于做好防治非典药品及医疗物品运输保障的紧急通知》精神，快速高效的做好“非典”物资的运输工作，各运输保障协调办公室认真履行职责，明确任务，建立了协调机制和24小时值班制度。截至2003年5月20日，民航西南地区共运送抗击“非典”物资（药品、医疗器械、各种防护品）62529件、496.64吨，其中四川地区运送“非典”物资9045件、97.73吨。管理局运输物品协调领导小组办公室积极协助四川省经贸委做好“非典”物品的运输保障工作，得到了有关部门的好评。

2003—2005年，重点抓航班正常和航空运输市场监管。及时、妥善地处理消费者投诉，是其中重要的一环。民航西南地区管理局市场处是处理旅客、货主投诉的重要机构之一。处理的时间有定期的、经常的、突击的；投诉信息的来源有民航总局批转的、消费者投诉中心转来的、有直接收到的信函或传真以及登门投诉等；处理程序是，先分清性质，有的批转有关航空公司或机场等单位进行调查，对结果进行审查后，再定答复或复查，调查清楚和处理方案确定之后，就与旅客或货主联系，达成一致，就告解决。如达不成一致，就找出相关法律、规定进行解释；有的不属于民航管理权限的，如价格问题，就让消费者向消费者协会投诉。

2005年，根据民航总局及民航西南地区管理局关于加强航班正常工作的通知要求，民航四川地区各单位努力实践“三个代表”重要思想，坚持以人为本，将抓航班正常与提高企业安全运行保障能力，不断改善服务工作，树立民航企业良好形象紧密结合，针对影响航班正常的各种因素，认真分析研究，采取有力措施，促进航班正常率的提高。2005年，民航西南地区航班正常率和航班放行正常率较2004年分别提高7.26和7.79个百分点。是年，民航西南地区各运输航空公司（分公司）航班正常率平均为81.38%，扣除天气原因航班正常率为87.50%，四川航空股份有限公司航班正常率高于81%；民航西南地区各运输航空公司（分公司）航班执行率平均为96.07%，四川航空股份有限公司为97.29%，国航西南分公司为94.81%；民航西南地区各机场航班放行正常率平均为95.49%，扣除天气原因航班放行正常率为96.74%。四川地区机场航班放行正常率高于平均水平的机场有泸州、攀枝花、宜宾、绵阳、南充5个机场。

第四章　机场管理

机场管理主要是机场工程建设管理与机场运行管理两个方面。机场工程建设管理包括：机场建设程序管理、工程质量监理、工程质量监督3项；机场运行管理包括：制定规章管理、使用手册管理（含机场使用许可证管理）、飞行区管理、目视助航设施管理、机坪运行管理、净空及电磁环境管理、鸟害及动物防治管理、除冰雪管理、航油供应管理、不停航施工管理及运行安全信息管理共11项。管理的主要目的是使机场的修建质量、各项设施与设备处于良好的适航状态，以保证飞行安全和航班的飞行正常。

中华人民共和国成立后，国家对旧有机场的管理和使用有明文规定和要求。1985年12月30日，国务院、中央军委发布《关于军民合用机场使用管理的若干暂行规定》后，西南地区军民合用的昆明巫家坝、贵阳磊庄、重庆白市驿3个机场在使用和管理工作方面有了依据。

1986年6月，民航局遵照国务院于1986年4月6日颁布的《民用机场管理暂行规定》，召开全国民航机场管理工作会议。会议以后，民航开始实行机场使用许可证制度。1988年8月22日，民航局为了使民用机场建设的行业管理方面有所依据，下发《民用机场建设行业管理暂行规定》。1991年7月31日，民航局下发《民用机场飞行区管理基本技术要求》，是民用机场飞行区管理工作基本技术的依据。1991年9月29日，民航局又颁发《民用机场管理暂行规定实施办法》。该办法按照政企分开、强化政府职能的原则，明确了民航各级机场管理机构的职责，对军民合用机场民用部分的管理也提出了要求，这是民航体制改革后加强机场管理工作的行政规章。1993年7月13日，民航总局颁发《民用机场运营管理暂行办法》（以下简称《暂行办法》）。《暂行办法》明确规定，民航总局实施行业管理的主要内容和民航地区管理局根据有关规定和民航总局的授权在其所辖范围内对民用机场行使监督管理职能，从而落实了民航总局、地区管理局对民用机场的行业管理责任。《暂行办法》对机场管理机构的主要任务、职责、经营活动以及机场管理机构与航空公司、其他驻场单位的工作关系等方面做了明确规定。1997年1月6日，民航总局令第60号颁发3项规定：《民用机场工程设计管理规定》《民用机场工程建设监理规定》《民用机场工程施工许可证管理规定》。这3项规定对民用机场工程设计的管理，提高工程设计质量，保障机场安全、高效、有序的运行，对提高机场建设工程水平，充分发挥投资效益以及加强对民用机场工程的施工管理等均起到很好的作用。民航总局于1997年12月8日、12月28日先后发布《民用航空运输机场及民用航空其他建设工程竣工验收规定》《关于报审民用机场工程及民航其他建设项目初步设计的暂行规定》，分别对民用机场工程及民航其他建设项目的初步设计、竣工验收等各项工作有所依据。2004年10月12日，民航总局根据《中华人民共和国民用航空法》《国务院对确需保留的行政审批项目设定行政许可的决定》等法律、法规，制定并颁发了《民用机场建设管理规定》（即民航总局令第129号）。该《规定》对运输机场选址、总体规划、工程初步设计，施工图设计、施工、验收、实行工程建设项目信息报告制度以及应负的法律责任等方面均有明显具体的规定。

按上述通知、办法和规定，西南地区民航机场的管理工作从飞行区管理，实行许可证制度，以及净空条件等逐步步入正轨并得到加强，因而提高了保障飞行安全的能力和水平。

第一节　工程建设管理

一、机场建设程序管理

1978 年以前，西南地区使用的飞机除了较大型的伊尔 18 型外，一般都是运 5、安 24、伊尔 14 等机型。机场的各种保障飞行安全设施均能适应飞机起降的要求。但改革开放以后，原先没有机场的城市由于经济的发展，需要新建机场，有些原有的机场，因机型更新，原有的机场设施不再能适应新机型的起降要求，机场必须改建、扩建甚至重建，设备必须更新。机场的新建、改建、扩建和各项设施的更新和添置，必将增加修建机场的投资费用。如何保证修建工程的科学和合理，如何更好地发挥投资的使用价值，这些问题从开始修建起，包括选址工作在内的各项工作必须按规定的程序进行。

工程建设程序管理包括：机场选址、工程立项、可行性研究、总体规划、初步设计、施工图设计、项目实施（招投标）、竣工验收、试飞、校飞、行业验收、申请机场使用许可证、项目审计 13 项。其中需民航西南地区管理局审查、审批或民航总局审批的有机场选址、立项、可行性研究、总体规划、初步设计、招投标、行业验收、颁发机场使用许可证 8 项。做好这些程序管理工作，有利于建设单位、主管部门、设计、施工单位及使用单位有章可循，有利于保证工期、质量和投资效益。由于重视了前期工作和加强了程序管理，经过较周密的场地勘察、环保调查和经济与社会效益等方面的论证与研究，从众多方案的筛选确定，促进了决策和审批的科学性和合理性。修建机场必须选好场址，为了规范民用航空运输机场的选址工作，保证机场的安全运行，并有利于机场建设和发展，民航总局于 1997 年 12 月 3 日下发了《民用航空运输机场选址规定》（民航总局第 68 号令）。该规定指出：场址的基本要求（符合民用机场总体布局规划，净空条件符合技术标准，满足机场近期建设和远期发展的需要，地质稳定，供油设施和电、水、气、通信、道路、排水等公用设施具备建设条件，占用良田、耕地少，拆迁量小等），选址必须经过预选、初审、审核 3 个阶段。上报场址报告书（其中概况、技术经济分析等，均作为机场工程可行性研究报告的附件）必须附上附件及附图。

由于修建民用机场不仅仅是民用航空的需要，更是涉及国防的重大决策。因此，必须经国务院、中央军委审批。1985 年 7 月 11 日，国务院办公厅、中央军委办公厅在颁发的《关于建设机场和合用机场审批程序的若干规定》中明确规定：“凡属以下情况，由省、自治区、直辖市人民政府，国务院有关部委、直属机构，或海军、空军、大军区行文，报送国务院、中央军委审批：地方或军队需新建机场；地方需合用军用机场，或军队需合用民用机场；现有机场需废弃或改作他用。”

2001 年 5 月 25 日，民航西南管理局下发《关于转发〈民航总局关于整理和规范民航建设市场秩序的通知〉的通知》，重庆机场集团公司按照民航西南管理局通知要求，加强了对各类建设项目和工程改造项目的管理，整理和规范了管理秩序。严格按照50万元以上的工程，由集团公司投标领导小组统一负责投标；50万元以下的工程，由集团公司投标小组成员或集团公司机场管理部招标小组负责招标并由机场管理部负责组织施工的办法实施。严格要求施工单位在施工进场前，一定要认真办理和完善各类施工手续，落实安全措施；组织施工的单位和机场管理部切实加强对工程质量和施工安全的监督检查，有效地保证了各项工程项目的顺利完成。

二、工程建设监理

机场工程建设中的监理工作，是机场修建程序中必不可少的重要一环。监理工作在提高机场工程质量和建设水平，保证飞行安全，更好地发挥投资效益方面起到重要作用。民航西南管理局于1993年向民航总局建议民航成立进行监理工作的相应机构。民航总局于1993年5月17日批复同意，民航西南管理局于1993年6月22日成立民航西南管理局机场建设工程监理所。1994年3月28日，民航总局再次批复民航西南管理局正式成立机场建设监理所，对西南地区的新建或改扩建机场工程建设开始进行监理，参与了机场建设工程的全过程。由于机场建设工程专业性强、技术复杂、综合性要求高，很有必要依据国家有关工程建设监理的规定，结合机场建设的实际情况，制定一个相应监理规定，以规范参加民用机场工程建设监理单位的行为，加强对监理项目高质量的顺利完成。为此，民航总局在1997年1月6日修订（民航总局令第60号）《民用机场工程建设监理规定》中对从事民用机场工程建设监理单位的条件、监理范围、内容和实施等作了详细规定，对违反规定的监理单位制定了处罚措施。

三、工程质量监督

为加强对民航行业基础设施项目工程质量的监督管理，保证建设工程质量，提高投资效益，根据国务院发布的《建设工程质量管理条例》和国务院办公厅《关于加强基础设施工程质量管理的通知》的精神，民航总局于2000年3月29日批准民航西南管理局成立民航西南地区建设工程质量监督站，与管理局机场处为一个机构、两块牌子，业务上接受民航建设工程质量监督总站的领导，民航西南地区建设工程质量监督站于2000年6月9日正式成立，其主要任务是：贯彻执行国家和民航总局有关建设工程质量管理的政策、法规及工程质量监督的各项规定；受理西南地区民用机场建设项目民航专业工程的质量监督申请，并实施强制性政府监督管理；负责对西南地区民航建设工程（不含国家和民航总局重点建设项目）及其配套、辅助和附属工程质量监督和检查，参加并监督受监工程的阶段验收和竣工验收工作，核定工程质量等级；组织或参加西南地区重大工程质量事故的调查、处理及上报。其中民航工程质量监督的范围主要是：飞行区工程：场道工程（土方、基础、道面、飞行区排水）、机场围界及围场道路、助航灯光、净空处理；航站区工程：航站楼、航空货运站、航空食品厂、航空应急救援中心、公安安检设施、航站区总图等民航专业项目；机场通信、导航、航管、气象等工程；飞机维修机库、特设及辅助车间、航材库及外场维修车间等专业项目；航空卸油站、储油库、输油管线、站坪加油系统等供油工艺设施；机场目视助航工程；货运系统等民航地面专业设施、设备及其他民航专业建设项目。

2004年，民航总局将各地区的建设工程质量监督站的领导进行了调整，民航西南地区建设工程质量监督站改名为民航专业工程质量监督总站西南地区分站。10月，民航西南地区管理局机场管理处制定了机场建设工程质量监督工作程序规范性文件，具体内容有9项15条规定。

第二节 机场运行管理

一、飞行区管理

为保障民用飞机安全起降，民用机场的各个部位和设施，尤其是飞行区，必须处于适航状态。

民用机场飞行区是机场的核心部分，民用机场飞行区管理是机场管理的主要方向。飞行区包括场地、助航灯光、净空条件等。为使民用机场飞行区管理工作有所依据，民航局于1985年8月12日颁布《民用航空运输机场飞行区技术标准》、1991年7月31日颁发《民用机场飞行区管理基本技术要求》。飞行区的技术标准和基本技术要求是飞行区管理工作中的技术依据和必须达到的起码水平。

民用机场飞行区的划分有两个指标：一是按使用机场跑道的各类飞机中最长的基准飞行场地长度，分为4个等级；二是按使用该机场飞行区的各类飞机最大翼展或最大主起落架外轮外侧边的间距，分为A、B、C、D、E、F共6个等级，两者中取其较高等级执行，见表9－2、表9－3。

机场飞行区指标之一

表9－2

等　级	飞机基准飞行场地长度（米）
1	＜800
2	800—＜1200
3	1200—≤1800
4	≥1800

说明：本表根据《中国民用航空志·西南地区卷》编制

机场飞行区指标之二

表9－3

等　级	翼展（米）	主起落架外轮外侧边间距（米）
A	≤15	≤4.5
B	15—≤24	4.5—≤6
C	24—≤36	6—≤9
D	36—≤52	9—≤14
E	52—≤65	9—≤14
F	65—≤80	14—≤16

说明：本表根据《中国民用航空志·西南地区卷》编制

根据上述飞行指标，截至2004年12月31日，四川地区正在使用的12个机场的等级如下：4E级：成都双流国际机场；4D级：西昌青山机场、绵阳南郊机场；4C级：泸州蓝田机场、宜宾菜坝机场、广元盘龙机场、广汉机场、九寨黄龙机场、攀枝花保安营机场；3C级：南充高坪机场；2C级：新津机场、遂宁机场。

根据全国民航安全工作会议和西南民航安全工作会议分别提出的2000年安全工作目标，机场因飞行区管理原因造成事故症候万架次率不超过0.1、因机场责任造成的鸟击事故症候万架次率不超过0.3的要求，民航西南管理局于2000年2月14日给所属西南地区各机场管理单位下达《2000年飞行区管理工作要求的通知》，要求各单位做好：强化安全教育和人员培训，增强全员安全意识，全面提高从业人员的业务技术素质和综合能力；做好本地区在用机场的适航检查和机坪运行管理，在夏、冬季前认真做好助航灯光和供电设备的换季检修工作；落实人员加快机场资料的收集、整理和编制工作；加强对不停航施工机场的监督管理力度，确保安全；进一步强化机场净空及电磁环境保护工作以及加强机场鸟害防治工作；做好应急救援演练等。2000年4月17日，民航西南管理局又下发了《关于重点做好当前飞行区管理几项工作的通知》。要求所属各机场管理单位：雷雨季节来临，要做好防洪、防雷设备设施的检查维护工作；加大鸟害的防治工作；做好飞行场地的维护工作；加强机坪的运行管理工作和目视助航标志的检查工作，各种标志、标牌、运行线路标志要保持醒目有效。重庆江北国际机场根据民航总局下发的《跑道巡视工作规则》，修订完善了机场飞行区场道巡查、清洁、维护工作规程、停机坪环境卫生管理规定、场务队场道工作流程图和场道应急抢修措施，同时采取了相应措施：一是加强了道面日常巡查，加强了对道面的检查，坚持部领导每月带队对飞行区道面进行一次拉网式排查，发现道面掉边掉角等问题及时修复，保证了道面完好；二是加强了机坪保洁工作。机场管理部场务队采用人工和机械相结合方式对飞行活动期间的机坪卫生实施清扫、保洁、坚持实施机坪每天早6:30至晚飞行结束全天候不间断保洁；三是加强了扩建施工期间跑道延长工程、新、老机坪交界处的清扫保洁工作，几年来未发生一起划破飞机轮胎或异物吸入发动机责任事件。

重庆江北机场由于飞行区内无关人员翻修越围现象比较突出，1993—2002年10年间，共挡获翻越围栏1544人次。2002年初，民航重庆市局领导向民航西南管理局上报围栏改造项目和申请资金。民航西南管理局批复重庆江北机场飞行区围栏改造项目的总投资为380多万元。新围栏全长7038.92米，于2002年10月底开始进场施工，2003年1月开始试运行。重庆江北机场加强管理，完善了围界管理和维护等相关制度，自新围栏投入使用以来，机场没有发生人员翻越和家禽侵入事件。

2001年，绵阳南郊机场印发了《运行期间飞行区管理暂行办法》，对助航灯光、标志、跑道、滑行道、绿化带、围界、截排沟的日常维护检查和管理作出了规定。

2003年7月，民航飞行学院制定了《机场飞行区场地管理（试行）办法》，该办法除总则、基本要求外，日常管理部分包括跑道检查维护、滑行道联络道检查与维护、机坪检查与维护、升降带的检查与维护、排水系统的检查与维护，围场道、围界检查与维护等。

2004年10月，民航西南地区管理局机场管理处制定西南地区各民用机场飞行区管理工作范围规定，对西南地区机场飞行区管理工作提出16条具体要求。

二、净空管理及鸟害防治管理

保护机场净空，是保证飞行安全与正常的重要保障条件之一。1977年2月17日，国务院、中央军委下发了《关于保护机场净空的规定》。1982年12月21日，国务院、中央军委对该规定作了一些修改后重新颁发。净空管理工作涉及地方各单位、各部门，还涉及机场净空区内的各个单位和农民群众。1986年前后几年，西南地区有些机场净空条件遭到破坏，危及飞行安全，不能保障正常的运输生产飞行，有的关闭机场、停止营运，有的机场由于拆除处理超高建筑物，造成经济损失。基于这种严重情况，1992 年 10 月 6 日，民航局下发《关于加强机场鸟害防治工作的通知》。1995 年 6 月 27 日，民航总局发布了《关于保护机场净空的通告》。该通告共有 5 条，其中要求各地城建规划部门要把保护机场净空工作纳入城市发展规划，加强管理监督，并负责协调处理有关破坏机场净空的事件；要求各机场管理机构依据本机场的发展规划绘制机场净空限制图，报请当地城建规划部门从城市总体规划上予以保护和控制，对机场净空状况进行经常性的检查了解；要求任何单位和个人在净空区内修建筑物或设施，必须征得管理机构同意，并报请当地城建规划部门批准后方可实施；禁止在民用机场及其净空保护区域内从事：（1）修建不符合净空要求的建筑物或设施；（2）修建可能在空中排放大量烟雾、粉尘、火焰、废气影响飞行安全的建筑物或设施；（3）修建靶场、强烈爆炸物仓库等影响飞行安全的建筑物或设施；（4）设置影响机场目视助航设备使用的灯光、标志或其他物体；（5）种植不符合机场净空要求或影响机场助航设施使用的树木、植物。通告还规定，凡擅自在机场净空区域内修建的超高建筑物或设施，其超高部分必须予以拆除，所造成的损失由建筑物、设施的产权单位或个人自行承担；对造成飞行事故、国家和旅客生命财产损失者，依法追究刑事责任。2001 年 9 月 22 日，《四川省民用机场净空及环境保护条例》经四川省人大常委会审议通过。以上通告、条例发布后，西南地区内净空条件不符合要求的机场，在当地政府的支持、配合下得到了有效的改善。

成都双流国际机场由于附近农民在收割季节焚烧秸秆烟雾遮天，严重影响能见度而延误飞行的事件时有发生，甚至关闭机场。按照通告、条例要求，民航西南管理局和双流国际机场与当地有关部门几经交涉协商，终于较好地解决了这个问题。

1997 年，民航重庆市局在检查中发现渝北区正在建筑的 3 栋建筑物超过净空保护高度，立即向重庆市政府、民航西南管理局报告，并提出已完工的中国建设银行渝北支行综合大楼与国际碧津公园塔两个建筑物加装障碍灯的要求。1997 年，渝北职教培训中心非法占用重庆江北国际机场发展用地修建建筑物，民航重庆市局发现后立即提出无条件拆除非法建筑物。重庆江北国际机场周边自然环境吸引了大量飞禽栖息，鸟害问题突出。1998 年 7 月以前，鸟害防治工作由民航重庆市局公安局派出所负责。1998 年 7 月，民航重庆市局公安局巡警队成立，鸟害防治工作及职责相应划归该队负责。民航重庆市局积极配合重庆市有关部门，推动净空保护立法进程。1999 年，民航重庆市局与渝北区信鸽协会共同进行了净空保护知识宣传和养鸽清理整顿，重庆市渝北区信鸽协会专门制定了《关于文明养鸽，保护机场净空管理办法》，有效减轻了鸟害。2000 年 1 月 3 日，民航重庆市局在机场管理处设立鸟害防治队，专门负责鸟害防治工作。在重庆市有关部门配合下，民航重庆市局采取破坏鸟类栖息地、驱赶等方法消除鸟害，为此先后购置了驱鸟机 21 套，安装了煤气炮 13 门，设置粘鸟网 150 张，配备猎枪 2 支，激光驱鸟枪 1 支，设置鸟情望哨 4 个。2000 年 5 月 27 日，重庆市渝中区解放碑广告气球失控升空，重庆江北国际机场被迫关闭 1 小时，7 架进港航班飞机备降周边机场，3 个出港航班被延误，1 架进港航班飞机被迫返航。2000 年 7 月 22 日，重庆市沙坪坝区一载人热气球失控升空，造成 5 架进港航班飞机备降周边机场，一个出港航班延误。根据以上严重情况，2000 年 6 月 12—14 日，国家空管委调研组专门到重庆市进行调研。2000 年 6 月 20 日，重庆市政府下发了《重庆市民用空飘气球灌充施放安全管理规定》，加强了空飘气球管理。同年 6 月 30 日，重庆市人民政府又颁布了《重庆江北国际机场及其航空安全管理规定》，从而进一步明确加强江北国际机场的净空保护工作。2001 年 12 月 5 日，重庆市渝北区政府下发了《关于加强江北国际机场净空保护的通知》，2003 年 8 月 1 日，重庆市人大常委会通过《重庆市民用机场保护条例》。

但是，2004 年 10 月以来重庆江北国际机场发生鸟击飞机事件 4 起，其中 11 月 8 日鸽群撞击飞机事件影响较大。重庆机场集团公司于次日专门向重庆市人民政府递交《关于江北国际机场发生鸽群撞击飞机的紧急报告》，恳请市政府督促有关部门进一步加大法规的宣传和执行力度，全面取缔并尽快处理机场周边群众饲养的鸽群，从源头上堵塞航空安全隐患。渝北区安监局发文责成各街道办事处和区文体局对辖区内和管理范围内的鸽群进行全面取缔，并牵头组织对机场周边养鸽户进行了一次全面核对，召开机场周边双龙湖、双凤桥、回兴 3 个街道办事处负责人会议，布置清理任务，逐户发放整改通知书，限期处理。

除鸟害外，空飘气球、放飞风筝对飞机安全起降也带来较大影响。2002 年 6 月 18 日，重庆江北国际机场跑道南端发现一升空的气球，造成当日进近的 7 个航班备降、4 个起飞航班延误，机场紧急关闭 57 分钟。事后，机场管理部门经积极争取，得到地方职能部门的支持，渝北区安监局于 2002 年 7 月 5 日专门下发《关于区气象局施放空飘气球造成气球升空影响飞行安全事故的通报》，责成区气象局认真整改，切实采取有效的安全措施。2003 年 2 月 15 日，在空港园区广场发生过一次大面积放飞风筝的事件，经及时制止未产生后果，事后渝北区安监局于 2 月 17 日下发《关于切实做好风筝施放管理工作的通知》。根据上述情况，机场会同渝北区安监局召开机场附近区域禁放风筝的专题工作会，下发了禁放风筝的紧急通知，层层签订责任书，加强对学生在机场保护区内放飞风筝的教育，做到了有措施、有重点、有落实。2003 年 3 月 30 日下午 5 点，机场跑道南端飞机起降航道上发现一升空的气球，造成当日 3 个航班分别延误 1 小时、40 分钟和 32 分钟，事后机场积极与渝北区政府协商，下发相关文件，在几个重要地段制作了禁放风筝、气球的警示标志牌，并进一步加强了对施放气球的审批、监管。机场认真宣传贯彻民航总局 2003 年 4 月 4 日下发的《通用航空飞行管制条例》中关于升放和系留气球的规定和中国气象局 2003 年 6 月 6 日颁布的《施放气球管理办法》，使违规放风筝和施放气球现象得到较好的控制。

民航飞院自 1980 年后，不再由空军代管，机场净空管理出现了一些新情况。为此，学院和在四川省内所属的分院、航站加强与机场净空区内各单位和农民群众的联系，争取他们的支持，并经常向当地政府汇报情况，商量机场共管事宜，得到当地政府的支持。1980 年 2 月 8 日，新津县人民政府成立新津机场护场委员会，每逢县政府换届，护场委员会成员都进行及时调整。1981 年，成立以绵阳市公安局为主体的塘汛机场保卫委员会。1982 年 7 月 19 日，广汉县人民政府发布《关于维护机场治安秩序通告》。1983 年 2 月，遂宁县人民政府成立了机场安全保卫委员会。1999 年 9 月 13 日，广汉市人民政府发布《关于成立广汉机场净空管理委员会的通知》。上述护场机构的成立和有关文件的下发，有效地保证了机场净空管理工作的落实。

民航飞行学院各机场清理了影响机场净空的障碍物，按有关手续，砍伐了有碍适航要求的超高树木，降低或拆除了超高建筑物，拟建的建筑物限定了高度，机场周围障碍物界限以外的高大建筑物安装了障碍灯。为保护机场净空，确保飞机的安全起降，学院各机场都制定了机场净空保护管理规定。为防治机场鸟害，学院各机场管理部门按照民航总局 1998 年《关于进一步加强机场鸟害防治工作的通知》要求，召开了专题研讨会，并请地方政府作鸟害防治工作的专题报告，加强对公民的宣传，要求机场附近的村社不养鸽子，大力开展灭鼠活动。学院对鸟害防治的措施主要是：（1）飞行区管理人员对机场飞行区及邻近地区的鸟类的大小、数量或飞行方向及高度可能给空中航行造成危害情况保持经常性的监视；（2）制定《应急措施》，当发现潜在的危害时，立即报告调度室，使其进入警戒状态，必要时商请塔台限制航空器的运行，直至危害排除；（3）机场上空鸟害严重又无法驱赶时，为保证飞行安全，分院（航站）有权采取任何措施消灭鸟群；（4）飞行区内按《民用机场飞行区管理基本技术要求》的规定，即草高不得高于30厘米，距跑道或滑行道中线最少150米内的树木应伐去，消除鸟类遮荫、栖息、筑巢的场所；（5）机场内不得堆放垃圾和淤泥，如有应立即清理，使其离跑道3000米以外；（6）投放毒饵或喷撒农药，杀死鼠、兔、蚯蚓、昆虫等吸引鸟类的动物；（7）机场内不得种植各类农作物；（8）成立鸟害防治领导小组和成立驱鸟队负责机场鸟害防治和驱鸟工作，（9）利用生物声学法，驱赶、惊吓鸟类，并引进各种驱鸟设备，如“驱鸟王”“煤气炮”等，建立《驱鸟设备维护使用细则》，驱鸟员严格按照规程使用，由专人负责；（10）采用猎枪捕杀较大型的鸟类和野生动物（狗、兔等）；（11）严禁任何人在飞机的起落航线或复飞下方区域内饲养可以自由活动的各类鸟类；（12）加强巡视，加固防护栏，防止机场周围居民饲养的家禽或野生动物闯入机场，如发现闯入的家禽和野生动物，驱鸟员应立即采取措施驱赶或猎杀，防止其撞击航空器。

宜宾机场跑道东头3千米外是闻名全国的五粮液集团新基地和新兴的旧州工业开发区。1994年，宜宾机场第二期工程竣工、航班飞机即将更新机型之际，五粮液酒厂开始扩建，旧州工业开发区也即将启动，净空保护问题逐渐凸显出来。在民航西南管理局、宜宾地委、行署支持下，宜宾机场领导找酒厂，到市政府争取理解，并与市建委配合，层层把关，多次召集各方面开现场办公会，宣传净空保护的意义，使酒厂及其他有关单位的领导，从不知净空保护为何物到后来只要有高层建筑就主动与城建部门报告并同机场联系，使净空条件与飞行安全未造成矛盾。1996年，酒厂两个烟囱和水塔在建筑过程中经宜宾机场有关部门用双经纬仪进行测量后，该两建筑物超过了保护净空所规定的高度，机场随即通报酒厂，并在民航西南管理局适航处和当地有关部门协助支持下，拆掉了两个烟囱，水塔在不超过净空要求的高度条件予以保留。

2004年10月，民航西南地区管理局机场管理处制定的机场净空管理工作与鸟害防治管理工作的具体要求。

净空管理规定：（1）学习和掌握民用机场飞行区技术标准及机场净空限制的规定以及各种净空障碍限制面（锥形面、内水平面、进近面、过渡面、内过渡面、复飞面等）尺寸、坡度和机场电磁环境保护规定。（2）机场管理机构必须向当时政府有关部门提供机场净空限制图，建立工作联系制度和净空区内新建建筑物的联合审批程序，并通过当地新闻媒体等多种方式广泛宣传机场净空保护规定。（3）机场管理机构必须制定机场净空管理制度，组织人员进行巡视检查，发现问题及时处理或上报，并向航管部门及时通报。（4）机场管理机构对机场净空限制区域内出现新增障碍物必须按规定进行处理，设置的障碍灯必须处于有效状况。（5）配合空管部门对机场及其周边电磁环境保护进行监督、检查。

鸟害防治管理规定：（1）民用机场管理机构要认真学习、贯彻国际民航组织《机场勤务手册一鸟类的控制和减少》（第三版）和民航总局航空安全技术中心有关民用机场鸟害防治研究成果和民航总局的规章制度，并建立本机场鸟害和动物侵入防治工作制度。（2）机场管理机构要成立专职驱鸟队伍，根据实际情况配备必要的驱鸟设备（如驱鸟车、鸟枪、粘网等），坚持日常巡视，发现鸟类活动和动物进入及时驱赶；对围界定期检查，防治动物侵入飞行区。（3）驱鸟队伍对每天的工作情况以及鸟类活动情况进行记录，掌握鸟类活动规律，治理机场及周边环境，切断鸟类食物链，积极实施综合治理。（4）驱鸟枪支弹药的存放、领取及使用应严格遵守公安机关的有关规定，枪支的使用人员必须经过公安机关的专门培训和许可，未经过培训和许可的任何人不得使用驱鸟枪支。

三、使用许可证管理

1986年4月6日，国务院发布的《民用机场管理暂行规定》中第四条规定："民用机场必须持有机场使用许可证方可开放使用。机场使用许可证由机场管理机构向民航局申请，经民航局审查批准后颁发。"第五条规定："申请机场使用许可证的民用机场，应当具备下列条件：持有机场修建批准文件和工程验收合格文件；具备与航空器型号、运行方式和运营业务量相适应飞行区、工作区及其设施和人员；具备能够保障飞行正常和安全的航行管制、通信导航、气象等设施和人员；申请开放仪表飞行的机场，必须符合民航局有关仪表飞行的规定；具备安全保卫条件；具备处理特殊情况的应急计划以及相应的设施和人员。"第七条规定："民用机场必须按照机场使用许可证规定的范围开放使用。需变更使用范围的，须经民航局核准，并换发机场使用许可证。机场停止使用和恢复使用，均须事前报民航局批准；长期停止使用的，须注销机场使用许可证。"1986年6月，民航局召开全国民航机场管理工作会议以后，民航开始实行机场使用许可证制度，这是加强机场管理的一项重要措施。

1998年10月15日，民航总局颁发《民用机场使用许可规定》，同时废止1991年9月29日民航局发布的《民用机场管理暂行规定实施办法》。民用机场使用许可证制度更规范，更科学。全国各民用机场于2000年之前，都要按规定的条件申请领（换）发新的机场许可证；对军民合用机场，由民航使用单位申报，经批准单位审核合格后颁发军民合用民用部分使用批准书，保证机场的合法使用和安全运行。

2000年4月3日，民航西南管理局下达《民航西南地区机场使用许可证管理办法》，明确指出："机场使用许可证是经审查批准颁发，准许机场开放使用的法律文件""审批机场使用许可证必须按程序和要求做到严格把关。机场在开放使用中，必须严格按批准的范围进行运行管理，加强检查，做到依法行政。""机场因故不能保障航空器安全运行的应当临时关闭。同时应办理临时关闭和恢复开放使用的有关手续。临时关闭时间持续超过2年的，原颁发的机场使用许可证失效。需要恢复开放的，应当另行按规定重新申请。"该办法规定，在西南地区飞行区等级4C（含）以下机场的民用机场使用许可证由西南管理局审批，4D（含）以上的，经管理局审查后由民航总局审批。还规定了申请机场使用许可证必须具备的基本条件、基本资料、机场作用手册的主要内容（包括机场使用细则、运行程序、运行基本要求、机场资料的主要内容）和机场应急救援计划。

2000年4月18日，民航西南管理局成立由4人组成的机场使用许可证换发、审定领导小组，由管理局1名副局长任组长。领导小组下设由各有关业务单位共9人参加的办公室，办理机场使用许可证的换发、审定具体工作。

民航总局、民航西南管理局颁发的机场使用许可证，不仅规定了机场使用的范围，还根据机场在道面质量、飞行区和停机坪的管理、《机场使用细则》《机场资料手册》中的有关数据以及净空条件、应紧救援预案，提出改正、完善的要求。

2004年10月，民航西南地区管理局机场管理处制定的机场使用许可证管理工作程序是：（1）所有需办理机场使用许可证的机场，必须在机场投入使用或变更使用许可范围前至少3个月按民航总局第81号令和民航总局机场司管理程序、咨询通告等规范性文件的规定，将机场使用手册、申请书、申请文件一式4份上报机场所在的省（市）航空安全监管办公室（西藏自治区内机场报民航西藏区局，下同），经审核合格并签署意见后提前2个月上报民航西南地区管理局。通用航空机场和飞行区等级为4D（含）以下的机场，上报时间可顺延1个月。四川省内机场直接向民航西南地区管理局申报。（2）民航西南地区管理局接到机场申请办理使用许可证的全部申请资料后，30个工作日内组织进行审查后将书面意见反馈给申报机场，并组织对机场进行发放使用许可证前的适用性检查（此项工作可与机场工程竣工验收结合进行），经检查合格并完成对机场使用手册修订后，民航西南地区管理局审批颁发飞行区等级为4D（含）以下机场的使用许可证，对飞行区等级为4E（含）以上机场提出审查意见上报民航总局。（3）审核申报资料、发证前现场检查、使用许可证批准或上报文件拟定工作由机场管理处牵头，局航务管理处、公安局、市场管理处、适航维修处等部门参加或会签。机场使用许可文件经主管局领导签发，填发民用机场使用许可证（军民合用机场民用部分使用批准书）。（4）机场使用许可证发放后，由机场管理处督促持证机场管理机构按许可证批准范围使用机场，并结合机场飞行区适用性检查进行检查。（5）如遇特殊情况，持证机场需要对使用许可范围以外的民用航空器开放，须经原发证单位批准。机场飞行区或重要设施设备状况发生变化，机场安全保障能力降低时，原发证单位可以对机场的使用许可范围进行限制。机场不能保障航空器安全运行的应责令其停止开放使用。（6）机场因改建或扩建改变飞行区等级的，或跑道运行类别发生变更的，或机场临时关闭时间持续超过2年的，机场管理机构应按申办机场使用许可证的程序、时间要求逐级上报，由原发证单位审批颁发新的机场使用许可证。（7）机场使用许可证发放后，机场管理部门应根据机场现状和管理情况及时对《机场使用手册》进行修改、补充，以保证机场正常、安全、高效运行。各机场应将《机场使用手册》修改部分上报省（市）航空安全监管办公室，经审核后报地区管理局机场管理处备案，等级4D以上机场同时报民航总局机场司备案。

民航四川地区机场使用许可证发放情况见表9－4。

民航四川地区机场使用许可证发放情况表

表9－4

序号	机场名称	使用许可证发放单位	使用许可证发放时间	飞行区等级	使用最大机型	备　注
1	成都双流国际机场	民航总局	2000年3月22日	4E	波音747－400	
2	西昌青山机场	民航总局	2001年3月29日	4D	波音737	运输有关卫星任务可降波音747型
3	绵阳南郊机场	民航西南地区管理局	2003年12月28日	4D	波音757	
4	泸州蓝田机场	民航西南管理局	2000年12月29日	4C	波音737	
5	宜宾菜坝机场	民航西南管理局	2000年12月29日	4C	波音737－300	
6	广元盘龙机场	民航西南管理局	2000年9月26日	4C	波音737	
7	广汉机场	民航西南管理局	2002年3月6日	4C	波音737	

续表 9－4

序号	机场名称	使用许可证发放单位	使用许可证发放时间	飞行区等级	使用最大机型	备　注
8	九寨黄龙机场	民航西南地区管理局	2003 年 9 月 24 日	4C	波音 737、空客 319 等机型	
9	攀枝花机场	民航西南地区管理局	2003 年 12 月 4 日	4C	波音 737、空客 320 及其以上机型	
10	南充高坪机场	民航西南地区管理局	2004 年 5 月 15 日	3C	波音 737	2010 年飞行区等级 4C
11	达州河市机场	民航西南地区管理局	2009 年 10 月 15 日	4C	波音 737－700 同类及其以下机型	2006 年 1 月 6 日复航
12	遂宁机场	民航西南管理局	1995 年 3 月 26 日	2C	伊尔 14	
13	新津机场	民航西南管理局	2002 年 3 月 6 日	2C	伊尔 14	

说明：本表根据《中国民用航空志·西南地区卷》编制

四、不停航施工管理

随着民航事业的持续发展，有些机场原有的规模设施已不适应需求，机场的扩建与更新改造任务日趋繁重。在空运任务不能停止的情况下进行机场修建施工必须切实加强对机场的管理。1994 年，成都双流机场修建 8 号滑行道作临时跑道的工程及 1998 年的主跑道加厚、延长工程都是在不停航的情况下施工的。在这些工程施工之前，民航西南管理局机场管理部门会同四川省人民政府有关部门制定在保证飞行安全、航班正常的条件下进行施工的实施方案。为使不停航施工更具合理性、科学性、规范性，2000 年 12 月 18 日，民航总局颁布《民用机场不停航施工管理规定》后，民航西南地区管理局制定《机场不停航施工审查管理程序》规定：西南地区各机场管理机构按民用机场不停航施工管理规定范围要求，组织相关单位制定具体实施方案，并将实施方案及有关资料和不停航施工申请上报民航西南地区管理局。由机场管理处牵头，对资料进行审核，核实资料齐全、符合有关规定后，在 10 个工作日内组织审查，形成审查批复意见，并经民航西南地区管理局参加审查的有关部门会签、管理局分管领导签批后，批复不停航施工方案。对于批复的等级 4D（含）以上民用机场建设工程的不停航施工方案，报民航总局备案。

第十篇　航空安全

航空安全主要包括飞行安全、空防安全和航空地面安全，“安全第一、预防为主”是航空安全工作的指导思想。从20世纪50年代初民航局提出做好飞行4个阶段的工作开始，在以后的安全工作实践中，不断总结经验，提出“三到位”（思想到位、精力到位、工作到位）、“三落实”（人员落实、措施落实、责任落实）、“四不放过”（未查清原因不放过、未分清责任不放过、未采取有效措施不放过、未严肃处理不放过），正确处理“三个关系”（安全与生产、安全与效益、安全与服务的关系），始终把安全放在首位。对飞行过程中提出“八该一反对”（该复飞的复飞、该穿云的穿云、该返航的返航、该备降的备降、该绕飞的绕飞、该等待的等待、该提醒的提醒、该动手的动手；反对盲目蛮干）和在安全检查中的“四查”（查思想、查管理、查纪律、查隐患）等一系列切实可行的措施和规定。1995年，民航总局又提出用3年或更多一点时间实现民航持续、快速、健康发展的良性循环的战略目标，首要的是航空安全要走上良性循环的轨道，提出安全工作防范关口前移。1996年3月，国家颁布《中华人民共和国民用航空法》（以下简称《民用航空法》），民航安全管理工作进入法治化轨道。

1996—2005年，民航西南地区为巩固发展平稳的安全态势，主要从6个方面着手：一是利用签订安全责任书的方式，明确责任目标，谁主管谁负责，责、权、利清楚，直到落实到每个岗位、每个人；二是建立各种规章制度将航空安全工作以“立法”的方式规定下来，做到有法可依，有章可循；三是建立与健全各级安全管理机构，从组织上保障安全工作的落实；四是进行公共航空运输承运人运行合格审定工作，帮助、监督航空运输企业建立和完善自我的安全运行管理机制，使其安全管理向科学化、规范化、法制化迈进；五是运用计算机数据比照、信息处理、系统分析的手段，对航空公司、机场和空管系统的整体状况进行全面、客观、公正的安全评估，为加强和改善安全管理提供科学的决策依据；六是开展经常性的安全教育活动，使广大干部职工明了民用航空安全法律、法规和规章是做好安全工作的依据，养成遵守安全法律、法规和规章的自觉性，从而使民航各项安全工作落到实处。2000—2005 年，四川地区民航飞行事故及航空地面事故明显减少。

第一章　飞行安全

第一节　飞行安全机构

中华人民共和国成立后，1950 年中央军委民航局驻渝办事处成立时即设有机航科，负责对所辖区域内的飞行安全工作实施管理。此后，机航科虽几经更名为民航西南管理分局航务科、民航成都管理处飞行科、民航成都管理局航行科（1965 年 3 月升格为航行处），但管理飞行安全的职能一直未变。1981 年 6 月，根据民航总局下达的民航成都管理局机关编制，管理局设安全检查室（处级），专事飞行安全检查工作。为加强飞行安全的管理，1984 年 4 月，民航成都管理局安全检查室更名为飞行安全监察处，对管理局范围内的飞行安全工作实施统一管理。随后，民航云南省局、四川省局也相继成立飞行安全监察科。1985 年 1 月 10 日，民航局下发《飞行安全监察工作规则》（以下简称《规则》）。《规则》中明确飞行安全监察机构的主要任务是：贯彻预防为主的方针，对飞行安全工作实行严格的监督检查，维护飞行安全法规，确保飞行安全，提高服务质量和经济效益。

民航飞行学院（校）于 1956 年 7 月建校初期，在学校司令部下设飞行训练处，负责学校的飞行安全工作。1984 年 4 月，学校成立飞行安全委员会，校长任主任，飞行副校长任副主任，成员由有关部门领导组成，办事机构设在飞行训练处。1986 年 5 月，学校成立飞行安全监察处，业务上接受民航局飞行安全监察司领导。

1987 年 10 月，民航成都管理局实行政企分开的体制改革，成立民航西南管理局、中国西南航空公司、成都双流机场。民航西南管理局设飞行安全监察处（后改为飞行标准安全监察处，简称飞标安监处），负责对民航西南地区各省（区）局、航空公司和双流机场的飞行安全和飞行标准工作实施行业监察与管理；西南航空公司设飞行安全技术处，负责对公司范围内的飞行安全和飞行技术工作实施业务指导与管理；双流机场设现场处（后更名为生产指挥中心），负责对机场范围内的飞行安全工作实施业务指导与管理。体制改革试运行期间，民航西南管理局和西南航空公司分别成立飞行安全委员会。民航西南管理局飞行安全委员会主任由管理局局长担任，有关部门的领导为委员会成员，主要任务是监督检查上级安全法规、安全规章和安全指令的贯彻落实，领导民航西南地区各省（区）局、航空公司和双流机场的飞行安全机构，办事机构设在飞标安监处。

1988 年 10 月 5 日，民航局在下发的《关于加强飞行安全管理工作的通知》（以下简称《通知》）中，明确民航局、地区管理局在安全管理工作中的职能。政企分开后，民航局作为主管全国民用航空安全的政府机构，对全国所有民用航空企业实施安全监督和检查。民航地区管理局是民用航空一级行政管理机构，行使政府职能，在民航局授权下，对所辖地区航空企业的飞行安全实行监督检查，并按民航局事故调查条例的分工，对飞行事故进行调查。改革后的地区管理局飞行标准安全监察处和尚未改革的地区管理局飞行安全监察处是地区管理局对飞行安全实施监督、检查的职能部门。民航飞行学院的飞行安全工作，由民航西南管理局负责监督、检查。地方航空公司的飞行安全工作，由所在民航地区管理局负责监督、检查。地方航空公司的飞行安全情况应向所在民航地区管理局的飞行标准安全监察部门报告。至此，民航西南管理局及其飞标安监处对民航西南地区各企事业单位的飞行安全工作统一实施管理。按照民航西南管理局的要求，四川航空公司也设置了专门的飞行安全监察机构。

1995 年 3 月 15 日，民航总局在关于地区管理局成立航空安全办公室的通知中要求：“在地区管理局现飞行标准安全监察处的基础上组建地区管理局航空安全办公室（处级），负责地区管理局管辖区域范围内的民航飞行安全综合管理工作。”“航空安全办公室组建后，地区管理局现飞行标准安全监察处更名为飞行标准处。”5 月，民航西南管理局成立航空安全办公室。10 月 9 日，民航总局在关于成立航空安全机构的通知中要求：“各省（区）局或同级单位没有成立航空安全监察机构的要抓紧成立；航站要配备专职安全监察人员，归站领导直接领导；各航空公司、机场、学院要成立独立的安全监察机构。”民航四川、云南、贵州省局，西藏区局，民航西南管理局空管局，四川、贵州、长城航空公司，成都双流机场先后成立航空安全监察处（部），双阳通用航空公司成立航空安全监察室，民航飞行学院成立航空安全办公室，西南航空公司于 1995 年 12 月 30 日将安全技术管理部的安全与技术两项管理工作分开，分别成立航空安全监察部和飞行技术管理部。此期间，宜宾、泸州、万县等地方机场也先后配备了专职或兼职航空安全员。

为加强民航西南地区航空安全的行业管理工作，1995 年 11 月 9 日，民航西南管理局飞行安全委员会更名为航空安全委员会，对其成员进行了调整和充实，并明确指出：“航空安全委员会是民航西南管理局对民航西南地区航空安全实施综合管理、监督检查、组织协调的权威机构。”“日常工作由管理局航空安全办公室承办。”

2001 年以后，随着民航体制改革的不断深化，民航西南地区各单位的航空安全机构作出相应调整。到 2005 年，民航四川地区各单位的飞行安全机构是：民航西南地区管理局设航空安全办公室，民航西南管理局空管局设航空安全监察处，国际航空股份公司西南分公司设航空安全监督部，四川航空集团公司设安全技术部，民航飞行学院设飞行安全技术处，四川机场集团公司设航空安全运行监察部，各支线机场均配备了航空安全员。

各级航空安全监察机构的主要职责是：综合管理、监督检查上级有关航空安全的方针、政策、法律、法规、规章和指示在本地区、本单位的贯彻落实情况；分析航空安全形势，根据各时期航空安全工作的特点，提出航空安全指导性意见和安全关口前移的措施；负责航空安全教育制度的落实工作，做好新进员工上岗前的安全教育和全体员工经常性的安全教育；参与新修建机场和重要保障设施设备竣工验收以及新航线开航，对其持续适航状况进行安全监督和检查；按照民航总局关于航空事故调查范围的规定，组织或参与飞行事故、航空地面事故的调查，负责起草事故调查报告，对飞行事故征候、航空安全严重差错（重要事件）进行调查和处理；负责航空安全信息收集和报告工作，定期发布航空安全通报或简报；会同有关部门推广保证航空安全的先进经验，总结发生不安全事件的教训，承办航空安全奖惩工作；受理航空安全的举报，监督其处理结果；负责起草本地区、本单位航空安全工作规划、计划和工作总结报告。

第二节 检查与整顿

1985年11月，民航成都管理局召开了安全会议，向所属各省（区）局、航站、飞行、运输、机务等部门及管理局机关有关处、室的领导，传达民航局的安全会议精神，布置1986年飞行安全工作的任务，并要求各单位进行安全检查和整顿，在肯定成绩的同时，找出薄弱环节。

1988年1月18日，西南航空公司伊尔18型B－222号飞机执行成都—重庆—北京—重庆—成都航班任务时，从北京飞往重庆途中，因发动机故障飞机坠毁于重庆白市驿机场西北8千米处的农村，造成一等事故，机上旅客98人和机组10人全部遇难。事故发生以后，国务院下达《关于加强民航安全工作的紧急通知》（以下简称《紧急通知》）。民航西南管理局根据国务院的《紧急通知》，在召开的民航西南地区安全会议上，强调正确处理安全与生产、安全与正常、安全与服务的关系，真正把安全工作放在第一位。西南航空公司在安全整顿中，着重从组织领导、劳动纪律、工作作风、服务质量、规章制度等方面进行检查，制定安全措施，并严格纪律、调整组织、理顺关系、深入推行经济责任制和岗位责任制。

1989年10月18日，全国安全生产委员会下发《关于开展安全检查的通知》，检查的重点是：建立各级安全生产责任制，推行安全生产目标管理情况；重大事故隐患查处情况，以及针对重大隐患采取的措施和整改的情况。10月26日，民航局发出通知，明确安全检查先由各单位进行自查。民航西南管理局要求各省（区）局、航空公司等单位按上级通知认真进行检查。

1991年6月，西南航空公司对成都飞行大队进行全面安全整顿。整顿后飞行大队制定6条措施：加强党委自身建设，充分发挥党委核心领导作用；大力开展安全教育活动，牢固树立“安全第一，预防为主”的思想；抓飞行作风建设；抓好机组建设；抓好培训工作；稳定干部队伍，充分发挥各级干部在保证飞行安全中的作用。

1992年3月，民航西南管理局召开飞行安全工作会议。会后，下发《1992年飞行安全工作要点》，主要是贯彻“安全第一，预防为主”的方针，开展以消除安全隐患为主要内容的安全整顿教育活动；加强飞行、机务、管制部门的业务技术建设和各勤务保障工作；制定全年安全工作规划，落实安全责任制和岗位责任制；明确全年安全管理目标：运输飞行杜绝等级事故，通用航空和飞行学院力争不发生飞行事故，飞行事故征候万时率与万架次率均不超过3。是年3—5月，民航西南地区各单位全面开展了整顿思想、整顿组织、整顿纪律、整顿作风的安全整顿，以及查思想、查纪律、查作风、查隐患的四查活动。民航四川省局于1992年上半年在全局范围内开展整顿安全思想、组织、纪律和作风的“四整顿”，重点是省局党委领导班子、保障飞行安全的业务处室以及有关的部门。在“四整顿”期间发现安全生产、服务质量等方面的问题144个，修订措施111条，整章建制145项。

1992年7月31日、8月11日，中国通用航空公司和北京联合航空旅游公司分别发生严重飞行事故后，民航局召开飞行安全紧急会议。8月23日、29日，民航局及民航西南管理局分别下发关于深入开展以查思想、查管理、查纪律、查隐患为主要内容的完全整顿以及对安全整顿的要求。

1993年，全国民航开展“安全年”活动，这是打一个安全翻身仗，从根本上扭转安全形势的一项重要措施。民航西南地区“安全年”活动主要以贯彻民航局“十条命令”和飞行安全规章为主题，以抓飞行安全工作的落实为根本。其具体要求是：集中精力，安全工作的重心不能动摇；认清形势，狠抓薄弱环节的治理；强化管理，加强安全基础工作；从严过细，狠抓安全工作落实；奖罚严明，大力表彰好人好事；党政工团齐抓共管，共同为飞行安全做贡献。民航西南管理局于1993年3月、5月、8月先后4次到各单位检查飞行安全工作。

1993年7月15日，民航总局召开全国民航安全生产工作电话会议，西南地区各省（区）局、航空公司、民航飞院、航管中心、机场（航站）主要领导干部都参加了会议。8月3日，民航总局决定：从8月10日至20日在全民航系统进行安全集中整顿，并确定总局将对全系统安全工作进行重点检查。重点检查对民航总局《关于确保飞行安全的命令》《关于严格管理加强飞行安全工作的紧急通知》执行情况；检查岗位责任制落实情况；检查领导干部以身作则，严字当头，严格要求，严格管理，“安全年”活动开展情况。民航西南地区各单位按照民航总局的决定，根据“安全年”活动的要求和上半年开展活动的实际情况，进行一次安全检查。以“航管是中心，机务是基础，飞行是关键”，抓住与飞行安全关系最直接、影响最大的单位，落实安全措施。民航总局于是年9月23日下发《关于严格执行检查单制度的通知》。民航西南管理局要求全体飞行人员不折不扣地执行检查单制度，真正做到“口到、手到、眼到”。对不坚持检查单制度的机组，一经发现，不论有无后果，有关部门要立即收缴其飞行执照，停止其飞行，并视严重程度对机长和责任者处以1000—10000元的罚款，情节严重的要给以纪律处分，直到追究法律责任。

1993年10月27日，国务院《关于控制重大、特大、恶性事故的紧急通知》（以下简称《通知》）下达后，民航总局于11月3日转发了国务院的《通知》，并要求各单位进一步加强组织领导，坚持安全第一，从严要求，从严管理，对不安全隐患和问题，切实采取断然措施，确保飞行安全。民航四川省局、民航飞院、西南航空公司、四川航空公司等单位的安全年活动办公室赴所属单位进行督促、检查认真解决安全工作中存在的问题。民航四川省局空中交通管制部门在“安全年”活动中以防止飞机危险接近、错报场压等为重点，进一步完善岗位值班制度。

1994年，民航西南管理局先后召开两次地区安全工作会议。第一次会议于3月召开，会议确定全年安全工作奋斗目标：“杜绝等级飞行事故，航行管制工作不发生飞机危险接近；事故征候万时率不超过2，力争不超过1.5；场道保障工作不发生责任事故；机务原因造成的不正常千次率不超过10，力争不超过7；制止劫机和炸机事件的发生。”第二次会议于7月召开，会议决定：在全地区以安全整顿的方式，广泛深入地开展安全工作大讨论活动。会议强调安全工作必须做到“四个坚持”，即，坚持各级领导值班制度，及时处理安全工作上出现的问题；坚持安全报告制度，及时汇报在飞行工作中发生的问题；坚持安全讲评制度，及时总结安全工作中的经验教训；坚持安全通报制度，及时提出事故的防范措施。民航西南地区于3月、6月、8月先后3次开展安全检查与整顿工作。通过安全检查与整顿，在飞行安全工作中，严格规章制度，落实安全措施，使安全管理工作逐步走向制度化。

1994年6月，西南航空公司成立由公司、飞行部、飞行大队3级组成的飞行技术考核评定委员会，加强技术管理，把好技术关。公司又建立安全目标责任监督机制，负责检查监督各项安全工作的落实。在全公司开展安全大讨论活动，以“安全第一，正常飞行，优质服务”的总方针为指导思想。大讨论中，公司机关各业务部门把重点放在工作决策、指挥协调、面向基层和办事效率等方面。

公司飞行部着重学习确保飞行安全的“十条命令”，制定或修改了《机组执勤条例》《行政管理条例》《各机型评分标准》《飞行预先准备清单》等规章制度。公司机务部门对近3年来的人为差错、责任事故等资料进行分析，吸取教训。民航四川省局在安全整顿中制定整改措施81条。

1995年，民航西南地区各单位在安全防范关口前移的工作中，本着“安全第一，预防为主”的方针，做好事故预防工作。西南航空公司为了加强对安全生产的组织领导，调整充实安全管理机构；在安全管理工作中抓住重点，突出难点。公司对飞机重复性、多发性故障和飞行事故征候进行分析研究，有针对性地采取措施，防止同类事件的再次发生。针对雷雨季节飞行事故征候较多的特点，公司下发《关于雷雨季节保证飞行安全暂行规定》。四川航空公司提出了对事故隐患的监控治理，分析和研究安全形势时，找出带倾向性的问题，采取有效措施。

1995年3月23日，民航飞院广汉分院的夏延ⅢA型B－3624号飞机执行洛阳—济南训练飞行任务时，在济南遥墙机场进近过程中撞山失事，机上7人全部遇难，造成重大飞行事故。事故发生后，民航飞院从3月27日起进行全面的安全整顿。整顿的主要内容是查思想、查作风、查管理、查隐患、查规章，增强全体人员的安全意识。根据整顿中查出的问题和安全工作的薄弱环节，下发《加强安全工作的整改措施》。为吸取夏延ⅢA型B－3624号飞机重大飞行事故的教训，民航飞院于1995年5月2日、3日、9日还先后下发《关于训练任务外其他任务飞行的规定》《飞机驾驶舱规则》《飞行安全管理规定》《飞行技术管理规定》《飞行教师管理规定》。

1995年4月10—20日，民航西南管理局组成3个安全检查组分别对各单位进行了安全检查，并参加了民航总局工作组对西南航空公司的安全工作检查，检查中在肯定成绩的同时对存在的问题提出了要求。

1995年4月22日，民航总局领导带领工作组在成都和重庆两地对西南航空公司的飞行安全情况进行了综合检查。检查结果的评语主要是：认真贯彻了全国民航安全工作会议精神，制定了安全目标和实现目标的对策措施，调整了安全管理机构和干部配备，贯彻了公司“严”“实”“细”的指导方针，安全责任制得到进一步落实。5月，四川省人民政府办公厅前往四川航空公司检查航空安全工作，在肯定1995年前4个月安全工作成绩的同时，对发生的机械故障、设备故障和地面车辆撞飞机等不安全事件提出了批评。为此，公司提出了4条措施：一抓干部的安全教育与职责；二抓安全部门的监督作用；三抓在岗人员的业务培训；四抓飞行安全规章制度的落实。

为加强对在航空运输生产过程中发生的涉及旅客伤、亡及使用机械撤离设备进行旅客紧急疏散的特殊事件的管理，西南航空公司于1995年5月17日制定了特殊事件紧急报告的程序：事发单位必须立即向公司飞行签派室报告，签派室值班员立即向公司值班领导和公司总经理报告，同时向民航西南管理局航管中心调度室报告；西南航空重庆公司飞行签派室在向四川省局航行调度室报告的同时，用电话或传真向公司飞行签派室报告；在外执行任务的机组，事发后除了向所在地航行调度室报告外，应设法与公司飞行签派室取得联系，向公司飞行签派室报告；公司飞行签派室将事件情况收集后在一小时内用电话或传真向民航总局空管局总调度室报告。

1995年5月18—28日，全民航连续发生9起不安全事件，其中5月18日民航飞院TB－20型B－8901号飞机在训练飞行降落过程中与TB－20型B－8909号飞机造成危险接近。鉴于飞行安全的严峻形势，民航总局于5月30日下发“紧急通报”，要求各级领导不管生产、训练任务多么繁忙，都要把安全放在第一位；各业务部门要切实做好各自工作，尽职尽责；要树立大民航意识，避免扯皮，尽全力为飞行安全创造良好的环境和条件，使安全工作做到“一保险、二保险、三保险”，将飞行安全建立在稳定可靠的基础上。民航西南管理局按照民航总局的“紧急通报”要求，并根据近几年在西南地区所发生的飞行事故和事故征候，经过认真分析和研究，从中找出问题的个性、共性、特性，决定从6月开始，在民航西南地区各单位开展以“双四防”为主要内容的安全研讨活动，抓好群众性的预防工作，确保飞行安全。“双四防”即起降飞行的“四防”和航线飞行的“四防”，具体内容是：起降飞行防止飞机偏出跑道、防止飞机冲出跑道、防止飞机场外接地、防止翼尖或机尾擦地；航线飞行防止飞机危险接近、防止飞机迷航、防止飞机雷击、防止飞机被劫。各单位结合实际，有重点、有选择、有针对性地拟定课题，进行认真研讨。西南航空公司开展“战高温，防雷雨、保安全”为主题的“百日安全竞赛活动”；成都飞行部提出严把“飞前关、天气关、规章关”的“三关”措施。西南航空重庆公司开展了“保安全、保正点、保旅客满意，无工作差错”的“三保一无”活动。民航飞院针对学院两架飞机危险接近的严重事故征候，开展以“五查”为内容的安全整顿，“五查”即查思想、查作风、查管理、查隐患、查规章，以增强全体人员的安全意识，强化安全管理，做好安全工作。7月，完成了半年一次的安全大检查。8月，民航飞院组成5个工作组，分别到各分院、航站检查工作。检查的内容之一是新学年开学前各项工作的准备情况，必须保证开学后的飞行安全。根据夏天天气炎热，雷雨频繁的情况，各分院和长城航空公司、航站合理安排好飞行计划，控制日飞行量，保证人员的调换与休息，严把天气、飞机、身体的放飞关，确保暑期飞行安全。新学年开始后安全工作的重点是确保规章制度的落实，把各项安全工作抓严、抓实。“双四防”活动后，西南地区飞行安全形势与上年同期相比有明显好转，全地区飞行事故征候比上年同期下降18%，事故征候万时率为1.15，实现了民航总局和西南管理局安全管理目标。

为使航空安全检查工作制度化、标准化、规范化，1995年4月18日，民航总局下发了《关于建立定期航空安全检查制度的规定》（以下简称《规定》)。《规定》要求在一般情况下，应该在上半年和下半年各检查一次。除了民航总局（地区管理局参加）对各骨干航空公司、民航飞院和地区管理局所在地的机场、空中交通管理部门及油料公司，每年进行一次检查外，地区管理局也要对上述单位进行一次检查。地区管理局所辖范围的各骨干航空公司所属的分公司、各地方航空公司、各省（自治区、直辖市）局所属机场（航站），可由民航地区管理局授权，由省（自治区、直辖市）局组织检查。除进行综合检查外，地区管理局根据需要对企、事业单位进行航空安全专项检查。

1996年1月1日，民航西南管理局发出《关于加强安全工作的通知》，要求民航西南地区从新年伊始抓安全工作要注重实效，以即将召开的民航安全工作会议精神为主线，抓好全员安全思想教育，使“安全第一”思想在头脑中扎根，确保安全工作落实，实现安全工作开门红。5月13—19日是全国第六次“安全生产周”活动，民航西南地区各单位按照上级要求，认真扎实地开展活动，突出表现在：加强活动的组织领导，使活动有声有色，防止了走过场；认真组织学习《民用航空法》、行业规章和安全规则，并结合本单位、本地区、全民航发生的不安全事件，进行了反违章教育；以“遵章守纪、保障安全”为主题，注重实效，在提高干部职工安全责任意识、治理事故隐患、堵塞安全漏洞上下工夫；结合春夏之交西南地区的季节特点，进行了换季落实工作。活动期间，民航西南管理局、西南航空公司、四川航空公司、成都双流国际机场、管理局空管局、中航油西南公司等单位还参加了四川省安全生产知识竞赛，参赛人员达95%，总评成绩优良。民航西南管理局荣获“优胜集体”奖，西南航空公司、四川航空公司、成都双流国际机场、西南空管局有4人分别荣获个人一、

二、三等奖和荣誉奖。

1996 年，西南民航在安全防范关口前移上，加大安全监管力度，及时抓住了安全控制点。5 月 23 日，针对四川航空公司组织领导不力、人员思想活跃、安全严重滑坡的情况，民航西南管理局主要领导率工作组对四川航空公司的安全工作进行认真检查后，从行业管理的角度，向四川省人民政府和民航总局写出专题报告，实事求是地反映了四川航空公司存在的问题。省政府对管理局的报告极为重视，立即调整了四川航空公司的领导班子，使四川航空公司的问题得到了及时解决。西南航空公司在安全工作的实践中总结出“要保证飞行安全就必须使安全管理与客观规律合拍，规章制度与营运活动交融”的理论和“五严、五抓”的经验。“五严、五抓”即严格管理，抓关键；严格要求，抓干部；严格规章，抓落实；严格训练，抓基础；严格检查，抓隐患。5 月，西南航空公司制定下发了《西南航空公司航空器发生特殊情况处理程序》《西南航空公司复飞标准的规定》，加强了安全防范措施。全年安全飞行 116000 小时，起落 73057 架次，飞行事故征候万时率为 0. 258，因工程机务原因造成的航班不正常千次率为 3. 41，各项安全指标均低于民航总局和管理局考核指标。民航飞院全年安全飞行 51273 小时，起落 167300 架次，飞行事故征候万时率为 0. 59，完成了各项安全指标。长城航空公司、民航西南管理局空管局、成都双流国际机场、中航油西南公司以及泸州、宜宾、万县地方机场等单位全年消灭了飞行事故征候。

1997 年 1 月 1 日，民航西南管理局向西南地区发出新年贺电，着重强调安全是民航永恒主题，安全工作只有阶段，没有间隙；只能常抓，不能停顿；精心策划，前移防范关口。做到未雨绸缪、见微知著、警钟长鸣，以春运为契机，起好步，开好头，实现安全工作开门红，为全年安全工作打下基础。1 月 9 日，中共中央总书记江泽民、国务院总理李鹏等党和国家领导人接见全国民航安全工作会议部分代表。西南地区被接见的单位代表有：民航西南管理局局长周正权、民航西南管理局航安办主任张正勇、民航西南管理局公安局局长张富岑、西南航空公司总经理王如岑、西南航空公司保卫部部长吴汉民、云南航空公司总经理薛孝明、四川航空公司总经理蓝新国、贵州航空公司总经理段延辰、民航飞院院长王世翔、民航四川省局副局长周庆祥、民航贵州省局局长李向春、民航西藏区局书记周仲琪、成都双流国际机场总经理张代学等。

1997 年 5 月 8 日，南方航空集团深圳公司波音 737 – 300 型 B – 2925 号飞机，在回深圳机场着陆过程中失事。为借鉴兄弟地区的事故教训，迎接香港胜利回归，民航西南管理局立即下发《关于开展安全检查的紧急通知》，要求西南民航各单位认真开展以查领导、查思想、查作风、查隐患、查落实为主要内容的安全大检查，消除不安全隐患。与此同时，管理局组织 4 个检查组，由局领导带队，从 5 月下旬开始，对西南航空公司、四川航空公司、民航飞院、云南航空公司、贵州航空公司以及民航贵州省局的安全工作进行重点抽查。检查发现：有的单位飞机安排航班过满，使飞机回基地过晚，维护时间过短；有的单位部分飞行人员思想不稳定，带思想情绪飞行，以致造成班机停航；有的单位一线机务人员数量严重不足，劳动强度过大，4 月在 25 天内加班 10 天，人员疲劳，难以保证维修质量；还有的飞机乘客超员飞行等。对这些问题，检查组都责令有关单位限期整改。

西南航空公司的 15 架波音 757 – 200 型飞机，自 1992 年 7 月陆续引进后，至 1997 年 6 月安全飞行 11 万小时，常年在成都—拉萨—成都、拉萨—加德满都—拉萨、成都—邦达—拉萨—邦达—成都等航线上飞行，没有因机组操纵造成事故征候。为推广这一典型经验，民航西南管理局于 1997 年 7 月 15 日在重庆召开了西南民航飞行队伍安全管理经验交流会。西南航空公司重点介绍了波音 757 –

200 飞行中队安全管理的做法和经验。

为巩固和发展飞行安全平稳的态势，民航西南管理局决定从 1997 年 11 月 16 日至 12 月 31 日在全地区开展“为机组创造优良宽松飞行环境做贡献”的活动。活动的口号是“各行各业突出飞行安全这一中心，全力以赴为机组创造优良宽松的飞行环境作贡献”。要求各单位以活动为载体，教育广大职工牢固树立大民航意识和全局观念，上一道工序自觉为下一道工序服务；为机组提供优质服务，就是为飞行安全服务，扎扎实实地做好飞行勤务保障工作。各单位按照管理局的部署，相继成立了活动领导小组和办公室。西南航空公司把“安全是航空公司的生命线”作为活动的中心内容，进行广泛的动员和教育。公司运输服务部门主动为机组办理各种手续，提供方便快捷的服务。管理局空管局严格把好飞机进近阶段、上升下降阶段和交接点附近的管制关口，严防飞机危险接近和空中相撞，做到“热情、耐心、及时、周到”为机组服务。成都双流机场的活动宗旨是：使机组“对安全保障放心，对运输作业省心、对地面服务舒心”，有效地促进了各个环节的工作质量和安全保障能力。通过活动的开展，民航西南地区飞行勤务保障工作取得成效。此活动受到民航西南地区飞行人员和所有在西南地区过站机组的肯定，民航总局在全民航推广这一做法，这一活动持续开展到 2000 年，并作为一项保证飞行安全的措施固定下去。

1998 年，西南民航安全工作抓得早、抓得实。早在 1997 年岁末，民航西南管理局就发出了《关于做好 1998 年安全工作的通知》，要求民航西南地区各单位对安全工作务必保持清醒头脑和高度的警惕性，防止产生麻痹思想和松懈情绪，做到标准不能降低，要求不能放松、问题不能袒护。要从新年第一天抓起，开好头，起好步，实现安全工作开门红。全年进行 3 次安全检查和整顿。第 1 次是 3 月 26 日，按照民航总局《关于全民航开展安全整顿的通知》特急电报精神，民航西南管理局立即在全地区部署了安全整顿和安全检查工作。第 2 次是在 5 月 3 日《西南民航紧急安全形势分析会》上，针对前 4 个月安全形势滑坡、全地区发生 8 起飞行事故征候的情况，民航西南管理局提出了 4 条措施：大造声势，做好全员安全思想教育工作；加强飞行、机务、空管三支队伍的建设；继续开展“为机组创造优良宽松飞行环境作贡献”的活动；加大安全监管力度，深入开展安全检查和整顿工作。5 月下旬，管理局派 4 个检查组，检查各单位关于管理局“紧急安全形势分析会”精神的贯彻落实情况。第 3 次是 10 月中旬，民航西南管理局派 5 个检查组，赴民航西南地区各单位进行安全工作大检查。每次检查结束后都进行了认真的讲评，填写“检查结果通知单”，查出的问题限期整改。各单位也能将整改情况按时报告民航西南管理局。

1998 年 9 月 14—25 日，民航西南管理局按照《民用机场安全评估系统》的方法、步骤、内容和要求，对重庆江北机场进行安全评估。这是继民航总局对大连机场试评估之后，民用机场正式进行评估的第一家。这是一种先进的新型科学管理手段，评估中运用计算机进行数据比照、信息处理和系统分析，对江北机场的整体安全状况进行全面、客观、公正、综合评价，为民航西南管理局和重庆市局加强和改善江北机场的安全管理提供了科学的决策依据。通过江北机场的安全评估，为后来管理局对西南地区其他各民用机场、各航空公司和空管系统逐个进行安全评估也摸索和积累了很好的经验，推进了安全工作科学化、规范化管理的进程。

1999 年 2 月 24 日，西南航空公司图 154M 型 B－2622 号飞机，执行成都—温州航班任务，在温州市瑞安地区撞地，机毁人亡，造成特大飞行事故。当日民航西南管理局事故调查组赶至失事现场，参加国家事故调查组对事故进行调查和处理。事故发生的当晚，民航西南管理局召开紧急会议，要求各单位领导以身作则，严格管理，严格要求，加强教育，稳定队伍，做好工作，从事故中认真吸取教训，并向全地区下发以保持队伍稳定为主要内容的事故通报。西南航空公司当日作出决定：停止各级领导休假探亲，党委常委分成两套班子，对稳定队伍、安全生产和善后工作作了统筹安排。2月25日，公司又发出《紧急通知》，号召全体员工保持稳定，顾全大局，听从指挥，同舟共济。民航西南地区各单位通过认真细致的思想工作，统一员工认识，保持队伍稳定，保证安全生产正常运转。3月2日，民航总局安全紧急会议结束后，民航西南管理局于3月3日召开了西南民航紧急会议，认真传达总局会议精神，联系“2·24”事故教训，认真总结西南民航安全工作。6月下旬根据民航总局的统一部署，在全地区广泛深入开展安全教育和整顿工作。西南航空公司开展以“整顿领导、整顿思想、整顿制度、整顿技术、整顿管理”为内容的“五整顿”活动，仅1个半月查出问题500条，明确责任人，及时进行了整改。民航飞院开展以“遵章守法、忠诚老实”为主题的安全整顿，查出问题和隐患95条，逐条整改落实。1999年是西南民航强化安全监督检查的一年，民航西南管理局在掌握各单位安全信息基础上，认真进行安全的监督检查，做到了经常性监督检查、临时性监督检查、定期性监督检查相结合。全年组织12个检查组，由局领导带队，对全地区各单位进行了有针对性的安全检查。与此同时，西南地区凡发生严重差错和事故征候，管理局都要派专人会同有关单位进行专题检查，在查明原因明确责任后，对当事人和有关责任人进行严肃处理，全年经济处罚123人次，行政纪律处罚46人次，业务技术处罚53人次，使广大员工提高了执行安全法规和规章的自觉性。

1999年的昆明“世博会”是中国首次主办的大型国际园艺盛会，级别高，规模大，人数多，时间长，任务艰巨。国务院领导和民航总局领导为保证“世博会”期间的航空运输安全作了重要指示。民航西南管理局领导从年初开始，先后5次带领工作组赴民航云南省局（公司）检查、督促、落实“世博会”的各项安全保障工作。云南省局（公司）广大干部职工取消公休假，牺牲节假日，在保障人员少、设备设施紧张等条件下，民航飞机日起降最多达309架次，高峰小时达29架次，出色地完成了长达半年多的“世博会”航空运输和专机安全保障任务。

2000年4月19日，西南航空公司接到民航总局《关于开展安全大检查的通知》传真电报的当天，召开会议专题研究安全大检查的有关问题。会议决定：4月20—30日在全公司范围内开展以查领导、查管理、查安全状况为主要内容的安全大检查。检查的重点是飞行、机务部门。在大检查中，发现在对QAR译码的开发上、各机型飞行程序的执行上、《最低设备放行清单》的教育上和航空安全信息报告上等方面均存在有待改进和完善的问题，公司下决心逐项进行了整改。2000年4月3日，民航飞院发生TB－20型B－8908号飞机一般飞行事故，各分院根据民航飞院的布置，并结合民航总局“4·19”传真电报精神，开展了不同形式的安全整顿，重点查找机务维修和教学飞行中存在的不安全隐患和问题。武汉航空公司的“6·22”特大飞行事故发生后，为借鉴兄弟地区和兄弟单位血的教训，民航西南管理局要求民航西南地区各单位在落实安全责任制、执行安全规章和查处不安全事件等方面进行安全检查和整顿，并派出5个检查组，会同民航总局检查组，检查云南、贵州、重庆、成都地区民航单位开展安全检查和整顿的情况。全年，民航西南管理局先后组织12个安全检查组，由局领导带队，对民航西南地区各单位进行安全大检查。

民航西南管理局依照民航安全法规和规章，于2000年先后制定和完善《民航西南地区航空安全严重差错（重要事件）管理规定》《民航西南地区航空安全检查暂行规定》《民航西南地区航空安全信息报告制度暂行规定》等安全管理制度。这些制度，对民航西南地区航空安全严重差错（重要事件）的标准、航空安全检查的内容、程序和方法以及航空安全信息报告的种类、时间、内容和方式都作了明确的规范。民航总局也将其视为安全管理规范化的文件转发全国民航各单位参考。

2001年，民航西南地区安全飞行245029小时，保障飞行489869架次，飞行事故征候万时率0.25。民航贵州省局、重庆市局、西藏区局、管理局空管局、民航飞院、成都双流国际机场等单位没有发生飞行事故征候。是年，民航西南管理局航空安全委员会坚持每月初定期召开安全形势分析会议，及时研究西南地区安全工作中存在的问题，巩固和发展西南地区良好的安全态势，认真履行行业管理职能。年初，四川航空公司EMB－145机型连续发生不安全事件时，管理局先后两次发出通报，召集四川航空公司领导开会分析其原因，并提出减少飞行量、加强飞行技术训练、不再审批新航线、对外籍飞行教员资格重新认定、空管部门加强该机型飞行监控等5条措施。6月10日，四川航空公司EMB－145型B－3040号机又在首都机场36L跑道进近时，在不具备着陆的条件下高速度强行落地后冲出跑道，造成西跑道关闭16个小时，199个航班延误，飞机受损严重。事后，管理局检查组对四川航空公司的安全工作进行了全面检查。针对查出的问题，责成四川航空公司进行全面的安全整顿，遏制不安全事件的发生。管理局还先后组织检查组，分别对西南航空公司、云南航空公司等单位进行审定后的持续监督检查，对民航贵州省局、重庆市局、西藏区局等单位进行专项的安全检查，对贵州航空有限公司、西南航空重庆公司、双阳通用航空公司以及宜宾、泸州、广元、绵阳机场等单位进行综合的安全检查。

2001年初，西南航空公司党委下发《关于加强安全工作的决定》，对公司各级党委和领导干部明确提出“戒骄戒躁，加强组织领导，安全管理向国际标准看齐，再创高质量航空安全年”的要求。公司与二级单位、二级单位与基层单位层层签订《安全责任书》，并将安全指标层层量化和分解，按月份、半年、全年进行考核。公司修订下发《航空安全教育规定》和《航空安全教育大纲》，并对《职工安全教育档案》和安全教育情况进行检查，调动了干部职工的积极性，全年收到一线职工安全信息和建议100余条。是年，民航飞院根据“飞飞整整”的原则，不断开展安全整顿工作，做到了发现苗头主动整、形势平稳预防整。5月14日至6月8日、11月26日至12月7日，先后两次组织检查组，由民航飞院领导带队，分别对各分院、航站、飞机维修厂进行安全检查，检查中发现的问题均进行了认真的整改。

2002年，民航“4·15”“5·7”两起空难之后，中共中央和国务院领导都作出重要指示。5月11日，民航总局召开紧急安全会议，为贯彻中央领导对安全工作的指示，扭转民航严峻的安全形势，防止连锁反应，遏制事故再次发生，民航总局党委提出了5项要求和9条安全硬措施。民航西南管理局在认真贯彻中央领导指示和民航总局紧急会议精神的基础上，机关各职能部门联系实际，举一反三，研究、分析、反思在行业管理工作中存在的问题和不足，进一步转变职能，改变作风，突出重点，加强管理，按照民航总局提出的5项要求和9条措施，制定贯彻落实的具体计划与措施，并在民航西南地区开展了对所有飞行人员的技术状况进行排查，对所有航空器的适航性能进行普查，对航空公司的飞行总量进行控制，对飞行控制区的管理力度进行加大，对客货安检进行严格免检范围和证件发放等项工作。与此同时，管理局先后组织9个检查组，由管理局领导带队、机关职能部门人员参加，赴昆明、贵阳、重庆、拉萨和成都地区，对各航空公司、省（自治区、直辖市）局、机场、空管（局、中心、站）、民航飞院进行安全大检查。主要检查安全生产责任制落实情况，安全法律、安全法规、安全规章和安全措施执行情况，航空公司、空管、机场运行（管理）手册贯彻情况以及飞行区管理、客货安检的不安全事件（隐患）查处情况。重点是飞行、机务、空管、安检、运输部门。民航西南地区各单位根据民航总局和西南管理局的安排部署，结合自身实际，开展了安全整顿与安全检查。对在安全整顿与安全检查中暴露出来的问题，都认真进行梳理和归纳，逐项制定整改措施，并将整改措施分别落实到单位、部门和基层，限期进行整改。

2003 年，为了全面贯彻民航总局关于安全工作的“五严”要求（即严在组织管理、严在规章标准、严在监督检查、严在教育培训、严在系统完善），及时总结安全管理工作的经验教训，把握民航西南地区总体安全形势，促进安全工作的进一步落实，民航西南管理局成立安全调研组，对民航西南地区各企事业单位有重点分步骤地开展安全调研工作。调研的主要内容是：组织领导、规章制度、监督检查、教育培训和系统完善等 5 个方面。目的是通过深入调研，重点找准各单位在安全工作中存在的突出隐患、薄弱环节和深层次问题，共同研究制定整改措施和相应对策。是年，按照国务院和民航总局关于开展安全大检查的部署与要求，民航西南管理局两次组织检查组，对民航西南地区各企事业单位进行了以飞行安全和空防安全为主要内容的安全大检查。10 月，对民航西南地区各航空公司危险化学品运输进行了专项安全检查。通过检查，使民航西南地区安全工作存在的问题与隐患能够及时得到治理。西南地区各企业单位也依照管理局统一安排，结合实际，认真地开展了安全整顿和安全自查工作，对存在的问题和隐患，采取边整边改的方式，并在落实整改措施上下工夫。

2003 年 11 月，民航西南地区管理局积极组织实施了成都双流机场 ILS－Ⅱ类运行的试飞工作，检验了Ⅱ类运行的飞行程序，起飞、着陆最低标准以及机场低能见度飞行程序，民航总局及时批准了管理局的试飞报告。随后，成都双流机场 ILS－Ⅱ类运行正式发布对外开放。

2004 年 3 月 19 日，民航西南地区管理局召开了西南民航安全形势分析会。参加会议的有西南地区各企事业单位的主要领导、分管领导以及飞行、机务和安全管理部门负责人。会议深入分析西南地区总体平稳但依然严峻的安全形势。针对飞机偏出跑道、偏出滑行道等严重不安全事件，提出了贯彻落实科学发展观，防止生产“过热”，扭转安全滑坡被动局面的措施和要求。6 月 29 日，民航飞院发生 1 起重大通用航空飞行事故，民航西南地区管理局于 7 月 1 日下发《关于加强当前安全工作的紧急通知》（以下简称《通知》），向全地区部署安全整顿工作，要求各单位的安全整顿在深度和广度上下工夫，发动干部职工，扎扎实实地开展，防止走过场。《通知》强调：加强安全工作的组织领导，加强飞行技术管理和证照管理，加强飞行管制和飞行指挥，加强空防安全工作，并要求各航空公司和民航飞院校立即进行一次全面的航空器适航性复查。民航飞院根据管理局的要求，于 7 月 13—23 日在全学院范围内进行全面安全整顿。整顿的主题是“三坚持、三反对”，即“坚持安全第一，反对头脑发热；坚持按规章运行，反对盲目蛮干；坚持严格监督，反对好人主义”。安全整顿分阶段进行，即动员发动、学习提高、查找问题、制定措施和整顿验收等 5 个阶段。为搞好安全整顿工作，民航飞院派出院领导为组长的工作组，赴各分院、航站、飞机修理厂进行指导。通过整顿，认真吸取“6·29”重大飞行事故教训，找出薄弱环节，制定切实可行的整改措施，确保以后的飞行安全。

2004 年 8 月，民航西南地区管理局局长带领机关有关职能部门的人员，到四川航空公司、国航西南分公司就航空安全管理、飞行技术管理、运输市场管理开展了调研，并从行业管理角度提出在企业重组的过程中合理分配领导精力，在发展速度快、引进飞机多的情况下特别要处理好安全与生产、安全与质量、安全与效益关系的意见与建议。

2005年是民航的专项安全整治年，民航西南地区管理局制定印发了《关于开展2005年民航西南地区机场控制区秩序、货运安检和机场许可证符合性（公安保卫类）等专项安全整治活动的通知》，制定了整治方案，确定了整治重点、工作目标、整治步骤和方法，对参加专项整治各单位提出了具体要求。

第三节　重要制度措施

一、飞行四个阶段工作

飞行四个阶段工作即飞行预先准备阶段、飞行直接准备阶段、飞行实施阶段和飞行后讲评阶段。飞行四个阶段工作是组织与实施飞行时必须严格遵守的步骤，是民用航空生产、训练活动和保证飞行安全的中心环节。运输与通用航空飞行、航线与本场飞行、试飞与试航飞行以及训（熟）练与教学飞行等都必须遵守。

（一）民航成都管理局

20世纪50年代初，民航局就提出了要认真做好飞行四个阶段工作的要求，1954年4月公布《中华人民共和国民用航空飞行条令（草案）》中，从第七章到第十二章就有飞行四个阶段工作的内容，要求飞行、机务、航行调度和勤务保障人员认真学习、认真贯彻执行。民航成都管理局将贯彻《飞行四个阶段工作制度》，保障飞行安全作为经常性的中心任务，狠抓各项安全工作的落实。

1983年5月，民航成都管理局转发了民航局下达的《飞行四个阶段中空勤人员工作职责》，对机长、副驾驶（或第二驾驶员）、领航员、空勤机械员、空勤报务员、空勤服务员的职责作了明确规定，使空勤人员的职责日趋完善。民航局于1989年11月11日重申关于加强机组飞行前准备工作的重要性和必要性，明确规定：每个飞行人员，不论其职务高低，飞行经验多少，都应当按照规定程序进行充分准备，准备不好不准飞行；飞行队伍的值班领导，必须督促检查飞行人员的飞行准备，准备不好应推迟起飞；管制塔台未接到航行情报室、航行调度室关于机组已进行好飞行准备的通知，不得指挥飞机起飞。

（二）西南航空公司

西南航空公司于1994年11月2日根据《中国民用航空飞行规则》并结合公司多年来的实际情况制定了《机组飞行四个阶段管理的若干规定》（以下简称《规定》）。《规定》总的要求是机长在整个飞行准备和实施中，应按照《中国民用航空飞行规则》，认真履行自己的权力和职责，大胆管理，严格执行规章制度，对保证本次飞行安全、完成任务负全责。机组其他成员，在机长的领导下，各负其责，做好工作，齐心协力，共同保证飞行安全。四个阶段管理的具体内容如下。

飞行预先准备阶段。（1）到航医室体检，领取《飞行机组出勤健康证明书》，如果身体不适，应主动向医生报告，视情况决定是否换人。（2）到情报室准备时间为14:30—16:00，机组应进行签到登记。值班情报员负责对机组参加准备情况进行考勤。（3）预先准备的程序和内容，按“飞行预先准备清单”执行。（4）飞行中队、大队值班干部、检查员负责对机组准备质量进行检查，对不合格者，令其再次准备，经检查证明，准备质量良好，方准参加飞行。（5）乘务长、领航员、飞行通信员、飞行机械员、副驾驶、空中安全员必须参加由机长组织的预先准备会，时间为15：30—16：00。（6）对于首次飞行的航线（包括出厂试飞、试航、首航），机组必须在预先准备阶段写出书面安全措施，交飞行大队审查，情报室存档，并同时抄送公司飞航部。

飞行直接准备阶段。（1）按公司统一规定着装，各季服装不得混穿，一律着白色衬衣，系规定领带，戴飞行工作帽，穿规定皮鞋。（2）换装时间统一规定为：12月16日至3月1日着冬装，3月2日至5月15日着春装，5月16日至9月15日着夏装，9月16日至12月15日着秋装。（3）整发修面，男发不准过领，女发不准过肩，男要修面，女要化淡妆。按规定携带统一资料包及乘务员皮包，做到整齐划一，精神饱满。（4）带齐证件，乘车去机场，到达工作岗位的时间为：国内航班，不得晚于预计起飞前1小时；国际航班（包括香港地区航班），不得晚于预计起飞前1小时15分钟。（5）严格遵守民航局不准捎、买、带的规定，对于违犯规定造成后果和不良影响者，按有关规定处理。（6）按机组分工进行准备，其内容包括：机长或机长指定专人至气象部门了解天气，若航线或降落站天气不够标准，原则上不准起飞，若降落站为边缘天气，必须有1—2个可靠的备降机场方可起飞；到航行情报室了解航行通告，校对航行、通信、导航等资料；到调度室或签派室办理放行手续。飞行机械员认真听取机务人员关于飞机准备情况的报告，按规定加燃油（包括备份油量），按规定线路检查飞机各个部位。两人制机组由副驾驶负责。驾驶员从外到内全面检查飞机及各种设备，输入航行诸元和数据。认真按飞行手册的规定和机场跑道、气象条件核算飞机起飞全重。空中安全员应尽职尽责，认真清舱，检查是否有外来物和无关人员混上飞机。乘务组在乘务长的领导下，认真检查机上服务设施和机上卫生，清点供应品。执行国际航班和香港地区航班的飞行通信员负责办理进离港出入境手续。机组成员把各自检查的情况向机长口头汇报，然后由机长向签派或调度部门报告飞行准备情况。（7）机长或指定专人办理商务配载手续，校对载重平衡表，严防飞机超载，并将旅客人数通知乘务长。（8）旅客登机前，一切工作应准备就绪，到各自岗位上准备迎客，飞行机组应进入驾驶舱关好驾驶舱门，进一步准备飞行前的工作。（9）乘务长认真清点人数，国际航线还应清点“旅客舱单”和“机组总申报单”，如果发现舱单不符及时报告机长，查清后方可起飞。

飞行实施阶段。（1）严格按各阶段检查单规定的内容念检查单，做到“三到一不准”即“口到、眼到、手到、不准背诵”，并做到有问必答，快慢适中。（2）坚决落实民航局“八该一反对”的规定。严禁低于标准起降，也不得在大雨、暴雨情况下着陆。（3）飞行各阶段的机组分工配合，按各机型制订的“机组分工配合”的要求去做。（4）按各机型手册规定严格保持正确的飞行数据、飞行方法和技术标准。（5）起飞、着陆或中度颠簸区飞行时，在驾驶舱工作的所有人员必须系紧安全带，左、右座驾驶员，必须系紧裆带和肩带。（6）在驾驶舱的工作人员不得脱鞋，不得看报纸、杂志，不得谈论与本次飞行任务无关的事宜。（7）尽量减少驾驶舱内吸烟，提倡不敬烟。飞机在地面停放、滑行、起飞、上升、下降、着陆或颠簸区飞行时，禁止吸烟。（8）空中飞行时，3人制以上的机组，驾驶舱不得少于两人，机长和飞行机械员不得同时下座。机组成员要严守工作岗位。（9）在带飞学员时，要正确掌握放手量。如果学员未做好，教员要及时上手纠正，学员不得有不满情绪，教员也不得在空中发脾气和讲评，下机后再讲评。（10）空中无线电通话，应准确使用标准语言和飞行术语。不准飞机之间、飞机与地面之间在无线电里谈论与飞行无关的事，机组要随时保持与空中交通管制常守。（11）在任何时候都要听从指挥，若未听清楚，要再次询问，不得凭想当然；若遇指挥不当，可提出建议，在不危及飞行安全的前提下，不准随意改变指令。(12) 除起飞、着陆外，都要锁闭驾驶舱，空中安全员要守好驾驶舱门，并经常巡视客舱，要协助乘务组维持客舱秩序。(13) 乘务组应按职责热情服务，有事要使用电话与机长联系。(14) 沿海地区飞行，尽量做到少出入或不出入驾驶舱。(15) 执行任务过程中，若遇到问题，机组成员可向机长建议，由机长或机长代理人出面交涉，在香港或境外国际机场由机长出面，飞行通信员翻译交涉。(16) 飞行结束后，机组成员按分工，办理飞机交接手续后方准离开飞机。(17) 不准私拿机上供应品。

飞行后讲评阶段。(1) 飞行中若遇到不正常情况，机长必须亲自到调度室如实汇报情况。如有重大问题，应及时写出书面材料交有关部门。(2) 由机长或机长指定专人填写“航后汇报卡”，其内容要给机长过目，并要口头向单位值班领导汇报。(3) 飞行机械员在飞行记录本上如实填写飞机故障，必要时向地面机务详细介绍飞机故障情况。(4) 机长组织讲评会，认真讲评本次飞行任务的完成情况。(5) 遇有不正常飞行时，机长要到签派、调度部门报告情况。(6) 认真填写飞行任务书，及时上交。

(三) 民航飞行学院

1995 年 5 月 4 日，民航飞院印发《飞行四个阶段机组成员的行为规范》。

飞行预先准备阶段。(1) 凡参加飞行的人员必须按时参加飞行预先准备，准备时间不得少于 1 小时 30 分钟，未参加预先准备的人员不准参加本次飞行。如有特殊原因不能参加训练部集体组织的预先准备者，必须进行补充准备，并经训练部检查批准，方可参加飞行。(2) 航线飞行的机组必须到飞行准备室进行准备，查阅航行通告，核对航行资料，机组航行资料必须齐全，机长应在准备情况登记本上签字。(3) 飞行教师要针对本课教学内容、技术难点，以及解决教学重点和难点的教学方法，认真做好本课教学的教案。(4) 每次飞行机组都必须进行特殊情况处置预案和空防预案的准备。(5) 航线飞行的机组成员必须进行小体检，并携带航医出具的体检合格证明。

飞行直接准备阶段。(1) 飞行人员必须按时到场进行飞行直接准备，准备时间不得少于 40 分钟，未按时到场或准备不好者，取消该次飞行。(2) 执行飞行任务的飞行人员必须携带飞行驾驶执照、身体健康合格证和空勤登机证。(3) 索取气象资料，了解本场、降落站、备降场、航路天气是否符合机组标准；了解飞行区域和航线飞行动态、航行管制的特殊要求；计算各种飞行数据；填写各种飞行文件，办理离场手续。(4) 向机务人员了解飞机维护情况，查看飞机维护记录本，检查飞机是否处于适航状态，座舱有无外来物，装载是否符合规定。(5) 飞行教师给学生作飞行前指示，下达飞行指令，根据直接准备情况，提出完成本次飞行任务的注意事项和具体要求。

飞行实施阶段。(1) 飞行期间教学人员要按规定着飞行工作服，着装整洁，注意仪表仪容。(2) 严格按飞行程序飞行，严格执行检查单制度。(3) 严格按通话程序格式和规定的术语完成陆空通话，遵守空地通讯纪律，不准在无线电内谈论与飞行无关的事。(4) 飞行中禁止吸烟、闲聊或做其他与飞行无关的事。(5) 飞行教学中，要正确处理教学与安全的关系，教师教学要集中精力。起飞、着陆过程中，教师手脚不准离开杆舵。(6) 飞行中应时刻注意飞机、发动机工作情况和天气变化，随时掌握飞机位置，如有特殊情况及时报告空中交通管制员。(7) 严格遵守目视飞行和仪表飞行规则。(8) 坚决执行“八该一反对”的规定。(9) 严格遵守《驾驶舱规则》。(10) 飞行实施结束后，执行航线飞行任务的教师（机长）必须向队、部领导汇报飞行情况。

飞行后讲评阶段。(1) 飞行讲评必须做好准备，讲评要有计划。(2) 要不断改进讲评方法，注重讲评艺术，提高讲评质量。讲评时既要考虑共性又要注意个性，既要突出重点又要照顾一般。(3) 要保证讲评时间。讲评时教师、学生应遵守课堂纪律，不准随意离开讲评室，不准接与飞行无关的电话，不准抽烟，不准闲谈。(4) 分析该次飞行安全情况，研究次日飞行实施计划和安全措施。(5) 实施讲评中，对好的方面要进行表扬，对存在的问题要提出批评，针对问题要提出具体要求。

(四) 四川航空公司和长城航空公司

四川、长城两家航空公司在飞行四个阶段管理中结合各自实际，制定了具体规定。规定各个阶段的工作内容和总体要求基本与西南航空公司的规定大致相同。均强调了机长在飞机四个阶段工作中的责任：认真履行自己的权力和职责，大胆管理，严格执行规章制度，对完成航班任务、保证飞行安全负全责；对飞行四个阶段的工作，提出了具体要求。在飞行预先准备阶段包括时间、健康状况、文件资料、值班干部检查，填写“预先准备清单”与记录本等。在飞行直接准备阶段包括到达机场时间、着装、仪表、机组各成员的分工准备项目等。在飞行实施阶段，严格按各阶段检查内容念“检查单”，做到“三到一不准”，坚持“八该一反对”的规定；严格保持规定的飞行数据、飞行方法和技术标准；机组成员严守工作岗位，以及航班诞误、取消、飞机过站应注意的事项等。在飞行后的讲评阶段包括向有关部门如实汇报飞行情况（口头、书面）和组织讲评，填写飞行任务书等。

为了防止对执行飞行四个阶段制度产生松懈情绪，确保飞行安全。民航西南管理局自成立时起至2005年，根据民航总局的有关规定与要求，不断地重申加强飞行四个阶段工作的重要性和必要性，并坚持对民航西南地区飞行机组的四个阶段工作实施监督检查。每年度管理局工作组赴各航空公司、民航飞院检查安全工作和技术管理时，均将抽查机组飞行的预先准备和直接准备情况列为主要工作内容之一，常抓不懈，保证了坚持飞行四个阶段制度贯彻落实。

二、领导值班制度

(一) 业务部门领导值班制度

业务部门领导值班制度，主要是指与飞行活动有直接关系的飞行、机务、航行、通信、气象、运输、油料、场务等部门的领导坚持业务值班的工作制度。中国民航长期重视业务部门领导值班制度的建设。

1995年5月4日，民航飞院在印发的《关于加强学院领导飞行值班的决定》中，明确“学院飞行值班领导由学院领导及机关副处以上具有一定飞行指挥经验的飞行人员担任”。飞行值班领导的职责是：监督、检查全院飞行计划的落实情况；掌握全院飞行动态，及时发现和解决训练中存在的问题，协调有关单位，保证飞行正常进行；严格按规章、标准把好安全关，坚决纠正不按计划、不执行标准、违章等行为；了解天气实况及变化趋势，适时提出意见和要求；对飞行中发生的重大问题，及时报告院长和主管飞行的副院长，协助其采取措施果断处理；审批搭乘训练飞机的申请。是年11月1日，下发《学院飞行值班领导值班的补充规定》，对值班中的一些具体问题做出补充规定。如正副值班领导应坚守岗位，如需离开要请假并找代理人，但正副值班领导不能相互代替；建立院飞行值班领导值班日记，必须每天填写，不能补记等。

(二) 首长飞行值班制度

首长飞行值班制度，是指民航地区管理局，省（区）局、航站根据民航总局的规定，在各自所辖区域内，凡有由民航保障的飞行活动时，其局（站）领导干部必须轮流值班。民航西南地区的首长飞行值班制度建立于20世纪50年代。从1959年4月起，民航成都管理局坚持了局领导飞行值班制度。各省（区）局、航站成立后，省（区）局、航站的领导也实行值班制度。十四航校及后来的民航飞院也推行这一制度。西南民航首长飞行值班制度是一项保证飞行安全工作的重要制度。各级值班首长通过指挥调度部门，亲自实施飞行的组织与指挥，亲自决定飞机的放行与接受，亲自掌握飞行动态与情况，亲自处置飞行安全过程中的各种特殊与复杂的问题，促使飞行安全工作落到实处。

1987年10月，西南民航体制改革后，民航西南管理局的领导不再直接参与飞行值班。但对民航西南地区各企事业单位领导干部的飞行值班制度有监督检查之职，每日仍坚持局领导轮流值班，并每日配备1名处级干部轮流担任总值班，协助局值班领导处理具体事务。各航空公司、民航飞院、民航各省（区）局、管理局空管局、成都双流国际机场以及地方机场、中航油西南公司和后来成立的各省（市）机场集团公司等单位仍然坚持领导干部的飞行值班制度。

三、航空安全责任制

1994年3月，在全国民航工作会议期间，为落实1994年航空安全责任目标，民航总局与一些航空公司、国际机场、民航飞院和地区管理局等36个单位签订了1994年度的《民用航空安全责任书》。接着，民航西南管理局与民航各省（区）局、航务管理中心、成都双流机场、中航油西南公司以及泸州、宜宾、万县地方机场签订《民用航空安全责任书》，进一步明确和落实了安全责任目标，突出了企业单位法定代表人和行政事业单位主要负责人在安全工作中的地位和作用，有力地促进了各单位的安全管理工作。

1995年1月25日，民航总局与一些航空公司、北京首都、上海虹桥、广州白云3大机场法定代表人和地区管理局、总局空管局、民航飞院负责人以及航油总公司，北京、广州飞机维修工程公司的法人代表签订1995年度的《民用航空安全责任书》，主要条款有：1995年安全目标；贯彻重奖重罚原则；民航总局与中国国际航空公司等单位直接签订《民用航空安全责任书》，并授权各地区管理局参照本《民用航空安全责任书》的安全目标，与所辖范围内的其他航空企事业单位的法定代表人、负责人签订《民用航空安全责任书》。

1995年2月16日，民航西南管理局与西南地区各省（区）局、航管中心、成都双流机场、成都飞机维修工程公司以及泸州、宜宾、万县地方机场签订《民用航空安全责任书》。

1995年2—3月，民航四川省局、贵州省局、西藏区局，成都双流机场，航管中心，成都飞机维修工程公司以及泸州、宜宾、万县地方机场等单位，根据与西南管理局签订的《民用航空安全责任书》的目标要求分别与所属单位层层分解签订《民用航空安全责任书》。

1995年2月，民航总局对与其签订的1994年《民用航空安全责任书》的行政、企事业单位进行了奖惩兑现，获奖者按其单位生产任务性质和安全风险程度，给予不同数量的奖金。西南地区获奖的有：民航西南管理局、民航飞院、四川航空公司、贵州航空公司、双阳通用航空公司等单位的负责人、法定代表人。西南航空公司因发生1起劫机事件，考虑到发生时间在签订《安全责任书》之前，故对其法定代表人奖金扣减一半。此期间，民航西南管理局与其签订1994年《民用航空安全责任书》企事业单位的负责人、法定代表人进行奖惩兑现，按照所完成的飞行保障任务量和保证航空安全的情况，给予不同数量的奖金。受奖励的有民航四川省局、贵州省局、西藏区局的局长，航务管理中心主任，成都双流机场总经理，成都飞机维修工程公司总经理以及万县、宜宾、泸州3个地方民航管理局（处）的局（处）长等。

从1994年民航总局与一些航空公司、国际机场、民航飞院和地区管理局等单位签订《民用航空安全责任书》以来，民航管理坚持实行这种航空安全责任制度。每年初，民航总局与一些航空公司、国际机场、民航飞院和地区管理局等单位签订当年的《民用航空安全责任书》，并对上年签订《民用航空安全责任书》的行政、企事业单位进行奖惩兑现，获奖者按其单位生产任务性质和安全风险程度，给予不同数量的奖金。对没有实现安全目标，违反安全目标条款单位区别情况，分别给予单位及其法定代表人、责任人以不同的处罚。同样，民航西南管理局每年与民航四川省局、贵州省局、西藏区局、管理局空管局、成都双流机场（后升格为双流国际机场）、成都飞机维修工程公司以及泸州、宜宾、万县地方机场等单位的法定代表人、负责人签订《民用航空安全责任书》，制定年度安全目标。同时，民航西南管理局对上年签订《民用航空安全责任书》的单位进行奖惩兑现。至2005年，民航管理一直执行分级签订《民用航空安全责任书》这一航空安全责任制度，对签订《民用航空安全责任书》的单位实施奖惩兑现，奖惩严明，促使航空安全责任制落到了实处。

第四节　复杂机场飞行安全

机场条件与飞行安全有非常密切的关系。条件复杂的机场表现为：地形复杂、净空差、标高高、短跑道、设施设备简陋等，飞行操纵有一定难度。

为做好条件复杂机场的飞行安全工作，1995年7月28日，民航总局航空安全办公室印发《关于做好条件复杂机场飞行安全工作的通知》，要求各管理局组织研究辖区内一些条件复杂机场的飞行安全管理问题，积极采取保障和服务措施；要求各航空公司认真研究使用条件复杂机场应采取的保证飞行安全的措施，并作出相应规定。民航总局的通知中，列入条件复杂的机场在西南地区的有：拉萨贡嘎、昌都邦达、昆明巫家坝、贵阳磊庄、达县河市、西双版纳嘎洒和思茅等机场。

1995年9月13日，西南航空公司制定了《关于保证复杂机场安全飞行的措施》，将所承担的航班中飞机起降条件复杂的机场归纳为4种类型：高标高复杂机场，如拉萨贡嘎与昌都邦达机场，不仅机场标高很高，而且航线上最低安全高度也很高，气候条件和地理环境十分复杂，给保证飞行安全带来的困难也最大，是公司在飞行中重点控制的目标。高原机场，如昆明巫家坝及西宁机场。地形和进近程序复杂机场，如贵阳磊庄、香港启德和福州机场。短跑道机场，如北海福成、湛江机场。过去已制定过相应的安全措施，这次对这些措施进行了评估，并在此基础上进行了归纳，提出机组搭配、技术标准、飞行程序、飞机维护、飞机调派等特别措施。

成都—邦达航线的飞行，西南航空公司还制定了《关于确保成都至邦达航线安全飞行的暂行规定》。要求按中国民用航空专机工作细则认真做好飞机的各项维护检查工作，加强对执行邦达飞行任务的飞机及发动机状态的连续监控，把防止发动机空中停车作为重要课题研究，切实抓好预防工作；在邦达机场进、离场的飞机要严格实施民航总局设定的飞行程序和参照美国FAA批准的飞行技术标准，严格遵守天气标准和严格遵照民航总局飞行标准司对执行邦达飞行任务机组的航空卫生保障工作规定；要做好飞行四个阶段工作及特殊情况处置预案；严格对照起飞、着陆重量表检查，严格遵守配载、装载规定，认真做好载重平衡核算，控制好重心位置。该规定还对飞机加油、备降机场以及空防安全等提出具体要求。

1995年9月，民航飞院根据所属各分院机场的特点，在转发民航总局《关于做好条件复杂机场飞行安全工作通知》的同时，提出具体要求，各分院结合本单位实际制定了措施。新津分院对周边机场多、飞机活动频繁、组织训练难度大等特点，制定《复杂情况下的飞行安全措施》，加强现场指挥、观察，控制本场起降架数，严格飞行高度、路线，加强与各机场间的协调和信息通报。洛阳分院针对现有通信导航设备老旧、故障多，航班和训练飞行重叠等特点，制定《通信导航设备故障多发情况下的安全措施》，加强设备的维护、监控，合理调配飞行高度，严格飞机间隔，防止飞行冲突。

第五节　安全飞行奖励

1981年7月18日、8月27日，民航局先后颁发《民航飞行人员和单位长期安全飞行的奖励试行办法》和《民航飞行人员安全奖励暂行规定》后，1982年、1983两年内，民航成都管理局飞行人员共有112人次获得奖励，其中特级安全奖章1人，一级安全奖章9人次，二级安全奖章32人次，三级安全奖章70人次。1983年4月21日，民航局颁布修改后的《民航飞行人员和单位安全飞行奖励暂行规定》。1984—1986年，民航成都管理局飞行人员共有235人次获奖，其中获特级奖章6人，一、二、三级安全奖章分别为49人次、57人次、123人次。1987—1994年间，民航西南地区的飞行人员，荣获民航总局授予的特级安全奖章144人，一级安全奖章115人。

西南航空重庆公司从1975年7月至1995年7月连续安全飞行20年，共安全飞行12万余小时，安全起降13万余架次。民航总局为表彰该公司安全飞行的显著成绩，授予西南航空重庆公司“安全飞行先进单位”荣誉称号，颁发奖杯1个，奖金10万元。

1993年4月8日，四川省安全生产委员会《关于表彰1992年度省级厅、局安全生产先进处（室）及其负责人的通知》中，民航西南管理局飞行标准安全监察处、西南航空公司飞行安全技术处、四川航空公司飞行安全监察处3个单位及其主要负责人受到表彰；在《1992年度安全生产先进单位及其负责人》中，民航西南管理局、西南航空公司、四川航空公司3个单位及其负责人王如岑、罗崇友、周正权、张新华4人受到表彰。

民航四川省局于1995年被重庆市安全委员会评为“八五”计划期间安全先进单位，并颁发奖牌。

民航总局在1995年度全国民航航空安全管理先进单位和先进个人的评选中，共有14个单位、19名个人分别获得航空安全管理先进单位和航空安全工作先进个人称号。14个先进单位中，有民航西南管理局航空安全办公室和西南航空公司飞行安全技术管理部2个；在19名先进个人中有民航西南管理局航空安全办公室主任和民航四川省局安全监察处处长等2人。

1988年1月19日至1998年1月19日，西南航空公司成都飞行部连续安全飞行10周年。10年来，安全飞行45.5万小时，运送旅客2942万人次，运输总周转量达38.6亿吨千米。根据《中国民用航空安全奖惩暂行规定》，民航总局授予其“安全飞行先进单位”称号，颁发奖金15万元，奖杯

1 个。1996 年与 2000 年，西南航空公司分别荣获民航局授予的航空安全最高奖航空安全金鹏杯，公司法定代表人先后受到民航总局的通报表彰和经济奖励。

四川航空公司于 1988 年 7 月 14 日开航营运，至 1998 年 7 月 14 日，连续安全飞行 10 周年。10 年来，累计飞行 12.6 万小时，8.2 万个航班，运送旅客 625.3 万人次，运输总周转量达 6.78 万吨千米，受到四川省人民政府的通报表彰，民航总局根据《中国民用航空安全奖惩暂行规定》，授予四川航空公司“安全飞行先进单位”称号。2004 年，四川航空公司荣获航空安全金雁杯，公司法定代表人受到民航总局通报表彰和奖励。

民航飞院于 1996 年、1997 年、1998 年连续荣获航空安全金鸥杯。1999 年 1 月 19 日，民航总局授予民航飞院“航空安全金鸥杯‘三连冠’单位”荣誉称号，给予学院院长和分管副院长各记功一次。2000 年，民航飞院第 4 次荣获航空安全金鸥杯，民航飞院主要负责人受到民航总局通报表彰和经济奖励。

民航西南地区为保证航空安全做出贡献的飞行人员也给予了相应的奖励。根据《中国民用航空安全奖惩暂行规定》，1996—2004 年，有 180 人荣获民航总授予的“功勋飞行员”称号，有 329 人次荣获民航总局颁发的“金质奖章”。获奖人员均受到所在单位的相应经济奖励。

第六节 飞行事故与飞行事故征候

一、飞行事故和事故等级

中华人民共和国成立之初，中国民航将飞行事故划分为一等、二等、三等 3 个等级，但事故等级之间的界限难以操作，民航局于 1956 年进行了修订。1980 年 6 月 16 日，民航总局颁发了《中国民用航空飞行事故调查条例》（以下简称《条例》）。《条例》对飞行事故等级的条款进行重新修订、补充、完善，飞行事故等级分为一等飞行事故、二等飞行事故、三等飞行事故。

凡属下列情况之一者，为一等飞行事故：机毁人亡（包括有 1 人或多人在 10 天内死亡）；飞机严重损坏或报废，并且有 1 人或多人在 10 天内死亡；飞机迫降在水中，并且有 1 人或多人在 10 天内死亡；飞机失踪。

凡属于下列情况之一者，为二等飞行事故：飞机严重损坏或报废，但人员在 10 天之内无死亡；飞机迫降在水中、山区、沼泽区、森林中无法运出，但人员在 10 天内无死亡；有 1 人或多人在 10 天内死亡，但飞机没有严重损坏或报废。

凡属于列情况之一者，为三等飞行事故：飞机损坏，并且有 1 人或多人受重伤；飞机损坏，人员无重伤；有 1 人或多人受重伤，飞机基本完好。同时，《条例》还对“飞机严重损坏”“飞机损坏”“飞机基本完好”、“人员重伤”作了明确的界定。“飞机严重损坏”是指飞机修复费用占同型新飞机现行价格的 5% 至 60% 。

1993 年 10 月 16 日，国家技术监督局公布了《中华人民共和国国家标准〈民用航空器飞行事故等级〉》（GB14648 -93，以下简称《标准》），并于 1994 年 7 月 1 日起开始实施。该《标准》划分飞行事故等级的原则：一是根据人员伤亡情况以及对航空器损坏程度确定，但由于各种自然原因，自己或他人造成的伤亡，或藏在通常供旅客和机组使用范围之外偷乘航空器而造成的伤亡除外；二是飞行事故的时间界限是从任何人登上航空器准备飞行直至所有这类人员下了航空器为止的时间内；三是在规定的时间界限内，所发生的人员伤亡或航空器损坏，必须与航空器运行有关，才能定为航空器飞行事故。飞行事故等级划分如下：

特别重大飞行事故：死亡人数在40人及其以上；航空器失踪，机上人员在40人及其以上。

重大飞行事故：死亡人数在39人及其以下；航空器严重损坏或迫降在无法运出的地方（最大起飞重量5.7吨及其以下的航空器除外）；航空器失踪，机上人员死亡在39人及其以下。

一般飞行事故：重伤人数在10人及其以上；最大起飞重量5.7吨（含）以下的航空器严重破坏，或迫降在无法运出的地方；最大起飞重量5.7—50吨（含）的航空器一般损坏，其修复费用超过事故当时同型或同类可比新航空器的价格10%（含）；最大起飞重量50吨以上的航空器一般损坏，其修复费用超过同型或同类可比新航空器价格的5%（含）。

1985—2005年，四川地区民航飞行事故统计见表10－1、表10－2。

西南航空公司飞行事故统计表

表10－1

顺序	时间	机型机号	事故等级	事故地点	事故原因	飞机损伤情况	人员伤亡情况		备注
							空勤人员	乘客	
1	1988.1.18	伊尔型222号	特大	重庆白市驿机场西北320度方向5.7千米处	在飞临重庆时，由于4号发动机右起动发电机故障烧毁，4号发动机失火坠落，导致1号发动机停车，飞机保持不了下滑曲线撞地失事	坠毁	共10人均遇难	共98人均遇难	北京飞重庆航班
2	1999.2.24	图154M型2622号	特大	温州机场跑道西南端226度方向27千米处	在飞临温州时，由于升降舵操纵系统安装了不符合规定的自锁螺母，飞行中螺母旋出，连接螺栓脱落，导致俯仰通道操纵失效飞机撞地失事	坠毁	共11人均遇难	共50人均遇难	成都飞温州航班

说明：本表根据《中国民用航空志·西南地区卷》编制

民航飞行学院（学校）飞行事故统计表

表 10－2

顺序	时间	机型机号	事故等级	事故地点	事故原因	飞机损伤情况	人员伤亡情况		备注
							空勤人员	乘客	
1	1985. 11. 8	运 5 型 8423 号	一般	绵阳机场	着陆中，压座学生违反规定，操纵不当，飞机从场内飘向场外接地	损坏			学员单飞
2	1986. 6. 14	贝尔 206 型 7743 号	一般	新津机场	操纵失误，没有按有关的规定和要求实施，处置错误	损坏			场内课目训练
3	1988. 12. 19	贝尔 206 型 7743 号	重大	新津机场东南方向 1. 6 千米	发动机空中停车导致该机坠地	坠毁	共 2 人均遇难		场内课目训练
4	1989. 9. 28	TB－20 型 8914 号	重大	绵阳机场	飞行中燃油箱内的积水进入油路，引起供油不足，导致发动机停车，系油箱放油口设计不合理所致	坠毁	4 人中 3 人遇难 1 人重伤		场内课目训练
5	1995. 3. 23	夏延ⅢA 型 3624 号	重大	济南遥墙机场 200 度方向 34 千米处	机组将张庄南远台误为北远台进近，偏离人航迹；过台后，在不具备目视条件时，未按仪表进近程序，盲目下降，造成低于安全高度撞山	坠毁	共 4 人均遇难	搭乘 3 人均遇难	航线训练，由洛阳飞济南
6	2000. 4. 3	TB－20 型 8908 号	一般	绵阳机场	起飞后，在上升过程中，发动机曲轴连杆螺帽脱落，发动机停车，场外迫降	报废			本场训练
7	2004. 6. 29	TB－200 型 8830 号	重大	绵阳南郊机场中心 309° 1 海里处	起飞后在左航线 1 转弯时报告发动机抖动后坠毁。因发动机油路中异物堵塞燃油喷嘴，机组未能及时处置所致	报废	共 2 人均遇难		本场训练

说明：本表根据《中国民用航空志·西南地区卷》编制

二、飞行事故征候

飞行事故征候是指航空器飞行实施的过程中发生严重威胁飞行安全的事件或发生航空器损坏、人员受伤，但其程度未构成飞行事故或航空地面事故的事件。

飞行事故征候标准是民航安全管理的重要行业标准。1986 年以前，民航局曾公布过关于如何划分飞行事故征候的标准，但由于当时机型少，飞机数量和飞行架次均不多，划分的标准比较简单。以后，机型与飞机数量逐渐增多，飞行架次也增加，出现了飞行事故征候的原因和现象也逐渐复杂。1987 年 9 月 30 日，民航局发布了经修改后的《飞行事故征候划分标准的通知》。但由于不同机型发生问题的情况及原因也各有不同，修改后的标准中只能就一些共同性问题进行说明。在该通知实施过程中，由于机型的增加，机场的扩建、新建，地面保障设备的更新，事故征候的划分标准又不能适应形势的需要。经过广泛征求意见，并兼顾了各机型的实际情况，民航总局于1993年7月13日发布，并于9月1日起实施《民用航空器飞行事故征候行业标准》（以下简称《标准》）。《标准》规定在飞行实施过程中，发生的事件达到了《标准》所列的79条中任何一条即构成飞行事故征候。1995年10月，《民用航空法》颁发实施。随着民航事业的进步与发展，民航总局依据《民用航空法》以及民航法规和规章，并参考了国际民航组织出版的《事故与事故征候报告手册》，在民航多年安全管理经验积累的基础上，并经广泛征求意见后，于1996年12月23日重新制定了飞行事故征候标准，即1997年1月1日实施的民用航空行业标准《民用航空器飞行事故征候》。新的飞行事故征候标准条款增至86条，是确定飞行事故征候的依据。在飞行实施过程中发生的事件，凡构成86条中的任何一条，即为飞行事故征候，适用于所有在中国登记或由中国法人经营从事境内外民用航空飞行活动的飞机和直升机。

1995年4月12日，为落实处理飞行事故征候“四不放过”的要求，民航总局航空安全办公室下发了《关于建立飞行事故征候处理情况报告制度的规定》，要求民航系统严格执行：（1）统一上报材料的内容和格式。凡发生飞行事故征候，均要填写《飞行事故征候处理情况报告表》。该表中，发生飞行事故征候的责任单位于发生事故征候后10天内填写上报地区管理局的航空安全办公室；地区管理局航空安全办公室审核并签署意见于5天内上报民航总局航空安全办公室。（2）发生的事故征候如涉及管理局所辖范围内的两个以上单位，由管理局航空安全办公室明确责任单位；如涉及两个管理局范围的两个以上单位时，由发生事故征候所在地的管理局航空安全办公室明确责任单位，如有异议，可向发生地地区管理局航空安全办公室提出，民航总局航空安全办公室有权作出最后决定。（3）飞行事故征候所涉及的责任范围，包括飞行、机务、空管、机场、运输、油料等单位和人员，责任单位要认真查找事故征候的诸多方面的原因。（4）对责任人的处理既要严格，又要实事求是。属于技术原因的以技术处理为主；属于渎职、违章违纪行为的，以行政处罚为主，不能以经济处罚代替技术处理和行政处罚。（5）根据事故征候原因，责任单位必须制定出有针对性的、具体的、可进行检查的改进措施。民航西南管理局接到民航总局的规定后，立即向全地区转发，并结合实际，提出贯彻落实规定的具体措施。至此，民航西南地区凡发生严重差错以上的不安全事件时，按照“四不放过”的原则，管理局航空安全办公室还派人与事件责任单位航空安全监察部门一起，深入调查研究，在事件查实后，召开相关人员会议，进行严肃处理。

1990—2004年间，民航西南地区发生各类飞行事故征候225起。

按征候的性质划分：场外接地4起，偏航2起，偏出滑行道3起，偏（冲）出跑道28起，机头擦地1起，翼尖擦地4起，发动机擦地3起，飞机尾撬擦地1起，小于间隔10起，危险接近7起，空中双机相挂1起，撞障碍物15起，落错机场2起，落错着陆方向1起，飞错高度2起，忘（错）调高度表3起，低于安全高度3起，违规操纵12起，误收起落架手柄1起，未加足备份油1起，重着陆1起，空中停车51起，空中双发停车1起，中断起飞2起，起飞轮胎爆破2起，着陆襟翼失效3起，空中发电机脱落1起，缝翼盖板飞掉1起，液压B系统失效1起，座舱失压4起，前轮放下未到位1起，副翼自动驾驶作动筒渗油1起，带外来物飞行4起，低于MEL放行1起，方向舵调整片装反1起，遭遇雷击4起，遭遇强烈颠簸1起，进近遭遇风切变1起，鸟击飞机16起，其他25起。

按征候发生的单位划分：民航西南管理局24起，民航飞行学院18起，西南航空公司91起，国航西南分公司6起，国航重庆分公司8起，民航云南省局（航空公司）20起，东航云南分公司4起，四川航空公司33起，贵州航空公司8起，长城航空公司2起，华西通用航空公司2起，双阳通用航空公司5起，云南机场集团公司2起，万县梁平机场和绵阳南郊机场各1起。

按征候的责任划分：机组操纵99起，机械故障74起，机务维护11起，空中交通管制13起，场道保障8起，意外原因20起，人为责任原因造成飞行事故征候131起，占总数225起的58.2%。

2005年3月25日，四川航空股份有限公司1架飞机在攀枝花机场落地时撞坏跑道灯，构成一起严重飞行事故征候。

1990—2005年，四川地区民航各单位共发生各类飞行事故征候178起，见表10-3。

1990—2005年民航四川地区飞行事故征候按征候单位统计表

表10-3

年度/数量/征候单位	1990	1991	1992	1993	1994	1995	1996	1997	1998	1999	2000	2001	2002	2003	2004	2005	合计
民航西南管理局	2	1	1	—	4	4	4	1	1	3	1	—	1	1	—	—	24
民航飞行学院	—	—	—	1	2	3	4	1	2	2	1	—	1	1	—	—	18
西南航空公司	13	9	7	8	9	9	4	7	6	6	1	4	8	—	—	—	91
国航西南分公司	—	—	—	—	—	—	—	—	—	—	—	—	—	2	4	—	6
四川航空公司	—	—	2	6	4	—	3	2	3	5	4	1	1	1	1	1	34
长城航空公司	—	—	—	2	—	—	—	—	—	—	—	—	—	—	—	—	2
华西通用航空公司	—	—	—	—	—	—	—	—	1	—	—	1	—	—	—	—	2
绵阳南郊机场	—	—	—	—	—	—	—	—	—	—	—	—	1	—	—	—	1
总　计	15	10	10	17	19	16	15	11	13	16	7	6	12	5	5	1	178

说明：1. 民航西南地区各省（自治区、直辖市）局、西南空管局和成都双流国际机场历年的飞行事故征侯，均统计在民航西南管理局之内；
2. 本表根据《中国民用航空志·西南地区卷》编制

第二章　空防安全

第一节　空防安全机构

一、民航成都管理局空防安全机构

民航成都管理局依照民航总局关于保卫空中防线工作的通知，于1961年10月由其政治部保卫科负责管理局保卫空中防线安全（以下简称空防安全）的管理工作。1964年4月，保卫科升格为保卫处，将空防安全管理工作列为该处的主要职责。1981年7月9日，国务院批转公安部、民航总局《关于组建民航公安机构的请示报告》下发后，民航成都管理局在政治部保卫处的基础上组建公安处，并于是年12月4日挂牌成立，下设空防科，对全局范围内的空防安全工作实施运行管理。

二、民航西南管理局空防安全机构

1987年10月，民航成都管理局实施管理体制改革，成立民航西南管理局，原民航成都管理局公安处更名民航西南管理局公安处，主要职责是对民航西南地区各省（区）局、双流机场的公安保卫工作实施领导与管理，并对辖区内各航空公司和民航飞行学院（校）空防安全工作实施行业管理。1992年6月，民航西南管理局依据民航局《关于颁发民航公安机构编制的通知》，将公安处更名为公安局，其工作职能不变。

三、民航四川省局空防安全机构

1982年11月，民航四川省局成立公安分处，负责四川省范围内的空防安全管理工作。1992年7月，民航四川省局将公安分处升格为公安处。为加大空防安全工作的管理力度，公安处下设空防警保科。1996年8月，公安处又更名为公安局。1997年4月，重庆市直辖后，民航四川省局更名为民航重庆市局，原民航四川省局公安局为民航重庆市局管理空防安全工作的职能机构。

四、民航飞行学院空防安全机构

民航飞行学院（校）依据国务院关于组建民航公安机构的文件，于1981年8月成立公安分处。1982年3月，公安分处升格为公安处，下设空防科。1992年5月，公安处改名为机场公安局。至此，民航飞行学院的空防安全工作一直由学院公安机构负责实施运行管理。

五、成都双流国际机场空防安全机构

成都双流机场（后改名为成都双流国际机场）成立后，其安全保卫以及空防安全工作，一直由民航西南管理局公安处（局）负责运行管理。1997 年 10 月 16 日，成都双流国际机场公安分局成立，其工作职责主要是负责机场范围内的空防安全管理工作。

六、航空公司空防安全机构

西南航空公司成立时设置保卫部，四川航空公司成立时设立公安处，各航空公司的保卫部（公安处），均为空防安全工作的管理机构，对所在航空公司的空防安全工作实施运行管理。

七、民航航站空防安全机构

依照国务院关于组建民航公安机构的文件，民航西昌、南充、达县等航站于 1982 年 6 月至 1983 年 8 月相继设立民航公安派出所，航站的空防安全管理工作是派出所的主要职责之一。

第二节　地面空防

一、严把旅客登机前“三关”

（一）售票把关

中国民航从 1950 年 8 月 1 日开航后，即有旅客凭单位介绍信和本人工作证件购票的规定，持续到 1993 年一直按此规定购票。

1985 年 11 月 25 日，国务院批转公安部、民航局《关于简化购买国内飞机票手续问题的请示》，决定国内旅客凭身份证和介绍信购买机票，从是年 12 月 1 日起开始执行。根据国务院批准公安部发布的《关于在全国实施居民身份证使用和检查制度的通知》，民航西南地区各机场按照民航局的规定，从 1989 年起对国内航线旅客购票、登机实行居民身份证查验制度。1993 年 5 月 8 日，民航局颁发《关于取消购票介绍信购买飞机票手续的通知》，规定国内旅客购买国内飞机票，售票人员不再查验购票介绍信，但须出示居民身份证或其他按规定的有效身份证件，从 6 月 10 日起执行。

民航西南地区各售票单位在出售国内旅客飞机票方面严格执行了有关规定和制度，各单位的保卫、公安部门还派人定期不定期地抽查验。1988—1995 年，西南航空公司在各售票处（点）前后共抽查 240 次，抽查了 270456 张机票、介绍信、订座单，发现不符合规定的有 449 张。1991 年 11 月 11 日，西南航空公司在下发的《关于对销售系统空防工作加强管理的通知》中，对设在各地的售票点、代理点等单位，提出必须严格执行出售飞机票的各项规定，并加强对售票验证的检查指导。

（二）办理乘机手续把关

办理乘机手续把关包括验票发登机牌、行李托运、货物承运。

1. 验票

旅客办理登机手续时，值班人员认真核对机票（航班、时间）和身份证件，确实无误后，才可

发给登机牌。

2. 行李托运

旅客托运的行李在托运前必须由值班人员进行安全检查。

3. 承运货物

承运货物必须进行安全检查，成批货物必须由交运单位出具安全保证函。铅封的保密货物、不宜检查的精密仪器和其他贵重物品，必须由交运单位出具安全检查证明，方可免检办理承运手续，出具安全检查证明的单位必须对交运货物的安全承担责任。1991 年、1992 年、1994 年这 3 年中，西南航空公司共检查交运货物 598207 件，查出手续不全和违禁物品、不符合交运规定的货物 38 件。

（三）登机把关

登机把关包括旅客及其手提行李物品安全检查和飞机起飞前的核实人数。

1. 旅客及其手提行李物品安全检查

旅客及其手提行李物品安全检查是空防安全在地面把关一个很重要的关口。民航西南地区对旅客及其手提行李物品安全检查大致经历了一般检查、建立安全检查机构、规范提高等 3 个阶段，且 3 个阶段无明显界限，是相互交叉发展的。

一般检查阶段。1951 年 5 月 24 日，政务院公布《进出口飞机、机员、旅客、行李检查暂行通则》，西南地区航站（机场）按此规定执行。当时没有专门的设备与工具，检查时一般用手工（人摸），有时也开包检查，旅客、行李的检查任务，由各航站（机场）商务（运输）部门负责组织实施。进入 20 世纪 70 年代后，民航西南地区的航站（机场）以防止劫机、破坏飞行为空防工作的重点，主要是加大宣传教育和监管力度。

建立安全检查机构阶段。为了防止劫机炸机事件，确保空防安全，1981 年 4 月，民航成都管理局从局直机关和基层单位抽调 6 人（后增至 10 人），组建成都双流机场安全检查组，由管理局政治部保卫处管理。是年 8 月，民航四川省局组建重庆白市驿机场安全检查组，由省局政治处管理。各机场安全检查组均配置专门人员和手提式探测仪等设备，对乘机旅客及其手提行李物品实施安全检查。

1982 年 10 月 9 日，国务院办公厅转发公安部、民航局《关于加强反劫机工作的请示报告的通知》下发后，武警部队奉命组建民航机场安全检查站（以下简称机场安检站）。1983 年 6 月，成都机场安检站宣布成立，武警部队进驻成都双流机场，从 8 月 1 日起，民航成都管理局将双流机场安全检查任务移交机场安检站。是年 7 月，重庆机场安检站宣布成立，武警部队进驻重庆白市驿机场，接受民航四川省局移交的白市驿机场安全检查任务。各机场安检站隶属于武警部队建制，业务上接受当地民航机构的指导。安检站进驻机场后，均陆续配备了金属探测器、X 射线检查仪和安全门等检查设备，性能先进，使各机场旅客及其手提行李物安全检查工作上了新的台阶。

1983 年 5 月 5 日，民航沈阳管理局的三叉戟型 296 号飞机被劫持到韩国后，中共中央、国务院发布关于加强防劫机的安全保卫工作命令，对涉及空防安全工作问题作出了具体要求。民航成都管理局依据民航局统一部署，制定了《安全应急处置预案》和《飞机遇劫指挥方案》，并在管理局范围内开展以保证空防安全为内容的安全整顿活动。整顿中，管理局重申：加强机场安全检查机构建设；严格安全检查制度，对旅客及其手提行李物品实施严密检查；隔离区内民航工作人员严格佩戴标志证件，严禁无关人员上飞机；民航内部人员送亲友一律不得进入隔离区，严禁利用飞机捎、买、带；收运货物应存放 24 小时后方可装机等。

1984年8月14日，国务院批转公安部、民航局《关于民用客机安全检查工作中几个问题的请示报告》，规定免于检查的中外旅客范围。

1989年10月2日，国务院发布《关于研究加强民航机场安全管理的会议纪要》，决定民航机场安全检查和消防工作由武警移交民航，并要求双方制订实施方案报国务院批准后执行。1991年10月11日，在国务院召开的一次会议上，审议批准了民航局、公安部《关于民航机场安全检查和消防工作由公安机关移交民航部门管理实施方案的请示》。11月6日，国务院办公厅正式批转了民航机场安全检查和消防工作由武警移交民航的实施方案，确定的移交范围为：国内、国际航班旅客及手提物品的安全检查，隔离区的安全管理，国内、国际航班飞机的监护和机场灭火执勤，全部移交工作在批文下达后5个月内完成。11月22日，民航局下发《关于民航接收安检、消防工作几个具体问题的通知》；12月14日，又下发《关于民航机场组建安全检查和消防机构有关问题的规定》。为做好接收工作，民航西南管理局党委1名副书记担任接收领导小组组长，1992年1月开始，从武警部队接收安全检查和消防工作。1992年4月2日，成都双流机场成立安检站，8月25日，武警成都边防检查站的安全检查工作移交双流机场，8月26日机场安检站正式开始运转。1992年8月，民航四川省局成立重庆机场安检站，当月与武警部队完成重庆江北机场安全检查的交接工作。各机场的安全检查工作移交过程中，民航与当地武警部队在设备、场地、人员等方面均达成了协议。

1993年4月13日，民航局下达《关于改变机场安全检查工作体制问题的通知》，主要内容是：自民航组建安全检查站后，将各安全检查站在省（自治区、直辖市）局、机场、航站领导下，归口本单位公安机关统一管理的体制改为由省（自治区、直辖市）局、机场、航站直接领导的二级机构，其组织建设、党政工作、日常管理、后勤保障等分别归口本单位党政管理；安全检查业务接受公安部门的监督指导，执行公安部门制定的有关安全检查方面的规章和指令。

至2005年，西南地区在用的各干线、支线机场均设有安检机构，有安检人员。安检机构的主要职责是负责机场航空安全检查，使用各种类型的先进检查设备，通过目测、手检等方法，查验旅客证件，检查旅客人身及其行李、物品、邮件中有无枪支、弹药、管制刀具、易燃、易爆、剧毒、放射性等违禁物品。

规范提高阶段。1982年10月1日，民航局规定：凡乘坐民航飞机的旅客一律不准携带武器，也不办理枪支承运，所携带的枪支，统一由所在机场公安部门上缴或保存。1982年12月1日，国务院发布《保障民用航空安全的通知》规定：严禁携带武器弹药等违禁品乘机，乘坐国际、国内民航班机的中外旅客必须通过安全门检查，也可以进行人身检查。1987年7月13日，公安部边防局、民航局公安局联合下达了《关于旅客乘坐民用飞机严禁携带违禁物品的通知》，明确规定乘坐国际、国内民用飞机的中外藉旅客及其随身携带的行李物品，除经特别准许的外，都必须接受安全检查（包括人身检查和行李物品开包检查），严禁旅客携带的物品有11项：枪支和警械、弹药和爆炸物品、管制刀具、利器和钝器、易爆易燃物品、毒害品、各种无机与有机氧化剂和过氧化物、腐蚀物品、放射性物品、易传播病毒的物品、其他危害民用飞机飞行安全的危险物品。凡违反规定携带以上物品者，按照规定办法处理。

1990年7月6日，西南航空公司为确保空防安全，切实做好对爆炸物品、枪支弹药的安全检查和管理工作，通知所属各单位严格民用枪支弹药的管理，凡持有民用枪支必须进行一次全面清查登记；对私造、改造以及非法渠道搞来的民用枪支，予以收缴；隐瞒不报者，一经查出或发生问题，要追究持枪人的刑事责任。严格货物、交运行李的安全检查，对交运行李的安全检查要严格把关，必要时应坚持开箱（包）检查。

1991年1月7日，公安部印发《关于对乘坐民用客机旅客实行人身检查的通知》（以下简称《通知》）。该《通知》要求各民用机场于1991年6月30日前必须按照规定要求，对旅客实施人身检查。是年1月31日，民航局转发该《通知》。由于当时有不少机场安全检查工作是由驻机场武警部队负责，民航局在转发公安部的通知时，明确了由民航负责旅客安全检查工作的航站，亦按此通知执行。民航西南地区各机场于是年6月30日前后开始执行公安部的通知。

为使机场的安全检查工作规范化、制度化，1992年3月9日，民航局公安局印发《民用航空安全检查规则（试行）》（以下简称《规则》）。该《规则》是各单位进行安全检查工作的依据。各单位根据实际情况制定实施细则。民航局公安局印发的《规则》分总则、安全检查工作的组织与实施、安全检查工作制度、教育与训练、奖励与处罚及附则共6章，其中安全检查工作的组织与实施还分基本要求、安全检查工作程序、证件检查、人身安全检查、行李物品安全检查、旅客隔离区安全管理、航空器监护、非航班飞行的安全检查及情况处理等9节。1993年8月18日，民航西南管理局在《关于加强空防安全的通知》中，对安全检查工作提出严禁利用工作之便，将未经安全检查的物品带上飞机；严禁随意扩大免检范围；配好配齐安检站领导班子；抓好安全检查人员的培训；检查中要突出重点人员、重点航班和重点部位。

1994年5月中旬，民航西南管理局组织了为期18天的民航西南地区15个机场、航站的安检工作交叉检查。检查内容主要是空防措施落实情况、安全检查人员业务水平、规章制度的建立与健全等共6类43项。检查后进行评比，成都双流机场安检站以97.5分的总成绩位居榜首。

1994年6月19日，民航总局下发《进一步加强空防安全工作的措施》。这是根据多年来各地在执行有关空防安全规章制度中将好的经验和存在问题综合后制定的。该措施中关于安全检查工作部分规定：必须抓好操机检查、摸身检查和行李开包检查的3个环节，要求操机检查员必须聚精会神观察监视器图像，摸身检查员、行李开包检查员必须严格按规定程序和要领进行操作。

1994年8月1日，民航总局印发《关于民航机场安全检查实行岗位培训证书制度暂行规定》。随后，民航西南管理局为贯彻民航总局的暂行规定下达了实施方案。管理局公安局组织班子于1994年10月开始编写全国民航第一部安全检查业务教材，1995年5月完成。从1995年5月开始，民航西南地区各单位的安检人员培训工作先后展开，至7月中旬全部结束。参加培训的人数占安检人员总数的99.6%，经民航西南管理局安检人员岗位证书考核委员会办公室成员去各地考核，受训人员对业务知识和专业技能的掌握普遍良好。8月下旬至9月中旬，各单位相继开展了安检人员上岗证书的颁证工作，并举行了颁证仪式。

民航西南地区各机场于1992年接收驻地武警移交的机场安全检查工作后，相继组建了安全检查机构。各机场安全检查部门严格按照公安部边防局和民航局公安局的规定，对出港旅客认真实施安全检查，将空防不安全隐患消除在地面、消灭在萌芽阶段。根据统计：1992—1995年的4年间，民航西南地区各机场安全检查部门累计监护飞机193620架次，受检旅客2291.56万人次，受检行李4253.09万件，查出枪支623支、子弹11815发、管制刀具23919把、匕首26把、手铐176付、易燃易爆物品30718件、毒品3180克、警械437件、其他违禁物品12624件，确保了空防安全。

2005年，民航西南地区各机场安检站共检查旅客2252.65万人次，检查行李4806.57万件，查出违禁物品11480件。其中：枪支447支、管制刀具4563把、防卫器224件、易燃易爆物品6246件、截获犯罪嫌疑人24人、移交机场公安案件1964起。

2. 核实人数

旅客登机时，机场地面值班人员检验航班、时间和登机牌，并核实登机人数。旅客登上飞机后，随机乘务员在飞机起飞前再次清点人数。无机票登机者虽不多见，但仍有发生。1992年，成都双流机场就发现两起无机票人员混上飞机的事件。是年5月11日，1名无机票人员在双流机场为朋友送行，混入正在登机的成都—海口4315航班的旅客中，走到机舱门口时，被乘务员发现后挡回。11月29日，又有1名无机票人员混上飞机（当时还未上客），在舷梯上被西南航空公司检查机上食品供应和卫生工作的人员发现，送机场派出所处理。

二、机场管理

民用机场是民用航空器活动中旅客货物的集散场所，也是各种保障车辆来往之地，做好候机楼的旅客隔离区和包括跑道、滑行道、停机坪的飞行控制区安全管理。《民用航空法》第65条规定：民用机场应当按照国务院民用航空主管部门的规定，采取措施，保证机场内人员和财产的安全。1950年民航“八一”开航后，民航局、公安部及民航系统各部门、单位以保障机场内人员和财产的安全为目的，数次召开会议，印发文件，加强民用机场管理。

1987年2月，公安部、民航局《关于加强相互配合，搞好航空安全工作的通知》（以下简称《通知》）印发后，各民航单位认真贯彻执行《通知》精神。成都双流机场于是年9月10日起规定凡进入客机坪的工作人员必须佩戴证件，遵守纪律；车辆要有通行证并按规定路线行驶；各勤务保障部门的领导要在现场值班；上下飞机的旅客要有值班人员引导等。

1987年9月，民航局发布的《民用航空安全保卫工作规则》中的第二章“机场安全保卫”，对机场安全管理工作更趋于制度化和规范化。该章规定：“机场应当明确划定安全控制区，实行区域管理。”“机场区域的划分，由机场管理机构根据实际情况和安全需要确定。一般可分为旅客隔离区、行李分检装卸区、航空器活动区（维修区）、指挥中心区、油库区、公共活动区等。”此规则公布后，民航西南地区各机场先后拟订、修改、充实、完善机场的安全管理办法。西南航空公司加强了对进入隔离区、客机坪工作人员的管理，凡是公司人员必须佩戴证件，车辆要有通行证，空勤人员要佩戴执勤登机证。成都双流机场飞行区实行全封闭管理；是年12月2日起，重庆江北机场实行全封闭管理。

1993年8月18日，民航西南管理局在下达《关于切实加强空防安全的通知》中要求强化隔离区的管理，严格控制隔离区证件的发放范围和数量，定期进行清理和更换；在隔离区设立的商业网点和单位应由公安部门会同有关单位清理，重新办理申请核批手续。并要求机场公安加强控制区和候机楼的值勤巡逻，强化治安动态管理，在隔离区工作的各种人员，在着装上应有明显区别。

1995年2月，民航总局召开了全国民航空防安全工作会议。民航西南管理局于1995年3月28日下发《关于贯彻全国民航空防安全工作会议精神的意见》，提出了抓空防安全工作的“十个要点”。在强化空中的“反”、地面的“防”诸多措施中，要努力把危及空防安全的因素发现和消灭在地面，要严密隔离区的管理等。

2005年，民航四川地区公安、保卫部门加强了对空防安全检查、自查工作。成都双流国际机场公安分局对机场控制区通行证件进行了集中清理，清查证件9570个；为加强对成都双流国际机场货运库区的通行管制，启用库区专用证件，并督促货运保卫部门制定通行证管理制度、建立库区临时通行证陪同制度。四川航空股份有限公司公安处对运行秩序和规章标准落实情况实施监督，重点对关键岗位、关键环节和关键时间段进行检查，达到“查找安全死角、纠正多发性违章”的目的。绵阳南郊机场公安局实行航班跟班作业，加大了对安检、货运、值机等环节的现场检查力度。

三、紧急处置预案

1982年，民航成都管理局成立成都双流机场应急处置领导小组，由管理局1名领导担任组长。领导小组制定了处置预案，主要是为了发生涉及到空中防线事件后的紧急处置。民航四川、云南、贵州省局及拉萨航站也相继成立应急处置领导小组，并制定了应急措施。

1983年，民航四川省局制定《处置突发事件预案》，以后经几次修改。1991年1月，民航四川省局迁到江北机场后，根据江北机场实际情况，对《处置突发事件预案》又一次进行修改、充实。1997年3月，民航四川省局易名重庆市局后，民航重庆市局先后制定下发《防炸机工作预案》《公安局处置炸机、爆炸事件应急预案》《公安局处置劫机事件应急预案》《重庆江北机场航空器监护、交接工作有关规定》《民航重庆市局空防安全管理规定》等一系列制度，并对重庆江北机场《专机警卫实施方案》进行修改完善。

1994年5月11日，西南航空公司为防止突发事件的发生，以确保空地安全，保障航空运输的顺利进行，成立中国西南航空公司处置突发事件领导小组，公司总经理任组长。领导小组下设办公室，办公室下设应急小分队。领导小组制定《处置突发事件实施预案》，对领导小组的工作范围，突发事件的报告内容、报告程序、处置办法，各部门的职责分工以及纪律作风等都作了明确的规定。

2005年，民航四川地区公安、保卫部门加大反恐工作力度。一是继续做好反恐情报信息收集和阵地控制工作，加强防范措施；二是做好反恐预案、应急措施的制定工作，成都双流国际机场、南充、宜宾等机场公安机关制定了处置劫、炸机等应急预案。

四、预案处置演练

民航西南地区应急处置预案演练始于20世纪80年代。1983年9月15日，四川省反劫机领导小组在成都双流机场进行反劫机综合演练。四川省人民政府常务副省长、反劫机领导小组组长蒲海清和四川省公安厅厅长白尚武、民航成都管理局局长蒋远猷、武警四川省总队总队长耿继洲3位反劫机领导小组副组长等领导指挥。这次演练以民航为主，民航成都管理局派出飞机和机组，并根据管理局《应急情况处置预案》，组成组织指挥组、公安消防组、机务保障组、运输服务组、医疗医护组，在四川省反劫机领导小组指导下，实施具体的组织与指挥。四川省、成都市和双流县的公安、武警、消防、医疗等部门的人员也参加演练。下午3时演练正式开始，至5时结束，历时两个小时，演练很成功，得到四川省与民航局的赞誉。此后，民航云南省局、四川省局、贵州省局和拉萨航站也相继开展以防止劫机、炸机和处置突发事件为内容的应急救援演练。西南、云南、四川、贵州航空公司成立后，均将防止空中突发事件处置演练列为保证空防安全的重要措施之一，定期开展了紧急情况处置演练工作，演练均取得预期效果。

1999—2001年，民航西南管理局根据民航总局授权，分别对西南航空公司、云南航空公司，贵州航空公司进行航空运输承运人运行合格审定工作。审定期间，管理局责成各公司专门安排飞机，释放滑梯，进行紧急撤离演示。通过紧急情况处置演练或演示，为后来恰当处置空中突发事件奠定了基础。

2005年，民航四川地区攀枝花机场、南充机场先后组织开展了应急救援综合处置演练。

第三节　空中空防

飞机在飞行中的空防安全工作，主要由飞行人员、乘务人员及航空安全员承担。空中空防工作的原则是确保人员与飞机的安全。西南航空公司自1987年成立时起，即开始制订空勤组的反劫机、防炸机应急预案。机长负责指挥、报告和联系等工作，在确保人机安全前提下，机长有最后决定权，乘务人员在客舱配合。航空安全员是飞机在飞行中反劫机、防炸机的主要力量。

一、组建航空安全队伍

1981年5月16日，西藏自治区公安厅、民航拉萨航站在联合制定的《关于加强我区民航安全保卫工作的几点措施》中指出，除了继续把好“三关”，严格规章制度外，提出了拉萨到成都航班上设一名航空安全员，负责空中安全保卫工作。安全员由当地武警部队派出。

1983年5月5日民航沈阳管理局的三叉戟型296号飞机被劫持到韩国事件发生后，国务院、中央军委决定：民航空中的安全保卫工作由当地公安部门组建航空特种警察大队进驻机场，随机执行航空安全保卫工作。四川省、云南省公安厅奉命组织武警特种警察部队分别进驻成都双流机场、昆明巫家坝机场，执行空中安全保卫任务。1987年4月15日，公安部、民航局颁发《关于调整航空安全员队伍领导体制的通知》，决定撤销武警特警大队建制，由民航组建航空安全员队伍。民航局在《关于民航组建航空安全员队伍若干问题的通知》中，对航空安全员的编制、领导体制、各地区管理局所在地的飞行总（大）队组建航空安全员队伍等问题均作了说明和规定。航空安全员的任务是根据情况或需要在重点航线或航班上执行空中安全保卫任务。登机执行任务时，是空勤组成员之一，在机长领导下工作。不设航空安全员的单位，空中安全保卫工作由机组负责。按照民航局的通知要求，民航成都管理局于是年6月在第七飞行大队开始组建航空安全员队伍。人员主要是从驻机场的现职武警特警大队中自愿转业来民航的干部中选调。是年10月15日，民航成都管理局体制改革，第七飞行大队划归西南航空公司，更名为成都飞行大队。航空安全员的工作由公司的保卫部门及成都飞行大队管理。除了专职航空安全员外，有一部分航空安全员工作由机组成员兼任。以后，公司陆续从内部职工、军队转业干部和退伍军人以及公开招聘的人员中选拔，相关人员经政审、体检合格，并送有关部门培训后任专职航空安全员。

1988年8月4日，民航局公安局下达《关于颁发航空安全员执照的通知》。航空安全员执照是专职航空安全员执行空中保卫任务必须携带的专用证件，由民航局公安局审批颁发。随后，西南航空公司印发《关于航空安全员执勤航班有关问题的通知》，要求担负空中安全保卫工作的安全员必须持有民航局公安局核发的航空安全员执照，严禁无航空安全员执照的人员执行航空安全员任务。

1991年9月20日，四川航空公司组建专职航空安全员队伍。1993年12月13日，民航总局、公安部联合通知，航空安全员人数与飞机必须按3：1的比例调配。每航班的安全员人数将根据不同的航班来配备，但飞往东南沿海航班配备的人数，应有所不同。

1994 年 1 月，西南航空公司重庆公司飞行大队成立有航空安全员组成的空防安全保卫科安全保卫队。根据空防安全的形势，为突出重点、保证安全，西南航空公司于 1994 年 3 月 31 日对航空安全员的航班执勤安排作了调整，按飞往东南沿海机场或其他机场的不同航班，有区别地配备航空安全员。1994 年 12 月 20 日，又进行一次调整，目的是根据不同的航线、航班，结合航空安全员的实际情况进行配备以确保空防安全。以后，云南、四川、贵州航空公司根据民航总局、公安部的联合通知要求，相继配备和调配航空安全员人数。西南、云南、四川、贵州航空公司均严格规定航空安全员的执勤职责，加强行政管理，加强业务技能训练和身体素质训练，建立正规的学习、训练、执勤、生活制度。

1994 年 2 月 18 日，西南航空公司波音 737 型 2599 号飞机在执行长沙到福州航班飞行中被歹徒劫持飞往台湾。飞机在台北桃园机场安全降落，于当天下午安全返回福州机场。此事件发生后，各单位强化了空防安全工作。1995 年 4 月 20 日至 5 月 25 日，民航西南管理局公安局和武警成都指挥学校受民航总局公安局和武警总队委托在成都举办了航空安全员专业集训。参加集训的人员共 51 人，其中有来自西南航空公司（含重庆公司）、云南航空公司、贵州省航空公司、长城航空公司的等 38 人，还有来自上海、南京、武汉、中原、山西等航空公司等 13 人参加。经 35 天的集训，达到了培养严格的组织纪律、顽强的战斗意志、良好的心理素质和严谨的工作作风，提高处置突发事件能力等目的。

二、保卫空中防线

1979—2004 年，民航西南地区航空器在空中遭遇危及空防安全的严重事件 7 起，由于机组防范周到，处置及时，配合密切，得以妥善解决，确保了人机安全，受到了表彰奖励。其中有 3 起典型事件。

1986 年 8 月 7 日，民航成都管理局乔保玺机组在执行波音 707 型 B－2418 号飞机哈尔滨—广州航班任务，飞至湖北省河口上空时，第四排座位的两名歹徒服毒后纵火毁机，机组与旅客奋力将火扑灭，并制服歹徒，安全降落合肥机场，为保护国家财产和旅客生命做出了贡献。民航局通报嘉奖乔保玺机组立集体一等功，责任机长乔保玺、飞行机械员何远福、乘务员张倩立个人三等功。

1989 年 11 月 3 日，西南航空公司梁录星机组在执行波音 707 型 B－2402 号飞机哈尔滨—广州航班任务，飞至长沙上空时，1 个男性歹徒腰缠自制爆炸装置，窜入一等舱以炸机相威胁，劫持飞机要去台湾。机组密切配合，按照准备的预案实施应急处置，并与歹徒周旋 1 个多小时，安全降落广州机场后制服歹徒，保护了国家财产和旅客生命安全。1990 年 1 月 3 日，国务院颁发嘉奖令，授予 2402 号机组“中国民航英雄机组”称号，授予梁录星、张俊余“中国民航反劫机英雄”称号。民航局通报嘉奖责任机长梁录星立一等功，机组其他成员分别立三等功；航空安全员张俊余被公安部授予“反劫机功臣”称号，乘务长施莉莉、乘务员张安娜被民航局授予“全国民航优秀乘务员”称号。

2000 年 2 月 29 日，西南航空公司闫福忠机组在执行波音 737－300 型 B－2521 号机成都—南昌—福州航班任务，飞临福州上空时，第二十三排 C 座一年轻男子突然站起来，左手持管制刀具，右手握打火机，脖子上挂两个装满液体的矿泉水瓶，声称要劫机到台湾，机组按紧急处置预案，立即采取紧急措施，飞机降落福州机场，两名航空安全员将其制服，闫福忠机组分别受到民航总局和公司的通报表彰。据查该旅客患有妄想型精神分裂症。

第三章 航空地面安全

第一节 航空地面安全管理机构

中华人民共和国成立后，民航系统在贯彻落实“安全第一”方针的工作中，未将航空地面安全从地面安全中剥离，对地面安全也未设置专门的管理机构，一直从事分工管理。民航成都管理局办公室和云南、贵州、四川省局办公室都被赋予地面安全的管理职能，在日常工作中对各所辖范围的地面安全工作实施运行管理。1969 年 11 月 21 日，民航系统划归军队建制后，民航成都管理局机关设立指挥部、政治部、后勤部，指挥部下的办公室行使管理局范围内地面安全的管理职能，对地面安全工作实施管理。1980 年 3 月 15 日，民航系统脱离军队建制，实行企业化管理。1981 年，民航成都管理局机关撤销指挥部、后勤部，由办公室对管理局范围内地面安全工作实施统一管理。

民航总局于 1996 年 12 月 23 日明确规定：航空地面安全统一由各级航空安全监察部门实施管理。从此，民航西南管理局航空安全办公室以及西南地区各省（自治区、直辖市）局、航空公司、双流机场、管理局空管局等单位航空安全监察部门明确为航空地面安全管理机构，并确定由管理局航空安全办公室对民航西南地区的航空地面安全工作实施行业管理。

1981 年以前，民航飞行学院（校）地面安全工作的管理机构为学院（校）司令部军务科（行政科）和各团（分校）的司令部。是年 8 月，学校司令部撤销后，地面安全管理工作由学院（校）办公室负责，分院（分校）由分院（分校）各负其责。1995 年，民航飞院飞行安全委员会更名为航空安全委员会，统管学院的飞行安全、空防安全和航空地面安全工作。1996 年 12 月以后，航空地面安全的日常工作由民航飞院航空安全办公室和分院航空安全训练部负责。

第二节 航空地面安全管理规定

航空地面安全是一项综合性的系统工程，涉及飞行、机务、商务、航油、场道、监护、保卫和现场管理等方面的工作。长期以来，为了保证航空地面安全，民航西南管理局根据各时期的工作特点，制定了一些具体管理制度和措施。

一、机场起飞着陆地带布局的安全规定

（一）起飞线应根据风向、风速进行布置。

（二）飞机着陆地点的标志，昼间用“T”字布，夜间用“T”字灯，都设在跑道着陆方向的左侧，距离跑道边沿5—10米，距离跑道端200—300米。

（三）训练飞行时，根据需要，可在“T”字布的前后按各机型评分标准规定的距离插上小红旗，以使评定着陆目测成绩。

（四）土跑道或者因跑道积雪从空中不易识别时，应划出明显的标志线或者用红旗标志，旗子间的距离为50米或100米。

（五）有夜航设备的机场，跑道边灯用白色或者黄色灯标示，两灯之间距离为50—100米；跑道端灯用红、绿灯光标示；跑道进出口的地方，一般用蓝色或者紫色的灯光标示。

（六）为夜间飞行时通常着陆探照灯设在跑道着陆方向的左侧，必须保证拉平和接地地带的照明；大型飞机起飞降落时，探照灯距跑道边沿的距离不小于20米。

（七）起飞线塔台、停车场、人员休息地点的设置，应不影响飞机滑行和起降的安全。

二、航空器滑行的安全规定

（一）航空器开车滑行，必须经空中交通管制员或者飞行指挥员许可；按照规定的或者空中交通管制员、飞行指挥员指定的路线滑行。

（二）滑行速度应当按照相应航空器的飞行手册或者飞行员驾驶守则执行；在障碍物附近滑行，速度不得超过每小时15千米；并应注意观察，防止与障碍物相撞。

（三）航空器对头相遇，应当各自靠右侧滑行，并且保持必要的安全间隔；航空器交叉相遇，飞行员从座舱左侧看到另一架航空器时应当停止滑行，主动避让。

（四）两架以上航空器跟进滑行时，后航空器不得超越前航空器，后航空器与前航空器的距离，不得小于50米。

（五）夜间滑行，应当打开航空器上的航行灯。

（六）直升机可以用1米至10米高度的飞行代替滑行。

三、航空器牵引的安全规定

（一）牵引前，必须判明航空器的系留索已经解开，起落架缓冲支柱、轮胎和刹车压力正常，牵引车与航空器的连接可靠，并采取措施防止起落架收起。

（二）牵引时，牵引车上应有人指挥牵引，负责向司机传达口令，并注意牵引中的安全；驾驶舱内必须有指定人员随时注意操纵航空器的刹车；牵引航空器行进时，不许任何人上下牵引车和航空器。

（三）牵引航空器的速度，用硬式（牵引杆）连接时，不得超过10千米/小时；用软式（钢索）连接时，不得超过5千米/小时，地面护送人员应注意观察钢索的紧度。夜间牵引或通过障碍物附近时，还应当减低速度。

（四）牵引车开动和停止都应当柔和，行进中不得急剧改变速度或急转弯。

（五）夜间牵引时，应当打开航空器的航行灯。

四、推航空器的安全规定

（一）将航空器推进（推出）机库和掩体，应当有专人负责指挥。

（二）推航空器前，必须判明轮胎和刹车的压力正常，前进方向无障碍物，并采取措施防止起落架收起。

（三）驾驶舱内应有指定人员操纵刹车。

（四）推航空器时，全体人员应当按照统一口令信号协调一致，并时刻注意航空器动态，如发现有危及人员和航空器安全时，应立即发出“停”的口令和信号，驾驶舱内人员应立即刹住车。

（五）不允许推航空器的螺旋桨和活动舵面。

五、发动机启动和试车安全规定

（一）使用维护该型航空器的飞行人员和机务人员，可以启动发动机和试车。机械员启动和试车，要经机务分队长（工段长）批准，技术不熟练的机械员启动和试车时，还应当有机械师在场指导。

（二）严格遵守使用维护细则和航空器维护规程所规定的启动试车程序和操作方法，以及条例中规定的有关口令信号。

（三）启动和试车要选择在能保证航空器和人员安全的适当地点方位进行，在航空器前后附近不得有障碍物。

（四）启动前，必须把进气口（螺旋桨）附近地面打扫干净，并备好灭火瓶，挡好轮挡。

（五）雨雪后地面结冰的情况下试车时，一定要检查轮挡下面不许有冰雪，如有冰雪一定要清除，以防航空器开车滑动。

（六）在启动和试车时，应有一名机务人员站在航空器左前方，以便接受和传达口令信号、维护秩序，不许人员、车辆在航空器前后危及安全的距离内通过和停留。

（七）活塞式发动机启动前，应当扳螺旋桨以防液锁，扳转螺旋桨时，应确实判明磁电机开关已关闭，方可扳转。当气缸头温度超过80℃时，严禁扳转螺旋桨，以免发动发生自燃事故。

（八）停放3天后的发动机启动前，上部气缸应当加注滑油。

（九）风速较大时，机头应迎风试车，以防拿大顶。在试车过程中，应刹好刹车。

（十）夜间启动试车时，必须打开航行灯。

（十一）发动机启动后，如滑油压力表不指示，则立即停车，并找出原因。

（十二）不准在开动着的发动机上工作，多发动机的航空器当1台发动机工作时，不准在其他发动机上工作。

（十三）多发动机的航空器试验最大功率时，应当逐个发动机进行，试验时间不得超过规定。

（十四）禁止用关闭供油开关或在高转速时关断点火开关的方法来停车。

（十五）发动机温度没有下降到该型航空器规定温度时，不准停车。

（十六）发动机温度没有下降到规定温度时，不准盖发动机蒙布。

（十七）停车后，应将各操纵柄放在规定位置，全部电开关放在“关”位。

六、顶起航空器安全规定

（一）顶起航空器时，分队长（机械师）必须亲自在现场指挥。

（二）在外场顶起航空器，应事先询问风速情况，如风速超过该型航空器维护细则的规定时，禁止顶起航空器。

（三）使用的千斤顶必须符合该型航空器的要求。

（四）顶起航空器的工作必须在坚实而平坦的地面上进行。千斤顶的底脚要放平稳，如地面松软或有冰雪，应当在千斤顶下垫木板或除去冰雪，不允许千斤顶有下沉、滑动情况。必要时，还应当使用机身、机翼保险托架。

（五）顶起航空器前，应当确实判明系留索已解除。

（六）拆换起落架轮子时，允许使用轮轴千斤顶。使用轮轴千斤顶时，在同一时期内只能顶起一个起落架，其他轮子前后应当挡好轮挡。当顶起前（尾）轮时，主轮应刹车。

（七）不准顶起航空器过夜。航空器在顶起状态下，工作人员不得离开现场。

（八）顶起的航空器上面、下面，不应放置或站立与工作无关的东西或人员。后 3 点飞机顶起后，座舱内不许同时有两人以上的人工作，以防飞机重心改变拿大顶。

（九）顶起、放下航空器时，应防止航空器产生滑动或过度倾斜等危险情况，并注意移开能触及航空器的地面设备，避免损坏航空器。

（十）作收放起落架试验时，应按规定放置保险托架，并有分队长以上干部在场组织实施。

七、航空器加油安全规定

（一）对航空器加放燃油、滑油，只准熟悉加油和防火规则的人员进行。

（二）发动机停车 5 分钟才许可对航空器加油，加油后 15 分钟才许放沉淀。

（三）保证加添的燃油、滑油质量合乎要求，必须确实查明油料的牌号符合规定，油料化验单上有规定负责人签字，油枪和加油用具清洁完好。

（四）加油时，加油设备与航空器的接地线都应当可靠接地；油枪要紧贴油箱边缘，防止静电跳火，并备好灭火瓶。

（五）加放燃油时，不许同时给飞机通电、充气、加温和拆装蓄电瓶（通常是通电服从加油，加油服从充气）。

（六）需用航空器增压设备加燃油的航空器，只允许对所需要的设备通电，但不准接通其他设备。

（七）有雷电时，或者 25 米内有明火，开动着航空器发动机和加温设备时，禁止加放燃油工作。

（八）采取措施防止雨雪、尘土和其他杂物落入油箱。

（九）加油过程中，如发现燃油、滑油内有杂物和其他不合格的情况，应立即停止加油，并向领导报告。

（十）加燃油时，应当遵守航空器各油箱的顺序。

（十一）对油箱口照明时，只准使用防爆式的照明灯。

八、航空器客、货舱清舱的安全规定

（一）航空公司负责航空器客、货装载前下客后的清舱工作。

（二）按照“清舱检查单”对航空器客、货舱内可藏匿物品和人的所有部位进行检查，建立登记移交制度。

（三）重点检查舱内是否藏有武器、凶器、弹药、易燃、易爆、毒害品、放射性物质以及其他危害航空器、旅客安全的违禁物品。

（四）检查机上人员是否佩戴有效登机证件，注意发现舱内的可疑人员。

（五）对无登机通行证件进入客、货舱的人员进行查询、登记；对上机工作人员违反空防规定的活动给予制止，并向现场值班领导报告。

（六）对清舱过程中发现的外来物品逐项进行登记、清除并移交地面处理。

九、旅客登机阶段的安全规定

（一）旅客的登机过程中，运输服务的引导人员应密切注视机坪上的航空器、车辆和设施设备的运行状况，引导旅客严格沿安全路线通行，以防人员伤亡。

（二）监护人员要对航空器进行严密警卫，严禁无关人员、车辆进入监护区或登机。地面人员因工作需要登机时，必须查验登机证件，无误方可登机并作登记，旅客开始登机前必须全部下机。

（三）仔细查验登机牌，并认真检查登机牌上是否盖有“已检”字样，以及旅客随身携带的物品是否系有物品牌。

（四）旅客登机时，监护人员应站在客梯或廊桥一侧观察上客情况，严防无登机牌的人员混上飞机，协助服务人员维护好登机秩序。在旅客登机时，地面工作人员（指佩戴登机证件者）不得与旅客同时登机。

（五）查核机组人员携带登机的物品（航行包除外），是否经安检并贴有已经安检的标记。

（六）航班起飞后，服务人员应及时清查卫星厅或隔离室内是否有旅客遗留物品。

十、机场航空器活动区机动车辆管理规定

（一）车辆按指定的通行道口进入航空器活动区，并自觉接受值勤人员的查验和指挥。

（二）车辆必须在划定的道路上行驶，时速不得超过 15 千米；行驶到客机坪、停机坪、滑行道交叉口时，应当减速慢行，观察航空器动态，在确认安全后，方可通行。

（三）车辆遇有航空器滑行或拖行时，在航空器一侧 50 米外避让，不得在滑行的航空器前 200 米内穿行或 50 米内尾随，不得从机翼下穿行。

（四）车辆停靠航空器时应当有人指挥，使用轮挡。

（五）车辆穿行跑道、滑行道或在跑道、滑行道作业时，应当事先征得航管部门同意，按指定的时间、区域、路线穿行或作业。驶入跑道、滑行道作业的车辆应当配备能与航管部门保持不间断通讯联络的双向有效的通讯设备。

（六）驾驶液压装置车辆应当保持液压升降筒和脚架升限到工作位置，鸣号后再通知工作人员安排旅客上下航空器或装卸货物。

第三节　飞行现场秩序管理

维护良好的飞行现场秩序，为航空运输生产和通用航空生产创造优良的安全环境，是保证航空地面安全的关键。西南民航自组建以来，将维护机场秩序作为一项经常性的重要工作，并根据各个时期的形势、任务和要求，加大机场秩序管理的力度，使航空地面安全保持了平稳态势。

一、场道秩序管理

中华人民共和国成立之初，西南民航所使用的机场都是民国时期遗留的旧机场，机场四周都无围栏设施，设备设施简陋，安全法规和规章不健全，场道秩序比较紊乱。为了加强场道安全保障，认真做好场道秩序的维护。各机场都设有场务管理机构或场务专业人员负责场道秩序维护、场道道面维修和道面检查清扫等项工作，保证了飞机起降的安全。进入 20 世纪 60 年代后，随着民航事业的发展、飞机的增加、机型的更新、机队的扩大，成都双流等中心城市机场，日飞行量不断加大，安全保障任务逐步繁重，场道安全保障的设备设施滞后和道面秩序紊乱的问题日益突出。

1964 年 4 月 10 日，国务院总理周恩来在首都机场接送外宾时看到滑行道上有一条狗，对首都机场秩序不好的问题给予严肃的批评和指示。当日，民航总局党委常委作出《关于机场管理工作的检讨报告》，并在此报告中提出了 3 项措施：加强机场管理工作，立即将总理的批评传达到所有机场的领导干部，由各级领导干部亲自向全体人员进行教育，并结合各管理局、省（区）局整顿机关作风，彻底整顿机场秩序，拟定机场管理规则，不仅要把所有人员切实管好，连机场内饲养的动物也要管起来。规定机场内不准养狗，需要饲养的家畜（猪、羊、鸡、鸭），必须在规定的隐蔽地区圈起来饲养。协同公安部门和公社、生产队，立即向机场周围的人民群众进行宣传教育，反复说明保证飞行安全，特别是专机飞行安全的重要意义，做到家喻户晓，使广大人民群众从爱护国家威望和荣誉出发，自觉地遵守机场规则。立即着手在首都机场周围建立铁丝网，把机场圈起来，其他民航机场亦应采取同样措施。

民航成都管理局接到国务院总理周恩来对加强机场管理的指示和民航总局党委《关于机场管理工作的检讨报告》后，召开党委扩大会议，研究贯彻落实的具体措施。

1964 年 5 月 23 日，四川省公安厅分党组、民航成都管理局党委给四川省委《关于贯彻周总理对加强机场管理的批示的报告》中指出：“目前四川民航使用的六个机场的问题是严重的，其中成都双流机场尤为严重，每天有数千人次横穿跑道，几百辆次卡车通行，经过机场的架架车、鸡公车、马车、牛车也是川流不息，同时还有很多人到机场割草，拣东西，到处乱走，机场草坪几乎成了附近公社社员的放牧场，每逢早晚，牛羊从四面而来遍地敞放，有的甚至无人看管，并且每逢夏秋收季节，停机坪，滑行道，甚至跑道，都成为周围各生产队的晒场。”四川省公安厅分党组、民航成都管理局党委根据总理的指示精神，结合四川民航机场存在的问题，在此报告中提出了 4 项具体贯彻执行的措施：在当地党委统一领导下，由人委、民航、公安部门和附近公社组成工作组，做好机场周围群众的宣传教育工作，将维护机场秩序、保障飞行安全的重要意义和《民用航空机场管理暂行规则（草案）》有关部分逐社逐队地进行宣传，要求做到家喻户晓，深入人心，使广大社员群众把保护机场的安全从思想上、行动上真正重视起来，并建议附近公社把爱场、护场作为五好社员的评比条件，调动社员群众在护场工作中的积极性和自觉性。在宣传教育的同时，建立和加强机场管理委员会和机场保卫委员会，为搞好经常性的护场工作打下良好的基础。依靠当地政府，加强机场管理。根据民用航空机场管理暂行规则拟定“机场管理规定”，报省人委审批后，以当地人委名义公布。在做好对社队宣传教育工作的基础上，成都双流机场、重庆白市驿机场，根据具体情况，因地制宜地分别修筑围墙、挖水沟和架设铁丝网（不通电），把机场圈起来。在圈机场之前，由民航总局拨下专款，修筑便道，以利群众通行。同时，建议各级党委，将分割开来的社队，在建制上做适当调整。其他 4 个机场主要靠做好宣传教育工作，贯彻机场管理的暂行规则和规定，不圈机场。适当增加警卫力量和机场派出所人员。南充、达县机场警卫人员只有 7—8 人，根据实际需要，每个机场还应增加 4—6 人。双流机场派出所仅有 2 人，场内外任务较重，鉴于国际航线开辟后，工作量还要增加，故需增添 4—5 人，但机场派出所需要增加的人员因双流县公安局编制人员较少，调剂有困难，报请省委批准该县公安局增加编制，以适应需要。是年 6 月 9 日，中共四川省委批转省公安厅分党组、民航成都管理局党委的报告。

1964 年 6 月 17 日，民航成都管理局成立以副局长为主任委员，局办公室、航行、保卫、机务、场建等部门主要领导为委员的双流机场管理委员会。双流机场管理委员会统一负责机场秩序整顿、机场围界建设以及加强机场管理等方面的工作，办公室设在局办公室。是年 6 月 25 日，双流县人民委员会也成立了双流机场保卫委员会，主任委员由双流县县长担任，副主任委员由民航成都管理局保卫处长和双流县公安局长担任，委员有民航成都管理局场建科科长、双流县人武部副部长、机场派出所所长、中心区委副书记以及中心公社、金花公社党委书记等负责人。机场保卫委员会主要职责为：负责对机场周围社员群众进行宣传教育，做到家喻户晓、深入人心。发动社员群众爱护机场设备设施，自觉地维护机场秩序，调动社员群众在护场中的积极性和自觉性。参与加强机场管理有关协调工作，协助民航做好机场秩序的整顿。双流机场保卫委员会办公室设在双流县公安局。与此同时，昆明巫家坝机场、重庆白市驿机场、贵阳磊庄机场以及西昌、南充、达县、保山、思茅、昭通等机场也相继成立了机场管理委员会和机场保卫委员会，加大整顿机场秩序的力度。

1964 年 5 月 3 日，民航总局《关于设置机场围界的指示》下发后，西南民航各机场立即进行实地勘测，认真编报机场围界工程的设计文件（含平面布置图、结构、工程量、预算及材料明细表）以及进行施工前的准备工作。各机场根据民航总局和成都管理局的安排，对机场设置围界，注意了以下 3 个问题：妥善地解决机场附近社员群众通道和耕地的排灌问题。如设置围界后，拦断了社员群众的通道，就在机场围界外另开新道和便桥，维持通行。机场围界按照机场原有边界设置。在个别情况下，如跑道两端的围界，为了符合净空高度限制要求，需要增加少量农田时，征求公社和当地政府的同意，将机场可能调剂的土地与公社作适当交换。因地制宜考虑围界的结构。在适用、经济、力求节约的原则下，适当照顾重点地段的观瞻，一般采用刺丝网、护场沟、铅丝网、夯土墙、土坯墙。每个机场根据防护的具体情况，采用一种结构型式或者几种结构型式。按照民航总局对机场设置围界的意见，各机场及时上报围界工程的设计报告，在收到上级的批件后立即进行动工修建。西南民航各机场的围界工程建设，经过精心勘测、精心设计、精心施工、精心监理，都按期完成任务。1964 年底以前先后完成成都双流机场、重庆白市驿机场以及广汉、新津、遂宁等机场的围界，1965 年先后完成达县机场的围界。成都双流机场除架设围栏外，还修筑围场沟，加强机场围界。

1996年12月，西昌机场设置机场围界。

新建、改建、扩建的民航运输机场必须设置机场围界（围栏）。民航四川地区从1990—2005年先后通过竣工验收的新建扩建的重庆江北、广元盘龙、绵阳南郊、九寨黄龙、攀枝花保安营、南充高坪、达州河市等机场，在竣工前均按规定设置了机场围界（围栏），并将修建围界（围栏）情况以及围界（围栏）质量列为机场竣工验收的重要内容之一。此外，地方政府使用空军机场开航营运的泸州蓝田机场、宜宾菜坝机场在开航前也设置了机场围界。

四川地区民用机场，凡安装了围界（围栏）的，均组建巡逻队，定时进行巡逻，维护场道秩序。20世纪90年代，成都双流国际机场投入大量资金，将机场围栏改建为围界，并由机场公安巡警队负责巡逻，规定每天不少于两次对机场围界进行巡逻检查。凡发现围界遭人破坏或有人员攀越围界，根据具体情节严肃查处。机场对围界损坏部位也及时进行抢修，使机场围界设施始终保持良好状态，杜绝了外部人员、牲口、车辆随意进入机场。

二、机坪秩序管理

1983年5月，国务院《关于加强防止劫机的安全保卫工作的命令》下达后，西南民航各机场从6月14日至7月31日进行为期48天的全面安全整顿。整顿中，为了加强机坪秩序，重新换发了地面人员机坪通行证和空勤人员登机证，严格控制了进出机坪的人员和车辆。

1987年9月，成都双流机场制定《客机坪管理规则》，发至驻机场各单位，内容包括要求驻机场各单位进入客机坪的工作人员、车辆必须凭证进入，车辆在飞机附近必须限速行驶，严禁在客机坪放置杂物等11条内容。为了强化客机坪生产运行和安全管理，成都双流机场又于1990年2月，成立了生产指挥中心。此后，重庆江北机场也成立了现场生产指挥中心。随着民航事业的发展，进出机场的航班和旅客日益增多，飞机起降密度日益加大，作业人员和车辆日益增加，客机坪日益繁忙。成都双流、重庆江北机场先后重新修订或制定《客机坪管理规则》。

1994年10月24日，成都双流机场发生1起航空地面事故。四川航空公司机务部两名职工酒后擅自驾驶电源车进入跑道，与正在着陆滑跑的西南航空公司图154M型B－2615号飞机相撞，飞机和电源车受损。此事已触犯刑法，经双流县人民检察院批准将该两名职工依法逮捕。1995年3月21日，成都市中级人民法院在双流机场召开公审大会，以危害公共安全罪分别判处两人14年、15年有期徒刑。为了吸取这起事故的深刻教训，民航四川省局、西南航空公司、四川航空公司、民航飞院、成都双流机场、中航油西南公司等单位，根据民航西南管理局关于开展以严明组织纪律性为主要内容的安全整顿。

1998年6月3日，民航总局颁发了《民用机场航空器活动区道路交通管制规则》。成都双流机场及各航站（机场）公安部门按照此规则加强内场警力，加大巡逻执勤力度，严格查处交通违规，并积极会同机场有关部门对机坪行车路线、停车区域进行规划，严防车辆碰撞人员、航空器和航空设备。与此同时，成都双流机场的公安部门还开展了办理内场车辆驾驶证、换发内场牌照、内场车辆的入籍登记、年审、黄色警示灯的发放等项工作。保安人员在道口守护执勤中，坚持“认证不认人”的制度，严格查验进出隔离区、控制区人员、车辆的证件。

2005年，成都双流国际机场公安分局制定了开展禁毒人民战争工作方案和打击“两抢一盗”专项斗争方案，破获“109”盗取银行卡现金案、国航西南分公司职工汽车被盗案等案件。宜宾菜坝机场公安局破获1起破坏导航设备附件的盗窃案件。九寨黄龙机场重点加强对内场机动车辆的管理，年审车辆56台、内场驾驶证28个，查处不合格车辆2台。

第四节　航空地面事故

一、1981年4月22日，民航成都管理局航空地面事故

1981年4月22日，民航成都管理局通信营一连电话站义务工姚方银，在成都双流机场带领民工执行修理着陆雷达电缆任务，途经3号滑行道时被飞机螺旋桨打伤，抢救无效死亡，造成重大航空地面事故。

（一）事故经过

当日上午8时25分，姚方银带领民工5人，赴跑道中心修理着陆雷达电缆，当行至3号滑行道离客机坪约180米处时，执行成都—拉萨航班的空军伊尔18型B－238号飞机亦已离开客机坪进入3号滑行道，在姚方银等人身后边滑行。此时，与姚同行的一民工提醒大家说："飞机来了。"姚说："你们快离开！"另一民工说"你也快点离开。"姚说"你们走开，我晓得……"，话还没说完，即被伊尔18型B－238号飞机1发螺旋桨打中头部倒地，虽及时送往医院但抢救无效死亡。

（二）事故原因

主要由于思想教育不够，行政管理工作不落实，有些人员无视机场通行有关规定，不遵守规章制度，造成这一事故的发生。

（三）整顿措施

结合开展"安全月"活动，切实加强管理教育工作，认真传达民航总局有关安全生产的指示和民航成都管理局行政管理工作会议精神，结合实际，抓好作风纪律，抓好规章制度落实，抓好工作秩序、生产秩序。各级领导干部要以身作则，对部属严格管理，强调层层抓，按级负责。

严格按照各种条令、条例和规章制度办事。对全体人员进行一次遵纪守法按章办事的教育，养成循章守法的良好作风，对不按章办事，造成严重后果的，应予以严肃处理。

各单位可根据实际情况，抓好停机坪、滑行道、跑道秩序的整顿。有飞行任务时一定要对跑道、滑行道严加检查封锁。机场秩序问题多，涉及地方的问题，在整顿时可向当地政府请示，取得他们的支持帮助，共同搞好机场秩序，确保空地安全。

二、1981年11月26日，民航飞行专科学校航空地面事故

1981年11月26日，民航飞行专科学校四分校（以下简称四分校）七大队在绵阳塘汛机场组织仪表空域训练，运5型B－8439号飞机起飞时与2名强行横穿跑道的农民相撞，2名农民死亡，造成1起重大航空地面事故。

（一）事故经过

当日上午，四分校七大队按照计划在绵阳塘汛机场组织仪表空域飞行训练。开飞前各类人员按时到场，做好开飞各项准备工作。8时15分，运5型B－8439号飞机由教员带飞学员，从停机坪滑

出进入跑道，由南向北起飞，起飞时没有发现起飞范围有障碍物（人、畜、车辆等）。当飞机快离地时，塘汛公社4大队1农民骑自行车搭人突然由东向西横穿跑道，教员发现后，立即采取紧急措施，用起飞马力，同时拉杆，强迫飞机提前离地，力图避免事故的发生。但事故仍未避免，2人头部与飞机左下翼（距尖2.4米处）接触相撞，致使左下翼前缘变形。下表面蒙布3处碰破，第四悬挂支架变形。1人头部受伤当场死亡；另1人头部重伤当即送绵阳专区医院，经过5天5夜抢救无效后死亡。

（二）事故原因

事故发生后，四分校与绵阳市公安局、塘汛公社组成联合调查组对事故原因进行全面调查。

四分校在飞行前放了飞行哨，挂了风向袋和飞行标志旗，摆设了“T”字布，并用专用高音喇叭宣布开飞，打了开飞绿色信号弹，应该做的工作都已做到。

飞行哨履行了职责，特别是中段飞行哨对骑车人横穿机场跑道时，立即摇旗吼喊，不准通过，呼其转来。2人根本不听，一边扭头探望，一边加快蹬车强行横穿，至跑道中线造成事故。

飞行教员在起飞时，没有发现起飞范围有障碍物，当飞机快离地时，发现有人骑自行车搭人横穿跑道，立即采取紧急措施，用最大马力同时拉杆，强迫飞机提前离地，才未造成飞机重大损失。

结论：骑车农民是这次事故的肇事者，应负全部责任。鉴于肇事者已身亡，且家庭经济困难，由四分校出钱，以民政部门的名义，给予该家庭经济困难救济。

（三）整顿措施

由于部分群众无视政府机关法令，不听机场哨位的劝阻，造成飞行期间机场秩序较乱，严重危及飞行安全。为此四分校决定将塘汛机场东侧有路口的边缘挖一条沟，拆除所有通往机场的小桥，以阻拦企图穿行机场的行人、牲畜、车辆。在机场周边凡可通行的路口处，竖立水泥制造的机场安全告示牌。

在飞行期间，进一步加强机场警卫工作，场务人员随时注意机场道面观察，有关单位的干部要亲自跟班，确实维护好机场秩序。对于不听劝阻、强行进入机场的人员、车辆，会同有关部门严肃处理。

四分校与绵阳市公安局共同召开机场联防保卫委员会，总结机场安全保卫工作，用此次血的教训进一步对机场周围各生产大队、生产队进行教育、宣传。

绵阳市公安局下发简报第13期《血的教训》和利用有线广播网向全市城乡对维护机场安全进行宣传教育，使更多的群众能够了解维护机场安全的有关规定，以杜绝类似事故的再次发生。

三、1982年3月9日，民航成都管理局航空地面事故

1982年3月9日，民航成都管理局伊尔18型B－222号飞机，执行成都—重庆—上海航班任务，在重庆白市驿机场起飞前滑行时，撞坏停在滑行道左侧停机坪上的3架运5型飞机，造成一般航空地面事故。

（一）事故经过

当日重庆市白市驿机场天气晴好，能见度大于7千米。本场有3架运5型飞机熟练飞行。伊尔18型B－222号飞机12时20分开车，起飞方向由南向北。12时24分塔台问起飞线伊尔18型B－222号飞机滑行道能不能滑行过去，起飞线回答可以滑过去（系指4—5号联络道之间的滑行道）。12

时25分飞机滑出，塔台指挥该机由5号联络道进跑道，并通知起飞线指挥员派人引导。随后，十七飞行大队政委和1名飞行员在滑行道右侧引导，1名机械师在滑行道左侧引导。伊尔18型B-222号飞机滑行速度每小时20—30千米，过4号联络道口198米后已滑过左侧停机坪停放的4架运5型飞机，机组为避开右侧塔台车、空军休息棚等障碍物，即缓慢左偏。滑至242米处偏离滑行道中心线左侧60厘米，左翼尖撞到运5型B-8269号飞机螺旋桨，机长误以为轮胎爆破或碰了石头，便通知起飞线帮助观察，然后继续滑行，接着又撞了运5型B-8262号、B-8260号两架飞机，起飞线指挥员告诉伊尔18型B-222号飞机：左翼尖撞坏运5飞机螺旋桨，伊尔18型B-222号飞机即滑回。

（二）飞机损坏情况

伊尔18型B-222号飞机左外翼17肋至翼尖，以及左外副翼共有8处损伤。运5型B-8269号飞机的发动机整流罩前圈碰凹470×90×37毫米，第2桨叶有3处碰伤，第3桨叶有2处划伤；运5型B-8262号飞机的发动机整流罩前圈碰凹500×160×85毫米（未装螺旋桨）；运5型B-8260号飞机的螺旋桨第2桨叶轻微划伤。

（三）事故原因

重庆白市驿机场4—5号联络道之间的滑行道，其两侧障碍物的实测距离为40.8米，伊尔18飞机翼展为37.4米，实际运5型飞机停放位置距滑行道中心线只有18.6米，伊尔18型飞机沿中心线滑行，左翼尖还得在运5型飞机桨毂上方约10厘米通过，不具备伊尔18型飞机滑行条件，指挥伊尔18型B-222号机用此滑行道滑行是错误的。

负责引导飞机滑行的人员没有负起责任，当飞机将要碰到障碍物时，没有指挥飞机停止滑行。

机组滑行时观察不周，判断失误。同时，在两侧都有障碍物的情况下，滑行速度偏大。

（四）整顿措施

各机场对跑道、滑行道、联络道、客机坪、停机坪以及飞机迫降地带附近的障碍物、堆放的物资、停放的飞机、挖的水沟、堆的土坎等要立即进行一次彻底检查，凡影响飞行安全的应立即拆迁、修整。否则，要停止使用。

认真执行《飞行条例》第80条有关飞机滑行（牵引）的规定。空勤组在滑行中要注意观察附近的障碍物，互相提醒，密切配合，没有把握要立即停止滑行；塔台、起飞线要熟知场道及障碍物情况，做到及时指挥，防止类似问题再次发生。

四、1984年4月11日，民航飞行专科学校航空地面事故

1984年4月11日，民航飞行专科学校一分校（以下简称一分校）二大队在新津机场组织学员飞行训练，运5型B-8207号飞机滑行时，螺旋桨打死1农民，造成重大航空地面事故。

（一）事故经过

当日下午，一分校二大队在新津机场组织学员飞行训练，出动运5型飞机8架，从17时30分开始收场，飞机从跑道北端陆续滑回南头停机坪（滑行距离约2千米）。当第六架运5型B-8207号飞机由右座教员和左座学员操纵滑回时，新津县花桥乡陈林村1农民强行横穿滑行道，又不听调度员在高音喇叭中的呼叫拦阻，在滑行道中央，被螺旋桨打死，飞机无损伤。

（二）事故原因

死者强行横穿滑行道是造成此次事故的直接原因。

教员未注意观察（只注意右侧，而学员只是考虑当日的飞行情况又没有注意观察），是造成此次事故的重要原因。

飞机进出机坪时，派出所未安排人员到现场维持秩序，也是造成此次事故的原因之一。

（三）整顿措施

一分校停飞整顿3天，进一步学习有关安全决定，从上到下发动群众，从思想上找原因，从组织指挥上找漏洞，从规章制度上找问题，吸取教训，修订措施，防止类似事故发生。

为解决滑行地带塔台目视指挥困难，在调度室增设辅助指挥；为解决滑行秩序问题，飞机进出停机坪，机场南半场增设岗哨，维持秩序。

召开机场护场委员会会议，研究解决新津机场秩序问题，修改机场规则，广泛向机场周围的群众进行宣传教育。

五、1990年7月14日，西南航空公司航空地面事故

1990年7月14日，西南航空公司运7－100型B－3479号机，执行4309航班由成都—武汉，在成都双流机场客机坪开车后，右发螺旋桨击中1名晚来旅客头部，旅客在被送往医院抢救的途中死亡，造成重大航空地面事故。

（一）事故经过

飞机预计9时起飞，西南航空公司商务部按正常的工作程序于8时45分广播通知上客。旅客登机结束后，服务员在清理登机牌时发现少1名旅客。商务值机员随即与该机乘务长一起在飞机上反复清点，查出是四川省德阳市直工委工作人员邵定恩未登机，要求机组等待。此后，又两次广播找人的同时，商务部值班领导带领人员在候机室巡查，均未找到该旅客。9时5分，商务部值班员和机组商定不再继续等待。飞机左右两台发动机均已起动时，9时10分左右，旅客邵定恩夹在另一出港航班的旅客中来到客机坪后，迅速奔向运7－100型B－3479号机，被在场的机务、武警等人员发现后，立即进行挡截，均未拦住，旅客邵定恩跑至机头右侧，被该机螺旋桨叶尖击中头部倒地，飞机关车，邵定恩在送往医院抢救的途中死亡。

（二）事故原因

此次事故的责任是由死者邵定恩的个人原因造成的。

六、1994年10月24日，西南航空公司航空地面事故

1994年10月24日，西南航空公司图154M型B－2615号飞机，执行4106航班夜航由北京回成都，飞至成都双流机场时，着陆方向，由北向南，在着陆滑跑中与四川航空公司电源车相撞，飞机与电源车均受损，造成重大航空地面事故。

（一）事故经过

当日23时3分，四川航空公司机务部特种车队司机杨西北、机械工徐松，酒后擅自驾驶XNC01－40002直流电源车进跑道玩，在跑道上由南向北行驶，至3号联络道口时，发现跑道北头有飞机着陆，随即操纵电源车右转脱离，在右转后的瞬间，与图154M型B－2615号飞机右翼相撞，飞机和电源车均损坏。

（二）飞机损坏情况

右翼前缘缝翼第三段擦伤890毫米×210毫米，其中有一处边长170毫米、140毫米、120毫米

的三角形破孔，并有多处凹坑。右外襟翼右下部蒙皮撕裂为330毫米×470毫米。右外侧襟翼第5个滑轨整流罩被撞凹，蒙皮撕裂980毫米×210毫米，框架变形。右外侧襟翼滑轨梁后整流锥变形上翘，蒙皮全部撕裂，框架严重损坏变形。

（三）整顿措施

事故发生后，四川航空公司将肇事者移交民航西南管理局公安局，依照法律程序对其进行严厉惩处。

四川航空公司决定从是年11月1日起，在全公司范围内开展以“严格纪律、作风、制度和管理，确保安全生产无事故”为内容的60天安全整顿活动。

七、1997年6月17日，西南航空飞机维修公司航空地面事故

1997年6月17日，西南航空飞机维修公司，使用千斤顶称重设备对海南省航空公司波音737-300型B-2937号飞机称重时，4个转接盘从千斤顶上滑脱，飞机4处损伤，直接经济损失达137.99万美元，造成特大航空地面事故。

（一）事故经过

当日，西南航空飞机维修公司在完成海南省航空公司波音737-300型B-2937号飞机的3C检后，首次使用从美国INTERCOMP公司购进的JW-4-350千斤顶式称重仪，对该机进行称重时，发生4个环形转接器同时从千斤顶称重仪上滑落，造成飞机前、后、左、右4处称重支承盘附近局部损伤。飞机损伤后，美国波音公司派AOG抢修队来现场抢修，于是年7月31日将飞机修复后交给海南省航空公司。波音公司从西南航空飞机维修公司收取材料费、工时费、运费、交通费、住宿费共计1379937美元。

（二）事故原因

美国INTERCOMP公司出售JW-4-350千斤顶称重仪时，提供了波音737型飞机不能使用的环形转接器，是未按合同要求供货。同时对此设备又未作出使用说明、培训示范和警示，是造成此起事故的直接原因。

附　录

一、领导名录

1986—2005 年民航成都管理局、民航西南管理局、民航西南地区管理局历任领导名录

表附 - 1

单位名称	职务	姓名	性别	民族	任免时间	备注
民航成都管理局	局长	蒋远猷	男	汉	1983.02.10—1987.07.13	
	副局长	周正权	男	汉	1985.03.20—1987.07.13	
		石克澄	男	汉	1985.03.20—1987.07.15	
	党委副书记	李全中	男	汉	1984.11.21—1987.07.13	
民航西南管理局、民航西南地区管理局	局长	蒋远猷	男	汉	1987.07.13—1992.04.07	
		王如芩	男	汉	1992.04.07—1995.10.17	
		周正权	男	汉	1995.10.17—1999.06.16	
		王存浩	男	汉	1999.06.16—2003.02.21	
		郭为民	男	汉	2003.02.21—	
	党委（党组）书记	蒋远猷（兼）	男	汉	1987.07.13—1992.04.07	
		王如芩（兼）	男	汉	1992.05.06—1995.10.17	
		周正权（兼）	男	汉	1995.10.17—1999.06.16	
		王存浩（兼）	男	汉	1999.06.16—2003.02.21	
		郭为民（兼）	男	汉	2003.02.21—	
	副局长	李全中	男	汉	1987.07.13—1990.11.08	
		周顺福	男	汉	1990.11.09—1992.03	
		王如芩	男	汉	1990.11.09—1992.04.07	
		罗崇友	男	汉	1992.04.07—1998.10.26	
		黄先诚	男	汉	1992.04.07—1995.10.17	
		冯大渝	男	汉	1993.11.24—1998.09.09	
		耿印才	男	汉	1993.11.24—1995.10.17	
		丁兰珠	男	汉	1995.10.17—2001.09.11	
		李顺华	男	藏	1997.01.03—2002.08.05	
		王存浩	男	汉	1998.08.10—1999.06.16	
		刘文岐	男	汉	1999.03.30—2004.07	
		杜发霖	男	汉	1999.11.03—	
		沈泽江	男	汉	2000.12.26—2005	
		覃章高	男	汉	2005.12—	

续表附－1

单位名称	职　务	姓　名	性　别	民　族	任免时间	备　注
民航西南管理局、民航西南地区管理局	党委副书记	李全中	男	汉	1990. 11. 08—1995. 11. 15	
		丁兰珠	男	汉	1992. 10. 22—1995. 10. 19	
		张智勇	男	汉	1995. 10. 19—2010. 4	
	纪委书记	李全中（兼）	男	汉	1987. 07. 13—1992. 04. 07	
		降兆荣	男	汉	1992. 04. 07—1997. 09. 02	
		胡勤	男	汉	1998. 03. 11—	
	工会主席	周仲琪	男	汉	2000. 02. 14—	

说明：1. 2003 年 8 月民航西南管理局更名民航西南地区管理局，管理局领导人职务不变；
　　2. 本表由民航西南地区管理局审核提供

1986—1997 年民航四川省管理局历任领导名录

表附－2

单位名称	职　务	姓　名	性　别	民　族	任免时间	备　注
民航四川省管理局	局长	李喜全	男	汉	1978. 12. 27—1992. 03. 23	
		周顺福	男	汉	1992. 03. 23—1997. 04. 15	
	党委书记	李喜全（兼）	男	汉	1984. 06. 19—1992. 03. 23	
		周顺福（兼）	男	汉	1992. 10. 22—1997. 04. 15	
	副局长	周顺福	男	汉	1983. 09. 12—1990. 11. 09	
		谢子金	男	汉	1985. 09. 26—1997. 04. 15	
		周庆祥	男	汉	1992. 03. 23—1997. 04. 15	
		赵江平	男	汉	1996. 01. 15—1997. 04. 15	
	党委副书记	刘家印	男	汉	1985. 09. 25—1996. 01. 15	
		孙孝义	男	汉	1996. 01. 15—1997. 04. 15	
	纪委书记	郭银俊	男	汉	1992. 05—1997. 04. 15	

说明：本表由重庆机场集团有限公司审核提供

1992—2005 年民航西南管理局航务管理中心、民航西南管理局空中交通管理局历任领导名录

表附－3

单位名称	职　务	姓　名	性　别	民　族	任免时间	备　注
民航西南管理局航务管理中心	主　任	李才来	男	汉	1992. 07. 10—1995. 12. 28	
	党委书记	吴仁珊	男	汉	1992. 07. 10—1995. 12	
民航西南管理局空中交通管理局	局　长	李才来	男	汉	1995. 12. 29—1999. 02. 28	
		刘文歧	男	汉	1999. 03. 31—2003. 01. 28	
		李宗冀	男	汉	2003. 01. 28—	
	党委书记	王加才	男	汉	1995. 12. 26—	
	党委副书记、纪委书记	覃琥诚	男	汉	2001. 01. 10—	保留副厅级
	党委副书记、工会主席	张振华	男	汉	1998. 12. 18—	保留副厅级

说明：本表由民航西南地区管理局空中交通管理局审核提供

1986—2005年中国民用航空飞行专科学校、中国民用航空飞行学院历任领导名录

表附-4

单位名称	职务	姓名	性别	民族	任免时间	备注
中国民用航空飞行专科学校	校长	边少斌	男	汉	1985.05—1987.12	
	党委书记	富允弼	男	汉	1985.05—1987.12	
	副校长	李懋友	男	汉	1982.11—1987.12	
		王存浩	男	汉	1985.05—1987.12	
		王如岑	男	汉	1985.05—1987.12	
		吴顺义	男	汉	1986.12—1987.12	
	党委副书记	边少斌	男	汉	1985.05—1987.12	
		诸葛升	男	汉	1985.05—1987.12	
中国民用航空飞行学院	院长	边少斌	男	汉	1987.12—1993.08	
		李懋友	男	汉	1993.08—1995.09	
		王世翔	男	汉	1995.09—1999.11	
		郑孝雍	男	汉	2000.05—	
	党委书记	富允弼	男	汉	1987.12—1991.03	
		李懋友	男	汉	1992.11—1993.08	
		饶盛春	男	汉	1993.08—1995.09	
		魏正清	男	汉	1995.09—2000.05	
		朱勇	男	汉	2000.05—	
	副院长	李懋友	男	汉	1987.12—1992.11	
		王如岑	男	汉	1987.12—1990.11	
		王存浩	男	汉	1987.12—1993.11	
		吴顺义	男	汉	1987.12—1989.05	
		吴学武	男	汉	1990.04—1995.10	
		郭玉杰	男	汉	1990.04—1992.03	
		王息盘	男	汉	1991.03—1992.12	
		郭为民	男	汉	1992.03—1995.09	
		游志庸	男	汉	1992.11—2002.12	
		王成彬	男	汉	1993.08—	
		李书文	男	汉	1996.06—	
		唐嗣远	男	汉	1997.04—	
		陈布科	男	汉	2003.01—	
	党委副书记	边少斌	男	汉	1987.12—1993.08	
		孙孝义	男	汉	1990.04—1995.09	
		饶盛春	男	汉	1992.04—1993.08	
		朱勇	男	汉	1995.09—2000.05	
		陈大伙	男	汉	2001.04—	
	工会主席	黄明顺	男	汉	1997.10—	
	总会计师	吴兴邦	男	汉	1993.08—	

说明：本表由中国民用航空飞行学院审核提供

1986—2005年中国民航局科学研究所、中国民航局（总局）第二研究所历任领导名录

表附-5

单位名称	职 务	姓 名	性 别	民 族	任免时间	备 注
中国民航局科学研究所	政 委	金载礼	男	汉	1985.05.27—1988.10.24	
	副所长	席伟德	男	汉	1985.05.27—1998.10.24	
中国民航局（总局）第二研究所	党委书记	王科士	男	汉	1988.10.24—1993.10.04	
	所长兼党委书记	宫国魁	男	汉	1992.11.13—1997.01.07	
	副所长	吴裕方	男	汉	1988.10.24—1997.01.07	
	党委副书记	蔡宝印	男	汉	1992.04.09—2000.05.15	
中国民航总局第二研究所	所长兼党委书记	李懋友	男	汉	1997.01.07—1999.07.16	
		刘雪松	男	汉	2000.05.15—2002.02.08	
		黄荣顺	男	汉	2003.05.24—	
	副所长	金尔文	男	汉	2000.05.15—	
		伊 群	男	汉	2003.06.12—	
		杨 军	男	汉	2003.06.12—	

说明：本表由中国民用航空局第二研究所审核提供

1987—2005年中国西南航空公司、中国国际航空西南公司、中国国际航空股份公司西南分公司历任司领导名录

表附-6

单位名称	职 务	姓 名	性 别	民 族	任免时间	备 注
中国西南航空公司	总经理	周正权	男	汉	1987.07.01—1995.10.17	
		王如岑	男	汉	1995.10.17—2000.01.17	
		王世翔	男	汉	2000.01.18—2002.09.30	
	党委书记	王炳生	男	汉	1987.08.11—1992.03.23	
		杨发高	男	汉	1992.04.07—1999.11.03	
		王世翔	男	汉	1999.11.03—2000.01.17	
		刘旭发	男	汉	2000.01.17—2002.09.30	
	副总经理	石克澄	男	汉	1987.07.15—1990.11.08	
		严达圣	男	汉	1990.11.08—2000.02.28	
		宋贤杰	男	汉	1990.11.08—1995.10.17	
		刘文岐	男	汉	1992.03.23—1999.03.13	
		成义如	男	汉	1994.08.10—2002.10.25	
		冯 刚	男	汉	1995.10.17—2002.09.30	
		赵兴明	男	汉	1997.10.07—2002.10.25	
	党委副书记	张泽恩	男	汉	1990.11.08—1995.10.17	
		周正权（兼）	男	汉	1992.05.11—1995.10.17	
		王如岑（兼）	男	汉	1995.10.17—2000.01.17	
		刘旭发	男	汉	1998.04.17—2000.01.17	
		王世翔（兼）	男	汉	2000.01.17—2002.09.30	
		叶祥春	男	汉	2001.04.13—2002.10.25	

续表附-6

单位名称	职务	姓名	性别	民族	任免时间	备注
中国西南航空公司	总飞行师	李淡行	男	汉	1987.07.15—1994.03.26	
		冯志新	男	汉	1994.08.10—1999.09.07	
		张五同	男	汉	2000.05.09—2002.10.25	
	总工程师	严达圣	男	汉	1988.06.13—1990.11.08	
		钟德超	男	汉	2001.11.08—2002.10.25	
	纪委书记	王兴顺	男	汉	1992.03.23—1998.04.17	
		叶祥春	男	汉	1998.04.17—2002.10.25	
	工会主席	黄能基	男	汉	1987.10.23—1992.05.07	
		李桂仁	男	白	1992.08.08—2002.10.25	
中国国际航空西南公司、中国国际航空股份西南分公司	总经理	成义如	男	汉	2002.10.25—2004.09.24	
		谭植洪	男	汉	2004.09.30—	
	党委书记	叶祥春	男	汉	2002.10.25—2003.07.17	
		陈树托	男	汉	2003.07.17—	
	副总经理	赵兴明	男	汉	2002.10.25—2005.12.15	
		张五同	男	汉	2002.10.25—2003.08.19	
		黄　斌	男	汉	2002.10.25—	
		李明荣	男	汉	2002.10.25—	
		姚　军	男	汉	2002.10.25—2003.12.24	
		张建英	男	汉	2004.02.26—	
		陈志勇	男	汉	2004.12.08—	
		徐　波	男	汉	2004.12.30—	
	党委副书记	罗国军	男	汉	2003.12.24—	
	纪委书记	罗国军	男	汉	2003.12.24—	
	工会主席	胡全江	男	汉	2002.05.13—	

说明：1. 2004年9月，中国国际航空西南公司更名为中国国际航空股份公司西南分公司，公司领导人职务不变；
2. 本表由中国国际航空股份公司西南分公司审核提供

1986—2005年四川省航空公司、四川航空公司、四川航空集团公司、四川航空股份有限公司历任领导名录

表附-7

单位名称	职务	姓名	性别	民族	任免时间	备注
四川省航空公司	总经理兼党委书记	朱宇平	男	汉	1986.11—1987.11	
		杜定欢	男	汉	1987.11—1992.05	
	副总经理兼党委副书记	韩行智	男	汉	1986.11—1987.07	1987.08—1987.11兼任党委副书记
	副总经理	张新华	男	汉	1986.11—1992.05	
		何　廉	男	汉	1987.09—1992.05	
		陈雪昭	男	汉	1991.11—1992.05	

续表附－7

单位名称	职　务	姓　名	性　别	民　族	任免时间	备　注
四川航空公司	总经理兼党委书记	杜定欢	男	汉	1992.05—1996.01	
		蓝新国	男	汉	1996.06—2002.07	2000.03—2002.08兼任党委书记
	党委书记	唐立平	男	汉	1996.06—1998.05	
	党委副书记兼纪委书记、工会主席	杨廷康	男	汉	1992.10—2002.06	1992.10—1998.04兼任纪委书记
	副总经理兼纪委书记	张新华	男	汉	1992.05—2002.02	1998.05—2002.02兼任纪委书记
	副总经理	何　廉	男	汉	1992.05—1992.12	
		朱　林	男	汉	1997.12—2002.07	
		王刘幸	男	汉	1997.02—2002.07	
		李海鹰	男	汉	2002.05—2002.07	
四川航空集团公司	总裁兼党委书记	蓝新国	男	汉	2002.08—	
	副总裁兼党委副书记	朱　林	男	汉	2002.08—	
	副总裁兼党委常委	王刘幸	男	汉	2002.08—	
	副总裁	李海鹰	男	汉	2002.08—	
		唐立平	男	汉	2002.08—	
	党委副书记	岳书群	男	汉	2002.08—	
	纪委书记、工会主席、党委常委	施志新	男	汉	2002.08—	
	总工程师兼党委常委	郭全芳	男	汉	2002.08—	
	总会计师	吴启敏	男	汉	2002.08—	
	总飞行师	周晓军	男	汉	2002.08—	
四川航空股份有限公司	董事长、总经理、党委书记	蓝新国	男	汉	2002.08—	
	董事、副总经理	王刘幸	男	汉	2002.08—	
		杨建新	男	汉	2002.08—	
	副总经理	李海鹰	男	汉	2002.08—	
		于修道	男	汉	2002.08—2004.03	

说明：本表由四川航空集团公司审核提供

1987—2005年成都双流机场、成都双流国际机场、四川省机场集团有限公司、成都双流国际机场股份有限公司历任领导名录

表附-8

单位名称	职　务	姓　名	性　别	民　族	任免时间	备　注
成都双流机场（1987—1995年） 成都双流国际机场（1995年11月30日更名） 四川机场集团有限公司（2004年3月29日成立） 成都双流国际机场股份有限公司（2004年10月28日成立）	经理	李广山	男	汉	1987. 07. 13—1989. 04	
		应维森	男	汉	1989. 04. 10—1993. 04	
	党委书记	应维森	男	汉	1987. 08. 11—1993. 02. 27	
		戴自勇	男	汉	1993. 02. 27—1999. 12	
		杜修明	男	汉	2002. 02. 04—	
	党委副书记、纪委书记	罗　栗	男	汉	1995. 10. 06—	
	总经理	张代学	男	汉	1993. 02. 27—1998. 10	
		杜发霖	男	汉	1998. 10. 14—1999. 12	
		潘校军	男	汉	1999. 12. 30—	
	纪委书记	唐易璋	男	汉	1991. 08. 22—1995. 12	
	工会主席	马泽福	男	汉	1991. 08. 22—2002. 05	
		王宜斌	男	汉	2002. 05. 20—	
	副总经理	吴光华	男	汉	1993. 02. 27—1998. 10	
		王瑞云	男	汉	1993. 02. 27—2000. 12	
		杜修明	男	汉	1994. 08. 29—1996. 11	
		杨太东	男	汉	1996. 12. 16—	2004. 11. 03任成都双流国际机场股份有限公司总经理
		左成全	男	汉	1998. 10. 14—	
		李灵翔	男	汉	1998. 10. 14—	
		何必胜	男	汉	1999. 12. 30—	
		刘克龙	男	汉	2001. 04. 18—	2004. 10. 15任成都双流国际机场股份有限公司党委书记
	副总经理、总经济师	潘刚军	男	汉	2002. 05. 14—	
	总工程师	曹幼虎	男	汉	2004. 03. 26—	

说明：1. 1995年11月30日，成都双流机场更名为成都双流国际机场；2004年3月29日，四川省机场集团有限公司成立；2004年10月28日，成都双流国际机场股份有限公司成立；
2. 本表由四川省机场集团有限公司审核提供

1990—2005年中国航空油料成都公司、中国航空油料西南公司、中国航空油料有限责任公司西南公司历任领导名录

表附-9

单位名称	职　务	姓　名	性　别	民　族	任免时间	备　注
中国航空油料成都公司	总经理	刘　分	男	汉	1990.05—1993.04	
	党委书记	曾泽庚	男	汉	1990.05—1993.06	
中国航空油料西南公司、中国航空油料有限责任公司西南公司	总经理	刘　分	男	汉	1993.04—1993.06	
		杜守本	男	汉	1993.06—1994.05	
		孙云峰（代）	男	汉	1995.05—1997.07	
		孙云峰	男	汉	1997.07—1999.06	
		蒋开俊	男	汉	2002.01—2004.01	
		杨　川	男	汉	2004.01—	
	党委书记	曾泽庚	男	汉	1993.06—1994.05	
		高廷贤	男	汉	1994.05—1997.11	
	副总经理	孙云峰	男	汉	1994.05—1995.05	主持行政工作
		蒋开俊	男	汉	1999.06—2002.01	主持行政工作
	党委副书记	杨　川	男	汉	2002.11—2004.01	主持党委工作

说明：本表由中国航空油料西南公司审核提供

1986—2005年民航一〇三厂、民航成都飞机维修工程公司、中国西南航空飞机维修公司、中国西南航空公司飞机维修基地、中国国际航空股份公司工程技术分公司成都维修基地历任领导名录

表附-10

单位名称	职　务	姓　名	性　别	民　族	任免时间	备　注
民航一〇三厂	厂　长	黄先诚	男	汉	1984.12—1990.03	
	党委书记	刘宜克	男	汉	1983.03—1990.04	
民航成都飞机维修工程公司	总经理	黄先诚	男	汉	1990.03—1992.04	
		钟显均（代）	男	汉	1992.03—1992.06	
		钟显均	男	汉	1992.06—1996.04	
	党委书记	钟显均	男	汉	1990.04—1994.12	
		阎求根	男	汉	1994.12—1996.04	
中国西南航空飞机维修公司	总经理	钟显均	男	汉	1996.04—1998.04	
		胡玉奇	男	汉	1998.05—2001.04	
	党委书记	阎求根	男	汉	1996.04—1998.04	
		郭兴汉	男	汉	1998.05—2001.04	
中国西南航空公司飞机维修基地	总经理	姚　军	男	汉	2001.04—2004.04	
	党委书记	郭兴汉	男	汉	2001.04—2004.01	
中国国际航空股份公司工程技术分公司成都维修基地	总经理	陈　洪	男	汉	2004.04—	
	党委书记	石国庆	男	汉	2004.04—	

说明：本表由中国国际航空股份公司工程技术分公司成都维修基地审核提供

二、大事记

1986 年

3 月 10 日 四川省人民政府发出《关于成立四川省航空公司的通知》；9 月 19 日，四川省人民政府批准成立四川省航空公司。12 月 20 日，朱宇平任四川省航空公司总经理。

6 月 20 日 经民航成都管理局工会委员会选举通过，并经管理局党委决定，戴自勇任管理局工会主席。

7 月 26 日 民航成都管理局被国家经委授予 1985 年度全国工业、交通、商业系统经济效益先进单位。

8 月 7 日 第七飞行大队波音 707 型 2418 号飞机机组乔保玺、刘长周、梁录星、赵克明、何运福、赵正合、张延平、高为发、冯忠诚、张胜国、孙芳萍、张倩、邓彩霞、丛小文、吴曼梅、健华、呙福中、马宗仕 18 人执行哈尔滨—广州—成都航班任务时，在空中扑灭了由两名罪犯在机舱中点燃的大火，成功地制止了一起纵火毁机事件，为保护国家财产和 152 名旅客生命安全作出贡献，受到民航局党委和民航局的奖励和通报，为机组记集体一等功并发给奖金。9 月 18 日，在成都双流机场召开立功授奖大会。

8 月 31 日 四川营山县 161 人食物中毒，民航成都管理局航行部门配合成都空军，将急救药品用直升飞机于 9 月 1 日晨空运至营山，中毒者全部转危为安。民航成都管理局调度室受到《四川工人日报》载文表扬。

9 月 18 日 民航四川省管理局重庆白市驿机场餐厅连续 3 年获全民航"优质服务活动奖杯"，被全国总工会授予"全国先进班组"称号。

9 月 22 日 民航飞行专科学校隆重举行建校 30 周年庆祝大会，民航局副局长阎志祥、四川省人民政府副秘书长岳忠、省高教局副局长倪晴以及民航局机关、民航各地区管理局、院校、科研所等领导和成都地区大专院校的代表共 120 多人出席庆祝大会。

1987 年

2 月 12 日 民航双流机场被全国绿化委员会授予全国绿化先进单位。

4 月 4 日　民航飞行专科学校二分校四大队在学生航行训练中，运 5 型 8394 号飞机因发动机故障，在四川省三台县境内迫降，人机安全。经过对飞机故障排除和对迫降场地检查论证后，该机于次日就地起飞安全返回遂宁机场。17—18 日，学校在二分校召开运 5 型 8394 号机组安全立功表彰大会。参加大会的有学校领导和校机关的代表，还有中共遂宁市委、遂宁市人民政府、遂宁军分区、三台县人武部、三台县公安局的负责人。大会上，对实施场外迫降成功的机组人员和对从迫降场地驾机飞回遂宁机场的机组人员分别给予记功和颁发奖金。

4 月 26 日　民航成都管理局体改办公室上报民航局《成都管理局体制改革方案的报告》。6 月 12 日民航局批复："一、同意按方案组建中国民用航空西南管理局、中国西南航空公司、成都双流机场三个单位；二、同意方案所规定的各单位划分范围和职责及其相互关系。在省局、航站未进行改革前，管理局的职能实行'双轨运行'，除执行新的职能外，还要继续按现在的职责实施对省局、航站的领导……"民航成都管理局体改试点工作开始进行。7 月，开始试运行。10 月 15 日，民航西南管理局、中国西南航空公司、成都双流机场正式成立大会在机场召开，民航局局长胡逸洲到会讲话。

5 月 19 日　国务院《关于重庆机场对外开放问题的批复》致四川省人民政府："同意重庆机场开放，开辟重庆—香港间的不定期包机航线，只限于我国籍飞机从该机场出入境……"7 月 23 日，重庆—香港不定期包机飞行通航。

6 月 24 日　民航西南管理局为四川省航空公司颁发航空运输许可证书。

8 月 1 日　开始执行民航局颁发的《取消飞机接收制度暂行规定》。

8 月 17 日　民航局通知：成立中国航材公司西南公司，任命黎茂章任公司经理。12 月 30 日，四川省经贸厅批准该公司的对外贸易权。1988 年 5 月 7 日，中航材西南公司正式成立。

9 月 12 日　民航局开辟拉萨—加德满都包机航线，由西南航空公司用波音 707 型 2412 号飞机飞行。

12 月 5 日　四川省航空公司购置的第一架运 12 型飞机抵达成都黄田坝机场。

12 月 15 日　国家教委批复民航局，同意将中国民用航空飞行专科学校升格为中国民用航空飞行学院，并设置飞机驾驶本科专业，学制 4 年。民航飞院由民航局和四川省人民政府共同领导，以民航局领导为主。在此之前的 5 月 7 日，四川省人民政府函复中国民用航空局：四川省人民政府同意中国民用航空飞行专科学校改为中国民用航空飞行学院。

12 月 25 日　由民航局主持召开的中国民用航空飞行学院命名大会在广汉院部举行。民航局副局长阎志祥、四川省人民政府副省长康振黄、国家教委计财局副局长徐敦璜、四川省教委副主任张风山等领导以及成都市有关部门、民航局机关、民航各管理局、公司、院校，成都地区各大专院校，学院及 4 个分院驻地的政府领导共 125 人出席。

1988 年

1 月 18 日　西南航空公司伊尔 18 型 222 号飞机执行北京—重庆航班飞行任务，因机械故障于 22 时 17 分在重庆市巴县金凤乡虎岩村失事。机上旅客和机组成员 108 人（其中中国旅客 94 人、日本旅客 3 人、英国旅客 1 人、机组成员 10 人）不幸全部遇难。

5 月 7 日　成都双流机场通过国家二级计量标准评审，成为民航系统第一个计量上等级的机场。

5月29日 由美国、英国、意大利、加拿大、澳大利亚、瑞士、挪威7个国家65名航空专家组成的国际航空安全访华团在美国联邦航空局前局长、退役空军中将恩金率领下由上海飞抵成都。30日，访华团部分成员在成都锦江宾馆与民航西南管理局、西南航空公司、成都双流机场部分业务部门负责人就航空安全中的飞机适航性检查、空中交通管制、空难事故调查等问题进行了座谈。下午，访华团部分成员参观了双流机场航行管制系统和飞行区域设施以及一〇三厂。31日，访华团部分成员访问了民航飞院，就飞行训练、机务维修、航行管制等问题进行广泛交流和探讨。6月2日，访华团由成都飞往昆明，访问民航云南省局。6月4日，访华团结束访问，从昆明经香港回美国。

6月24日 中国西南航空公司通过国家二级计量标准评审，成为民航系统第一个计量上等级的航空公司。

7月14日 四川省航空公司首航梁平、西昌成功。在此之前举行首航新闻发布会，四川省人民政府副省长马麟等领导出席。

7月23—25日 民航飞院首届教职工代表大会第二次会议在广汉院部召开，出席会议的正式代表159人，特邀代表13人。会议原则通过《民航飞行学院院长负责制工作条例》《民航飞行学院行政管理有关规定》《民航飞行学院教职工代表大会实施细则》和《民航飞行学院住房制度改革方案》4个文件。

8月9日 为期3天的民航西南管理局思想政治工作研讨会在成都召开。会议传达了民航珠海会议精神，就各单位开展思想政治工作的情况及经验进行研究讨论。

9月16日 民航飞院隆重举行保证安全飞行20周年庆祝大会。民航局、四川省、成都市等有关部门的领导参会。会上宣读了民航局给民航飞院记集体二等功的决定，表彰了保证飞行安全的先进单位和个人。

9月22日 西南航空公司从苏联引进的图154型飞机4架中的第一架由北京飞抵成都。

12月19日 民航飞院一分院贝尔206型7143号教练机在四川新津机场进行本场训练时发生一等事故，机上教员和学员各1人不幸遇难。

1989年

3月22—23日 德国汉莎航空学院院长哈姆斯一行到民航飞院友好访问。双方就有关飞行员培训等问题进行了广泛交谈，并就建立两院之间的友好合作关系签署了意向性的《备忘录》。

4月12日 中央军委主席邓小平为重庆江北机场题名。

4月18日至5月3日 民航西南管理局和西南航空公司完成首次空运新兵进西藏和老兵出藏任务。

5月29日 经四川省计经委节能办等单位专家评审验收，西南航空公司被评定为国家节能管理二级企业，成为民航系统第一个节能管理达国家级标准的航空公司。

6月6日 民航西南管理局下发《关于成立通信总站的通知》。7月15日，民航西南管理局通信导航总站正式成立。

6月27日 全国民航第一个卫星通用电脑订座系统在西南航空公司成都售票处通过鉴定验收，成为首家试用卫星电脑订座，并获成功。

11 月 3 日 中国西南航空公司波音 707 型 2402 号飞机梁录星机组执行哈尔滨—广州航班任务时，一名歹徒劫机。飞机于当日下午 18 时 14 分安全降落广州白云机场，歹徒郭庆丰就擒。1990 年 1 月 3 日，国务院颁发嘉奖令，授予中国西南航空公司波音 707 型 2402 号飞机机组“中国民航英雄机组”称号。

1990 年

1 月 20 日 重庆江北机场通过国家级验收。国家验收委员会由重庆市人大常委会主任于汉卿率领，重庆市、中国民用航空局基建机场司、国家交通投资公司、国家交通投资公司民航铁路项目部、民航西南管理局、重庆市计划委员会、重庆市城乡建设管理委员会等单位领导共 37 人组成。

1 月 22 日 重庆江北机场正式开航。参加开航典礼的有国家领导人廖汉生、四川省人民政府副省长马麟、重庆市人大常委会主任于汉卿、重庆市人民政府市长孙同川、民航局局长胡逸洲、民航西南管理局局长蒋远猷、民航西南管理局副局长李全中以及省市有关单位和民航各单位负责人。

1 月 23 日 民航泸州蓝田机场管理处成立，该管理处由泸州市人民政府领导，归口于泸州市计划经济委员会。1997 年 3 月，改名为泸州市民航管理局。

2 月 12 日 美国运载亚洲一号卫星的波音 747 型飞机在西昌机场安全降落。至此，西昌青山机场成为中国继北京首都、天津张贵庄、上海虹桥、广州白云 4 个机场之后，第五个起降波音 747 型大型飞机的机场。

3 月 12 日 经民航局批准，民航一〇三厂更名为中国民用航空成都飞机维修工程公司。

4 月 1 日 泸州蓝田机场正式开航。四川省航空公司担任成都至泸州的首航任务。首航机型为国产运 7 型飞机。

5 月 18 日 中国西南航空公司成立中国西南航空公司重庆分公司（第二基地）筹备组。6 月 1 日，中国西南航空公司重庆分公司在重庆飞行大队基础上开始筹建，7 月 1 日试运行。7 月 17 日，民航局批准成立中国西南航空公司重庆分公司。12 月 26 日，中国西南航空公司重庆分公司对外宣布正式成立。

7 月 14 日 乘坐成都—武汉 4309 航班的旅客邵定恩（中共德阳市委干部）因未能按时登机，仓忙之中误撞在已开车的西南航空公司运 7 型 3479 号飞机螺旋桨上，当场死亡，在双流机场造成一起航空地面安全方面的意外死亡事故。

9 月 15 日 民航西南管理局保密委员会被四川省保密委员会评为四川省保密工作先进单位。

9 月 26 日 民航局批复同意中国航空油料公司各地区公司的名称，其中包括中国航空油料公司成都公司。1993 年 11 月 7 日，中国航空油料公司成都公司更名为中国航空油料西南公司。

11 月 20—24 日 民航西南管理局老干部工作会议在成都召开。会议由管理局局长蒋远猷主持，民航局老干部局局长蒲中意参会并讲话。民航云南、贵州、四川省局、飞机维修工程公司政治部主任、党委副书记、老干部代表等 38 人参加会议。

11 月 29—30 日 民航局局长胡逸洲到民航飞院考察工作，并到二、三分院检查飞行训练情况。

1991 年

1 月 19 日 成都双流机场被民航局评为“全民航卫生十佳机场”。

3 月 5 日 航空航天工业部、中国民航局联合授予四川省航空公司运 7 型飞机“双十五万”先进集体荣誉称号。公司总经理杜定欢赴京参加表彰和经验交流会。国务院总理李鹏接见会议代表。

3 月 15—21 日 民航飞院和四川大学联合研制的 DRS－90 航管雷达模拟机被民航局指定参加首届全国工业企业技术进步成就展览。4 月 23—24 日，民航局在民航飞院主持召开 DRS－90 航管雷达模拟机技术鉴定会，经过专家论证及现场检验通过鉴定，认为该雷达模拟机在性能和功能上，均达到国际同类型航管雷达模拟机的先进水平。

3 月 29 日 美国波音飞机公司租用民航广州管理局波音 757 型飞机试飞成都—拉萨成功。这次试飞表演为成都—拉萨航线机型选择提供了参考条件。民航局副局长李钊、顾问胡逸州及民航西南管理局局长蒋远猷参加试飞表演。

4 月 2 日 香港港龙航空公司使用波音 737 型飞机首航香港—成都。

5 月 28 日至 6 月 1 日 民航教育工作会议在民航飞院召开。民航局局长蒋祝平到会讲话。其间，蒋祝平对民航飞院工作进行考察，并对该院教学改革和准军事化管理给予肯定。

6 月 4—5 日 民航飞院一个训练分院迁建洛阳协议书的签字仪式在广汉院部举行。民航局科教司司长李振达，洛阳市代表团团长、洛阳市副市长白光弟分别代表中国民航局和洛阳市人民政府在协议书上签字。

11 月 20 日 四川省航空公司购置的第一架图 154 型 2624 号飞机抵达双流机场。四川省人民政府副省长蒲海清等及公司领导前往机场迎接。1992 年 1 月 4 日，四川省航空公司在成都锦江宾馆隆重举行图 154 型飞机首航北京新闻发布会。

12 月 10—12 日 民航飞院第一期首批本科生飞行毕业考试在广汉机场举行，34 名毕业生在毕业考试中取得优异成绩。民航局副局长李钊、民航各直属航空公司和部分地方航空公司的领导、专家参加了飞行毕业考试。

1992 年

1 月 11 日 民航西南管理局在广汉召开民航西南地区航空运输销售代理人工作会议。会议总结了 1991 年销售代理人工作情况，并给经检查合格的 29 家代理人颁发了正式标牌。

1 月 18 日 四川省人民政府副省长谢世杰主持召开第 59 次省长办公会议，研究双流机场扩建工程问题。与会人员在听取了民航西南管理局关于扩建双流机场方案的汇报后，对扩建的方案、资金筹集等问题进行了研究。

2 月 25 日 根据民航局发《关于颁发民航公安机构编制的通知》，民航西南管理局公安处正式更名为民航西南管理局公安局。

4 月 4 日 四川省公安厅将在双流机场工作的消防官兵 31 人以及设施设备正式移交双流机场，从即日起由机场承担消防任务。8 月 25 日，四川省公安厅将机场安全检查站官兵 55 人以及设施设备正式移交双流机场。

5 月 7 日 四川省人民政府同意四川省航空公司更名为四川航空公司。

5 月 14—17 日 全国交通战备工作会议和全军部队军事交通工作会议在浙江定海市召开。会上，成都双流机场、民航四川省局交通战备办公室受到国务院、中央军委交通战备领导小组表彰，并被授予“七五”期间交通战备先进单位光荣称号。

6 月 15—18 日 民航西南管理局召集双流机场、西南航空公司、四川航空公司、成都飞机维修工程公司，以及省、市有关单位领导，在峨嵋山召开成都双流机场总体建设发展、规划协调会。会上，各代表对机场飞行区和航站区的生产、生活设施建设方案达成基本一致的意见，形成《规划要点》，初步切块划分了驻场各单位的发展范围。

6 月 26 日 民航局同意民航飞院筹建长城航空公司，该公司具有企业法人资格，经营使用的飞机暂放重庆江北机场，经营经民航局批准的国内航空客货邮运输业务。7 月 21 日，民航局批复同意颁发长城航空公司经营许可证，公司总经理王息盘。9 月 12 日，长城航空公司举行重庆—北京首航式，正式投入运营。

6 月 30 日 民航飞院遂宁航空站正式成立。

7 月 3 日 四川省人民政府副省长蒲海清召集民航西南管理局、民航四川省局和四川省、成都市有关厅局领导，就双流机场国际联检场地改造问题进行研究讨论。会议认为，在双流机场改扩建前，必须将现有联检场地改造为出、入境双通道，以便请求国家尽快批准双流机场为国际开放机场。7 月 16 日，四川省人民政府副秘书长许忠民带领省、市有关单位领导在双流机场召开现场办公会议，研究双流机场国际联检场地重新调整、改造问题。

7 月 4 日 西南民航各有关单位和双流县人民政府在双流召开成都双流机场总体建设发展规划与双流县经济发展建设规划协调工作座谈会。双方就机场建设中存在的问题进行了认真研究、协调。

7 月 10 日 民航西南管理局航务管理中心成立。航务管理中心属事业单位，行使部分政府职能，为独立核算的自收自支预算管理单位，隶属民航西南管理局。李才来任航务管理中心主任，吴仁珊任航务管理中心党委书记。

9 月 10 日 中国西南航空公司使用波音 757 - 200 型飞机首航拉萨成功，民航局局长蒋祝平、民航西南管理局副局长黄先诚参加首航仪式。从此，“世界屋脊”航线有了跨世纪的换代机型。

9 月 29 日 在双流机场会议室召开《成都双流机场改扩建工程预可性研究报告》讨论会。会议由民航西南管理局副局长黄先诚主持。会议代表一致同意对双流机场按国际一级口岸机场、飞行等级标准按 4E 进行扩建。

10 月 18 日 宜宾民航机场管理处成立。1993 年 1 月 7 日改名为宜宾民航管理处。该管理处由宜宾市人民政府领导，归口于市政府办公室。

10 月 30 日 民航西南管理局、中国西南航空公司领导参加由四川省人民政府副省长刁金祥在四川省人民政府会议室召开的研究四川省尽快实施对外开航的有关问题的会议。会议认为，四川省必须抓住国务院有关部门批准可以从四川省先开通 4 条国际包机航线政策的有利时机，应尽快组织、实施对外开航。

11 月 5 日 民航西南管理局决定，委托民航四川省局对万县、泸州、宜宾民航管理处行使行业管理。

12 月 7 日 中国西南航空公司使用波音 707 型 2418 号飞机首次完成国际货物包机任务，从俄罗斯的伊尔库茨克直返成都，揭开了四川产品直接“借空出境”的序幕。

1993 年

1 月 7 日 四川省人民政府副省长肖秧在省政府召开民航工作汇报会。会上，民航西南管理局局长王如岑就民航成都地区目前的状况和存在的主要问题作了详细汇报。肖秧听取汇报后，对双流机场改扩建工程、航油供需矛盾以及民航职工户口入城等问题提出了解决的具体方案和步骤。

3 月 3 日 双流机场被民航局评为 1992 年度民航“十佳卫生机场”。

5 月 4 日 双流机场改扩建工程现场指挥部正式挂牌成立，各部、室人员基本就位。经民航总局和四川省人民政府同意，民航西南管理局副局长黄先诚任指挥长。

5 月 8 日 四川省地方志编纂委员会对民航西南管理局修志工作进行表彰，民航西南管理局修志办公室被评为先进集体。

5 月 28—30 日 台湾远东航空公司代表和中华电视公司记者、中央通讯社记者、《中国时报》记者一行 10 人到民航飞院访问。

6 月 14 日 双流机场改扩建工程规划建设协调领导小组成立，民航西南管理局副局长黄先诚任组长。协调小组负责协调民航内部工作，民航西南管理局对驻场各单位的发展进行统一规划、统一设计、统一实施。

7 月 2 日 民航西南管理局召开副处以上干部会，局长王如岑根据民航总局批文精神，宣布西南机场建筑设计所设计资格由丙级升为乙级，该所机构由副处升为正处。同时，为适应航空事业发展需要，成立西南机场建设咨询监理所，该所为民航西南管理局直属的相当于正处级的全民所有制事业单位。

7 月 30 日 民航总局同意民航飞院下属的一、二、三、四分院分别更名为中国民用航空飞行学院新津分院、广汉分院、洛阳分院、绵阳分院。更名后的各分院仍为行政副司局级单位。

8 月 9—18 日 为确保第七届全国运动会四川赛区各地到会党政领导、体育代表团队乘坐民航班机的绝对安全，民航西南管理局公安局进行了为期 10 天的以飞行控制区秩序和场面交通秩序为重点的安全整顿。

9 月 23 日 民航飞院（洛阳）三分院 12 架 TB－20 型飞机，1 架运 7 型飞机安全飞抵洛阳机场。至此，三分院从 8 月 14 日开始自广汉搬迁洛阳的工作结束。11 月 23 日，洛阳分院举行搬迁洛阳后的开飞典礼，民航总局顾问徐柏龄代表总局领导、总局机关参加并讲话。

9 月 30 日 四川航空公司 2625 号飞机在执行济南—广州航班任务时，被歹徒杨明德、韩凤英夫妇以暴力手段劫持到台北。该机当晚返回广州。

10 月 5 日 民航飞院开办的首届国际雷达航管培训班开学。这次接受培训的有来自马来西亚、伊朗、印度尼西亚 3 个国家的航行管制人员、民航各管理局和民航飞院的航管人员。培训班使用民航飞院和四川大学共同研制的二次雷达模拟机进行教学。

12月　国家爱卫会和民航总局联合命名重庆江北机场为国家卫生机场。

1994年

2月15日　四川航空公司408航班执行万县—成都任务时，万县机场调度室人员因替他人候补机票未果而拒绝签字放飞，造成飞机延误1小时16分的人为责任事故。为严肃纪律，万县机场党组决定给予该调度人员行政记过处分及相应的经济处罚。

2月18日　西南航空公司波音737型2599号飞机执行4567航班长沙—福州任务，于10时5分经福建南平上空时，被歹徒林文强劫持。机上有中外旅客123名，为保证人机安全，10时50分，飞机安全降落在台湾桃园机场。16时20分，飞机安全返回福州机场。

3月28日　民航西南管理局公安局以交警队为基础，成立成都市公安交通管理局双流机场大队，对内为成都市公安局交通警察支队双流机场大队，列入成都市交通警察序列，对外一律以机场大队的名义实施交通管理，其业务工作受民航西南管理局公安局和成都市公安交通管理局双重领导。

5月中旬　民航西南管理局组织为期18天的西南地区安检工作交叉检查，检查组对西南地区15个场站的空防措施落实情况、安检人员培训、规章制度的建立与健全等6类43项工作内容进行了全面细致的检查。经评比，双流机场安检站以97.5分的总成绩荣登榜首。

5月17—18日　民航西南地区1994年第一次“日贷”工程会议在双流机场召开，民航总局日贷办主任、航行司副司长及民航西南管理局副局长耿印才到会讲话，会议通过《西南“日贷”工作报告》和《西南地区1994年下半年“日贷”工程进度计划》。

7月7日　民航西南管理局公安局刑警队更名为民航西南管理局公安局刑警大队，并同时挂“民航西南管理局公安局缉毒、缉私大队”牌子。

7月31日至8月6日　民航飞院模拟中心通过美国联邦航空局（FAA）的技术等级鉴定，各项设备均获得合格证。

10月28日　四川航空公司机务部职工杨西北、徐松两人酒后擅自驾驶电源车冲入跑道，与西南航空公司执行4106航班任务的图154型2615号飞机着陆滑跑中右机翼相撞，造成飞机受损的严重飞行事故征候。12月15日，民航西南管理局公安局召集驻双流机场各单位，在双流机场召开公捕大会。根据双流县人民检察院批准的逮捕书，对犯罪嫌疑人杨西北、徐松进行逮捕，移交双流县人民检察院依法进行处理。1995年3月21日，成都市中级人民法院在成都双流机场俱乐部召开公审大会，对杨西北和徐松进行审判。法院以危害公共安全罪判杨西北有期徒刑14年、徐松有期徒刑15年。

11月9日　民航驻双流机场各单位党委联合举办纪念“两航起义”45周年座谈会。

1995年

1月8日　民航成都区调带班主任周存山在雷达上发现2918号飞机和2839号飞机在重庆区域两

机同高度汇聚飞行，又因两机不在同一频率无法联系。情况紧急，周存山及其班组沉着冷静地调度指挥，成功地避免了一起因管制人员疏忽而可能造成的危险接近。1月12日，民航西南管理局通报表彰周存山班组有效地制止了这一起因管制人员疏忽而可能造成的危险接近。

1月17—20日 民航西南管理局召开公安保卫工作会议。民航西南管理局、各省（区）局，各航空公司、航管、油料、成都维修公司，双流机场、地方机场主管安全工作的领导和公安保卫部门负责人以及成都、昆明、重庆、贵阳、拉萨安检站站长等共50余人到会。管理局党委副书记李全中、民航总局公安局副局长王守信参加会议，四川省公安厅厅长牛平、副厅长李德辉到会祝贺。会后，各单位在1994年签订《安全消防责任书》的基础上，再次向管理局签订了《1995年安全防火目标管理责任书》。

4月6日 民航西南管理局成立航空安全办公室。航空安全办公室为民航西南管理局机关职能部门，规格为正处级，具体负责西南地区的民航飞行安全及其综合管理工作。

4月28日 成都—昌都航线正式通航。中国西南航空公司使用波音757-200型飞机航行。国家副主席胡锦涛致通航贺电，全国人大常委会副委员长帕巴拉·格列朗杰、中央军委总参谋部、西藏自治区和昌都地区的党政领导人及民航等单位的有关负责人参加通航庆祝大会。

5月3日 民航西南管理局成立航空安全委员会，民航西南管理局局长王如岑任主任，副局长耿印才、冯大渝，航管中心党委书记吴仁珊任副主任。明确航空安全委员会是民航西南管理局对民航西南地区航空安全实施综合管理和监督检查的权威机构，同时制定了航空安全委员会的职责。

5月11—12日 民航西南管理局召开1995年西南地区企业管理工作会议，会议由民航西南管理局副局长罗崇友主持。会议明确了民航西南管理局机构改革方向和地区空中交通管理机构的职责，理顺民航省局与航空公司分公司的相互关系，并讨论了民航主、副业分离、整顿航空运输市场、制止空运市场的不正当竞争等问题。

8月14日 四川省交通厅（川交路）文件批复：成都双流机场公路（K10+940至K11+800段）产权有偿划给双流机场，由机场统一管理。以法定的评估值作为四川省对成都双流机场改扩建工程的部分投资。

11月29日 国务院副总理邹家华视察成都双流机场。双流机场总经理张代学汇报了机场安全、服务和生产经营等情况。

11月30日 民航总局根据国务院有关规定及成都双流机场的使用性质，同意成都双流机场更名为成都双流国际机场。

12月18日 民航西南管理局成立民航西南机场建设公司，为全民所有制事业单位（企业化管理），隶属于民航西南管理局，业务上受民航西南管理局机场处指导。其主要职能是承担机场设计（包括选址、预可行性研究、可行性研究、飞行程序等）监理、咨询、工程承包等机场建设任务。1996年4月9日，该公司在四川省工商行政管理局注册，名称为四川西南民航机场建设有限责任公司，具有法人资格。

12月25—26日 民航飞院召开首届科技大会。民航飞院领导及各单位有关负责人出席会议。院长王世翔、党委书记魏正清讲话，副院长游志庸作科技工作报告。会议在贯彻民航科技大会精神的基础上，提出“科技兴校”战略。大会表彰了5个科技先进集体、9名先进个人，讨论了科研项目、科研经费、科研成果3个管理办法。

12 月 29 日 民航西南管理局空中交通管理局成立大会在成都召开。

1996 年

1 月 18 日 民航总局通知：民航成都飞机维修工程公司正式划归中国西南航空公司管理，更名为西南航空飞机维修公司。

1 月 25 日 四川省人大常委会外事侨务委员会一行 10 人对民航西南管理局所属四川省内各单位贯彻执行国家有关民航的法律、法规和政策的情况进行检查。

2 月 12 日 民航西南管理局召开大会，表彰荣获公安部集体一等功，民航总局公安局分别授予个人二等功和三等功的民航西南管理局公安局“94710”专案组及有功人员。民航西南管理局副局长丁兰珠参会。

3 月 1 日 民航西南管理局召开《中华人民共和国民用航空法》正式施行的新闻发布会。会后，在民航西南管理局统一部署下，民航驻双流机场各大单位在成都双流国际机场和成都市内展开宣传民航法的活动，从上午 10 时到下午 14 时，共散发宣传资料、释义，单行本等 7 种材料 12300 份。

3 月 22 日 《中国民航报》成都记者站在成都成立。

4 月 11 日 中国西南航空公司获得国际航空运输协会（IATA）批准成为该组织的正式会员。

5 月 24 日 民航西南管理局成立《西南民航志》编纂委员会，民航西南管理局局长周正权任主任，局党委副书记张智勇任副主任。委员 12 人由西南民航各单位领导组成，编委会下设办公室及编辑室。

同日 周正权带领工作组对四川航空公司前段时间安全严重滑坡的现状进行检查、指导和座谈，并提出 4 点意见。随后，民航西南管理局就此情况向四川省人民政府提交专题报告。

5 月 民航飞院院长王世翔在美国与波音公司签署《波音—飞行学院支援项目，飞行学院教师及管理培训协议》。按照协议，波音公司在之后的 3 年中，将在美国佛罗里达技术学院为学院培训 36 名飞行教师、9 名理论教师和 9 名管理人员。

6 月 1 日 中国西南航空公司员工捐款 20 万元修建的“西南航空希望小学”在四川省仪陇县奠基。

7 月 19 日 民航西南管理局牵头在成都召开民航西南地区修志工作会议。会议主要传达、学习全国地方志第二次工作会议精神，研究落实《西南民航志》编纂任务。民航西南地区各单位的办公室主任等 16 人参会。

8 月 7 日 民航西南地区首期维修监督委任代表培训班在成都举办，各航空公司、民航飞院和空军五七〇一厂的 30 名质量管理骨干参加学习。经严格的资格审查，首批 8 人获得适航司正式委任。

8 月 28 日 民航飞院被国家教委评为“全国高等学校贯彻《学校体育工作条例》优秀学校”。

9 月 18 日 民航西南管理局机关党委召开会议，就“党群、人劳、计划部门围绕安全工作如何做到‘关口前移’”主题，运用系统论、控制论、信息论三大科学体系开展讨论。会议形成的纪要被民航总局政治部、航安办肯定并转发全国民航。

9 月 22 日 民航飞院举行建校 40 周年庆祝大会。来自民航总局、民航各大单位和地方政府的代表以及民航飞院教职工 2600 余人参加庆祝大会。为搞好庆祝活动，民航飞院组织文艺节目，出版

《飞行学院四十年》《学院大事记》《规章制度汇编》《论文集》和纪念画册，拍摄专题片《奋飞》，举办院史展览。

10月12日 民航飞院与宁波市就长城航空公司迁址问题进行协商并达成协议。

10月30日零点 民航成都双流地区5000门程控电话交换机正式开通，机场内线电话升为7位，即在分机号码前加570。此项工程的正式运行，标志着机场的有线通信从此告别了落后的局面，为民航西南地区安全、生产、服务工作提供了有力的通信保障。30日上午，在成都举行隆重的开通典礼。

11月1日 中国民航总局、美国GEAE和法国CFMI公司联办的发动机维修培训中心开业典礼在民航飞院举行，总局科教司、外方代表、航空公司代表和民航飞院领导等70余人参加开业典礼。该中心专门从事GEAE和CFMI民用航空发动机本体、系统和附件维修的培训。

12月1—3日 民航西南地区日贷工作会议在西昌召开。会议传达全国民航日贷办主任会议精神，总结“八五”计划期间西南地区日贷工作情况，布置1997年“八五”计划期间日贷工作全面结束保障工作。

1997年

1月2日 民航西南管理局下发《民航西南地区创建精神文明精品服务样板活动的实施方案》。“九五”计划期间，西南地区列入创建民航总局精品服务样板的有1个文明机场、4个文明售票处和8个文明航班。

1月28日 中国西南航空公司获民航总局1996年度飞行安全最高奖“金鹏杯”。

3月17日 民航总局批复同意成立民航重庆市管理局。

3月28日 民航飞行学院和四川联合大学共同成功研制的“DPS－95程序管制模拟机”顺利通过民航总局组织的专家组技术鉴定。该模拟机是国内首次参照国际民航组织（ICAD）053课程标准，结合中国空中交通管制工作实际和发展需要研制发展的程序管制模拟设备。

3月30日 经民航总局批准，长城航空公司将基地从重庆机场迁往浙江宁波机场。

4月7—11日 民航总局、空中客车工业公司在民航飞院召开“人为因素研讨会”。来自民航总局、各航空公司、管理局、院校及空军的150余名代表参会，会议主要就人/机界面与自动化、培训、营运、航空公司环境等问题进行了研讨。

4月9日 以加拿大魁北克省自然资源部部长益·雪费莱特为团长的魁北克政府代表团一行24人，在国务院特区办公室人员陪同下到民航飞院进行友好访问。

同日 民航西南管理局副局长罗崇友率工作组赴重庆，就全国人大通过重庆市成为国务院直辖市后，西昌、达县、南充航站成建制划归成都双流国际机场的有关事宜进行协调。4月10日，西昌、南充、达县3个机场交接仪式在双流国际机场举行，由罗崇友主持，民航四川省管理局局长周顺福和成都双流国际机场总经理张代学代表双方在协议书上签字。

4月18日 民航重庆市管理局正式挂牌成立，原民航四川省管理局撤销。

7月2日 民航西南管理局决定成立民航西南管理局国防动员委员会及国防动员办公室，民航西南管理局副局长丁兰珠、局党委副书记张智勇分别担任委员会正、副主任。

7月3日 绵阳南郊机场建设破土动工。

9月2日 中国西南航空公司被中国质量管理协会、全国总工会、中国科学技术委员会、共青团中央联合授予“全国质量管理小组活动优秀企业”称号，成为民航唯一获此殊荣的企业。

10月17日 民航西南管理局下发《民航西南管理局公安机构管理体制改革具体实施方案》，将原民航西南管理局公安局的一部分划归成都双流国际机场，成立民航西南管理局公安局成都双流国际机场公安分局，并在12月开始进入试运行阶段。

11月14日 瑞士航空公司向民航飞院免费提供价值50万美元的飞行训练CBT软件，其中包括初始飞行训练软件WINGS、FMS训练软件及夏延型飞机飞行训练CBT软件等。

11月26日 民航成都地区老干部工作领导小组在成都召开工作会议，讨论并通过《民航成都地区体改前离退休人员管理体制深化改革的实施方案》《民航成都地区离退休管理部门共有财产划分方案》《关于体改前离退休人员管理体制深化改革的实施步骤》。民航西南管理局党委副书记张智勇参会并讲话。

12月22—26日 根据国家教委《关于普通高校校园、学生学习和生活环境评估检查指标体系》的要求，受民航总局委托，四川省教委组成校园文明建设检查组一行17人到民航飞院对该院创建文明学校工作进行全面检查验收。经过为期5天的检查，民航飞院被评为优秀，受到检查组充分肯定和高度评价。

1998年

1月7日 民航飞院获得民航总局授予的1997年通用航空安全最高奖——“航空安全金鸥杯”。

1月21日 民航西南管理局副局长丁兰珠到成都飞机工业公司为华西通用航空公司颁发经营许可证。3月2日，经民航总局核准，民航西南管理局为该公司颁发通用航空企业经营许可证。

3月4日 长城航空公司田春月机组驾驶波音737－200型2506号飞机执行宁波—晋江航班任务，正确处置了4号燃油喷嘴止动保险片磨损引起压紧螺帽松动致使右发动机突然停车的特情。10月30日，民航飞院通报表彰了田春月机组，给机组记集体三等功1次，奖励人民币1万元；给责任机长田春月、杨津川各记二等功1次。

3月6日 民航飞院洛阳分院召开熊良健机组表彰大会。熊良健机组在1997年12月15日正确处置TB20型8918号飞机因机械原因致使起落架放不到位的特情，民航飞院给熊良健记二等功1次，机组记集体三等功1次，奖励机组人民币6000元。

3月18日 民航西南管理局党委决定，成立成都双流国际机场扩建指挥部临时党委。临时党委由戴自勇、罗崇友、陈正洪、王从贵、李灵翔5人组成，戴自勇兼任书记。临时党委隶属民航西南管理局党委。4月9日，民航西南管理局党委决定，成立成都双流国际机场扩建指挥部临时纪委，李灵翔兼任纪委书记。

5月11日 民航西南管理局下发《关于民航总局第二研究所划归民航西南管理局管理有关问题》的通知，明确了对民航第二研究所的隶属关系。

5月18日至6月10日 应四川省人民政府要求，民航飞院广汉分院出动运7型3480号飞机，在绵阳、南充等13个地、市的50多个县（区、市）境内进行人工催化增雨作业任务，先后出动飞机9架次，累计飞行作业时间25小时35分，撒播催化剂1080升，作业影响区达17.13万平方千米，共增雨折水6.19亿立方米，为四川省抗旱救灾作出了积极贡献。6月22日，四川省人民政府分别向民航飞院和广汉分院赠送了锦旗。

8月6日 四川九寨黄龙机场建设有限责任公司成立，2004年9月，该公司更名为四川九寨黄龙机场有限责任公司。

10月7—8日 民航飞院召开教学改革研究会。民航飞院领导和各分院、航站及机关有关部门领导、专家、教授30余人参加会议。会议着重就教改原则、培养目标定位、训练模式、训练布局、理论教育与飞行训练的衔接、机型选定、投入资金、经济效益等重大问题进行深入研讨。

11月20日 中国西南航空公司空中客车340-300型双通道宽体客机首航成都—拉萨航线成功，并投入运营。全国人大常委会副委员长帕巴拉·格列朗杰和西藏自治区党政领导，民航总局办公厅副主任安金林、中国西南航空公司总经理王如岑等参加首航仪式并讲话。

同日 四川攀枝花市成立攀枝花机场建设公司；1999年8月12日，攀枝花机场建设公司改名为攀枝花机场建设有限责任公司；2003年11月19日，又改名为攀枝花市保安营机场有限责任公司。

1999年

1月19日 民航飞院连续3次夺取通用航空安全最高奖“航空安全金鸥杯”。民航总局授予民航飞院“航空安全金鸥杯三连冠单位”荣誉称号，同时给予院长王世翔和副院长李书文各记功1次。

2月26日 中国西南航空公司、法国斯奈克玛公司、美国威利斯公司、北京凯兰公司共同合资组建的四川斯奈克玛航空发动机维修有限公司举行合同文本签字仪式。7月8日，四川斯奈克玛航空发动机维修有限公司正式挂牌开业。2000年10月20日，民航西南管理局向该公司颁发维修许可证。10月25日，该公司首台CFM-56发动机交付仪式在成都举行。

2月24日 中国西南航空公司4509航班图154M型2622号飞机在温州失事。当天，民航西南管理局成立以局长周正权为组长的事故调查组，局党委副书记张智勇带领工作组立即前往温州协助事故调查和处理善后工作。

4月2日 民航飞院与四川大学联合研制2台DRS-98型航管雷达模拟机在昆明安装调试完毕，并通过验收，提供昆明世博会期间航班流量的需要。

4月29日 民航总局在民航飞院召开该院发展规划座谈会，民航总局副局长杨元元，飞标司、人教司、规划科技和体改司领导和专家，国内14家航空公司及民航飞院代表等60余人参加会议。

8月24日 民航西南管理局下发成都双流国际机场扩建工程项目法人责任制实施方案，成立成都双流国际机场扩建机场工程指挥部、成都双流国际机场扩建航管工程指挥部、成都双流国际机场扩建供油工程指挥部。撤销原成都双流国际机场扩建指挥部。

8月30日 全国民航援藏工作座谈会在成都召开。民航总局人教司副司长谭万庚主持会议，民航总局党委委员、政治部主任、人教司司长高宏峰到会讲话。民航西南管理局局长王存浩、局党委副书记张智勇参加会议。会后，张智勇陪谭万庚及与会代表进藏，对援藏工作进行实地调查了解。

9月8日 国务院总理朱镕基视察九寨黄龙机场红星场址并参观机场驻地——川主寺红军长征纪念碑园。

10月5日 民航飞院洛阳分院召开表彰大会，表彰洛阳分院教员隋洪浩在7月8日的飞行训练中正确处置一起因设计原因造成调速器轴固定螺钉脱落进入机匣导致发动机严重受损的特情。民航飞院安委会决定，给教员隋洪浩记二等功，给隋洪浩机组记集体三等功，奖励隋洪浩机组人民币6000元并通报全院。

11月19日 民航西南管理局与中共四川省委统战部联合组织四川省庆祝原中国航空公司和中央航空公司起义50周年大会。起义人员代表近100人参会。

12月7日 民航飞院党委书记魏正清、副书记朱勇召集院办、党办、组织部、宣传部等有关机关部门参加的联席会，讨论今后的改革与发展。会议提出该院将成立地面教育发展领导小组、私用驾驶员执照培训领导小组和后勤工作改革领导小组。

12月10—30日 为适应民航飞院新的教学改革方案，由民航飞院组团，民航总局和航材公司参与的民航飞院小双发飞机考察团圆满完成对小双发飞机的生产和使用情况的考察。考察团先后赴美国、德国对4个模拟机训练中心、2个飞行学院、1个模拟机生产厂家进行考察并取得成效。

12月10日 四川省公安厅批准民航西南管理局公安局列入公安厅序列，四川省公安厅厅长吕卓、副厅长孙建国为“四川省公安厅民航公安局”授牌、授章。

12月16—17日 成都双流国际机场飞行区通过国家验收委员会组织的总验。民航总局机场司司长蒋作舟主持会议，对航管楼工程的设计工作进行专题研究，民航西南管理局副局长李顺华参会。

2000年

2月17日 民航西南管理局召开成都双流国际机场荣获全国“文明机场”光荣称号表彰会暨揭牌仪式，民航西南管理局副局长杜发霖主持会议。局长王存浩和局党委副书记张智勇分别宣读民航总局党委和民航西南管理局党委的表彰通报，四川省人民政府副省长邹广严、民航西南管理局局长王存浩共同为“文明机场”揭牌。

2月22日 民航西南管理局依据《中国民用航空飞行人员训练管理规定》，对四川航空公司处以警告的行政处罚。因该公司航安处副处长在未经授权的情况下，多次让没有空客320型、321型飞机商务飞行上座资格、没有飞行任务、没有参加预先准备的飞行员上座操纵飞机。

3月23日 由香港国际飞行俱乐部与民航飞院新津分院联合成立的四川中迪飞行俱乐部挂牌及新闻发布会在新津分院举行。该俱乐部是经中国民航总局批准可供飞行爱好者参与飞行运动并可训练私人驾照的飞行俱乐部。

3月29日 民航总局成立民航西南地区建设工程质量监督站，该站为民航西南管理局直属单位，与管理局机场处实行一个机构、两块牌子，业务上受民航建设工程质量监督总站的领导。

4月3日 民航飞院绵阳分院一架TB20/B－8908号飞机迫降在河滩上，飞机严重受损，人员安全，构成一般飞行事故。4日，民航西南管理局丁兰珠及机关有关人员到民航飞行学院飞院绵阳分院调查事故情况。8日，民航西南管理局成立以副局长丁兰珠为组长的事故调查组。10月23日，民航西南管理局向民航总局上报《飞行学院 TB20/B－8908 号机一般飞行事故调查报告》。

4 月 20—21 日 国家西部大开发（民航）西南片区会在成都召开，民航总局司长蒋作舟、副司长高士清率总局工作组参会，民航西南管理局局长王存浩、副局长杜发霖就西南地区民航事业的发展作了报告。

5 月 11 日 民航西南管理局召开“三讲”教育动员大会，局党委副书记张智勇主持会议，局长王存浩代表民航西南管理局党委对开展“三讲”教育进行动员，局纪委书记胡勤宣读“三讲”教育实施方案，民航总局副局长杨元元、总局“三讲”教育巡视组组长张增明分别就此次“三讲”作动员，对下一步工作提出具体要求。民航西南管理局机关全体人员及所属各单位领导、离退休老干部参加会议，会议还特邀西南航空公司、云南航空公司领导参加。

5 月 12 日 民航飞院召开“三讲”教育动员大会，宣布成立“三讲”教育工作领导小组和办公室。民航总局副局长杨元元作重要指示。

6 月 10 日 民航西南管理局设立《全国军、民航管制区域调整方案》及《全国航路管制指挥移交和航线管制指挥方案》实施监督协调领导小组，民航西南管理局局长王存浩任组长，副局长丁兰珠、刘文歧任副组长。13 日，民航西南管理局召开实施管制区域调整和航路移交会议，王存浩与各责任单位签订《设施管制区域调整和航路移交方案责任书》。30 日，全国军、民航管制区域调整方案及全国航路管制指挥移交和航线管制指挥方案正式实施。

6 月 20 日 成都双流国际机场正式加入 ACI 国际机场协会，该协会成员包括 144 个国家的 426 个机场，协会的宗旨是促进国际间民用机场的合作与发展，推动国际标准和惯例的制定与实施，并提供支持等。

6 月 28 日 民航西南管理局成立由副局长杜发霖任组长的民用航空物资设备采购和招标管理工作领导小组，同时下发《民用西南管理局物资设备采购和招投标管理实施办法（暂行）》。

7 月 4 日 民航总局副局长王开元、总局空管局局长陈海菊、民航西南管理局局长王存浩参加民航第二研究所移交民航总局空管局的会议并讲话。

7 月 10 日 国务院批准成都双流国际机场获口岸签证权，正式开展口岸签证工作，特殊过境者可以直接在成都双流机场航空口岸补办签证。

7 月 14 日 成都市青羊区富健商贸公司不服民航西南管理局对其作出的行政处罚决定，于 4 月 17 日向双流县人民法院提起诉讼，要求撤销对其行政处罚决定，退还其 8 万元质量保证金，赔偿其经济损失 27 万元。经公开开庭审理，法庭于 14 日判决如下：维持民航西南管理局的行政处罚，驳回退还质量保证金的诉讼请求，驳回赔偿经济损失的诉讼请求。但富健商贸公司不服双流县人民法院的一审判决，向成都市中级人民法院提起上诉，成都市中级人民法院经公开开庭审理，于 10 月 19 日作出判决：维持一审判决，驳回富健商贸公司上诉，此判决为终审判决。

7 月 20 日 国务院副总理吴邦国视察九寨黄龙机场红星场址。

7 月 27 日 四川省人民政府副省长邹广严传达中共四川省委常委会议决定，重新调整九寨黄龙机场建设规模，机场定位为支线机场。

同日 中共四川省委副书记、四川省人民政府省长张中伟，省人民政府副省长邹广严在省、市、县有关部门领导及民航成都地区各大单位领导陪同下，考察成都双流国际机场扩建工地和老航站区。随后，在民航西南管理局大楼召开成都双流国际机场及周边环境整治工作现场办公会。

8 月 20—23 日 民航总局对成都地区 4 支专业保障队伍（西南航空公司、成都双流国际机场、西南空管局、中航油西南公司）整组工作进行验收，全部为优秀。

9 月 5 日 国务院副总理李岚清视察九寨黄龙机场红星场址。

9 月 6 日 中国西南航空公司招收的西藏历史上首批 15 名藏族乘务员乘坐 SZ4111 航班从拉萨飞抵成都，她们在公司乘务培训中心培训 3 个月。2001 年 1 月 1 日，中国民航史上首批 15 名藏族乘务员开始在 SZ4401 成都—拉萨航班上服务，服务水平得到家乡父老和旅客首肯。民航总局局长刘剑锋向公司致信祝贺。

11 月 16—17 日 在四川省第六次地方志工作会议暨总结表彰大会上，民航西南管理局被四川省人民政府授予修志工作先进单位称号。

12 月 4 日 民航飞院建设发展专家指导委员会成立。特聘请民航总局副局长杨元元为民航飞院发展专家指导委员会主任，聘请 21 名民航总局和各航空公司、地区管理局、兄弟院校的领导、专家为顾问。

12 月 28 日 中国西南航空公司常旅客计划正式向社会启动。2001 年 10 月 30 日，公司常旅客系统通过验收并正式投入使用。该系统在国内民航首次推出“里程银行”，用 POS 机在航班上采集乘机数据，利用互联网进行里程补登以及呼叫中心服务等多项功能。

2001 年

2 月 13 日 民航西南管理局向四川省航空运动学校 3 位学员颁发初教六型飞机私用驾驶执照。

3 月 22 日 民航西南管理局成立管理局台、港、澳事务办公室。该机构隶属于管理局办公室，与局办公室外事科实行一个机构、两块牌子。

3 月 26 日 中国西南航空公司获得 2000 年度中国民航飞行安全最高奖“金鹏杯”。这是继 1996 年度之后，公司第二次获此殊荣。

同日 中国西南航空公司因突出的安全业绩，被中华全国总工会和国家经贸委联合授予全国“安康杯”竞赛优胜企业称号。

同日 民航飞院获得 2000 年的通用航空最高奖“航空安全金鸥杯”，这是该院第四次获得该奖项。

3 月 31 日 成都—迪庆—拉萨航线进行验证飞行，验证机型为波音 757－200。4 月 15 日，成都—迪庆—拉萨航线正式通航。

4 月 10 日 民航西南管理局按民航总局 2000 年 12 月 20—22 日召开的全国民航史志工作会议要求，重新调整成立以局长王存浩为主任，局党委副书记张智勇、调研员李全中为副主任和 16 名委员组成的民航西南地区志编委会。6 月 1 日，编委会在贵阳召开由西南民航各单位参加的民航西南地区志编纂工作会议，具体布置了志稿编写任务，正式启动地区志编纂工作。

4 月 19 日 西南航空飞机维修公司和西南航空公司飞机维修厂合并组建西南航空公司飞机维修基地。

4 月 28 日 绵阳南郊机场正式通航。

5月13—14日 首批3架西门诺尔飞机抵达民航飞院广汉分院，另9架飞机将于后期抵达。民航飞院在广汉机场举行西门诺尔飞机交接仪式，该飞机入院标志着飞行训练机型由“两机制”转入“三机制”。

5月24日 民航飞院与东方航空股份有限公司就转让长城航空公司协议签字仪式在广汉院部举行，东航总经理刘绍勇、民航飞院院长郑孝雍分别在转让协议文本上签字，标志着长城航空公司正式加盟东方航空集团公司。

6月25日 在2001年西南航空护林总结暨协调工作会议上，民航西南管理局获得由西南航空护林总站授予的锦旗：“为抢险救灾尽职尽责，为航空护林保驾护航”。

7月3日 绵阳民航管理局、绵阳机场（集团）有限公司成立，两块牌子，一个机构，隶属于绵阳市人民政府领导。

7月13—16日 国际航空联合会、中国航空运动会主办，广汉市人民政府、四川省航空运动俱乐部承办的四川三星堆国际特技飞行节在广汉分院机场举行，来自全国各地近10万观众观看表演。

9月23日 中国西南航空公司经过层层严格考核，选拔6名藏族大学本科在校生送民航飞院培训，成为中国民航史上第一批藏族飞行学员。同日，民航飞院在广汉院部举行迎接首批6名藏族飞行学员欢迎仪式。

10月4日 国务院副总理钱其琛视察九寨黄龙机场工程进展情况。

10月8日 民航西南管理局召开西南日贷工作总结大会，民航总局日贷办主任周阿荣，民航西南管理局副局长、日贷领导小组组长丁兰珠，民航西南管理局副局长、西南空管局局长刘文歧参会并讲话。西南地区日贷工程建设历经8年，共计46项，总投资1.56亿元。

10月10—24日 民航西南管理局受民航总局委托，对成都双流国际机场航站区扩建工程进行初步验收，工程总体质量评定为优良。23—24日，国家计委、民航总局共同组成国家验收委员会，对成都双流国际机场航站区扩建工程进行竣工验收，在验收的42个单项工程中，有30项工程被评定为优良工程，其余为合格工程。民航总局副局长杨国庆、四川省人民政府副省长邹广严参加验收。26日，成都双流国际机场新候楼投入使用。

11月5日 民航总局批复同意四川三星通用航空有限责任公司按甲类通用航空企业开展筹建工作，筹建期限自2001年11月5日开始至2003年11月4日止。

11月6日 中国民航机场建设总公司西南分公司正式挂牌成立。该分公司是由民航西南管理局与中国民航机场建设总公司就民航西南管理局所属机场建筑规划设计院、机场建设咨询监理所、基建仓库重组为中国民航机场建设总公司西南分公司达成协议而重组的。

11月17日 根据中国航空器材进出口公司与美国塞拉飞行学校签署的购机合同，民航飞院将购进斯瓦泽300C直升机1架，300CB直升机2架，总价值662800美元，用于飞行训练。2002年9月10日，这3架直升机在民航飞院新津机场顺利完成交接。副院长王成彬主持交接仪式。

11月28日 民航飞院建设发展专家指导委员会第二次全体会议在广汉召开，民航总局副局长杨元元，四川省教育厅副厅长唐朝纪，民航总局机关、各航空公司、地区管理局、空管局以及民航飞院领导、主要机关领导共60余人参加会议。与会专家和领导向民航飞院提出了近60条意见和建议。

12月18日 香港民航处、中航集团、港龙集团公司一行10余人到民航飞院访问，主要就香港地区航空公司飞行员本地化与民航飞院进行磋商。

2002 年

2 月 5 日　民航总局授予民航飞院通用航空安全 2001 年度“航空安全金鸥杯”，这是该院继 1996 年、1997 年、1998 年、2000 年之后第五次获得此殊荣。

2 月 20 日　民航西南管理局成立体制改革领导小组和办公室。局长王存浩为组长，局党委副书记张智勇、副局长杜发霖及纪委书记胡勤为副组长。3 月 10—11 日，民航总局体制改革调研组到民航西南管理局进行体改调研工作。

4 月 2 日　全国民航机要密码先进表彰大会在成都举行。会议对荣获全国党政系统机要密码工作一等功的民航西南管理局机要室主任杨定胜进行表彰。民航总局办公厅副主任刘彦斌、民航西南管理局纪委书记胡勤等出席大会。

4 月 25 日　民航飞院成立四川三星通用航空有限责任公司董事会。5 月 18 日，四川三星通用航空有限责任公司在成都饭店举行成立庆典。该公司拥有 5 种机型 9 架飞机，5 个作业机场，能从事公务飞行、航空护林、人工增雨等 30 种作业。

4 月　中国西南航空公司飞机维修基地对首架波音 737－300 型飞机 D 检竣工，基地成为中国民航全资企业中第一家具备此项维修能力的企业。

6 月 1 日　绵阳南郊机场发生一起严重安全事件，由于机务人员违章操作致使飞机损坏返航。民航西南管理局组织事故调查认定后，致函绵阳市人民政府，通告暂停维修许可，吊销脱岗人员维修执照，并派出工作组进行整顿。

6 月 22 日　中共四川省直工委授予民航西南管理局党委 2000—2001 年度开展“四好”活动成效显著领导班子称号。民航西南管理局是中央驻川单位唯一受表彰单位。

6 月 27 日　民航飞院与日本航空学院缔结友好学院仪式在民航飞院发动机维修中心举行，日本航空学院董事长梅泽重雄、民航飞院院长郑孝雍、院党委书记朱勇参加仪式。

7 月 18—19 日　民航西南管理局在成都民航大厦召开西南地区机场发展研讨会，民航总局、民航西南管理局、西南空管局和民航西南地区各省（自治区、直辖市）局、机场、航空公司及地方政府领导出席，会议还邀请了美国贸易与发展署、美国驻成都领事馆、美国 G&W 公司及有关机场建设方面的专家学者到会。

8 月 29 日　四川航空股份有限公司联合中国南方航空股份有限公司、上海航空股份有限公司、山东航空股份有限公司、成都银杏餐饮有限公司组成的“四川航空集团公司”成立庆祝会在成都举行。

10 月 11 日　中国西南航空公司、中国国际航空公司、中国航空总公司共同组建的中国航空集团公司正式挂牌成立。10 月 30 日，在原中国西南航空公司基础上新组建的中国国际航空西南公司成立。

10 月 21 日　民航飞院院长郑孝雍、副院长李书文在广汉院部会见美国波音公司中国特别提案项目经理戴雅克及佛罗里达理工学院飞行学校副校长巴克尔，双方就过去 6 年来合作的项目进行了总结和评估，并对今后合作项目进行了探讨。

12 月 4—7 日 民航总局专家组对民航飞院基础课（数学）进行评估，通过听取汇报、实地考察、审核材料、听课、咨询、召开教师和学生座谈会，专家组一致认为，该院各级领导高度重视基础课教学工作，形成了较为完善的教学体系，基础课（数学）教学状况良好。

12 月 8 日 民航飞院飞行技术系学生周鹏奋不顾身跳进广汉金雁湖公园冰冷刺骨的湖水中，救起两名落水儿童。为表彰周鹏见义勇为的先进事迹，民航飞院和院团委分别授予周鹏“见义勇为先进个人”和“模范共青团员”荣誉称号；交通分院作出了《关于向周鹏同学学习的决定》，院学生会发出《关于向见义勇为、舍己救人的好青年周鹏同学学习的倡议》。

12 月 24 日 中国西南航空公司顺利通过 ISO 9001:2000 质量体系认证，成为民航总局直属航空运输企业中首家全面通过该体系最新版认证的航空公司。

12 月 中国西南航空公司获得中国企业联合会、中国企业家协会颁发的系列奖项：飞机维修基地保持 6 架波音 757 型飞机连续 314 天无机务人为原因延误航班的最长周期纪录，获“最长纪录奖”；公司开通的西藏首条区内航线昌都—拉萨航线，开创中国民用航空在世界上海拔最高（4334 米）的民用机场——昌都邦达机场的运营新纪录，入选“中国企业新纪录”；成都—拉萨航线安全飞行 37 周年，创中国民用航空在雪域高原安全飞行的新纪录，入选“中国企业新纪录”。

2003 年

3 月 29 日 民航飞院副院长李书文与加拿大 MSI 公司总裁费尔兰多就民航飞院购买加拿大 MSI 公司波音 737－800 模拟机和成立合资公司的备忘录，在外宾招待所二楼会议室举行签字仪式。

4 月 14 日 根据国务院及民航总局关于加强对“非典”防治工作的要求，民航西南管理局成立以局长郭为民为组长、副局长沈泽江为副组长的非典型肺炎疾病控制工作领导小组。18—20 日，民航西南管理局派出检查组对成都双流国际机场、国航西南公司、四川航空公司、绵阳、泸州、宜宾、广元等单位的“非典”防制工作开展情况进行了专项检查。30 日，民航西南管理局召开“非典”专题工作会，通报国家督查组对四川“非典”防治工作的检查情况，传达四川省为落实国家督查组就四川省“非典”防治工作提出的有关要求所采取的具体措施。

5 月 7 日 民航西南管理局“非典”防治领导小组召开会议，分析防治“非典”形势和安全生产实际情况，下发电报要求各单位要“两手抓”，确保防治“非典”和安全生产正常有序进行。12 日，民航西南管理局党委向所属各单位党委发出通知，号召民航西南地区全体干部、职工、共产党员为抗击“非典”斗争捐款，为患者献上一份爱心，为社会贡献一份力量。民航西南管理局党委副书记张智勇、工会主席周仲琪代表局领导去双流机场慰问了战斗在疫情控制工作岗位和留验站的医务工作者。

5 月 13 日 中共中央总书记胡锦涛视察四川，主持召开由省、市主要领导及铁路、民航、省医院、华西医院等单位参加的关于“非典”工作的座谈会，听取有关单位抗击“非典”的工作情况汇报。民航西南管理局局长郭为民及双流机场领导参会。

5 月 16 日 成都地区民航单位成立突发公共卫生事件应急指挥部，以成都双流国际机场为主体，驻场民航各单位领导和有关职能部门人员参加。民航西南管理局担负依法监督、协调和检查的职能。

6 月 6 日 民航飞院中心组组织“本科教学工作水平评估方案”专题学习讨论会，院领导及评估指导委员会成员共 30 人参加会议。会上就《普通高等学校本科教学工作水平评估方案》的指标等级标准与内涵作了说明，通报了民航飞院教学工作对照“评估方案”存在的问题，分析了教学工作现状。与会人员围绕本科教学水平评估对民航飞院建设发展的重大意义进行了讨论。

7 月 7 日 民航飞行学院院长郑孝雍在四川省教育系统民主评议行风、促进行风建设工作责任书上签字。同日，学院印发《民航飞行学院民主评议行风工作方案》，成立以院长郑孝雍为组长，党委副书记、纪委书记陈大伙为副组长，副院长王成彬、李书文、唐嗣远、陈布科，总会计师吴兴邦，院工会主席黄明顺为成员的民主评议行风工作领导小组。

8 月 26 日 根据《国务院办公厅关于印发中国民用航空地区行政机构职能配置机构设置和人员编制规定的通知》，“中国民用航空西南地区管理局”印章正式启用，“中国民用航空西南管理局”的印章同时废止。7—8 月，民航西南地区管理局按《行政机构改革实施方案》对机关工作人员进行了调整、分流、提前退休、内部离岗待退等工作。9 月 10 日，民航西南地区管理局召开局机关行政机构体制改革总结大会。

9 月 28 日 九寨黄龙机场正式启用，首航成都—九寨—成都。

10 月 10 日 民航飞院理论教育体制改革大会在广汉院部召开。院长郑孝雍，院党委副书记陈大伙，副院长王成彬、李书文、唐嗣远、陈布科，工会主席黄明顺，总会计师吴兴邦出席会议。各分院、模拟中心、飞机修理厂、院直机关等二级单位的领导和原交通分院职工 300 余人参会。会议宣布撤销交通分院，建立飞行技术与航空工程学院、空中交通管理学院、空中乘务学院、计算机与信息工程系、管理科学系、外语系和体育教学部。

10 月 15—17 日 民航飞院邀请台湾中华航空公司、远东航空公司、复兴航空公司、长荣航空公司、中国航空集团和澳门航空公司的高层代表共 10 人到民航飞院召开海峡两岸暨港澳地区民航飞行员培训研讨会。民航总局台港澳办公室和人教司的领导与会并进行指导。

10 月 16 日 民航飞院在新区体育馆举行中国民航首届女飞行大学生入学仪式。出席海峡两岸暨港澳地区民航飞行员培训研讨会的民航总局机关领导，台港澳各航空公司来宾和民航飞院领导、师生共 2000 余人参加入学仪式。院长郑孝雍致辞，并与民航总局台港澳办公室主任浦照洲、台湾中华航空公司女机长陈蓓蓓等一起为 5 名女飞行大学生举行传统的剪领带入学仪式。与会人员观看了学生的文艺表演。

同日 民航飞院在成都锦江宾馆举行首次招收女飞行大学生新闻发布会。

10 月 20 日 九寨黄龙机场举行通航仪式，中共四川省委副书记、四川省人民政府省长张中伟参加仪式。

10 月 29 日至 11 月 2 日 全国民航区内航线航班管理工作会议和全国民航消费者事务管理工作会议在成都召开。民航总局运输司司长李江民、民航西南地区管理局副局长沈泽江、局党委副书记张智勇及各地区管理局和航空公司的代表共计 50 余人出席会议。

12 月 17 日 民航飞院被中共四川省委、四川省人民政府授予“四川省爱国主义教育基地”“四川省科普知识教育基地”“四川省青少年爱国主义教育基地”荣誉称号。该日是人类动力航空器发明百年纪念日，民航飞院在广汉分院隆重举行“四川省爱国主义教育基地”“四川省科普知识教育基地”“四川省青少年爱国主义教育基地”揭牌仪式。

2004 年

1 月 12—13 日 民航总局授予民航飞院 2003 年度通用航空最高奖“航空安全金鸥杯”。这是学院自 1996 年以来第六次获此殊荣。

3 月 29 日 成都双流国际机场及西昌、南充、达州机场由民航总局正式移交四川省人民政府管理，四川省机场集团有限公司挂牌成立，民航总局局长杨元元及民航西南地区管理局局长郭为民参加仪式。

4 月 17 日 全国第一家民营航空运输企业——鹰联航空有限公司在成都正式成立。

6 月 29 日 民航飞院绵阳分院 TB200/B－8830 号飞机在执行本场教学训练任务时飞机失事，机上教员及学员 2 人遇难，构成一起通用航空重大飞行事故。事故发生后，民航西南地区管理局立即成立了副局长沈泽江为组长的事故调查组，赶赴现场对事故展开全面调查。

7 月 2 日 民航西南地区管理局正式建立新闻发言人制度，成立以局党委副书记张智勇为主任的新闻办公室，张智勇为新闻发言人。

7 月 5 日 民航西南地区管理局成立国家安全领导小组，局长郭为民为组长，局党委副书记张智勇为副组长，负责本单位及所属安全监督管理办公室的国家安全工作。

8 月 9 日 南充高坪机场管理有限公司成立。该公司为南充市直属企业，隶属于南充市对外经济贸易委员会。19 日，南充高坪机场正式通航，民航西南地区管理局党委常委、纪委书记胡勤参加首航庆典。

9 月 9 日 中共中央原总书记江泽民到九寨黄龙机场视察 。

9 月 21—23 日 民航总局、四川省教育厅组织联合专家组一行 9 人对民航飞院进行本科教学工作水平预评估，专家组组长由西南交通大学副校长、教授蒋葛夫担任。专家们听取了民航飞院本科教学工作水平自评报告、自评结果，并以听课、考察、走访、调查等多种形式，对该院本科教学工作进行了全面评估，确定通过预评估，并向该院提出 69 条意见和建议。

11 月 29 日至 12 月 3 日 教育部组织专家组对民航飞院进行了为期 5 天的本科教学工作水平评估。专家组组长由西安电子科技大学副校长傅丰林担任。评估期间，专家组成员通过听取报告、查阅档案、走访单位、召开座谈会、听课等多种形式，对该院本科教学工作水平进行全面评估。

12 月 9 日 三星通用航空公司首架运 12 型飞机飞抵绵阳南郊机场。从此，三星通用航空公司正式进驻绵阳基地。

12 月 13—14 日 由中国自行设计、研制的小鹰－500 型飞机研制合作三方第六次高层领导会在民航飞院召开。院长郑孝雍、副院长王成彬，石家庄飞机工业责任有限公司董事长兼总经理成秉佑，中国第一飞机设计院副院长李守泽等 17 人出席会议。会议通报了小鹰－500 型飞机设计工作、生产准备、试飞和销售准备情况，对存在问题进行研究，并达成共识。

2005 年

1 月 10 日 民航总局召开航空安全工作会议，授予四川航空股份有限公司 2004 年“金雁杯”奖，这是该公司自 1995 年中国民航业开展航空安全评比活动以来首次获此殊荣。

1 月 18 日 成都双流国际机场总体规划设计文件得到民航总局批准。成都双流国际机场总体规划纳入成都市和双流县的城市规划，规划要求严格控制机场周边地区的土地开发和建设，做好保护机场净空和电磁环境工作，以满足机场正常运行和长远发展的需要。

1 月 20 日 四川机场集团有限公司与成都公交集团公司合资组建成都公交空港巴士公司，四川机场集团有限公司占有 49% 的股份。

2 月 24 日 成都双流国际机场高峰小时容量评估项目在成都通过验收。民航总局空管局、西南空管局、四川省机场集团有限公司、南京航空航天大学有关领导和专家参加验收会议。

3 月 18 日 民航总局局长杨元元在民航西南地区管理局局长郭为民等陪同下到中国民用航空飞行学院考察工作。

4 月 26 日 教育部下发《教育部关于公布北京化工大学等 54 所学院本科教学工作水平评估结论的通知》，公布 2004 年 54 所高等学院本科教学工作水平评估结果，中国民用航空飞行学院本科教学工作的评估结论为良好。

4 月 30 日 宜宾机场候机楼经过全面装修改造后启用。

6 月 1 日 中共中央政治局原常委、国务院原副总理李岚清乘坐专机从绵阳返京。

6 月 16 日 中共中央政治局常委、中央政法委书记罗干乘专机抵达绵阳机场。

7 月 鹰联航空有限公司开始执行航班任务，每班配备 5 名乘务员和 1 名航空安全员。7 月 26 日首航成都—深圳。

8 月 1 日 泸州机场停航，进行跑道盖被维修工程全面施工。至 10 月 11 日，泸州—广州航线恢复运行。

9 月 14 日 中共中央政治局原常委、中央纪委原书记尉健行到九寨黄龙机场视察。

9 月 15 日 中国民用航空飞行学院在广汉分院举行 CJ－1 高级教练机交接暨首飞仪式。美国驻成都总领事馆总领事 Jeffrey A. Moon、民航西南地区管理局局长郭为民、内地民航企业高管及中国港澳地区民航企业高管出席仪式。这是中国民航首次采用喷气式高级教练机培养民航飞行员。

9 月 28 日 西昌机场圆满完成中共中央政治局原常委、中央纪委原书记尉健行到西昌的一级专机保障任务。

10 月 8 日 中国航油有限责任公司批准，中国航空油料西南公司组建南充、攀枝花机场供应站。

10 月 20 日 达州河市机场试飞成功，达州机场导航设备开放使用。

10 月 25 日 中国国民党名誉主席连战一行到九寨黄龙机场考察。

11 月 18 日 西南空管局和四川省气象局共同研发的 KFLT139－Ⅰ型气球快速放气装置，通过中国民航总局航空安全办公室、民航总局空管局、中国气象局政策法规司、国家安全生产监督管理总局监督管理二司组织的专家鉴定。

11月28日 四川航空股份有限公司执飞西藏航班运兵任务，至12月10日共执飞5架10班次，运送官兵1252人，行李2054件，受到军方和主管部门表扬。

12月12日 攀枝花—昆明航线由东方航空云南分公司正式开通。

12月20日 民航总局局长杨元元到民航西南地区管理局、鹰联航空有限公司调研指导工作。

年内 中国民用航空总局第二研究所投入最大的科研项目“机场行李自动分检系统”获国家科技进步二等奖。

年内 中国航空器材西南有限公司代理中国民用航空飞行学院引进6架高教机、6架中教机，代理鹰联航空有限公司引进4架A320系列飞机，完成新购飞机的监造、验收、渡运、报关报检、现场验收、对外付汇工作。

年内 中国国际航空股份有限公司工程技术分公司成都维修基地共提供空地飞行机务保障162614.86小时，比上年增长17%。完成各型飞机A检365架次，C检78架次；换串发动机55台次，更换APU 14台次，大修公制发动机26台套，飞机平均可用率94.8%，平均日用率9.21小时。排故停场时间76.5天。

年内 成都双流国际机场共安全保障航班132901架次，实现旅客吞吐量1387.15万人，货邮吞吐量25.05万吨。高峰日航班量达到513架次，旅客吞吐量从4月到11月连续8个月单月超过100万人，最高达到153万人。全省民用机场共安全保障航班151688架次，实现旅客吞吐量1566.66万人，货邮吞吐量25.72万吨。

三、文献辑存

中华人民共和国民用航空器适航管理条例

第一条 为保障民用航空安全，维护公众利益，促进民用航空事业的发展，特制定本条例。

第二条 在中华人民共和国境内从事民用航空器（含航空发动机和螺旋桨，下同）的设计、生产、使用和维修的单位或者个人，向中华人民共和国出口民用航空器的单位或者个人，以及在中华人民共和国境外维修在中华人民共和国注册登记的民用航空器的单位或者个人，均须遵守本条例。

第三条 民用航空器的适航管理，是根据国家的有关规定，对民用航空器的设计、生产、使用和维修，实施以确保飞行安全为目的的技术鉴定和监督。

第四条 民用航空器的适航管理由中国民用航空局（以下简称民航局）负责。

第五条 民用航空器的适航管理，必须执行规定的适航标准和程序。

第六条 任何单位或者个人设计民用航空器，应当持航空工业部对该设计项目的审核批准文件，向民航局申请型号合格证。民航局接受型号合格证申请后，应当按照规定进行型号合格审定；审定合格的，颁发型号合格证。

第七条 任何单位或者个人生产民用航空器，应当具有必要的生产能力，并应当持本条例第六条规定的型号合格证，经航空工业部同意后，向民航局申请生产许可证。民航局接受生产许可证申请后，应当按照规定进行生产许可审定；审定合格的，颁发生产许可证，并按照规定颁发适航证。

任何单位或者个人未按照前款规定取得生产许可证的，均不得生产民用航空器。但本条例第八条规定的除外。

第八条 任何单位或者个人未取得生产许可证，但因特殊需要，申请生产民用航空器的，须经民航局批准。

按照前款规定生产的民用航空器，须经民航局逐一审查合格后，颁发适航证。

第九条 民用航空器必须具有民航局颁发的适航证，方可飞行。

民航局颁发的适航证应当规定该民用航空器所适用的活动类别、证书的有效期限及安全所需的其他条件和限制。

第十条 持有民用航空器生产许可证的单位生产的民用航空器，经国务院有关主管部门批准需要出口时，由民航局签发出口适航证。

第十一条 在中华人民共和国境内飞行的民用航空器必须具有国籍登记证。在中华人民共和国注册登记的民用航空器，具有中华人民共和国国籍，国籍登记证由民航局颁发。民用航空器取得国籍登记证后，必须按照规定在该民用航空器的外表标明国籍登记识别标志。

第十二条 中华人民共和国的任何单位或者个人进口外国生产的任何型号的民用航空器，如系首次进口并用于民用航空活动时，出口民用航空器的单位或者个人必须向民航局申请型号审查。民航局接受申请后，应当按照规定对该型号民用航空器进行型号审查；审查合格的，颁发准予进口的型号认可证书。

第十三条 中华人民共和国的任何单位或者个人租用的外国民用航空器，必须经民航局对其原登记国颁发的适航证审查认可或者另行颁发适航证后，方可飞行。

第十四条 任何单位或者个人的民用航空器取得适航证以后，必须按照民航局的有关规定和适航指令，使用和维修民用航空器，保证其始终处于持续适航状态。

第十五条 加装或者改装已取得适航证的民用航空器，必须经民航局批准，涉及的重要部件、附件必须经民航局审定。

第十六条 中华人民共和国境内和境外任何维修单位或者个人，承担在中华人民共和国注册登记的民用航空器的维修业务的，必须向民航局申请维修许可证，经民航局对其维修设施、技术人员、质量管理系统审查合格，并颁发维修许可证后，方可从事批准范围内的维修业务活动。

第十七条 负责维修并放行在中华人民共和国注册登记的民用航空器的维修技术人员，必须向民航局提出申请，经民航局或者其授权单位考核合格并取得维修人员执照或者相应的证明文件后，方可从事民用航空器的维修并放行工作。

第十八条 民用航空器的适航审查应当收取费用。收费办法由民航局会同财政部制定。

第十九条 民航局有权对生产、使用、维修民用航空器的单位或者个人以及取得适航证的民用航空器进行定期检查或者抽查；经检查与抽查不合格的，民航局除按照本条例的有关规定对其处罚外，还可吊销其有关证件。

第二十条 使用民用航空器进行飞行活动的任何单位或者个人有下列情形之一的，民航局有权责令其停止飞行，并视情节轻重，处以罚款：

一、民用航空器未取得适航证的；

二、民用航空器适航证已经失效的；

三、使用民用航空器超越适航证规定范围的。

第二十一条 维修民用航空器的单位或者个人，有下列情形之一的，民航局有权责令其停止维修业务或者吊销其维修许可证，并视情节轻重，处以罚款：

一、未取得维修许可证，擅自承接维修业务的；

二、超过维修许可证规定的业务范围，承接维修业务的；

三、由未取得维修人员执照的人员负责民用航空器的维修并放行的。

第二十二条 任何单位或者个人违反本条例第七条规定，擅自生产民用航空器的，民航局有权责令其停止生产，并视情节轻重，处以罚款。

第二十三条 按照本条例受到处罚的单位的上级主管机关，应当根据民航局的建议对受罚单位的主要负责人或者直接责任人员给予行政处分；情节严重，构成犯罪的，由司法机关依法追究刑事责任。

第二十四条 民航局因适航管理工作的过失造成人身伤亡或者重大财产损失的，应当承担赔偿责任，并对直接责任人员给予行政处分；直接责任人员的行为构成犯罪的，由司法机关依法追究刑事责任。

第二十五条 民航局从事适航管理的工作人员，利用职务之便营私舞弊的，应当给予行政处分；情节严重，构成犯罪的，由司法机关依法追究刑事责任。

第二十六条 任何单位或者个人对民航局作出的罚款决定不服的，可以在接到罚款通知书之日起十五日内向民航局提请复议，也可以直接向人民法院起诉；期满不提请复议也不起诉又不执行的，民航局可以申请人民法院强制执行。

第二十七条 民航局应当在广泛征求航空工业部及各有关部门意见的基础上，制定本条例的实施细则及有关技术标准。

第二十八条 本条例由民航局负责解释。

第二十九条 本条例自一九八七年六月一日起施行。

国务院

一九八七年五月四日

中华人民共和国民用航空安全保卫条例

国务院令第201号

第一章 总 则

第一条 为了防止对民用航空活动的非法干扰，维护民用航空秩序，保障民用航空安全，制定本条例。

第二条 本条例适用于在中华人民共和国领域内的一切民用航空活动以及与民用航空活动有关的单位和个人。

在中华人民共和国领域外从事民用航空活动的具有中华人民共和国国籍的民用航空器适用本条例；但是，中华人民共和国缔结或者参加的国际条约另有规定的除外。

第三条 民用航空安全保卫工作实行统一管理、分工负责的原则。

民用航空公安机关（以下简称民航公安机关）负责对民用航空安全保卫工作实施统一管理、检查和监督。

第四条 有关地方人民政府与民用航空单位应当密切配合，共同维护民用航空安全。

第五条 旅客、货物托运人和收货人以及其他进入机场的人员，应当遵守民用航空安全管理的法律、法规和规章。

第六条 民用机场经营人和民用航空器经营人应当履行下列职责：

（一）制定本单位民用航空安全保卫方案，并报国务院民用航空主管部门备案；

（二）严格实行有关民用航空安全保卫的措施；

（三）定期进行民用航空安全保卫训练，及时消除危及民用航空安全的隐患。

与中华人民共和国通航的外国民用航空企业，应当向国务院民用航空主管部门报送民用航空安全保卫方案。

第七条 公民有权向民航公安机关举报预谋劫持、破坏民用航空器或者其他危害民用航空安全的行为。

第八条 对维护民用航空安全做出突出贡献的单位或者个人，由有关人民政府或者国务院民用航空主管部门给予奖励。

第二章 民用机场的安全保卫

第九条 民用机场（包括军民合用机场中的民用部分，下同）的新建、改建或者扩建，应当符合国务院民用航空主管部门关于民用机场安全保卫设施建设的规定。

第十条 民用机场开放使用，应当具备下列安全保卫条件：

（一）设有机场控制区并配备专职警卫人员；

（二）设有符合标准的防护围栏和巡逻通道；

（三）设有安全保卫机构并配备相应的人员和装备；

（四）设有安全检查机构并配备与机场运输量相适应的人员和检查设备；

（五）设有专职消防组织并按照机场消防等级配备人员和设备；

（六）订有应急处置方案并配备必要的应急援救设备。

第十一条 机场控制区应当根据安全保卫的需要，划定为候机隔离区、行李分检装卸区、航空器活动区和维修区、货物存放区等，并分别设置安全防护设施和明显标志。

第十二条 机场控制区应当有严密的安全保卫措施，实行封闭式分区管理。具体管理办法由国务院民用航空主管部门制定。

第十三条 人员与车辆进入机场控制区，必须佩带机场控制区通行证并接受警卫人员的检查。

机场控制区通行证，由民航公安机关按照国务院民用航空主管部门的有关规定制发和管理。

第十四条 在航空器活动区和维修区内的人员、车辆必须按照规定路线行进，车辆、设备必须在指定位置停放，一切人员、车辆必须避让航空器。

第十五条 停放在机场的民用航空器必须有专人警卫；各有关部门及其工作人员必须严格执行航空器警卫交接制度。

第十六条 机场内禁止下列行为：

（一）攀（钻）越、损毁机场防护围栏及其他安全防护设施；

（二）在机场控制区内狩猎、放牧、晾晒谷物、教练驾驶车辆；

（三）无机场控制区通行证进入机场控制区；

（四）随意穿越航空器跑道、滑行道；

（五）强行登、占航空器；

（六）谎报险情，制造混乱；

（七）扰乱机场秩序的其他行为。

第三章 民用航空营运的安全保卫

第十七条 承运人及其代理人出售客票，必须符合国务院民用航空主管部门的有关规定；对不符合规定的，不得售予客票。

第十八条 承运人办理承运手续时，必须核对乘机人和行李。

第十九条 旅客登机时，承运人必须核对旅客人数。

对已经办理登机手续而未登机的旅客的行李，不得装入或者留在航空器内。

旅客在航空器飞行中途中止旅行时，必须将其行李卸下。

第二十条 承运人对承运的行李、货物，在地面存储和运输期间，必须有专人监管。

第二十一条 配制、装载供应品的单位对装入航空器的供应品，必须保证其安全性。

第二十二条 航空器在飞行中的安全保卫工作由机长统一负责。

航空安全员在机长领导下，承担安全保卫的具体工作。

机长、航空安全员和机组其他成员，应当严格履行职责，保护民用航空器及其所载人员和财产的安全。

第二十三条 机长在执行职务时，可以行使下列权力：

（一）在航空器起飞前，发现有关方面对航空器未采取本条例规定的安全措施的，拒绝起飞；

（二）在航空器飞行中，对扰乱航空器内秩序，干扰机组人员正常工作而不听劝阻的人，采取必要的管束措施；

（三）在航空器飞行中，对劫持、破坏航空器或者其他危及安全的行为，采取必要的措施；

（四）在航空器飞行中遇到特殊情况时，对航空器的处置作最后决定。

第二十四条 禁止下列扰乱民用航空营运秩序的行为：

（一）倒卖购票证件、客票和航空运输企业的有效订座凭证；

（二）冒用他人身份证件购票、登机；

（三）利用客票交运或者捎带非旅客本人的行李物品；

（四）将未经安全检查或者采取其他安全措施的物品装入航空器。

第二十五条 航空器内禁止下列行为：

（一）在禁烟区吸烟；

（二）抢占座位、行李舱（架）；

（三）打架、酗酒、寻衅滋事；

（四）盗窃、故意损坏或者擅自移动救生物品和设备；

（五）危及飞行安全和扰乱航空器内秩序的其他行为。

第四章 安全检查

第二十六条 乘坐民用航空器的旅客和其他人员及其携带的行李物品，必须接受安全检查；但是，国务院规定免检的除外。

拒绝接受安全检查的，不准登机，损失自行承担。

第二十七条 安全检查人员应当查验旅客客票、身份证件和登机牌，使用仪器或者手工对旅客及其行李物品进行安全检查，必要时可以从严检查。

已经安全检查的旅客应当在候机隔离区等待登机。

第二十八条 进入候机隔离区的工作人员（包括机组人员）及其携带的物品，应当接受安全检查。

接送旅客的人员和其他人员不得进入候机隔离区。

第二十九条 外交邮袋免予安全检查。外交信使及其随身携带的其他物品应当接受安全检查；但是，中华人民共和国缔结或者参加的国际条约另有规定的除外。

第三十条 空运的货物必须经过安全检查或者对其采取的其他安全措施。

货物托运人不得伪报品名托运或者在货物中夹带危险物品。

第三十一条 航空邮件必须经过安全检查。发现可疑邮件时，安全检查部门应当会同邮政部门开包查验处理。

第三十二条 除国务院另有规定的外，乘坐民用航空器的，禁止随身携带或者交运下列物品：

（一）枪支、弹药、军械、警械；

（二）管制刀具；

（三）易燃、易爆、有毒、腐蚀性、放射性物品；

（四）国家规定的其他禁运物品。

第三十三条 除本条例第三十二条规定的物品外，其他可以用于危害航空安全的物品，旅客不得随身携带，但是可以作为行李交运或者按照国务院民用航空主管部门的有关规定由机组人员带到目的地后交还。

对含有易燃物质的生活用品实行限量携带。限量携带的物品及其数量，由国务院民用航空主管部门规定。

第五章 罚 则

第三十四条 违反本条例第十四条的规定或者有本条例第十六条、第二十四条第一项和第二项、第二十五条所列行为的，由民航公安机关依照《中华人民共和国治安管理处罚条例》有关规定予以处罚。

第三十五条 违反本条例的有关规定，由民航公安机关按照下列规定予以处罚：

（一）有本条例第二十四条第四项所列行为的，可以处以警告或者3000元以下的罚款；

（二）有本条例第二十四条第三项所列行为的，可以处以警告、没收非法所得或者5000元以下罚款；

（三）违反本条例第三十条第二款、第三十二条的规定，尚未构成犯罪的，可以处以5000元以下罚款、没收或者扣留非法携带的物品。

第三十六条 违反本条例的规定，有下列情形之一的，民用航空主管部门可以对有关单位处以警告、停业整顿或者5万元以下的罚款；民航公安机关可以对直接责任人员处以警告或者500元以下的罚款：

（一）违反本条例第十五条的规定，造成航空器失控的；

（二）违反本条例第十七条的规定，出售客票的；

（三）违反本条例第十八条的规定，承运人办理承运手续时，不核对乘机人和行李的；

（四）违反本条例第十九条的规定的；

（五）违反本条例第二十条、第二十一条、第三十条第一款、第三十一条的规定，对收运、装入航空器的物品不采取安全措施的。

第三十七条 违反本条例的有关规定，构成犯罪的，依法追究刑事责任。

第三十八条 违反本条例规定的，除依照本章的规定予以处罚外，给单位或者个人造成财产损失的，应当依法承担赔偿责任。

第六章 附 则

第三十九条 本条例下列用语的含义：

“机场控制区”，是指根据安全需要在机场内划定的进出受到限制的区域。

“候机隔离区”，是指根据安全需要在候机楼（室）内划定的供已经安全检查的出港旅客等待登机的区域及登机通道、摆渡车。

“航空器活动区”，是指机场内用于航空器起飞、着陆以及与此有关的地面活动区域，包括跑道、滑行道、联络道、客机坪。

第四十条 本条例自发布之日起施行。

一九九六年七月六日

中华人民共和国飞行基本规则

国务院令第312号

第一章 总 则

第一条 为了维护国家领空主权，规范中华人民共和国境内的飞行活动，保障飞行活动安全有秩序地进行，制定本规则。

第二条 凡辖有航空器的单位、个人和与飞行有关的人员及其飞行活动，必须遵守本规则。

第三条 国家对境内所有飞行实行统一的飞行管制。

第四条 国务院、中央军事委员会空中交通管制委员会领导全国的飞行管制工作。

第五条 航空单位的负责人对本单位遵守本规则负责。机长对本空勤组成员遵守本规则负责。

第六条 各航空单位在组织与实施飞行中，应当协调配合，通报有关情况。

第七条 组织与实施飞行，应当按照飞行预先准备、飞行直接准备、飞行实施和飞行讲评等阶段进行。飞行阶段的具体内容和要求，由各航空管理部门自行规定。

第八条 与飞行有关的所有单位、人员负有保证飞行安全的责任，必须遵守有关规章制度，积极采取预防事故的措施，保证飞行安全。

经过批准的飞行，有关的机场和部门应当认真做好组织指挥和勤务保障工作。

第九条 飞行人员在飞行中，必须服从指挥，严格遵守纪律和操作规程，正确处置空中情况。遇到特殊情况，民用航空器的机长，为保证民用航空器及其所载人员的安全，有权对民用航空器作出处置；非民用航空器的机长（或者单座航空器飞行员，下同）在不能请示时，对于航空器的处置有最后决定权。

第十条 各航空管理部门制定与飞行有关的规范，应当符合本规则的规定。

第二章 空域管理

第十一条 空域管理应当维护国家安全，兼顾民用、军用航空的需要和公众利益，统一规划，合理、充分、有效地利用空域。

第十二条 空域的划设应当考虑国家安全、飞行需要、飞行管制能力和通信、导航、雷达设施建设以及机场分布、环境保护等因素。

空域通常划分为机场飞行空域、航路、航线、空中禁区、空中限制区和空中危险区等。空域管理和飞行任务需要的，可以划设空中走廊、空中放油区和临时飞行空域。

第十三条 空域的划设、调整，应当按照国家有关规定履行审批、备案手续。

第十四条 机场飞行空域应当划设在航路和空中走廊以外。仪表（云中）飞行空域的边界距离航路、空中走廊以及其他空域的边界，均不得小于10公里。

机场飞行空域通常包括驾驶术（特技、编队、仪表）飞行空域、科研试飞飞行空域、射击飞行空域、低空飞行空域、超低空飞行空域、海上飞行空域、夜间飞行空域和等待空域等。

等待空域通常划设在导航台上空；飞行活动频繁的机场，可以在机场附近上空划设。等待空域的最低高度层，距离地面最高障碍物的真实高度不得小于600米。8400米以下，每隔300米为一个等待高度层；8400米以上，每隔600米为一个等待高度层。机场飞行空域的划设，由驻机场航空单位提出方案，报所在地区的中国人民解放军军级航空单位或者军区空军批准。

相邻机场之间飞行空域可以相互调整使用。

第十五条 航路分为国际航路和国内航路。

航路的宽度为20公里，其中心线两侧各10公里；航路的某一段受到条件限制的，可以减少宽度，但不得小于8公里。航路还应当确定上限和下限。

第十六条 航线分为固定航线和临时航线。

临时航线通常不得与航路、固定航线交叉或者通过飞行频繁的机场上空。

第十七条 国家重要的政治、经济、军事目标上空，可以划设空中禁区、临时空中禁区。

未按照国家有关规定经特别批准，任何航空器不得飞入空中禁区和临时空中禁区。

第十八条 位于航路、航线附近的军事要地、兵器试验场上空和航空兵部队、飞行院校等航空单位的机场飞行空域，可以划设空中限制区。根据需要还可以在其他地区上空划设临时空中限制区。在规定时限内，未经飞行管制部门许可的航空器，不得飞入空中限制区或者临时空中限制区。

第十九条 位于机场、航路、航线附近的对空射击场或者发射场等，根据其射向、射高、范围，可以在上空划设空中危险区或者临时空中危险区。

在规定时限内，禁止无关航空器飞入空中危险区或者临时空中危险区。

第二十条 空中禁区、空中限制区、空中危险区的划设、变更或者撤消，应当根据需要公布。

第二十一条 空中走廊通常划设在机场密集的大、中城市附近地区上空。

空中走廊的划设应当明确走向、宽度和飞行高度，并兼顾航空器进离场的便利。

空中走廊的宽度通常为10公里，其中心线两侧各5公里。受条件限制的，其宽度不得小于8公里。

第二十二条 空中放油区的划设，按照国家有关规定执行。

第二十三条 临时飞行空域的划设，由申请使用空域的航空单位提出方案，经有关飞行管制部门划定，并通报有关单位。

国（边）境线至我方一侧10公里之间地带上空禁止划设临时飞行空域。通用航空飞行特殊需要时，经所在地大军区批准后由有关飞行管制部门划设。

第二十四条 在机场区域内必须严格执行国家有关保护机场净空的规定，禁止在机场附近修建影响飞行安全的射击靶场、建筑物、构筑物、架空线路等障碍物体。

在机场及其按照国家规定划定的净空保护区域以外，对可能影响飞行安全的高大建筑物或者设施，应当按照国家有关规定设置飞行障碍灯和标志，并使其保持正常状态。

第二十五条 在距离航路边界30公里以内的地带，禁止修建影响飞行安全的射击靶场和其他设施。

在前款规定地带以外修建固定或者临时靶场，应当按照国家有关规定获得批准。靶场射击或者发射的方向、航空器进入目标的方向不得与航路交叉。

第二十六条 修建各种固定对空射击场或者炮兵射击靶场，必须报国务院、中央军事委员会批准。设立临时性靶场和射击点，经有关飞行管制部门同意后，由设立单位报所在省、自治区、直辖市人民政府和大军区审查批准。 固定或者临时性的对空射击场、发射场、炮兵射击靶场、射击点的管理单位，应当负责与所在地区飞行管制部门建立有效的通信联络，并制定协同通报制度；在射击或者发射时，应当进行对空观察，确保飞行安全。

第二十七条 升放无人驾驶航空自由气球或者可能影响飞行安全的系留气球，须经有关飞行管制部门批准。具体管理办法由国务院、中央军事委员会空中交通管制委员会会同国务院民用航空主管部门、中国人民解放军空军拟定，报国务院、中央军事委员会批准实施。

第三章 飞行管制

第二十八条 中华人民共和国境内的飞行管制，由中国人民解放军空军统一组织实施，各有关飞行管制部门按照各自的职责分工提供空中交通管制服务。

第二十九条 飞行管制的基本任务是：

（一）监督航空器严格按照批准的计划飞行，维护飞行秩序，禁止未经批准的航空器擅自飞行；

（二）禁止未经批准的航空器飞入空中禁区、临时空中禁区或者飞出、飞入国（边）境；

（三）防止航空器与航空器、航空器与地面障碍物相撞；

（四）防止地面对空兵器或者对空装置误射航空器。

第三十条 在中华人民共和国境内，按照飞行管制责任划分为：飞行管制区、飞行管制分区、机场飞行管制区。

航路、航线地带和民用机场区域设置高空管制区、中低空管制区、终端（进近）管制区、机场塔台管制区。

在中华人民共和国境内、毗连区、专属经济区及其毗连的公海的上空划分若干飞行情报区。

第三十一条 各类管制区的划设，应当按照国家有关规定审批。

第三十二条 各类管制区的飞行管制，由有关飞行管制部门按照职责分工实施。

第三十三条 中华人民共和国境内特定地区以及执行特殊任务的飞行，应当执行特种飞行管制规定。

第三十四条 担负飞行管制任务的航空管理部门及航空单位，应当按照各自的职责权限，根据本规则制定飞行管制的具体实施办法。

相关飞行管制部门之间，应当制定协同制度。

第三十五条 所有飞行必须预先提出申请，经批准后方可实施。

获准飞出或者飞入中华人民共和国领空的航空器，实施飞出或者飞入中华人民共和国领空的飞行和各飞行管制区间的飞行，必须经中国人民解放军空军批准；飞行管制区内飞行管制分区间的飞行，经负责该管制区飞行管制的部门批准；飞行管制分区内的飞行，经负责该分区飞行管制的部门批准。

民用航空的班期飞行，按照规定的航路、航线和班期时刻表进行；民用航空的不定期运输飞行，由国务院民用航空主管部门批准，报中国人民解放军空军备案；涉及其他航空管理部门的，还应当报其他航空管理部门备案。

第三十六条 战斗飞行按照战斗命令执行，飞机起飞前或者起飞后必须及时通报飞行管制部门。

第三十七条 对未经批准而起飞或者升空的航空器，有关单位必须迅速查明情况，采取必要措施，直至强迫其降落。

第三十八条 转场航空器的起飞，机场区域内、外飞行的开始和结束，均应当遵守预定的时间；需要提前或者推迟起飞时间的，应当经上一级飞行管制部门的许可。转场航空器超过预定起飞时间一小时仍未起飞，又未申请延期的，其原飞行申请失效。

第三十九条 组织与实施通用航空飞行活动，必须按照有关规定履行报批手续，并向当地飞行管制部门提出飞行申请。飞行申请的内容包括：任务性质、航空器型别、飞行范围、起止时间、飞行高度和飞行条件等。各航空单位应当按照批准的飞行计划组织实施。

第四十条 航空器飞入相邻管制区前，飞行管制部门之间应当进行管制移交。管制移交应当按照程序管制或者雷达管制的有关规定实施。

第四十一条 在中华人民共和国领空飞行的航空器，必须标明明显的识别标志，禁止无识别标志的航空器飞行。

无识别标志的航空器因特殊情况需要飞行的，必须经中国人民解放军空军批准。

航空器的识别标志，必须按照国家有关规定获得批准。

第四十二条 空中交通管制员、飞行指挥员（含飞行管制员，下同）应当按照国家有关规定，经过专门培训、考核，取得执照、证书后，方可上岗工作。

第四章　机场区域内飞行

第四十三条　机场区域是指机场和为该机场划定的一定范围的设置各种飞行空域的空间。

机场区域应当根据机场周围的地形，使用该机场的航空器的型别和任务性质，邻近机场的位置和跑道方向，机场附近的国（边）境、空中禁区、对空射击场或者发射场、航路和空中走廊的位置，以及公众利益和安全保障等因素划定。

相邻机场距离过近的，可以合划一个机场区域。

机场区域的界线通常与机场飞行（塔台）管制区的界线相同。

第四十四条　机场区域内飞行，应当遵守机场使用细则。

机场使用细则的制定、审批和备案，按照国家有关规定执行。

第四十五条　飞行人员飞行时，必须按照规定携带必备的资料、文书和证件。

第四十六条　飞行准备以及保障飞行的准备工作，必须在飞行开始前完成。在各项准备和天气情况符合飞行要求时，飞行方可开始。

接受转场飞行航空器降落的机场，必须在航空器到达机场30分钟以前，做好保障降落的各项准备工作。

第四十七条　昼间飞行，在航空器起飞、降落前，水平能见度小于2公里的，应当打开机场全部障碍标志灯；水平能见度小于1公里的，起飞时还应当打开跑道灯，着陆时还应当打开航空器着陆方向（着陆的反航向）上保障飞行的全部灯光。

第四十八条　飞行人员自起飞前开车起到着陆后关车止，必须同空中交通管制员或者飞行指挥员保持无线电通信联络，并且严格遵守通信纪律。

未配备无线电通信设备或者通信设备发生故障的航空器，按照本规则附件一的规定进行联络。

第四十九条　飞行员开车滑行，必须经空中交通管制员或者飞行指挥员许可。滑行或者牵引时，应当遵守下列规定：

（一）按照规定的或者空中交通管制员、飞行指挥员指定的路线滑行或者牵引。

（二）滑行速度应当按照相应航空器的飞行手册或者飞行员驾驶守则执行；在障碍物附近滑行，速度不得超过每小时15公里。

（三）航空器对头相遇，应当各自靠右侧滑行，并且保持必要的安全间隔；航空器交叉相遇，飞行员从座舱左侧看到另一架航空器时应当停止滑行，主动避让。

（四）两架以上航空器跟进滑行，后航空器不得超越前航空器，后航空器与前航空器的距离，不得小于50米。

（五）夜间滑行或者牵引，应当打开航空器上的航行灯。

（六）直升机可以用1米至10米高度的飞行代替滑行。

水上航空器在滑行或者牵引中，与船只对头或者交叉相遇，应当按照航空器滑行或者牵引时相遇的避让方法避让。

第五十条　通常情况下，准备起飞的航空器，在起落航线第四转弯后无其他航空器进入着陆时，经空中交通管制员或者飞行指挥员许可，方可滑进跑道；跑道上无障碍物，方准起飞。

航空器起飞、着陆时，后航空器应当与前航空器保持规定的安全间隔。

第五十一条 机场的起落航线通常为左航线；若因地形、城市等条件的限制，或者为避免同邻近机场的起落航线交叉，也可以为右航线；起落航线的飞行高度，通常为300米至500米。

进行起落航线飞行时，禁止超越同型航空器；各航空器之间的距离，一般应当保持在1500米以上；经空中交通管制员或者飞行指挥员许可，速度大的航空器可以在第三转弯前超越速度小的航空器，超越时应当从前航空器的外侧超越，其间隔不得小于200米。除必须立即降落的航空器外，任何航空器不得从内侧超越前航空器。

加入起落航线飞行必须经空中交通管制员或者飞行指挥员许可，并且应当顺沿航线加入，不得横向截入。

第五十二条 航空器起飞后在机场区域内上升或者降落前在机场区域内下降，必须按照空中交通管制员或者飞行指挥员的指示进行。

航空器飞离机场加入航路、航线和脱离航路、航线飞向机场，应当按照该机场使用细则或者进离场程序规定的航线和高度上升或者下降。

第五十三条 相邻机场的穿云上升航线、穿云下降航线互有交叉，飞行发生矛盾时，由负责该地区飞行管制的部门调整。

第五十四条 航空器进行空域飞行时，应当按照规定的航线（航向）、高度、次序进入空域或者脱离空域，并且保持在规定的空域和高度范围内飞行。

除等待空域外，一个飞行空域，在同一个时间内，只允许安排一至三批航空器飞行。各批航空器飞行活动的高度范围之间，通常应当保持2000米以上的高度差。

第五十五条 目视飞行时，飞行人员必须加强空中观察。航空器应当与云保持一定的水平距离和垂直距离。

机长对目视飞行的安全负直接责任。

第五十六条 航空器进入着陆，应当经空中交通管制员或者飞行指挥员许可；不具备着陆条件的，不得勉强着陆。

航空器着陆后，应当迅速脱离跑道。

第五十七条 飞行人员在复杂气象条件下按仪表飞行，必须同时具备下列条件：

（一）飞行人员掌握复杂气象飞行技术；

（二）航空器配备有完好的航行设备和无线电通信设备。

第五十八条 复杂气象条件下进入机场区域的飞行，必须经空中交通管制员或者飞行指挥员许可。空中交通管制员或者飞行指挥员允许航空器飞入机场区域时，应当及时向飞行员通报下列情况：

（一）进入的飞行高度；

（二）机场区域内有关的飞行情况；

（三）水平能见度或者跑道视程、天气现象和机场上空的云底高度，地面和穿云高度上的风向、风速，场面气压或者修正海平面气压，或者零点高度，以及地面大气温度；

（四）仪表进场或者穿云方法和着陆航向。

第五十九条 航空器在等待空域内，必须保持在规定的等待高度层并且按照空中交通管制员或者飞行指挥员指示的方法飞行，未经许可，不得自行改变。

在等待空域内等待降落的航空器，应当按照规定的顺序降落。特殊情况下，经空中交通管制员或者飞行指挥员许可，方可优先降落。

第六十条 航空器穿云下降必须按照该机场的仪表进近图或者穿云图进行。当下降到规定的最低高度或者决断高度仍不能以目视进行着陆时，应当立即停止下降，并且按照规定的航向上升至安全高度。

航空器因故不能在该机场降落的，空中交通管制员、飞行指挥员或者航空公司签派员及其代理人，应当立即通知备降机场准备接受航空器降落，同时指示航空器飞往备降机场的航向、飞行高度和通知备降机场的天气情况。在飞行人员同备降机场沟通无线电联络并且报告在备降机场着陆已有保障以前，空中交通管制员、飞行指挥员或者航空公司签派员及其代理人应当继续与该航空器保持联络。

第六十一条 航空器飞临降落机场时，机场的天气情况低于机长飞行的最低气象条件，且航空器无法飞往备降机场的，空中交通管制员或者飞行指挥员应当采取一切措施，指挥航空器安全降落。

第六十二条 飞机在空中拖曳滑翔机时，拖曳飞机同滑翔机应当视为一个航空器。滑翔机飞行员应当服从拖曳飞机飞行员的指挥。

滑翔机在空中脱离拖曳，必须在规定的高度上进行，并且经拖曳飞机飞行员同意，但紧急情况除外。

第六十三条 机场区域内飞行的开始和结束的时间，其他任务飞行的航空器在该机场起飞和降落的时间，均应当及时报告上级飞行管制部门。

相邻机场应当互相主动通报有关的飞行情况。

第五章 航路和航线飞行

第六十四条 航空器使用航路和航线，应当经负责该航路和航线的飞行管制部门同意。

第六十五条 航路和固定航线地带应当设置必要的监视和导航设备。

沿航路和固定航线应当有备降机场。备降机场应当有必备的设备和良好的通信、导航、气象保障。

军用机场作为民用航空器的固定备降机场或者民用机场作为军用航空器的固定备降机场，应当按照国家有关规定经过批准。

第六十六条 穿越航路和航线的飞行，应当明确穿越的地段、高度和时间，穿越时还应当保证与航路和航线飞行的航空器有规定的飞行间隔。

第六十七条 飞行任务书是许可飞行人员进行转场飞行和民用航空飞行的基本文件。飞行任务书由驻机场航空单位或者航空公司的负责人签发。

在飞行任务书中，应当明确飞行任务、起飞时间、航线、高度、允许机长飞行的最低气象条件以及其他有关事项。

第六十八条 航路、航线飞行或者转场飞行前，驻机场航空单位或者航空公司的负责人应当亲自或者指定专人对飞行人员的飞行准备情况进行检查。飞行准备质量符合要求时，方可执行飞行任务。

第六十九条 航路、航线飞行或者转场飞行的航空器的起飞，应当根据飞行人员和航空器的准备情况，起飞机场、降落机场和备降机场的准备情况以及天气情况等确定；有下列情况之一的，不得起飞：

（一）空勤组成员不齐，或者由于技术、健康等原因不适于飞行的；

（二）飞行人员尚未完成飞行准备、飞行准备质量不符合要求、驻机场航空单位或者航空公司的负责人未批准飞行的；

（三）飞行人员未携带飞行任务书、飞行气象文件及其他必备飞行文件的；

（四）飞行人员未校对本次飞行所需的航行、通信、导航资料和仪表进近图或者穿云图的；

（五）航空器或者航空器上的设备有故障可能影响飞行安全，或者民用航空器设备低于最低设备清单规定，或者军用航空器经机长确认可能影响本次飞行安全的；

（六）航空器表面的冰、霜、雪未除净的；

（七）航空器上的装载和乘载不符合规定的；

（八）航空器未按规定携带备用燃料的；

（九）天气情况低于机长飞行的最低气象条件，以及天气情况危及本次飞行安全的。

第七十条 飞行人员在飞行中必须遵守有关的飞行规则和飞行任务书中的各项规定，服从飞行指挥，准确实施领航，保持规定的航行诸元，注意观察空中情况，按照规定及时报告航空器位置、飞行情况和天气情况，特别是危险天气现象及其发展情况。

第七十一条 目视飞行时，航空器应当按照下列规定避让：

（一）在同一高度上对头相遇，应当各自向右避让，并保持500米以上的间隔；

（二）在同一高度上交叉相遇，飞行员从座舱左侧看到另一架航空器时应当下降高度，从座舱右侧看到另一架航空器时应当上升高度；

（三）在同一高度上超越前航空器，应当从前航空器右侧超越，并保持500米以上的间隔；

（四）单机应当主动避让编队或者拖曳飞机，有动力装置的航空器应当主动避让无动力装置的航空器，战斗机应当主动避让运输机。

第七十二条 在与航路、固定航线交叉或者靠近的临时航线飞行时，飞行人员应当加强对空中的观察，防止与航路飞行的航空器相撞。当临时航线与航路、固定航线交叉时，水平能见度大于8公里的，应当按照规定的飞行高度通过；在云中飞行或者水平能见度小于8公里的，应当按照空中交通管制员或者飞行指挥员的指示通过。在靠近航路的航线上飞行时，应当与航路的边界保持规定的安全间隔。

第七十三条 未配备复杂气象飞行设备的航空器，机长应当按照规定的飞行最低气象条件，在安全高度以上进行目视飞行，防止飞入云中。

第七十四条 当天气情况不低于机长飞行的最低气象条件时，机长方可在300米以下进行目视飞行，飞行时航空器距离云层底部不得小于50米。

第七十五条 航空器沿航路和固定航线飞行通过中途机场100至50公里前，除有协议的外，飞行人员应当向该机场的空中交通管制员或者飞行指挥员报告预计通过的时间和高度。中途机场的空中交通管制员或者飞行指挥员必须指挥在本机场区域内飞行的航空器避让过往航空器，保证其安全通过；无特殊原因，不得改变过往航空器的航线和高度。

航空器在临时航线飞行通过中途机场时，应当按照规定的航线和高度通过，或者按照该机场空中交通管制员或者飞行指挥员的指示通过。

第七十六条 飞行中，飞行人员与地面联络中断，可以停止执行飞行任务，返回原机场或者飞往就近的备降机场降落。当保持原高度飞向备降机场符合飞行高度层配备规定时，仍保持原高度飞行；当保持原高度飞向备降机场不符合飞行高度层配备规定时，应当下降到下一层高度飞向备降机场；因飞行安全高度所限不能下降到下一层高度的，应当上升至上一层高度飞向备降机场。

第七十七条 航路、航线飞行或者转场飞行的航空器，在起飞前或者在中途机场降落后需要继续飞行的，机长或者其代理人必须到机场飞行管制部门办理飞行手续，校对有关资料，经批准后方可起飞；航空器降落后需要连续起飞的，必须事先经中途机场飞行管制部门的许可。

航路、航线飞行或者转场飞行的航空器降落后，机长或者其代理人必须到机场飞行管制部门或者航空公司报告飞行情况和航路、航线天气情况，送交飞行任务书和飞行天气报告表。

未经批准而降落在非预定机场的航空器，必须由驻该机场航空单位的负责人向上级报告，经批准后方可起飞。

第七十八条 航路、航线飞行或者转场飞行的航空器到达预定机场后，其各项保障工作由驻该机场的有关部门按照规定或者协议负责。

第六章 飞行间隔

第七十九条 飞行间隔是为了防止飞行冲突，保证飞行安全，提高飞行空间和时间利用率所规定的航空器之间应当保持的最小安全距离。飞行间隔包括垂直间隔和水平间隔。水平间隔分为纵向间隔和横向间隔。

机长必须按照规定的飞行间隔飞行，需要改变时，应当经飞行管制部门许可。

第八十条 航路、航线飞行或者转场飞行的垂直间隔，按照飞行高度层配备。飞行高度层按照以下标准划分：

（一）真航线角在0度至179度范围内，高度由900米至8100米，每隔600米为一个高度层；高度在9000米以上，每隔1200米为一个高度层。

（二）真航线角在180度至359度范围内，高度由600米至8400米，每隔600米为一个高度层；高度在8400米以上，每隔1200米为一个高度层。

（三）飞行高度层应当根据标准大气压条件下假定海平面计算。真航线角应当从航线起点和转弯点量取。

飞行高度层的具体配备标准见本规则附件二。

第八十一条 航路、航线飞行或者转场飞行的水平间隔，由中国人民解放军空军会同国务院民用航空主管部门拟定，报国务院、中央军事委员会空中交通管制委员会批准。

第八十二条 飞行的安全高度是避免航空器与地面障碍物相撞的最低飞行高度。

航路、航线飞行或者转场飞行的安全高度，在高原和山区应当高出航路中心线、航线两侧各25公里以内最高标高600米；在其他地区应当高出航路中心线、航线两侧各25公里以内最高标高400米。

受性能限制的航空器，其航路、航线飞行或者转场飞行的安全高度，由有关航空管理部门另行规定。

第八十三条 航路、航线飞行或者转场飞行的航空器，在航路中心线、航线两侧各25公里以内的最高标高不超过100米，大气压力不低于1000百帕（750毫米水银柱）的，允许在600米的高度层内飞行；当最高标高超过100米，大气压力低于1000百帕（750毫米水银柱）的，飞行最低的高度层必须相应提高，保证飞行的真实高度不低于安全高度。

第八十四条 航路、航线飞行或者转场飞行的高度层，由批准本次飞行的负责人，通过飞行管制部门具体配备。

飞行高度层应当根据飞行任务的性质、航空器性能、飞行区域以及航线的地形、天气和飞行情况等配备。

第八十五条 在同一条航路、航线有数架（数批）航空器同时飞行并且互有影响的，应当分别将每架（每批）航空器配备在不同的高度层内；不能配备在不同高度层的，可以允许数架（数批）航空器在同一条航路、航线、同一个高度层内飞行，但是各架（各批）航空器之间应当保持规定的纵向间隔。

第八十六条 航路、航线飞行或者转场飞行的航空器起飞前，应当将场面气压的数值调整到航空器上气压高度表的固定指标，使气压高度表的指针指到零的位置。

航路、航线飞行或者转场飞行的航空器起飞后，在未规定过渡高度或者过渡高的机场上升到距该机场道面600米高度时，应当将航空器上气压高度表的标准海平面气压值调整到固定指标，然后再继续上升到规定的飞行高度层；规定有过渡高度或者过渡高的机场，在上升至过渡高度或者过渡高时，应当将气压高度表调整到标准海平面气压值。

航路、航线飞行或者转场飞行的航空器，进入降落机场区域并下降至该机场过渡高度层时，或者根据空中交通管制员、飞行指挥员的指示，将机场场面气压的数值调整到航空器上气压高度表的固定指标。

仅供民用航空器起降的机场，可以修正海平面气压值为航空器气压高度表拨正值。

提供外国航空器起降的机场，可以向外国航空器提供机场修正海平面气压值。

军用、民用航空器在同一机场同时飞行的，必须统一航空器上气压高度表拨正时机。

第八十七条 在高原机场起飞前，航空器上气压高度表的气压刻度不能调整到机场场面气压数值的，应当将气压高度表的标准海平面气压值调整到固定指标（此时所指示的高度为假定零点高度），然后起飞和上升到规定的飞行高度。

在高原机场降落时，航空器上气压高度表的气压刻度不能调整到机场场面气压数值的，应当按照空中交通管制员或者飞行指挥员通知的假定零点高度进行着陆。航空器上有两个气压高度表的，应当将其中一个气压高度表的标准海平面气压值调整到固定指标，而将另一个气压高度表以修正的海平面气压值调整到固定指标。

在高原、山区飞行，必须注意航空器上气压高度表与无线电高度表配合使用。

第八十八条 航路、航线飞行或者转场飞行时，因航空器故障、积冰、绕飞雷雨区等原因需要改变飞行高度层的，机长应当向飞行管制部门报告原因和当时航空器的准确位置，请求另行配备飞行高度层。飞行管制部门允许航空器改变飞行高度层时，必须明确改变的高度层以及改变高度层的地段和时间。

遇有紧急情况，飞行安全受到威胁时，机长可以决定改变原配备的飞行高度层，但必须立即报告飞行管制部门，并对该决定负责。改变高度层的方法是：从航空器飞行的方向向右转30度，并以此航向飞行20公里，再左转平行原航线上升或者下降到新的高度层，然后转回原航线。

第七章 飞行指挥

第八十九条 组织实施飞行指挥应当根据本规则和有关规定进行，做到正确、及时和不间断。

第九十条 飞行指挥员必须切实履行职责，维护机场、空中秩序和飞行纪律，并做到：

（一）了解飞行任务、飞行计划、飞行人员的技术水平及健康状况、航空器性能和机载设备，以及各项保障工作情况；

（二）掌握飞行动态，了解天气变化，及时向飞行人员通知有关的空中情况和指挥其准确地按照计划飞行；

（三）当空中情况发生变化时，及时采取措施，正确处置。

第九十一条 飞行指挥必须按照下列调配原则安排飞行次序：

（一）一切飞行让战斗飞行；

（二）其他飞行让专机飞行和重要任务飞行；

（三）国内一般任务飞行让班期飞行；

（四）训练飞行让任务飞行；

（五）场内飞行让场外飞行；

（六）场内、场外飞行让转场飞行。

第九十二条 在飞行期间，所有参加飞行和保障飞行的人员，必须服从飞行指挥员的指挥。

第九十三条 驻在同一机场的军用航空器和民用航空器同时飞行时，必须实施统一指挥。军用航空单位派出飞行指挥员，民用航空单位派出飞行副指挥员。

飞行副指挥员负责向飞行指挥员报告民用航空器的航行诸元和有关飞行情况，并且按照飞行指挥员的指示，对民用航空器实施指挥。

第九十四条 执行不同任务的航空器或者不同型别的航空器，在同一机场同时飞行的，应当根据具体情况安排优先起飞和降落的顺序。

对执行紧急或者重要任务的航空器，班期飞行或者转场飞行的航空器，速度大的航空器，应当允许优先起飞；对有故障的航空器，剩余油量少的航空器，执行紧急或者重要任务的航空器，班期飞行和航路、航线飞行或者转场飞行的航空器，应当允许优先降落。

第九十五条 飞行指挥用无线电实施。指挥用语应当简短、明确、易懂、规范。

未配备无线电通信设备的航空器，无线电受干扰或者无线电通信设备发生故障的航空器，按照本规则附件一的规定实施指挥。

第九十六条 现用机场应当设飞行管制室、起飞线塔台（指挥塔台）或者机场管制塔台，其位置应当有良好的视界，可观察到机场、净空地带以及航空器飞行和航空器在机场上的活动。

机场飞行管制室、起飞线塔台（指挥塔台）或者机场管制塔台，应当配备指挥和保障飞行的通信设备、雷达显示设备或者雷达标图以及其他有关设备和必要的文件图表等。

第九十七条 作战飞行的指挥，按照中国人民解放军有关规定执行。

第八章 飞行中特殊情况的处置

第九十八条 飞行中的特殊情况，是指突然发生的危及飞行安全的情况。

对飞行中特殊情况的处置，应当根据情况的性质、飞行条件和可供进行处置的时间来确定。飞行中各种特殊情况的处置办法，由各航空管理部门规定。

第九十九条 飞行人员、空中交通管制员、飞行指挥员和各类保障飞行的人员，对飞行中特殊情况的处置必须预有准备。飞行人员应当及时察觉飞行中出现特殊情况的各种征兆，熟练掌握在各种特殊情况下的操作程序和紧急处置方法；空中交通管制员或者飞行指挥员，应当熟知在不同的飞行条件下特殊情况的指挥措施和组织援救遇险航空器的方法；各类保障飞行的人员在任何情况下都应当恪尽职守，使各种保障设施经常处于良好状态，随时能为飞行人员、空中交通管制员、飞行指挥员正确处置特殊情况提供有利条件。

第一百条 飞行中发生特殊情况，机长必须在保证航空器上人员生命安全的前提下，积极采取措施保全航空器。

时间允许的，机长应当及时向空中交通管制员或者飞行指挥员报告所发生的情况和准备采取的措施，并且按照其指示行动。

空中交通管制员或者飞行指挥员应当根据空中具体情况，及时采取正确措施指挥航空器。

第一百零一条 在飞行中遇到严重危及航空器和人员安全的情况时，飞行人员应当利用一切手段，重复发出规定的遇险信号。其他航空器飞行人员在飞行中收到遇险信号，应当暂时停止使用无线电发信，必要时协助遇险航空器重复发出遇险信号。

空中交通管制员或者飞行指挥员在收到航空器发出的遇险信号后，应当迅速查明遇险航空器的位置和险情性质，立即采取措施，并报告上级。

第一百零二条 军用航空器遇险时，有关部门应当及时报告当地政府和驻军。当地政府和驻军应当立即组织搜寻援救。在海上搜寻援救遇险航空器时，还应当报告国家海上搜寻援救组织和附近的海上搜寻援救组织，国家海上搜寻援救组织和附近的海上搜寻援救组织应当迅速进行搜寻和援救。

民用航空器遇险时，搜寻援救活动的组织与实施按照国家有关规定执行。

第一百零三条 航空器在中华人民共和国境外遇险时，应当使用国际通用的遇险信号和频率。在海上飞行遇险时，设备允许的，还应当使用500千赫频率发出遇险信号。

第九章 通信、导航、雷达、气象和航行情报保障

第一百零四条 通信、导航、雷达、气象和航行情报保障部门应当明确任务，认真履行职责，密切协同，周密组织与实施飞行保障工作。

第一百零五条 各种通信、导航设备必须经常处于良好状态，主要设备应当配有备份，保证通信、导航的可靠性和稳定性。有关部门应当加强对航空通信、导航无线电频率的管理和保护。任何单位或者个人使用的无线电台和其他仪器、装置，不得妨碍航空无线电专用频率的正常使用。

航路、航线地空通信、导航设备的增设、撤除或者变更，应当经中国人民解放军空军或者国务院民用航空主管部门同意。其中中波导航台和军用、民用航空共用的地空通信、导航设备的撤除还须经使用各方协商同意。

第一百零六条 飞行实施过程中，飞行人员、空中交通管制员、飞行指挥员应当按照通信、导航保障规定，正确使用通信、导航设备。

第一百零七条 雷达保障部门应当对中华人民共和国境内的所有飞行提供保障。

雷达设备应当经常处于良好状态，保证雷达工作的可靠性和稳定性。

雷达保障工作，应当按照管制区域或者雷达责任区组织实施。

第一百零八条　雷达保障应当做到：

（一）及时、准确、连续地测定和通报空中航空器的位置；

（二）严密监视航空器按照预定的航路、航线、飞行空域和高度飞行，及时发现和报知航空器偏离航路、航线、改变飞行高度和超出飞行空域的情况；

（三）当获知空中有迷航、遇险的航空器时，应当组织有关雷达重点观察，迅速判明迷航、遇险的航空器及有关情况；

（四）当飞行区域天气不稳定时，应当根据空中交通管制员或者飞行指挥员的要求，及时组织雷达探测天气。

第一百零九条　飞行的气象保障工作由航空气象保障部门负责。

航空气象保障部门必须严密组织气象保障，及时、准确地提供天气预报、天气实况，及时发布重要气象情报、危险天气警报和通报；必要时可以提出派遣航空器侦察天气和利用探测设备探测天气的建议。

有关单位应当优先传递重要气象情报、危险天气警报和通报。

机场的气象台，应当根据空中交通管制员或者飞行指挥员下达的任务，对在本机场起飞、降落的航空器，实施气象保障；兼负飞行管制分区（区域）飞行管制任务部门的机场气象台，还应当负责本区内转场飞行的气象保障。

国家和各省、自治区、直辖市气象部门应当根据航空单位的申请，提供必要的气象情报。

第一百一十条　飞行气象保障的组织与实施，应当按照各航空单位的有关规定执行。

飞行保障任务涉及两个以上无隶属关系的气象部门时，应当按照有关协同规定组织实施。

第一百一十一条　航行情报部门，应当提供保证飞行安全、正常和效率所需要的各种航行情报资料。

有关单位应当主动配合，密切协作，及时提供航行情报，保证航行资料及时、准确和完整。

第十章　对外国航空器的特别规定

第一百一十二条　外国航空器飞入或者飞出中华人民共和国领空，或者在中华人民共和国境内飞行、停留，必须按照中华人民共和国的有关规定获得批准。

第一百一十三条　外国航空器在中华人民共和国境内的航路、航线飞行时，由中华人民共和国国务院民用航空主管部门负责提供空中交通管制服务。

第一百一十四条　外国航空器飞入或者飞出中华人民共和国领空，必须按照规定的航路飞入或者飞出。飞入或者飞出领空前20至15分钟，其机组必须向中华人民共和国有关空中交通管制部门报告，并取得飞入或者飞出领空的许可；未经许可，不得飞入或者飞出。

第一百一十五条　未经批准擅自飞入或者飞出中华人民共和国领空的外国民用航空器，中华人民共和国有关机关有权采取必要措施，令其在指定的机场降落。

在中华人民共和国境内飞行、停留的外国民用航空器违反本规则规定的，由中华人民共和国有关空中交通管制部门采取措施，令其纠正。情节严重的，有关部门可以采取必要措施，直至迫使其在指定机场降落。

第十一章　法律责任

第一百一十六条　违反本规则规定，《中华人民共和国民用航空法》及有关法规对其处罚有明确规定的，从其规定；无明确规定的，适用本章规定。

第一百一十七条　未按本规则规定履行审批、备案或者其他手续的，由有关部门按照职责分工责令改正；情节严重的，对直接负责的主管人员和其他直接责任人员依法给予行政处分或者纪律处分；构成犯罪的，依法追究刑事责任。

第一百一十八条　飞行人员未按本规则规定履行职责的，由有关部门依法给予行政处分或者纪律处分；情节严重的，依法给予吊扣执照一个月至六个月的处罚，或者责令停飞一个月至三个月；构成犯罪的，依法追究刑事责任。

第一百一十九条　空中交通管制员、飞行指挥员未按本规则规定履行职责的，由有关部门视情节给予批评教育、警告、记过、降职或者取消资格，免除职务的处分；构成犯罪的，依法追究刑事责任。

第一百二十条　飞行保障部门及其人员未按本规则规定履行职责的，由有关航空管理部门视情节给予通报批评；对直接负责的主管人员或者其他责任人员依法给予行政处分或者纪律处分；构成犯罪的，依法追究刑事责任。

第十二章　附　则

第一百二十一条　中华人民共和国航空器在本国领海以外毗连区、专属经济区和公海上空飞行，中华人民共和国缔结或者参加的国际条约同本规则有不同规定的，适用国际条约的规定；但是，中华人民共和国声明保留的条款除外。

第一百二十二条　拦截违反本规则的航空器所使用的信号和被拦截的航空器回答的信号，按照本规则附件三的规定执行。

第一百二十三条　本规则下列用语的含义：航空单位，是指拥有航空器并从事航空飞行活动的机关或者单位，包括航空运输公司、飞行俱乐部、飞行部队、飞行院校等。

航空管理部门，是指对从事飞行活动的航空单位具有管理职能的机关或者单位，包括中国民用航空总局、国家体育总局、航空工业集团公司，中国人民解放军海军、空军、总参谋部陆航局等。

过渡高度，是指一个特定的修正海平面气压高度。在此高度及其以下，航空器的垂直位置按修正海平面气压高度表示。

过渡高，是指一个特定的场面气压高。在此高及其以下，航空器的垂直位置按场面气压高表示。

过渡高度层，是指在过渡高度之上的最低可用飞行高度层。

终端管制区，是指设在一个或者几个主要机场附近的空中交通服务航路汇合处的管制区。

第一百二十四条　本规则自2001年8月1日零时起施行。国务院、中央军事委员会1977年4月21日颁发的《中华人民共和国飞行基本规则》同时废止。

二〇〇一年七月二十七日

通用航空飞行管制条例

国务院、中央军委令第 371 号

第一章 总 则

第一条 为了促进通用航空事业的发展，规范通用航空飞行活动，保证飞行安全，根据《中华人民共和国民用航空法》和《中华人民共和国飞行基本规则》，制定本条例。

第二条 在中华人民共和国境内从事通用航空飞行活动，必须遵守本条例。

在中华人民共和国境内从事升放无人驾驶自由气球和系留气球活动，适用本条例的有关规定。

第三条 本条例所称通用航空，是指除军事、警务、海关缉私飞行和公共航空运输飞行以外的航空活动，包括从事工业、农业、林业、渔业、矿业、建筑业的作业飞行和医疗卫生、抢险救灾、气象探测、海洋监测、科学实验、遥感测绘、教育训练、文化体育、旅游观光等方面的飞行活动。

第四条 从事通用航空飞行活动的单位、个人，必须按照《中华人民共和国民用航空法》的规定取得从事通用航空活动的资格，并遵守国家有关法律、行政法规的规定。

第五条 飞行管制部门按照职责分工，负责对通用航空飞行活动实施管理，提供空中交通管制服务。相关飞行保障单位应当积极协调配合，做好有关服务保障工作，为通用航空飞行活动创造便利条件。

第二章 飞行空域的划设与使用

第六条 从事通用航空飞行活动的单位、个人使用机场飞行空域、航路、航线，应当按照国家有关规定向飞行管制部门提出申请，经批准后方可实施。

第七条 从事通用航空飞行活动的单位、个人，根据飞行活动要求，需要划设临时飞行空域的，应当向有关飞行管制部门提出划设临时飞行空域的申请。

划设临时飞行空域的申请应当包括下列内容：

（一）临时飞行空域的水平范围、高度；

（二）飞入和飞出临时飞行空域的方法；

（三）使用临时飞行空域的时间；

（四）飞行活动性质；

（五）其他有关事项。

第八条 划设临时飞行空域，按照下列规定的权限批准：

（一）在机场区域内划设的，由负责该机场飞行管制的部门批准；

（二）超出机场区域在飞行管制分区内划设的，由负责该分区飞行管制的部门批准；

（三）超出飞行管制分区在飞行管制区内划设的，由负责该管制区飞行管制的部门批准；

（四）在飞行管制区间划设的，由中国人民解放军空军批准。

批准划设临时飞行空域的部门应当将划设的临时飞行空域报上一级飞行管制部门备案，并通报有关单位。

第九条 划设临时飞行空域的申请，应当在拟使用临时飞行空域 7 个工作日前向有关飞行管制部门提出；负责批准该临时飞行空域的飞行管制部门应当在拟使用临时飞行空域 3 个工作日前作出批准或者不予批准的决定，并通知申请人。

第十条 临时飞行空域的使用期限应当根据通用航空飞行的性质和需要确定，通常不得超过 12 个月。

因飞行任务的要求，需要延长临时飞行空域使用期限的，应当报经批准该临时飞行空域的飞行管制部门同意。

通用航空飞行任务完成后，从事通用航空飞行活动的单位、个人应当及时报告有关飞行管制部门，其申请划设的临时飞行空域即行撤销。

第十一条 已划设的临时飞行空域，从事通用航空飞行活动的其他单位、个人因飞行需要，经批准划设该临时飞行空域的飞行管制部门同意，也可以使用。

第三章 飞行活动的管理

第十二条 从事通用航空飞行活动的单位、个人实施飞行前，应当向当地飞行管制部门提出飞行计划申请，按照批准权限，经批准后方可实施。

第十三条 飞行计划申请应当包括下列内容：

（一）飞行单位；

（二）飞行任务性质；

（三）机长（飞行员）姓名、代号（呼号）和空勤组人数；

（四）航空器型别和架数；

（五）通信联络方法和二次雷达应答机代码；

（六）起飞、降落机场和备降场；

（七）预计飞行开始、结束时间；

（八）飞行气象条件；

（九）航线、飞行高度和飞行范围；

（十）其他特殊保障需求。

第十四条 从事通用航空飞行活动的单位、个人有下列情形之一的，必须在提出飞行计划申请时，提交有效的任务批准文件：

（一）飞出或者飞入我国领空的（公务飞行除外）；

（二）进入空中禁区或者国（边）界线至我方一侧 10 公里之间地带上空飞行的；

（三）在我国境内进行航空物探或者航空摄影活动的；

（四）超出领海（海岸）线飞行的；

（五）外国航空器或者外国人使用我国航空器在我国境内进行通用航空飞行活动的。

第十五条 使用机场飞行空域、航路、航线进行通用航空飞行活动，其飞行计划申请由当地飞行管制部门批准或者由当地飞行管制部门报经上级飞行管制部门批准。

使用临时飞行空域、临时航线进行通用航空飞行活动，其飞行计划申请按照下列规定的权限批准：

（一）在机场区域内的，由负责该机场飞行管制的部门批准；

（二）超出机场区域在飞行管制分区内的，由负责该分区飞行管制的部门批准；

（三）超出飞行管制分区在飞行管制区内的，由负责该区域飞行管制的部门批准；

（四）超出飞行管制区的，由中国人民解放军空军批准。

第十六条 飞行计划申请应当在拟飞行前1天15时前提出；飞行管制部门应当在拟飞行前1天21时前作出批准或者不予批准的决定，并通知申请人。

执行紧急救护、抢险救灾、人工影响天气或者其他紧急任务的，可以提出临时飞行计划申请。临时飞行计划申请最迟应当在拟飞行1小时前提出；飞行管制部门应当在拟起飞时刻15分钟前作出批准或者不予批准的决定，并通知申请人。

第十七条 在划设的临时飞行空域内实施通用航空飞行活动的，可以在申请划设临时飞行空域时一并提出15天以内的短期飞行计划申请，不再逐日申请；但是每日飞行开始前和结束后，应当及时报告飞行管制部门。

第十八条 使用临时航线转场飞行的，其飞行计划申请应当在拟飞行2天前向当地飞行管制部门提出；飞行管制部门应当在拟飞行前1天18时前作出批准或者不予批准的决定，并通知申请人，同时按照规定通报有关单位。

第十九条 飞行管制部门对违反飞行管制规定的航空器，可以根据情况责令改正或者停止其飞行。

第四章　飞行保障

第二十条 通信、导航、雷达、气象、航行情报和其他飞行保障部门应当认真履行职责，密切协同，统筹兼顾，合理安排，提高飞行空域和时间的利用率，保障通用航空飞行顺利实施。

第二十一条 通信、导航、雷达、气象、航行情报和其他飞行保障部门对于紧急救护、抢险救灾、人工影响天气等突发性任务的飞行，应当优先安排。

第二十二条 从事通用航空飞行活动的单位、个人组织各类飞行活动，应当制定安全保障措施，严格按照批准的飞行计划组织实施，并按照要求报告飞行动态。

第二十三条 从事通用航空飞行活动的单位、个人，应当与有关飞行管制部门建立可靠的通信联络。

在划设的临时飞行空域内从事通用航空飞行活动时，应当保持空地联络畅通。

第二十四条 在临时飞行空域内进行通用航空飞行活动，通常由从事通用航空飞行活动的单位、个人负责组织实施，并对其安全负责。

第二十五条 飞行管制部门应当按照职责分工或者协议，为通用航空飞行活动提供空中交通管制服务。

第二十六条 从事通用航空飞行活动需要使用军用机场的，应当将使用军用机场的申请和飞行计划申请一并向有关部队司令机关提出，由有关部队司令机关作出批准或者不予批准的决定，并通知申请人。

第二十七条 从事通用航空飞行活动的航空器转场飞行，需要使用军用或者民用机场的，由该机场管理机构按照规定或者协议提供保障；使用军民合用机场的，由从事通用航空飞行活动的单位、个人与机场有关部门协商确定保障事宜。

第二十八条 在临时机场或者起降点飞行的组织指挥，通常由从事通用航空飞行活动的单位、个人负责。

第二十九条 从事通用航空飞行活动的民用航空器能否起飞、着陆和飞行，由机长（飞行员）根据适航标准和气象条件等最终确定，并对此决定负责。

第三十条 通用航空飞行保障收费标准，按照国家有关国内机场收费标准执行。

第五章 升放和系留气球的规定

第三十一条 升放无人驾驶自由气球或者系留气球，不得影响飞行安全。

本条例所称无人驾驶自由气球，是指无动力驱动、无人操纵、轻于空气、总质量大于 4 千克自由飘移的充气物体。

本条例所称系留气球，是指系留于地面物体上、直径大于 1.8 米或者体积容量大于 3.2 立方米、轻于空气的充气物体。

第三十二条 无人驾驶自由气球和系留气球的分类、识别标志和升放条件等，应当符合国家有关规定。

第三十三条 进行升放无人驾驶自由气球或者系留气球活动，必须经设区的市级以上气象主管机构会同有关部门批准。具体办法由国务院气象主管机构制定。

第三十四条 升放无人驾驶自由气球，应当在拟升放 2 天前持本条例第三十三条规定的批准文件向当地飞行管制部门提出升放申请；飞行管制部门应当在拟升放 1 天前作出批准或者不予批准的决定，并通知申请人。

第三十五条 升放无人驾驶自由气球的申请，通常应当包括下列内容：

（一）升放的单位、个人和联系方法；

（二）气球的类型、数量、用途和识别标志；

（三）升放地点和计划回收区；

（四）预计升放和回收（结束）的时间；

（五）预计飘移方向、上升的速度和最大高度。

第三十六条 升放无人驾驶自由气球，应当按照批准的申请升放，并及时向有关飞行管制部门报告升放动态；取消升放时，应当及时报告有关飞行管制部门。

第三十七条 升放系留气球，应当确保系留牢固，不得擅自释放。

系留气球升放的高度不得高于地面 150 米，但是低于距其水平距离 50 米范围内建筑物顶部的除外。

系留气球升放的高度超过地面 50 米的，必须加装快速放气装置，并设置识别标志。

第三十八条 升放的无人驾驶自由气球或者系留气球中发生下列可能危及飞行安全的情况时，升放单位、个人应当及时报告有关飞行管制部门和当地气象主管机构：

（一）无人驾驶自由气球非正常运行的；

（二）系留气球意外脱离系留的；

（三）其他可能影响飞行安全的异常情况。

加装快速放气装置的系留气球意外脱离系留时，升放系留气球的单位、个人应当在保证地面人员、财产安全的条件下，快速启动放气装置。

第三十九条　禁止在依法划设的机场范围内和机场净空保护区域内升放无人驾驶自由气球或者系留气球，但是国家另有规定的除外。

第六章　法律责任

第四十条　违反本条例规定，《中华人民共和国民用航空法》《中华人民共和国飞行基本规则》及有关行政法规对其处罚有规定的，从其规定；没有规定的，适用本章规定。

第四十一条　从事通用航空飞行活动的单位、个人违反本条例规定，有下列情形之一的，由有关部门按照职责分工责令改正，给予警告；情节严重的，处2万元以上10万元以下罚款，并可给予责令停飞1个月至3个月、暂扣直至吊销经营许可证、飞行执照的处罚；造成重大事故或者严重后果的，依照刑法关于重大飞行事故罪或者其他罪的规定，依法追究刑事责任：

（一）未经批准擅自飞行的；

（二）未按批准的飞行计划飞行的；

（三）不及时报告或者漏报飞行动态的；

（四）未经批准飞入空中限制区、空中危险区的。

第四十二条　违反本条例规定，未经批准飞入空中禁区的，由有关部门按照国家有关规定处置。

第四十三条　违反本条例规定，升放无人驾驶自由气球或者系留气球，有下列情形之一的，由气象主管机构或者有关部门按照职责分工责令改正，给予警告；情节严重的，处1万元以上5万元以下罚款；造成重大事故或者严重后果的，依照刑法关于重大责任事故罪或者其他罪的规定，依法追究刑事责任：

（一）未经批准擅自升放的；

（二）未按照批准的申请升放的；

（三）未按照规定设置识别标志的；

（四）未及时报告升放动态或者系留气球意外脱离时未按照规定及时报告的；

（五）在规定的禁止区域内升放的。

第四十四条　按照本条例实施的罚款，应当全额上缴财政。

第七章　附　则

第四十五条　本条例自2003年5月1日起施行。

二〇〇三年一月十日

国务院　中央军委关于民航总局不再由空军代管的通知

国发〔1980〕60号

各省、市、自治区人民政府（革命委员会），国务院各部委、各直属机构：

现决定中国民用航空总局从一九八〇年三月十五日起，不再归空军代管。今后民航的工作，除航行管制仍按《中华人民共和国飞行基本规则》规定的“中国人解放军空军统一领导全国的飞行管制”执行外，其他工作均向国务院请示报告。有关交接事宜，由空军、民航总局协商办理。关于干部等重大问题，可提出具体方案报国务院、中央军委审批。

国务院、中央军委

一九八〇年三月五日

民航成都管理局体制改革方案的报告

（87）蓉管体政办字14号

民航局：

根据民航局报经国务院批准《关于民航系统管理体制改革方案和实施步骤的报告》和今年二月民航工作会议精神，我们按照“政企分开，简政放权”的原则，对我局体制改革的具体问题进行认真探讨，反复论证，通盘考虑，在民航局工作组的帮助下，拟定了民航成都管理局体制改革方案。现将方案的有关问题报告如下：

一、体制改革总体方案

成都管理局的体制改革，在成都地区先实行一分为三，即成立民航西南地区管理局、中国西南航空公司、民航成都双流机场。第十七飞行大队划归西南航空公司，属西南航空公司组成部分。省（区）局、航站仍维持现状，体制改革暂不进行。

二、西南地区管理局、西南航空公司、双流机场管辖范围的划分

对西南地区管理局、西南航空公司和双流机场的组织、人员、财产进行具体划分，确立相互之间经济关系和业务关系，使之相互促进、协调发展，是这次改革的关键。划分方案如下：

（一）下列部门及其设施、设备归属西南地区管理局

1. 空中交通管制部门，包括管调、区调、站调、塔台、航行情报、通信导航、气象等部门及使用的设备。双流机场南北远近导航台（包括建筑物、设施和设备）。

发报台、五凤溪导航点、富家场导航点、道孚导航点所在地的土地及其使用的建筑物、设施和

设备。

2. 西南机场建筑设计所及其建筑物和设施、设备。

3. 劳动服务公司。

4. 成都市北新街原售票处的建筑物及其所在地的土地。

（二）下列部门及其设施、设备归属西南航空公司

1. 飞机、发动机、航空器材和维护飞机的原材料。

2. 第七飞行大队及其驻地的土地、建筑物、设施和设备。

3. 机务大队、航材处及其使用的建筑物、库房、设施和设备。

4. 第十七飞行大队及其驻地的土地（指重庆白市驿机场红线外）、建筑物、设施和设备。

5. 成都市内售票处、宾馆及其使用的土地、建筑物、设施和设备。

6. 值机配载、旅客登机、行李货物的保管、分发、查询、运输、机上清洁、装卸搬运以及所需车辆（含客梯车）。

7. 供应室、配餐室及其使用的建筑物、设施和设备。

8. 技工学校及其驻地的土地、建筑物、设施和设备。

9. 波音707、波音737、伊尔18、安24停机坪、机头库机坪和8号联络道及其设施和设备。

（三）下列部门及其设施设备归属成都双流机场

1. 机场的土地（包括场外灯光、南北远近导航台所在地的土地）、各家属宿舍区的土地和已经征用的土地。

2. 飞行区系统，主要包括跑道、滑行道、1～7号联络道、客机坪、专机坪、安全道及目视助航设备、排水系统以及飞行区其他场地和净空等。

3. 地面保障系统，主要包括场务、公安、消防救援、应急救护等部门及其建筑物、设施和设备。

4. 公共服务系统，主要包括候机楼、货物仓库、商店、餐厅、旅客招待所（包括原政治部办公楼）、航空宾馆、行李传送带等设施，以及候机室内的服务、问询、广播、清洁等。

5. 生活服务系统，主要包括职工食堂（明确划归除外）、医疗保健、环保防疫、俱乐部、游泳池、浴室（明确划归除外）、理发室、职工宿舍（明确划归除外）、幼儿园、汽车修理所、家属宿舍区（包括家属区收发室和医务室）及其建筑物、设施和设备。

6. 业务大楼、综合仓库等。

7. 油料保障系统（待定），主要包括储油库、耗油库、中心化验室、航空加油站及其建筑物、设施和设备。

8. 其他设施、各种管道（输油管道待定）、水、电、液化气、场内道路（明确划归除外）、围篱设施、绿化美化等。

（四）各项未尽事宜均由西南地区管理局负责处理

三、西南地区管理局、西南航空公司、双流机场的主要职责

（一）民航西南地区管理局的主要职责

1. 贯彻执行民用航空的方针、政策、法规、条例和规章、制度，并提出建议。

2. 对西南地区民用机场等设施的基本建设实施行业管理。管理西南地区的机场（包括国家直属

和地方所属民用机场以及军民合用机场的民用部分)，汇总、上报所辖机场统计和财务资料。审查、颁发或吊销西南地区的通用航空机场的使用许可证。

3. 管理西南地区的民用航空器的飞行活动。提供航行服务，根据《中国民用航空飞行事故调查条例》的规定，调查处理民用航空器的飞行事故。

4. 审查、颁发或吊销经营西南地区内航线的民用航空运输企业和从事或经营区内通用航空飞行业务的企业、事业单位的经营许可证，监督民用航空企业包括外国民用航空企业在西南地区的业务活动。

5. 审查、颁发或吊销属于西南管理局颁发经营许可证或许可证的民用航空企业、事业单位的航空器适航证、维修许可证、无线电台执照，检查监督西南地区所有航空企业、事业单位的航空器的连续适航性和维修质量标准。

6. 审查、颁发和吊销西南地区民用航空企业、事业单位的维修人员执照，并检查监督。对民用航空飞行人员进行检查考核、签署意见，报民航局颁发执照，并负责年度签发。对民用航空空中交通管制人员、航行调度人员、航行情报人员、航行签派人员进行检查考核，签署意见，报民航局颁发执照。

7. 领导西南地区国家直属民用机场和军民合用机场民用部分的管理机构。

8. 对西南地区的民用机场、航路建设和航线开辟提出建议。

9. 协调处理西南地区军民航管制单位之间、民航管制单位之间、军民合用机场合用单位之间、航空运输企业、通用航空单位与民用机场之间的事宜。

10. 按规定范围任免干部。

11. 承办西南地区民用航空的保安事宜。

12. 承办民航局交办的其他事宜。

（二）中国西南航空公司的主要职责

1. 遵守国家政策、法律、法规和民航局制定的规章制度。贯彻“保证安全第一，改善服务工作，争取飞行正常”的方针，完成上级下达的计划和任务，对国家负责，对旅客、用户负责，对飞行安全、空防安全负责，提高质量，降低消耗，提高效益，努力满足国家和社会的需要。

2. 在国家和民航局计划管理和协调下，决定企业的发展规划和计划。

3. 公司添置飞机，由公司提出申请和可行性研究报告，经批准后，由公司委托购置和租赁，对国家统配飞机，由民航局分配，航空公司应执行。

4. 根据国家和民航局规定，决定经营方针、经营项目、经营方式，与国内企业事业单位签订业务合作协议，被批准经营的国际航线，在遵守政府间航空协定的基础上，有权与国外航空运输企业、旅行社和客货代理人进行业务谈判和签订协议。

5. 遵守财政制度，按规定交纳税金和调节费。接受审计部门的监督和检查。

6. 公司按规定比例提取的福利基金和奖励基金，有权按制度规定自行支配。

7. 按国家和民航局的规定，有权使用额度限内的外汇。

8. 公司在国家允许的范围内，有权决定企业的工资、资金形式和办法。

9. 根据民航局核定的编制原则和劳动计划，决定机构设置、人员配备，任免公司级领导以下的各级干部。

10. 公司按民航局有关规定，可以出租、有偿转让闲置多余的固定资产，确定固定资产的报废。

11. 根据民航局鉴定合格的航空器维修项目，安排维修工作，并对飞机的维修质量负责。可以直接与民航局认可的维修单位签订维修合同。

12. 加强社会主义精神文明建设和提高职工素质。

13. 不断提高企业经营管理水平，对于经营管理不善造成的亏损，对于飞行安全、运输责任造成的损失，以及违犯法律、法规、规章的现象，负经济或法律责任。

14. 负责飞行事故的善后处理工作。

（三）民航成都双流机场的主要任务和职责

民航成都双流机场的主要任务是管理和使用好机场土地和各种设施、设备，为所有航空运输企业、通用航空企业以及其他部门的飞行活动提供保障和服务，为旅客、用户提供服务。其主要职责是：

1. 根据国家的法律、法规和民航局的规章、技术标准，对机场土地以及各种建筑物、设施实行统一管理，及时维修，保证正常运转。

2. 根据民航机场建设规划和成都市建设规划，制定双流机场总体规划，报民航局（或民航西南管理局）批准后组织实施。

3. 根据国家和民航局有关机场管理法规，制定机场管理细则，并参与机场使用细则的制定工作。

4. 维护机场治安秩序，保障机场安全和空防安全。

5. 负责应急消防救援，保障飞行安全。

6. 负责部分地面保障（包括候机楼内卫生、飞机停靠位置的安排、行李固定传送带的管理等），争取飞行正常。

7. 根据业务发展，有计划地改善机场设施，更新配套设备，建设开发新的航空服务项目，适应使用需要。

8. 根据国家环境保护法律、法规做好机场环境保护、绿化、美化工作。

9. 向驻场单位职工有偿提供生活服务（如医疗卫生保健、住房、用餐、入托等）。

10. 有权协调驻场各单位之间的工作关系。

11. 按规定向民航西南管理局报送各项计划、统计、财务报告和其他资料，并抄报民航局。

12. 在国家政策允许和民航局有关规定的范围内，根据机场业务发展需要和财务支付能力，直接与国内外航空企业、厂家进行业务技术谈判和签订协议，引进先进技术和购置有关设备。

13. 经民航局（或民航西南管理局）审核批准，与国外有关企业合资兴办服务项目。

14. 独资经营或与国内有关企业合资经营为航空企业、旅客、货主服务的服务项目。

15. 在国家允许的范围内，有权决定企业的工资、奖金形式和办法。

16. 根据民航局核定的编制原则和劳动计划，决定机构设置，人员配备、任免机场级领导以下的各级干部。

17. 按国家和民航局的规定，有权使用额度限内的外汇。

18. 根据民航局（或民航西南管理局）有关规定，可以出租、有偿转让闲置多余的固定资产，确定固定资产的报废。

19. 完成上级下达的计划和任务。

四、民航西南管理局的机构设置和编制定员

按照民航西南管理局的职能，机关行政业务部门设办公室、审计室、运营管理处、劳动人事处、计划处、财务处、航行气象处、通信导航处、航空器适航处、飞行安全监察处、机场处、老干部处、公安处、油料处，定员共184人。党群部门设纪检组、机关党委、组织处、宣传处，定员共36人，合计定员220人。

下属基层事业单位337人（现有人数）。

中国西南航空公司、双流机场的机构设置按国家有关规定由公司、机场自行决定。

五、双流机场类别问题

一九八六年双流机场吞吐量为85万人次，按照现行班期时刻表，预计今年可超过100万人次。一类机场的三个条件已具备。建议双流机场管理机构按照一类机场设置。

六、实施步骤

民航成都管理局体制改革方案，待民航局批复后，拟分为三步实施。

第一步　动员教育，时间六天。

按照民航局编印的《关于民航体制改革宣传教育提纲》，并结合民航成都管理局的实际情况，进行层层动员，统一思想，提高认识。

第二步　组建民航西南管理局、中国西南航空公司、双流机场，时间二十天。

按照方案分配人员和划分财产，原管理局领导和机关职能处室行使原有职能，保证工作与生产正常进行，确保安全生产。

第三步　按新机构试运行，时间三十天。

1. 按照新机构进行试运行，拾遗补漏。

2. 制定单位内部规章制度，相互签订业务协议和申请各种证照。

3. 对外宣布成立新机构，各自履行职责。以上报告妥否，请批复。

民航成都管理局

一九八七年四月二十六日

中国民用航空局
关于对成都管理局体制改革方案报告的批复

（87）民航局函字第405号

成都管理局：

你局（87）蓉管体改办字14号《民航成都管理局体制改革方案的报告》收悉。经研究原则同意你局所报方案，现批复如下：

一、同意按方案组建“中国民用航空西南管理局”“中国西南航空公司”“成都双流机场”三个单位，机构序列附后。

二、同意方案所规定的各单位划分范围和职责及其相互关系规定。在省局、航站未进行改革前，管理局的职能实行“双轨运行”，除执行新的职能外，还要继续按现在的职责实施对省局、航站的领导。在试行中要及时处理解决存在的问题，防止在飞行保障工作中出现重大差错和漏洞，并可视情对机构、职责等进行局部调整修改，使之进一步完善。

三、组建后试运行的具体时间要根据运行情况决定。在试运行中要进一步理顺各种关系和建立各种内部工作制度，并办理各种证件手续，正式成立和对外宣布的时间另行研究确定。

四、整个实施步骤必须在管理局统一领导下有组织有秩序地进行。各级领导要以积极态度对待改革，努力做好本单位的政治思想和业务工作，加强组织纪律性，搞好协作配合。

这次改革对我国民航事业的发展意义重大，对全民航的管理体制改革也有指导作用，务必全力搞好。在实施方案过程中，计划要缜密，要求要具体，方法要妥当。要坚持“安全第一”的方针，安全生产的领导班子和第一线生产人员一定要坚守岗位，做好工作，确保改革的顺利进行，确保飞行安全、正常和生产任务的完成。

中国民用航空局
一九八七年六月十二日

关于同意成立民航重庆市局的批复

民航体函〔1997〕158 号

民航西南管理局：

你局《关于撤销民航四川省局成立民航重庆市局和四川民航机场公司的请示》（民航西南局〔1997〕29 号）收悉。为适应重庆市改为直辖市后行政管理体制改革的需要，对有关民航管理体制问题批复如下：

一、在现民航四川省局的基础上组建“中国民用航空重庆市管理局”（简称民航重庆市局）。民航重庆市局成立后，“中国民用航空四川省管理局”即予撤销。

二、民航重庆市局的主要职责是，经营管理重庆江北机场，保证机场的正常运行，负责划定区域范围内的民航空中交通管理；沟通重庆市与民航的联系等。

三、民航重庆市局隶属你局领导，其机构规格、机构设置和人、财、物等行业管理按现民航四川省局体制暂不变。

四、现民航四川省局下属的达县、南充、西昌三个航站在民航重庆市局成立后，成建制地划归成都双流机场管理，并分别更名为“达县机场”“南充机场”“西昌机场”。其亏损补贴由原渠道相应转到成都双流机场，暂不成立四川民用机场管理公司。请你局按本批复精神，加强组织领导，在保证飞行安全的前提下，妥善做好体制调整工作。有关情况随时报告总局。

中国民用航空总局
一九九七年三月十七日

关于对西南管理局空中交通管理体制改革实施方案的批复

民航政法函〔2001〕837号

西南管理局：

你局2001年11月15日《关于上报我局所属重庆市局、贵州省局、西藏区局空管体制改革实施方案的请示》（民航西南局〔2001〕159号）收悉。经研究，现批复如下：

一、原则同意按你局所报方案将民航重庆市局和贵州省局两个单位的空管部门分离出来，分别组建中国民用航空重庆空中交通管理站和中国民用航空贵阳空中交通管理中心，由民航西南管理局空中交通管理局领导管理，其简称分别为“民航重庆空中交通管理站”和“民航贵阳空中交通管理中心”。

二、原则同意方案中关于人员划分的办法，其中机要人员仍留在省（市）局，待民航行政管理体制改革时另行研究确定。贵州省局改革方案中拟划归贵阳空管中心的65名“三产”单位人员仍应留在省局。

三、原则同意方案中关于资产负债划分的办法，具体请你局根据民航财发〔2001〕145号及有关文件精神，本着公平合理、有利工作和发展的原则进一步细化，划分结果报总局备案。

四、各空管中心（站）内二级机构统称“部”“室”，定为副处级。

五、民航西藏区局空管体制暂维持现行管理模式，待民航行政管理体制和机场管理体制改革时另行研究。请你局加强组织领导，做好干部职工的思想工作，在保证安全生产正常进行的同时，抓紧做好两个空管中心（站）的组建工作。有关情况及时报告总局。

中国民用航空总局
二〇〇一年十二月七日

中国民用航空总局
关于印发《中国民用航空地区行政机构改革实施方案》
及相关配套文件的通知

民航政法发〔2003〕37号

各地区管理局：

《中国民用航空地区行政机构改革实施方案》已经总局党委研究通过并上报国务院审批。吴邦国副总理2月26日批示："拟同意元元同志送来的实施方案，实施中要特别注意队伍稳定和各项工作的衔接。报家宝同志批示。"温家宝副总理2月26日批示："请培炎同志批示。实施改革方案要做到工作衔接，队伍稳定，确保安全。"

现将《中国民用航空地区行政机构改革实施方案》及相关配套文件印发给你们，请遵照执行。

民航地区行政机构改革是民航体制改革的重要组成部分，是理顺民航行业管理体制，加强民航行业管理的客观需要；也是依法行政，规范行政行为，提高行政效率的必然要求。

各地区管理局要认真学习贯彻中央领导的批示精神，充分认识进行机构改革的必要性和重要意义，切实加强对这项工作的领导，统筹安排，精心组织，做好深入细致的思想政治工作，在保证安全，保证各项工作衔接，保持队伍稳定的前提下，积极稳妥地做好本管理局的机构改革工作。各地区管理局要根据本通知精神，于3月底前拟订管理局机构改革实施方案报总局审批，力争4月份完成管理局机关的机构改革工作。各省（自治区、直辖市）安全监管办的组建工作与机场体制改革同步进行。

中国民用航空总局

二〇〇三年三月四日

编 后 记

2005年12月，中共四川省委办公厅、四川省人民政府办公厅下发《关于全面开展四川省第二轮修志工作的通知》（川委厅〔2005〕47号），决定从2005年12月起，全面启动四川省第二轮修志工作。2007年3月，中共四川省委办公厅、四川省人民政府办公厅下发《关于调整续修〈四川省志〉断限的通知》（川委办发电〔2007〕21号），将《四川省志》的断限期调整为1986—2005年。按中共四川省委、四川省人民政府第二轮修志工作部署，民航西南地区管理局负责牵头组织编纂《四川省志·民航志（1986—2005）》（以下简称《民航志》）。

2016年9月，民航西南地区管理局聘请四川省德阳市地方志办公室退休干部王远森草拟《民航志》编纂篇目，正式启动《民航志》编纂工作。11月11日，民航西南地区管理局向西南空管局等16个民航企事业单位印发《关于开展〈四川省志·民航志（1986—2005）〉编纂工作有关事宜的通知》，要求西南空管局等16个民航企事业单位落实《民航志》资料搜集撰写人员，同时印发《民航志》编纂篇目（征求意见稿），广泛征求意见。11月22日，民航西南地区管理局向西南空管局等8个民航企事业单位印发《关于筹集〈四川省志·民航志（1986—2005）〉编纂工作经费有关事宜的通知》，落实《民航志》编纂工作经费。12月5日，民航西南地区管理局成立《民航志》编纂委员会及其办公室，民航西南地区管理局局长蒋文学任编纂委员会主任，副局长王坚任编纂委员会副主任；民航西南地区管理局办公室主任阳联勇任编纂委员会办公室主任，办公室副主任周劲松任编纂委员会办公室常务副主任；西南空管局等16个民航企事业单位有关负责人任编委会成员。12月8日，民航西南地区管理局在成都双流国际机场民航巨龙酒店召开《民航志》编纂工作会议，西南空管局等16个民航企事业单位有关负责人参加会议，民航西南地区管理局副局长王坚出席会议并作修志动员讲话，四川省地方志工作办公室（以下简称省地方志办）领导到会指导《民航志》编纂工作。

为做好《民航志》资料收集工作，2017年1月10日，《民航志》编纂委员会办公室在成都民航大厦宾馆召开资料工作培训会。编纂委员会办公室常务副主任周劲松主持会议，省地方志办省志工作处业务负责人作资料收集和资料长编撰写专题授课。西南空管局等参编单位30余人参加培训学习。

此后，《民航志》总纂人王远森在认真研读新中国第一部《四川省志·交通志》《中国民用航空志·西南地区卷》及《安徽省志·民航志》等基础上，及时指导《民航志》各参编单位收集资料，开展初稿编写工作。各参编单位先后收集提供文字资料400余万字，各类图片200余幅，经总纂编辑人员反复修改编辑，至2017年11月，完成《民航志》初稿。经总纂统稿后，于2018年2月印制《民航志》（初审稿）。

2018年3月，《民航志》（初审稿）进入初审评议阶段。4月20日，民航西南地区管理局召开志稿初审评议会。民航西南地区管理局副局长胡勤、省地方志办副主任赵行以及初审评议小组成员、专家共24人出席会议，志稿通过初审验收。会后，编纂人员根据初审意见收集补充资料、仔细审改修订志稿，并在初稿基础上扩展编纂“机场建设”篇2章16节，撤换卷首彩图10余幅。

2018年8月，印制《民航志》（复审稿），报送省地方志办复审后，《民航志》总纂人根据复审意见再次修订志稿。至11月，印制《民航志》（终审稿），报送《四川省志（1986—2005）》审核委员会终审。

2018年12月4日，《四川省志（1986—2005）》审核委员会召开终审评议会。审核委员会认为：《民航志》（终审稿）观点正确、体例完备、资料翔实、内容丰富、重点突出，具有鲜明的行业特点、时代特征和地方特色，志稿符合中国地方志指导小组《地方志书质量规定》和《四川省志》质量要求有关规定，一致同意通过终审，同时指出了志稿中存在的问题。终审会后，《民航志》编纂办公室落实人员认真梳理分析《四川省志（1986—2005）》审核委员会终审验收意见，及时开展志稿修订工作，主要任务是对志稿再一次认真核实史事、调整入志图片分类栏目和有关文字资料、全面检查修改志稿中存在的问题，进一步规范体例文风。2019年2月，《民航志》终审修订稿送省地方志办审查合格后，寄方志出版社三审，《民航志》进入出版阶段。2019年4—5月，《民航志》编纂办公室总纂人根据方志出版社审查意见，再次对志稿进行修订，并最终定稿。

《民航志》主体部分由10篇36章131节组成，另有概述和附录部分，共80余万字。卷首置反映1986—2005年四川地区民航事业发展成就面貌彩图100余幅。本志书编纂期间，民航西南地区管理局对编纂工作高度重视，提出了明确的工作要求，落实了修志经费和人员。民航西南地区管理局各部门、西南空管局、中国国际航空股份有限公司西南分公司、四川航空集团、成都航空公司、四川省机场集团、重庆市机场集团、民航飞行学院、民航科研二所、绵阳机场、九寨黄龙机场、南充机场、宜宾机场、广元机场、泸州机场、三星通航、中国航油西南公司、中国航材西南公司、国航成都维修基地等单位全体参编人员认真收集提供资料，特别是民航西南地区管理局退休老干部张正勇审稿严把志稿史实关，四川省德阳市地方志办公室退休干部王远森总纂编辑全部志稿，为志稿质量提升打下了坚实基础。本志的编纂工作还得到了四川省地方志工作办公室的有力指导。在此，一并向所有关心、支持、帮助本志编纂的单位、个人表示诚挚的谢意！

由于该志是《四川省志》第一部独立专设的《民航志》分卷，编纂涉及部门多，收录内容广，加之历史资料缺失和编纂水平所限，疏漏之处在所难免，祈请广大读者批评指正。

《四川省志·民航志（1986—2005）》

编纂委员会办公室

2019年5月